SV

Lutz Raphael
Jenseits von Kohle und Stahl

Eine Gesellschaftsgeschichte
Westeuropas
nach dem Boom

Frankfurter
Adorno-Vorlesungen 2018

Suhrkamp

Bibliografische Information der Deutschen Nationalbibliothek
Die Deutsche Nationalbibliothek verzeichnet diese Publikation
in der Deutschen Nationalbibliografie;
detaillierte bibliografische Daten sind im Internet
über http://dnb.d-nb.de abrufbar.

Erste Auflage 2019
© Suhrkamp Verlag Berlin 2019
Alle Rechte vorbehalten, insbesondere das der Übersetzung,
des öffentlichen Vortrags sowie der Übertragung
durch Rundfunk und Fernsehen, auch einzelner Teile.
Kein Teil des Werkes darf in irgendeiner Form
(durch Fotografie, Mikrofilm oder andere Verfahren)
ohne schriftliche Genehmigung des Verlages reproduziert
oder unter Verwendung elektronischer Systeme verarbeitet,
vervielfältigt oder verbreitet werden.
Satz: Satz-Offizin Hümmer GmbH, Waldbüttelbrunn
Druck: GGP Media GmbH, Pößneck
ISBN 978-3-518-58735-5

Inhalt

Einleitung:

Perspektiven einer Gesellschaftsgeschichte Westeuropas nach dem Boom

Dieses Buch beschäftigt sich mit den Umständen und Folgen eines tiefgreifenden und krisenbeschleunigten Strukturwandels, der alle westeuropäischen Länder zwischen 1970 und 2000 erfasst hat. Hauptcharakteristikum dieses Wandels ist der vielgestaltige Rückgang des industriellen Sektors der jeweiligen Volkswirtschaften beziehungsweise Wirtschaftsräume, weshalb er gern als »Deindustrialisierung« bezeichnet und als Übergang von der Industriegesellschaft zur Dienstleistungsgesellschaft beschrieben wird. Vor allem die Fabriken der »alten« Industrien – Stahlwerke, Kohlezechen, Schiffswerften und Textilfabriken –, die in den Boom-Jahren des Wirtschaftswunders das Rückgrat dieser Volkswirtschaften gebildet hatten, verschwanden im Zuge dieses Transformationsprozesses und mit ihnen Millionen von Arbeitsplätzen; zugleich und mit der Schrumpfung industrieller Beschäftigung aufs Engste verknüpft kam es zu einer signifikanten Steigerung der Arbeitsproduktivität in diesem Sektor. Technologisch waren diese Jahrzehnte geprägt durch die Ausbreitung der elektronischen, das heißt computergestützten Datenverarbeitung in allen Bereichen der Industrieunternehmen, von der Produktion bis hin zum Kundenkontakt, was weitreichende Veränderungen nach sich zog. Insgesamt handelt es sich bei dem in diesem Buch beschriebenen Strukturwandel um einen langfristigen Trend, an den wir uns in Westeuropa wie an ein Naturgeschehen gewöhnt haben. Aus der Sicht des Historikers ist er einer jener Basisprozesse, vergleichbar mit der Zunahme der Lebenserwartung oder der Pluralisierung von Lebensformen.

Die sozialen Folgen dieses Prozesses waren zahlreich und gravierend. Mitte der 1970er Jahre bildeten Industriearbeiterinnen und

Industriearbeiter in den meisten Ländern Westeuropas die mit Abstand größte Berufs- beziehungsweise Statusgruppe, während heute die meisten Menschen in den verschiedensten Dienstleistungsberufen arbeiten. Dies hat die westeuropäischen Gesellschaften tiefgreifend verändert, und die Turbulenzen dieser Umbrüche, die sich in den letzten drei Jahrzehnten des 20. Jahrhunderts vollzogen haben, hallen bis heute nach. In allen drei Ländern, die ich in diesem Buch einer vergleichenden Untersuchung unterziehe – Großbritannien, Frankreich und die Bundesrepublik Deutschland –, begann der bis Anfang der 1970er Jahre rundlaufende Motor industriebasierter Vollbeschäftigung zu stottern und es kam zu einer Rückkehr von Massen-, insbesondere von Jugend- und Langzeitarbeitslosigkeit. Darüber hinaus wurde Fachwissen entwertet oder ganz neu definiert, mussten Berufskarrieren neu erfunden und Lebenspläne revidiert werden. Flexibilität wurde zum Zauberwort der Epoche.

Der »Abschied vom Malocher« war zugleich ein Abschied von jenen industriellen Zukünften, die noch um 1970 die kollektiven Fantasien in den westeuropäischen Gesellschaften beflügelt hatten. Diese entwarfen sich nun neu als »postindustrielle« oder »Dienstleistungsgesellschaften«, und zwar unter kräftiger Mitwirkung von Sozialwissenschaftlern, Politikberatern und Journalisten. Prompt setzte eine Selbsthistorisierung der Industriegesellschaft als eine abgeschlossene Phase der westeuropäischen Moderne ein: Die Einrichtung oder der Ausbau von Museen und Denkmälern der ersten Industrialisierung, ja mitunter die Musealisierung ganzer Regionen begleiteten den Strukturwandel.

Eine Geschichte »von unten«

Wenn man den Spuren eines solchen langfristigen und umfassenden wirtschaftlichen Basisprozesses folgt, besteht die Gefahr, in ein Erzählmuster zu geraten, das sich der Rhetorik vom quasi naturhaften Sachzwang bedient, die Politiker und Zeitdiagnostiker – damals wie heute – bevorzugt verwenden, um ihre aktuellen pragmatischen Ziele mit geschichtsphilosophischem Blattgold zu ummanteln. Um dieser Gefahr zu entgehen, wähle ich in diesem Buch eine andere Erzählperspektive, die die Lebenslagen und Erfahrungswelten von Industriearbeiterinnen und -arbeitern in den Mittelpunkt stellt. Die Protagonisten meiner Gesellschaftsgeschichte industrieller Arbeit sind die Arbeiterinnen und Arbeiter, die Meister und die Vorarbeiter, die sich in der öffentlichen Wahrnehmung immer mehr an den Rand gedrängt sahen und gewissermaßen aus dem Blickfeld gerieten, wenn über Zukunftschancen und Zukunftsrisiken diskutiert wurde. Der Vorteil einer solchen Perspektive für eine kritische Geschichtsschreibung liegt auf der Hand: Die »Kosten des Fortschritts«, also Prozesse sozialen Abstiegs, wachsende soziale Ungleichheit und Marginalisierung, kommen auf diese Weise leichter in den Blick, als wenn man die Perspektive derjenigen einnimmt, die als »Gewinner« aus dieser Umbruchphase hervorgegangen sind, beispielweise die Unternehmer und Beschäftigten in der IT-Branche und im Finanzsektor, in den Bereichen Marketing und Beratung sowie in Forschung und Entwicklung. Eine Sozialgeschichte aus der Perspektive dieser Gruppen würde zweifellos stärker, als dies hier geschieht, die durchaus eindrucksvollen Chancen und Potentiale einer neuen »postindustriellen« Ordnung Westeuropas herausstellen, böte aber wenig Einsichten in die Dynamik wachsender gesellschaftlicher Ungleichheit, die mit den Umbrüchen verbunden waren und die seit der Jahrtausendwende immer deutlicher sichtbar geworden sind.

War das Thema der sozialen Ungleichheit Mitte der 1990er Jahre noch weitgehend aus den gesellschaftspolitischen Debatten in West-europa verschwunden, so kehrte es knapp 20 Jahre später und nicht zuletzt aufgrund der vielbeachteten Studien von Thomas Piketty mit Macht zurück[1] – und mit ihm die allgemeine Aufmerksamkeit für die negativen sozialen Begleiterscheinungen der postindustriellen Ordnung. Plötzlich wurde sichtbar, wie gering die Teilhabechancen der vielen Vermögenslosen und Einkommensschwachen waren (und sind) und wie schlecht es um die soziale Anerkennung in ihren Berufen und Jobs, in der medialen Öffentlichkeit und im alltäglichen gesellschaftlichen Umgang stand (und steht). Nachzuzeichnen, wie sich dieser Aufwuchs an ökonomischer, politischer und sozialer Ungleichheit aus Sicht der »kleinen Leute« und ihrer Lebenswirklichkeit darstellte, ohne dabei die Gegenkräfte und institutionellen Schranken zu vernachlässigen, die mobilisiert und errichtet wurden, um den sozialen Folgen dieser Tendenz entgegenzuwirken, ist ein Ziel dieses Buches. Ein weiteres besteht darin, zum Verständnis der aktuellen Krise der liberalen Demokratie beizutragen. Heute sehen wir klarer, dass die Vorgeschichte dieser Krise in die Jahrzehnte jenes Umbruchs der westlichen Industriegesellschaften zurückführt, der mein Thema ist. Mit dem Strukturwandel veränderten sich auch die konkreten gesellschaftlichen Bedingungen der westlichen Demokratien,[2] und ich werde – wiederum aus der Perspektive »von unten« – untersuchen, ob sich diese Rahmenbedingungen für die Arbeiterinnen und Arbeiter in einer Weise gewandelt haben, dass elementare Formen sozialer »Beziehungsgleichheit«[3] erodierten.

---

1 Besonders prominent natürlich: Thomas Piketty, *Le capital au XXIe siècle*, Paris 2013 (dt.: *Das Kapital im 21. Jahrhundert*, München 2014).
2 Pierre Rosanvallon, *Die Gesellschaft der Gleichen*, Hamburg 2013.
3 Ebd., S. 303-306.

Eine Geschichte »von gestern aus«

Als die 1948 beginnenden »fetten Jahre« des Booms ein Vierteljahrhundert später in ganz Westeuropa endgültig vorbei waren, ereilte Teile der Industriearbeiterschaft dasselbe Schicksal wie einige Jahrzehnte zuvor die Handwerker und Bauern: Sie wurden noch zu ihren Lebzeiten Bestandteil einer zukünftigen Vergangenheit, ohne Perspektiven in der Gegenwart, geschweige denn in der Zukunft. Nur selten nehmen wir Historiker die Sichtweise solcher Akteure, die gewissermaßen von den Ereignissen überrollt wurden, ernst, wenn wir strukturelle Veränderungsprozesse verstehen wollen. Ich werde in diesem Buch die zuvor beschriebene Perspektive »von unten« mit einer weniger vertrauten Perspektive »von gestern aus« verknüpfen und in diesem Sinne versuchen, gegen eine Berufskrankheit anzuschreiben, welche insbesondere die gegenwartsnahe Sozialgeschichte immer wieder befällt: dem soziologischen Blick auf zukunftsweisende Trends zu folgen und auf diese Weise vor allem die Anfänge des Neuen in den sozialen Phänomenen der jüngsten Vergangenheit zu entdecken. Dahinter steht letztlich eine Obsession für Fortschritts- beziehungsweise Wachstumserzählungen, während Prozesse des Schrumpfens, gar Verschwindens sozialer Gruppen oder Gebilde tendenziell mit Schweigen oder Desinteresse belegt werden.[4] Demgegenüber werde ich in den nachfolgenden Kapiteln die Veränderungen in den Arbeits- und Lebensbedingungen einer schrumpfenden industriellen Arbeiterschaft untersuchen, um einen vernachlässigten Ausschnitt auch gegenwärtiger Arbeits- und Lebens-

---

4 Dies gilt für die klassische Zeitgeschichte ebenso wie für die Sozialgeschichte, nicht aber für die Ideen- und Kulturgeschichte sowie die Kulturwissenschaften allgemein, und schon gar nicht für die Literatur. Ein Paradebeispiel aus dem Bereich der Sozialgeschichte ist: Peter Laslett, *The World We Have Lost. England Before the Industrial Age* [1966], London ⁴2004. Allerdings passen solche nostalgieverdächtigen Ansätze schlecht zu einer kritischen Sozialgeschichte, die sich nicht gegen die Gegenwart abdichten darf.

welten sichtbar zu machen. Dabei werden je nach Land und/oder Region verschiedene Kontinuitätslinien und Beharrungskräfte zum Vorschein kommen, die zusammengenommen ganz erheblich dazu beigetragen haben, den drei Gesellschaften Westeuropas, auf die ich mich hier konzentriere, ihr spezifisches Profil zu verleihen, das im Übrigen in einigen Hinsichten so gar nicht den Erwartungen an eine postindustrielle Ordnung entsprach.

Die Umbrüche in den westeuropäischen Gesellschaften – so meine Arbeitshypothese – lassen sich also nur verstehen, wenn man das ab Mitte der 1970er Jahre wachsende Spannungsverhältnis zwischen den Erfahrungsräumen der Industriegesellschaft und den Erwartungshorizonten der heraufziehenden »Dienstleistungsgesellschaft« ernst nimmt. Anhand der zahlreichen Proteste, Streiks und Konflikte, die mit der Deindustrialisierung einhergingen, lässt sich beispielsweise erkennen, dass diese eben auch eine Politisierungsgeschichte hat, die bis heute nachwirkt. Und ein Blick in konkrete Berufsbiographien wird zeigen, wie kontrastreich und vielschichtig die Lebenswirklichkeit derjenigen war, die von dem Strukturwandel direkt betroffen waren: Ultrastabile und prekäre Lebenswelten, alte und neue Ordnungsmuster sowie generations- und gruppenspezifische Erwartungshorizonte existierten nebeneinander; es gab kontinuierliche Aufstiege und lange Betriebszugehörigkeiten, Arbeitslosigkeit und Existenzgefährdung, Arbeitsmigration und lokale Verankerung. Entsprechend divers waren auch die Deutungsmuster, die Politik und Gesellschaft aller drei hier untersuchten Länder prägten.

Bezugspunkte einer Gesellschaftsgeschichte der Deindustrialisierung

Vor mehr als zehn Jahren haben mein Kollege Anselm Doering-Manteuffel und ich im Rahmen eines damals beginnenden größeren zeitgeschichtlichen Forschungszusammenhangs erste Leitideen und Forschungsperspektiven für eine Geschichte Westeuropas der drei Jahrzehnte zwischen 1970 und 2000 formuliert.[5] In dieser Zeit – so unsere damalige These – kam es in Westeuropa zu Strukturbrüchen und gleichzeitig fand ein sozialer Wandel von revolutionärer Qualität statt. Mit »Strukturbrüchen« sind die eklatanten, bereits für die Zeitgenossen gut sichtbaren Diskontinuitäten gemeint, wozu das Ende alter Industriebranchen und die Krise alter Industrieregionen ebenso zählen wie der Aufstieg der Computertechnologien und des Finanzmarktkapitalismus. Dagegen zielt »sozialer Wandel von revolutionärer Qualität« auf die Umschlagpunkte, die sich aus der Kumulation von Veränderungen ergaben, welche sich über größere Zeiträume und hinter dem Rücken der Zeitgenossen kontinuierlich herausgebildet haben. Das gilt zum Beispiel für die wachsende Berufstätigkeit von Frauen, die Zunahme des Konsums sowie die Öffnung und Expansion der Bildungssysteme. Strukturbrüche und die Umschlagpunkte des sozialen Wandels haben zusammengenommen die Konturen der westeuropäischen Gesellschaften tiefgreifend verändert und ihre Spuren in ganz verschiedenen Sphären und Handlungsfeldern hinterlassen. Aus diesem Grund ist eine umfassende Geschichte dieser Jahrzehnte nach dem Boom nur als Synthese sowohl methodisch als auch thematisch unterschiedlicher Zugangsweisen denkbar – und entsprechend breit sind die bislang vorliegenden Studien gestreut, die

---

5 Siehe dazu auch: Anselm Doering-Manteuffel, Lutz Raphael, *Nach dem Boom. Perspektiven auf die Zeitgeschichte seit 1970*, Göttingen [3]2012.

in unserem Forschungsverbund entstanden sind und von denen ich in diesem Buch zehre.[6]

Mit den beiden Kategorien »Strukturbrüche« und »sozialer Wandel revolutionärer Qualität« geht außerdem die Mahnung einher, die Offenheit für unterschiedliche Entwicklungswege in dieser Übergangsphase zu beachten. Dies ist auch der tiefere Grund, warum ich in diesem Buch eine vergleichende Perspektive wähle und die Transformation der industriellen Arbeitswelten in Großbritannien, Frankreich und der alten Bundesrepublik in den Blick nehme. Auf diese Weise lassen sich nämlich die Handlungsspielräume der Akteure und die regional beziehungsweise national eigensinnigen Koppelungseffekte zwischen Ökonomie, Politik, Kultur und Gesellschaft besser erkennen und beschreiben, als wenn man sich auf einen Wirtschaftsraum beschränkt. Und so wird sich auf den folgenden Seiten auch immer wieder zeigen, dass der Basisprozess der Deindustrialisierung selbst in Zeiten von Internationalisierung und Globalisierung keineswegs zu einer Abschleifung der spezifischen Profile der drei westeuropäischen Länder und ihrer Regionen führte, sondern ganz im Gegenteil: Nationale, regionale und lokale Differenzen in Westeuropa haben im Untersuchungszeitraum eher zugenommen. Zudem erscheint mir eine vergleichende Perspektive auch deshalb aussichtsreich, weil seit den 1980er Jahren unter den politischen und wirtschaftlichen Eliten Westeuropas eine weitgehende Übereinstimmung über Mittel und Ziele der Wirtschafts- und

---

6 Bisher sind in der Reihe *Nach dem Boom* erschienen: Anselm Doering-Manteuffel u. a. (Hg.), *Vorgeschichte der Gegenwart. Dimensionen des Strukturbruchs nach dem Boom*, Göttingen 2016; Tobias Gerstung, *Stapellauf für ein neues Zeitalter. Die Industriemetropole Glasgow im revolutionären Wandel nach dem Boom (1960-2000)*, Göttingen 2016; Fernando Esposito (Hg.), *Zeitenwandel. Transformationen geschichtlicher Zeitlichkeit nach dem Boom*, Göttingen 2017; Raphael Emanuel Dorn, *Alle in Bewegung. Räumliche Mobilität in der Bundesrepublik Deutschland 1980-2010*, Göttingen 2018; Arne Hordt, *Kumpel, Kohle und Krawall*, Göttingen 2018; Ingo Köhler, *Auto-Identitäten. Marketing, Konsum und Produktbilder des Automobils nach dem Boom*, Göttingen 2018; Arndt Neumann, *Unternehmen Hamburg. Eine Geschichte der neoliberalen Stadt*, Göttingen 2018.

Sozialpolitik herrschte. Dieser Konsens hat dafür gesorgt, dass auf der Ebene der Ideengeschichte von einer (neo)liberalen Ära gesprochen wird und dass den entsprechenden programmatischen Verlautbarungen zuweilen eine geradezu bergeversetzende Wirkungsmacht zugeschrieben worden ist. Richtig ist, dass der neue Geist des (westlichen) Kapitalismus nicht zuletzt in den 1990er Jahren den europäischen Einigungsprozess maßgeblich geprägt hat und dass es zahlreiche Gemeinsamkeiten seitens der regierungspolitischen Agenda in den drei Ländern zwischen 1983 und 2008 gab, von der Privatisierung über die Öffnung für die internationalen Finanzmärkte und die Erweiterung und Harmonisierung der Bildungssysteme bis hin zu kostensenkenden Umbauten der öffentlichen sozialen Sicherungssysteme.[7] Dennoch ist größte methodische Aufmerksamkeit angebracht, denn einerseits hat eine Reihe von zumeist historisch gewachsenen nationalen Besonderheiten dafür gesorgt, dass sich der »neue Geist« nicht auf homogene Weise in den drei Ländern »materialisiert« hat, andererseits bringt es der Bedeutungsverlust nationaler Grenzen für die Wirkmacht ökonomischer Trends, rechtlicher Normen und kultureller Praktiken mit sich, dass der alleinige Blick auf die nationale Ebene nicht ausreicht, ja partiell ganz unergiebig ist, weil die interessante »Musik«, was sowohl die Gemeinsamkeiten als auch die Unterschiede angeht, auf der regionalen oder lokalen Ebene »spielt«.

Warum nun aber habe ich ausgerechnet die drei genannten Länder, also Großbritannien, Frankreich und die Bundesrepublik Deutschland für meine Studie gewählt – und nicht zum Beispiel Spanien, Italien oder die Niederlande? Neben rein idiosynkratischen Gründen, die mit meinen Vorkenntnissen und Sprachkompetenzen zu tun haben, gibt es eine Reihe von sachlichen Gründen für diese Wahl. Es handelt sich um die drei größten Volkswirtschaften Westeuropas, die auf sehr auf unterschiedlichen Wegen zu In-

---

7 Andreas Wirsching, *Der Preis der Freiheit. Geschichte Europas in unserer Zeit*, München 2012.

dustriegesellschaften geworden waren; sie waren im Untersuchungszeitraum Mitgliedsländer der Europäischen Union und integrierten
ihre Volkswirtschaften in den europäischen Binnenmarkt; außerdem bieten sie ein breites Spektrum einerseits nationalspezifischer
Eigenheiten, andererseits typischer Optionen in der politischen und
sozialen Ausgestaltung der Umbruchphase, so dass ich auf eine
Fülle empirischen Materials zurückgreifen konnte, um das Wech-
selspiel zwischen nationalen Pfadabhängigkeiten und Prozessen der
Europäisierung und der Internationalisierung zu analysieren. Eine
wichtige Einschränkung muss allerdings genannt werden: Mein
westeuropäischer Vergleich stößt im Fall der Bundesrepublik für
die Zeit nach 1990 auf erhebliche Schwierigkeiten, denn erst dann
brach – allerdings in geradezu revolutionärer Radikalität und Geschwindigkeit – in den Regionen, die auf dem Staatsgebiet der ehemaligen DDR lagen, die industriebasierte Gesellschaft sozialistischer
Prägung zusammen. Diesem dramatischen Strukturbruch lagen ganz
andere Voraussetzungen zugrunde als den in diesem Buch untersuchten Transformationen Westeuropas seit den 1970er Jahren, die
sich über einen Zeitraum von mindestens drei Jahrzehnten hinweg
erstreckten. Daher ist es in einigen Vergleichsfällen nötig gewesen,
Datenreihen zu nutzen oder zu generieren, die sich bis zum Ende
des Untersuchungszeitraums um das Jahr 2000 auf das Gebiet der
alten Bundesrepublik beziehen. Festzuhalten ist, dass die Besonderheiten der Umbrüche in den damals neuen Bundesländern in diesem Buch nicht behandelt werden können, auch wenn vieles darauf
hindeutet, dass ein zeitversetzter Vergleich mit den britischen Entwicklungen vor allem der 1980er Jahre viele neue Einsichten in
den Transformationsprozess der ehemaligen DDR bieten könnte.[8]

---

8 Eine Einordnung in den größeren europäischen Kontext der Jahrzehnte nach 1990
leistet: Philipp Ther, *Die neue Ordnung auf dem alten Kontinent. Eine Geschichte des
neoliberalen Europa*, Berlin 2014.

Gesellschaftsgeschichte: Tragweite eines Konzepts

Dieses Buch ist auch ein Versuch, den Begriff der Gesellschaftsgeschichte zu erneuern beziehungsweise zu aktualisieren, der in Auseinandersetzung mit der Geschichte der modernen Industriegesellschaften Europas entwickelt worden ist. In dem ursprünglichen Vorschlag des britischen Historikers Eric Hobsbawm von 1971 war »Geschichte der Gesellschaft« ein Konzept, um die historische Untersuchung von Bevölkerungsentwicklung, von Sozialstrukturen, von Klassen oder sozialen Gruppen, aber auch von Mentalitäten mit der Geschichte übergreifender sozialer Systeme oder Räume zu verknüpfen, was gegenüber der klassischen sozialhistorischen Forschung eine Erweiterung der Erklärungsansprüche bedeutete, aber auch eine Erweiterung ihres Gegenstandsbereichs und ihrer Methodik verlangte. Hobsbawm akzeptierte ganz unterschiedliche Zugänge und Ausgangspunkte für eine solche Gesellschaftsgeschichte, hielt aber an der Einbettung der konkreten historischen Analyse eines distinkten Phänomens in einen größeren Bezugsrahmen sozialer Strukturbildung fest, für den die Kategorie »Gesellschaft« stand. Theoretische Orientierung lieferten entweder an Marx anknüpfende Typologien von Gesellschaftsformationen, also epochenspezifische transnationale oder globale Strukturmerkmale, oder aber enger gefasste Typologien – wie zum Beispiel das Konzept der moralischen Ökonomie für die Epoche der Frühen Neuzeit. Das Konzept war ebenso offen wie sein Autor skeptisch angesichts der erheblichen Schwierigkeiten bei der konkreten empirischen Umsetzung.[9]

Die westdeutsche Gesellschaftsgeschichte, wie sie federführend von Hans-Ulrich Wehler vorangetrieben wurde, konkretisierte diesen Ansatz und führte ihn zugleich in eine entschieden national-

---

9 Eric Hobsbawm, »Von der Sozialgeschichte zur Geschichte der Gesellschaft«, in: Hans-Ulrich Wehler (Hg.), *Geschichte und Soziologie*, Königstein/Ts. ²1984, S. 331-354.

geschichtliche Richtung: »Moderne Gesellschaftsgeschichte versteht ihren Gegenstand als Gesamtgesellschaft, im Sinne von ›society‹ und ›société‹, sie versucht mithin, möglichst viel von den Basisprozessen zu erfassen, welche die historische Entwicklung eines gewöhnlich innerhalb staatlich-politischer Grenzen liegenden Großsystems bestimmt haben und vielleicht immer noch bestimmen.«[10] Damit war sie allerdings dazu verdammt, eine Syntheseleistung zu erbringen, die nur auf der Makroebene machbar schien. So ambitioniert die Idee einer Gesamt- oder Totalgeschichte der politisch als Nation verfassten europäischen Gesellschaften war, so schwer ist sie methodisch gegen die präzisen Angriffe einer strukturanalytischen Mikrogeschichte oder einer anthropologisch informierten Kulturgeschichte zu verteidigen. Entsprechend dominiert gut 20 Jahre nach Erscheinen des letzten Bandes von Wehlers *Deutscher Gesellschaftsgeschichte* die Skepsis gegenüber derartigen Versuchen zur historiographischen Gesamterfassung und Erklärung nationaler Gesellschaftskörper. Und auch für mein Vorhaben ist eine solche Perspektive nicht geeignet, denn im Zuge des europäischen Einigungsprozesses verloren die nationalstaatlichen Grenzziehungen mit Blick auf die Zirkulation von Waren, Kapital, Menschen und Ideen zunehmend an Bedeutung. Welche Herausforderung dies für die Gesellschaftsgeschichtsschreibung darstellt, lässt sich mittels eines einfachen Beispiels veranschaulichen: In der Industrieproduktion Frankreichs und der BRD waren in den 1970er und 1980er Jahren zwischen 15 und 20 Prozent der Arbeiterinnen und Arbeiter »Ausländer« beziehungsweise Arbeitsmigranten, die in mindestens zwei sozialen, ökonomischen und kulturellen Bezugsräumen lebten. Ihre Sozialräume waren völlig andere als die ihrer einheimischen Kollegen, werden aber in einer nationalzentrierten Gesellschaftsgeschichte allein einem nationalen Gesellschaftscontainer zugeordnet. Gleichzeitig nahm der Anteil grenzüberschreitender Produktionsprozesse an der industriellen Produktion aller drei Länder stetig zu und mit ihm der An-

10 Hans-Ulrich Wehler, *Deutsche Gesellschaftsgeschichte*, Bd. 1, München ⁴2006, S. 6.

teil der Beschäftigten, die grenzüberschreitend tätig waren. Auch diesem Faktum muss eine Gesellschaftsgeschichte der jüngsten Epoche Rechnung tragen können – indem sie »Gesellschaft« als Wirkungs- und Handlungszusammenhang, als Relationsbegriff im Kontext der konkreten Forschungsfragen jeweils neu bestimmt.[11]

Ein Schlüsselproblem bleibt die geläufige Gleichsetzung von Nationalstaat und Gesellschaft. Ich werde versuchen, den Fallstricken eines methodischen Nationalismus aus dem Weg zu gehen, ohne jedoch die Nationalisierungseffekte zu ignorieren, welche mehr als 200 Jahre *nation building* in den europäischen Gesellschaften hinterlassen haben; auch wenn Kapital und Arbeit keineswegs ihren Charakter an den Landesgrenzen änderten, so prägten doch national regulierte Bildungssysteme, nationale soziale Sicherungssysteme und vor allem die national verfassten Arenen politischer Kommunikation mit ihren spezifischen politischen Sprachen die Lebensverhältnisse und Kommunikationsmuster von Briten, Franzosen und Deutschen am Ende des 20. Jahrhunderts. An verschiedenen Stellen tritt also auch in meiner Studie der »Nationalcontainer« mehr oder weniger deutlich und mit Erklärungsanspruch hervor. Zugleich müssen die vielfältigen grenzüberschreitenden Transfers und wechselseitigen Beobachtungen Berücksichtigung finden. Deutsche, französische und britische Unternehmen und Kapitalanleger investierten in den jeweiligen Nachbarländern und versuchten bewährte Verfahren und Lösungen dort zu implementieren; Politiker aller drei Länder hofften, aus den Fehlern und Erfolgen der Nachbarn zu lernen. Schließlich befanden sich alle drei Länder mitten im Prozess der Harmonisierung ihrer rechtlichen Regulierungen sowie der Öffnung ihrer nationalen Märkte in allen Bereichen der Wirtschaft.

An dieser Stelle könnte man meinen, dass die Lösung für das erwähnte Schlüsselproblem der Gesellschaftsgeschichte darin besteht,

---

11 Und dies gilt natürlich nicht nur für »Gesellschaft«, sondern auch für alle anderen forschungsleitenden Begriffe in der historischen bzw. sozialwissenschaftlichen Analyse.

Europa als Bezugsgröße zu wählen, um der nationalstaatlichen Falle zu entgehen. Die vorliegenden Sozialgeschichten Europas zeigen allerdings, dass die Problematik damit lediglich auf eine höhere Ebene verschoben wird und sich in einer Hinsicht sogar noch verschärft, denn sie sind noch viel stärker als ihre nationalstaatlichen Pendants dazu verdammt, auf der Makroebene großer Trends und hochaggregierter Sozialstatistiken zu bleiben. Wiederum unterbelichtet bleibt auf diese Weise die regionale Dimension, und es ist in einem solchen Rahmen äußerst mühsam und nur mit Abstrichen möglich, der politischen und kulturellen Dimension, ohne die eine Gesellschaftsgeschichte nicht auskommt, gerecht zu werden.[12] Jedoch wäre es angesichts des Fortgangs der europäischen Integration hin zum europäischen Binnenmarkt und zur Währungsunion verfehlt, die europäische Dimension als bloß wirtschaftliche Realität, administrativen Überbau oder politische Idee auszuklammern, denn natürlich hat sie tiefe Spuren in den sozialen Realitäten der Mitgliedsländer hinterlassen. Diesem Tatbestand trage ich dadurch Rechnung, dass ich die westeuropäischen Industrieregionen zum größeren Bezugsrahmen meiner vergleichenden Untersuchung mache. Weitere Studien müssen erweisen, ob das passt, ob also die hier gewonnenen Erkenntnisse auch auf Länder wie Luxemburg, Belgien oder Schweden übertragen werden können oder vielmehr revidiert werden müssen.

Dieses Buch arbeitet also mit einem offenen Konzept von »Gesellschaft« und nutzt fünf ganz unterschiedliche wissenschaftliche Beobachtungsformate, ohne diese als solche gegeneinander zu gewichten. Das erste Beobachtungsformat ist die politische Ökonomie. Sie erlaubt es, in interdisziplinärer Perspektive transnationale Wirtschaftsprozesse zu den Versuchen ihrer politischen Steuerung in Beziehung zu setzen. Dies scheint mir ein vielversprechender Ansatz zu sein, um den Basisprozess der Deindustrialisierung präziser

---

12 So Colin Crouch, *Social Change in Western Europe*, Oxford 2004; Hartmut Kaelble, *Sozialgeschichte Europas. 1945 bis zur Gegenwart*, München 2007.

in seinen konkreten Ausgestaltungen erfassen zu können. Er wird in Kapitel 1 zur Geltung kommen. Ein zweites Beobachtungsformat, das ich vor allem in Kapitel 4 zur Anwendung bringen werde, nimmt die rechtlichen Regulierungen in den Blick und interessiert sich für das Gewicht und die Spezifik arbeits-, sozial- und tarifrechtlicher Ordnungsmuster für die gesellschaftlichen Dynamiken in der Umbruchszeit. Das dritte Format, das gleich zwei Kapitel bestimmen wird, ist das der Wissensgeschichte. Dabei geht es zum einen um die Veränderungen in den Deutungsmustern oder Repräsentationen der sozialen Welt, die den zeitgenössischen Akteuren Orientierung gaben, und zwar sowohl bei ihren arbeitsweltlichen Entscheidungen und den entsprechenden Konflikten als auch in Bezug auf die alltäglichen Handlungsroutinen (Kapitel 2); zum anderen generiert dieses Format die Frage nach den Umbrüchen in den Wissensordnungen, die in direkter Verbindung mit den Transformationsprozessen in den industriellen Arbeitswelten der Zeit standen, lenkt den Blick auf die veränderliche Wertigkeit von Bildungstiteln und Berufsqualifikationen sowie auf die Entstehung neuer Wissensbestände und neuer Verteilungen von Wissen und Kompetenzen in einer Zeit, die durch den Aufstieg der neuen digitalen Leittechnologie geprägt wurde (Kapitel 5).

Das vierte Beobachtungsformat ist das von Ereignissen. Gesellschaftsgeschichte hat es nicht nur mit Trends und anonymem sozialen Wandel zu tun, sondern ist gut beraten, Ereignissen Relevanz und Aussagekraft zuzugestehen. Dies gilt sowohl im Großen wie auch im Kleinen. Als medial inszenierte Formate kollektiven Geschehens stellen Ereignisse bis heute die Sphäre des Politischen par excellence dar. Zwar sind ihre genauen Folgen für Gesellschaft und Wirtschaft alles andere als klar, aber dass solche Ereignisse wirkmächtig sind, scheint mir auf der Hand zu liegen. Neben diesen »lauten« Ereignissen gibt es medienferne Mikroereignisse, die individuelle und kollektive Biographien takten: Berufswahl, Pensionierung oder Auszug sind wichtig als Wegmarken, sie prägen Erfahrungen und Lebensverläufe. Ich werde eine ereigniszentrierte Perspektive in Kapitel 3 in Anschlag bringen, um die Geschichte politischer Protestbewegungen zu untersuchen, sowie in Kapitel 6, wo ich mich mit Arbeitsbiographien und Lebensläufen beschäftigen werde. Das fünfte Beobachtungsformat, das in dieser Gesellschaftsgeschichte der Deindustrialisierung zur Anwendung kommt, ist die sozialräumliche Dimension. Dabei interessiere ich mich (vor allem in Kapitel 7 und 8) besonders für die raumgebundenen Beharrungskräfte und Dramatisierungseffekte, welche dazu geführt haben, dass heute alle drei hier untersuchten Länder größere Unterschiede und markantere Ungleichheitsverteilungen in ihren Sozialräumen kennen als noch vor 50 Jahren.

Methodische Komplikationen: Nah- und Fernsichten, Theorieeffekte und Quellenauswahl

»Gesellschaftsgeschichte« ist also eine Perspektive beziehungsweise ein Bezugsrahmen, der die Aufmerksamkeit des Historikers steuert, ohne dass der Begriff der Gesellschaft selbst noch die zu untersuchenden Gegenstände und Räume bestimmen würde. Eine weitere methodische Einsicht hat den alten Erkenntnisoptimismus der Sozialgeschichte zerstört: Befunde der Makro- und der Mikroebene lassen sich nicht einfach ineinander überführen, die dort gewonnenen verallgemeinerungsfähigen Erkenntnisse sind nicht immer deckungsgleich. Das »Niveau-Gesetz«, wie dies Siegfried Kracauer genannt hat, der sich als einer der ersten Geschichtstheoretiker systematisch mit diesem Faktum auseinandersetzte, erzeugt insofern gravierende Probleme bei der Darstellung, als aus jeder Untersuchungsebene Vergangenheitskonstruktionen entstehen, die am Ende nicht (immer) zueinander passen.[13] Aus dieser Not versuche ich in diesem Buch

13 Siegfried Kracauer, *Geschichte – Vor den letzten Dingen*, Frankfurt/M. 2009, S. 139-141.

eine Tugend zu machen, indem ich das »Niveau-Gesetz« um des Sichtbarmachens von Komplexitäten und Handlungsoptionen willen souverän ignoriere und immer wieder zwischen Mikro- und Makroebenen hin und her wechsle, also etwa gleichermaßen den Wandel individueller Arbeitsbiographien und die Verschiebungen, die der Aufstieg internationaler Finanzmärkte für britische, französische und westdeutsche Industrieunternehmen hatte, untersuche. Diesen Wechsel von Nah- und Fernsichten verbinde ich mit einem ständigen Wechsel bei den Vergleichskategorien, schaue also mal auf Länder, mal auf Regionen, mal auf Betriebe, mal auf Haushalte oder Individuen.

Naturgemäß kommt der Historiker später als beispielsweise der Sozialwissenschaftler in Kontakt mit den zum Teil irritierenden Spuren komplexer Sozialwelten, was ihm in einer Hinsicht zum Vorteil gereicht. Der längere Vorlauf der großen wie der kleinen Ereignisketten ermöglicht ihm nämlich bereits einen Überblick, zu dem der gegenwartsorientierte Sozialwissenschaftler in der Regel nur durch den Einsatz starker theoriegestützter Konstruktionen und Abstraktionen sowie präziser Methoden gelangen kann. Mittels solcher sozialwissenschaftlicher Erklärungsmodelle, Theorien und Diagnosen haben die historischen Akteure in unserem Untersuchungszeitraum bereits selbst den Lauf der Dinge und ihrer Geschäfte, Karrieren oder Nationen zu bewerten, zu korrigieren und zu steuern versucht. Als Gesellschaftshistoriker der jüngsten Vergangenheit stolpert man ständig über solche »Theorieeffekte«, das heißt über praxiswirksame Handlungsmaximen oder Legitimationsfiguren aus sozialwissenschaftlicher Wissensproduktion, die einen zu theoretischer Wachsamkeit zwingen. Strenggenommen kommt eine Gesellschaftsgeschichte nicht ohne eine detaillierte wissensgeschichtliche Historisierung zumindest all jener sozialwissenschaftlichen »Sozialdaten« und Denkfiguren aus, denen Handlungsrelevanz und Breitenwirkung zuzuschreiben sind, die also über die soziale Welt in Umlauf waren und den esoterischen Kreis professioneller Sozialdeuter und Sozialforscher verlassen hatten. Daher werde ich mich in diesem

Buch immer wieder mit solchem »Meinungswissen« beschäftigen müssen, wenn es um die Analyse der sozialen »Realitäten« von Betrieben, Arbeitsverhältnissen, Berufsordnungen oder Wohnquartieren geht. Immer wieder werde ich dabei symbolische und soziale Strukturen aufeinander beziehen, aber diese beiden Ebenen in den beiden Eingangskapiteln aus Darstellungsgründen analytisch voneinander getrennt halten, um die ökonomischen Prozesse und die gesellschaftlichen Imaginationen in den drei westeuropäischen Gesellschaften zunächst einmal in ihren Grundzügen darzustellen.

Theoretische Wachsamkeit heißt in diesem Zusammenhang aber auch, die zeitgenössischen sozialwissenschaftlichen Forschungsergebnisse und deren Erklärungsmodelle und Theorien als mögliche Hilfsmittel für die eigene Analyse ernst zu nehmen, sie bei aller Konstruiertheit nicht einfach als historische Artefakte ohne jeden heutigen Gebrauchswert zur Seite zu legen, nachdem ihre Entstehungszusammenhänge historisch-kritisch rekonstruiert wurden. Eine quasi naive Erzählung würde schlicht zurückfallen hinter den Erkenntnisstand der Sozialwissenschaften und stünde immer in der Gefahr, dem unhinterfragten Meinungswissen der eigenen Zeit als den am nächsten liegenden, sozusagen naturwüchsigen Erklärungsangeboten zum Opfer zu fallen. Der eigenen Konstruktionsarbeit entkommt auch der Gesellschaftshistoriker nicht. Wachsamkeit heißt in diesem Fall, sich stets Rechenschaft ablegen darüber, welche theoretisch fundierten Einsichten Inspirationsquelle oder Wegweiser für die eigene Konstruktionsarbeit geworden sind. Der Gesellschaftshistoriker bewegt sich in diesem Fall in ständigem Zwiegespräch mit seinen sozialwissenschaftlichen Kollegen, ihren Forschungsideen und Erklärungsmodellen. Als »Forschungsideen« betrachte ich anknüpfend an Kracauers Konzept der »historischen Idee« diejenigen Hypothesen beziehungsweise Thesen, welche neue Forschungsperspektiven eröffnen, auf neue Untersuchungsgegenstände aufmerksam machen und uns mögliche, bislang übersehene Zusammenhänge erschließen. »Sie führen ein neues Erklärungsprinzip ein; sie enthüllen – wie auf einen Schlag – bislang unvermutete Zusammenhänge und Beziehungen von relativ großem Ausmaß.«[14] Konkret sind für dieses Buch vor allem sechs solcher Forschungsideen wichtig geworden.

Die erste Idee stammt von den amerikanischen Industriesoziologen Michael Piore und Charles Sabel, die bereits Anfang der 1980er Jahre prognostizierten, dass es im Zuge der dritten industriellen Revolution zu massiven Strukturveränderungen in den Beziehungen zwischen Kapital und Arbeit kommen werde.[15] Sie sahen eine Wende zur flexiblen Qualitätsproduktion voraus, die mit neuen Optionen bei der Verteilung von Arbeit und Wissen in der Produktion, mit der Verlagerung der industriellen Produktion in kleinere Produktionseinheiten und schließlich mit der Aufwertung regionaler Lösungen für neue wettbewerbsfähige Industrieproduktion einhergehen werde. Diese Hypothese hat mir enorm dabei geholfen, trotz der so heterogenen Befunde und Forschungsthesen im Feld der Industriesoziologie und Unternehmensforschung die großen Linien nicht aus den Augen zu verlieren. Die zweite Idee stammt von den französischen Soziologen Stéphane Beaud und Michel Pialoux. Sie haben angesichts der dramatischen Umbrüche in Frankreich auf die gern übersehene Verbindung zwischen den sozialen Verwerfungen in den »demokratisierten« Bildungssystemen und den Transformationen in der industriellen Arbeitswelt hingewiesen und damit den Weg gewiesen, eines der wirkmächtigsten Ideologeme dieser Epoche kritisch zu hinterfragen: die Beseitigung aller Probleme von Ungleichheit und Diskriminierung durch die Ausweitung allgemeiner Bildungspatente.[16] Die dritte Forschungsidee lieferte der deutsche Industriesoziologe Hermann Kotthoff. Seine Annahme, dass Kooperation und Konflikt in der Arbeitswelt, konkret in Betrieben, neben institutionellen und ökonomischen Aspekten auch eine genuin

---

14 Ebd., S. 110.
15 Michael J. Piore, Charles F. Sabel, *The Second Industrial Divide. Possibilities for Prosperity*, New York 1984.
16 Stéphane Beaud, Michel Pialoux, *Retour sur la condition ouvrière. Enquête aux usines Peugeot de Sochaux-Montbéliard*, Paris 1999.

sozial-kulturelle Dimension haben, war ein Schlüssel, um die entsprechenden Dynamiken in Zeiten großer Veränderungen und ständiger Unsicherheit besser zu verstehen.[17]

Diese Idee wiederum verweist auf zwei weitere grundlegende theoretische Annahmen, denen meine Studie verpflichtet ist. Mit den Konzepten »soziale Anerkennung« und »Beziehungsgleichheit« haben Axel Honneth und Pierre Rosanvallon grundlegende Überlegungen zur Reziprozität sozialer Beziehungen geliefert, denen ich in diesem Buch folge.[18] Die Norm personaler Anerkennung und Gleichbehandlung ist die vierte Forschungsidee und markiert eine grundlegende Dimension sozialer Beziehungen in den durch kollektive (Klassen-)Strukturen und sozioökonomische Ungleichheit geprägten Industriegesellschaften Westeuropas. Bei vielen Auseinandersetzungen in der Arbeitswelt ging und geht es auch, mitunter sogar hauptsächlich, um soziale Anerkennung, auch wenn das gern übersehen wird. Ich nutze diese Idee, um besser zu verstehen, wie sich die Beziehungsverhältnisse zwischen sozialen Gruppen im Zuge der hier untersuchten Umbrüche entwickelt haben. Schließlich möchte ich Pierre Bourdieus Hinweis auf die *effets de lieu*, Ortseffekte, als fünfte Forschungsidee nennen, die mir den Weg gewiesen hat. Die Aufmerksamkeit für die Veränderungen der Sozialräume, ihre symbolische Bewertung und die in ihnen realisierten Ungleichheitsstrukturen hat meinen Blick von den Arbeitsplätzen auf Wohnquartiere und Siedlungsformen gelenkt und aufschlussreiche Beobachtungen ermöglicht.[19]

Die sechste Idee stammt von dem französischen Ethnologen Oli-

---

17 Hermann Kotthoff, »»Betriebliche Sozialordnung‹ als Basis ökonomischer Leistungsfähigkeit«, in: Jens Beckert, Christoph Deutschmann (Hg.), *Wirtschaftssoziologie*, Wiesbaden 2010, S. 428-446.

18 Rosanvallon, *Gesellschaft der Gleichen*; Axel Honneth, *Kampf um Anerkennung. Zur moralischen Grammatik sozialer Konflikte*, Frankfurt/M. 1992.

19 Pierre Bourdieu u. a., *La misère du monde*, Paris 1993, S. 159-167 (dt.: *Das Elend der Welt. Zeugnisse und Diagnosen alltäglichen Leidens an der Gesellschaft*, Konstanz 1997, S. 159-168).

vier Schwartz. In seinen Untersuchungen zu Privatleben und kulturellen Praktiken von Arbeitern und Angestellten in Frankreich benutzt er den Begriff der *classes populaires*,[20] um zwei Dimensionen zusammenzubringen, die häufig getrennt voneinander und aus völlig unterschiedlichen Perspektiven sowie mit ganz anderen Kategorien analysiert werden: sozioökonomische Ungleichheit und kulturelle Distanz beziehungsweise Differenz. Was sie aus seiner Sicht verbindet, ist die Beziehung von Herrschenden und Beherrschten (*dominants–dominés*), welche sowohl den sozioökonomischen als auch den kulturellen Unterschieden erst soziale Relevanz und Sinn verleihen. Die Idee, eine ursprünglich soziologische mit einer kulturalistischen Perspektive auf Ungleichheit zu kombinieren, erscheint mir besonders gut geeignet, um den Veränderungen gerecht zu werden, welche im Untersuchungszeitraum in den drei Ländern zu beobachten waren. Der Begriff der *classes populaires* erlaubt uns, ökonomisch fundierte Klassen- und Schichtenbildung mit kulturellen Dynamiken und Neubewertungen kulturellen Kapitals zusammenzudenken sowie die Defizite der traditionellen Klassenanalyse zu erkennen, die nicht imstande ist, die doppelte Logik kultureller und sozioökonomischer Prägungen zu erfassen. Für mein Vorhaben einer vergleichenden Gesellschaftsgeschichte bietet dieser – im Übrigen nicht verlustfrei ins Deutsche zu bringende – Begriff gleich mehrere Vorteile: Zum Ersten lassen sich mit seiner Hilfe die ganz unterschiedlichen nationalen Traditionen von Klassenbildung (siehe Kapitel 2) als Variationen einer Grundkonstellation denken, zum Zweiten hilft er dabei, kulturellen und ökonomischen Faktoren gleichumfänglich Rechnung zu tragen, und zum Dritten ermöglicht er es, die soziale und kulturelle Annäherung zwischen früher getrennten Berufs- beziehungsweise Statusgruppen begrifflich zu fassen.

Neben diesen sechs Forschungsideen greife ich in diesem Buch

---

20 Olivier Schwartz, »Peut-on parler des classes populaires?«, in: *La Vie des idées* (13.9.2011), ⟨http://www.laviedesidees.fr/Peut-on-parler-des-classes.html⟩, zuletzt eingesehen am 3.1.2019.

auf eine Vielzahl theoretischer Einsichten unterschiedlichster Provenienz zurück, gehe also, nicht unüblich für einen Historiker, eklektisch oder – vornehmer formuliert – pluralistisch vor. Meine Vorliebe, Handlungen, Ereignisse und Prozesse auf die spezifische Logik sozialer Handlungsfelder zurückzuführen, wird den Leserinnen und Lesern dieses Buches alsbald auffallen. Tatsächlich schreibe ich der Einbettung individueller Akteure in solche sozialen Konfigurationen große Relevanz zu, gebe dem »Sozialen« und seiner Eigenlogik immer wieder mehr explanatorischen Kredit als abstrakten, zweckrationalen Handlungslogiken, wie sie der methodische Individualismus bevorzugt. Ob eine solche holistische Sichtweise besser geeignet ist, der Komplexität der hier untersuchten Umbrüche gerecht zu werden, mögen andere entscheiden.

Schließlich halte ich es in diesem Buch mit noch einer weiteren sozialtheoretischen Grundannahme, die sich längst nicht mehr von selbst versteht: Ich betrachte Arbeit nach wie vor als einen Knotenpunkt sozialer Strukturbildungen, und zwar sowohl im Untersuchungszeitraum als auch in der Gegenwart. Sozioökonomische Lagen, aber auch soziale Inklusion und Teilhabe waren und sind über Arbeit als Erwerbstätigkeit und als Beruf bestimmt, kulturelle und politische Gruppenbildungen und Positionen wurden von Arbeitserfahrungen geprägt beziehungsweise sind durch sie beeinflusst. Anders als viele sozialwissenschaftliche und geschichtswissenschaftliche Positionen, denen zufolge Arbeit schon im Untersuchungszeitraum, also in den letzten drei Jahrzehnten des 20. Jahrhunderts, ihre gesellschaftliche Prägekraft an Konsum und Freizeit verloren habe,[21] beharre ich auf der Zentralität von Arbeit für eine gesellschaftsgeschichtliche Perspektive. Ob man damit noch weit genug kommt, wird sich zeigen.

Zum Schluss noch einige Bemerkungen zu Quellen, Daten und

---

21 Andreas Wirsching, »Konsum statt Arbeit? Zum Wandel von Individualität in der modernen Massengesellschaft«, in: *Vierteljahrshefte für Zeitgeschichte* 57 (2009), S. 171-199.

Dokumenten. Gesellschaftsgeschichte, wie sie hier erprobt wird, kennt keine bevorzugte Art von »Quellen«, auch keinen Primat staatlicher Archive oder amtlicher Statistik. Sie kennt nur Spuren von Ereignissen, Prozessen oder Vorstellungen, die sie aufnimmt, und zwar ganz gleichgültig, wie sie überliefert worden sind und von wem sie aufbewahrt wurden. Vielfach nutzt sie die Beobachtungsergebnisse zeitgenössischer empirischer Sozialforschung für eine kritische Sekundäranalyse. In diesem Sinne habe ich in diesem Buch zum Beispiel soziologische Forschungsdokumente immer wieder auch als historische Quellen neu interpretiert und überhaupt Befunde aus ganz unterschiedlichen Quellen im vollen Bewusstsein der damit verbundenen Gefahren methodischer Art miteinander kombiniert. Meines Erachtens gereicht eine solche Erweiterung der Quellengrundlage der gesellschaftsgeschichtlichen Forschung zum Vorteil, die sich damit der geläufigen Forderung nach methodischer Monogamie als Ausweis sogenannter fachlicher Strenge faktisch entzieht. Ich bin mir aber natürlich auch darüber im Klaren, dass die quantitative Auswertung von Sozialdaten sowohl amtlicher als sozialforscherischer Herkunft eine andere Verfahrensweise ist als das historisch-kritische Lesen und Deuten von Lebenszeugnissen, politischen Dokumenten, wissenschaftlichen Publikationen und Gesetzestexten.

Faktisch ist das für die Themen meiner Studie zur Verfügung stehende Material so umfangreich, dass ein einzelner Forscher nicht imstande ist, es vollständig zu sichten und auszuwerten. Der kritischen Auswahl von Daten und Dokumenten kommt also erhebliche Bedeutung zu, und sie hätte es verdient, jeweils ausführlich vorgestellt und erläutert zu werden. Darauf habe ich aus Platzgründen weitgehend verzichtet, hoffe jedoch darauf, dass die Fachdebatten die gewiss vorhandenen Fehler und Fehldeutungen aufdecken und neue, bessere Dokumente in die Debatte einbringen werden. Die wichtigsten Datenserien und Archivmaterialien, die neben den amtlichen Statistiken und publizierten Dokumenten benutzt worden sind, sind zur leichteren Orientierung zu Beginn des Literaturverzeichnisses aufgelistet. Ein Hinweis dazu ist allerdings schon an dieser Stelle nötig: Der Anspruch dieses Buches, einer Perspektive »von unten« zu folgen, wäre leichter umzusetzen gewesen, wenn für alle drei Länder durchweg vergleichbare Sozialdaten zu den Sozialräumen der *classes populaires* vorgelegen hätten. Dies war jedoch nicht der Fall. So konnte nur für die Bundesrepublik Deutschland dank des Sozio-oekonomischen Panels (SOEP) systematisch ein Set von Daten generiert werden, das den Sozialraum, den Industriearbeiter und -arbeiterinnen zusammen mit ihren Partnern, Eltern und Kindern zwischen 1984 und 2001 gebildet haben, relativ umfassend abbildet.[22] Solche Datensätze standen für Frankreich und Großbritannien entwerder nicht für einen ähnlich langen Zeitraum oder nicht in vergleichbarer Informationsdichte zur Verfügung, weshalb immer wieder unterschiedlich generierte und strukturierte Datensätze darauf hin geprüft werden mussten, ob ein quantitativer Vergleich überhaupt sinnvolle Ergebnisse produziert.

22 Die dort gesammelten Daten zu mehr als 12 000 (west-, dann auch ost-)deutschen Haushalten seit 1984 liefern umfangreiche Informationen zur sozioökonomischen Lage, aber auch zu Lebensläufen und Einstellungen eines repräsentativen Querschnitts der deutschen Wohnbevölkerung. Aus diesem Gesamtbestand ist eine eigene Datenbank erstellt worden, die Informationen zu Arbeiterhaushalten in Westdeutschland 1984-2001 enthält. Darin sind die Informationen zu allen Haushalten (also auch Partnern und Kindern) gesammelt worden, die mindestens zehn Berufsjahre lang befragt worden sind und zu denen Arbeiter gehören, die mindestens während der Hälfte ihrer Berufsjahre diesen sozialversicherungsrechtlichen Status innehatten oder in dem vorausgegangenen oder folgenden Befragungsjahr arbeitslos geworden waren. Diese Datenbank enthält Daten von mehr als 3000 Personen aus Westdeutschland. Im Folgenden wird diese Datenbank zitiert als *Arbeiterhaushalte in Westdeutschland 1984-2001*. Zur Nutzung der Repräsentativerhebung des SOEP in der historischen Forschung siehe: Raphael Dorn, *Alle in Bewegung. Räumliche Mobilität in der Bundesrepublik Deutschland 1980-2010*, Göttingen 2018, S. 23-31.

I.

DIE VOGELPERSPEKTIVE

Drei nationale Arbeitsordnungen im Umbruch

1.

Industriearbeit in Westeuropa nach dem Boom: Die politökonomische Perspektive

Mitte der 1970er Jahre bildete die Gruppe der Industriebeschäftigten in den meisten Ländern Westeuropas die größte Statuskategorie in den amtlichen Statistiken. Zwischen 1975 und 2012 schrumpfte in Großbritannien und Frankreich die Zahl der industriellen Arbeitsplätze um die Hälfte, in der Bundesrepublik Deutschland um ein Viertel.[1] Der Anteil der Industriebeschäftigten an der erwerbstätigen Bevölkerung sank auf Werte zwischen 20 und 28 Prozent. Hinter diesen Zahlen verbergen sich tiefgreifende Veränderungen im wirtschaftlichen und gesellschaftlichen Gefüge. Nicht nur die Fabriken der »alten« Industrien, also Stahlwerke, Kohlezechen, Schiffswerften und Textilfabriken, verschwanden im Zuge des krisenbeschleunigten Strukturwandels, den Westeuropas produzierendes Gewerbe in den 1970er und 1980er Jahren erlebte, sondern der gesamte industrielle Sektor verlor an Gewicht, und in den meisten Branchen gingen die Beschäftigtenzahlen deutlich zurück. Viele der vormals dort Beschäftigten fanden nach ihrer Entlassung keine neue Stelle mehr, entsprechend stark war der Anstieg der Arbeitslosenquoten von Industriearbeitern, aber auch von Technikern und Ingenieuren in Westeuropa, vor allem in den Jahren 1975 bis 2000.

Deindustrialisierung, definiert als ein absoluter und/oder relativer Rückgang des industriellen Sektors (in Bezug auf Beschäftigung und/oder Wertschöpfung) der jeweiligen Volkswirtschaften,[2] kann

---

1 Michel Hau, »Introduction«, in: Jean-Claude Daumas u. a. (Hg.), *La désindustrialisation: une fatalité?*, Besançon 2017, S. 7-16, hier: S. 7.
2 Diese Definition folgt Royce Logan Turner, »Introduction«, in ders., *The British Economy in Transition. From the Old to the New?*, London, New York 1995, S. 1-22, hier: S. 10.

als krisenhafte Begleiterscheinung langfristiger Verschiebungen im Zuge des allgemeinen Wirtschaftswachstums und der Produktivitätssteigerungen in den westeuropäischen Ländern im langen 20. Jahrhundert verstanden werden. Als Wandel der Beschäftigungsstrukturen ist Deindustrialisierung aufs Engste mit der Steigerung der Arbeitsproduktivität in der gewerblichen Wirtschaft verbunden. Diese Produktivitätssteigerung schuf erst die Voraussetzungen für die Schaffung neuer Arbeitsplätze in den Sektoren Bildung und Wissenschaft, Gesundheit und öffentliche Verwaltung, die neben den unmittelbar industriebezogenen Bereichen wie Finanzdienstleistungen, Forschung und Entwicklung den Gesamtbereich des tertiären Sektors derart haben anwachsen lassen, dass dort heute mehr Menschen beschäftigt sind und ein größerer Anteil am Bruttoinlandsprodukt erwirtschaftet wird als in der Industrie. Dieser Prozess war und ist aber keineswegs linear verlaufen und von einheitlicher Struktur, wie es das in den 1930er und 1940er Jahren von Allen Fisher, Colin Clark und Jean Fourastié (unabhängig voneinander) entwickelte Drei-Sektoren-Modell postulierte. Charakteristisch für seinen Verlauf sind vielmehr regionale beziehungsweise nationale Varianten. Deindustrialisierung ist also keineswegs als Einbahnstraße zu verstehen, die überall auf demselben geraden Weg in eine »postindustrielle« Wirtschaft und Gesellschaft führt,[3] sondern die vielfältigen Dienstleistungen bleiben an einen »industriellen Kern gekoppelt«.[4]

Dass der tertiäre Sektor schneller wuchs als die Industrie, sein Anteil an der Wertschöpfung und an der Beschäftigung in den volkswirtschaftlichen Gesamtrechnungen der drei Länder also stieg, ist spätestens seit den 1960er Jahren zu beobachten. Dieser Trend hat dann in den drei Jahrzehnten zwischen 1970 und 2000 in Europa einen spektakulären Schub erfahren. In der Bundesrepublik etwa

---

3 Werner Plumpe, André Steiner, »Der Mythos von der postindustriellen Welt«, in: dies. (Hg.), *Der Mythos von der postindustriellen Welt. Wirtschaftlicher Strukturwandel in Deutschland 1960-1990*, Göttingen 2016, S. 7-14.

4 André Steiner, »Abschied von der Industrie? Wirtschaftlicher Strukturwandel in West- und Ostdeutschland seit den 1960er Jahren«, in: ebd., S. 15-54, hier: S. 52.

sank der relative Anteil des produzierenden Gewerbes an der Wertschöpfung von 53 Prozent 1960 auf 30 Prozent 2012. Anfang der 1980er Jahre lag der Dienstleistungssektor mit etwas mehr als 40 Prozent der Wertschöpfung noch gleichauf mit der Industrie.[5] Relativer Rückgang in der Wertschöpfung bedeutete in den drei hier untersuchten Ländern in diesem Zeitraum außer in den Rezessionsphasen keinesfalls absoluter Rückgang industrieller Wertschöpfung, sondern Abkoppelung von Wachstum und Beschäftigung. In Großbritannien geschah dies deutlich früher als in Frankreich und der Bundesrepublik. Während auf den Britischen Inseln bereits in den 60er Jahren industrielle Arbeitsplätze verloren gingen, setzte dieser Trend erst nach 1975 in Frankreich und der Bundesrepublik ein. Nun verschwanden durch Rationalisierungen nicht nur einzelne Arbeitsplätze, sondern ganze Betriebe, ja, einige Produktionszweige der gewerblichen Wirtschaft auf Nimmerwiedersehen. Mit den politischen Umbrüchen von 1989/1990 und dem Zusammenbruch der großen Industriekombinate der sozialistischen Planwirtschaften in der Transformationsphase beschleunigte sich dieser Prozess auch in den ehemals sozialistischen Industriegesellschaften Mittel- und Osteuropas.[6] Neben der früheren DDR bietet Großbritannien im europäischen Vergleich ein besonders krasses Beispiel für diese Verschiebung volkswirtschaftlicher Wertschöpfung und Beschäftigung vom sekundären zum tertiären Sektor, weil sie sich dort außerordentlich schnell vollzog und besonders tiefgreifend war. Das Ausmaß dieses Strukturwandels wird erst sichtbar, wenn man nach seinen Auswirkungen auf Arbeitsmärkte und Beschäftigungsstrukturen, auf die industrielle Produktion und auf die Veränderung des Kapitalismus in Westeuropa fragt.

---

5 Rainer Metz, »Volkswirtschaftliche Gesamtrechnungen«, in: Thomas Rahlf (Hg.), *Deutschland in Zahlen. Zeitreihen zur Historischen Statistik*, Bonn 2015, S. 186-199, hier: S. 192-196.
6 Siehe Philipp Ther, *Die neue Ordnung auf dem alten Kontinent. Eine Geschichte des neoliberalen Europa*, Berlin 2014.

Deindustrialisierung in Westeuropa

Zunächst einmal lässt sich festhalten, dass sich die konjunkturellen Rahmenbedingungen der Deindustrialisierung in Großbritannien, Frankreich und der Bundesrepublik kaum unterschieden. So erlebten alle drei Volkswirtschaften die Rezessionen der Jahre 1973 bis 1974, 1980 bis 1982, 1992 bis 1994 sowie 2000 bis 2001. Diese Konjunkturkrisen führten in den meisten Industriebranchen zu Produktionsrückgängen, hatten Pleiten, Betriebsstilllegungen, Personalabbau und Rationalisierungsmaßnahmen zur Folge. Gleichzeitig blieben die Wachstumsraten zwischen diesen Rezessionen niedriger als in der langen Wachstumsphase zwischen 1948 und 1973 und sanken von jährlichen Wachstumsquoten um drei Prozent in der zweiten Hälfte der 1970er Jahre auf knapp zwei Prozent in den 1990er Jahren.[7] Damit traten die westeuropäischen Industrien in eine neue Entwicklungsphase ein, in der die verschiedenen Industrieunternehmen unter einen vergleichbaren strukturellen Anpassungsdruck gerieten, und zwar einerseits durch die Entstehung des europäischen Binnenmarktes und andererseits durch die wachsende Konkurrenz außereuropäischer, vor allem ostasiatischer, aber auch nordamerikanischer Anbieter. Die Deindustrialisierung in Westeuropa ging also Hand in Hand mit dem Aufstieg anderer industrieller Standorte mit deutlich höheren Wachstumsraten. Aus einer globalgeschichtlichen Perspektive verschoben sich damit erstmals seit Beginn der industriellen Revolution im späten 18. Jahrhundert wieder Wachstumsraten und Wohlstandsvermehrung zugunsten der asiatischen Länder. Nach dem Aufstieg Japans rückten nun Südkorea, Taiwan, die Volksrepublik

---

7 Joachim Schild, Henrik Uterwedde, *Frankreich. Politik, Wirtschaft, Gesellschaft*, Wiesbaden ²2006, S. 144; Michael Kitson, »Failure followed by Success or Success followed by Failure? A Re-examination of British Economic Growth since 1949«, in: Roderick Floud, Paul Johnson (Hg.), *The Cambridge Economic History of Modern Britain*, Bd. III *Structural Change and Growth, 1939-2000*, Cambridge 2004, S. 27-56, hier: S. 33.

China und Singapur in den Kreis wichtiger Industrieproduzenten und -exporteure vor, gleichzeitig wurden weitere asiatische Länder – von Indonesien bis Pakistan – zu wichtigen Standorten insbesondere einer sich global vernetzenden Textilindustrie, aber auch anderer Industrien. Spiegelbildlich zum Rückgang der Industriebeschäftigung in Europa stieg deren Anteil in Asien relativ und absolut deutlich an, wie die drei Länderbeispiele in Tabelle 1.1. deutlich machen.

Land	1970er Jahre*		2001		2012	
VR China	69 450	17,2 %	162 337	22,3 %	232 410	30,3 %
Südkorea	1 936	18,3 %	5 928	27,5 %	6 134	24,6 %
Indonesien	4 736	8,9 %	17 015	18,7 %	k. A.	

* Zahlen zur VR China 1978, Südkorea 1972; Indonesien 1976.

Tabelle 1.1:
Industriebeschäftigte (einschließlich Baugewerbe) in Asien (in Mio.).[8]

Am Ende der hier untersuchten drei Jahrzehnte hatten sich in einem dynamischen und krisenhaften Anpassungsprozess neue weltweite Arbeitsteilungen zwischen den verschiedenen Industriestandorten etabliert. Vor allem zwei Faktoren haben deren globalen Wettbewerb strukturiert: Lohnkostenvorteile und staatliche Förderung. Technologisch einfache, aber arbeitsintensive Fertigungsprozesse wurden an Standorte verlagert, in denen die Lohnkosten besonders niedrig lagen, was insbesondere die Textil- und Bekleidungsindustrie zu einem sehr mobilen, weltweit agierenden Produktionsnetzwerk hat werden lassen.[9] Darüber hinaus haben die sogenannten Schwellenländer von staatlichen Förderpolitiken profitiert, so dass sich die Produktion von Containerschiffen, die Erzeugung von Massenstahl,

---

8   ILO, Statistics by sectors and countries, ⟨https://www.ilo.org/ilostat/⟩, zuletzt eingesehen am 2.11.2018.
9   Peter Dicken, *Global Shift. Reshaping the Global Economic Map in the 21ˢᵗ Century*, London u. a. ⁴2003, S. 317-354, ders., *Global Shift. Mapping the Changing Contours of the World Economy*, New York, London ⁶2011, S. 301-330.

aber auch die Herstellung von Elektrogeräten und Solarzellen dort wesentlich kostengünstiger bewerkstelligen ließen. In Nordamerika, Westeuropa oder Japan verblieben sind alte und neue Zweige einer technologieintensiven Qualitätsproduktion sowie die Zentren für Forschung, Entwicklung und Planung weltweit produzierender Industrieunternehmen und multinationaler Konzerne.

Wirtschaftswissenschaftler haben versucht die einzelnen Faktoren zu gewichten, die den Gesamtprozess der Deindustrialisierung in Westeuropa beeinflußt haben. Und auch wenn ihre Ergebnisse alles andere als unumstritten sind, vermitteln die von ihnen ermittelten Zahlen einen ersten Eindruck davon, welchen Einflussfaktoren besondere Bedeutung zukam. Die folgenden Zahlen sind für die französische Industrie im Zeitraum 1980 bis 2007 berechnet worden: Der erste Effekt betrifft die Beschäftigung und ist eigentlich nur ein statistisches Artefakt: Allein aufgrund der Tatsache, dass zahlreiche Aufgaben, die früher innerhalb von Industrieunternehmen erledigt worden waren, nach 1980 verstärkt an externe Unternehmen oder Tochtergesellschaften ausgelagert und dadurch statistisch dem Dienstleistungssektor zugerechnet worden sind, sank der relative Anteil der Industriebeschätigten um etwa 10 Prozent. Dieser Statistikeffekt »erklärt« ein Fünftel bis zu einem Viertel der Beschäftigungsverluste in der Industrie zwischen 1980 und 2007.[10] Ein weiteres Viertel der Arbeitsplatzverluste ergab sich aus Rationalisierungen und Produktivitätssteigerungen. Viel größere Schwankungen zwischen den Ländern sowie je nach gewählter Berechnungsmethode ergaben sich, wenn man die Effekte kalkulieren will, die sich aus der ausländischen Konkurrenz beziehungsweise der Verlagerung der Industriestandorte ins Ausland ergeben haben. Für Frankreich

---

10 Entsprechend wären die Zahlen der amtlichen Statistik zu korrigieren, um eine realistische Einschätzung der Bedeutung des Industriesektors in den drei untersuchten Ländern zu erhalten. Zahlen für Frankreich bietet: Lilas Demmou, »Le recul de l'emploi industriel en France entre 1980 et 2007. Ampleur et principaux déterminants: un état des lieux«, in: *Economie et statistique* 438-440 (2010), S. 273-296, hier: S. 275.

schwanken die Berechnungen je nach Methode zwischen 13 und 40 Prozent. Der externe Wettbewerbsfaktor, gern mit dem Schlagwort »Globalisierung« belegt, entwickelte sich keineswegs gleichmäßig über den Untersuchungszeitraum und parallel in den drei Ländern. Wirtschafts- und währungspolitische Entscheidungen, aber auch der Zugang vor allem kleinerer und mittlerer Industrieunternehmen zu Kreditmärkten beinflussten die Wettbewerbsbedingungen inländischer Industriebetriebe. Generell lässt sich festhalten, dass es westdeutschen Industriebetrieben häufiger als ihren britischen und französischen Konkurrenten gelang, sich gegenüber ausländischer Konkurrenz zu behaupten, so dass der externe Wettbewerbsfaktor weniger stark ins Gewicht fiel als in den beiden anderen Ländern.[11]

Diese Globalisierungsprozesse sind außerdem untrennbar mit der Bildung eines europäischen Wirtschaftsraums und Binnenmarktes verknüpft. Globalisierung wurde durch Europäisierung auf regionaler Ebene ganz wesentlich koordiniert und reguliert. Man darf nicht vergessen, dass die Europäische Kommission keineswegs eine schlichte Freihandelspolitik betrieb, sondern in einer ganzen Reihe multi- oder bilateraler Handelsabkommen Einfuhrquoten, -zölle und weitere Handelsbeschränkungen für ausländische Industrieimporteure aushandelte und so europäische Anbieter auf dem Binnenmarkt vor der internationalen Konkurrenz schützte. Häufig geschah dies in Form schrittweiser Öffnung, wodurch für die europäischen Unternehmen Zeit gewonnen werden sollte, sich auf die Konkurrenz einzustellen. Dies betraf neben der Stahlbranche vor allem die gesamte Textilindustrie, die durch eine ganze Serie von Abkommen über fast drei Jahrzehnte vor der direkten Konkurrenz vor allem aus den asiatischen Ländern geschützt wurde und so Nischen für die eigene Produktion entwickeln konnte.[12] Auch erfolgreichere oder neu

11 Lionel Nesta, »Désindustrialisation ou mutation industrielle?«, in: *Economie et statistique* 438-440 (2010), S. 297-301, hier: S. 298f.
12 Zum Beispiel das Multifiber-Abkommen aus dem Jahr 1973 und das Uruguay-Abkommen der GATT von 1995.

entstehende europäische Industriezweige wie die Automobilindustrie oder die Halbleiterproduktion wurden so zumindest partiell vor den Effekten der Globalisierung geschützt.[13] Und selbst der Abbau der erheblichen Überkapazitäten in der europäischen Stahlindustrie wurde innereuropäisch geregelt, nämlich mittels des Plans des damaligen EU-Kommissars Davignon, der die hiesigen Produzenten vor externen Wettbewerbern (einigermaßen) schützte, interne Quoten und Produktionsabsprachen vorsah und den nationalen Protektionismen Grenzen setzte.[14]

Die Liberalisierung von Märkten aller Art – Waren, Dienstleistungen, Kapital – wurde dann seit den 1990er Jahren ein wesentliches Programmziel der Europäischen Kommission, die zu einer Wortführerin der neuen »Deregulierungsphilosophie« wurde. Konkret ging es darum, die Finanzbranche zu stärken, indem entsprechende rechtliche und administrative Hemmnisse zum Beispiel beim Kapitaltransfer abgebaut wurden. Der europäische Wirtschaftsraum wurde nach und nach den neuen neoliberalen Regeln angepasst, wie sie bereits in den USA, aber auch in einigen postkommunistischen Staaten Osteuropas sowie in vielen Schwellen- und Entwicklungsländern galten.[15]

Die Einrichtung des einheitlichen europäischen Wirtschaftsraums 1992 führte dazu, dass außereuropäische Industriekonzerne Niederlassungen in Ländern der EU errichteten oder strategische Partnerschaften mit europäischen Firmen eingingen, um so auf dem europäischen Binnenmarkt präsent zu sein. Dies betraf vor allem US-amerikanische, kanadische und japanische Unternehmen, in

13 Siehe Dicken, *Global Shift. Reshaping the Global Economic Map*, S. 337, S. 338 u. S. 339.
14 Vgl. Yves Mény u. a. (Hg.), *The Politics of Steel. Western Europe and the Steel Industry in the Crisis Years (1974-1984)*, Berlin 1987; Karl Lauschke, *Die halbe Macht. Mitbestimmung in der Eisen- und Stahlindustrie 1945 bis 1989*, Essen 2007, S. 231-330.
15 Ther, *Die neue Ordnung auf dem alten Kontinent*; Andreas Wirsching, *Der Preis der Freiheit. Geschichte Europas in unserer Zeit*, München 2012, S. 236-241 u. S. 250-260.

den 1990er Jahren dann aber auch solche aus Taiwan und Südkorea. Schwerpunkte waren die Automobilindustrie sowie die Bereiche Unterhaltungselektronik und Informationstechnologie. Zum Beispiel stieg die Zahl der Niederlassungen japanischer Firmen in den drei untersuchten Ländern vor allem in den 1980er Jahren rasant an und verdreifachte sich bis zum Jahr 2000.[16] Gleichzeitig bauten viele westdeutsche, französische und britische Firmen ihre Präsenz in europäischen Nachbarländern aus, gründeten dort ihrerseits Tochterfirmen oder kauften einheimische Unternehmen dazu. Im Ergebnis stieg der Anteil ausländischer Firmen oder sich mehrheitlich in ausländischem Besitz befindender Unternehmen in den Industrien der drei Länder kontinuierlich an.

Vor allem in Großbritannien und Frankreich wuchs der Anteil ausländischer Industrieunternehmen in den 1980er und 1990er Jahren, so dass 1997 knapp 18 Prozent der Beschäftigten in Großbritannien und gut 28 Prozent in Frankreich in solchen Unternehmen beschäftigt waren.[17] Die bundesrepublikanischen Zahlen lagen zu diesem Zeitpunkt noch deutlich niedriger bei sieben Prozent der Beschäftigten. In allen drei Ländern machten europäische Firmen den Löwenanteil aus, gefolgt von US-amerikanischen und japanischen Firmen, beide besonders stark in Großbritannien vertreten.

Seit der Jahrtausendwende hat sich dieser Trend zur Internationalisierung der Unternehmen weiter beschleunigt, befeuert durch die zunehmende Internationalisierung der Märkte für Industriegüter aller Art und die Liberalisierung der Finanzmärkte. Der Erwerb von Unternehmen oder Fabriken und Werken im Ausland ist zum wichtigen Bestandteil der Geschäftsstrategien institutioneller Anleger und global operierender Konzerne geworden. Der britische Wirtschaftsjournalist und Unternehmenshistoriker Nicholas Comfort hat die

---

16 Von 229 im Jahr 1985 erfassten Niederlassungen bzw. Tochtergesellschaften in Großbritannien, Frankreich und der BRD auf 841 im Jahr 2000. Siehe Tony Elger, Chris Smith, *Assembling Work. Remaking Factory Regimes in Japanese Multinationals in Britain*, New York 2005, S. 88, Tab. 3.1.

17 OECD, *Measuring Globalisation*, Bd. 1, Genf 2001, S. 107, S. 108, S. 345 u. S. 351.

industrieökonomischen Entwicklungen in seinem Land während der Jahre 1997 bis 2012 unter die Formel *selling up and selling out* gebracht.[18] Frankreich entwickelte sich ebenfalls zu einem beliebten Land für internationale Kapitalanleger, insbesondere aus den USA, aber auch aus der Bundesrepublik. Gerade mittlere Industrieunternehmen, die sich in den Anpassungs- und Innovationskrisen seit 1975 behaupten wollten, sahen sich gezwungen, den Schritt zur Internationalisierung zu machen und Werke beziehungsweise Firmen im Ausland zu erwerben oder neu zu gründen. So baute beispielsweise Trumpf, ein mittelständisches Unternehmen des westdeutschen Werkzeugmaschinenbaus, systematisch über Vertriebs-, Service- und Produktionsstandorte seine internationale Marktpräsenz aus. Nach der Schweiz und den USA, wo bereits 1963 und 1969 Tochterunternehmen gegründet worden waren, folgten Großbritannien, Japan und Frankreich in den 1970er Jahren, bevor dann bis Mitte der 1990er Jahre Niederlassungen in Brasilien, Schweden, Spanien, Österreich, Singapur, Tschechien und Malaysia folgten. Neun der insgesamt 17 Niederlassungen im Ausland waren auch Produktionsstandorte.[19] 20 Jahre später, 2017, verzeichnet die Homepage des Unternehmens für alle Sparten (Lasertechnik, Elektronik, Elektrowerkzeuge, Werkzeugmaschinen) 10 Standorte in der Bundesrepublik, 36 in Europa (davon drei in Großbritannien und zwei in Frankreich), 15 in Asien sowie elf in Nord- und Südamerika, Afrika und im Nahen Osten.[20] Die geographische Verteilung dieses erfolgreichen mittelständischen Unternehmens, das vor allem Industriefirmen mit Maschinen versorgt, zeigt anschaulich, wie stark sich die heimische

18 Nicholas Comfort, *The Slow Death of British Industry. A Sixty-Year Suicide, 1952-2012*, London 2013, S. 172.
19 Ulrich Jürgens, Hans Klingel, »Internationalisierung als Struktur und Strategie im Werkzeugmaschinenbau – Das Beispiel der Firma Trumpf«, in: Pamela Meil (Hg.), *Globalisierung industrieller Produktion. Strategien und Strukturen*, Frankfurt/M. u. a. 1996, S. 27-56, hier: S. 32.
20 Siehe *Filigran* 2016, Geschäftsbericht der Trumpf-Gruppe für 2016, ⟨https://www.trumpf.com/de_DE/unternehmen/trumpf-gruppe/geschaeftsbericht/⟩, zuletzt eingesehen am 13.5.2017.

Industrieproduktion in den vergangenen Jahrzehnten internationalisiert hat. Deindustrialisierung auf nationaler Ebene war also aufs Engste mit der Neuverteilung von Produktionsstandorten und dem Erfolg beziehungsweise Misserfolg von Industrieunternehmen in sich europäisierenden und internationalisierenden Märkten verbunden. Jenseits unternehmensbezogener Unterschiede lassen sich markante nationale Divergenzen feststellen. Sie haben dem Prozess in allen drei Ländern bei allen Gemeinsamkeiten ganz spezifische Konturen gegeben.

In Großbritannien schrumpfte bereits in der zweiten Hälfte der 1970er und den frühen 1980er Jahren der Anteil des produktiven Gewerbes an Wertschöpfung und Beschäftigung drastisch. Zwischen 1972 und 1982 gingen 1,89 Millionen (oder 24 Prozent der) Industriearbeitsplätze verloren. Der Trend hielt auch die nächsten zehn Jahre an: Bis 1992 verschwanden nochmals 1,457 Millionen Arbeitsplätze (wiederum 24 Prozent), erst in den 1990er Jahren schwächte sich dieser Trend ab: Zwischen 1992 und 2002 ging die Beschäftigtenzahl im Industriesektor nur noch um 544 000 Beschäftigte zurück (13 Prozent).[21] Die britische Industrie wurde also deutlich kleiner, auch wenn es in einem zweiten Schritt (beginnend in den 1980er Jahren und dann vor allem in den 1990er Jahren) zu Investitionen vor allem ausländischen Kapitals in britische Industrieunternehmungen kam. Kaum eine Industriesparte blieb von dieser Zäsur verschont, nicht nur die »traditionellen« oder »alten« Industrien wie Textil, Bergbau, Stahl und Schiffsbau verschwanden, sondern auch typische Branchen des Nachkriegsbooms wie die Automobilbranche und die Konsumgüterindustrie waren von dieser umfassenden Deindustrialisierung betroffen. 2007, am Ende unseres Untersuchungszeitraums lag der Anteil des Industriesektors an der nationalen Wertschöpfung bei 14,5 Prozent und damit gehörte Großbritan-

---

21 Hierbei handelt es sich um meine eigenen Berechnungen auf der Basis der ILO-Datenbank zur industriellen Beschäftigung. Die dortigen Zahlen beruhen wiederum auf amtlichen Schätzungen, siehe ⟨https://www.ilo.org/global/statistics-and-data bases/lang–en/index.htm⟩, zuletzt eingesehen am 2.1.2019.

nien zu den Ländern mit dem kleinsten Industriesektor innerhalb der europäischen Union.[22]

In Frankreich war die Industrie zu keinem Zeitpunkt so dominant wie in Großbritannien. Auf dem Höhepunkt der vor allem in der Nachkriegszeit und in der Fünften Republik betriebenen Politik der Industrialisierung waren dort 38,6 Prozent der Beschäftigten tätig.[23] Der industrielle Sektor schrumpfte zwischen 1972 und 1982 deutlich langsamer als nördlich des Ärmelkanals. In Frankreich gingen in diesem Zeitraum 394000 Arbeitsplätze verloren (7,2 Prozent); im darauf folgenden Jahrzehnt, also zwischen 1982 und 1992, vertiefte sich dieser Prozess dann zu einem Minus von 754000 Arbeitsplätzen (15 Prozent), um sich zwischen 1992 und 2002 wieder abzuschwächen: minus 401000 (9,4 Prozent).[24] Während die französische Stahlindustrie nach 1982 einen erheblichen Rückgang an Kapazitäten und Arbeitsplätzen hinnehmen musste, blieben Automobil-, Chemie- und Pharmabranche weitgehend erhalten. Im Ergebnis prägte sich die bereits vor 1970 erkennbare dualistische Struktur der Industrie weiter aus: Auf der einen Seite findet sich eine kleine Zahl von hochproduktiven, kapital- und forschungsintensiven Großunternehmen, auf der anderen Seite eine vor allem mittelständische Industrie, die weitaus anfälliger als ihre deutschen Pendants für die internationale Konkurrenz war.[25] Bei der Suche nach den Ursachen für die unterschiedlichen Erfolgsbilanzen kleiner und mittlerer Industrieunternehmen sehen sich Wirtschaftswissenschaftler gezwungen, komplexe Bündel historischer und gesellschaftlicher Faktoren als mögliche Erklärungen zu akzeptie-

---

22 OECD (2018), Wertschöpfung nach Sektoren, Doi: 10.1787/79b17a51-fr, zuletzt eingesehen am 2.11.2018.

23 Diese Zahl stammt vom Statistikamt der Europäischen Union.

24 Erneut meine eigenen Berechnungen auf der Basis der ILO-Datenbank zur industriellen Beschäftigung. Ebenfalls amtliche Schätzungen verarbeitet Jean-Louis Dayan, »L'emploi en France depuis trente ans«, in: Olivier Marchand (Hg.), L'emploi, nouveaux enjeux, Paris 2000, S. 17-24, hier: S. 20.

25 Vgl. als Überblick: Schild, Uterwedde, Frankreich., S. 138-218.

ren. Dabei spielen vor allem regionalspezifische Kombinationen von Unternehmensnetzwerken und Eigentumsstrukturen, von Arbeitsqualifikationen und Arbeitskulturen eine wichtige Rolle. Aus gesellschaftshistorischer Perspektive werde ich auf diese Spezifika noch zu sprechen kommen, und zwar in den Kapiteln 7 und 8, wo ich Folgen und Begleiterscheinungen der Deindustrialisierung auf der Mikro- und Mesoebene in den Blick nehme.

Wie in Großbritannien liegen die relativen Ausgangszahlen industrieller Beschäftigung in der Bundesrepublik höher, und auch hier kam es zunächst zu einem dramatischeren Verlust als im Nachbarland links des Rheins: Zwischen 1972 und 1982 gingen in der Bundesrepublik 1,235 Millionen Arbeitsplätze verloren (13,5 Prozent), die Verluste in den 1980er und 1990er Jahren lagen dann bei 11 beziehungsweise 12 Prozent und damit auf einem mit Frankreich vergleichbaren Niveau.[26] Wie dort kann man hier bestenfalls von einer Teilkrise des industriellen Standorts, genauer jedoch von einem beschleunigten und krisengetriebenen Strukturwandel aller Branchen sprechen. Nur wenige Industriezweige und Standorte verschwanden fast vollständig: Textil, Schiffsbau, Bergbau und Stahlerzeugung waren die am stärksten betroffenen Branchen. Typisch für die BRD war jedoch, dass andere Branchen – Automobil-, Chemie-, Pharma- und Maschinenbauindustrie – in den 1970er und 1980er Jahren einen profunden Umstrukturierungsprozess durchliefen, aus dem sie jedoch alles in allem hinsichtlich ihrer Positionen in der sich globalisierenden industriellen Arbeitsteilung gestärkt hervorgingen.

Im Verlauf dieses langanhaltenden Schrumpfungsprozesses industrieller Arbeitsplätze in den drei Ländern kam es auch zu einer

---

26 Die Vergleichszeiträume der französischen und britischen Datenreihen der ILO können wegen der Wiedervereinigung für die Bundesrepublik nicht herangezogen werden. Wieder handelt es sich hier um meine eigenen Berechnungen auf der Grundlage der ILO-Datenbank für 1972 und 1982 für die erste Phase und der Daten des Statistischen Bundesamts für 1980, 1990 und 2000 für die zweite und dritte Phase.

Verschiebung der internen Gewichte zwischen den unterschiedlichen Industriezweigen. Die folgende Tabelle zeigt in einer Momentaufnahme für das Jahr 1989 die sechs beschäftigungsstärksten Branchen in den drei Ländern.

	Bundes-republik	Groß-britannien	Frankreich
Elektroindustrie	1 195 (1.)	491 (2.)	528 (2.)
Maschinenbau	1 141 (2.)	485 (3.)	448 (3.)
Automobilbau	982 (3.)	289 (6.)	358 (5.)
Chemie (inkl. Pharma)	635 (4.)	331 (5.)	312 (6.)
Lebensmittel	633 (5.)	568 (1.)	611 (1.)
Textil & Bekleidung	442 (6.)	467 (4.)	379 (4.)
Anteil an den Industrie-beschäftigten	5 028 = 60,2 %	2 631 = 53,8 %	2 636 = 54,1 %

Tabelle 1.2:
Industriebranchen nach Beschäftigtenzahl 1989 (in Tausend).[27]

In Tabelle 1.2 sind sechs Großsektoren erfasst, in denen in allen drei Ländern die breite Mehrheit der Industriebeschäftigten arbeitete. In den drei größten Branchen der Bundesrepublik (Elektroindustrie, Maschinen- und Automobilbau) arbeiteten dreimal so viele Menschen wie in ebendiesen Branchen in Frankreich oder Großbritannien. Hier schlägt sich die anhaltende Exportstärke dieser westdeutschen Industrien nieder. Allein die beiden Branchen Textil/Bekleidung und Lebensmittel weisen in allen drei Ländern Beschäftigungszahlen derselben Größenordnung auf. Nach dem dramatischen Abbau der Arbeitsplätze in der Stahlindustrie sowie im Schiff-

27 Daten für Großbritannien und die Bundesrepublik nach Mary O'Mahony, Karin Wagner, *Wechselndes Glück: eine Studie zum Produktivitätswachstum der britischen und deutschen Industrie über drei Jahrzehnte*, Berlin 1994, S. 59 u. S. 60. Daten für Frankreich aus: *Annuaire statistique de la France*, 95 (1990), Tab. 2.01, Population active, S. 105.

und im Bergbau hatten mit der Elektro-, der Lebensmittel- und Textil/ Bekleidungsindustrie drei klassische Konsumgüterbranchen auch in Frankreich und Großbritannien als wichtige Arbeitgeber überlebt. Die Tabelle verdeutlicht, dass es Schlüsselsektoren gibt, die das Profil industrieller Arbeit in dieser Umbruchphase geprägt haben. Es ist nicht die immer im Mittelpunkt des öffentlichen Interesses stehende Automobilbranche, welche hier den ersten Platz beanspruchen darf, sondern die viel mehr Mitarbeiter beschäftigende Elektroindustrie. Nach wie vor produzierten Arbeiterinnen und Arbeiter in den drei Ländern Haushaltsgeräte – Waschmaschinen, Staubsauger, Trockner, Farbfernseher, Videogeräte und Telefone –, meist für den europäischen Binnenmarkt, aber auch für den Export in Drittländer.

Wie lässt sich nun diese Momentaufnahme aus dem Jahr 1989 in die Entwicklungsdynamik der industriellen Umstrukturierungen einordnen, die während der drei Jahrzehnte von 1970 bis 2000 vollzogen wurden? Mir scheinen acht Aspekte hervorzustechen:

(1) In allen drei Ländern verloren die traditionsreichen Branchen der Eisen- und Stahlproduktion sowie der Kohleförderung ihre zentrale Rolle sowohl für die nationale Wirtschaftsleistung als auch für die Beschäftigungsstruktur (siehe Abb. 1.1). In Großbritannien und der Bundesrepublik verschwand zugleich auch der regional hochkonzentrierte Schiffbau als eine weitere traditionell wichtige Branche.

(2) In allen drei Ländern behaupteten sich die vor allem für den nationalen und dann europäischen Binnenmarkt produzierenden Branchen: die Nahrungsmittelindustrie, die Elektrogeräteherstellung, schließlich auch die Bekleidungs- und Textilindustrie (aber unter erheblichen Beschäftigungsrückgängen). Dabei profitierten die Lebensmittel- und Getränkeindustrie von dem weiteren Industrialisierungsschub des europäischen Agrarsektors, der sich hinter den Schutzmauern des europäischen Agrarprotektionismus vollzog. Die Entstehung des europäischen Binnenmarktes, die Durchsetzung zuerst der Supermärkte, dann der Discounter veränderte zugleich tiefgreifend die Marktbedingungen in diesen Branchen. Auch hier setz-

ten sich, verstärkt seit den 1990er Jahren, einige multinationale Groß-unternehmen (wie Kraft, Danone, Nestlé, Unilever) als Marktführer durch, aber insgesamt blieb dieser Industriezweig durch Betriebe kleiner oder mittlerer Größe geprägt. Gleichzeitig gewannen mit der Unternehmenskonzentration im Lebensmittelhandel einige Groß-unternehmen eine marktbeherrschende Stellung und kontrollierten zunehmend die Produktionsbetriebe.

(3) Die in den 1960er und 1970er Jahren in allen drei Ländern kontinuierlich expandierende Automobilindustrie geriet nachfolgend in eine Phase erheblicher Konjunkturschwankungen, in der es zu einer tiefgreifenden Umstrukturierung der Produktionsprozesse, aber auch der Produktpalette und des Marketings kam.[28] Die britische Automobilindustrie verlor, sieht man vom Segment der Luxus- und Nischenprodukte (Sport- und Rennwagen) ab, ihre Selbständigkeit und ist seit den 1990er Jahren fast vollständig durch japanische, amerikanische, französische und deutsche Konzerne sowie deren Zulieferbetriebe dominiert.[29] Großbritannien blieb jedoch ein wichtiger Standort für die sich internationalisierenden Automobilkonzerne, da neben den amerikanischen Konzernen Ford und General Motors (GM) auch Nissan, Toyota und BMW seit den 1980er Jahren dort produzierten. In Frankreich verlor die vor allem auf dem Binnenmarkt erfolgreiche heimische Automobilbranche erhebliche Marktanteile an die japanische und deutsche Konkurrenz, konnte sich aber in den 1980er Jahren durch entsprechende Zusammen-schlüsse und Restrukturierungen stabilisieren. Peugeot fusionierte zunächst mit Citroën, absorbierte dann Ende der 1970er Jahre Chrysler Europe und festigte auf dieser Grundlage Platz zwei unter Frankreichs Autobauern hinter Renault. Der Staatskonzern Renault bewältigte die Rezessionen 1973/74 und 1980-82 durch strategische Kooperationen mit Fiat und Peugeot und dann dauerhaft durch

28 Ingo Köhler, *Auto-Identitäten. Marketing, Konsum und Produktbilder des Automobils nach dem Boom*, Göttingen 2018.
29 Pascal Brocard, Carole Donada, *La chaîne de l'équipement automobile*, Paris 2003, S. 13-46.

die Übernahme des japanischen Automobilunternehmens Nissan. Im Ergebnis überflügelten die französischen Automobilkonzerne Peugeot und Renault die britische und italienische Konkurrenz und platzierten sich Anfang des 21. Jahrhunderts erfolgreich unter den Weltmarktführern. Dieser Erfolg brachte es auch mit sich, dass Frankreich ein wichtiger Standort für die Zulieferindustrie geblieben ist und französische Unternehmen wie Valeo (75 000 Beschäftigte in 24 Ländern) und Faurecia (50 000 Beschäftigte) Anfang der 2000er Jahre durch Zukäufe und Neugründungen in den Kreis multinationaler Anbieter für den kleinen Club der globalen Automobilkonzerne aufgestiegen sind.[30] Noch erfolgreicher behauptete sich die bundesrepublikanische Automobilindustrie in den turbulenten Umstrukturierungsjahren, ja, sie erlangte eigentlich erst ab den späten 1970er Jahren ihre international führende Stellung im Hochpreissegment des Marktes, vor allem in Konkurrenz zu den japanischen Automobilkonzernen. Mit VW, Daimler und BMW überlebten drei westdeutsche Konzerne die Fusionen und Übernahmen dieser Phase, gleichzeitig blieben mit Opel-GM, Ford und Peugeot weitere Schwergewichte am Industriestandort Deutschland präsent.

(4) In allen drei Ländern behaupteten sich die Industriezweige Chemie und Pharmazie. Sie waren durch marktführende Großunternehmen (BASF, Bayer, Hoechst oder Merck in der Bundesrepublik; Rhône-Poulenc, Roussel Uclaf, L'Oréal in Frankreich, Beecham/Glaxo, Imperial Chemical Industries, Courtaulds, BP und Shell Chemicals in Großbritannien) geprägt, die bereits vor 1970 zu multinationalen Konzernen herangewachsen waren und vor allem Anteile auf dem wachsenden und umsatzstarken nordamerikanischen Markt zu erwerben suchten.[31] Die Chemiebranche erlebte

---

30 Ebd., S. 31f.
31 Christian Marx, »Der Aufstieg multinationaler Konzerne. Umstrukturierungen und Standortkonkurrenz in der westeuropäischen Chemieindustrie«, in: Anselm Doering-Manteuffel u. a. (Hg.), *Vorgeschichte der Gegenwart. Dimensionen des Strukturbruchs nach dem Boom*, Göttingen 2016, S. 197-216; Christian Marx, Mor-

eine Kosten- und Absatzkrise ihrer traditionell starken Produktions-segmente wie der erdölbasierten Grundstoffchemie und der Kunst-faserproduktion im Anschluss an die Rezessionen 1973/74 und 1980 bis 1982, welche die Energiekosten in die Höhe trieben und die in-ternationale Konkurrenz verschärften. Werkschließungen, Produk-tionsverlagerungen und Personalabbau waren die Folge. In allen drei Ländern kam es im Verlauf der 1980er und 1990er Jahre dann zu erheblichen Umbauten in den Konzernstrukturen mit Fusionen, feind-lichen Übernahmen und der Aufspaltung von Großkonzernen. Am Ende löste sich der historisch gewachsene Zusammenhang einer auf der internen Verwertung chemischer Forschung profitierenden Ver-bundchemie weitgehend auf zugunsten neuer technologisch aus-differenzierter und ökonomisch getrennter Teilbranchen wie Life Sciences, Grundstoffchemie und Farbproduktion. Nur die BASF bildete hierzu eine gewichtige Ausnahme.[32]

(5) Nur in der Bundesrepublik überstand der Sektor des Werk-zeugmaschinen- und Anlagenbaus die Rezessionen und den ver-schärften internationalen Wettbewerb, während britische und franzö-sische Anbieter wenn überhaupt, dann nur in spezialisierten Nischen überlebten.[33] Die oben kurz dargestellte internationale Expan-sion des westdeutschen Werkzeugmaschinenunternehmens Trumpf steht exemplarisch für den Aufstieg der sogenannten *hidden cham-*

---

ten Reitmayer, »Zwangslagen und Handlungsspielräume. Der Wandel von Pro-duktionsmodellen in der westdeutschen Chemieindustrie im letzten Drittel des 20. Jahrhunderts«, in: *Archiv für Sozialgeschichte* 56 (2016), S. 297-334.

32 Christian Marx, »Between National Governance and the Internationalisation of Business. The Case of Four Major West German Producers of Chemicals, Pharma-ceuticals and Fibres, 1945-2000«, in: *Business History* 27 (2017), S. 1-30; Jürgen Kädtler, »German Chemical Giants' Business and Social Models in Transition. Fi-nancialisation as a Management Strategy«, in: *Transfer* 15 (2009), S. 229-249.

33 Ralf Ahrens, »Eine alte Industrie vor neuen Herausforderungen. Aufbrüche und Niedergänge im ost- und westdeutschen Maschinenbau seit den 1960er Jahren«, in: Plumpe/Steiner (Hg.), *Der Mythos von der postindustriellen Welt*, S. 55-119; Mike Geddes, Anne Green, »Engineering: Company Strategies and Public Policy in an Industry in Crisis«, in: Turner (Hg.), *The British Economy in Transition*, S. 123-141.

pions,[34] also von Weltmarktführern für hochspezialisierte Produkte, häufig Maschinen für die verschiedensten Industriebranchen. In vielen Fällen handelte es sich um »mittelständische« Unternehmen mittlerer Größe, die sich vielfach in Familienbesitz befanden (und noch befinden).

(6) In allen drei Ländern, die zugleich wichtige Mitglieder der NATO waren und sind, behaupteten sich die Rüstungs- und Luftfahrtindustrien nicht zuletzt durch staatliche Aufträge, aber auch Exportgeschäfte.

(7) Am Beginn des 21. Jahrhunderts arbeiteten anteilsmäßig mehr Industriebeschäftigte als 30 Jahre vorher in Industriebetrieben mit weniger als 500 Beschäftigten. In allen drei Ländern nahm das Gewicht der Beschäftigtenzahlen mittlerer und kleiner Unternehmen zu. Die lange Wachstumsphase der Großfabriken mit mehr als 1000 Beschäftigten war mit den 1970er Jahren zu Ende gegangen. Tabelle 1.3. zeigt diesen Trend für Großbritannien und die Bundesrepublik.

Für Frankreich sind keine entsprechenden Zahlenreihen für die 70er und 80er Jahre verfügbar. Daten für die 90er Jahre zeigen aber einen entsprechenden Trend bei einem insgesamt größeren Beschäftigungsanteil von gewerblichen Klein- und Mittelbetrieben (hier: Größenklasse 10-199 Beschäftigte). Zwischen 1990 und 2000 nahm deren Anteil an den Industriebeschäftigten um weitere 1,4 Prozent auf 54,3 Prozent zu.[35]

Die Gründe für diese Trendumkehr weg von den Großbetrieben waren in allen drei Ländern gleich: Rationalisierungen ließen die Belegschaften schrumpfen, Auslagerungen von Produktionseinheiten und Abteilungen reduzierten die an einem Ort zusammengeballte Kombination von Kapital und Arbeit, neu gegründete Betriebe blieben vielfach eher im Bereich mittlerer Beschäftigungszahlen.

34 Hermann Simon, *Die heimlichen Gewinner (Hidden Champions). Die Erfolgsstrategien unbekannter Weltmarktführer*, Frankfurt/M. [5]1996.
35 *Annuaire statistique de la France* 104 (1999), S. 125.

	10-19	20-49	50-99	100-199	200-499	500-999	>1000
	Großbritannien						
1973	3,3	8,0	8,9	11,8	20,3	15,2	32,6
1985	5,7	10,3	10,7	14,1	21,0	15,0	23,0
1994	6,8	13,3	13,0	16,3	22,3	12,7	15,7
	Bundesrepublik Deutschland						
1972	9,3	8,8		30,2		13,9	37,8
1984		8,5	9,8	12,1	18,7	13,3	37,5
1994	3,4	21,2		47,8			31,3

Tabelle 1.3:
Industriebeschäftigte in Großbritannien und der Bundesrepublik Deutschland
nach Betriebsgrößen.[36]

Die organisatorischen Experimente auf Unternehmensebene wiederum verlagerten Einzelentscheidungen und Teilverantwortungen in Abteilungen oder Tochterfirmen, so dass im Gesamtbild die Großfabrik als abstrakter Bezugspunkt industrieller Arbeitsbeziehungen an Bedeutung verlor. Kleinere und mittlere Unternehmen fanden leichter passende Nischen durch schnelle und geschmeidige Anpassung an eine sich verändernde Nachfrage; dies galt für die Möbel- sowie die Textil- und Bekleidungsindustrie. Branchen mit traditionell hohem Anteil kleiner und mittlerer Unternehmen gewannen relativ an Bedeutung; dies gilt etwa für den Maschinenbau in der Bundesrepublik.[37] Und schließlich ließen die Managementstrategien der Großunternehmen mit ihren Konzepten der

36 Angaben in Prozent der Beschäftigten: eigene Berechnungen nach *Statistisches Jahrbuch für die Bundesrepublik Deutschland 1976*, S. 234, 235; *Statistisches Jahrbuch für die Bundesrepublik Deutschland 1987*, S. 176, 177, *Statistisches Jahrbuch 1996 für die Bundesrepublik Deutschland*, S. 206, 207; *Annual Abstracts of Statistics*, 113 (1976), S. 169; 123 (1987), S. 123; 131 (1995), S. 115.
37 Ulrich Widmaier (Hg.), *Der deutsche Maschinenbau in den neunziger Jahren*, Frankfurt/M., New York 2000.

lean production und des *outsourcing* die Zahl beziehungsweise die Auftragsvolumina und damit die Größe von Zuliefererbetrieben anwachsen.

(8) Gleichzeitig schritt aber die Kapitalkonzentration weiter voran. Großkonzerne, Holdings oder ausländische Finanzinvestoren wurden in diesen Jahrzehnten immer häufiger Eigentümer ehemals selbständiger Klein- und Mittelbetriebe, viele Fabriken existierten nur noch als Tochterfirmen großer multinationaler Konzerne oder waren Eigentum von Holdinggesellschaften, und ihr Management war in seinen unternehmerischen Strategien keineswegs autonom. Doch dieser Prozess ist angesichts komplexer Kapitalbeziehungen und Eigentumsverhältnisse weniger transparent und dementsprechend sind die statistischen Angaben auf diesem Gebiet zwischen den Ländern kaum zu vergleichen. Für Frankreich weisen die amtlichen Wirtschaftsstatistiken zwischen 1983 und 2000 einen klaren Trend hin zur Konzentration aus bei erheblichen Unterschieden zwischen den einzelnen Branchen. Auf der einen Seite standen hochkonzentrierte Industrien wie der Automobilbau. Dort beschäftigten die vier umsatzstärksten Unternehmen 1983 50 Prozent, 2000 67 Prozent der Beschäftigten des gesamten Sektors. Ähnliche Zahlen finden sich für die Luftfahrtindustrie oder die Elektronikindustrie. Auf der anderen Seite existierten Branchen wie der Maschinenbau, wo die vier umsatzstärksten Unternehmen 1983 nur 9 Prozent, 2000 dann 16 Prozent aller Beschäftigten der Branche beschäftigten. In der Textil- und Bekleidungsindustrie lag der Anteil der vier umsatzstärksten Unternehmen auch im Jahr 2000 weiter unter 10 Prozent.[38] Vergleichbare Zahlen liegen auch für die Bundesrepublik vor. Dort berechnete das Statistische Bundesamt die Beschäftigtenanteile der jeweils sechs umsatzgrößten Unternehmen pro Branche: Neben hochkonzentrierten Branchen wie der Automobilindustrie (56 Prozent der Beschäftigten 1984, 57,5 Prozent 2000) waren auch östlich des Rheins der Maschinenbau, die Textilindustrie oder Bekleidungsbran-

---

38 *Annuaire statistique de la France* 89 (1986), S. 346; 106 (2001), S. 437.

che viel stärker durch mittlere Unternehmensgrößen geprägt.[39] Das Zeitalter der vernetzten Unternehmen brach an und es entstanden komplexe Hierarchien von Zulieferern und Endherstellern, von Servicebetrieben und Großkonzernen. Dazu sorgte die neue Unternehmensphilosophie des Shareholder-Value dafür, dass klar voneinander getrennte *profit center* geschaffen wurden, deren Profitraten präzise zu kalkulieren waren und nicht mehr in der Gesamtrechnung eines Großbetriebs untergingen. Natürlich setzten die stofflichen und technischen Bedingungen industrieller Produktion weiterhin die entscheidenden Eckpunkte für diesen übergreifenden Trend.

Neue Technologien industrieller Produktion

Technologisch sind die fraglichen Jahrzehnte eindeutig geprägt durch die Ausbreitung computergestützter Kommunikation und Datenspeicherung, die wiederum numerische Steuerungssysteme in immer größerer Zahl und in immer kleinteiligerem Format ermöglichten. Die besondere Pointe der neuen IT-Techniken lag darin, dass sie nicht nur im Bereich der Fertigung große Rationalisierungschancen eröffneten, sondern zugleich auch in der Organisation der Industrieunternehmen sowie in ihren Beziehungen zu Kunden, Lieferanten und Behörden weitreichende Strukturveränderungen angeschoben haben.

Bekanntlich reicht die Geschichte des Computers bis ins 19. Jahrhundert zurück, aber erst die Entwicklung der Mikroelektronik und das Aufkommen des Mikroprozessors 1971 gaben den Startschuss zu den informationstechnologischen Innovationen, die seitdem in rascher Folge die Rahmenbedingungen industrieller Unter-

---

39 Textilbranche 1984: 11,2 %, 2000: 5,6 %; Bekleidung 1984: 12,5 %, 2000: 13 %; Maschinenbau 1984: 9,2 %, 2000: 6,2 %. Siehe *Statistisches Jahrbuch für die Bundesrepublik Deutschland* 1986, S. 170; 2002, S. 190.

Abbildung 1.1:
Bernd und Hilla Becher, Hochofen, Homecourt, Lorraine, F 1980.
© *Estate Bernd & Hilla Becher, vertreten durch Max Becher;*
courtesy Die Photographische Sammlung/SK Stiftung Kultur –
Bernd und Hilla Becher Archiv, Köln, 2019.

Bernhard und Hilla Becher sind die wichtigsten zeitgenössischen Künstler, die sich mit der Deindustrialisierung auseinandergesetzt haben. Bereits in den 1960er Jahren begriffen sie die Industriebauten als etwas, das verschwinden wird. Sie dokumentierten zahllose Fabrikbauten, gerade auch in Westdeutschland, Frankreich und Großbritannien. Ohne dass dies ihrer Absicht entsprach, nahmen sie mit ihren Fotografien jenen romantisierenden Blick vorweg, der später die Wahrnehmung der Industriekultur mitprägen wird. Dass auf vielen ihrer Fotografien keine Arbeiter zu sehen sind, hatte zwar rein künstlerische Gründe, bildet aber zugleich ein sozialhistorisches Faktum ab: Auch die Arbeiter gehören der Vergangenheit an.

nehmungen fundamental veränderten.[40] Die nächste Entwicklungs-
stufe wurde dann mit der Verbreitung des Intra- beziehungsweise
Internets und den sich daraus ergebenden weiteren Verknüpfungen
innerhalb und zwischen Unternehmen Mitte der 1990er Jahre er-
klommen.

Die Liste der technischen Innovationen in diesen Jahrzehnten ist
lang. Spektakulär waren zweifellos die neuen Industrieroboter, die
in den Fertigungshallen Schweißer, Lackierer und Montagearbeiter
ersetzten, in der Lebensmittel- und Getränkeindustrie Packerinnen
und Lagerarbeiter. Der schwedische Hersteller ASEA präsentierte
1974 den ersten industriellen Lackierroboter, der vollständig durch
Mikroprozessoren gesteuert wurde (siehe Abb. 1.2).

Ebenso spektakulär waren die technologiebedingten Neuerungen
in den Planungs- und Entwurfsabteilungen. Das rechnergestützte
Konstruieren (Stichwort: CAD-Programme) profitierte von der IT-
Revolution dieser Zeiten und wanderte binnen weniger Jahre von
den Großrechnern über die *workstations* der beginnenden 1980er
Jahre in die PCs. Nach und nach wurden immer mehr Aspekte des
Konstruktionsprozesses industrieller Fertigung »computerisiert« –
von der geometrischen Modellierung über das Berechnen und Si-
mulieren bis hin zur Übergabe an die Herstellung beziehungsweise
Fertigung. Für die seit den 1980er Jahren zu beobachtende enorme
Beschleunigung auf diesem Gebiet sei nur ein Beispiel genannt: das
französische Luftfahrtunternehmen Dassault hatte im Jahr 1967
mit der Entwicklung computergestützter Konstruktionsprogramme
begonnen, war bis 1981 zum Marktführer aufgestiegen und vermark-
tete das eigene Programm Catia seit 1981 zusammen mit dem US-
Marktführer IBM. Waren es 1985 400 Nutzer, die mit Catia arbeiteten, so sprang diese Zahl zehn Jahre später auf 4000.[41] Parallel dazu
veränderte der Einzug von NC/CNC-Maschinen die Maschinen-

40 Manuel Castells, *Das Informationszeitalter. Wirtschaft, Gesellschaft, Kultur*, Opladen 2001, Bd. 1: *Der Aufstieg der Netzwerkgesellschaft*, S. 31-82.
41 Arndt Neumann, *Unternehmen Hamburg. Eine Geschichte der neoliberalen Stadt*,
   Göttingen 2018, S. 198.

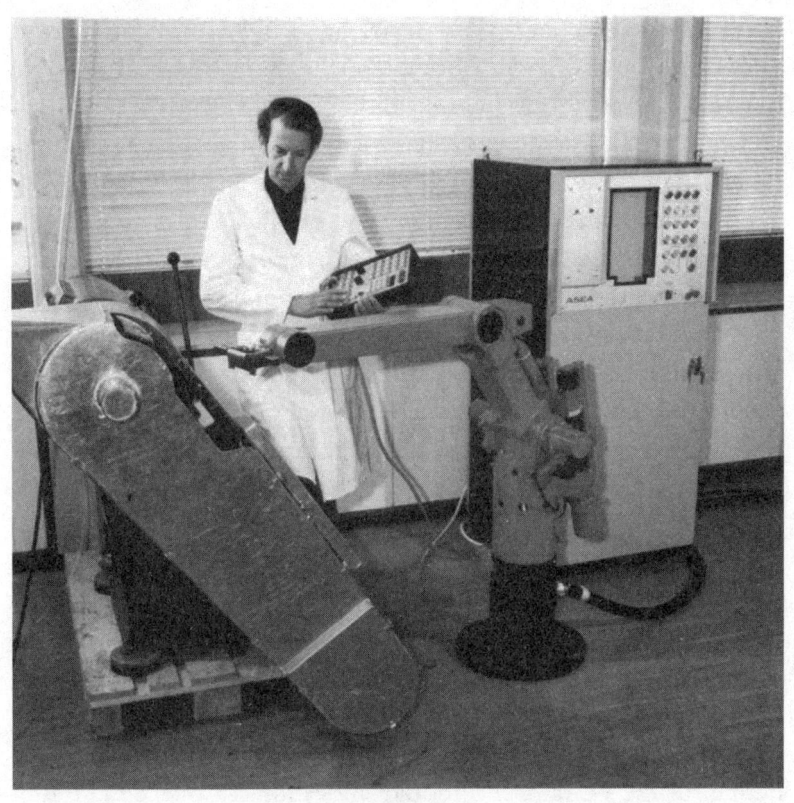

Abbildung 1.2:
Der erste Industrieroboter von ASEA (später ABB) mit
seinem Erfinder Björn Weichbrodt.
© *ABB, Friedberg.*

Im Jahr 1973 stellte das schwedische Unternehmen ASEA seinen ersten Industrieroboter IRB 6 der Öffentlichkeit vor. Entwickelt hatte ihn der Ingenieur Björn Weichbrodt, der auf dieser Fotografie zu sehen ist. Ein Mikroprozessor des US-amerikanischen Halbleiterherstellers Intel ermöglichte die Steuerung. In den folgenden Jahrzehnten durchdrang die Automatisierung immer weitere Bereiche der industriellen Produktion. Damit verloren ungelernte Arbeiter ihre einst zentrale Stellung.

parks industrieller Hersteller grundlegend. Diese Maschinen sind durch den Einsatz moderner Steuerungstechnik in der Lage, Werkstücke mit hoher Präzision auch für komplexe Formen automatisch herzustellen. Stück für Stück reduzierte sich dadurch die ständige Betreuung der Fertigung durch Hilfspersonal, in vielen Serienfertigungen wurden bald nur noch wenige Arbeiter direkt an den Maschinen eingesetzt, da die Steuerungen ausreichend Möglichkeiten boten, sogar die Qualitätskontrolle vollautomatisch in den Fertigungsprozess zu integrieren. Zugleich wuchsen die Komplexität der Überwachungs- und Wartungsaufgaben und der Bedarf an Facharbeitern, die im Umgang mit diesen Maschinen ausgebildet waren. Erhebungen in der westdeutschen Maschinen- und Investitionsgüterindustrie kamen zu dem Ergebnis, dass die neuen Maschinen Ende der 1970er Jahre nur in maximal 10 Prozent der Betriebe eingesetzt wurden, sie sich dann in den 1980er Jahren rasant verbreiteten, bis Mitte der 1990er Jahre mit einem Verbreitungsgrad von gut 70 Prozent in der Investitionsgüterindustrie und über 80 Prozent im Maschinenbau eine erste Sättigungsschwelle erreicht wurde.[42]

Die neuen Möglichkeiten elektronischer Steuerung und Unterstützung maschineller Fertigung schufen zugleich auch die Spielräume für die vielfältigen Produktinnovationen, welche die Rationalisierungswellen in den westeuropäischen Industrieunternehmen begleitet haben und für die Weiterentwicklung der Industriestandorte in den drei untersuchten Ländern eine überragende Bedeutung hatten. Die krisengeschüttelte Stahlindustrie liefert dafür ein schlagendes Beispiel. Dort kam es im Verlauf der langen Absatzkrise 1974 bis 1985 zu einer umfassenden Modernisierung der Produktionsverfahren. 1988 waren die meisten der patentierten und registrierten 2500 Stahlsorten nicht älter als sechs Jahre.[43]

Die digitale Revolution umfasste wie gesagt alle Unternehmens-

---

42 Widmaier, *Der deutsche Maschinenbau in den neunziger Jahren*, S. 119.
43 Uwe Jürgenhake, Beate Winter, *Neue Produktionskonzepte in der Stahlindustrie: Ökonomisch-technischer Wandel und Arbeitskräfteeinsatz in der Eisen- und Stahlindustrie und seine Auswirkungen auf die Arbeitsorganisation und -gestaltung sowie*

bereiche, auch Planung, Verwaltung und Marketing. Ein wesentliches Element war dabei die zentrale Erfassung und Auswertung aller Daten, die wiederum den Weg öffnete zu Rationalisierungsmaßnahmen in allen Bereichen. Die Kontrolle durch Kennziffern und die Steuerung durch direkte Erfassung aller Betriebsabläufe führten dazu, dass das Dokumentationswesen weiter ausgebaut und standardisiert worden ist. Qualitätsnormen, beispielweise ISO 9000, hinterließen tiefe Spuren im Arbeitsalltag der neuen digitalisierten Fabriken.[44]

Im Ergebnis eröffneten die technischen Revolutionen dieser Jahrzehnte ganz neue Möglichkeiten der »flexiblen Automatisierung«. Schnell stellte sich heraus, dass die Gestaltung der Produktionsprozesse und der betrieblichen Kommunikation keinesfalls von den Vorgaben der neuen Technologien determiniert war, ganz im Gegenteil: Es war eine »Entkoppelung von Technik, betrieblicher Organisation und Arbeitsgestaltung«[45] zu beobachten. Die neuen Informations- und Kommunikationstechniken erlaubten sowohl eine weitere Zerteilung der Arbeitsabläufe nach Taylors Rezeptur als auch eine Integration von Aufgaben und Arbeitsschritten. Entsprechend breit ist das Spektrum der Lösungen, die bei der Einführung der EDV-gestützten Maschinen und Systeme gewählt worden sind, und entsprechend komplex und vielfältig waren die Auswirkungen auf die Gestaltung der konkreten Tätigkeiten von Industriearbeitern. Dies ist ein Grund, warum in den Kapiteln 5 und 6 noch einmal genauer den Spuren nachgegangen wird, welche die digitale Revolution in den Arbeitsprozessen und den Wissensordnungen der industriellen Arbeitswelten Westeuropas hinterlassen hat. Denn das Spektrum der Möglichkeiten wurde von den Industrieunternehmen

die betriebliche Aus- und Weiterbildung, Dortmund 1992, S. 65-106, Zahlenangabe: S. 68.

44 Franck Cochoy u. a., »Comment l'écrit travaille l'organisation: le cas des normes ISO 9000«, in: *Revue francaise de sociologie* 39 (1998), S. 673-699.

45 Günter Spur u. a., *Automatisierung und Wandel der betrieblichen Arbeitswelt*, Berlin 1993, S. 144.

in den drei Ländern, um die es hier exemplarisch geht, in sehr unterschiedlicher Weise genutzt und vielfach bestimmten auch pragmatische Verfahren à la *trial and error* die Umgangsweise mit den neuen technologischen Möglichkeiten. Auch mit Blick auf die Branchen war die Zahl der Varianten sehr groß und viele Faktoren spielten dabei eine Rolle: die Stile und Traditionen betrieblicher Kooperationen zwischen Belegschaft und Management, die konkrete Wettbewerbssituation, das Qualitätsprofil der Belegschaft, aber auch branchenspezifische Traditionen der Arbeitsorganisation. Als entsprechend unzuverlässig haben sich deshalb alle zeitgenössischen Prognosen über Großtrends erwiesen.

Eindeutiger waren dagegen die Effekte der digitalen Informationstechnologien auf der Ebene der Unternehmensorganisation. Die nun möglich gewordene Kombination von größerer Flexibilität in der Produktion und besserer Kontrolle der Kosten wurde von vielen Unternehmen genutzt, um dem Problem anhaltender Verluste beziehungsweise niedriger Profite zu begegnen. Die Fähigkeit, schneller Informationen auszutauschen und überhaupt zu kommunizieren, erleichterte wiederum die Auslagerung ganzer Abteilungen oder Fertigungsschritte. Sowohl die vertikalen Hierarchien als auch die horizontalen Funktionsgliederungen in Unternehmen standen mit der Einführung der Computertechnologien auf dem Prüfstand. Die bereits skizzierten Prozesse des *outsourcing* und der Übertragung von Gewinnerwartungen an einzelne Werke oder Unternehmensteile realisierten ebenfalls Optionen, welche die Informationstechnologien boten. Hier wird die Verzahnung höherer Renditeerwartungen der Kapitaleigner auf den Finanzmärkten mit den technologischen Optionen zur Verknüpfung ganzer »Wertschöpfungsketten« über Ländergrenzen hinweg besonders deutlich.

Der Konkurrenz- und Preisdruck sorgte dafür, dass in allen westeuropäischen Industriebranchen die Auslagerung von Fertigungsschritten und der Zukauf von Zwischenprodukten und Dienstleistungen strategische Bedeutung für die Weiterentwicklung der eigenen Produktpalette und Produktionsabläufe gewann, und auch bei diesem Prozess spielte die Informationstechnologie eine signifikante Rolle. In der Automobilindustrie verlief er besonders spektakulär und ist hier besonders gut dokumentiert. So nutzte die Branche Anfang der 2000er Jahre bereits zu 93 Prozent Verfahren des elektronischen Datenverkehrs, insbesondere für die Abwicklung von Aufträgen zwischen Zulieferern und Herstellern, was zur Folge hatte, dass die großen Zulieferer die Lieferzeiten für benötigte Teile verkürzen und die Hersteller die eigene Lagerhaltung weiter reduzieren konnten.[46] Hatten noch zu Beginn der 1970er Jahre die großen Automobilbauer etwa 60 Prozent der Wertschöpfung in Eigenregie vollzogen, lag diese Quote am Beginn des neuen Jahrhunderts nur mehr zwischen 20 und 30 Prozent. Entsprechend wichtig wurde die Zuliefererindustrie, die ihrerseits wiederum hierarchisch gestaffelt war: in diejenigen Betriebe, welche direkt die Automobilkonzerne belieferten, und in die Firmen in der zweiten Reihe, die hauptsächlich für einen oder mehrere solcher Zulieferbetriebe mit direktem Zugang zu den Automobilkonzernen arbeiteten.[47]

Ich fasse zusammen: Der Trend zu Industriebetrieben mittlerer Größe hängt aufs Engste mit der Revolution der Informations- und Kommunikationstechnologien zusammen; sie hat die Entstehung solcher Unternehmenshierarchien, Unternehmensnetzwerke oder Unternehmenscluster wie in der Automobilbranche, die alle im Herstellungsprozess komplexer Industrieprodukte eng miteinander zusammenarbeiten, erst möglich gemacht. Die Ansprüche an Produktqualität, Lieferpünktlichkeit und Zahlungsfähigkeit stiegen zwischen den Unternehmen entsprechend an und mit ihnen die Ansprüche an wechselseitige Verlässlichkeit und Qualitätskontrolle.

---

46 Brocard/Donada, *La chaîne de l'équipement automobile*, S. 145.
47 Ebd., S. 87.

Geldwertstabilität, Industriesubventionen und Privatisierungen

Die Krisen der etablierten Industriebranchen und der Großbetriebe sowie der technologische Wandel schufen ab Mitte der 1970er Jahre Problemlagen, allen voran anhaltend hohe Arbeitslosenzahlen, auf welche die Wirtschaftspolitik in allen drei Ländern reagieren musste. Regulierungen auf europäischer Ebene ersetzten keineswegs den Handlungsbedarf auf nationaler und regionaler Ebene, zumal erst in den 1990er Jahren mit der Schaffung des gemeinsamen europäischen Wirtschaftsraums entsprechende Regelungskompetenzen auf die Europäische Kommission übertragen wurden.[48] Von Anfang an standen die Regierungen vor dem Dilemma, zwischen lang- und mittelfristigen wirtschaftspolitischen Zielen, kurzfristigem industriepolitischen Stabilisierungsbedarf und kurz- wie mittelfristigen sozialpolitischen Interventionen einen Ausgleich zu finden. Bereits diese Zielspannungen erklären, warum in allen drei Ländern immer wieder pragmatische Lösungen gesucht wurden. Eingebettet war die konkrete Wirtschaftspolitik aber in programmatische Neuorientierungen, mit denen die Regierungen Westeuropas die Strukturprobleme der »großen Inflation« der langen 1970er Jahre – hohe Inflationsraten, die Rezession 1973/74 und 1980-82 und steigende Arbeitslosigkeit sowie eine wachsende Staatsverschuldung – zu überwinden suchten.[49]

In allen drei Ländern kam es in den Jahren der Rezession 1980 bis 1982 zu Regierungswechseln, welche zeitgenössisch auch als Kurswechsel in der Wirtschafts- und Industriepolitik wahrgenommen wurden. In Großbritannien begann mit dem Wahlsieg der Tories

---

48 Gerold Ambrosius, *Wirtschaftsraum Europa. Vom Ende der Nationalökonomien*, Frankfurt/M. 1996.
49 Stefan Eich, Adam Tooze, »The Great Inflation«, in: Anselm Doering-Manteuffel u. a. (Hg.), *Vorgeschichte der Gegenwart. Dimensionen des Strukturbruchs nach dem Boom*, Göttingen 2016, S. 173-196.

im Mai 1979 eine lange Phase konservativer Regierung (bis 1997), die insbesondere in der Ära Thatcher bis 1990 einen scharfen und nachhaltigen Kurswechsel in der Wirtschaftspolitik herbeiführte. Programmatisch versprach die neue Regierungschefin einen Bruch mit den bisherigen Gepflogenheiten in der Wirtschafts- und Währungspolitik: die Inflation sollte nicht mehr durch Lohnabkommen und Preiskontrollen, sondern durch eine Politik des knappen und teuren Geldes bekämpft werden. Der Verzicht auf weitere Staatshilfen für Industrieunternehmen in der Krise und die Ankündigung der Regierung, Privatisierungen öffentlicher Unternehmen in großem Stil einzuleiten, waren weitere Schritte, welche klarmachten, dass es Margaret Thatcher und ihrem Kabinett ernst war mit einem Kurswechsel.

In Frankreich kam es knapp zwei Jahre später zum politischen Machtwechsel. Als im Frühjahr 1981 der Sozialist François Mitterrand zum französischen Staatspräsidenten gewählt wurde und in den anschließenden Parlamentsneuwahlen die Linksparteien die Mehrheit errangen, schien es so, als würde damit die seit 1968 immer wieder heraufbeschworene Option eines wirtschaftspolitischen Systemwechsels möglich. Während in Großbritannien die Regierung die Privatisierung ihrer Staatsbetriebe ankündigte, kam es in Frankreich zur Nationalisierung zahlreicher Großbetriebe, mit dem Ergebnis, dass 20 Prozent der Industriebeschäftigten nun direkt oder indirekt vom Staat beschäftigt wurden. Dieser Kurswechsel fiel aber mit dem weltweiten Konjunktureinbruch 1980 bis 1982 zusammen, der Frankreichs Industrie und Wirtschaft massiv traf. Firmenpleiten, Werkstilllegungen und Produktionsrückgang führten zu Massenentlassungen und katapultierten die offiziellen Arbeitslosenzahlen auf mehr als zwei Millionen (Stand Dezember 1982).[50] Gleichzeitig verschlechterte sich die außenwirtschaftliche Lage dramatisch, der Franc musste dreimal abgewertet werden und das französische Au-

---

50 Jean-Jacques Becker, Pascal Ory, *Crises et alternances (1974-1995)*, Paris 1998, S. 297.

ßenhandelsdefizit verdoppelte sich innerhalb eines Jahres.[51] Dieser Krisenverlauf macht verständlich, warum die Wirtschafts- und Sozialpolitik der »linken« Anfangsjahre in vielen ihrer Aspekte eine Episode geblieben ist, die rasch durch den Kurswechsel Ende März 1983 hin zu einer strikten Sparpolitik und zur Stabilisierung des Franc revidiert wurde. Damit wurden zugleich jeder expansiven Industriepolitik die Grundlagen entzogen und die gerade getätigten Verstaatlichungen wirkten noch stärker als schon zuvor wie Erhaltungssubventionen.

Die Bundesrepublik erlebte 1982 ihren Regierungswechsel, als die FDP die bisherige sozialliberale Regierung aufkündigte und mit der CDU/CSU eine neue Koalition einging, der ganz ähnlich wie den britischen Tory-Regierungen eine lange Zukunft (bis 1998) bevorstand. Dem Kanzlerwechsel von Helmut Schmidt zu Helmut Kohl war aber bereits ein längerer Richtungsstreit innerhalb der sozialliberalen Koalition um die Schwerpunkte der Wirtschafts- und Sozialpolitik vorausgegangen, der zu Sparmaßnahmen im Sozialhaushalt und Korrekturen der Industriepolitik geführt hatte.

Für alle drei neuen Regierungen änderten sich die währungspolitischen Rahmenbedingungen für ihre Industriepolitik. Mit der in den späten 1960er Jahren beginnenden großen Inflation war das System fester Wechselkurse mit dem US-Dollar als Leitwährung zusammengebrochen. Bereits seit 1974 setzten die deutschen Bundesbank und einige andere Notenbanken, dann ab 1979 auch die US-Notenbank den Primat der Geldwertstabilität durch und leiteten so das Ende einer langen Inflationsphase ein. Sie hatte in Frankreich und Großbritannien zweistellige Jahreswerte erreicht und war zum wirtschafts- und währungspolitischen Problem Nummer 1 geworden.[52] Steigende Zinsen und hohe Wechselkurse des US-Dollars veränderten seit den frühen 1980er Jahren die Profitmargen von Industrieunternehmen massiv mit ganz unterschiedlichen Auswirkun-

---

51 Ebd., S. 294.
52 Eich/Tooze, »The Great Inflation«, S. 188-191.

gen. Unterschiede in den währungspolitischen und wirtschaftspolitischen Rahmenbedingungen der drei Länder übten einen erheblichen Einfluss auf das Ausmaß und die Folgen des sich von Ende der 1970er bis Mitte der 1980er Jahre vollziehenden ersten Deindustrialisierungsschubs aus. Bis zur Einführung des Euros 1999 beziehungsweise 2003 blieb die Wettbewerbssituation der Industrieunternehmen aller drei Länder abhängig vom Wechselkurs ihrer Landeswährungen und damit von der Währungspolitik der Regierungen und nationalen Notenbanken. Vor allem zwischen 1979 und 1983 hatten währungspolitische Kurswechsel erhebliche Auswirkungen auf die Wettbewerbssituation der Industrieunternehmen auf den internationalen und europäischen Märkten. Der scharfe Antiinflationskurs der Bank of England seit Antritt der Regierung Thatcher beispielsweise hat die Lage britischer Unternehmen in der Rezession 1980 bis 1982 weiter verschlechtert, indem er deren Kreditkosten erhöhte und gleichzeitig britische Industrieprodukte aufgrund des steigenden Werts des britischen Pfunds auf den Exportmärkten verteuerte. Frankreich verfolgte zwischen 1981 und 1983 eine dem entgegengesetzte Politik keynesianischer Nachfragesteigerung in Verbindung mit weitreichenden Verstaatlichungen, kostenreichen Sozialreformen und mehrfacher Abwertung des Franc, scheiterte aber an der Krisenkonjunktur und der feindlichen Währungspolitik ihrer Nachbarn, insbesondere der deutschen und der schweizerischen Bundesbank. Der französische »Keynesianismus in einem Land« misslang und mit ihm der Versuch einer ambitionierten Industrie- und Technologiepolitik unter der Führung nationalisierter Industriesektoren. Nach knapp zwei Jahren sah sich die sozialistische Regierung zu einem radikalen Kurswechsel ihrer eigenen Währungspolitik gezwungen. Die stark exportorientierte westdeutsche Industrie überstand die Rezession der Jahre 1980 bis 1982 vor dem Hintergrund einer deutlich ruhigeren währungspolitischen Situation besser als ihre französische und britische Konkurrenz, da die Bundesbank bereits seit Mitte der 1970er Jahre für eine Politik der Währungsstabilität und damit auch für einen entsprechenden Anpassungsdruck gesorgt

hatte. Alle Industrieunternehmen mussten diesen währungspolitischen Rahmenbedingungen Rechnung tragen, sahen sich gezwungen,
ihre Kostenstrukturen den neuen strikteren Kreditbedingungen anzupassen und zugleich wettbewerbsfähige Preise anzubieten. »Qualitätsproduktion« und »High-Tech« wurden unter diesen neuen
Bedingungen zu Mantras des Industriemanagements – mit höchst
unterschiedlichem Erfolg, wie wir gesehen haben.

Welche Ergebnisse zeitigten die genannten Regierungswechsel in
den drei Ländern nun im Bereich der Industriepolitik? Ein Vergleich muss zunächst den unterschiedlichen Voraussetzungen Rechnung tragen, auf denen die jeweiligen wirtschaftspolitischen Interventionen beruhten: in Frankreich und Großbritannien waren
Mitte der 1970er Jahre erhebliche Teile der Industrieproduktion
in staatlicher Regie. In Frankreich waren dies vor allem der 1945
verstaatlichte Bergbau sowie die Unternehmen Renault (Autos),
SNECMA und Aérospatiale (beide Luft- und Raumfahrt), jenseits
des Ärmelkanals ebenfalls der Bergbau, aber es kamen mit den
Branchenkrisen der 1960er und 1970er Jahre weitere Sektoren
dazu: der größte Teil der britischen Stahlproduktion (seit 1967),
ein Teil des Schiffsbaus, schließlich mit Rolls-Royce und British
Leyland Filetstücke der nationalen Automobil- und Luftfahrtindustrie. In der Bundesrepublik war dagegen der Anteil staatlicher
Industrieunternehmen sehr klein (namentlich: der Stahlkonzern
Salzgitter AG, der Energiekonzern VEBA sowie partiell VW). Im
britischen Fall produzierten die staatlichen Unternehmen steigende Verluste, so dass industriepolitische Zielsetzungen immer wieder an finanzpolitische Grenzen stießen. Dies entwickelte sich auch
in Frankreich zu einem Problem nach der zweiten von der Regierung Mauroy initiierten Nationalisierungswelle. Die Verstaatlichung von Großkonzernen in der Elektro-, Chemie, Stahlindustrie war mit weitreichenden industriepolitischen Ambitionen unter
dem Schlagwort eines *redéploiment industriel* verbunden, sollte also
ganz im Sinne der gaullistischen Industriepolitik technologisch
innovative, international führende Großunternehmen hervorbrin-

gen.[53] Faktisch subventionierten in diesen Jahren und in allen drei Ländern die Regierungen vor allem die Krisenbranchen Stahl, Bergbau, Schiffbau und (in Großbritannien) Fahrzeugbau, sei es in Form von Direktinvestitionen in die nationalisierten Unternehmen, sei es in Form von Finanzhilfen für private Konzerne wie in der Bundesrepublik. Diese Erhaltungssubventionen dienten vorrangig der sozialverträglicheren Abwicklung von Werkschließungen und Massenentlassungen, ihre industriepolitischen Ziele langfristiger Stabilisierung erreichten sie allerdings nur in Ausnahmefällen. Diese Krisenkonstellation bereitete den Boden für den Rückzug des Staates aus seinen Industrieunternehmen. Programmatischer Vorreiter war hierbei erneut die Regierung Thatcher, die das Ziel der Privatisierung seit 1979 propagierte. Für die Industriebetriebe in Staatsbesitz – British Steel, National Coal Board, British Leyland – ergaben sich daraus ganz neue Zukunftsperspektiven, und die personellen Wechsel an der Spitze dieser Unternehmen sollten dies deutlich machen. Der Ende Dezember 1980 von Industrieminister Keith Joseph aus der US-amerikanischen Privatwirtschaft an die Spitze von British Steel berufene gebürtige Schotte Ian MacGregor leitete eine rigorose Sanierungspolitik ein, der bereits binnen eines Jahres 55 000 Arbeitsplätze zum Opfer fielen, die aber zu einer erfolgreichen Privatisierung der verbliebenen Werke führte. Nach dieser Mission wurde er 1983 an die Spitze der nationalen Kohleindustrie berufen, um auch sie fit für die Privatisierung zu machen, die aber erst 1994 vollzogen wurde.[54] Angesichts einer breiten Nachfrage auf den Anlagemärkten wurden in den 1980er Jahren in rascher Folge weitere Industrieunternehmen privatisiert: British Aerospace (1981), die staatseigenen Werften (1985), Rolls-Royce (1987) und British

---

53 Unter das Nationalisierungsgesetz vom 11.2.1982 fielen die Unternehmen CGE, Saint-Gobain, Péchiney Ugine Kuhlmann, Rhône-Poulenc, Thomson-Brandt sowie Usinor-Sacilor. Weitere Nationalisierungen betrafen die Rüstungskonzerne Dassault und Matra.
54 Comfort, *The Slow Death of British Industry*, S. 113, S. 118 u. S. 119.

Steel (1988).[55] Seit ebendieser Zeit rückte die Privatisierung staatlicher Unternehmen dann auch in Frankreich und der Bundesrepublik in den Mittelpunkt einer »modernen« Wirtschaftspolitik neoliberalen Zuschnitts. Besitzanteile wurden verkauft oder Unternehmen in staatlicher Hand wurden an die Börse gebracht. In der Bundesrepublik wurde das entsprechende Gesetz 1985 verabschiedet und führte zum Verkauf der Bundesanteile an VW und der Salzgitter AG sowie zur Privatisierung des VIAG-Konzerns bis zum Ende des Jahrzehnts.[56] In Frankreich begann die Privatisierungswelle ein Jahr später und zog sich bis zum Ende der 1990er Jahre hin. Sie betraf Saint-Gobain (privatisiert 1987), Rhône-Poulenc (1993), Thomson-Brandt (1998/2000), Usinor-Sacilor (1995), Renault (Teilprivatisierung 1999). Arbeitete 1985 etwa ein Fünftel der französischen Industriebeschäftigten in öffentlichen Unternehmen, so waren es 15 Jahre später nur noch zwei Prozent. Der Kurswechsel war markant und von Dauer: Der Staat zog sich aus der direkten Unternehmerrolle in der Industrie zurück. Wieder war Großbritannien Vorreiter: Dort sanken die staatliche Ausgaben für industrienahe Forschung oder die Direktinvestitionen in den 1980er und 1990er Jahren unter das Level in Deutschland und Frankreich,[57] wo die politischen Instanzen auf nationaler und regionaler Ebene ihre Politik der Industriesubventionierung und der Technologieförderung fortsetzten. Schließlich betrat in allen drei Ländern in den 1990er Jahren die europäische Regional- und Technologieförderung als wichtiger neuer industriepolitische Akteur die Bühne und ersetzte oder ergänzte nationale und/oder regionale Hilfsprogramme.

Dieser kurze Überblick macht deutlich, dass die Regierungen in den drei Ländern ihre wirtschaftspolitischen Spielräume zunächst in ganz unterschiedlicher Weise und mit je eigenen Zielsetzungen nutzten, bevor mit Privatisierung und Abkehr von industriezentrier-

55 Ebd., S. 123-145.
56 Andreas Wirsching, *Abschied vom Provisorium, 1982-1990*, München 2006, S. 256.
57 Nick von Tunzelmann, »Technology in Post-War Britain«, in: Floud/Johnson (Hg.), *Cambridge Economic History*, S. 299-331, hier: S. 304.

ten Investitionsprogrammen seit Mitte der 1980er Jahre wieder die Gemeinsamkeiten überwogen. In Großbritannien führte die neoliberale Schocktherapie der konservativen Regierung zwischen 1979 und 1982 zu einer Marktbereinigung, die Lücken in der nationalen Industriestruktur hinterließ, welche in der Folge nicht mehr geschlossen, sondern durch ausländische Importe gefüllt wurden. Kurzum: In Großbritannien war Deindustrialisierung maßgeblich das Ergebnis strategischer Entscheidungen einer Wirtschaftspolitik, welche die Zukunft des Landes in Dienstleistungen, vor allem im Bereich der internationalen Finanzwirtschaft sah. Folgerichtig galt das Mutterland der industriellen Revolution Ende der 1990er Jahre als Musterland einer postindustriellen Ökonomie mit fantastischen Wachstumsraten, sinkender Arbeitslosigkeit und einer »modernen« Branchenstruktur. Demgegenüber bremsten in Frankreich und der Bundesrepublik staatliche Industriepolitiken zunächst die Deindustrialisierungsprozesse in zentralen Sektoren der Volkswirtschaft kurzfristig ab, indem erhebliche Subventionen in die betroffenen Branchen geleitet wurden. Nach dem kostspieligen Scheitern der zunächst rein defensiven, vielfach nur kurz- beziehungsweise mittelfristig wirksamen Abwehrstrategie gegen Werksschließungen und Massenentlassungen investierten die Regierungen beider Länder wiederum erhebliche Summen in die Förderung industrieller Technologieprojekte und unterstützten sogenannte Zukunftstechnologien aus nationalem ökonomischem Interesse. Zusammenfassend lässt sich somit festhalten, dass sich »Deindustrialisierung« bei näherer Betrachtung keineswegs als ein einheitlicher Trend erweist, der im Untersuchungszeitraum länderübergreifend direkt und geradlinig in die postindustrielle Dienstleistungsgesellschaft führte. Vielmehr handelte es sich um einen Prozess, der die nationalen Unterschiede zwischen den hier betrachteten drei Volkswirtschaften zumindest partiell noch verstärkte.

Auf dem Weg in den Finanzmarktkapitalismus

Der Vergleich der ökonomischen Makroentwicklungen in Großbritannien, Frankreich und der Bundesrepublik Deutschland hat bereits erkennen lassen, dass jenseits nationaler wirtschafts- und währungspolitischer Besonderheiten die Industrien in den drei Ländern im Untersuchungszeitraum von übergreifenden Umbrüchen tangiert wurden, welche mehr oder weniger alle Aspekte unternehmerischen Handelns unter Veränderungsdruck setzten. Deindustrialisierung war Teil einer historischen Umbruchphase, in der die Spielregeln des Kapitalismus weltweit geändert wurden. Ökonomen und Wirtschaftshistoriker stimmen darin überein, die 1970er Jahre als Krisenphase jener Rahmenordnung zu deuten, die nach dem Zweiten Weltkrieg auf internationaler wie nationaler Ebene etabliert worden war.[58] Trotz unterschiedlicher Akzentsetzung bei der Beschreibung dieser Rahmenordnung besteht ein weitgehender Konsens darüber, dass diese geänderten Spielregeln neben währungs- und handelspolitischen Regelungen auf internationaler Ebene auch auf nationaler Ebene Grundmuster der Arbeitsbeziehungen, der Unternehmensorganisation und der politischen Interessenvertretung beeinflussten. Es entstand eine neuartige historische Formation des Kapitalismus, die nach dem Ende der sozialistischen Planwirtschaften und dem Aufstieg der asiatischen Industrienationen international viel breiter verankert war als ihre Vorgängerin. Historiker stehen Versuchen, die Geschichte des Kapitalismus in feinsäuberlich voneinander getrennte Phasen zu zerlegen, von Haus aus skeptisch gegenüber. Aber es spricht vieles dafür, den gegenwärtigen Kapitalismus und die Jahrzehnte seiner Genese von früheren Zuständen zu unterscheiden. Der Grund liegt darin, dass sich zentrale Spielregeln für die Anlage

---

58 Wolfgang Streeck, »The Crisis in Context: Democratic Capitalism and its Contradictions«, in: ders., Armin Schäfer (Hg.), *Politics in the Age of Austerity*, Cambridge 2013, S. 262-302.

von Kapital und für die Erwirtschaftung von Profit geändert haben. Unterschiedliche Namen sind für diese neue Konstellation im Zentrum der Kapitalakkumulation im Umlauf. Im Anschluss an die Überlegungen in meinem gemeinsam mit Anselm Doering-Manteuffel geschriebenen Essay *Nach dem Boom*[59] übernehme ich im Folgenden das Konzept des digitalen Finanzmarktkapitalismus, das von Autoren wie Paul Windolf, Christoph Deutschmann oder Jürgen Beyer entwickelt worden ist.[60] Die Konturen dieser neuen Formation wurden in den 1980er Jahren ausgehend von den USA zunächst in Großbritannien und dann auch in anderen westeuropäischen Ländern sichtbar, setzten sich aber im europäischen und internationalen Zusammenhang erst im Verlauf der 1990er Jahre und vollständig Anfang des 21. Jahrhunderts durch.[61] Die Interessen der Kapitaleigner, konkret der Aktionäre, an einer Maximierung ihrer Kapitalrenditen, an größerer Transparenz und besserer Kontrolle börsennotierter Großunternehmen wurden durch neue Akteure wie Investmentfonds, Analysten und schließlich Unternehmensberatungsfirmen durchgesetzt. Eine herausragende Rolle bei der Durchsetzung dieses Modells spielten die sogenannten institutionellen Anleger auf den internationalen Kapitalmärkten, also die Verwalter einerseits öffentlicher Kapitalanlagen etwa aus den Ölrenditen der OPEC-Länder oder aus amerikanischen Pensionsfonds, andererseits privater Kapitalien. Die Etablierung des Shareholder-Value-Prinzips als Hauptsäule unternehmerischen Handelns hatte weitreichende Folgen, denn der Ge-

---

59 Anselm Doering-Manteuffel, Lutz Raphael, *Nach dem Boom. Westeuropäische Zeitgeschichte seit 1970*, Göttingen [3]2011, S. 27 u. S. 71-74.
60 Siehe insbesondere die Beiträge in: Paul Windolf (Hg.), *Finanzmarkt-Kapitalismus. Analysen zum Wandel von Produktionsregimen*, Wiesbaden 2005; ähnlich die französische Regulationsschule: Michel Aglietta, *Le capitalisme de demain*, Paris 1998; Robert Boyer, *Économie politique des capitalismes. Théorie de la régulation et des crises*, Paris 2015; zur Kritik siehe zusammenfassend Michael Faust u. a., *Das kapitalmarktorientierte Unternehmen. Externe Erwartungen, Unternehmenspolitik, Personalwesen und Mitbestimmung*, Berlin 2011, S. 401-420.
61 Das Folgende nach Paul Windolf, »Was ist Finanzmarkt-Kapitalismus?«, in: ders. (Hg.), *Finanzmarkt-Kapitalismus*, S. 20-57.

schäftserfolg hing nun davon ab, dass intransparente Verflechtungs-strukturen zwischen Großunternehmen, aber auch zwischen einzel-nen Firmen und ihren Hausbanken und Hauptaktionären offen-gelegt und aufgelöst wurden, dass Transparenz über profitable und unrentable Geschäftszweige hergestellt wurde und vor allem: dass der Aktienkurs zum Goldstandard der Unternehmensphilosophie erhoben wurde. Unternehmen hatten von nun an auf der »Bühne der Bonität« zu bestehen.[62]

Märkte entstanden, auf denen ganze Firmen gehandelt wurden, und insbesondere börsennotierte Unternehmen begannen, sich an den neuen Standards des internationalen Finanzmarktes auszurich-ten, vor allem indem sie entsprechende Renditeerwartungen für ihre Aktionäre formulierten. Nicht zuletzt die großen Industrieunternehm-men mussten sich nach und nach auf die Kapitalmärkte umstellen, wo langfristige Gewinnerwartungen aufgrund bisheriger Erfolge al-lein nicht mehr ausreichten, um Kapitalanleger und Aktienbesitzer zufriedenzustellen. Branchenübergreifend gewannen kurz- und mit-telfristige Renditeerwartungen, also das Prinzip der Profitmaximie-rung, an Bedeutung – mit direkten Auswirkungen auf die eigenen Finanzierungsmöglichkeiten. Das Risiko der feindlichen Übernah-me und der Zerlegung von Unternehmen in profitable und nicht-profitable Bestandteile wurde zum scharfen Schwert dieses Finanz-marktkapitalismus, dessen Existenz allein genügte, um bei vielen die Anpassung an dessen Spielregeln zu initiieren – die durch exor-bitant steigende Managergehälter und Bonuszahlungen versüßt wur-de (siehe Abb. 1.3).

Für eine solche Shareholder-Value-Ökonomie mussten erst die währungs- und wirtschaftspolitischen Rahmenbedingungen geschaf-fen werden, um die dafür nötigen Kapitalmassen zu mobilisieren. Diese flossen seit den 1970er Jahren mit dem wachsenden Wohl-stand in der westlichen Welt sowie in den ölexportierenden Län-

---

62 Karina Becker, *Die Bühne der Bonität. Wie mittelständische Unternehmen auf die neuen Anforderungen des Finanzmarkts reagieren*, Baden-Baden 2009.

Abbildung 1.3:
Josef Ackermann macht das Victory-Zeichen.
© *Oliver Berg/dpa-pool/picture alliance.*

Am Rande des Mannesmann-Prozesses, der im Jahr 2004 stattfand, begeg-
neten sich mit Josef Ackermann, dem Vorsitzenden des Vorstands der Deutschen Bank AG, und Klaus Esser, dem Vorstandsvorsitzenden der Mannesmann AG, zwei der Angeklagten. Grinsend formte der Bankier seine Hand
zum Victory-Zeichen. Laut Anklage war es im Zuge der feindlichen Übernahme des ehemaligen Industriekonzerns Mannesmann durch das britische Mobilfunkunternehmen Vodafone zu unrechtmäßigen Bonuszahlungen gekommen. Schnell wurde diese Fotografie zum ikonischen Bild für
den Finanzmarktkapitalismus der Nullerjahre, zumindest in Deutschland.

dern zusammen und bereits in den 1980er Jahren vervierfachte sich das Anlagekapital sogenannter institutioneller Anleger in den USA.[63] So richtig ins Rollen kam das Marktmodell in den 1990er Jahren und ließ die börsennotierten Anlagewerte um das 22-Fache anschwellen. Die Internationalisierung der Finanzmärkte, konkret der Abbau von Kontrollen und Hemmnissen grenzüberschreitender Kapitalanlagen brauchte drei Jahrzehnte bis zur vollen Entfaltung und bedurfte der politischen Zustimmung. Gleichzeitig trafen die Wortführer und Pioniere der neuen Ökonomie auf etablierte Strukturen des Industriekapitalismus, die jedenfalls in den hier untersuchten Ländern markant nationalspezifische Züge trugen. Zu diesen Strukturen gehörten auch die Unternehmerpersönlichkeiten alten Schlags, etwa die »Industriekapitäne«, die nicht von heute auf morgen allesamt durch eine neue, mit allen Wassern des Finanzmarktkapitalismus gewaschene Managergeneration substituierbar waren.[64]

In welche Richtung und in welchem Umfang dieser weltweit ausgreifende Finanzmarktkapitalismus die bestehenden nationalen Unterschiede innerhalb der kapitalistischen Volkswirtschaften verändert hat, ist in der politökonomischen Fachliteratur höchst umstritten. Noch am Ende der hier untersuchten Umbruchphase postulieren die Vertreter des *Variety-of-capitalism*-Ansatzes die Existenz nationalspezifischer Kapitalismen entlang der idealtypischen Gegenüberstellung eines liberalen und eines kooperativen Typs. Sie betonen die Unterschiede in der Art, wie auf nationaler Ebene Markt, Unternehmen, Staat und Gesellschaft miteinander verknüpft waren. Großbritannien und die USA waren die Musterländer eines primär marktorientierten liberalen Modells, während Frankreich, Deutschland oder Japan dem koordinierten Kapitalismus zugeordnet wurden. Andere wiederum sind der Auffassung, dass gerade der Finanzmarktkapitalismus spätestens seit Beginn des 21. Jahrhunderts diese Typolo-

63 Hartmut Berghoff, »Varieties of Financialization? Evidence from German Industry in the 1990s«, in: *Business History Review* 90 (2016), S. 81-108, hier: S. 85.
64 Zur Bundesrepublik siehe Saskia Freye, »Neue Managerkarrieren im deutschen Kapitalismus?«, in: *Leviathan* 41 (2013), S. 57-93.

gie hinweggespült habe und dem liberalen Marktmodell fast überall zum Durchbruch verholfen habe.[65] Mit Recht machen hingegen Vertreter der Regulationstheorie darauf aufmerksam, dass weder die Typenvielfalt kapitalistischer Wirtschaftsordnungen durch das Gegensatzpaar liberaler versus koordinierter Marktkapitalismus erfasst werden kann, noch dass der internationale Finanzmarktkapitalismus zu dem neuen globalen Modell geworden sei.[66] Dies gelte insbesondere für die industrielle Produktion, deren Umgestaltung in der fraglichen Umbruchphase zu ganz unterschiedlichen Kooperationen zwischen den Hauptakteuren Staat, Gesellschaft und Unternehmen geführt habe, die allesamt auf die veränderten Märkte reagieren mussten. Insofern dieser Ansatz das Gewicht historisch gewachsener Institutionen und Einstellungen betont, ist er noch am ehesten mit der gesellschaftsgeschichtlichen Perspektive kompatibel, die ich hier entwickele.

Dem neuen »Geist des Finanzmarktkapitalismus« am nächsten stand Großbritannien, dessen Industrieunternehmen traditionell nur schwach mit den Banken vernetzt waren und wo es neben dem Staat auch keine branchenübergreifenden Kapitalverflechtungen zwischen Großunternehmen, Kapitaleignern und Banken gab, wie sie in Frankreich und der Bundesrepublik (»Deutschland AG«) bis Mitte der 1990er Jahre bestimmend blieben. Ausschlaggebend für meine Untersuchung ist, dass die neue Finanzmarktökonomie seit Ende der 1980er Jahre mit zunehmender Stärke und Geschwindigkeit die Industrieunternehmen erfasste und in der Bundesrepublik wie in Frankreich die genannten Verflechtungsstrukturen zwischen großen Industrieunternehmen und Banken auf nationaler Ebene zunächst abschwächte, um sie schließlich ganz aufzulösen. Für Frankreich und die Bundesrepublik haben Studien die Jahre 1995 bis 2005 als

---

65 Wolfgang Streeck, *Gekaufte Zeit. Die vertagte Krise des demokratischen Kapitalismus*, Berlin [5]2014.

66 Robert Boyer, »How and Why Capitalisms Differ«, in: *Economy and Society* 34 (2005), S. 509-557.

verdichtete Umbruchphase identifiziert.[67] Sowohl der deutsche als auch der französische Industriekapitalismus alten Stils wurden abgelöst durch internationale Kapitalarrangements, in denen – wie oben beschrieben – institutionelle Anleger als Wächter über die Einhaltung der Anlegerinteressen vielfach eine Schlüsselrolle übernahmen. Dabei spielte der Bedeutungsverlust nationaler, aber auch europäischer Grenzen für die Geschäftsstrategien industrieller Multis eine wichtige Rolle. Er trieb seit 1990 die Expansion dieser Unternehmen auf internationalen Märkten an und schuf die entsprechende Nachfrage nach Anlagekapital für die Übernahme konkurrierender Unternehmen oder die Fusion mit Konkurrenten.

Überhaupt sind feindliche Übernahmen ein Indikator für die Ausbreitung der neuen Finanzmarkt-Ökonomie mit ihren scharfen Wettbewerbsregeln. In der Bundesrepublik markierten die 1990er Jahre den Beginn dieser Ära und sahen die Übernahme von Hoesch durch Krupp (1991), die versuchte Übernahme von Krupp durch Thyssen (1997), schließlich deren Fusion zu ThyssenKrupp (1999) sowie den Aufkauf und die Auflösung des Mannesmann-Konzerns durch Vodafone (1998) (siehe Abb. 1.3), um nur die markantesten Ereignisse zu nennen. Auch die Aufspaltung von Großunternehmen und der Verkauf lukrativer Geschäftszweige auf den Finanzmärkten ist eine typische Begleiterscheinung des neuen Konkur-

---

67 Zu Frankreich: François Morin, Eric Rigamonti, »Évolution et structure de l'actionnariat en France«, in: *Revue française de gestion* 141 (2002), S. 155-181; Daniel Baudru, Med Kechidi, »Les investisseurs institutionnels étrangers. Vers la fin du capitalisme à la française?«, in: *Revue d'économie financière* 48 (1998), S. 93-105; Laurent Commaille, »Das Ende des ›französischen Modells‹. Die Eisen- und Stahlindustrie im späten 20. Jahrhundert«, in: Morten Reitmayer (Hg.), *Unternehmen am Ende des »goldenen Zeitalters«. Die 1970er Jahre in unternehmens- und wirtschaftshistorischer Perspektive*, Essen 2008, S. 129-145; zur Bundesrepublik: Berghoff, »Varieties of Financialization?«; Jürgen Beyer, »Die Strukturen der Deutschland AG. Ein Rückblick auf ein Modell der Unternehmenskontrolle«, in: Ralf Ahrens, Boris Gehlen, Alfred Reckendrees (Hg.), *Die »Deutschland AG«. Historische Annäherungen an den bundesdeutschen Kapitalismus*, Essen 2013, S. 31-56; Susanne Lütz, »Von der Infrastruktur zum Markt? Der deutsche Finanzsektor zwischen Deregulierung und Reregulierung«, in: Windolf (Hg.), *Finanzmarkt-Kapitalismus*, S. 294-315.

renzmodells. In Großbritannien verfolgten Konzerne wie ICI (Ausgliederung des profitablen Pharmageschäfts im neuen Unternehmen Zeneca, 1990) oder Courtaulds (Trennung der Chemiefaser- und der Textilproduktion, ebenfalls 1990) diese Strategie und lagen damit voll im neuen Trend, der darin bestand, aus riesigen Mischkonzernen die profitabelsten oder zukunftsträchtigsten Teile herauszulösen und erfolgreich zu vermarkten.

Dies führte naturgemäß zu einer Schrumpfung der ursprünglichen Unternehmen, die dann vielfach ihrerseits Opfer feindlicher Übernahmen wurden oder sich in größere internationale Konzerne integrierten, so etwa im Fall von Imperial Chemical Industries, das 2007 von Akzo Nobel gekauft wurde.[68] Wie schon oben gesagt, zeigen empirische Studien jedoch zumindest für die Bundesrepublik, dass der neue Wind des Geldes keineswegs alles hinwegfegte. Nach wie vor blieben Spielräume für eigenständige und eigensinnige Geschäftsstrategien im Management von Industriekonzernen, wie das Beispiel der drei großen westdeutschen Chemiemultis Hoechst, Bayer und BASF zeigt. Deren Vorstände schlugen unter den neuen Rahmenbedingungen zwischen 1994 und 2001 ganz unterschiedliche Wege in die Zukunft ein: Das Management von Hoechst entschied sich früh für den radikalen Bruch mit der eigenen Konzerntradition, zerlegte das Unternehmen in seine einzelnen Geschäftsbereiche und schuf am Ende ein ganz neues internationales Großunternehmen mit den Schwerpunkten Pharmazie und Lebensmittelchemie. Bayer dagegen hielt an dem Konzept eines integrierten Konzerns fest, überführte jedoch die Konzernleitung in eine eigenständige Holding mit sechs Tochtergesellschaften, während BASF wiederum sich auf sein Kerngeschäft Chemie konzentrierte und seine Pharmasparte verkaufte. Alle drei Unternehmen fanden für diese Umbauten die benötigten Kapitalgeber.[69]

68 Marx/Reitmayer, »Zwangslagen und Handlungsspielräume«, S. 323; Comfort, *The Slow Death of British Industry*, S. 181.
69 Kädtler, »German Chemical Giants' Business and Social Models in Transition«, S. 237-246.

Die Befunde industriesoziologischer Untersuchungen zu den Auswirkungen der neuen Shareholder-Value-Ökonomie auf deutsche Unternehmen belegen, dass trotz der Ausbreitung kapitalmarktorientierter Konzeptionen Spielräume für längerfristige innovationsorientierte Unternehmensstrategien sowie für kooperative Arbeitsbeziehungen und Mitbestimmung erhalten blieben, auch wenn die kurzfristige Orientierung an Renditesteigerung den Wettbewerbsdruck für Betriebe (Management wie Belegschaften) erhöhte und damit die Standortkonkurrenz weiter verschärfte.[70] Auch technologische Umbrüche und neue Marktsituationen erhöhten die unternehmerischen Risiken, schufen im Gegenzug aber auch einen Bedarf an betrieblicher Kooperation, der wiederum der exklusiven Orientierung an kurzfristigen Renditeerwartungen Grenzen setzte.[71] Überhaupt wurde die Bewältigung der Zielspannung zwischen den beiden Imperativen kurzfristige Profitmaximierung und längerfristige Innovationsorientierung zu einer primären Aufgabenstellung industrieller Unternehmensleitungen im Zeitalter des digitalen Finanzmarktkapitalismus. Für eine Sozialgeschichte industrieller Arbeit ist diese Grundspannung in vieler Hinsicht von Bedeutung und wir werden ihr in den folgenden Kapiteln immer wieder begegnen, insbesondere im Kapitel 7. Und nicht zuletzt ihretwegen scheint es mir deutlich angemessener zu sein, mit Blick auf die profunde Transformation, die zwischen 1970 und 2000 in Westeuropa stattgefunden hat, von einer Phase der technologischen Innovationen, der strategischen Umorientierungen und der experimentellen Erprobungen im Bereich industrieller Produktion zu sprechen, die Hand in Hand mit der Durchsetzung des internationalen Finanzmarktkapitalismus ging.[72]

70 Michael Faust u. a., *Das kapitalmarktorientierte Unternehmen. Externe Erwartungen, Unternehmenspolitik, Personalwesen und Mitbestimmung*, Berlin 2011.

71 Klaus Dörre, »Das flexibel-marktzentrierte Produktionsmodell: Gravitationszentrum eines neuen Kapitalismus«, in: ders., Bernd Röttger (Hg.), *Das neue Marktregime. Konturen eines nachfordistischen Produktionsmodells*, Hamburg 2003, S. 7-34.

72 Gary Herrigel, »Roles and Rules: Ambiguity, Experimentation and New Forms of Stakeholderism in Germany«, in: *Industrielle Beziehungen* 15 (2008), S. 111-132.

Wir werden sehen, dass sich dabei in ganz unterschiedlichem Maße die etablierten Spielregeln, auf denen in den drei Ländern der Industriekapitalismus beruhte, veränderten.

Arbeiterinnen und Arbeiter in Zeiten der Deindustrialisierung

Zum Abschluß dieses Kapitels möchte ich einen ersten Blick auf diejenigen werfen, die von den bisher beschriebenen Entwicklungen wohl am stärksten betroffen waren, nämlich die Arbeiterinnnen und Arbeiter, die zwischen 1970 und 2000 im industriellen Sektor beschäftigt waren. Bereits vor der Rezession von 1973/74 waren Arbeitsplätze in der Industrie abgebaut worden, man denke nur an den Steinkohlenbergbau, den Schiffsbau oder die Textilindustrie, aber diese Verluste konnten zunächst durch die Entstehung neuer Beschäftigungsmöglichkeiten, meist wieder im industriellen Sektor, kompensiert werden. Das Schrumpfen industrieller Arbeitsplätze »nach dem Boom« generierte hingegen Massenarbeitslosigkeit, da weder im öffentlichen Dienst noch im privaten Dienstleistungssektor in dem gleichen Tempo neue Arbeitsplätze geschaffen wurden. Alle drei Länder haben als Erbschaft dieser Umbruchphase das Gespenst drohender oder realer Massenarbeitslosigkeit mit ins 21. Jahrhundert genommen.

Die Industriegesellschaften Westeuropas hatten in den Nachkriegsjahrzehnten das Ende der »Proletarität«[73] erlebt. Die industrielle Arbeiterschaft hatte als größte Gruppe der industriell Beschäftigten Anschluss gefunden an die Standards sozialer und arbeitsrechtlicher Absicherung der Mittelschichten, sie hatten sich dank ihrer gewerk-

---

73 Josef Mooser, »Abschied von der ›Proletarität‹. Sozialstruktur und Lage der Arbeiterschaft in der Bundesrepublik in historischer Perspektive«, in: Werner Conze und M. Rainer Lepsius (Hg.), *Sozialgeschichte der Bundesrepublik Deutschland. Beiträge zum Kontinuitätsproblem*, Stuttgart ²1984, S. 143-166.

schaftlichen Organisationsmacht höhere Löhne erkämpft und sich wachsende Anteile am volkswirtschaftlichen Einkommen gesichert. Kontinuität von Beschäftigung, wachsender Anteil am gesellschaftlichen Konsum und – deutlich langsamer und widersprüchlicher – auch verbesserter Zugang zu höheren Bildungsabschlüssen für die eigenen Kinder gehören zu dieser Ausgangslage am Beginn der 1970er Jahre. Zudem partizipierte eine Minderheit an den Aufstiegsmöglichkeiten der Boomphase. Der Befund vom Ende der »Proletarität« bezog sich vor allem auf die männliche Arbeiterschaft und ihre Haushalte, er galt bereits nur mit Abstrichen für die im Jahrzehnt zwischen 1965 und 1975 rasch anwachsende Gruppe der Arbeitsmigranten oder für alleinerziehende Frauen in einfachen Industriejobs. Ihr Lohn war nach wie vor deutlich niedriger als der mittlerer oder gar höherer Einkommensgruppen, sie hatten hohe Beschäftigungsrisiken zu tragen und hatten nur wenige betriebliche Aufstiegsmöglichkeiten. Aber es handelte sich auch hier in den meisten Fällen um Situationen relativer Armut, da die industrielle Arbeitswelt von den Zonen absoluter Armut immer weiter abgerückt war. »Integration« beziehungsweise »Inklusion« der Industriearbeiterschaft gehörte in Westeuropa Anfang der 1970er Jahre zu den noch neuen Grundtatsachen gesellschaftlicher, politischer und ökonomischer Ordnung. Drei Jahrzehnte später sind die Befunde komplizierter und in den drei Ländern durchaus unterschiedlich. Zwar verfügten auch im Jahr 2000 viele, vor allem qualifizierte Industriearbeiterinnen und Industriearbeiter über Einkommen, die ihnen weiterhin einen bescheidenen Wohlstand sicherten, sie sind eher mittleren als unteren Einkommenslagen zuzurechnen. Für ungelernte und angelernte Arbeiterinnen ergibt sich jedoch eine andere Lage: Ihr Lohnniveau stagnierte, eine wachsende Minderheit unter ihnen arbeitete im Jahr 2000 in prekären oder befristeten Beschäftigungsverhältnissen, vielfach berufsfremd und ungelernt in den neuen Dienstleistungsjobs. Vor allem die Kinder aus Arbeiter- und Angestelltenfamilien mit Migrationshintergrund fanden nur über lange Warteschleifen und Umwege einen sicheren und vor allem zukunftsreichen Arbeitsplatz. Prekarität war das Schlüsselwort, das in Frankreich angesichts der Vermehrung solcher sozialen Lagen die Runde machte. Es bezeichnete vor allem Lebenssituationen an der unsicheren Grenzlinie zwischen der schrumpfenden Welt industrieller Jobs und der wachsenden, aber unbeständigen Welt neuer Dienstleistungen.[74] Generell rückte nach 1973 die Sorge um den Arbeitsplatz, um die Sicherung des Lebensstandards und die soziale Absicherung wieder stärker in den Mittelpunkt des Alltags einer wachsenden Zahl von Industriebeschäftigten, wobei die konkreten regionalen und sektoralen Bedingungen eine entscheidende Rolle spielten. Wo die amtlichen Arbeitslosenstatistiken auf mehr als 15 oder gar über 20 Prozent kletterten, verschoben sich die Koordinaten der Lebensführung für das Milieu der Arbeiter und einfachen Angestellten spürbar. Wir werden in Kapitel 8 genauer untersuchen, wie die Sozialgeographie der drei Länder durch die Deindustrialisierung tiefgreifend verändert wurde. Es entstanden ausgesprochene Armutsregionen und urbane Krisengebiete, in denen sich Arbeitslosigkeit, Niedriglöhne, Armut und Exklusion häuften.

Letztlich waren es aber vier Kategorien von Beschäftigten, die in allen drei Ländern in besonderem Maße von Entlassungen betroffen waren: ungelernte Arbeiter und Angestellte, Ältere, Jugendliche und Frauen, wobei die Erstgenannten in allen drei Ländern die größte Gruppe der Entlassenen bildeten. Der Anteil der Arbeitslosen kletterte in dieser Gruppe dauerhaft auf weit über 10 Prozent, vor allem mussten sich viele dieser Beschäftigten auf längere Phasen instabilerer Beschäftigungs- und Lebensverhältnisse einstellen, auf ein ständiges Hin und Her zwischen befristeter Beschäftigung und Arbeitslosigkeit, ohne dass sich die Chance dauerhafter Beschäftigung ergab oder wenn, dann erst nach vielen Jahren. Instabile Erwerbsverläufe waren und sind gleichbedeutend mit Exklusionsrisiken (niedrigen Altersrenten, schlechterer Gesundheitsversorgung, schlechteren

---

74 Serge Paugam, *Le salarié de la précarité. Les nouvelles formes de l'intégration professionnelle*, Paris 2000.

Wohnbedingungen etc.), mit denen diese Kategorie von Beschäftigten seit den 1970er Jahren in wachsendem Maße konfrontiert war. Deindustrialisierung bedeutete auch, dass eine ganze Alterskohorte, nämlich männliche Industriearbeiter über 50, vorzeitig aus dem Arbeitsleben ausgeschieden ist; sie gehörten seit den späten 1970er Jahren zu den ersten, welche der neuen sozialstatistischen Kategorie der Langzeitarbeitslosen zuzurechnen waren, auch wenn viele von ihnen bald sozialpolitisch abgefederte Existenzen als Früh- oder Invaliditätsrentner führen konnten. Der Ausschluss aus dem Arbeitsmarkt war für viele dieser älteren Industriearbeiter, zumal wenn sie keine Facharbeiter waren, endgültig. Die Durchschnittswerte bundesdeutscher sozialwissenschaftlicher Paneluntersuchungen sprechen eine deutliche Sprache: Zwischen 1985 und 1995 nahm der Anteil nicht mehr erwerbstätiger Arbeiter (aller Qualifikationsstufen) in der Altersgruppe der über 60-Jährigen von knapp 40 Prozent auf knapp 64 Prozent, bei den 56- bis 60-Jährigen von 14 auf 32 Prozent zu.[75] Die Verdrängung vom Arbeitsmarkt führte jedoch nicht zwangsläufig in die Armut oder zum Herausfallen aus anderen sozialen Bezügen. Vielmehr vollzog sich der »Abschied vom Malocher« sowohl in Großbritannien wie auch in Frankreich und der Bundesrepublik Deutschland aufgrund der erheblichen sozialen Transferzahlungen erstaunlich geräuschlos. Dies ist umso überraschender, als in allen drei Ländern mit erheblichem Einsatz und unter großer Anteilnahme der Öffentlichkeit um den Erhalt dieser klassischen industriellen Arbeitsplätze gekämpft wurde. Ich werde diesem politischen Protest in Kapitel 3 nachgehen. Aber diesen in der Regel nur begrenzt erfolgreichen, wenn nicht in Gänze erfolglosen Abwehrkämpfen folgte dann ein Rückzug vor allem der älteren Arbeiterschaft, der von Resignation, aber auch partieller Zufriedenheit mit den materiellen Entschädigungen geprägt war. Vorruhestandsrege-

---

75 Eigene Berechnungen, (1995 nur alte Bundesländer) auf der Basis des Sozio-oekonomischen Panels (SOEP). ⟨https://www.diw.de/en/diw_02.c.221178.en/about_soep.html⟩, zuletzt eingesehen am 24.9.2018.

lungen für die älteren Beschäftigten wurden zum festen Bestandteil der Sozialpläne, die zwischen Gewerkschaften und Unternehmensleitungen vereinbart und durch Zuschüsse der öffentlichen Sozialkassen mitfinanziert wurden. Besonders in der Bundesrepublik waren diese Vorruhestandsregelungen vielfach großzügig,[76] wohingegen sich die Situation älterer Arbeiter in Großbritannien häufig prekärer gestaltete. Entsprechend deutlicher ausgeprägt war das Absinken der Berufstätigkeit rentennaher Jahrgänge daher in der BRD.[77]

Deutlicher schlechter stellte sich die Lage für die dritte Hauptgruppe der Betroffenen, nämlich Jugendliche in Industrieregionen dar. Die sich seit Mitte der 70er Jahre rasch ausbreitende Jugendarbeitslosigkeit erregte bereits die Gemüter der Zeitgenossen.[78] Kinder aus Arbeiterfamilien und von Migranten waren besonders betroffen, selbst höhere schulische Abschlüsse führten für viele junge Leute zunächst in die Arbeitslosigkeit oder in eine der vielen Arbeitsbeschaffungsmaßnahmen beziehungsweise Maßnahmen zur beruflichen Qualifizierung, mit denen in allen drei Ländern die Regierungen versuchten, die Jugendarbeitslosigkeit in den 1980er und 1990er Jahren einzudämmen. Besonders dramatisch war die Entwicklung in Großbritannien: Dort waren am Ende der 1980er Jahre die Hälfte der 16- bis 18-Jährigen arbeitslos oder befanden sich in staatlichen Berufsvorbereitungsmaßnahmen.[79] Größere Erfolge konnten dabei bestenfalls in der Bundesrepublik erzielt werden, wo das System der dualen Berufsausbildung in der Lage war, eine viel hö-

---

76 Christine Trampusch, »Institutional Resettlement: The Case of Early Retirement in Germany«, in: Wolfgang Streeck, Kathleen Ann Thelen (Hg.), *Beyond Continuity. Institutional Change in Advanced Political Economies*, Oxford, New York 2005, S. 203-228.

77 Günther Schmid, Frank Oschmiansky, »Arbeitsmarktpolitik und Arbeitslosenversicherung«, in: Manfred G. Schmidt (Hg.), *Bundesrepublik Deutschland, 1982-1989. Finanzielle Konsolidierung und institutionelle Reform*, Baden-Baden 2005, S. 237-288.

78 Thomas Raithel, *Jugendarbeitslosigkeit in der Bundesrepublik. Entwicklung und Auseinandersetzung während der 1970er und 1980er Jahre*, München 2012.

79 Arthur McIvor, *Working Lives. Work in Britain since 1945*, Basingstoke 2013, S. 260.

here Zahl von Berufsanfängern in den Arbeitsmarkt zu integrieren als die britischen oder französischen Maßnahmen. In diesen beiden Ländern lag die amtliche Arbeitslosenquote für Jugendliche in den 1980er Jahren regelmäßig bei über 20 Prozent, auch weil dort erwartete beziehungsweise familiär einkalkulierte Einstiegsjobs in den lokalen Industrien gewissermaßen ersatzlos wegfielen; im britischen Fall ging die Deindustrialisierung in zahlreichen Regionen mit einem extremen Rückgang oder gar Totalverlust industrieller Ausbildungsangebote einher.

Was die vierte Hauptgruppe der Betroffenen angeht, so ist zunächst festzuhalten, dass in allen drei Ländern zahlreiche weibliche Arbeitsplätze in der Industrie verschwanden. Die Geräuschlosigkeit, mit der vor allem angelernte Textilarbeiterinnen, aber auch Arbeiterinnen in der Möbel- oder Nahrungsindustrie in den drei Ländern ihre Arbeitsplätze verloren, ist frappierend und wirft ein grelles Licht auf die anhaltende Diskriminierung von Frauen in den industriellen Arbeitswelten Westeuropas, die zu den Kontinuitäten langer Dauer gezählt werden muss. Im Ergebnis blieben die schrumpfenden industriellen Arbeitswelten mehrheitlich männlich geprägt – der Anteil weiblicher Beschäftigter nahm sogar ab (in Großbritannien von 29,75 Prozent im Jahr 1972 auf 27,7 Prozent im Jahr 2002; in der Bundesrepublik von 31,3 Prozent im Jahr 1976 auf 29,5 Prozent in 2002; und in Frankreich von 31 Prozent im Jahr 1972 auf ebenfalls 29,5 Prozent in 2002).[80]

Es waren und sind vor allem die neuen Jobs im privaten Dienstleistungssektor, die in Ermangelung industrieller Beschäftigungsmöglichkeiten schlechter bezahlte Arbeit insbesondere für Ungelernte, aber auch für Frauen boten. Und viele Ehefrauen und Töchter, aber natürlich auch Söhne von Industriearbeitern nahmen diese schlechtbezahlten Voll- oder Teilzeitjobs im Einzelhandel, im per-

<hr>

80 Die Zahlen beruhen auf meinen eigenen Berechnungen auf Grundlage der ILO-Datenbank zur industriellen Beschäftigung: International Labor Organization [ILO]: Statistics and Databases, ⟨https://www.ilo.org/global/statistics-and-databases/lang--en/index.htm⟩, zuletzt eingesehen am 2.1.2019.

sönlichen Dienstleistungssektor, in Callcentern oder im Pflegesektor an. Der Freisetzung industrieller Arbeitskräfte entsprach in allen drei Ländern spiegelbildlich die Vermehrung solcher Beschäftigungsangebote im Niedriglohnsegment – zum Teil auch als Ergebnis der Ausgliederung entsprechender Dienstleistungen aus dem Kerngeschäft industrieller Unternehmen mit der Folge arbeitsrechtlicher beziehungsweise tarifpolitischer Schlechterstellung für die nunmehr in den Dienstleistungssektor verschobenen Beschäftigten. Das Bild einer durch prekäre Lebenslagen geprägten Gruppe von Arbeiterinnen und einfachen Angestellten in den alten Industrieregionen der drei Länder gehört also zum sozialpolitischen Befund der 1990er Jahre und ist Teil des Transformationsprozesses.

In allen drei Ländern etablierte sich der sogenannte Niedriglohnsektor – zuerst in Großbritannien, nur etwas später in Frankreich und zuletzt und am spätesten in der Bundesrepublik, wo erst die Arbeitsmarktreformen der ersten rot-grünen Bundesregierung den Weg dafür freimachten und damit die Arbeitslosenzahlen nachhaltig senken konnten. Gleichzeitig, und das darf man bei der Betrachtung dieser Umbruchphase nicht vergessen, entstanden auch zahlreiche neue Jobs am oberen Ende der Gehaltsskala: Qualifizierte Dienstleistungsberufe, mehr oder weniger anspruchsvolle Jobs in der IT-Branche und freie Berufe nahmen zu, und hier wurden auch noch überdurchschnittliche Einkommenszuwächse erzielt. Da das Spektrum beruflicher Möglichkeiten breiter und der gesellschaftliche Wohlstand insgesamt größer wurde, wurden die neuen Armuts- und Prekaritätsdebatten im Wesentlichen als Debatten um die Verteilung von Einkommen, Vermögen und Berufschancen geführt.

Insgesamt wurden Berufskarrieren und Arbeitsbiographien vor allem für Jüngere unübersichtlicher und risikoreicher als noch für ihre Eltern, auch der sozial begehrte Wechsel in die sicheren Beschäftigungs- und Einkommensverhältnisse des öffentlichen Dienstes wurde nach dem Ende der großen Ausbauphase der staatlichen Verwaltung in den 1970er Jahren für viele Arbeiter und Angestellte des Industrie- oder privaten Dienstleistungssektors immer unwahrscheinlicher. Gleichzeitig erwies sich der Aufstieg in die Wohlstands- und Gewinnzonen der oberen Gesellschaftsetagen für die meisten Angehörigen der *classes populaires* oder *working classes* als immer schwerer erreichbar. In allen drei Ländern nahm soziale Ungleichheit wieder zu, soziale Mobilität hingegen stagnierte oder war rückläufig.[81]

Ich werde mich in Kapitel 6 und 8 noch intensiver mit den konkreten Folgen beschäftigen, die daraus für Lebensverläufe und Berufslaufbahnen von Industriearbeiterinnen und Industriearbeitern resultierten.

Kumulative Dynamiken des wirtschaftlichen Strukturwandels

Zusammengenommen ergeben die in diesem Kapitel geschilderten Veränderungen das Bild eines dramatischen Strukturwandels mit weitreichenden gesellschaftlichen Folgen. Er war Teil der längerfristigen Verschiebungen von Beschäftigung und Wertschöpfung in den Volkswirtschaften Westeuropas, aber zugleich auch aufs Engste mit dem Aufstieg des Finanzmarktkapitalismus und mit den technologischen Revolutionen der Digitalisierung verbunden.

(1) In allen drei Ländern generierte der Niedergang traditioneller Industrien eine Beschäftigungskrise, deren Auswirkungen vor allem in den alten Industriezentren für mehr als drei Jahrzehnte zu spüren waren und deren Lasten vor allem Industriearbeiterinnen und -arbeiter zu tragen hatten. Mit den sozialräumlichen, kollektivbiographischen und politisch-kulturellen Folgen dieses »Abschieds vom Malocher« werden wir uns in den folgenden Kapiteln noch eingehender beschäftigen. Alles deutet darauf hin, dass sich alle drei Län-

---

81 Reinhard Pollak, *Kaum Bewegung, viel Ungleichheit. Eine Studie zu sozialem Auf- und Abstieg in Deutschland*, Berlin 2010; Ivan Reid, *Class in Britain*, Cambridge u. a. 1998, S. 111-119; Stéphanie Dupays, »En un quart du siècle, la mobilité sociale a peu évolué«, in: *Données sociales. La société française*, Paris 2006, S. 343-349.

der von einem Gesellschaftsmodell verabschiedeten, das mit den Arbeits- und Sozialverhältnissen dieser Industrien zugleich ihre Verankerung verlor.

(2) Die Deindustrialisierung Westeuropas war in dieser Phase aufs Engste verknüpft mit einer sehr dynamischen Neuverteilung industrieller Produktion weltweit. Die meisten Industriebranchen mußten ihren Platz im Standortwettbewerb der europäischen und der internationalen Arbeitsteilung behaupten beziehungsweise neu finden. Wachsender Wettbewerbsdruck trieb die technologischen und organisatorischen Rationalisierungen an, welche in den 1980er und 1990er Jahren westeuropäische Industrieunternehmen tiefgreifend veränderten. Dieser Strukturwandel industrieller Produktion erfasste auch die konkreten Arbeitsteilungen innerhalb der Unternehmen und produzierte gleichzeitig neue Formen von Kooperation und Konkurrenz zwischen ihnen. Im Ergebnis veränderte sich industrielle Arbeit in einem für die Zeitgenossen schwer zu überschauenden Prozess permanenter Umstrukturierungen, pragmatischer Anpassungen und experimenteller Neuerungen. Die Vielgestaltigkeit und Offenheit der Entwicklungen macht es unmöglich, auf der Makroebene eindeutige Trends auszumachen. Stattdessen ist es notwendig, genauer hinzuschauen, welche Formen von Arbeitsteilung und Wissensorganisation in den Betrieben sich etablierten und welche Auswirkungen die Umstrukturierungen der Produktion für die Partizipationschancen von Beschäftigten konkret hatten. Diesen Themen werde ich in den Kapiteln 5 und 7 nachgehen.

(3) Der Aufstieg des Finanzmarktkapitalismus als neue Formation des Kapitalismus ergriff erst relativ spät die Welt der industriellen Unternehmen Westeuropas. Großbritannien war seit den späten 80er Jahren der Vorreiter und dort haben die neuen Spielregeln der Finanzialisierung auch tiefere Spuren hinterlassen als in Frankreich und der Bundesrepublik. Anders als Zeitgenossen zunächst vermuteten, veränderten die neuen Spielregeln für Kapitalbeschaffung, Unternehmensführung und Renditeerwartungen nicht grundlegend die Regime industrieller Produktion, die seit den 1980er Jahren ent-

wickelt und erprobt wurden. Eher sollte für alle drei Länder von wechselseitigen Anpassungsprozessen gesprochen werden. Spielräume für unterschiedliche Unternehmensorganisationen, für langfristige Unternehmensstrategien blieben erhalten, und Gewerkschaften und Betriebsräten gelang es auch unter erschwerten Bedingungen, Ansprüche und Forderungen der Beschäftigten zur Geltung zu bringen. Die konkreten Auswirkungen dieser Gemengelagen bedürfen jedoch der genaueren Analyse der sozial- und arbeitsrechtlichen Veränderungen, die mit dem doppelten Umbruch von Deindustrialisierung und Finanzmarktkapitalismus verbunden waren. Wir werden dies in Kapitel 4 tun.

(4) Die Rolle des Staates änderte sich tiefgreifend. Die Rezessionen 1973/74 und 1980-82 entwickelten sich zu Belastungsproben etablierter Routinen staatlicher Industriepolitik. Weder Subventionen noch Verstaatlichungen und Konjunkturprogramme konnten die Deindustrialisierungsdynamik stoppen. Die frühen 80er Jahre leiteten einen Rückzug des Staates aus dem industriellen Sektor ein. Privatisierung staatlicher beziehungsweise öffentlicher Industrieunternehmen, Verzicht auf Konjunkturprogramme und Orientierung der Währungspolitik am Primärziel der Geldwertstabilität verengten die Spielräume staatlicher Interventionen im industriellen Sektor erheblich. Übrig blieben nach wie vor öffentliche Subventionen für einige politisch sensible Sektoren (Rüstung, Luftfahrt, Atomwirtschaft) sowie auf regionaler Ebene. Letztere zielten vor allem darauf, die sozialen Folgen der Deindustrialisierung in den alten Industrieregionen abzufedern. Diese Politik öffentlicher Hilfen für betriebliche Sozialpläne und mehr oder weniger verdeckter regionaler Sozialsubventionen blieb bis zum Ende des Untersuchungszeitraums das wichtigste Feld staatlicher Industriepolitik in allen drei Ländern.

(5) Die kumulative Dynamik von Strukturbruch und inkrementellem Wandel löste eine ganze Kette kontroverser Reaktionen bei den Betroffenen und Zeitgenossen aus. Die Kombination von scheinbar ausweglosem Niedergang, technologischer Innovationsdynamik und wachsender internationaler Verflechtung beflügelte Zukunftsvisionen,

generierte Sozialproteste und produzierte scharfe politisch-ideologische Konflikte. Wir dürfen bei aller Aufmerksamkeit für langfristige Prozesse und ihre Folgen nicht diese Ebene von Deutungskämpfen und sozialen Konflikten aus dem Blick verlieren, auf der die Zeitgenossen darüber stritten, in welche Richtung die Dynamik der Umbrüche gelenkt und welche Gestaltungsspielräume genutzt werden sollten. Darum geht es im folgenden Kapitel 2.

2.

Der Abschied von Klassenkämpfen und festen Sozialstrukturen

Was wir als soziale Wirklichkeit ansehen,
ist zu einem großen Teil Vorstellung, Repräsentation [...].[1]

Eine Gesellschaftsgeschichte industrieller Arbeitswelten »nach dem Boom« kann nicht geschrieben werden, ohne einen genauen Blick auf die Ordnungsmuster und Deutungskämpfe zu werfen, welche untrennbar mit den zahlreichen Umbrüchen dieser Zeit verbunden waren – sie einleiteten, einforderten, legitimierten oder kritisierten. Gerade wenn man bei einem solchen Vorhaben von den Erfahrungen derjenigen ausgehen möchte, die zumeist ungewollt im Mittelpunkt dieser Umbrüche standen, wird man den Deutungsmustern besondere Aufmerksamkeit schenken müssen, welche Massenentlassungen, technologische Innovationen, Betriebsverlagerungen und neue Organisationskonzepte plausibilisierten. Das Spektrum der dabei benutzten politischen Sprachen, Metaphern und Topoi ist breit, und nichts deutet darauf hin, dass innerhalb der drei hier untersuchten Länder Konsens und Kohärenz bei der Benennung der sozialen Welt und ihrer Veränderungen geherrscht hat. Die sozialen und wirtschaftlichen Veränderungen der Zeit wuren von einer vielstimmigen Kakophonie von Meinungen, Weltdeutungen und Argumentationen begleitet, an der sich eine Vielzahl ganz unterschiedlicher Berufsgruppen beteiligte. Politiker in Opposition und Regierung, Manager und Gewerkschaftler, Journalisten und Wirtschafts- und Sozialwissenschaftler bilden die fünf wichtigsten Expertenkreise, welche über die mediale und politische Macht beziehungsweise die wissenschaft-

---

1   Pierre Bourdieu, *Rede und Antwort*, Frankfurt/M. 1992, S. 69.

liche Autorität verfügten, ihren Argumenten massenmediale Präsenz, politischen Einfluss oder wissenschaftliche Plausibilität zu verleihen. Daneben sind jedoch auch die Beiträge derjenigen ernst zu nehmen, deren Deutungsangebote eher machtfern, also zum Beispiel in den Feuilletons ihren Platz fanden: Schriftsteller, Filmemacher, Künstler und Intellektuelle kritisierten meist die öffentlich verlautbarten Deutungsentwürfe von Politikern, Journalisten und Sozialwissenschaftlern, und ihre Gegendiskurse entfalteten insbesondere dann Wirkung, wenn sie ihrerseits Eingang in die Argumente der medial präsenten, mächtigen Akteursgruppen fanden. In den drei hier untersuchten demokratisch verfassten Volkswirtschaften verfügten all diese Gruppen über privilegierte Zugänge zur veröffentlichten Meinung und trugen mit ihren Deutungsmustern erheblich dazu bei, wirtschaftliche Interessen und politische Ziele mehrheitsfähig zu machen oder als legitim erscheinen zu lassen. Mit Gewerkschaftern, Politikern und Unternehmern sind zugleich drei Akteursgruppen im engeren Umfeld unseres Themas genannt, die erheblichen Anteil an den wirtschaftlichen und sozialen Prozessen hatten, die in Kapitel 1 skizziert wurden. Zuletzt seien noch all diejenigen genannt, die eher als passive Konsumenten all dieser Deutungsangebote auftraten, sich aber dabei auch auf ihren eigenen »sozialen (Orientierungs-)Sinn« (Bourdieu) verließen, um Umbrüche und Neuheiten in der Arbeitswelt und im Alltag einzuordnen und darauf zu reagieren.

Eine Wissensgeschichte der Umbrüche

Die engen Verknüpfungen zwischen Ideenproduktion und Gesellschaftsentwicklung in all ihren Facetten zu erfassen, ist allerdings keine leichte Aufgabe, zumal die einschlägigen Methoden und Theorien notorisch komplex und umstritten sind: Begriffsgeschichtliche Studien, Diskursanalysen sowie zahlreiche Arbeiten zu politischen

Ideologien beziehungsweise Ideen liefern zwar Ansatzpunkte, aber keinen Königsweg, der der multidimensionalen Sachlage auch nur ansatzweise gerecht würde. Als großes Handicap erweist sich vor allem, dass die Effekte langer Dauer auf dem Feld der Wissens- und Ideengeschichte methodisch nur sehr schwer zu erfassen sind, aber in ihrer Wirkung kaum überschätzt werden können. Insbesondere das sogenannte Meinungswissen ist hier zu nennen, jenes Zwischenreich mehr oder weniger fraglos unterstellter Deutungen, Wörter und Vorstellungen über die soziale Welt, welche die Spontanerklärungen in Alltag, Medien und Politik untermauern, ohne auf elaboriertes, gar überprüfbares Wissen zu rekurrieren. Dieses Meinungswissen, und an erster Stelle die nicht mehr oder noch nicht hinterfragten, sondern als selbstverständlich wahrgenommenen Vorstellungen von sozialer Ordnung und ihren Elementen – jenes Ensemble von Thesen, das Bourdieu »Doxa« nannte –,[2] hat zumeist eine lange Entstehungs- und Lebenszeit, deren Spuren sich in weitgehend kontextunabhängigen, immer wieder aktualisierten Metaphern, Bildern und Argumentationsmustern niederschlagen.

Und noch eine weitere Schwierigkeit kommt hinzu: Alle drei Gesellschaften steigerten im Untersuchungszeitraum das Volumen ihrer kulturellen und wissenschaftlichen Produktion. Es gab in Großbritannien, Frankreich und der Bundesrepublik Deutschland mehr Medienprodukte, mehr sozialwissenschaftliches und historisches Wissen, mehr Sozialdaten, mehr politische Ideen als jemals zuvor. Die seriöse und vollständige ideengeschichtliche Kartierung dieses so schnelllebigen wie artenreichen Dschungels ist ein aussichtsloses Unterfangen. Daher werde ich sie hier gar nicht erst versuchen, sondern mich auf die vergleichende Betrachtung desjenigen Wissens und Meinens konzentrieren, das in direktem Bezug zu den Grundstrukturen der hier untersuchten Industriegesellschaften stand, sowie auf

---

2 Morten Reitmayer, *Elite. Sozialgeschichte einer politisch-gesellschaftlichen Idee in der frühen Bundesrepublik*, München 2009, S. 32-42, unter Rückgriff auf Pierre Bourdieu, *Entwurf einer Theorie der Praxis*, Frankfurt/M. 1976, S. 331.

diejenigen neuen oder alten Ordnungsideen, welche den Veränderungen einen Namen gaben, die diese industrielle Welt in den letzten drei Jahrzehnten des 20. Jahrhunderts umprägten.

Damit rücken vier Produktionsfelder gesellschaftlichen Wissens und Meinens in den Vordergrund: Ich werde mich zunächst mit Zeitdiagnosen befassen, den Vorstellungen, welche über die laufenden gesellschaftlichen Trends zirkulierten, die also so etwas wie die Doxai über die Umbrüche »nach dem Boom« darstellen. Zum Zweiten werfe ich einen Blick auf die spezifischen Ideen zu Struktur und Zusammenhalt von »Gesellschaft«. Solche Ordnungsmuster steckten den Rahmen ab, in dem sich politische und soziale Akteure und ihre Sprachen bewegten. Dabei sind vor allem die offiziellen Kategorien der Sozialstatistiken, also das Feld der sozialstatistischen Klassifizierungen von Berufsgruppen, Einkommens- oder Statusgruppen innerhalb der drei Länder von Interesse, da sie die elementaren Formate definierten, in denen »Sozialdaten« zirkulierten. Danach und drittens wird es um die Mobilisierungssprachen gehen, deren sich vor allem die Organisationen bedienten, die im Untersuchungszeitraum die Angehörigen der industriellen Arbeiterschaft beziehungsweise der *working classes* oder *classes populaires* repräsentierten. Abschließend wende ich mich viertens der kulturelle Produktion von Fremd- und Selbstbildern zu, durch die Arbeiterinnen und Arbeiter medial zur Darstellung gebracht wurden. Mit den beiden letzten Gesichtspunkten möchte ich nicht zuletzt ernst machen mit meinem Vorsatz, die Erfahrungen und Erwartungen dieser Menschen in den Fokus dieser Gesellschaftsgeschichte zu stellen.

Neoliberale Krisendiskurse und Trenddeutungen

Mit Recht sind die Jahrzehnte zwischen 1990 und 2008 als Blütezeit des Neoliberalismus im Westen euphorisch gefeiert oder harsch kritisiert worden.[3] In Großbritannien, Frankreich und dem wiedervereinigten Deutschland lieferten liberale Leitideen die Grundlagen für einen parteiübergreifenden ordnungspolitischen Konsens: Privatisierung öffentlicher Unternehmen, eine angebotsorientierte Wirtschafts- und Finanzpolitik, Abbau staatlicher Kontrollen im Finanzsektor und Kostensenkungen im Bereich sozialstaatlicher Leistungen. Das gemeinsame Programmpapier der sozialdemokratischen Parteiführer Tony Blair und Gerhard Schröder hat 1998 für die linken Volksparteien wichtige Grundsätze dieses ideologischen Konsenses ausbuchstabiert (siehe Abb. 2.1).

Zeitgenössisch attraktiv war dieses Papier, weil es versprach, ein flexibles Modell sozialer Grundsicherung mit einer wirtschaftspolitischen Unterstützung des neuen internationalen Finanzmarktkapitalismus zu verbinden. Trügerisch war der politische Konsens der wirtschaftlichen und politischen Eliten in Westeuropa jedoch insofern, als er die Probleme dieses Modells radikaler Marktöffnung ausblendete und damit alternative politische Gestaltungs- und Deutungsmodelle von Gesellschaft überspielte. Es spricht deshalb viel dafür, den amerikanischen Historiker Daniel T. Rodgers ernst zu nehmen, der davor warnt, nur den Siegeszug oder die Hegemonie einer Ideologie zu sehen, wo widerstreitende Deutungsmuster am Werk waren und einflussreiche Topoi der Zeit mit ganz unterschied-

3 Philipp Ther, *Die neue Ordnung auf dem alten Kontinent. Eine Geschichte des neoliberalen Europa*, Berlin 2014; ders., »Der Neoliberalismus«, Version 1.0. (5.7.2016), in: *Docupedia Zeitgeschichte*, ⟨http://docupedia.de/zg/ther_neoliberalismus_vi_de_2016⟩, zuletzt eingesehen am 28.10.2018; Philip Plickert, *Wandlungen des Neoliberalismus. Eine Studie zu Entwicklung und Ausstrahlung der »Mont Pèlerin Society«*, Stuttgart 2008; Serge Audier, *Néo-libéralisme(s). Une archéologie intellectuelle*, Paris 2012.

lichen Ideologien und Ordnungsmustern aufgeladen werden konnten. Entsprechende Vorsicht ist also bei der Suche nach übergreifenden Gemeinsamkeiten und Trends geboten. Für die US-amerikanische Gesellschaft der langen 1980er Jahre findet Rodgers sie in der Art und Weise, wie Gesellschaft und ihre Probleme dargestellt wurde. Immer weniger werde hierbei mit starken Kategorien wie »Struktur«, »Institution« oder »Geschichte« gearbeitet, sondern im Trend lägen Begriffen wie »Aushandlung«, »Netzwerk« und »Potential«.[4] Das Individuum und seine Wahlmöglichkeiten seien – so Rodgers – in den politischen, medialen und sozialwissenschaftlichen Deutungen an die Stelle der Gesellschaft und ihrer kollektiven Ordnungen getreten.

Wie so viele Trends aus den Vereinigten Staaten, hat es auch dieser über den großen Teich geschafft und sich in Westeuropa verbreitet. Ob in Großbritannien, Frankreich oder der BRD: Die alte liberale Binsenweisheit »Jeder ist seines Glückes Schmied« feierte in den drei Jahrzehnten, um die es hier geht, fröhliche Urständ. Stärker und breiter denn je wurden meritokratische Deutungsmuster zur Legitimierung oder Exkulpierung benutzt, und zwar sowohl sozialer Diskriminierungen als auch neuer Privilegien, also nach beiden Seiten. Zahlreiche politische und kulturelle Idiome bestätigten diesen Trend hin zu einer »Verflüssigung«[5] des Sozialen und zur »Subjektivierung«,[6] der sich nicht nur aus orthodox liberalen Überzeugungen speiste, sondern auch aus libertären Strömungen, linkssozialistischen Kritiken an der Wohlstandsgesellschaft und der organisierten Konsenskultur sowie aus grün-alternativen Vorstellungen von Leben und Wirtschaften.

Entscheidend für den Erfolg dieser Ideen, von denen viele lange vor 1970 bereits ausformuliert und publiziert worden waren, aber

---

4 Rodgers, *Age of Fracture*, S. 270-271.
5 Zygmunt Bauman, *Flüchtige Moderne*, Frankfurt/M. [7]2016, S. 7-23.
6 Wiebke Wiede, »Subjekt und Subjektivierung«, Version 1.0, in: *Docupedia-Zeitgeschichte* (10.12.2014) ⟨http://docupedia.de/zg/wiede_subjek_v1_de_2014⟩, zuletzt eingesehen am 28.10.2018.

Abbildung 2.1:
Bodo Hombach und Peter Mandelson (sein Buch The Blair Revolution
signierend) im Londoner Restaurant Pont de la Tour am 22. 11. 1998.
Foto: Sinead Lynch/Financial Times/FT.com, 22. 11. 1998.
© *Mit freundlicher Genehmigung von* Financial Times.
Alle Rechte vorbehalten.

Am 8. Juni 1999, wenige Tage vor der Europawahl, präsentierten Gerhard
Schröder und Tony Blair in London das von Bodo Hombach und Peter
Mandelson verfasste Strategiepapier »Der Weg nach vorne für Europas Sozialdemokraten« (»Europe: The Third Way«). Bekannt geworden als
»Schröder-Blair-Papier«, trug es wesentlich zu der programmatischen Neuausrichtung der traditionsreichen Arbeiterparteien bei. Auch die Labour
Party und die SPD sprachen nun von Kürzungen staatlicher Ausgaben
und von Steuersenkungen, von Flexibilität und von Eigenverantwortung.
Diese Neuausrichtung vermittelt auch eine wenige Monate zuvor entstan-
dene Fotografie, die Hombach und Mandelson in einem Londoner Restaurant zeigt. Außer dem Wort »Labour« auf dem Cover des Buches in
Mandelsons Händen erinnert nichts mehr an die Arbeiterbewegung. Stattdessen verweisen das Weinregal im Hintergrund und die teuren Anzüge
auf die neue Priorität des »dritten Wegs«: den »Aufbau eines prosperieren-
den Mittelstands«.

bis dahin nur wenige Anhänger hatten für sich gewinnen können, war jedoch die Existenz eines diffusen Krisendiskurses, der in allen drei hier untersuchten Ländern zu einer Art gesellschaftlichem Basso continuo wurde. Seit den 1970er Jahren entfaltete sich eine ausufernde, omnipräsente Krisensemantik, deren Konturen immer unschärfer und deren Anwendungsfelder immer vielfältiger wurden. Krisen hatten Konjunktur und neben den bewährten »Großkrisen«, wie etwa der Krise des Spätkapitalismus oder der seltener beklagten »geistigen Krise« der eigenen Epoche, nahmen vor allem die gesellschaftlichen Partikularkrisen zu: Krisen der Stadtentwicklung, des Wohnungsbaus, des Sozialstaats, Verkehrskrise, Bildungskrise, Ökokrise. Damit eng verbunden war der Aufstieg teils selbsternannter, teils eifrig nachgefragter »Krisenmanager« und -experten. Verstärkt dann seit Beginn der 1980er Jahre wurden auch biographische Themen wie die Midlife-Crisis oder die Lebenskrise medial thematisiert. »Krise« wurde ein Begriff auch der persönlichen Lebensführung und der Lebensbewältigung. All dies kulminierte in Buchtiteln wie *Sich der Krise stellen*; 1984 trug eine Fernsehdokumentation in Frankreich gar den Titel *Vive la crise!*.[7] Politiker, Wirtschafts- und Sozialwissenschaftler, Journalisten und Intellektuelle bedienten sich des K-Worts, um ihren Botschaften Dringlichkeit und Prägnanz zu verleihen. Nach der Rezession der Jahre 1980 bis 1982 trat allerdings bereits ein Abnutzungseffekt ein, der die Krisendiskurse zu einer immer stumpferen Waffe im Krieg der Deutungsmuster machte.

Die Verwirrungen, welche die damaligen Krisendiskurse verbreiteten, hinterließen auch in den Sozialwissenschaften ihre Spuren. Weder war klar, was eigentlich jene »Normalität« sei, von der man gegenwärtige Zustände als negative Abweichungen identifizierte, noch wußte man, welche Kausalitäten zu den beklagten Krisen geführt hatten – geschweige denn, welche Zukunftsprognosen und

---

7 Siehe François Cusset, *La décennie. Le grand cauchemar des années 1980*, Paris 2013, S. 90-100. Horst-Eberhard Richter, *Sich der Krise stellen. Reden, Aufsätze, Interviews*, Reinbek bei Hamburg 1981.

Handlungsanweisungen sich aus den Krisenszenarien ergaben. In dem Maße, wie der Fortschrittsbegriff als optimistischer Begleiter des Krisenbegriffs diesem von der Seite wich und insgesamt an Anziehungskraft verlor, löste sich der Zusammenhang von Kritik und Krise auf, das heißt, die produktive, innovative Lösung von krisenhaften Zuständen mittels politischer Gestaltung oder gar Planung trat in den Hintergrund oder wurde sogar ganz ausgeblendet. Nur in Großbritannien verdichtete sich die Krisenrhetorik zu einer richtungweisenden politischen Mobilisierungssprache. Sie bediente sich der Rede von »*decline*«, einem Niedergang, der sowohl den erzwungenen Abschied vom Empire als auch das anhaltende Schrumpfen von Export- und schließlich auch Binnenmarktanteilen britischer Industrieprodukte meinte, aber auch sozialmoralische Konnotationen hatte, wenn vom Verlust alter Tugenden und Überzeugungen die Rede war. Viel deutlicher als in Frankreich und der Bundesrepublik war Deindustrialisierung in Großbritannien deshalb auch mit einem politischen Narrativ verknüpft, das seine Überzeugungskraft aus diesem Niedergangsdiskurs schöpfte und in der Rückkehr zu »alten Werten«, neuen Marktfreiheiten und ganz neuen Wirtschaftssektoren den Ausweg aus der Krise suchte und auch fand.[8] In diesem Sinne etablierte sich in den 1990er Jahren dort ein parteiübergreifender Konsens darüber, dass eine Rückkehr zu der Zeit vor 1979 unter allen Umständen vermieden werden müsse.

Der Krisendiskurs selbst konnte nichts Konkretes beisteuern, wenn es um die Gestaltung von Wirtschaftspolitik oder Unternehmensstrategien angesichts der in Kapitel 1 beschriebenen Umbrüche ging. Einige zentrale Ordnungsvorstellungen, welche konkreten wirtschafts- und sozialpolitischen Entscheidungen Bedeutung und Sinn zuwiesen, habe ich bereits erwähnt. Dazu gehört das Interpretament von der »Modernisierung der Volkswirtschaft«,[9] verstan-

---

8 Jim Tomlinson, »Inventing ›Decline‹: The Falling Behind of the British Economy in the Post-War Years«, in: *The Economic History Review* 49 (1996), S. 731-757.
9 Volker Hauff, Fritz W. Scharpf, *Modernisierung der Volkswirtschaft. Technologiepolitik als Strukturpolitik*, Frankfurt/M. 1975.

den als eine Fokussierung auf technische Innovationen zum Zwecke der Steigerung der Produktivität durch Rationalisierung; nach 1975 war dieses technikbezogene Argument aufs Engste verknüpft mit allen Formen der Nutzung der neuen Computertechnologien und deren forcierter Weiterentwicklung in allen drei Ländern. Zukunft hatte damit einen klar definierten technologischen Kern – auch wenn die konkreten Anwendungsfelder und Geschäftsmodelle alles andere als unumstritten waren. Dieses modernisierungstheoretische Deutungsmuster überlebte auch den bereits in den 1970er Jahren aufgekündigten Fortschrittskonsens, der in allen drei Ländern ein industriebasiertes Zukunftsmodell verankert hatte, aber nun scharfer Kritik insbesondere von Umweltschützern ausgesetzt war. Es wurde jedoch nach 1975 zunehmend von zwei historischen Narrativen überwölbt: Zum einem verbreitete sich die quasi naturgeschichtliche Erzählung vom Ende der Industriegesellschaft und deren Überführung in eine neue »Dienstleistungsgesellschaft« nach dem bereits erwähnten Zukunftsmodell von Fisher, Clark und Fourastié aus den 1930er beziehungsweise 1940er Jahren,[10] mit konkreter Unterstützung durch die Ausbreitung des dreigliedrigen Sektorenmodells in den medial verbreiteten Wirtschaftsdaten aller drei Länder. Zum anderen wurde dieses ältere Interpretament durch das aktuelle Narrativ der Globalisierung ergänzt, das seit den 1980er Jahren in allen drei Ländern um sich griff und als Bezugspunkt kontroverser gesellschaftspolitischer Debatten immer gewichtiger wurde.[11] Alle an der Debatte Beteiligten waren von der Durchschlagkraft eines übergreifenden internationalen Geschehens namens »Globalisierung« überzeugt, auch wenn Uneinigkeit über die Kausalitäten, Facetten und

---

10 Jean Fourastié, *Le Grand Espoir du XXe siècle. Progrès technique, progrès économique, progrès social*, Paris 1949 (dt.: *Die große Hoffnung des 20. Jahrhunderts*, Köln 1954); zur kritischen Einordnung siehe Daniel Speich Chassé, *Die Erfindung des Bruttosozialprodukts. Globale Ungleichheit in der Wissensgeschichte der Ökonomie*, Göttingen 2013.

11 Olaf Bach, *Die Erfindung der Globalisierung. Entstehung und Wandel eines zeitgeschichtlichen Grundbegriffs*, Frankfurt/M. 2013.

Konsequenzen dieses Geschehens herrschte. Dass grenzüberschreitende Märkte und externe Einflüsse immer stärker wurden und die bislang nach dem Container-Modell gedachten nationalen Gesellschaften einschließlich ihrer Volkswirtschaften veränderten, kann als der kleinste gemeinsame Nenner dieser Globalisierungsvorstellungen gelten.

Drei nationale Perspektiven auf den demokratischen Klassenkonflikt

Es ist bemerkenswert, dass sich das geschilderte Konglomerat von Meinungswissen in allen drei Ländern auf die eine oder andere Weise beobachten lässt, obwohl die Ausgangslagen zu Beginn des beschleunigten wirtschaftlichen und sozialen Strukturwandels denkbar verschieden waren. Zweifellos handelte es sich bei allen drei Ländern um »Industriegesellschaften«, deren Kapitalismus durch sozialpolitische Maßnahmen und staatliche Interventionen in die Wirtschaft eingehegt worden war. Solche strukturellen Parallelen verdecken aber die erheblichen Unterschiede in der Selbstbeschreibung der drei Gesellschaften. Franzosen, Briten und Westdeutsche gingen ganz unterschiedlich mit der Tatsache um, dass Industriearbeit zu einer der zentralen Bezugsgrößen der eigenen Sozialordnung geworden war, mit dem Interessenkonflikt zwischen Kapital und Arbeit als deren wesentlichem Merkmal. Alle drei Länder hatten in den 150 Jahren davor spezifische Sprachen entwickelt, um die politische Ökonomie von Kapital und Arbeit im Rahmen ihrer nationalspezifischen Ordnungsmuster darzustellen.

Die britische Industrialisierung hatte das Anschauungsmaterial für die wirkmächtigen Deutungsmuster von industrieller Revolution, liberalem Kapitalismus und Klassenkampf geliefert und damit auch wichtige Schlüsselbegriffe der politischen Sprachen anderer Länder mitgeprägt. Es fällt jedoch auf, dass die entstehenden britischen *working classes* im Gegensatz dazu ganz eigene politische Idiome entwickelten, die stark auf die einschlägigen Besonderheiten des Landes Bezug nahmen.[12] Wahlrechtsreformen, Anerkennung der Gewerkschaften und der Tarifautonomie sind Wegmarken in der Entwicklung der britischen Arbeiterbewegung, sind aber zugleich wichtige Erfahrungshintergründe für die politische Sprache der britischen Nation insgesamt. Selbst Liberale und Konservative akzeptierten – wenn auch nicht freudestrahlend – die Existenz eines organisierten Klassenkonflikts im Land und warben um die wachsende Zahl von zunehmend gewerkschaftlich organisierten Industriearbeitern als Wähler und Anhänger. Die pragmatische Vertretung eigener Interessen im Parlament, also die Repräsentation von *labour*, gab einem bis heute wirksamen Deutungs- und Ordnungsmuster eine höchst eigenwillige organisatorische Form. Die nationale Mobilisierung der Industriearbeiterschaft in zwei siegreich geführten Weltkriegen festigte im 20. Jahrhundert dieses liberale Modell der britischen Nation als politische Gemeinschaft einer von Klassenzugehörigkeit und -herkunft geprägten Gesellschaft. Deshalb blieb *class* ein ebenso vieldeutiger wie selbstverständlicher Bezugspunkt der unterschiedlichsten politischen Sprachen, amtlichen Statistiken, sozialwissenschaftlichen Analysen und alltagssoziologischen Selbstverortungen.[13]

Demgegenüber neutralisierten die politischen und sozialen Sprachen sowie die amtlichen Kategorien in Westdeutschland Klassenunterschiede oder gar Klassenkonflikte, so gut es ging.[14] Die semantischen Strategien der Euphemisierung und der Harmonisierung reagierten auf die ideologische Aufladung und sprachliche Radika-

---

12 Edward P. Thompson, *The Making of the English Working Class*, London 1968; Gareth Stedman Jones, *Languages of Class. Studies in English Working Class History, 1832-1982*, Cambridge 1996.

13 Arthur Marwick, *Class. Image and Reality in Britain, France and the USA since 1930*, London ²1990; David Cannadine, *Class in Britain*, New Haven 1998.

14 Paul Nolte, *Die Ordnung der deutschen Gesellschaft. Selbstentwurf und Selbstbeschreibung im 20. Jahrhundert*, München 2000.

lisierung des industriellen Interessenantagonismus im Kaiserreich und in der Weimarer Republik. Sie hatten das Deutsche Reich zum Kampfplatz antagonistischer Deutungen der sozialen Welt und quasireligiöser Weltanschauungen gemacht, in denen der Industriearbeiterschaft eine Schlüsselrolle mit Blick auf das Schicksal der politischen und sozialen Ordnung der Nation zufiel. Angesichts der Stärke einer in ihrer politischen Sprache orthodox marxistischen Arbeiterbewegung war die Arbeiterfrage im Deutschen Reich weit mehr als ein sozialpolitisches Problem; vielmehr war sie aufs Engste verbunden mit der Legitimität von Klassenkampf und Klassengegensätzen innerhalb der politischen Ordnung. Diese Grundspannung wurde durch die Niederlage im Ersten Weltkrieg und trotz »sozialpatriotischer« Integration von SPD und Gewerkschaften während des Krieges nicht aufgelöst, sondern in den kommenden Jahrzehnten erneut weltanschaulich radikalisiert. Die nationalsozialistische Bewegung und Diktatur war auch eine radikale Antwort auf diesen ideologischen Konflikt, und die völkische Umdeutung der bereits in der Weimarer Republik beschworenen Volksgemeinschaft wertete dementsprechend die machtpolitisch ausgeschaltete Arbeiterschaft symbolisch kräftig auf.[15] Die beiden deutschen Teilstaaten erbten diese nationalpolitische Zwangsintegration und setzten alles daran, den Gegensatz zwischen (Arbeiter-)Klasse und Nation nicht wiederaufleben zu lassen. Die ideologische Konfrontation des Kalten Krieges setzte in Westdeutschland jeder klassenantagonistischen sozialistischen Rhetorik strikteste Wirkungsgrenzen und befeuerte die Entradikalisierung der vielen nationalistischen und sozialkonservativen Deutungsmuster der industriellen Welt. Wirtschaftsfreundliche, betriebsgemeinschaftliche und unternehmeraffine Einstellungen hatten in der Nachkriegszeit Konjunktur und schufen ein Meinungsklima, in dem das neue Leitbild der »sozialen Marktwirt-

---

15 Rüdiger Hachtmann, *Industriearbeit im »Dritten Reich«. Untersuchungen zu den Lohn- und Arbeitsbedingungen in Deutschland 1933-1945*, Göttingen 1989; Dietmar Süß, *»Ein Volk, ein Reich, ein Führer«. Die deutsche Gesellschaft im Dritten Reich*, München 2017, S. 84-97.

schaft« zunächst eine dezidiert sozialkonservative Prägung bekam. Erst der Abschied der Sozialdemokratie von den Traditionsbeständen ihrer marxistischen Rhetorik, der 1959 mit dem Godesberger Programm vollzogen wurde, bahnte einer sozialliberalen Deutung dieses Ordnungsmusters den Weg. Ihr zufolge hatte der organisierte, rechtlich eingehegte Interessengegensatz zwischen Kapital und Arbeit einen festen Platz in der westdeutschen Demokratie. Von nun an rückte die Figur des selbstbewussten Industriebürgers immer mehr an die Stelle, die in der politischen Imagination bis 1945 der klassenbewusste Industriearbeiter innegehabt hatte.[16]

In Frankreich entwickelten sich die politisch-gesellschaftlichen Deutungsmuster nicht so sehr entlang den sozialen Realitäten der neuen Industriegesellschaft, sondern im Kontext der politisch-sozialen Konfrontationen, welche die Französische Revolution geschaffen hatte. Die Existenz einer breiten bäuerlichen Eigentümerklasse sowie die Dominanz handwerklich-kleinindustrieller Gewerbestrukturen bis weit ins 20. Jahrhundert hinein sorgten dort dafür, dass es trotz ausgeprägt sozialistischer Traditionen bis in die Zwischenkriegszeit dauerte, bevor die Industriearbeiterschaft und ihr Klassenkonflikt zu einem zentralen Bezugspunkt für die unterschiedlichen politischen Sprachen wurde. Diese brachten den radikalen oder republikanisch gesinnten »kleinen Leuten«, dem *»peuple«* allerdings viel mehr Aufmerksamkeit und Achtung entgegen als den *»ouvriers«*.[17] Die Vorstellung der *classes populaires* dominierte für mehr als 100 Jahre, blieb als Deutungsmuster bis in unsere Gegenwart präsent und für die verschiedensten politischen Deutungsentwürfe nutzbar. Die Volksfront (*front populaire*), die 1936 an die Macht kam, dann die Niederlage des republikanischen Frankreichs und Gründung des autoritären Vichy-Regimes 1940 sowie die Befreiung 1944 veränderten die Deutungsmuster der industriellen Arbeitswelt für mehr als

16 Nolte, *Die Ordnung der deutschen Gesellschaft*, S. 351-361.
17 Pierre Rosanvallon, *Le peuple introuvable. Histoire de la représentation démocratique en France*, Paris 1998.

drei Jahrzehnte. Erst jetzt fand die Klassenkampfrhetorik der Arbeiterbewegung ein breiteres Echo und erst jetzt rückten die sozialen Probleme der nach wie vor nur regional dominanten Industrie stärker ins politische Bewusstsein. Im Ergebnis gewann die Industriearbeiterschaft einen festen Platz in der Leitvorstellung von Frankreich als einer demokratischen Nation und machte die bis dahin vernachlässigte sozialpolitische und symbolische Integration dieser rasch wachsenden neuen gesellschaftlichen Gruppe zu einem zentralen Bezugspunkt der vielen Reformprogramme, welche eine soziale Neugründung der demokratischen Republik forderten. Gaullisten, Christdemokraten, Sozialisten und Kommunisten besetzten mit unterschiedlichen Deutungsmustern diesen Aspekt der sozialen Neuordnung nach dem Zweiten Weltkrieg. Dabei kam es zu einem prekären Kompromiss zwischen einer dezidiert klassenkämpferischen Semantik der Linken und den sozialharmonischen, betont mittelständisch orientierten Gegenentwürfen der »bürgerlichen« Parteien.[18]

Von Amts wegen: Soziale Klassifizierungen

Die genannten nationalen Ordnungsmuster wurden in allen drei Ländern jeweils eingebettet und gestützt durch die amtliche Statistik. Deren Kategorisierungen waren im Zeitraum 1970-2000 noch über weite Strecken prägnant nationalspezifisch, auch wenn die amtliche Statistik der Europäischen Union gegen Ende des Untersuchungszeitraums immer mehr Einfluss gewann. Da die amtlichen Sozialdaten die unentbehrlichen Bauteile für alle Deutungsmuster der sozialen Welt liefern, die Anspruch auf Seriosität und Faktizität erheben, müssen Änderungen ihrer Kategorien und Parameter als Neuorientierungen sozialer Ordnungsmuster und als zwar leise, aber

18 Louis Chauvel, Franz Schultheis, »Le sens d'une dénégation: l'oubli des classes sociales en Allemagne et en France«, in: *Mouvements* 26 (2003), S. 17-26.

wichtige Orte der Deutungskämpfe um die Benennung der sozialen Welt ernst genommen werden.[19] In Frankreich kam es nach dem Zweiten Weltkrieg im Zuge der politischen Reformen nach der Befreiung und angesichts des enormen Machtzuwachses einer kommunistischen Partei, die sich dezidiert als Partei der Arbeiterklasse beziehungsweise aller Werktätigen (*travailleurs*) stilisierte, zu einer Anerkennung sozialer Klassenstrukturen in der politische Sprache und der amtlichen Sozialstatistik. 1946 wurden die berufs- und statusbezogenen Kategorisierungen des Sozial- und Arbeitsrechts neu gefasst (*Les grilles Parodi-Croizat*), 1954 die *classes socio-professionnelles* als Zähleinheiten der Volkszählungen und amtlichen Statistiken eingeführt und 1981 aktualisiert. Seitdem versorgt die amtliche französische Statistik das Land mit Beschreibungen und »Sozialdaten« (*les données sociales*), welche die französische Gesellschaft regelmäßig in fünf unterschiedliche Gruppen einsortiert: *cadres* (leitende Angestellte/höhere Beamte), *professions intermédiaires* (mittlere Angestellte/Beamte), *employés* (einfache Angestellte), *ouvriers* (Arbeiter), *agriculteurs/artisans/indépendants* (Landwirte, Handwerker, Selbständige), jeweils mit weiteren Untergruppen.[20] Dieses Bild eines nach Einkommen, Bildungstiteln, Vermögen und Wohnlage geschiedenen Ensembles von sozio-professionellen Großgruppen etablierte sich seit den späten 1950er Jahren immer fester in den Deutungsmustern der sozialen Welt, die in Frankreich zirkulierten und von Politikern, Wirtschafts- und Sozialwissenschaftlern und Intellektuellen zur Erklärung sozialer Problemlagen und eigener Lösungsvorschläge entwickelt wurden. Daraus ergab sich eine ebenso enge wie selbstverständliche Beziehung zwischen Soziologie und amtlicher Statistik mit dem Ergebnis, dass die soziale Verortung des Einzelnen im Raum der französischen Klassengesellschaft viel eindeutiger ausfiel als zum Beispiel in der Bundesrepublik, und

---

19 Franz Schultheis, »Repräsentationen des sozialen Raumes im interkulturellen Vergleich«, in: *Berliner Journal für Soziologie* 6 (1996), S. 43-68.
20 Alain Desrosières, Laurent Thévenot, *Les catégories socioprofessionnelles*, Paris 1992.

zugleich auch Ungleichheitseffekte und soziale Unterschiede viel sichtbarer wurden als östlich des Rheins.[21] Die französische Gesellschaft stand in dieser Hinsicht der britischen viel näher als der (west)deutschen.

In Großbritannien hatte die amtliche Statistik im Zuge des Zensus von 1911, dann endgültig und revidiert im 1921er Zensus, eine Klassifizierung der gesamten Bevölkerung nach beruflichen und sozialen Merkmalen vorgenommen, welche die *social classes* der urbanen Industriegesellschaft möglichst adäquat repräsentieren sollte. Fünf berufliche Großgruppen registrierte The Registrar-General's Social Class Scheme von 1911 bis 1991: I. *Professional occupations* (leitende berufliche Positionen: Manager, leitende Angestellte, höhere Beamte und Freiberufler), II. *Intermediate occupations* (mittlere berufliche Positionen: mittleres und unteres Management, Techniker, mittlere Positionen in Verwaltung und Unternehmen), III. *Skilled occupations* (seit 1971 mit der Unterscheidung *manual/non-manual*, qualifizierte Berufe: vorwiegend manuell/nichtmanuell), IV. *Partly skilled occupations* (angelernte Arbeiter und Angestellte), V. *Unskilled occupations* (ungelernte Arbeiter und Angestellte). Diese primär berufsbezogene Klassifizierung wurde dann 2001 verfeinert und differenziert, indem das strukturfunktionalistische Modell der britischen Soziologen Keith Hope und John H. Goldthorpe zugrunde gelegt wurde.[22] Unterschiede in den Arbeitsmarktsituationen sowie in den Arbeitshierarchien wurden als weitere Variablen in das Klassifizierungsmodell integriert, so dass acht Kategorien entstanden, die dann zu fünf beziehungsweise drei Klassen entsprechend der National Statistics Socio-Economic Classification (NS-SEC) zusammengefasst werden konnten.[23] Auch im britischen Fall vollzog also die amtliche Statistik den Schritt, die (industrielle) Arbeitswelt

21 Chauvel/Schulheis, »Le sens d'une dénégation«, S. 22-23.
22 John H. Goldthorpe, Keith Hope, *The Social Grading of Occupations. A New Approach and Scale*, Oxford 1974.
23 Kerstin Brückweh, *Menschen zählen. Wissensproduktion durch britische Volkszählungen und Umfragen vom 19. Jahrhundert bis ins digitale Zeitalter*, Berlin, Boston 2015,

und ihre Arbeitsteilungen zur Basis eines Schichtungs- oder Klassenmodells zu nobilitieren. Indirekt und politisch durchaus ungewollt wurden auf diesem Wege jene Markierungslinien verstärkt, welche in der Alltagswahrnehmung, aber auch in kulturellen Selbstdarstellungen zwischen den unterschiedlichen Klassen existierten, weshalb die *classless society*, die Tory- und Labourpolitiker wie Margaret Thatcher, John Major, Tony Blair oder Gordon Brown gern als neues Leitbild britischer Sozialwelten propagierten, in der britischen Öffentlichkeit weniger Anklang fand, als es die medialen Anstrengungen erwarten ließen.[24]

Die amtliche Statistik in der Bundesrepublik ging einen ganz anderen Weg als ihre britischen und französischen Pendants. Sie orientierte sich seit dem späten Kaiserreich an den drei Großkategorien, welche das Sozialversicherungsrecht seit den Bismarck'schen Sozialreformen Ende des 19. Jahrhunderts hatte entstehen lassen. Mit Arbeitern, Angestellten und Beamten wurde der unterschiedliche sozial- und arbeitsrechtliche Status nichtselbständig Beschäftigter zum einzigen Unterscheidungskriterium der amtlichen Sozialkategorien. Daneben etablierte sich nur für wirtschaftsstatistische Zwecke eine amtliche statistische Erfassung von Berufen. Zu einer Kombination von Merkmalen nach soziologischen Gesichtspunkten wie in der französischen und britischen Statistik ist es nicht gekommen. Damit lieferte die amtliche Statistik ein notorisch unterkomplexes Bild der westdeutschen Gesellschaft.[25]

Diese amtliche Zurückhaltung bei der Einführung und damit auch Offizialisierung berufs- und arbeitsbezogener Kategorien für sozioökonomische Lagen jenseits sozial- und arbeitsrechtlich definierter Differenzen schlug sich in den Konventionen der politischen Sprachen in der Bundesrepublik nieder, die es ganz bewusst vermieden, die Existenz von Klassengegensätzen und sozialer Ungleichheit

S. 151-158; einen vergleichenden Überblick über die geläufigen Klassifikationsschemata bietet: Ivan Reid, *Class in Britain*, Cambridge u. a. 1998, S. 245-256.
24 Cannadine, *Class in Britain*, S. 163-189.
25 Schultheis, »Repräsentationen des sozialen Raumes im interkulturellen Vergleich«.

durch entsprechende Kategorisierungen zu betonen, sondern an die politische Einheit sowie die ethnische Homogenität des Staatsvolkes appellierten. Hier hallte sicherlich der Homogenisierungszwang der nationalsozialistischen Volksgemeinschaftspropaganda nach, aber diese Verkennungs- beziehungsweise Verleugnungsstrategie fand auch neuen Rückhalt in der parteipolitischen Konstellation seit 1949, als sich mit CDU/CSU und SPD zwei große Parteien mit ansonsten sehr verschiedenen Programmen als klassenübergreifende Volksparteien etablierten und inszenierten. Der Kampf um politische Mehrheiten folgte dabei nicht primär den sozioökonomischen Trennlinien, sondern artikulierte immer wieder Gemeinsamkeiten und Verbindendes zwischen den Wählerinnen und Wählern unterschiedlicher sozialer Lagen. Dem kam wiederum eine Sozialwissenschaft entgegen, welche das Leitbild einer Gesellschaft jenseits der alten Klassenlinien, vor allem jenseits alter Klassengegensätze als soziale Wirklichkeit darstellte. So lässt sich der durchschlagende und nachhaltige Erfolg von Helmut Schelskys Konzept einer nivellierten Mittelstandsgesellschaft erklären, das nach seiner Erfindung 1953 zum inoffiziellen Sozialmodell des »Wirtschaftswunders« aufstieg.[26] Die Verdrängung sowohl bürgerlicher als auch proletarischer Klassenrealitäten in der westdeutschen Nachkriegsgesellschaft etablierte sich zu so etwas wie einem parteiübergreifenden gesellschaftspolitischen Konsens. Herausgefordert wurde diese Position allenfalls durch Linksintellektuelle und einen akademischen Neomarxismus, dessen Echo in der Öffentlichkeit jenseits einiger sozialwissenschaftlicher Fachbereiche beziehungsweise Hörsäle jedoch sehr begrenzt blieb.[27]

Da es eine vergleichbare Unsichtbarkeit großer und kleiner sozialer Unterschiede in amtlicher Statistik und Mainstream-Soziologie der beiden anderen Länder nicht gab, haben wir es bei diesem »Theo-

---

26 Helmut Schelsky, »Die Bedeutung des Schichtungsbegriffs für die Analyse der gegenwärtigen deutschen Gesellschaft« [1953], in: ders., *Auf der Suche nach der Wirklichkeit*, Düsseldorf 1965, S. 331-336; vgl. Nolte, *Die Ordnung der deutschen Gesellschaft*, S. 330-335.

27 Chauvel/Schultheis, »Le sens d'une dénégation«, S. 21.

rieeffekt« mit einer veritablen Besonderheit zu tun, die zudem langfristige Spuren in der westdeutschen Gesellschaft hinterlassen hat. Sie hat zum Beispiel dazu geführt, dass Selbst- und Fremdverortungen im sozialen Raum und die Klassifizierung sozioökonomischer Unterschiede und Ungleichheiten bis heute viel diffuser und schwankender sind als in den beiden Nachbarländern. Der soziale »Orientierungssinn« war und ist angesichts fehlender amtlicher Kategorisierungen viel stärker auf die wechselnden Angebote der oben genannten Ideen- und Deutungsproduzenten verwiesen.

Neue Grenzlinien

So ist es denn auch keine Überraschung, dass im Vergleich der drei Länder die Bundesrepublik Deutschland in besonderem Maße empfänglich war für Deutungsmuster, welche mit dem Rückgang industriewirtschaftlicher Arbeitsstrukturen zugleich auch das Ende von Klassenstrukturen oder ähnlichen grobkörnigen Differenzen in der Gemengelage von Einkommen, Bildung, Berufen und Lebensweisen gekommen sahen und diese These in die politische Sprache hineintrugen. In der westdeutschen Soziologie setzten sich zum Beispiel nach einem kurzen neomarxistischen Intermezzo spätestens seit den 1980er Jahren wieder Interpretamente durch, die als Haupttrend der Umbruchphase die Auflösung früher kompakter sozioökonomischer Lagen von Klassen oder Schichten identifizierten und diese These mit weiterreichenden Behauptungen über den Strukturwandel der Gesellschaft verknüpften. Drei solcher Behauptungen stechen hervor: dass die vertikale Ungleichheit zugunsten stärkerer horizontaler Ungleichheiten abnimmt, dass Freizeit und Konsum für die Bildung soziokultureller Milieus beziehungsweise Gruppen an Bedeutung gewinnen und dass eine Individualisierung der Lebensweise insgesamt eine herausragende Rolle spielt (siehe Abb. 2.2). Daraus entwickelte sich nun aber unter Sozialwissenschaftlern keineswegs ein gemeinsames Deutungsmuster sozialer Wirklichkeit, sondern mit der Pluralisierung sowohl trennender als auch verbindender sozialer Tatsachen pluralisierten sich auch die Deutungen. Beobachter haben für den deutschen Fall von einer Kakophonie sozialwissenschaftlicher Deutungsmuster gesprochen,[28] und in der Tat: Die »Erlebnisgesellschaft« (Schulze), die »Risikogesellschaft« (Beck), die »Informationsgesellschaft« (Bell), die »Netzwerkgesellschaft« (Castells) und viele andere soziologische Entwürfe konkurrierten miteinander – und dies mitunter stärker um mediale Aufmerksamkeit als um empirische Überprüfbarkeit.[29]

Auch wenn Margaret Thatchers berühmt-berüchtigtes *There-is-no-such-thing-as-society*-Diktum zunächst nur bei Ökonomen und Psychologen auf offene Ohren stieß, näherte sich de facto ein Teil der sozialwissenschaftlichen Experten und kulturkritischen Intellektuellen dieser radikalen Position in der einen oder anderen Form an und untergruben die wissenschaftliche Dignität und Legitimität vor allem älterer Sichtweisen und Mobilisierungssprachen, die mit Kategorien sozialstruktureller Ungleichheit arbeiteten und Gegensätze zwischen sozialen Großgruppen ansprachen.

In Frankreich und Großbritannien etablierte sich dieser neue Trend sozialwissenschaftlicher Expertise vor allem unter dem Eindruck und durch den Import US-amerikanischer Deutungsmuster, welche bereits seit den 1960er Jahren wachsendes Konsumniveau, Rückgang der Ungleichheiten in Einkommen und Bildung sowie hohe soziale Mobilität als Indikatoren dafür interpretierten, dass eine Gesellschaft neuen Typs an die Stelle der alten industriellen Klassengesellschaften träte. Auch hier blieben die Übergänge zwischen der Deutung empirischer Befunde, der Diagnose sozialer Trends und

28 Ebd., S. 17 f.
29 Daniel Bell, *Die nachindustrielle Gesellschaft*, Frankfurt/M., New York 1975; Ulrich Beck, *Risikogesellschaft. Auf dem Weg in eine andere Moderne*, Frankfurt/M. 1986; Gerhard Schulze, *Die Erlebnisgesellschaft. Kultursoziologie der Gegenwart*, Frankfurt/M. 1992; Manuel Castells, *Das Informationszeitalter. Wirtschaft, Gesellschaft, Kultur*, Bd. 1: *Der Aufstieg der Netzwerkgesellschaft*, Opladen 2001.

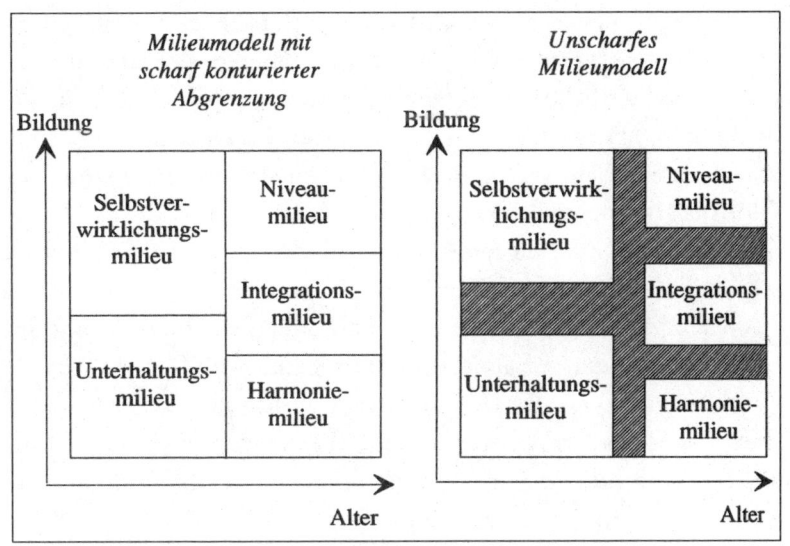

Milieumodell mit scharf konturierter Abgrenzung

Bildung

Selbstver-wirklichungs-milieu	Niveau-milieu
	Integrations-milieu
Unterhaltungs-milieu	Harmonie-milieu

Alter

Unscharfes Milieumodell

Bildung

Selbstverwirk-lichungs-milieu	Niveau-milieu
	Integrations-milieu
Unterhaltungs-milieu	Harmonie-milieu

Alter

Scharf konturiertes Milieumodell und Unschärfemodell

Abbildung 2.2:
»Zur Milieukonstellation der Gegenwart«:
Schaubild aus Gerhard Schulzes Buch Die Erlebnisgesellschaft.
Kultursoziologie der Gegenwart, *Frankfurt/M. 1992, S. 384.*
© *Campus Verlag, Frankfurt am Main.*

Im Jahr 1992 veröffentlichte Gerhard Schulze im Frankfurter Campus-Verlag die Zeitdiagnose *Die Erlebnisgesellschaft. Kultursoziologie der Gegenwart*. In ihr fand das neue Selbstbild der westdeutschen Gesellschaft einen deutlichen Ausdruck. Ein Schaubild (siehe ebd., S. 384) erläutert Schulzes Ansatz. Ausgehend von Lebensstil und Freizeitgestaltung unterscheidet er zwischen verschiedenen gesellschaftlichen Milieus und ordnet diese entlang der Achsen »Bildung« und »Alter« an. Trotz aller theoretischen Differenzierung spielen Arbeit und Einkommen keine Rolle mehr. Hinter der Kultursoziologie verschwand die soziale Ungleichheit. Demgegenüber lässt sich in Frankreich eine gegenläufige Entwicklung ausmachen: Nur ein Jahr nach *Die Erlebnisgesellschaft* kam dort eine umfangreiche kooperative Studie unter der Leitung Pierre Bourdieus heraus: *La Misère du monde – Das Elend der Welt.*

der Prophetie neuer sozialer Ordnungsmuster fließend. Zusammengefasst lässt sich festhalten: In allen drei Ländern betonten die sozialwissenschaftlichen Experten Tendenzen, die in Richtung Individualisierung, Diversifizierung der sozioökomischen Lagen sowie und vor allem in Richtung grenzüberschreitender Struktureffekte von Globalisierungsprozessen insbesondere in Kultur und Ökonomie deuteten – mit der Folge, dass innerhalb der einzelnen Gesellschaften neue Konflikt- und Grenzlinien entstünden.

Gleichzeitig richtete eine kritische Medienberichterstattung ihr Hauptaugenmerk auf akute »Sozialprobleme« und einige wenige »Problemgruppen«. In der Bundesrepublik dominierten vor allem drei Themenfelder: Arbeitslosigkeit, insbesondere Jugendarbeitslosigkeit, Zuwanderung und seit Mitte der 1990er Jahre die Unterschiede beziehungsweise Spannungen zwischen Ost- und Westdeutschen. Erst sehr spät tauchte hier das Thema Armut wieder auf, das in Frankreich bereits seit Mitte der 1980er Jahre unter den Überschriften »Exklusion« und »Prekarität« medial sehr präsent gewesen war und zur Reform der Sozialhilfe für Arbeitslose geführt hatte.[30] Allerdings konkurrierte es dort von Anfang an mit dem Thema »Zuwanderung« und zwei weiteren »Sozialproblemen«, die aufs Engste miteinander verknüpft waren und zuweilen medienwirksam in eins gesetzt wurden: die wachsende soziale Segregation in den Vorstädten und den Randbezirken der Großstädte sowie die Jugendgewalt. In Großbritannien dominierten in den 1980er Jahren die Themen »Massenarbeitslosigkeit« und »Armut«. Sie verdichteten sich zur medialen Entdeckung einer neuen »Unterklasse« arbeitsloser, »arbeitsferner« und »arbeitsscheuer« Sozialhilfeempfänger.[31] Wie in Frankreich spielten auch in Großbritannien die *riots* von Jugendlichen aus den »Problemzonen« der Großstädte eine große Rolle. Dabei

---

30 Sarah K. Haßdenteufel, *Neue Armut, Exklusion, Prekarität. Armutspolitische Debatten im deutsch-französischen Vergleich 1970-1990*, Diss., Frankfurt/M., Trento 2015.
31 John Welshman, John, *Underclass. A History of the Excluded, 1880-2000*, London, New York 2006; Lydia Morris, *Dangerous Classes. The Underclass and Social Citizenship*, London, New York 1994.

wurde *race* beziehungsweise ethnische Herkunft zur medial wichtigsten und in den sozialwissenschaftlichen Folgestudien häufig debattierten Schlüsselkategorie.

Bemerkenswerterweise verschwanden die neuen und alten Arbeitswelten in Industrie- oder Dienstleistungsbranchen nach und nach fast vollständig aus der Berichterstattung über soziale Probleme. Zwar sahen die ersten zehn Jahre der Transformationsphase vom Anfang der ersten bis zur Überwindung der sogenannten zweiten Ölkrise noch heftige Streiks, Fabrikbesetzungen und Massenproteste, aber bereits die Entlassungs- und Schließungswelle nach der zweiten Rezession in den Jahren 1980 bis 1982 löste keine Kette von Sozialprotesten mehr aus, sondern hatte nur wenige, wenn auch besonders spektakuläre Großereignisse wie den britischen Bergarbeiterstreik, die Massenproteste in Rheinhausen und den Streik um die 35-Stunden-Woche in der südwestdeutschen Metallindustrie zur Folge. Nach diesem letzten Aufbäumen gerieten industrielle Arbeitswelten nur noch selten ins Blickfeld der medialen Öffentlichkeit. In der Bundesrepublik verlief selbst der Zusammenbruch der Industriestrukturen der früheren DDR ohne größere mediale Aufmerksamkeit und Problematisierung, sieht man von der kurzen Protestkonjunktur im Frühjahr 1991 ab.[32] Der mediale Blick blieb auf die Arbeitslosigkeit gerichtet, vor allem auf ihre psychologischen und sozialen Folgen.

Unschwer erkennbar ist, dass dieser selektive Blick auf soziale Probleme der medialen Logik der Ereignisorientierung folgt. In allen drei Ländern regulierten Massenpresse und später dann auch vor allem das Privatfernsehen mehr denn je die Wahrnehmungsschwellen sozialer Wirklichkeit. Gewaltbilder von Anschlägen auf Asylbewerberunterkünfte, von Straßenschlachten zwischen Jugendlichen und Polizei, aber auch die regelmäßige Verkündung der Arbeitslosenzahlen oder der auf Lehrstellen bezogenen Kennziffern

---

32 Ulla Plener (Hg.), *Die Treuhand, der Widerstand in den Betrieben der DDR, die Gewerkschaften (1990-1994)*, Berlin 2011.

lenkten die Aufmerksamkeit auf diese medial vorgeprägten »Sozialprobleme« – die nicht selten in der Form ungewöhnlicher Familienschicksale oder Lebensgeschichten von Sozialhilfeempfängern, Kleinkriminellen und Drogenabhängigen journalistisch aufbereitet beziehungsweise ausgeschlachtet wurden, was dann wiederum ihre Sichtbarkeit erhöhte. Auf diese Weise entstand in allen drei Ländern das Bild einer Gesellschaft, die die Kontrolle über ihre sozialen Ränder und Grenzen verloren hatte und deren (soziale wie systemische) Integrationsleistung bestenfalls noch dazu ausreichte, »zwei Drittel« (so die halb symbolische, halb realistisch gemeinte Schätzung deutscher Sozialwissenschaftler) der Bevölkerung einzubeziehen. Zum einen nobilitierte dieses verführerische Sprachbild, das zusehends an Prominenz gewann, eine ganze Kette korrespondierender Kategorien wie etwa »Exklusion« oder »Prekarität«, zum anderen steigerte es die Sensibilität für die Begleiterscheinungen der im Kontext von »Globalisierung« und »digitaler Revolution« gefeierten Effekte wachsender kultureller und religiöser Diversität. Rassismus und Ausländerfeindlichkeit beziehungsweise Zuwanderung und religiöse und/oder kulturelle Differenz wurden seit den 1980er Jahren als politische Scheidelinien in den Deutungsmustern sowohl von realer Gesellschaft als auch gedachter sozialer und politischer Ordnung immer bedeutsamer.

Auffällig ist, dass die wachsende Skepsis unter Sozialwissenschaftlern und Intellektuellen, ob noch so etwas wie »dichte« Sozialstrukturen mit kollektiver Prägekraft in der neuen postindustriellen Dynamik eines zunehmend »globalisierten« Europas existierten, in allen drei Gesellschaften einherging mit einer wachsenden Aufmerksamkeit für neue (und vielfach alte) Grenz- und Konfliktlinien. Kulturelle und religiöse Differenz wurde immer häufiger in enger Verbindung mit Merkmalen wie Herkunft, Hautfarbe, Staatsangehörigkeit oder Geschlecht thematisiert. Die soziale Prophetie einer zusehends fluiden Weltgesellschaft, wie sie beispielsweise von Ulrich Beck und Zygmunt Bauman vorgetragen wurde, wies den feinen Unterschieden etwa in Lebensführung und kulturellem Hintergrund ausschlaggebende Relevanz zu und ging davon aus, dass individuelle und situative Wahlmöglichkeiten die alten Prägungen durch sozioökonomische Ungleichheit, Klassenkulturen und Herkunftsmilieus breitflächig ersetzen würden. Solchen Annahmen größerer sozialer Flexibilität und Mobilität trat jedoch ein Deutungsmuster entgegen, das diese »kleinen« Unterschiede zu Identitätsmarkern aufwertete und einer essentialistischen Deutung sozialer Konflikte entlang altbekannternExklusionsfiguren wie Rasse, Religion oder Nation den Weg bereitete. Dabei unterliefen diese neuen Interpretamente der sozialen Welt das etablierte Rechts/Links-Schema, das die in den Industriegesellschaften der Nachkriegszeit etablierten Deutungsmuster dominiert hatte.

In der Konsequenz rückten die sozialen Wirklichkeiten, Konflikte und Probleme, die in den Arbeitswelten sehr vieler Menschen ihren Bezugspunkt und ihre Ursache hatten, immer mehr ins Abseits. Die nach wie vor industriell geprägten Arbeitsgesellschaften Großbritanniens, Frankreichs und Deutschlands konsumierten und produzierten vielmehr mediale Gesellschaftsbilder, die auf »die da oben und die da unten« sowie auf »die anderen« fokussiert waren. Für Frankreich haben Soziologen von der »Unsichtbarkeit« der industriellen Arbeiterschaft, ihrer Lebensbedingungen und Arbeitsverhältnisse gesprochen, die seit den 1980er Jahren zu beobachten sei.[33] Es hatte sich eine neue und stabile soziale Distanz von Journalisten, Medienexperten und Sozialwissenschaftlern zu den Lebensbedingungen der einfachen Industriearbeiterinnen und -arbeiter herausgebildet.

33 Stéphane Beaud, Michel Pialoux, *Retour sur la condition ouvrière. Enquête aux usines Peugeot de Sochaux-Montbéliard,* Paris 1999.

Neue politische Mobilisierungssprachen

Ob und wie Konflikte der Arbeitswelt sowie Problemlagen von Industriearbeiterinnen von Parteien und Gewerkschaften beziehungsweise anderen Interessenverbänden aufgegriffen wurden, ist eine Frage, der eine vergleichende Gesellschaftsgeschichte industrieller Arbeit nicht ausweichen kann, auch wenn ihre Klärung allein ein eigenes Buch füllen würde. Ich werde in Kapitel 3 einige signifikante Ereignisse untersuchen, die gleichsam in direktem Zusammenhang mit einer Politisierung von Erfahrungen und Konflikten der Arbeitswelt standen. Diese Momente politischer Mobilisierung und sozialen Protests waren jedoch so etwas wie punktuelle Eruptionen, welche kurzfristig und zumeist nur regional die festgefügte Kruste etablierter politischer Sprachen und Handlungsroutinen durchbrachen. Ich werde sie deshalb als seismographische Indikatoren lesen, die auf Risse und Verschiebungen in den Deutungsmustern hinweisen, mit denen die etablierten politischen und gesellschaftlichen Repräsentanten der betroffenen sozialen Gruppen Konflikte und Interessen artikulierten.

Angesichts der wirtschaftlichen und sozialen Umbrüche, aber vor allem auch unter dem Eindruck neuer Medienformate der politischen Massenkommunikation veränderten sich Sprache und Stil politischer Mobilisierungsarbeit in Großbritannien, Frankreich und der Bundesrepublik tiefgreifend. Das Fernsehen wurde erst in den letzten drei Jahrzehnten des 20. Jahrhunderts zum dominanten, letztlich entscheidenden Medium politischer Kommunikation, und die politischen Akteure stellten sich nach und nach darauf ein. Damit gewannen die medial verstärkten Topoi und Bilder erhebliches Gewicht, aber auch die zu Schlagwörtern und Meinungswissen verdichteten Deutungs- und Ordnungsmuster wurden samt den sie jeweils vertretenden politischen Führungspersonen noch einmal präsenter. Die großen Parteien der rechten und linken Mitte reagierten in allen drei Ländern darauf, dass sie sich diesen neuen Spielregeln weitgehend anpassten und ihre eigenständigen ideologischen Profile und Traditionen in den Hintergrund rückten. Im Zuge dessen verloren Parteimitglieder und Aktivisten als Vermittler zwischen den Führungsetagen und der Wählerschaft zusehends an Gewicht, was für die Linksparteien und Gewerkschaften, die aus der Arbeiterbewegung des 19. Jahrhunderts hervorgegangen waren, weitreichende Folgen hatte. Denn aus ihren Anfängen haben diese Organisationen Traditionsbestände gegenkultureller Fundamentalopposition gegen die hegemonialen »bürgerlichen« Deutungsmuster der sozialen Welt bis in die 1970er Jahre weitergetragen. Die Erfahrung, in den etablierten Medien keine Akzeptanz für die eigenen Sichtweisen und Positionen zu finden, sich jedoch auf den Rückhalt der »Basis«, das heißt auf die der eigenen Anhänger sowie die Angehörigen der eigenen sozialen Klasse beziehungsweise des entsprechenden sozialmoralischen Milieus verlassen zu können, gehört zu den typischen Ressourcen, welche die politischen Repräsentanten der Industriearbeiterschaft in ihrem langen politischen Kampf um politische und soziale Sichtbarkeit und Anerkennung zu mobilisieren gelernt hatten. Sie hat ihren Niederschlag in unterschiedlichen »Klassensprachen« gefunden, deren sich britische, französische und westdeutsche Gewerkschafter, Kommunisten, Sozialisten oder Linkskatholiken bedienten, um sich im Kampf um die Deutung der sozialen Wirklichkeit zu behaupten.[34] Es ist hier bei weitem nicht genug Raum, um diese verschiedenen Sprachen, ihre Entstehung und Transformationen bis in die 1970er Jahre verfolgen zu können.[35] Viel wichtiger für meine Untersuchung ist außerdem das Faktum, dass Klassensprachen in den 1960er Jahren und 1970er Jahren angesichts günstiger Arbeitskampfbedingungen für Industriebeschäftigte und unterstützt durch die politischen Aufbrüche und Revolten im Feld der (bürger-

---

34 Eric Shaw, »Labourism: Myths and Realities«, in: Kevin Hickson u. a. (Hg.), *The Struggle for Labour's Soul. Understanding Labour's Political Thought since 1945*, London, New York 2004, S. 187-205.
35 Geoff Eley, *Forging Democracy. The History of the Left in Europe, 1850-2000*, Oxford, New York 2002.

lichen) Ideenproduzenten eine Renaissance erlebten. Damit zirkulierten gleichzeitig mit den oben beschriebenen Verschiebungen in den im Mainstream der Ideenproduktion und -zirkulation zu beobachtenden Deutungsmustern mehr oder weniger radikale Gegenentwürfe, welche in Teilen der Arbeiterschaft, aber auch der neuen jüngeren Generation von Parteimitgliedern bürgerlicher Herkunft und universitärer Bildung auf größere Resonanz stießen als ihre liberalen oder konservativen Pendants. Wichtig ist auch, dass sie Gegenpositionen oder skeptische Einsprüche gegen sozialharmonische Deutungen der bestehenden Sozialordnung formulierten, die von den etablierten linken Positionen im politischen Feld aufgegriffen und in politische Kritik oder Programmatik übersetzt wurden. Für die Umbruchphase nach dem Boom ist charakteristisch, dass die Wissensbestände und Erfahrungsbezüge dieser Mobilisierungsdiskurse nachfolgend in überraschend kurzer Zeit wieder abgewertet und außer Kraft gesetzt wurden. Dies gilt in besonderem Maße für Großbritannien und Frankreich, weil hier Traditionsbestände der Arbeiterbewegung viel stärker als in der Bundesrepublik Deutschland gepflegt und gezielt in der Mobilisierungsarbeit reaktiviert wurden. Daran waren vor allem die militanten Kräfte beziehungsweise Strömungen beider nationaler Arbeiterbewegungen beteiligt.[36]

Deutlich wird dies im Fall der Confédération générale du travail (CGT) und der Parti communiste français (PCF), der beiden Gralshüter revolutionärer Klassenrhetorik in Frankreich.[37] Sie hielten bei aller realistischen und durchgängig reform- und kompromissorientierten Interessenvertretung im Alltag an programmatischen Gegenbildern zu »bürgerlichen« Deutungen der sozialen Welt fest. Gleich-

---

36 Mark Wickham-Jones, »The New Left«, in: Hickson u. a. (Hg.), *The Struggle for Labour's Soul*, S. 24-46.
37 Dominique Andolfatto, Dominique Labbé, *La CGT. Organisation et audience depuis 1945*, Paris 1997; Guy Groux, René Mouriaux, *La CGT. Crises et alternatives*, Paris 1992; Bernard Pudal, *Prendre parti. Pour une sociologie historique du PCF*, Paris 1989; Stéphane Courtois, Marc Lazar, *Histoire du Parti Communiste Français*, Paris 1995.

zeitig gaben beide Organisationen sozialem Protest und Gegenwehr eine Stimme, verstanden sich jenseits der eher routiniert abgespulten Klassenkampfrhetorik auch als Sprachrohre und Artikulationsorte für die »Stimme der Arbeiter«, konkret derer, die, wenn auch häufig diffus und eher »aus dem Bauch« heraus, gegen die Zumutungen der laufenden Verhältnisse opponierten. Eine ähnliche Rolle spielten vor allem in den 1970er Jahren auch der mit der CGT konkurrierende Gewerkschaftsbund Confédération française démocratique du travail (CFDT). Wie die CGT hielt auch die CFDT an Schlüsselbegriffen gewerkschaftlicher Militanz wie *lutte* (Kampf), *classe* (Klasse), *défense* (Widerstand) und *mobilisation* (Mobilisierung) in all ihren Varianten und Kombinationen fest.[38]

Interessanterweise bedienten sich bis Mitte der 1980er Jahre die beiden großen Linksparteien im Wesentlichen der Topoi und Stereotypen einer marxistisch-sozialistischen Sprache des Klassenkampfes, um ihre Wählerschaft zu mobilisieren. Höhepunkte dieses Mobilisierungsstiles waren zweifellos die Wahlkämpfe der 1970er und frühen 1980er Jahre, bei denen Sozialisten und Kommunisten erfolgreich abschnitten: Mehr als 70 Prozent der wahlberechtigten *ouvriers* stimmten in diesem Jahrzehnt für eine der beiden Linksparteien. Neben dem Ausbau sozialstaatlicher Absicherungen waren es die programmatischen Bekenntnisse zu einer interventionistischen Wirtschaftspolitik à la Keynes, einschließlich Arbeitsbeschaffungsmaßnahmen und politischer Kontrolle der französischen Großunternehmen via Verstaatlichung, die eine antikapitalistische Grundierung enthielten und in der Kontinuität von Klassenpolitik und Gegenmachtrhetorik standen, welche die französische Linke seit 1945 pflegte. In den ersten Jahren nach dem Boom war also die Mobilisierungskraft der traditionellen Klassensprache in Frankreich nach wie vor enorm hoch. Dies machte sich vor allem die 1970 neugegründete sozialistische Partei (Parti socialiste – PS) unter der Füh-

38 Anne-Marie Hetzel, Claire Bernard, *Le syndicalisme à mots découverts. Dictionnaire des fréquences (1971-1990)*, Paris 1998, S. 7, S. 62-65 u. S. 178-182.

rung François Mitterrands zunutze, der als Kandidat der Linken in die Präsidentschaftswahl von 1974 ging und noch 1973 im Wahlkampf formulierte:

So wie es das Programm der sozialistischen Partei vorsieht, setzt die reale und vollständige Zerstörung aller Formen der Ausbeutung des Menschen durch den Menschen die Schaffung einer Wirtschaftsdemokratie voraus, deren Ausgangspunkt die kollektive Aneignung der großen Mittel von Produktion, Investition und Handel sind.[39]

Die PS konnte zunächst diese politische Klassensprache viel wirksamer für sich nutzen als die kommunistische Partei PCF, deren Glaubwürdigkeit in den Augen vieler Anhänger und Wählerinnen darunter litt, dass sie sich eng an Moskau band und eine Phase orthodoxer Ideologisierung durchlief, die nur bei ihren treuesten Anhängern auf Zustimmung stieß.[40] Damit ging das »tribunizische Mandat« (Georges Lavau) zur Vertretung der classes populaires, das die PCF in ihrer politischen Sprache erfolgreich nach 1945 gepflegt hatte, faktisch auf die PS über (siehe Abb. 2.3). Umso stärker musste der Wechsel der Mobilisierungsstrategien und Kommunikationsroutinen dieser nunmehr eindeutig stärksten Partei im linken Lager seit 1984 wirken, als sie sich vom bis dahin praktizierten linkskeynesianischen Programm abwandte und immer stärker Anschluss suchte an die sozialdemokratischen Sprachen ihrer nördlichen und östlichen Schwesterparteien. Ihr pragmatischer »Modernisierungskurs« war begleitet von einer Änderung in der politischen Rhetorik. Die PS propagierte nun die Tugenden des technokratischen Pragmatismus und der wirtschaftsfreundlichen Effizienz und verwies im-

---

39 François Mitterrand, *La Rose au poing*, Paris 1973, zit. nach: Henri Rey, *La gauche et les classes populaires. Histoire et actualité d'une mésentente*, Paris 2004, S. 114: »Ainsi que le rappelle le programme du Part socialiste, la destruction réelle et complète de tous les modes d'exploitation de l'homme par l'homme suppose l'avènement de la démocratie économique dont le point de départ reste l'appropriation collective des grands moyens de productions, d'investissement et d'échange.«
40 Pierre Lévêque, *Histoire des forces politiques en France*, Paris 1997, S. 104-121.

mer häufiger auf die Sachzwänge der neuen Austeritätspolitik. Faktisch orientierte sie sich fortan am Mainstream der in Wissenschaft und Medien verfügbaren und erfolgreichen Deutungsmuster – ganz ähnlich wie ihre Schwesterpartei in der Bundesrepublik. Beide, SPD und PS, gerieten trotz aller innerparteilichen Kritik in den Sog jener neoliberalen Strömungen, die noch um 1980 der eigenen Profilbildung gedient hatten: als perfekte Feindbilder.

Dies führte innerhalb von nur zehn Jahren dazu, dass die Wechselwähler in den mittleren Einkommensgruppen sowie in den Kategorien der *cadres* oder *professions intermédiaires* immer stärker in den Mittelpunkt der politischen Kommunikationsstrategien der PS rückten, zumal – und viel ausgeprägter als im Fall der Labour Party und der SPD – ihre Parteimitglieder aus den Reihen industrieferner Mittelschichten, vor allem des öffentlichen Dienstes stammten, während die Arbeiterschichten als sogenannte »Stammwählerschaft« eher vernachlässigt wurden. Die strikt orthodoxe Traditionspflege der PCF konnte und wollte diese Lücke in den Mobilisierungssprachen nicht schließen und überlebte den Untergang des staatssozialistischen Modells in Osteuropa nur noch als Splitterpartei. Infolgedessen hatte sich um das Jahr 2000 eine tiefe Kluft zwischen den Wählern aus den unteren Einkommensklassen und den etablierten Linksparteien aufgetan, deren sichtbarstes Zeichen eine wachsende Nichtwählerschaft aus diesem Milieu war. Nicht ohne Verbitterung ging die französische Arbeiterschaft auf Distanz zu den beiden linken Parteien PS und PCF,[41] und nach der Jahrtausendwende wurde der 1972 gegründete rechtspopulistische Front National (FN), der bis dahin vor allem von Kleinselbständigen gewählt wurde, auch für Industriearbeiter und kleine Angestellte immer attraktiver.

Die Entwicklung in Großbritannien unterscheidet sich in vielen Hinsichten von der in Frankreich. Es gab viele verschiedene Mobi-

---

41 Michel Pialoux, Florence Weber, »La gauche et les classes populaires. Réflexions sur un divorce«, in: *Mouvements* 23 (2002), S. 9-21; Rey, *La gauche et les classes populaires*, S. 96-112.

SECURITE, HORAIRES, CADENCES:
LA PAROLE AUX TRAVAILLEURS.

parti socialiste
secteur entreprise

Abbildung 2.3:
»Das Wort an die Werktätigen«.
Gestaltung: Communimage, Trizay. Sammlung Alain Gescon.

Das Plakat der »Abteilung Unternehmen« der *parti socialiste* aus dem Jahr 1978 versucht die drei großen Berufsgruppen der französischen Arbeitswelt – Industriearbeiter, (männliche) leitende Angestellte und (weibliche) Büroangestellte – unter dem Dach gemeinsamer Probleme zu mobilisieren: Sicherheit am Arbeitsplatz, Arbeitszeit und Arbeitsnorm. Die Umbrüche der Arbeitswelt schlagen sich bereits in der Bildsprache nieder: Großrechner und Bürotürme stehen neben modernen Industrieanlagen, die Werktätigen sind jung. Die sozialistische Umgestaltung der Arbeitswelten ist (noch) Kernbestand des gemeinsamen Programms der französischen Linksparteien.

lisierungssprachen in den britischen Arbeiterorganisationen und sie waren deutlich weniger dominiert von nur einem Idiom.[42] Der »Labourism« – der Appell an Traditionen und Solidarität der eigenen Klasse beziehungsweise des eigenen Milieus sowie an die Verlässlichkeit von Labour Party und Gewerkschaftsbewegung als den Treuhändern der eigenen Interessen – verband sich pragmatisch mit ganz unterschiedlichen politischen Vokabeln und Zielen.[43] Angesichts des britischen Wahlsystems war es jedoch entscheidend, wie die politischen Sprachen flexibel den lokalen Bedingungen in den einzelnen Wahlkreisen angepasst wurden. Dies setzte Bemühungen um ideologische Geschlossenheit innerhalb der Labour Party enge Grenzen, so dass es ein mehr oder weniger friedliches Nebeneinander ganz unterschiedlicher Idiome »linker« oder »sozialistischer« Weltsichten innerhalb der Partei gab. Dieses prekäre Bündnis zwischen den verschiedenen Strömungen brach jedoch unter dem Eindruck der politischen Niederlage bei den Unterhauswahlen von 1979 und der wirtschaftlichen Krise in den Industrieregionen zusammen, als die Parteiführung dem linken Flügel zufiel. Die Marginalisierung gemäßigt sozialliberaler Positionen nach der Abspaltung der Social Democratic Party (SDP) 1981 war jedoch nur von kurzer Dauer, da sich Labour in den späten 1980er und dann endgültig in den frühen 1990er Jahren ganz ähnlich wie ihre französischen und deutschen Schwesterparteien zu einer marktliberalen Reformpartei mauserte. Die letzten Reste von Klassenrhetorik, Linkskeynesianismus und Sozialismus wurden beseitigt, und man machte sich stattdessen, wie wir zu Beginn dieses Kapitels am Beispiel des Blair-Schröder-Papiers gesehen haben, die liberalen Deutungsmuster gesellschaftlicher und wirtschaftlicher Entwicklung zu eigen.[44] Der pragmatische Anspruch, besser zu regieren, und das vage Versprechen, die sozialen

---

42 Siehe Geoffrey Foote, *The Labour Party's Political Thought. A History*, Basingstoke 1997, sowie die Beiträge in Hickson u. a. (Hg.), *The Struggle for Labour's Soul*.
43 Shaw, »Labourism«.
44 Oliver Nachtwey, *Marktsozialdemokratie. Die Transformation von SPD und Labour Party*, Wiesbaden 2009.

Kosten abzufedern, welche die nun geforderte Flexibilisierung von Kapital und Arbeit verursachte, wurden zu Kernelementen einer neuartigen sozialdemokratischen Sprache, wie sie vor allem von Tony Blair erfolgreich und medienwirksam praktiziert wurde. Explizit sortierten sich fortan die Deutungskämpfe und innerparteilichen Konflikte zwischen gestrigen und heutigen, zwischen »traditionalistischen« und »modernen« Sichtweisen. Auffällig ist jedoch, dass es New Labour nach wie vor gelang, eine breite Mehrheit der Wählerinnen und Wähler aus den *working classes* für sich zu gewinnen.[45] Einen vergleichbaren Weg hat die westdeutsche SPD zurückgelegt. Er war allerdings kürzer und ein Stück weit geradliniger, weil mit dem Godesberger Programm seit 1959 sämtliche Residuen linker Klassenrhetorik endgültig aus der Parteisprache verbannt worden waren. Das Spannungsfeld zwischen linkem und rechtem Flügel innerhalb der Partei war deshalb in ideologischer Hinsicht deutlich kleiner als in der Labour Party, und auch die Rückkehr dezidiert euromarxistischer Positionen innerhalb der SPD in den 1970er Jahren blieb eine folgenlose Episode. Stattdessen rückte die Partei ganz ähnlich wie ihre französische Schwesterpartei und früher als ihr britisches Pendant immer stärker in mittlere Positionen des sozialen Raums vor. Bereits Mitte der 1970er Jahre waren ein Drittel aller Parteimitglieder Angehörige des öffentlichen Dienstes und inbesondere unter den aktiven bereits deutlich überrepräsentiert. Ihr Anteil stieg in den nächsten beiden Jahrzehnten weiter an: 1989 waren 26,4 Prozent der erwerbstätigen Mitglieder Arbeiter, genauso viele Angestellte und fast 11 Prozent Beamte. Unter den Arbeitern und Angestellten waren wiederum die Angehörigen des öffentlichen Dienstes deutlich überrepräsentiert.[46] Zwar wurden die Industrie-

45 In einer Meinungsumfrage aus dem Jahr 1997 zum Beispiel votierten zwischen 56 % der befragten Facharbeiter und 60 % der un- und angelernten Arbeiter für Labour und respektive 29 % und 25 % für die konservative Partei; siehe dazu Reid, *Class in Britain*, S. 205.
46 Zahlen in: Hans Günther Hockerts (Hg.), *Bundesrepublik Deutschland, 1966-1974. Eine Zeit vielfältigen Aufbruchs*, Baden-Baden 2006, S. 113; und: Peter Lösche,

arbeiter weiterhin als »Stammwähler« betrachtet, aber sie wurden in Programmatik und Rhetorik immer weniger beachtet. Das Selbstbild der SPD als »Partei des kleinen Mannes« erodierte, verlor aber erst nach 2004 und der sozialpolitischen Wende der rot-grünen Regierung dramatisch an Glaubwürdigkeit und Mobilisierungskraft.

Besonders interessant für den bundesrepublikanischen Kontext ist die Entwicklung der Mobilisierungssprache beim Deutschen Gewerkschaftsbund (DGB) und bei den unter seinem Dach versammelten Einzelgewerkschaften, mit der auf die Umbrüche nach dem Boom reagiert wurde.[47] Bereits seit Kriegsende und in Reaktion auf das Debakel linker Klassenkampfrhetorik in der Weimarer Republik hatte die als Einheitsgewerkschaft neu gegründete westdeutsche Gewerkschaftsbewegung sich des ursprünglich rein arbeitsrechtlichen Terminus »Arbeitnehmer« bedient, um in Absetzung vom kommunistischen »Werktätigen« die einheitliche Interessenvertretung aller Beschäftigten einer Branche zu betonen – und dies in scharfem Gegensatz zur Deutschen Angestellten-Gewerkschaft und zum Deutschen Beamtenbund, welche auch nach 1945 die Sonderstellung dieser beiden minoritären Beschäftigtengruppen verteidigten. Solange in den meisten DGB-Gewerkschaften faktisch Arbeiter die große bis überwältigende Mehrheit der Mitglieder stellten, war dies überhaupt kein Problem, da innerbetrieblich und lokal entsprechende Mobilisierungen gewissermaßen milieuspezifisch garantiert waren. Anders und schwieriger wurde es aber, als die Statusgruppe

Franz Walter, *Die SPD. Klassenpartei – Volkspartei – Quotenpartei. Zur Entwicklung der Sozialdemokratie von Weimar bis zur deutschen Vereinigung*, Darmstadt 1992, S. 164 u. S. 166.
47 Stefan Wannenwetsch, »»In Gottes Namen, wenn es sich nicht verhindern läßt.‹ ›Arbeiter‹ als Problem für die DGB-Gewerkschaften ›nach dem Boom‹«, Vortrag, gehalten am 1.6.2018 auf dem Süddeutschen Kolloquium zur Zeitgeschichte in Stuttgart, Fassung vom 4.6.2018. Ich danke Herrn Wannenwetsch für die Erlaubnis, diesen Vortrag hier zitieren zu dürfen, der Teil seiner Dissertation ist: *»Es gibt noch Arbeiter in Deutschland.« Zur Transformation der Kategorie Arbeiter in der westdeutschen Arbeiternehmergesellschaft*, Diss., Tübingen 2019.

der Arbeiter innerhalb des DGB an Einfluss und Gewicht verlor und dementsprechend die Forderung aufkam, ihr und ihren spezifischen Problemen mehr und auch öffentliche Aufmerksamkeit als einer besonderen Gruppe innerhalb des DGB zu schenken. Die vom DGB ein- beziehungsweise ausgerichteten »Arbeiterausschüsse« und »Arbeiterkonferenzen« wurden jedoch zu Arenen des Kampfes zwischen Dachorganisation und Einzelgewerkschaften, insbesondere ÖTV und IG Metall, mit dem Ergebnis, dass die Versuche, über sogenannte Bundesarbeiterkonferenzen (1981, 1985 und 1989) die besonderen Problemlagen dieser Statusgruppe öffentlichkeitswirksam auf die Agenda zu setzen und damit in die politische oder gesellschaftliche Debatte zu bringen, mangels interner Unterstützung weitgehend scheiterten. Der unspezifische Begriff des Arbeitnehmers blieb Fixpunkt gewerkschaftlicher Mobilisierungsrhetorik. Dies galt insbesondere für die Industriegewerkschaften, allen voran die IG Metall, da sie sowohl in ihrer Betriebs- wie Tarifpolitik darauf hinarbeiteten, die nach wie vor bestehenden sozial- und arbeitsrechtlichen Barrieren zwischen Arbeitern und Angestellten abzubauen. Endpunkt dieser Bemühungen war die im Jahr 2003 erreichte sozial- und arbeitsrechtliche Gleichstellung, welche eine offizielle Trennlinie aufhob, die mehr als 100 Jahre bestanden hatte. Dass dies zu einem Zeitpunkt geschah, als insbesondere innerhalb der neuen Dienstleistungsbranchen die Unterschiede bei der Bezahlung und der sozial- beziehungsweise arbeitsrechtlichen Stellung der Beschäftigten erheblich zunahmen und damit die sozioökonomische Ungleichheit zwischen den verschiedenen Gruppen von »Arbeitnehmern« wieder wuchs, gehört zu den deutschen Besonderheiten, die nicht zuletzt aus der bereits geschilderten Tradition euphemisierender Deutungsmuster und Sprachregelungen angesichts von Phänomenen sozialer Ungleichheit resultierten sowie aus dem ebenfalls bereits erwähnten Tatbestand, dass es der amtlichen Statistik an verbindlichen und aussagekräftigen sozialstatistischen Kategorien mangelte. Im Konfliktfall stand dann nur noch das Gegensatzpaar Mitarbeiter versus Arbeitnehmer beziehungsweise Beschäftigte zur Verfügung, wenn Arbeitnehmerorganisationen und Gewerkschaften in der Öffentlichkeit für die eigene Sache warben. Auch hier lässt sich also, ganz ähnlich wie in Frankreich, vom Verschwinden der Kategorie »Industriearbeit« aus dem gewerkschaftspolitischen Vokabular und überhaupt aus der öffentlichen Wahrnehmung sprechen.

Eine Kehrtwende trat typischerweise in allen drei Ländern erst dann ein, als die wachsenden Ungleichheiten von Einkommen, Vermögen sowie in Bildung und Kultur als Probleme wiederentdeckt und zunehmend als Bestandsgefährdungen der westlichen Demokratien identifiziert wurden. Das geschah aber erst nach der Jahrtausendwende und verdichtet nach der 2008 beginnenden Finanzkrise.

Kulturelle Repräsentationen industrieller Arbeitswelten im Umbruch

Die Produktion von Vorstellungen, Bildern und Deutungsmustern von Gesellschaft fand und findet natürlich nicht nur im Rahmen politischer Parteien und Organisationen oder wissenschaftlicher Institutionen statt, sondern auch im kulturellen Feld. Dieses Feld ist äußerst heterogen strukturiert: Spiel- und Dokumentarfilme, Ausstellungen in Museen und Reportagen im Fernsehen, Autobiographien, Romane und Sachbücher unterscheiden sich erheblich in ihrer Verbreitung und möglichen Breitenwirkung. Eine signifikante Rolle spielen dabei die Räume kultureller Produktion mit ihren jeweiligen Spielregeln und Kräfteverhältnissen. Leider sind kulturgeschichtliche Forschungen zur Repräsentation der Industriearbeit nach dem Boom eher dünn gesät, zudem ist der Forschungsstand in den drei hier interessierenden Ländern sehr unterschiedlich. Während sich in Frankreich und Großbritannien vor allem nach der Jahrtausendwende zahlreiche Studien diesem Thema gewidmet haben, ist in der Bundesrepublik Deutschland das Interesse an kulturellen

Sichtweisen auf die Industriearbeit und die Menschen, die sie tun, erst in allerjüngster Zeit wieder erwacht.[48]

Alle drei Länder erlebten um 1970 zunächst eine Hinwendung der Kulturszene zu den ihr eher fernen und fremden Welten industrieller Arbeit. Dies war eine Begleiterscheinung linker Politisierung von Intellektuellen, Schriftstellerinnen oder Filmemachern, die auf diese Weise ihre kritische Distanz und Unabhängigkeit gegenüber den Inhabern ökonomischer und politischer Macht artikulierten. Der Neomarxismus schrieb gewissermaßen den Basiscode für die diversen Filme und Bücher, die zwischen 1965 und 1975 entstanden. Viele von ihnen verfolgten die Absicht, Gegenbilder und Gegennarrative zu den Hochglanzversionen industrieller Werbefilme, aber auch zu den dominanten Deutungsmustern einer vermeintlich längst verbürgerlichten Arbeiterschaft zu schaffen, indem sie das Phänomen der Entfremdung in der industriellen Massenproduktion thematisierten sowie die Ausbeutung von Arbeiterinnen und Arbeitern.[49] Zugleich wurden in dieser Zeit in allen drei Ländern Experimente gestartet, die Arbeiterinnen und Arbeiter selbst an den künstlerischen Produktionen zu beteiligen beziehungsweise als Produzenten zu organisieren. Die Ergebnisse dieser Experimente zirkulierten jedoch bis auf wenige Ausnahmen vor allem in Kreisen der künstlerischen Avantgarde beziehungsweise der Linksintellektuellen oder wurden Bestandteil der gewerkschaftlichen Mobilisierungs- und Bildungsarbeit.[50] In der Bundesrepublik pflegte der am realsozialistischen Vorbild orientierte »Werkkreis Literatur der Arbeitswelt« die tradi-

---

48 John Kirk, *Twentieth-Century Writing and the British Working Class*, Cardiff 2003; Sally R. Munt, (Hg.), *Cultural Studies and the Working Class. Subject to Change*, London 2000; Nicolas Hatzfeld u. a., »Le travail au cinéma. un réapprentissage de la réalité sociale«, in: *Esprit* Juli (2006), S. 78-99; ders., »Figures filmiques d'ouvrières. Travail, genre et dignité, variations sur une trilogie classique (1962-2011)«, in: *Clio* 38 (2013), S. 79-96.

49 Nicolas Hatzfeld u. a., »L'ouvrier en personne, une irruption dans le cinéma documentaire (1961-1974)«, in: *Le mouvement social* 226 (2009), S. 67-78.

50 Ich danke Pascal Licher für die Recherchen zu einer Filmographie zum Thema Industriearbeiter in der BRD (1970-2000).

tionelle Sicht von Ausbeutung industrieller Arbeiter im Kapitalismus. Erfolgreich war er während der 1970er Jahre, die 1980er Jahre leiteten seinen Niedergang ein, der Zusammenbruch der DDR reduzierte seinen Wirkungskreis auf lokale Arbeitsgruppen und Netzwerke.[51]

In Frankreich sorgte vor allem das Interesse linker Industriesoziologen dafür, dass autobiographische Texte von Industriearbeitern publiziert wurden und auf Interesse stießen. Den größten Erfolg hatte der Bericht von Robert Linhardt über seine Erfahrungen als Bandarbeiter im Citroën-Werk an der Porte de Choisy in Paris.[52] Autor war einer der maoistischen Intellektuellen, die in den frühen 1970er Jahren als Industriearbeiter in die Fabriken gingen, um die Revolution voranzutreiben. Aber Linhardts Buch berichtete vor allem nüchtern über Arbeitsalltag und Sozialbeziehungen am Fließband und wurde so zu einem literarischen Klassiker, der gleichzeitig auch Vorbild für weitere Berichte und Autobiographien von Industriearbeitern wurde.[53]

Generell gilt für all diese Produktionen: selten gelang es diesen Filmen und Büchern eine breitere Öffentlichkeit zu erreichen.

Die Deindustriealisierungswelle der späten 1970er und frühen 1980er Jahre mit Werksschließungen und Massenentlassungen verschob Perspektiven und Themen engagierter Kulturproduktion. Ein für diesen Zusammenhang besonders schlagendes Beispiel ist das von der CGT finanzierte Lokalradio *Longwy-Cœur d'acier*, das während des Besetzungsstreiks gegen die beabsichtigte Schließung des lokalen Stahlwerkes 1978/79 als unabhängiger Piratensender auch Geschichtssendungen produzierte. Vor allem die beiden Sendeformate *Le passé présent* (Die gegenwärtige Vergangenheit) und *Histoire*

51 Werkkreis Literatur der Arbeitswelt (Hg.), *25 Jahre Widerstand Wahrheit Kritik*, München 1995.
52 Robert Linhart, *L'établi*, Paris 1978.
53 Marcel Durand, *Grain de sable sous le capot* [1990], Marseille ²2006; Daniel Martinez, *Carnets d'un intérimaire*, Marseille 2003.

de quelqu'un (Jemandes Geschichte) dienten der Repräsentation einer anderen Regionalgeschichte. In ihnen berichteten »Menschen, die in der Region lebten oder in Longwy zu Besuch waren und aus unterschiedlichen familiären, beruflichen und politischen Umfeldern stammten, [...] über ihre Herkunft, ihre Kindheit, Familienangehörige, Liebesbeziehungen, materielle Armut, die Arbeitswelt, Streiks, den Krieg, ihr politisches Engagement und anderes mehr«.[54] Daraus entstand so etwas wie eine regionale Erinnerungskultur, welche die Höhepunkte der regionalen Arbeitskämpfe, aber auch die Zeit der deutschen Besatzung und der *libération* in den Mittelpunkt rückte und insbesondere den europäischen Arbeitsmigranten, die seit der Zwischenkriegszeit in der Region heimisch geworden waren, Bezugspunkte kollektiver Zugehörigkeit bot.[55] Diese zunächst aus der politischen Konfliktsituation geborene Erinnerungskultur fand Eingang in die vielfältigen Initiativen zur Erhaltung der Industriedenkmäler und zur Errichtung lokaler beziehungsweise regionaler Museen, die sich der inzwischen untergegangenen Industriekultur Lothringens widmen.[56] Das Beispiel Longwys steht exemplarisch für die Welle der Alltagsgeschichte und Geschichtswerkstätten, welche gleichzeitig mit den zeitgenössischen Mobilisierungen gegen Werkschließungen und Entlassungen ihren Höhepunkt fand.[57] Sie war bereits ein Vorbote des dann bald breit einsetzenden Trends zur Musealisierung und Historisierung der krisengeschüttelten Industrieregionen. Vor allem in Großbritannien und der Bundesre-

---

54 Sarah Vanessa Losego, *Fern von Afrika. Die Geschichte der nordafrikanischen »Gastarbeiter« im französischen Industrierevier von Longwy (1945-1990)*, Köln 2009, S. 422.

55 Ebd., S. 432-459.

56 Jean-Louis Tornatore, »L'invention de la Lorraine industrielle«, in: *Ethnologie française* 35 (2005), S. 679-689.

57 Dirk van Laak, »Alltagsgeschichte«, in: Michael Maurer (Hg.), *Neue Themen und Methoden der Geschichtswissenschaft*, Stuttgart 2003, S. 14-80; Kristin Ross, *Mai '68 and Its Afterlives*, Chicago 2002; Dennis L. Dworkin, *Cultural Marxism in Postwar Britain. History, the New Left, and the Origins of Cultural Studies*, Durham 1997, S. 182-218.

publik hält dieser Trend bis heute an.[58] Er hat zur Gründung beziehungsweise Neugestaltung zahlreicher Technikmuseen geführt und war begleitet von der ästhetischen Wiederentdeckung und Aufwertung von Industriebauten oder verlassenen und verfallenden Industrieruinen.[59] Typischerweise entwarfen solche regionalen Museen, Ausstellungen und Denkmäler Bilder einer ganzen Epoche, in der industrielle Arbeit dominierte und das Profil der Region und ihrer Menschen geprägt hatte. Häufig reichte dieser Zeitbogen von den frühen Zeugnissen der Industrialisierung bis hin zu den Maschinen und Fabriken, die in den Zeiten des Umbruchs stillgelegt und geschlossen worden waren. In Großbritannien, wo das Ende der industriellen Produktion besonders schnell kam und ganze Regionen veränderte, war die nostalgische Perspektive auf diese Lebenswelt, die ebenso untergegangen war wie die des bäuerlichen Dorfes und des kleinstädtischen Handwerks, besonders stark ausgeprägt.

In dem Maße, wie die Folgen der Deindustrialisierung immer deutlicher sichtbar wurden, wurden die vielfältigen Hinterlassenschaften einer untergehenden »Welt der Maloche und der Malocher«, von den klassischen Industriebauten bis zu den Erinnerungsspuren der Arbeiterinnen und Arbeiter, Thema und Objekt kultureller Vergegenwärtigung.[60] Rasch setzte eine Selbsthistorisierung der Industriegesellschaft als eine abgeschlossene »Phase« der westeuropäischen »Moderne« ein. Kulturell kam das zwar einer retrospektiven Aufwertung bislang eher vernachlässigter Aspekte der industriellen All-

---

58 Tim Strangleman u. a., »Introduction to Crumbling Cultures: Deindustrialization, Class, and Memory«, in: *International Labor and Working-Class History* 84 (2013), S. 7-22.

59 Tim Strangleman, »»Smokestack Nostalgia‹, ›Ruin Porn‹, or Working-Class Obituary: The Role and Meaning of Deindustrial Representation«, in: ebd., S. 23-37, hier S. 26 f.

60 Eine breite historische Aufarbeitung dieses Themenkomplexes steht noch aus, siehe aber: Knud Andresen, *Triumpherzählungen. Wie Gewerkschafterinnen und Gewerkschafter über ihre Erinnerungen sprechen*, Essen 2014, S. 130-162; außerdem die Beiträge in: John Kirk u. a. (Hg.), *Changing Work and Community Identities in European Regions. Perspectives on the Past and Present*, Houndmills u. a. 2011.

tagskultur und ihrer vielen Heldinnen und Helden gleich, aber es unterstrich auch das Image des Gestrigen und Unzeitgemäßen, das der Industrie mit Blick auf die Gegenwart und Zukunft der westeuropäischen Gesellschaften anhaftete. Entsprechend nahmen in allen drei Ländern nostalgische oder sozialromantische Tendenzen zu, wenn es um »Industriekultur«, »Arbeiterleben« oder »Industrial Heritage« ging. In Großbritannien etablierte sich eine *sociology of deindustrialization* und überall schossen Industriedenkmäler, Museen oder Erlebnisparks aus dem Boden, welche die jüngste oder jüngere Vergangenheit der eigenen Industrieentwicklung zum Gegenstand hatte. Patina überzog in großen Teilen der öffentlichen Wahrnehmung die industrielle Arbeitswelt, als sie dabei war, sich den ganz neuen Bedingungen eines sich wandelnden Kapitalismus anzupassen, dessen Akteure immer stärker international vernetzt waren und weltumspannend agierten.

Unter den kulturellen Erzeugnissen, die sich ab den 1980er Jahren direkt mit den Folgen der Deindustrialisierung beschäftigten, ragen Fernsehsendungen und Filme heraus, nicht zuletzt deshalb, weil sie häufig überregionale Wirkung erzielten. Es waren vor allem britische Produktionen, die im Stil des *social drama* die Schattenseiten der Umbrüche vorführten und damit den Krisendiskursen der Zeit eine scharfe sozialanklägerische Richtung gaben. In Großbritannien ein riesiger Erfolg war die BBC-Serie *Boys from the Blackstuff*, die die Versuche einer Gruppe entlassener Arbeiter aus Liverpool schilderte, wieder Arbeit zu finden beziehungsweise sich mit ihrem Los als überflüssig gewordene Arbeitslose zu arrangieren. Mehr als 30 Millionen Briten sollen die Serie, die zweimal binnen neun Wochen (Oktober/November 1982 sowie im Januar/Februar 1983) ausgestrahlt wurde, gesehen haben.[61] Die realistische Schilderung der sozialen und wirtschaftlichen Lebensbedingungen der arbeitslos gewordenen Straßenbauarbeiter und ihrer Familien und Nachbarschaften zeichnete ein pessimistisches Bild von den

---

61 Kirk, *Twentieth-Century Writing*, S. 83-90.

Folgen, welche die Deindustrialisierung in Liverpool hinterließ. Zugleich war die Serie voller Komik, zeigte den gänzlich unpathetischen Selbstbehauptungswillen der Akteure, und deren realistische Darstellung machte es leicht, sich mit ihnen zu identifizieren. Oder wie es in einer der vielen positiven Zuschauerreaktionen formuliert war: »Niemals habe ich im Film meine Familie, meine Freunde und Bekannten, meine Klasse mit solchem Realismus, solcher Sensibilität und so viel Gefühl dargestellt gesehen: unsere Hoffnungen, Ziele, unsere Verletzlichkeit und unsere Widersprüche.«[62]

Nicht ganz so erfolgreich, aber mit erheblicher Resonanz auch über Großbritannien hinaus und mehrfach prämiert waren die Spielfilme des britischen Regisseurs Ken Loach, der dem Genre des britischen Sozialdramas und den Lebensbedingungen und Themen der *working classes* in den 1980er und 1990er Jahren bis heute die Treue hält und seine Arbeiten, beispielsweise *Riff-Raff* (1991) oder *Bread and Roses* (2000) explizit als kritische Interventionen gegen die politisch gewollten Umbrüche inszenierte.

Ein ganz eigenes Genre der Repräsentation der jüngsten Vergangenheit kreierten schließlich britische Komödien seit Mitte der 1990er Jahre. Sie machten die Folgen der Deindustrialisierung in den traditionellen Arbeiterdörfern der Bergbaureviere Yorkshires und Wales' zum Gegenstand ihrer ebenso dramatischen wie witzigen Filmhandlungen. *The Full Monty* (1997), *Brassed Off* (1996) oder *Billy Elliot* (2000) zeigen auf je eigene Weise und voller Sympathie mit den vom Zusammenbruch ihrer Arbeitswelt und dem Verlust aller damit verbundenen Gewissheiten Betroffenen (vor allem Männern), wie diese und mit ihnen ihre Familien sich so radikal wie erfolgreich neuorientieren (siehe Abb. 2.4). Wie in den Arbeiterfilmen der frühen 1970er Jahre rückten dabei Solidarität und Würde der Ver-

---

62 »Never before have I seen my family, my friends and acquaintances, my class, the people I know and live among and often despair of, portrayed on the screen with such realism, sensivity and affection: our hopes, our aspirations, our frailties and contradictions«, zitiert in: John Tulloch, *Television Drama: Agency, Audience and Myth*, London 1990, S. 278.

lierer zu den großen Nebenthemen dieser auch kommerziell sehr erfolgreichen Filmproduktionen auf. Sie waren im Übrigen auch in der Bundesrepublik Kinoerfolge – während die eigenen Film- und Fernsehproduktionen bis auf wenige Ausnahmen (wie etwa Werner Schroeters *Palermo oder Wolfsburg* aus dem Jahr 1980) so gut wie kein Interesse an den Dramen der Deindustrialisierung oder an den neuen Realitäten der Arbeitswelt hatten.

In Frankreich und der Bundesrepublik blieben während der 1980er und 1990er Jahre Film und Fernsehen den traditionellen Arbeitswelten sowie den Lebensumständen von Arbeitern und Arbeiterinnen weitgehend fern. Das von ihnen gezeigte »normale Leben« fand außerhalb von Werkshallen und nur selten in jenen Berufswelten und Milieus statt, in denen die industrielle Arbeit die zentrale Erwerbsquelle für Familien und Haushalte darstellte. Deutlich mehr Aufmerksamkeit und Fantasie erregten die sozialen Problemlagen, welche im Umfeld von langfristiger Arbeitslosigkeit, Sozialhilfeexistenz und von Zuwanderung entstanden. Ein millionenfach verkaufter Bestseller wurden 1986 zum Beispiel die verdeckt durchgeführten Reportagen von Günter Wallraff: *Ganz unten*. In ihnen schildert er anschaulich die alltägliche Diskriminierung und die Spielarten von Rassismus, denen Türken in der Bundesrepublik ausgesetzt waren.[63] Das Echo dieses Buches war enorm, die Empörung über die geschilderten Missstände groß, ein Dokumentarfilm mit gleichem Titel ergänzte im gleichen Jahr die Reportagen durch Dokumentaraufnahmen und fiktive Interviews.[64]

Die neue urbane Unterschicht in ihren trostlosen Settings gewann als Gegenmilieu zu den medial schon immer ausgiebig inszenierten Sozialmilieus der Reichen und Schönen an Relevanz; während Stephan Derrick in Maßanzug und gepflegter Sprache in den Villen der Münchener Nobelbezirke ermittelte, streunte Horst Schimanski fluchend durch Duisburger Industriebrachen. Glamour-

---

63 Günter Wallraff, *Ganz unten*, Köln 1986.
64 *Ganz unten*, D 1986, R: Jörg Gfrörer.

Abbildung 2.4:
»In jedem von uns steckt eine besondere Begabung«:
Billy Elliot – I will dance *(GB 2000, Regie: Stephen Daldry).*
Quelle: DVD & Blu-ray Billy Elliot *(Universal Pictures).*

Der Film *Billy Elliot*, der im Jahr 2000 in die Kinos kam und zahlreiche Auszeichnungen einheimste, führt die Zuschauer zurück in die Zeit des britischen Bergarbeiterstreiks 1984/85. Aus der Perspektive eines elfjährigen Jungen, der in einer Bergarbeiterfamilie aufwächst, erzählt er von den Entbehrungen und der Gewalt des Arbeitskampfes. Billy Elliots Lebensweg scheint vorgezeichnet zu sein. Doch statt für das Boxtraining, zu dem ihn sein Vater Jackie angemeldet hat, begeistert sich Billy fürs Tanzen und nimmt heimlich am Ballettunterricht teil. Gegen den entschiedenen Widerstand seines Vaters setzt er sich durch, und bald ändert auch Jackie seine Meinung. Und während der Streik in einer bitteren Niederlage endet, schafft es Billy Elliot mit Unterstützung seines Vaters an die Royal Ballet School in London und wird professioneller Tänzer. Nicht körperlicher Arbeit und kollektiver Solidarität gehören die Zukunft, sondern künstlerischer Kreativität und individueller Begabung, wie auch der Slogan, mit dem der Film beworben wurde, unterstreicht: »Inside every one of us is a special talent waiting to come out. The trick is finding it.«

welt und Slum waren die beiden Sozialmilieus, die neben den üblichen kriminellen Milieus die Bildschirmfantasien der 1980er und 1990er Jahre beflügelten. Die traditionellen Grenzlinien von kulturell nach wie vor gespaltenen (Industrie-)Gesellschaften traten sehr deutlich zu Tage.

Zwischen Sprachlosigkeit und Verschwinden: Unschärfen in der sozialen Wahrnehmung industrieller Wirklichkeiten

Zum Abschluss dieses Kapitels möchte ich die Befunde noch einmal bündeln und die Schlussfolgerungen benennen, die sich daraus für eine Gesellschaftsgeschichte industrieller Arbeit ergeben.

Ein erster Befund ist, dass in allen drei Ländern die Sprachen immer leiser wurden und am Ende kaum noch gehört wurden, die den verschiedenen Berufsgruppen der industriellen Arbeiterschaft zuvor eine kollektive Existenz als repräsentierte Klasse oder sozioprofessionelles Kollektiv verschafft hatten. Dies war auch das Ergebnis einer wachsender Distanzierung linker Sozialwissenschaftler und Kulturproduzenten von den etablierten Deutungsmustern, aber auch ihrer eigenen Kritik an den bestehenden gesellschaftlichen und politischen Verhältnissen im Namen einer vermeintlich unterprivilegierten Arbeiterklasse. Zu Objekten ihrer anwaltschaftlichen Repräsentationsarbeit in Kunst und Kultur wurden nun immer stärker und eindeutiger andere Gruppen, und die »Künstler- und Sozialkritik«[65] thematisierte neue Phänomene sozialer Diskriminierung und Ungleichheit. Die nachholende Kritik an Rassismus und Fremdenfeindlichkeit, die feministische Kritik an den weiterlaufenden Benachteiligungen und Machtasymmetrien zwischen den Geschlech-

---

65 Luc Boltanski, Ève Chiapello, *Der neue Geist des Kapitalismus*, Konstanz 2003, S. 81-83 u. S. 377-513.

tern und schließlich die Verteidigung der Freiheitsrechte sexueller Minderheiten wurden zu Leitthemen kritischer Kulturproduktion und intellektueller Interventionen in allen drei Ländern. Damit verschlechterten sich für durchschnittliche Arbeiterinnen und Arbeiter die Chancen, sich als Gruppe im politischen Prozess und in der öffentlichen Diskussion über soziale Probleme sowie über Gerechtigkeits- und Ungleichheitserfahrungen medial Gehör zu verschaffen. Stattdessen rückten sie zu Objekten von kultureller Kritik und Satire auf und ersetzten damit ein Stück weit die Figur des »Kleinbürgers« in der sozialen Fantasiewelt kultureller Produzenten.[66]

Zweitens fällt auf, dass sich in allen drei Ländern die politischen Repräsentationsformate auflösten, welche in je nationalspezifischer Weise der Arbeiterschaft einen Platz im politischen Feld gegeben hatten. Diesem Verlust an Repräsentation entsprach auch eine wachsende Distanz von Angehörigen dieser sozioökonomischen Kategorien zu Organisationen, die Anspruch erhoben, in ihrem Namen zu sprechen. Dies galt für Gewerkschaften ebenso wie für Parteien, gleichgültig welcher politischen Couleur. Louis Chauvel hat für Frankreich von einer »Atomisierungserfahrung« der *classes populaires* als klassenspezifischer Variante der gesamtgesellschaftlich zu beobachtenden Subjektivierung gesprochen,[67] seine Kollegen Stéphane Beaud und Michel Pialoux reden vom »Unsichtbarwerden« und dem »Ende« der *classe ouvrière*,[68] unter der sie eben nicht nur eine Klasse auf dem Papier sozialwissenschaftlicher Analysen, sondern eine konkrete historische Entität verstehen, die aus politischer Vertretungsarbeit, gruppenspezifischer Zusammengehörigkeit und geteilten Erfahrungen und Wertorientierungen hervorgegangen war. Zu dieser Klasse gehörte auch eine deutliche, vielfach selbstbewusste Abgrenzung von »bürgerlichen« Deutungsmustern und den Re-

---

66 Owen Jones, *Chavs. The Demonization of the Working Class*, London, New York 2012.

67 Louis Chauvel, »La déstabilisation du système des positions sociales«, in: Hugues Lagrange (Hg.), *L'épreuve des inégalités*, Paris 2006, S. 91-112, hier: S. 99.

68 Beaud/Pialoux, *Retour sur la condition ouvrière*, S. 14-16.

präsentanten der etablierten Ordnung. Die französische *classe ouvrière* war Klasse ganz im Sinne jener englischen *working class*, deren Entstehung Edward P. Thompson beschrieben hat.[69] Sie verschwand in dem Doppelprozess des Wandels politisch-kultureller Repräsentationen und sozioökonomischer Umbrüche. Auch die westdeutschen Repräsentationsverhältnisse verschoben sich in Richtung geringerer Präsenz und wachsender Distanz, aber mit einem wesentlichen Unterschied: Die westdeutsche Arbeiterschaft hatte bereits lange vor 1989, nämlich in den 1930er Jahren, diese Form kompakter Klassenexistenz verloren und war nach 1945 Objekt und Subjekt ganz anderer politischer und gewerkschaftlicher Repräsentationsarbeit geworden, bevor Rezessionen, Branchenkrisen und die dritte industrielle Revolution seit 1975 ihre soziale Zusammensetzung und sozioökonomische Lage erneut durcheinanderwirbelten. Während dabei ganz ähnlich wie in Frankreich die Verbindungen zwischen Arbeiterschaft und Volksparteien, allen voran der SPD, schwächer wurden, blieb der gewerkschaftliche Organisationsgrad hoch, und die kollektive Interessenvertretung auf Betriebsebene verstärkte sich sogar, wie wir noch sehen werden. Die britischen Zustände stehen zwischen den französischen und den westdeutschen. Die Deindustrialisierung traf Teile der *working classes* mit einer materiellen Wucht, die zur Auflösung gerade der regionalen Zentren traditioneller Arbeiterkultur führte. Die politische Krise der Labour Party und der Gewerkschaften in den 1980er und frühen 1990er Jahren verstärkte diese Erosion und sorgte dafür, dass auch in Großbritannien die politische Repräsentation der *working classes* schwächer wurde beziehungsweise vollständig verloren ging.

In allen drei Ländern dauerte es aber bis zur Jahrtausendwende, dass dieser Trend für die Linksparteien spürbare Folgen zeitigte – dramatisch in Frankreich bei der Präsidentenwahl von 2002, in der der bürgerliche Kandidat Jacques Chirac und der Rechtspopulist Jean-Marie Le Pen in die Stichwahl gingen, dramatisch auch für

69 Thompson, *The Making of the English Working Class*.

die SPD seit 2005. Im Ergebnis wurden die Wählerstimmen der Arbeiterschaft frei für andere politische Optionen und Strömungen. Dieser Trend gewann nicht zuletzt dadurch an Gewicht, dass gerade auch die neuen Arbeitswelten einfacher Dienstleistungsarbeit, in die Entlassene und Jobsucher aus der schrumpfenden industriellen Arbeitswelt sowie Berufsanfänger und vor allem Berufsanfängerinnen strömten, weitgehend Berufswelten ohne Tradition und Berufskulturen waren, in denen die Deutungsmuster und das dominante Meinungswissen ungefiltert durch Gegenstimmen wirken konnten.

Ein dritter Befund schließt daran an: Empirische Untersuchungen zum sozialen Orientierungssinn (*sens social*) von Arbeitern und einfachen Angestellten am Ende der 1990er Jahre haben immer wieder bestätigt, dass in allen drei Ländern weiterhin gesellschaftliche Ungleichheit keineswegs, wie es das medial verbreitete neue Meinungswissen suggerierte, als Kaleidoskop feiner Unterschiede, sondern als herkömmliche sozialstrukturelle Ungleichheit wahrgenommen wurde. Dabei nutzten die Befragten in allen drei Ländern für die Selbstverortung sowohl das tradierte Gegensatzpaar »wir und sie« als auch das etablierte Ordnungsmuster eines dreigeteilten Sozialraums. Selbst in der Bundesrepublik, in der wie gesehen die Wahrnehmung sozialer Ungleichheit eher diffus und ohne amtliche Orientierungshilfen auskommen musste, sahen sich die Angehörigen der unteren Einkommensklassen als eigenständigen Teil der sozialen Welt in nach wie vor deutlicher Distanz zu »denen da oben« oder zu den mittleren und leitenden Angestellten beziehungsweise der fremden Welt des verbeamteten öffentlichen Dienstes.[70] Nimmt man solche Befunde ernst, spricht vieles dafür, die Existenz der sozioökonomischen Großgruppe »Arbeiterschaft« keineswegs zu negieren, sondern primär auf die regionalen oder lokalen Sozialräume

---

70 Rainer Geißler, Sonja Weber-Menges, »›Natürlich gibt es heute noch Schichten!‹ Bilder der modernen Sozialstruktur in den Köpfen der Menschen«, in: Helmut Bremer, Andrea Lange-Vester (Hg.), *Soziale Milieus und Wandel der Sozialstruktur. Die gesellschaftlichen Herausforderungen und die Strategien der sozialen Gruppen*, Wiesbaden 2006, S. 102-127.

zu beziehen, in denen sowohl betriebliche als auch übergreifende, meist gewerkschaftliche Solidaritäten artikuliert wurden und präsent blieben. Ihre Existenz wäre dann vor allem in jenen Sozialräumen greifbar und wirksam, in denen solche Kontinuitäten der Repräsentations- und Mobilisierungsarbeit eine Rolle spielten. Bereits die Arbeiterschaft der Industrialisierungsphase war ein Ensemble ganz unterschiedlicher regional oder lokal geprägter Gruppen und verdankte ihre kollektive Existenz im Wesentlichen der national-politischen Repräsentationsarbeit sozialdemokratischer beziehungsweise sozialistischer Parteien. In dieser Hinsicht sollte eine Gesellschaftsgeschichte des späten 20. Jahrhunderts an die des 19. Jahrhunderts anknüpfen – mit dem wichtigen Unterschied, dass sie es in ihrem Fall mit einem Rückbildungsprozess zu tun hat, bei dem der Wandel der politischen Repräsentationsformen und Sprachen eine ganz wesentliche Rolle spielte.

3.

Politikgeschichte von »unten«: Arbeitskämpfe und neue soziale Bewegungen

»Die Geschichte aller bisherigen Gesellschaft ist die Geschichte von Klassenkämpfen.«[1] – Dieses Diktum aus dem kommunistischen Manifest von 1848 ist zur Inspirationsquelle einer Gesellschaftsgeschichte geworden, die in den Arbeitskämpfen und politischen Konflikten zwischen Kapital und Arbeit den roten Faden ihrer Fortschrittserzählung fand. In kritischer Distanz zu einer Historie »großer Politik« und zu biographischen Narrativen bekannter Staatsmänner entwickelte sich so eine Ereignisgeschichte von Streiks und »Arbeiterpolitik«, die den Anspruch erhob, zugleich auch die grundlegenden Gesellschaftskonflikte und den Strukturwandel des Kapitalismus zu beleuchten. Die Tradition eines solchen »heroischen« und aktivistischen Geschichtsverständnisses war in den Arbeiterbewegungen Großbritanniens, Frankreichs und der Bundesrepublik in den 1970er Jahren, wie wir gerade gesehen haben, noch höchst lebendig; sozialdemokratische, sozialistische und kommunistische Mobilisierungssprachen orientierten sich in ganz unterschiedlicher Form an solchen großen Erzählungen. Das hat sich längst geändert und die enge, aber schlichte Verzahnung von wirtschaftlichem, politischem und sozialem Fortschritt mit der Geschichte emanzipatorischer Bewegungen ist kein großes Thema mehr. Dagegen stehen soziale Bewegungen und Sozialproteste weiterhin im Fokus der historischen Forschung. Sie nimmt mehr und mehr international vergleichende Perspektiven ein und untersucht Prozesse langer Dauer. Damit reagierte die sozialwissenschaftliche und historische Forschung auf den

---

1 Karl Marx, Friedrich Engels, *Das Manifest der kommunistischen Partei*, in: dies., *Werke* (MEW), Bd. 4, Berlin ⁶1972, S. 459-493, hier: S. 461.

weltweiten Aufschwung sozialer Bewegungen seit den 1960er Jahren. Neue Akteure (Studenten-, Schüler-, Frauenbewegung, Lesben- und Schwulenbewegung usw.) haben neue Aktionsformen entwickelt und sich zugleich im Fundus der Arbeiterbewegung bedient. In den westlichen Demokratien gehören Massendemonstrationen, Protestmärsche oder die Besetzung öffentlicher Gebäude jenseits ihrer rechtlichen Zulässigkeit längst zum mehr oder weniger akzeptierten Handlungsrepertoire in der politischen Konfliktarena, das von politischen Kräften aller Couleur genutzt wird. Sie waren ein wesentliches Element der demokratischen Revolutionen von 1989/90 in Ost- und Mitteleuropa, und die neuen Informationstechnologien und Medien haben ihre Ausbreitung weltweit befördert.[2] Interessanterweise ist die Verbindung mit Arbeitskämpfen und Sozialprotesten von Industriearbeitern dabei nie abgebrochen, im Gegenteil: Sie hat sich in vielen Ländern im Zuge globaler Industrialisierungsprozesse eher intensiviert. Insofern gehört zu einer Gesellschaftsgeschichte des Zeitalters der Deindustrialisierung auch eine solche politische Ereignisgeschichte von Arbeitskämpfen und Sozialprotesten. Bevor ich sie in diesem Kapitel genauer entfalte, möchte ich kurz den Beitrag umreißen, den sie leistet.

Erstens zeigt sie, wie es um politische Partizipationchancen in Zeiten wachsender sozialer Ungleichheit und wirtschaftlicher Krise bestellt war (und ist). Wir dürfen nicht vergessen: Bei Industriearbeiterinnen und -arbeitern handelt es sich um Menschen, deren Platz im sozialen und politischen Raum ihnen in der Regel keinen direkten Zugang zur wirtschaftlichen und wirtschaftspolitischen Gestaltung der Deindustrialisierungsprozesse erlaubte. Sie artikulierten nur selten direkt ihre Forderungen. Rechtliche Schranken (zum Beispiel am Arbeitsplatz), soziale Unterordnung und Bildungs-

---

2 Michel Pigenet, Danielle Tartakowsky (Hg.), *Histoire des mouvements sociaux en France. De 1814 à nos jours*, Paris 2014; Guya Accornero, Olivier Filleule (Hg.), *Social Movement Studies in Europe. The State of the Art*, Oxford 2016; Olivier Fillieule u. a. (Hg.), *Penser les mouvements sociaux. Conflits sociaux et contestations dans les sociétés contemporaines*, Paris 2010.

ferne, aber auch die etablierten Delegationsverhältnisse in Parteien und Gewerkschaften machten (und machen) sie zu eher seltenen Teilnehmern am politischen Geschehen in »normalen« Zeiten. In den Parlamenten jener drei Länder, die ich in diesem Buch untersuche, wurden Arbeiterinnen und Arbeiter immer mehr zu »Exoten«, und selbst bei den Funktionären der linken Parteien und Gewerkschaften, die sich auf sie als »ihre« Basis bezogen, sank der Anteil derer, die eine berufliche Vergangenheit als Arbeiterin oder Arbeiter hatten. Der Rückgang der Beteiligungsquoten an demokratischen Wahlen, der in Großbritannien, Frankreich und der Bundesrepublik seit den 1990er Jahren zu beobachten ist, sowie die bemerkenswert hohe Zustimmung für rechtspopulistische Parteien haben spätestens nach der Wirtschaftskrise 2008/2009 die Teilhabe der Unterschichten beziehungsweise der *working classes* oder *classes populaires* an der Demokratie auf die Tagesordnung gebracht. Wieder aktuell ist damit das ältere Thema der Distanz dieser Klassen gegenüber den etablierten Formen parlamentarischer Demokratie – gegen »die da oben« –, das über lange Jahrzehnte sowohl in der Politik als auch in der Wissenschaft vergessen schien, weil die etablierten Formen der Interessenvertretung der Industriearbeiterschaft durch Gewerkschaften und regierungsbeteiligte Linksparteien zu den Grundtatsachen der drei Demokratien nach 1945 zählten. Vor diesem Hintergrund interessiert mich aber vor allem, mittels welcher Formen und mit welchen Forderungen Arbeiterinnen und Arbeiter soziale Notlagen, wirtschaftliche Zustände und betriebliche Entscheidungen zum Gegenstand politischer Auseinandersetzungen gemacht haben. Durch ihre »Politik von unten«, so wird sich zeigen, wurden die üblichen Formen der Delegation politischer Entscheidungsmacht an Parteien, Parlamente und Regierungen in Frage gestellt.

Der zweite Beitrag, den eine politische Ereignisgeschichte von Arbeitskämpfen und Sozialprotesten leistet, besteht darin, dass sie den Zusammenhang von spezifischen politischen Interventionen mit den konkreten Formen und Begleitumständen der Deindustrialisierung in den Blick zu nehmen vermag. Ich habe in Kapitel 1 die

Entscheidungen von Unternehmern, Kapitaleignern, Regierungspolitikern und Experten internationaler Organisationen analysiert, wohingegen die Industriebeschäftigten dort vor allem als Betroffene vorkamen. Nun gilt es, genauer hinzuschauen und zu prüfen, welche Spuren Sozialproteste und soziale Bewegungen in der Sozial- und Wirtschaftspolitik der drei Länder hinterlassen haben. Außerdem geht es um die Beharrungskraft und den Widerstandswillen der direkt Betroffenen angesichts von Massenentlassungen, Stilllegungen und Firmenkonkursen.

Drittens ist eine solche politische Ereignisgeschichte sozialer Proteste und Mobilisierungen von Arbeiterinnen und Arbeitern seit den späten 1960er Jahren in hohem Maße eine Geschichte medialer Inszenierungen und Kommunikationsformen. Erst durch mediale Präsentation wurden soziale Protestaktionen zu »Ereignissen«.[3] Sie wurden in der Wahrnehmung der Akteure, aber auch der Fernsehzuschauer, Radiohörer und Zeitungsleser zu Machtproben und zu regelrechten Dramen mit Entscheidungscharakter für die Zukunft von Politik, Wirtschaft und Gesellschaft. Es ging um moralische Anerkennung und um die Durchsetzung von Ordnungsmustern für die soziale Welt. Typischerweise wurden Protestaktionen, Massendemonstrationen und Streiks in der militärischen Sprache von Sieg oder Niederlage thematisiert und bewertet. Der Streik um die 35-Stunden-Woche in der bundesrepublikanischen Metallindustrie 1984 war so ein Drama, der britische Bergarbeiterstreik, der im selben Jahr begann, aber bis zum März 1985 andauerte, ebenfalls. So unterschiedlich die Folgen waren, so ist diesen beiden Ereignissen eines gemeinsam, was sie für meine Gesellschaftsgeschichte so interessant macht: Sie waren nicht nur für die unmittelbar Beteiligten, seien es Streikende, Ausgesperrte oder Polizisten, von enormer alltagspraktischer Bedeutung, sondern mittelfristig auch für diejenigen, die nicht direkt in sie verwickelt waren – für andere Arbeite-

---

3 Erik Neveu, »Médias et protestation collective«, in: Fillieule u.a. (Hg.), *Penser les mouvements sociaux*, S. 245-264.

rinnen, Unternehmer und soziale Gruppen, aber auch für Regierungen und Parlamente.

Ich werde mich im Folgenden also ausschließlich auf Ereignisse im Sinne von »Events« konzentrieren, das heißt auf medial sichtbare Konflikte, die sich im Nachhinein als historische Wegmarken mit langfristiger Wirkung erwiesen haben, die zudem insofern exemplarisch sind, als sie anderen Ereignissen im selben Zeitraum strukturell ähneln, und die außerdem Symptomcharakter haben, weil sie Veränderungen oder Entwicklungen besonders markant hervortreten ließen.

Nationalspezifische Rahmenbedingungen von Sozialprotesten und Arbeitskonflikten

In Kapitel 2 habe ich die unterschiedlichen Perspektiven skizziert, aus denen in den drei Ländern der demokratische Klassenkonflikt gesehen und bewertet wurde. Diese nationalspezifischen Sichtweisen öffneten ganz unterschiedlich große Spielräume für Protestaktionen und soziale Bewegungen. Deutlich wird dies anhand der rechtlichen Regulierungen von Streiks. Auf den britischen Inseln entwickelten sich die kollektiven Arbeitsbeziehungen seit dem Inkrafttreten des Trades Dispute Act im Jahr 1906 zu einer rein politisch gestalteten Sphäre des demokratischen Klassenkonflikts jenseits des individuellen Arbeitsrechts. Ihre Regeln wurden zwischen den beiden Kollektivakteuren Gewerkschaften und Unternehmern »im freien Spiel der Kräfte« ausgehandelt, und zwar in einem weitgehend rechtsfreien, nur durch Konventionen und Einverständnis regulierten Raum. Dementsprechend groß waren die Interpretations- und Handlungsspielräume für die Akteure. In der Bundesrepublik blieb auch nach Wiedereinführung der Tarifautonomie und des Streikrechts der Rahmen für Streiks und Arbeitskonflikte rechtlich eng begrenzt. Rein politische Streiks, die nicht direkt mit Tarifkonflikten zusammenhingen, sowie Solidaritätsstreiks oder wilde Streiks markierten hier bereits Grenzüberschreitungen, wohingegen in Großbritannien jenseits des direkten Gewalteinsatzes fast alles legal war, was in Arbeitskämpfen ausprobiert wurde. Frankreich nimmt diesbezüglich eine Zwischenstellung ein: Zwar war das Streikrecht anders als in Großbritannien rechtlich reguliert, aber die Spielräume für eine Politisierung von Arbeitskonflikten waren deutlich größer als in der Bundesrepublik. Streiks wurden von den französischen Gewerkschaften und Linksparteien als legitime Interventionsformen im politischen Raum regelmäßig genutzt. Vor allem die sozialistisch und kommunistisch orientierte CGT entwickelte eine Tradition regelmäßiger nationaler Streiktage, um politische Forderungen zu artikulieren und die eigene Anhängerschaft zu mobilisieren.[4] Demgegenüber hielten sich die gewerkschaftlichen Dachverbände in Großbritannien und in der Bundesrepublik – der Trades Union Congress (TUC) und der Deutsche Gewerkschaftsbund (DGB) – deutlich zurück und nutzten stärker ihre engen Verbindungen zur Labour Party beziehungsweise zur SPD, um politisch Einfluss zu nehmen.

Blickt man auf die Beziehung der britischen, französischen und deutschen Arbeiterorganisationen zu ihrer jeweiligen Regierung und staatlichen Macht, so fällt erstens auf, dass in allen drei Ländern die Linksparteien sich allesamt (auch) als Repräsentanten von Arbeiterinteressen verstanden und entsprechend freundschaftliche beziehungsweise enge Beziehungen zu Industriegewerkschaften pflegten. Nach Kriegsende und in der Wiederaufbauphase waren Gewerkschaften und sozialistische Arbeiterparteien wichtige Akteure bei der Umsetzung der weitreichenden sozialpolitischen und wirtschaftspolitischen Reformen, welche die je länderspezifischen Grundlagen für den sogenannten demokratischen Kapitalismus schufen, der der Ge-

---

4 Michel Pigenet, Danielle Tartakowsky, »Institutionnalisation et mobilisations au temps de l'Etat social (années 1930-années 1970)«, in: dies. (Hg.), *Histoire des mouvements sociaux*, S. 337-354.

sellschaftsordnung aller drei Länder in den anschließenden Jahren des Booms, also von 1948 bis 1973, seinen Stempel aufdrückte.[5] Ausbau des Wohlfahrtsstaats, weitreichende Verstaatlichungen im Fall von Großbritannien und Frankreich sowie gewerkschaftliche Vertretungsrechte auf betrieblicher und Unternehmensebene sind wichtige Ergebnisse dieser Reformphase, die zugleich auch von einer (Re-)Politisierung der Arbeiterschaft vor allem in der unmittelbaren Nachkriegszeit begleitet war. Diese Phase stellte in allen drei Ländern so etwas wie die Zeit der fundamentalen Errungenschaften dar, deren Verteidigung beziehungsweise Ausbau zum Bezugspunkt sozialer Mobilisierungen in den folgenden beiden Jahrzehnten wurde.

Auf diese kurze Periode starken politischen Einflusses und wirkungsvoller sozial- und arbeitspolitischer Gestaltungsmacht folgte in den Jahren des Wirtschaftsbooms die Zeit, in der die Linksparteien meist in der Opposition waren. Sie war in Großbritannien am kürzesten, wo Labour 1964 nach 13 Jahren (1951) wieder an die Regierung gelangte, wo sie mit kurzer Unterbrechung (1970-74) bis 1979 blieb. In der Bundesrepublik war die SPD auf Bundesebene erst seit 1966 an der Regierung beteiligt, die sie dann von 1969 bis 1982 führte. Hatte es in Frankreich in der Vierten Republik (1945-58) immer wieder Regierungsbeteiligungen der Sozialisten (und bis 1947 auch der Kommunisten) gegeben, so begann 1958 eine lange Periode gaullistischer Dominanz, die bis 1981 währte. Für unser Thema ergibt sich daraus zunächst eine wichtige Differenz. Außerparlamentarischer Protest und politische Streikaktionen hatten sich in den langen Jahren der Opposition als legitime Politikformen des linken Spektrums etabliert, stießen aber bereits Mitte der 1960er Jahre in Großbritannien und der Bundesrepublik auf Vorbehalte aus den Reihen der traditionellen Organisationen der Arbeiterbewegung, die für eine Mäßigung bei Protesten und Forderungen eintraten, weil sie stärker auf Regierungsnähe und eine entsprechend »stille« Politikbeeinflussung setzten.

5 Colin Crouch, *Social Change in Western Europe*, Oxford 2004, S. 34-36.

Schließlich bildeten sich in allen drei Ländern nationalspezifische Politisierungsstile innerhalb der Arbeiterschaft heraus, welche in besonderem Maße auf die sozialen Erfahrungen und die Selbstbilder männlicher Industriearbeiter setzten. Bergleute, Stahlarbeiter und Metallfacharbeiter waren in der unmittelbaren Nachkriegszeit in allen drei Ländern als Leitfiguren gewerkschaftlicher Interessenvertretung und linker (sozialdemokratischer oder kommunistischer) Politik bestätigt worden. Zudem beruhte linke Politik für Industriearbeiter auf einem mehrstufigen Delegationsmodell politischer Partizipation. Es begann innerhalb der Haushalte und Familien, wo die Männer für Politik zuständig waren, übertrug in den Betrieben den älteren Facharbeitern die Aufgabe der Interessenvertretung und Meinungsartikulation und wies auf regionaler und nationaler Ebene den regelmäßig wiedergewählten, aus dem eigenen Milieu stammenden Partei- und Gewerkschaftsfunktionären ein weitgehend unkontrolliertes Vertretungs- und Führungsmandat zu. Dieses Delegationsmodell war implizit autoritär, verstand sich aber zugleich als egalitäre und demokratische Gegenmacht zu den etablierten Betriebshierarchien, zur Unternehmerschaft und zu den konservativ-bürgerlichen Regierungsmehrheiten. In diesem Politikstil waren sich die britischen, französischen und westdeutschen Traditionen von Arbeiterpolitik überraschend ähnlich.

Alle drei Länder kannten zudem das traditionelle Gegensatzpaar von Militanz und Kooperation, so dass sich das eben beschriebene Delegationsmodell mit zwei unterschiedlichen Politikstilen bei der Mobilisierung einfacher Mitglieder – beziehungsweise der »Basis« – verband. Deren regelmäßige Aktivierung bei Demonstrationen und Streiks galt dem linken Flügel in allen drei Ländern als *best practice*, weil es neben der Durchsetzung materieller Interessen zugleich das politische Klassenbewusstsein förderte und stärkte. Dem stand in allen drei Ländern eine gemäßigte Strömung gegenüber, die in der Sicherung der Organisationsmacht durch Mitgliedschaft und volle Streikkassen eine Garantie für eine konfliktorientierte Kooperationspolitik mit Unternehmern und Regierungen sah. Die Mobilisierung der Basis war für die Vertreterinnen und Vertreter dieses Politikstils der sorgfältig zu kalkulierende Ausnahmefall. Beide Modelle – Militanz und Kooperation – hatten in allen drei Ländern Anhänger, und es waren vor allem die politischen und institutionellen Rahmenbedingungen sowie die wirtschaftlichen Konjunkturen, welche die schwankenden Kräfteverhältnisse zwischen ihnen in den verschiedenen Organisationen bestimmten. Am stärksten politisch aufgeladen war dieser Unterschied in Frankreich, weil hier konkurrierende Gewerkschaften und Parteien die unterschiedlichen politisch-weltanschaulichen Traditionen hinter diesen Modellen beziehungsweise Partizipationsstilen festschrieben. Während die kommunistisch dominierte CGT ganz klar auf der Seite der Militanz stand, agierten die anderen (deutlich kleineren) Gewerkschaftsbünde – Force ouvrière (FO) und Confédération française des travailleurs chrétiens (CFTC), später dann »säkularisiert« zur Confédération française democratique des travailleurs (CFDT) – als Vertreter des Kooperationsmodells. In Großbritannien existierten beide Strömungen über das gesamte Spektrum der industriellen Berufsgewerkschaften hinweg, wobei Facharbeiterorganisationen eher zum Kooperationsmodell tendierten, während Verbände, die auch un- beziehungsweise angelernte Arbeiter organisierten, vielfach das militantere Modell bevorzugten. In der Bundesrepublik sorgten nach 1945 die weltanschauliche Neutralität der Einheitsgewerkschaften und ihr Antikommunismus dafür, dass der militante Flügel nur noch als Minderheitenströmung in einigen wenigen Industriegewerkschaften (IG Druck und Papier, IG Metall) die Jahre des Booms überlebt hat. Insgesamt hat die gemäßigte, mobilisierungsskeptische Strömung hier viel tiefere Spuren hinterlassen als in den beiden anderen Ländern.

Die Arbeiterorganisationen aller drei Länder hatten im Zeitalter der Weltkriege, der imperialen Expansion und der nationalen Mobilisierung eine stark nationalbewusste, ja bisweilen nationalistische Überformung des traditionell in ihren Organisationen verankerten Internationalismus erfahren. Dieser elementare Nationalismus artikulierte sich in mehr oder weniger deutlicher Distanz gegenüber den Traditionen und Gewohnheiten benachbarter Arbeiterkulturen, denen man sich überlegen fühlte. Realpolitisch viel wichtiger war allerdings die verschwiegene Hinnahme oder sogar offene Pflege ethnozentrischer beziehungsweise rassistischer Attitüden gegenüber Arbeitsmigranten.[6] Alle drei Arbeiterbewegungen standen zunächst den seit den 1950er Jahren in die Fabriken kommenden Arbeitskollegen aus Asien, der Karibik oder den Mittelmeerländern distanziert kritisch bis offen ablehnend gegenüber. Man muss allerdings hinzufügen, dass solche Einstellungen von den am stärksten politisierten Mitgliedern der Arbeiterorganisationen in allen drei Ländern entschieden bekämpft wurden und nie Teil des offiziellen Selbstverständnisses waren, sondern vielmehr eine Unterströmung darstellten, die aber vor allem auf betrieblicher und gewerkschaftlicher Ebene immer wieder Wirkungen zeitigte.

Militanz und neue soziale Bewegungen (1968-1979)

Die Rezession 1973/74 markierte keine Zäsur in der Geschichte sozialer Protestbewegungen der drei Länder. Vielmehr muss man in die zweite Hälfte der 1960er Jahre zurückgehen, um an den Beginn eines internationalen Zyklus von Streiks, Arbeitskämpfen und sozialem Protest zu gelangen. Für die drei hier untersuchten Länder kann symbolisch das Jahr 1968 zum Ausgangspunkt gewählt werden. Blicken wir zuerst nach Frankreich. Mit der Ausweitung der studentischen Proteste sowie lokaler Streikaktionen zum Generalstreik am 13. Mai und dessen schneller Eskalation mit lokalen Fabrikbesetzungen und der Festsetzung von Unternehmensleitungen

---

6 Ken Lunn, »Complex Encounters. Trade Unions, Immigration and Racism«, in: John McIlroy u. a. (Hg.), *The High Tide of British Trade Unionism. Trade Unions and Industrial Politics, 1964-79*, Monmouth 2007, S. 70-90.

nahm der soziale und politische Protest dort für 14 Tage Ausmaße an, wie sie bestenfalls 1936 mit den Betriebsbesetzungen im Anschluss an den Wahlsieg der Volksfront zu beobachten waren. Die Streikwelle sprengte die Erwartungen und Befürchtungen der etablierten politischen Kräfte im Hinblick auf ihre Militanz, ihre Mobilisierungsbreite und ihre Aktionsformen.[7] Gerade auch Betriebe in eher ländlich-kleinstädtischer Umgebung, die bislang kaum oder gar nicht durch gewerkschaftliche Aktivitäten und Konflikte hervorgetreten waren, wurden zum Schauplatz von Protestversammlungen und Betriebsbesetzungen, und an vielen Orten kam es zu Kontakten und Kooperationen zwischen streikenden Belegschaften und protestierenden Studenten. Gewerkschaften und Linksparteien sahen sich durch neue militante Akteure herausgefordert, ihr Delegationsmodell wurde kritisiert und die Streikwelle nahm vielerorts den Charakter einer breiten Protestbewegung gegen die etablierten Fabrikhierarchien und den gesellschaftlichen Status quo an. Dieser radikale Bruch mit der gesellschaftlichen Ordnung verband die betrieblichen Aktionsformen mit den studentisch geprägten Aktivitäten des Mai 1968 (siehe dazu auch Abb. 3.1); faktisch bildeten sie für kurze Zeit *eine* soziale Bewegung, deren politisches Potential von den etablierten Kräften der Arbeiterbewegung, allen voran CGT und PCF, allein in Richtung Stimmengewinne bei den von Charles de Gaulle angesetzten Neuwahlen gelenkt wurde und deren arbeitspolitische Brisanz durch die Lohn- und tarifpolitischen Erfolge der Gewerkschaften in den zentralen Verhandlungen von Grenelle (siehe Abb. 4.1) gezähmt wurde.[8]

7 Xavier Vigna, *L'insubordination ouvrière dans les années 68. Essai d'histoire politique*, Rennes ²2008, S. 25-87.
8 Das »Abkommen von Grenelle« leitete das Ende der »Mai-Unruhen« ein und wurde zwischen Regierung, Unternehmerverbänden und Gewerkschaften im Arbeitsministerium ausgehandelt, das im Pariser Viertel Grenelle seinen Sitz hat. Siehe dazu Geneviève Dreyfus-Armand u.a. (Hg.), *Les années 68. Le temps de la contestation*, Bruxelles 2000; Ingrid Gilcher-Holtey, »*Die Phantasie an die Macht*«. *Mai 68 in Frankreich*, Frankfurt/M. ²2001.

Im Jahr 1972 kam Jean-Luc Godards Film *Tout Va Bien* in die Kinos. Er handelt von einer amerikanischen Journalistin, gespielt von Jane Fonda, und ihrem französischen Ehemann, gespielt von Yves Montand, die zu Zeugen der Besetzung einer Wurstfabrik werden. Der Film bringt die gesamtgesellschaftliche Relevanz der Arbeitskämpfe nach dem Mai 1968 zum Ausdruck. Indem Godard den besetzten Verwaltungsbau als Kulisse zeigt, ermöglicht er einen Blick in das Innere der Fabrik. Für einen Augenblick scheint die Grenze zwischen Arbeiterinnen und Arbeitern auf der einen und Studierenden und Intellektuellen auf der anderen Seite überwindbar zu sein. Gleichzeitig stellen die Besetzungen die Fabrikhierarchie grundsätzlich in Frage. Neben der blutverschmierten Arbeitsbekleidung in den sauberen Büroräumen verdeutlichen dies auch die Slogans auf dem Transparent. Sie lauten: »Unbefristeter Streik« und »Die Bosse einzusperren ist berechtigt«.

Die Mai- und Junistreiks 1968 setzten einen Zyklus von Arbeitskonflikten und Sozialprotesten in Gang, der erst lange nach Ausbruch der Wirtschaftskrise 1973/74, nämlich erst mit den Besetzungsstreiks, Protestaktionen und dem Marsch der Stahlarbeiter
von Denain und Longwy nach Paris im März 1979 zu Ende gehen
sollte. Xavier Vigna hat diese zehnjährige Phase als eine der *insubordination ouvrière* bezeichnet – der »Nichtunterwerfung«, des »Auf-
begehrens« oder der »Renitenz der Arbeiterschaft«.[9] Sie war dadurch gekennzeichnet, dass sich die Arbeitskonflikte vielfach von
den Betrieben auf die umliegenden Regionen ausweiteten, dass
die Streikenden ihre direkte Umgebung zu mobilisieren versuchten
beziehungsweise dort in anderen sozialen Milieus und politischen
Gruppen Unterstützung fanden; vor allem bei Fabrikbesetzungen
solidarisierten sich viele Bewohner der betroffenen Orte mit den
streikenden Arbeitern. Gleichzeitig sorgten die Aktivisten durch
gezielte Regelverstöße und spektakuläre Gewaltakte für entsprechende nationale Medienaufmerksamkeit. Bei den »aktiven« Besetzungsstreiks wurden öffentliche Diskussionen organisiert, die
Streikenden nahmen ihrerseits Kontakte zu Journalisten auf und
bemühten sich, ihre Streiks als Formen breitester demokratischer
Partizipation in der Öffentlichkeit zu präsentieren. Insgesamt weite-
ten sich in diesen zehn Jahren Aktionsradius und Repertoire der
Streikformen erheblich aus und typischerweise überschritten viele
Protestaktionen systematisch die Grenzen der Legalität. Auch der
Teilnehmerkreis erweiterte sich. Die im Mai 1968 erstmals hervorge-
tretenen Gruppen der Arbeitsmigranten, der ungelernten Frauen
und der Jugendlichen waren auch in den folgenden Jahren immer
wieder aktiv. Ihre Mobilisierung untergrub die etablierten Hierarchien in der Vertretung von Arbeiterinteressen und verschob damit
auch den Forderungskatalog der Gewerkschaften, die sich gezwungen sahen, bis dahin vernachlässigte Interessen (etwa die der Gruppe der Niedriglohnempfänger) und Themen (Arbeitsgestaltung, Ar-

9 Vigna, *L'insubordination ouvrière dans les années 68*, S. 13 f.

beitssicherheit) stärker zu berücksichtigen. Die Militanz der einfachen Arbeiterinnen und Arbeiter stand in vielen Betrieben in engster Verbindung mit ihrer Auflehnung gegen schlechte Arbeitsbedingungen und mangelnde soziale Anerkennung in den taylorisierten Großbetrieben. Neben und in den Gewerkschaften etablierte sich eine neue Generation von Streik- und Wortführern des Arbeiterprotests. Einige von ihnen entstammten den linksradikalen Gruppierungen, die nach 1968 den Weg in die Betriebe antraten, die meisten waren jedoch erst durch die Streiks und Protestaktionen seit 1968 politisch aktiviert worden und übernahmen fortan in vielen Betrieben die gewerkschaftliche Interessenvertretung. Neben der CGT nahm vor allem die immer weiter nach links rückende CFDT zwischen 1968 und 1979 einen Teil der neuen militanten Aktivisten in ihre Reihen auf und etablierte sich auf diese Weise als Alternative zur CGT, die aufgrund ihres strikt reformorientierten Kurses im Mai 1968 vehement von der Linken kritisiert wurde. Typisch für die Streiks dieses Zyklus war zudem die enge Verknüpfung mit Themen, die zeitgleich von anderen sozialen Bewegungen prominent vertreten wurden. Dazu gehörten das Recht auf politische Meinungsfreiheit und der Schutz individueller Persönlichkeitsrechte sowie die Forderung nach Bildung und beruflicher Qualifikation.

Als exemplarisches Ereignis dieser Phase kann der Besetzungsstreik der Uhrenfabrik LIP in Besançon gelten. Diese »Affäre LIP« begann im April 1973 und dauerte mehr als drei Jahre. Ausgelöst wurde der Konflikt, als die Belegschaft nach der Übernahme des Unternehmens durch den Schweizer Minderheiteneigner von den bis dahin geheimen Entlassungs- und Stilllegungsplänen erfuhr und darauf mit einem Besetzungsstreik antwortete, der in die eigenmächtige und illegale Weiterführung von Produktion und Vertrieb mündete. Der Konflikt spitzte sich zu, als im August 1973 die Fabrik von der Polizei zwangsgeräumt wurde und es daraufhin in Besançon zu Solidaritätsstreiks und gewalttätigen Auseinandersetzungen zwischen Arbeitern und Sicherheitskräften kam. Der Arbeitskampf der LIP-Belegschaft wurde unter dem Slogan »C'est pos-

sible: on fabrique, on vend, on se paie« (»Es ist möglich: Wir produzieren, verkaufen und bezahlen uns selbst«*) in ganz Frankreich populär und zu einem Medienereignis. Der Protestmarsch durch die Stadt mit mehr als 100 000 Teilnehmern aus ganz Frankreich am 19. September 1973 wurde zu einem ersten Wendepunkt, da sich angesichts der breiten Solidarisierung die gaullistische Regierung und der Unternehmerverband bereiterklärten, der Selbstverwaltungslösung zuzustimmen, und in Verhandlungen mit den Besetzern einwilligten. Am 29. Januar 1974 wurde vertraglich der Neustart des Unternehmens unter dem Namen *Compagnie européenne d'horlogerie* zwischen Belegschaftsdelegation und Regierungsvertretern vereinbart, alle Beschäftigten wurden wieder eingestellt und Produktion und Verkauf wieder legalisiert. Das Selbstverwaltungsexperiment wurde jedoch binnen weniger Monate wieder zu Fall gebracht: In der Krisenkonjunktur 1974/75 zog die neue Regierung unter der Präsidentschaft Valéry Giscard d'Estaings, der die Zugeständnisse der Vorgängerregierung ablehnte, finanzielle Zusagen zurück, dazu kamen nachträgliche Zahlungsforderungen von Gläubigern der alten Firma und die Annullierung eines Großauftrags des Staatsunternehmens Renault. Der selbstverwaltete Betrieb musste 1977 Konkurs anmelden, aber die Belegschaft führte Teile der Produktion in sieben getrennten Produktionsgenossenschaften noch für mehrere Jahre weiter. War die erste Phase 1973/74 der »Affäre LIP« noch ein politisches Medienereignis nationalen Rangs gewesen, so wurde der Folgekonflikt um die Weiterführung des Unternehmens als Interessenkampf hinter den Kulissen ausgetragen; seine Zusammenhänge wurden erst vier Jahrzehnte später anlässlich der Recherchen und Debatten um einen Dokumentarfilm aufgedeckt.[10]

Der Kampf um LIP wurde Symbol und Test für die in den Pro-

10 Walter Hüls, *Betriebsbesetzungen und Gewerkschaftskonzeption der CFDT. Praxis und Theorie des Projektes »autogestion« in der Zeit von 1968-1978*, Rossdorf 1983; siehe zur »Affäre LIP« auch den ausführlichen Artikel in der französischen Wikipedia, ⟨https://fr.wikipedia.org/wiki/Affaire_Lip⟩, zuletzt eingesehen am 15.9.2018.

testen vom Mai 1968 popularisierte Forderung nach *autogestion*.[11] Die nichtkommunistische Linke und die Gewerkschaft CFDT machten aus dem Besetzungsstreik auch ein Experiment der »Arbeiterselbstverwaltung«, auf das sich zahlreiche weitere Fabrikbesetzer als Alternative zu Werksschließungen bezogen. Vor allem in kleineren und mittleren Unternehmen fanden sich zahlreiche Nachahmer. Zwischen 1974 und 1980 waren pro Jahr 40 bis 100 Betriebe besetzt.[12] Zu den Aktionsformen dieser Besetzungsstreiks gehörte die Geiselnahme oder »Entlassung« der Unternehmer (siehe Abb. 3.1.), aber auch die Weiterführung der Produktion (*grèves productives*, wie die Selbstbezeichnung einer Streikbelegschaft lautete).[13]

Die »Affäre LIP« ist zugleich auch symptomatisch für die grundlegenden Konflikte, welche der Welle sozialer Mobilisierung zugrunde lagen. Erstens wurde in Frankreich die etablierte Fabrikordnung der Boomjahre – tayloristische Arbeitsorganisation, autoritäre Fabrikordnung und patriarchalischer Führungsstil – herausgefordert und sukzessive ihrer politischen und moralischen Rechtfertigung beraubt. Die »Krise der Fabrik« wurde zu einem Thema der Politik. Das etablierte Modell industrieller Produktion kapitalistischer Prägung, seine Arbeits- und Machtverteilungen wurden laut vernehmbar in Frage gestellt. Konfrontiert mit einer solchen radikalen Delegitimierung der Fabrikordnung waren Unternehmer und Staat zweitens nur zu begrenzten Reformen bereit: Während sie bei Lohnforderungen – nicht zuletzt dank der sich beschleunigenden Inflation – den Forderungen der Gewerkschaften und streikenden Belegschaften weitgehend entgegenkamen, scheiterten Innovationen etwa

---

Aus dem Jahr 2007 stammt Thomas Faverjons Dokumentarfilm *Fils de Lip* über die Blockade des selbstverwalteten Betriebs.

11 Hélène Hatzfeld, *Faire de la politique autrement. Les expériences inachevées des années 1970*, Paris 2005; dies., »De l'autogestion à la démocratie participative«, in: Marie-Hélène Bacqué, Yves Sintomer (Hg.), *La démocratie participative. Histoire et généalogie*, Paris 2011, S. 51-61.

12 Hüls, *Betriebsbesetzungen und Gewerkschaftskonzeption der CFDT*, S. 7

13 *Echos – CFDT*, Nr. 60, zitiert in Vigna, *L'insubordination ouvrière dans les années 68*, S. 107; zu den Nachahmern, siehe ebd., S. 107-111.

auf dem Gebiet der Repräsentation von Gewerkschaften in den Betrieben oder mit Blick auf innerbetriebliche Transparenz am Widerstand konservativer Kräfte in Parlament und Unternehmerschaft.[14] Dagegen war der Staat zu sozialpolitischen Zugeständnissen bereit: Die Erhöhung und Neugestaltung des gesetzlichen Mindestlohns, erste Vereinbarungen über Frühverrentungen in der Stahlindustrie, die gesetzliche Einführung des Monatslohns und andere sozialpolitische Maßnahmen folgten auf das »Abkommen von Grenelle«, das die Streikwelle 1968 beendet hatte (siehe Abb. 4.1). Auch in Großbritannien nahmen Häufigkeit und Militanz der Arbeitskämpfe zwischen 1964 und 1979 zu. Wie Tabelle 3.1 zeigt, bildeten die Jahre 1968 bis 1971 einen ersten Höhepunkt, die Zahl der verlorenen Arbeitstage schnellte in diesem Zeitraum hoch, und zwar von 2,5 auf mehr als 9 Millionen pro Jahr. Streikhäufigkeit und Beteiligungsquote der Beschäftigten sollten bis zum Ende des Jahrzehnts auf diesem hohen Niveau bleiben: Der britische Zyklus militanter Arbeitskonflikte erreichte im *winter of discontent* 1978/79 seinen Höhepunkt (siehe Abb. 3.2).

Zeitraum	Anzahl Streikender pro Jahr (im Durchschnitt)	Verlorene Arbeitstage pro Jahr (Durchschnitt)
1964-1967	758 750	2 596 750
1968-1971	1 725 500	9 016 750
1972-1975	1 424 250	12 967 000
1976-1979	1 871 000	13 076 250

Tabelle 3.1:
Streikhäufigkeit in Großbritannien in den Jahren 1964 bis 1979.[15]

14 Jean-Jacques Becker, Pascal Ory, *Crises et alternances (1974-1995)*, Paris 1998, S. 60 f.; Vigna, *L'insubordination ouvrière dans les années 68*, S. 301-324.
15 Eigene Berechnungen nach John McIlroy, Alan Campbell, »The High Tide of Trade Unionism: Mapping Industrial Politics, 1964-79«, in: McIlroy u. a. (Hg.), *The High Tide of British Trade Unionism*, S. 93-130, hier: S. 122.

Diese größere Streikhäufigkeit war mit dem wachsenden Einfluss einer meist jüngeren Generation von *shop stewards* verbunden: Gewerkschaftsvertretern in den Betrieben beziehungsweise Abteilungen. Deren Zahl verdreifachte sich in den 1970er Jahren (circa 300000 am Ende des Jahrzehnts) mit dem Ergebnis, dass sie in 74 Prozent aller Betriebe mit mehr als 50 Beschäftigten präsent waren.[16] Viel stärker als in Frankreich konzentrierten sich diese Arbeitskämpfe auf Fragen der Entlohnung und betrieblichen Arbeitsorganisation sowie auf innerbetriebliche Konflikte. Die Verknüpfung mit übergreifenden politischen Themen und die Verbindung zu anderen sozialen Gruppen oder Milieus waren eher selten, denn anders als in Frankreich sprang der Funke von den Universitäten und Hochschulen, respektive den entsprechenden Milieus nicht einfach auf die Industriearbeiter über. Die soziale und mentale Distanz war zu groß. Stattdessen stärkten die universitären Unruhen personell und ideell die sozialistische Neue Linke und ihre verschiedenen Gruppierungen (insbesondere die in Großbritannien wie in Frankreich traditionell starken Trotzkisten). Damit gewann der kleine militante Flügel der britischen Arbeiterbewegung, der bislang vor allem aus altkommunistischen Gewerkschaftskadern bestand, neue und jüngere Anhänger, die frische Ideen und kreative Aktionsformen einbrachten und zu Bündnissen mit anderen sozialen Gruppen bereit waren.[17]

Auch in Großbritannien wurden Regierung und Parlament wichtige Adressaten dieser neuen Militanz, die wie in Frankreich über Betriebe und Branchen hinaus auf strukturelle Veränderungen der politischen Machtverhältnisse zielte. Die erste Gelegenheit für eine solche Mobilisierung lieferte das 1971 von der konservativen Regierung verabschiedete Gewerkschaftsgesetz, das erstmals seit 1906

---

16 Ebd., S. 100.
17 Siehe die Beiträge in McIlroy u. a. (Hg.), *The High Tide of British Trade Unionism*, insbesondere John McIlroy, »Notes on the Communist Party and Industrial Politics«, S. 216-258, sowie ders., »»Always Outnumbered, Always Outgunned«: The Trotskyists and the Trade Unions«, S. 259-296.

den Versuch unternahm, die Arbeitsbeziehungen rechtlich zu regulieren – mit dem erklärten Ziel, die »englische Krankheit« häufiger, vielfach kurzer und gruppenbezogener Streiks sowie fehlender Verhandlungsprozeduren zu heilen. Die Gewerkschaften lehnten diese Regulierung einhellig ab und mobilisierten ihre Anhänger (und die von ihnen per Gruppenstimmen dominierte Labour Party) gegen dieses Gesetz. Der Dachverband TUC rief am 1. März 1971 unter dem Motto »Kill the Bill« zu Proteststreiks und Demonstrationen auf. Landesweit beteiligten sich laut zeitgenössischen Schätzungen bis zu 1,5 Mio. Menschen an dem Protest. Zu einer zweiten Machtprobe zwischen konservativer Regierung und Gewerkschaften beziehungsweise Arbeiterbewegung entwickelte sich der Bergarbeiterstreik von 1972.[18] Als Kontrahenten standen sich in diesem Streik, bei dem es vordergründig um Lohnerhöhungen ging, der National Coal Board, also die Unternehmensführung des verstaatlichten Kohlebergbaus, und die National Union of Miners (NUM) gegenüber. Hinter dem National Coal Board stand aber die konservative Regierung, die ein elementares Interesse an einem Scheitern dieses Streiks entwickelte, um die eigene Gewerkschaftspolitik und die gerade eingeleitete Antiinflationspolitik voranzubringen. Auch von Gewerkschaftsseite wurde der Streik bald als Konfrontation mit der Regierung verstanden.

Dass diese am Ende als Verliererin vom Platz ging und den Forderungen der Bergarbeitergewerkschaft nachgeben musste, war hauptsächlich den offensiven Streiktaktiken des jungen Gewerkschaftssekretärs Arthur Scargill aus Yorkshire geschuldet. Im Mittelpunkt stand die »Schlacht« zwischen streikenden Bergleuten und Polizisten um die Auslieferung der Koksbestände aus dem Depot in Saltley bei Birmingham. Als es Scargill nach eher mäßigen Erfolgen in den ersten Tagen der »Belagerung« des Depots durch Streikposten, die

---

18 Jim Phillips, »The 1972 Miners' Strike: Popular Agency and Industrial Politics in Britain«, in: *Contemporary British History* 20 (2006), S. 187-207; Andy Beckett, *When the Lights Went Out. Britain in the Seventies*, London 2010, S. 53-87.

er vor allem aus »seinem« Bezirk Yorkshire nach Birmingham gebracht hatte, gelang, die lokalen Gewerkschaften und Industriebetriebe zur Teilnahme an der Aktion zu bewegen, war der Damm gebrochen: Der Zug der aus allen Richtungen singend mit ihren Bannern heranrückenden Arbeitern aus Birminghams Betrieben und die Verriegelung der Tore des Koksdepots durch die lokale Polizei wurde zum nationalen Medienereignis, das seine Wirkung auf die Regierung nicht verfehlte.[19]

Scargill selbst bezeichnete diese »Schlacht« als eine historische und als solche wurde sie auch in den Medien thematisiert. Wie viele jüngere französische Aktivisten dieses Bewegungsjahrzehnts sahen sich auch Arthur Scargill und seine Unterstützer als Teil einer heroischen Tradition von Arbeitskämpfen auf dem Weg zum Sozialismus oder zumindest auf dem Weg zu mehr Gleichheit und Demokratie. Auch für den politischen Gegner oder besser: die politische Gegnerin, wurde der Bergarbeiterstreik von 1972 zum historischen Sündenfall, der sich keinesfalls wiederholen dürfe – *never again*. Und nachdem Heath 1974 erneut die falsche Taktik gewählt hatte, um einen nationalen Streik der Bergleute zu brechen, verfassten konservative Hardliner 1978 ein internes Strategiepapier, um für die nächste Runde besser gewappnet zu sein. 1982 griff die Regierung Thatcher dann auf diese Pläne zurück, um die Rahmenbedingungen für einen fest einkalkulierten künftigen Bergarbeiterstreik so vorzubereiten, dass eine Niederlage ausgeschlossen war.[20]

Bevor der Anwendungsfall dann 1984 eintrat, führte zunächst die Rückkehr einer Labour-Regierung von 1974 bis 1979 (unter Harold Wilson und James Callaghan) zwar zur Abschaffung des Gewerkschaftsregulierungsgesetzes, aber keineswegs zu einer Veränderung des sozialen Klimas. Ganz ähnlich wie in Frankreich heizten Inflation und drohende Arbeitsplatzverluste die Streikbereitschaft weiter

---

19 Ebd., S. 53-87.
20 Andrew John Richards, *Miners on Strike. Class Solidarity and Division in Britain*, Oxford 1996, S. 124.

an. Es folgte der sogenannte *winter of discontent* 1978/79 (siehe Abb. 3.2), der als sozialpolitischer Tief- und Wendepunkt in die britische Geschichte eingegangen ist und in der konservativen wie in der sozialdemokratischen Lesart seit den 1980er Jahren als Höhepunkt der »britischen Krankheit« gilt. Mehr als 4,6 Millionen Streikende hat die amtliche Statistik in dessen Verlauf registriert – ein einsamer Höhepunkt selbst in den bewegten 1970er Jahren[21] –, aber es gibt noch weitere Merkmale, die dieses Ereignisbündel namens »Winter der Unzufriedenheit« deutlich von den *Miners Strikes* der Jahre 1972 und 1974, aber auch von der »Affäre LIP« unterscheiden. Zunächst: Es war eine Serie von unkoordinierten Branchen- beziehungsweise Berufsstreiks, in deren Mittelpunkt vor allem die Anpassung der Löhne an die sich beschleunigende Inflation stand, und zugleich ein sozialer Protest von mehreren Berufsgruppen gegen ihre Arbeitsbedingungen und Lebensverhältnisse, die hinter den allgemeinen Wohlstandsvermehrungen dieses Jahrzehnts zurückgeblieben waren.[22] Was die Bergleute mit ihren spektakulären Lohnerfolgen bereits 1972 und 1974 geschafft hatten, versuchten nun die verschiedensten Beschäftigtengruppen, jeweils angesteckt durch die Erfolge anderer, jedoch ohne sich untereinander gezielt zu koordinieren. Es entwickelte sich eine regelrechte Lohnmilitanz, die Züge von Sozialprotest annahm, wenn etwa Beschäftigte im öffentlichen Gesundheitswesen gegen ihre schlechte Bezahlung kompromisslos und ohne jede Rücksicht auf die Kranken streikten. Andy Beckett spricht bezogen auf diesen Zusammenhang von einer »peasants' revolt« und macht darauf aufmerksam, dass dieser Ausbruch der Unzufriedenheit den Gewerkschaften weitgehend entglitt und auch der Anteil militanter linker Aktivisten eher gering war.[23] Auch diesmal waren die Medienbilder (von Müllbergen – siehe Abb. 3.2 –, von unversorgten Patienten in den Krankenhäusern, von Straßen-

---

21 Die Zahl für 1979 stammt aus: McIlroy/Campbell, »The High Tide of Trade Unionism«, S. 122.

22 Beckett, *When the Lights Went Out*, S. 464-497.

23 Ebd., S. 464.

blockaden durch Lastwagen) von großer Bedeutung: Sie suggerierten einen chaotischen Zustand an der Grenze zur Anarchie. So war bereits in der Schlussphase dieser Streikwelle absehbar, dass die von konservativer Seite lancierte Sündenbockthese, die britische Gewerkschaftsbewegung sei verantwortlich für den *British decline*, nunmehr in den Augen einer breiteren Öffentlichkeit, aber auch Teilen der Sozialwissenschaften immer plausibler klang. 1979 war die politische Bilanz des Mobilisierungszyklus in Großbritannien weitgehend negativ, bevor die nächste Konjunkturkrise zu Beginn des neuen Jahrzehnts ihm auch in vielen Sektoren der Industrie jede Grundlage entzog. Zusammenfassend lässt sich festhalten, dass auch in Großbritannien sozialer Protest zwischen 1968 und 1979 an Bedeutung gewann: Es gingen mehr Menschen als jemals zuvor auf die Straße, um zu protestieren und zu demonstrieren, zudem streikten sie nicht nur für ihre eigenen Belange, sondern auch zur Unterstützung anderer Berufsgruppen und Betriebe. Kennzeichnend für die britische Situation ist allerdings, dass lokale oder gar nationale Bündnisse zwischen Gewerkschaften und neuen sozialen Bewegungen eher selten waren. Die Anliegen und Forderungen der Akteursgruppen waren sehr unterschiedlich, eine Vernetzung hat so gut wie nicht stattgefunden. Vor allem Gewerkschaften und die Labour Party sorgten dafür, dass pragmatische Nahziele und traditionelle Orientierungen weiterhin dominierten, eine Fundamentalpolitisierung etwa mit Blick auf Arbeitsverhältnisse und Betriebshierarchien hingegen ausblieb.[24] Zudem stellten sich die soziokulturellen Distanzen zwischen den verschiedenen Akteursgruppen als deutlich stabiler heraus als etwa in Frankreich, was zur Folge hatte, dass die in Großbritannien ohnehin sehr stark ausgeprägten sozialstrukturellen Unterschiede mitsamt ihren kulturellen und ethnischen Exklusionsmechanismen durch die sozialen Bewegungen hier viel weniger in Frage gestellt wurden als dort.

24 Andrew Thorpe, »The Labour Party and the Trade Unions«, in: McIlroy u.a. (Hg.), *The High Tide of British Trade Unionism*, S. 133-150.

Abbildung 3.2:
Müllberge am Leicester Square in London 1979.
© *Peter Marlow/Magnum Photos/Agentur Focus.*

Im Winter 1978/79 – dem *winter of discontent* – lähmten Arbeitskämpfe den britischen öffentlichen Dienst. Die Müllberge, die sich auf den Bürgersteigen stapelten, wurden zum Sinnbild für endlose, aus dem Ruder gelaufene Streiks. Besonders beliebt waren Fotografien vom Londoner Leicester Square. Vermutlich wegen der großen Shakespeare-Statue im Park in der Platzmitte (»*winter of discontent*« ist ein Zitat aus *Richard III.*) und der ebenfalls im Park vorhandenen Statuen anderer herausragender Figuren der britischen Geschichte, unter anderem William Hogarth und Isaac Newton, dessen Kopf auf dem Bild aus dem Müllberg herausragt. Die grandiose Vergangenheit trifft auf die im Niedergang begriffene Gegenwart.

Eine Ausnahme war der Kampf der Gunswick-Arbeiterinnen um Anerkennung ihrer Gewerkschaftsvertretung in ihrem kleinen Unternehmen aus der Fotobranche. Dieser lange lokale Streik im Westen Londons (er dauerte von August 1976 bis Juli 77, also fast ein Jahr) erregte erhebliche mediale Aufmerksamkeit und mobilisierte das linke und das rechte politische Lager, die jeweils einer der beiden Konfliktparteien – den Streikenden, vor allem Frauen asiatischer Herkunft, und dem Firmeninhaber George Ward, selbst Sohn angloindischer Eltern – in diesem Arbeitskampf tatkräftig zur Seite sprangen. In diesem Streik ging es um die Gewerkschaftsrechte von notorisch schlecht organisierten Arbeiterinnen aus den ehemaligen britischen Kolonien in Südasien und Afrika. Während linke Aktivisten der verschiedenen Londoner Bewegungen die Reihen der Streikposten um das Werk füllten, um die Auslieferung der entwickelten Bilder an die Kunden zu verhindern, fand der Unternehmer Ward handfeste Unterstützung für seine strikte Ablehnung von Gewerkschaften seitens der am rechten libertären Rand des konservativen Lagers angesiedelten Organisation National Association for Freedom (NAFF). Die NAFF organisierte ein klandestines Vertriebsnetz, um Wards Kunden zu beliefern, und durchkreuzte auf diesem Wege die Solidaritätsaktionen gewerkschaftlich organisierter Postbediensteter, welche die Auslieferung der Firmenproduktion zu verhindern suchten. Auch hier politisierte sich ein Konflikt und vertiefte den Gegensatz zwischen dem rechten Flügel der konservativen Partei und den »Gewerkschaften«, die nun stellvertretend für die vielfältigen Sozialforderungen und den Sozialprotest von unten standen.

Wenn wir zum Schluss dieses Abschnitts auf die Bundesrepublik blicken, so bietet sich uns ein Bild, das sich erheblich von dem der beiden anderen Länder unterscheidet. Die Streikhäufigkeit nahm zwar zu, blieb aber im internationalen Vergleich sehr niedrig. Westdeutschland partizipierte nur in deutlich abgeschwächter und gemäßigter Form am Zyklus militanter Arbeitskämpfe in diesem langen Jahrzehnt von 1968 bis 1979. 1967/68 standen die meisten deutschen Arbeiter den studentischen Protesten skeptisch oder ablehnend gegenüber, die Beteiligung des DGB am Protest gegen die Notstandsgesetzgebung war nicht mehr als eine kurze Episode begrenzter Kooperation mit der APO, die Ende Mai 1968 mit der Verabschiedung der Gesetze durch den Bundestag beendet wurde. Dennoch zündete, ganz ähnlich wie in Großbritannien und Frankreich, der soziale und politische Fundamentalprotest der Studentenbewegung seit 1969 in der Industriearbeiterschaft nach. Die »Septemberstreiks« 1969, der Streik im Kölner Ford-Werk 1973 und schließlich die wachsende Kritik jüngerer Gewerkschafter an dem so regierungsnahen wie wirtschaftsfreundlichen Kurs einiger Industriegewerkschaften – insbesondere der IG Chemie und der IG Bergbau und Energie – lassen sich ganz ähnlich wie die Arbeitskämpfe und betrieblichen Konflikte in Frankreich und Großbritannien in den weiteren Kontext der 1968er Bewegungen rücken.[25] Dabei blieben, wie schon gesagt, Häufigkeit und Umfang der Streiks im Vergleich zu den anderen beiden Ländern niedrig, die amtliche Streikstatistik liegt für die Jahre 1970 bis 1974 mit 1,24 Millionen ausgefallenen Arbeitstagen etwa bei einem Zehntel der britischen Zahlen.[26] Es gelang den Industriegewerkschaften sehr rasch, die Unzufriedenheit und das Aufbegehren ihrer Basis aufzufangen und in entsprechende Lohnforderungen umzusetzen. Auch in der Bundesrepublik profitierten sie von der Mobilisierungswelle, gewannen neue Mitglieder hinzu und erneuerten ihre eigenen Kader und Vertrauensleute in den Betrieben.[27] Ausländische Arbeiterinnen und Arbeiter waren nun häufiger in den gewerkschaftlichen Vertretungsorganen der Großbetriebe präsent und insbesondere die IG Metall bemühte sich, lange Ver-

25 Udo Achten, *Zorn und Unzufriedenheit genügen nicht. Die Septemberstreiks 1969*, Berlin 2016; Peter Birke, *Wilde Streiks im Wirtschaftswunder. Arbeitskämpfe, Gewerkschaften und soziale Bewegungen in der Bundesrepublik und Dänemark*, Frankfurt/M. 2007.
26 Hans Otto Hemmer u. a. (Hg.), *Geschichte der Gewerkschaften in der Bundesrepublik Deutschland. Von den Anfängen bis heute*, Köln 1990, S. 87.
27 Knud Andresen, *Gebremste Radikalisierung. Die IG Metall und ihre Jugend 1968 bis in die 1980er Jahre*, Göttingen 2016.

säumtes nach 1969 nachzuholen. In den Jahren 1969 bis 1973 registrierte die Gewerkschaft jährlich etwa 300 000 Neuaufnahmen, ihr Mitgliederbestand erhöhte sich von 2,024 Millionen (1966) auf 2,685 Millionen (1979).[28]

Gleichzeitig erweiterte die sozialliberale Koalition die rechtlichen Gestaltungsspielräume für die Wahrnehmung von Belegschaftsinteressen durch die Novellierung des Betriebsverfassungsgesetzes (1972) und durch die Ausweitung der Mitbestimmung auf Unternehmensebene (1976). »Mehr Demokratie wagen« – das Motto des Regierungsprogramms der ersten Regierung Brandt – führte anders als in Frankreich zu konkreten Reformen, denen sich wiederum die Gewerkschaften verpflichtet fühlten. Mit der sozialdemokratischen Regierungsübernahme begann eine Periode enger korporatistischer Verbindungen zwischen Gewerkschaften und Regierung. Das zu Beginn dieses Abschnitts beschriebene Delegationsmodell verband sich im westdeutschen Fall weiterhin mit einem gewerkschaftlichen Politikstil, der auf organisationsgestützte Verhandlungsmacht setzte, Militanz und Mitgliedermobilisierungen hingegen eher misstraute. Die »Konfliktpartnerschaft«[29] zwischen Gewerkschaften und Unternehmern lebte so im Windschatten einer stärkeren Organisationsmacht und betrieblichen Militanz auch über die erste Ölkrise 1973/74 hinaus weiter.

Anders als in Frankreich und Großbritannien entwickelten Anti-AKW-Bewegung, Umweltschutzgruppen und die neue Frauenbewegung ihre Profile häufig in polemischer Ablehnung der und interessenpolitischer Konfrontation mit den Gewerkschaften. Besonders ausgeprägt war diese Konfrontation im Fall der Anti-AKW-Bewegung. Die Medienbilder verstärkten diesen Eindruck noch und führten dazu, dass in der Bundesrepublik die Demarkationslinie zwischen »alter« Arbeiterbewegung und »neuen« sozialen Bewegun-

28 Jürgen Peters, Holger Gorr (Hg.), *In freier Verhandlung. Dokumente zur Geschichte der Tarifpolitik der IG Metall 1945-2002*, Göttingen ²2009, S. 942.

29 Walther Müller-Jentsch (Hg.), *Konfliktpartnerschaft. Akteure und Institutionen industrieller Beziehungen*, München, Mering 1991.

gen eindeutig und scharf gezogen wurde. So fand 1980 die Gründung der Partei Die Grünen, die sich als politisches Sammelbecken der neuen sozialen Bewegungen verstand, weitgehend unter Ausschluss von Industriearbeiterinnen und -arbeitern statt. In den Augen vieler grüner Aktivisten gehörten »Malocher« zu den typischen Repräsentanten einer zukunfts- und umweltgefährdenden Wirtschaftsordnung, da sie für eine »alte« kurzsichtige Interessenpolitik eintraten und von »verkrusteten« Machtstrukturen profitierten.

Erst die Friedensbewegung, die mit dem Nato-Doppelbeschluss von 1979 Fahrt aufnahm und bis zum Herbst 1983 zur größten Protestbewegung in der Geschichte der Bonner Republik anschwoll,[30] konnte auch bei Gewerkschaften und innerhalb der Arbeitermilieus eine begrenzte Zahl von Anhängern gewinnen und dort Fuß fassen. So bildeten sich vor allem in Großbetrieben »betriebliche Friedensinitiativen«, deren Zahl auf dem Höhepunkt 1983 immerhin dreistellig war. Der Aktionstag der Betriebe im selben Jahr erwies sich jedoch eher als Misserfolg. Generell äußerten bundesdeutsche Gewerkschaftler immer wieder Vorbehalte gegen Aktionen zivilen Ungehorsams, wie sie von den sozialen Bewegungen häufig praktiziert und propagiert wurden, da diese Aktionen Rechtsbrüche darstellten und gerichtliche Auseinandersetzungen nach sich zogen. Hier zeigte sich ein strikter Legalismus, der französischen und britischen Gewerkschaftlern vollkommen fremd war.

---

30 Im April 1983 nahmen 500 000 Menschen an den Ostermärschen teil, am 22. Oktober desselben Jahren waren in Bonn, Berlin und Hamburg 1 Million Demonstranten auf der Straße. Siehe Andreas Wirsching, *Abschied vom Provisorium, 1982-1990*, München 2006, S. 99-101.

Mobilisierung und Protest in der Krise (1979-1990)

Wir haben im ersten Kapitel gesehen, dass die Umstrukturierungen im industriellen Sektor der Wirtschaft aller drei Länder in den 1980er und 1990er Jahren an Umfang und Tiefe zugenommen haben. Immer mehr Arbeitsplätze gingen verloren, organisatorische und technologische Umbrüche prägten zunehmend die Arbeitswelt. Die Janusköpfigkeit der langen 1970er Jahre, gleichzeitig Beginn der Beschäftigungskrise und Hochphase von Streiks, Sozialprotesten und Partizipationsforderungen gewesen zu sein, kann für diese Jahrzehnte nicht mehr als zentrales Merkmal gelten. Wie ebenfalls in Kapitel 1 beschrieben, begann sich nun die Rolle des Staates zu wandeln. An die Stelle von offensiver Industrie- und Technologieförderung in direkt kontrollierten staatlichen Unternehmen sowie von Arbeitsbeschaffungsmaßnahmen zur Ankurbelung der Konjunktur trat nun eine monetaristisch inspirierte Währungs- und Haushaltspolitik, die durch die Privatisierung von Staatsbetrieben flankiert wurde. Diese Umorientierung war in den frühen 1980er Jahren politisch noch heftig umstritten und Alternativen zu diesem Kurswechsel gehörten zu den programmatischen Forderungen der Protestbewegungen und Arbeitskämpfe dieser Jahre. Aus diesem Grund ist gerade diese Periode für die politische Ereignisgeschichte der Deindustrialisierung von herausragender Bedeutung.

In der ersten Hälfte der 1980er Jahre versuchten die neuen Regierungen in Frankreich, Großbritannien und der Bundesrepublik die Weichen für eine andere Industrie- und Arbeitspolitik zu stellen. Dabei gingen sie, wie wir gesehen haben, durchaus unterschiedliche Wege. Allesamt sahen sie sich mit den sozialpolitischen Forderungen von Gewerkschaften beziehungsweise von denjenigen konfrontiert, deren Arbeitsplätze unmittelbar bedroht waren. Gleichzeitig mussten sie ihren neuen Kurs gegen industriepolitische Alternativen verteidigen, die für eine offensive Industriepolitik, staatliche Investitionen in die bedrohten Branchen und eine öffentliche Kontrolle der Unternehmensstrategien plädierten. Das Thema der Sozialisierung spielte zum Beispiel in den Gewerkschaften der Stahlindustrie aller drei Länder, vor allem bei ihren einfachen Mitgliedern, eine prominente Rolle. »Der Ruf nach Verstaatlichung ist so etwas wie ein Hoffnungsschrei. Es ist die Hoffnung, dass eine verstaatlichte Industrie oder eine Industrie unter staatlichem Einfluss endlich auf die Bedingungen Rücksicht nimmt, die die Arbeitnehmer formulieren.«[31] Diese Bemerkung des IG-Metall-Vorstandsmitglieds und Leiters des Zweigbüros für die Eisen- und Stahlindustrie Rudolf Judith auf dem Gewerkschaftstag der IG Metall 1983 verdeutlicht die Gründe für die Popularität dieser Forderung. Sie verweist aber bereits auf die Enttäuschungen, die sich einstellten, sobald sich zeigte, dass auch die Regierungen nicht mehr in der Lage oder willens waren, die laufenden Verluste der Branche weiter zu finanzieren und Standorte langfristig zu sichern. Besonders kompliziert war die Situation in Frankreich, weil dort die sozialistischen Regierungen zwischen 1981 und 1983 diese Alternativstrategie zunächst zumindest in Teilen erprobte, bevor sie dann auf die britische und bundesdeutsche Austeritätspolitik mit den Zielen Währungsstabilität und Privatisierung einschwenkten. Tabelle 3.2 gibt einen Überblick, wie sich Sozialproteste und soziale Mobilisierungen unter diesen neuen Bedingungen entwickelt haben.

Die in der Tabelle zugrunde gelegten amtlichen Zahlen sind allerdings mit Vorsicht zu betrachten und dienen an dieser Stelle nur dem Zweck, einen generellen Trend in seinen groben quantitativen Ausmaßen zu verdeutlichen. Arbeitskonflikte waren und sind notorische Stiefkinder der Arbeitsstatistik, die Datenerhebung ist von Land zu Land verschieden und vor allem kürzere Streiks und Arbeitsniederlegungen wurden oft nicht erfasst.[32] Bei allen Mängeln

---

31 Karl Lauschke, *Die halbe Macht. Mitbestimmung in der Eisen- und Stahlindustrie 1945 bis 1989*, Essen 2007, S. 303.

32 Sophie Camard, »Comment interpréter les statistiques des grèves?«, in: *Genèses* 47 (2002), S. 107-122.

	1981-2003	1981-85	1986-90	1991-1995	1996-2000	2001-2003
Deutschland	33	114	5	22	3	15
Frankreich	97	177	87	70	63	k. A.
Großbritannien	269	1027	167	21	15	11
Schweden	60	18	204	47	1	12
Italien	442	1177	398	262	143	96

Tabelle 3.2:
Arbeitskämpfe im produzierenden Gewerbe: verlorene Arbeitstage
pro 1000 Beschäftigte.[33]

verdeutlichen diese Zahlen aber einen europaweiten Trend, wie der Blick auf die Vergleichszahlen für Schweden und Italien zeigt.[34] Anfang der 2000er Jahre liegen alle drei hier untersuchten Länder im unteren Bereich amtlich gemessener Streikaktivitäten.

Generell ist zu sagen, dass die neue Massenarbeitslosigkeit zu einer deutlichen Abnahme der Streikhäufigkeit und zu einem plötzlichen und raschen Rückgang militanter Streikaktionen führte, und zwar quer durch alle Branchen. Dieser Trend war angesichts der vielen Arbeitsniederlegungen in den 1970er Jahren vor allem in Frankreich und noch stärker in Großbritannien unmittelbar spürbar. Umso schärfer treten die spektakulären Streiks und Großdemonstrationen in den Zentren der alten Industrien hervor, die sich in den Jahren zwischen 1977 und 1985 häuften. Der »Abschied vom Malocher« wurde zu einem mit großen Emotionen und hohem persönlichen Einsatz geführten lokalen beziehungsweise regionalen Kampf gegen die Schließung der Werke vor Ort und für den Erhalt von Arbeits-

---

33 Die Daten sind entnommen aus Hagen Lesch, »Arbeitskämpfe und Strukturwandel im internationalen Vergleich«, in: *IW-Trends – Vierteljahresschrift zur empirischen Wirtschaftsforschung aus dem Institut der deutschen Wirtschaft Köln* 2 (2005), S. 1-17, hier: S. 4, Tab. 1.
34 Weitere Zahlen zu diesem internationalen Trend bei Lesch, »Arbeitskämpfe und Strukturwandel im internationalen Vergleich«.

plätzen in den meist mono-industriellen Regionen. Die regionale Dimension springt besonders ins Auge: Es sind die Standorte der Werftindustrie (Hamburg, Kiel, Bremerhaven, Emden, Glasgow, La Ciotat, Newcastle), der Stahlindustrie (Nord-Pas-de-Calais, Lothringen, Wales, South Yorkshire, Glasgow, Ruhrgebiet, Saarland und Oberpfalz) sowie die britischen Bergbauregionen in Wales, Yorkshire und Schottland, in denen lokale Protestbewegungen zum teil erhebliche öffentliche Aufmerksamkeit auf sich ziehen konnten. Dabei spielte der Zeitpunkt eine wichtige Rolle. Ende der 1970er Jahre, also noch vor Ausbruch der zweiten Ölkrise, waren die Handlungsspielräume und Erwartungen der Akteure noch deutlich größer, die Rückkehr zur industriellen »Normalität« der Boomphase schien noch im Bereich des Möglichen; mit Beginn der 1980er Jahre wurden die Aussichten für den Erhalt der lokalen Industriestandorte dann immer schlechter, so dass vielfach nur noch die Wahl bestand zwischen letztem Aufbäumen und stillem Aufgeben. Tabelle 3.2. verdeutlicht, dass das Jahr 1985 so etwas wie die Wetterscheide in den Arbeitskonflikten der westeuropäischen Industrien ist. Sehr schnell kam es in den Jahren danach zu einer Trendwende, und Streiks in Industriebetrieben wurden zur Ausnahme; die britischen und französischen Zahlen zu Arbeitskonflikten näherten sich überraschend schnell dem vergleichsweise niedrigen westdeutschen Niveau an.

Ich habe fünf spektakuläre Ereignisse ausgewählt, um die Spezifika einer »Politik von unten« in dieser ersten heißen Phase der Deindustrialisierung zu untersuchen: den Stahlarbeiterstreik in Longwy/Denain 1978/79, den britischen Bergarbeiterstreik 1984/85 und den Besetzungsstreik in Rheinhausen 1987/88 als Beispiele für massenmedial sichtbare Formen des Sozialprotests in den alten Industrieregionen; dazu den Streik um die 35-Stunden-Woche 1984 und die Anti-Poll-Tax-Kampagne 1989/90 als Beispiele für soziale Bewegungen mit gesamtgesellschaftlicher Zielsetzung.

Beginnen wir in Frankreich. Die Besetzungsstreiks und Protestaktionen, welche 1978/79 die beiden französischen Stahlorte Denain (im Departement Nord) und Longwy (in Meurthe-et-Moselle) für mehrere Monate faktisch in den Ausnahmezustand versetzten, waren die ersten einer ganzen Serie von Massenaktionen gegen Werkstilllegungen in meist mono-industriell geprägten Regionen der drei Länder. Ausgangspunkt war der »Rettungsplan«, mit dem die französische Regierung ihren Part des europäischen Stahlkrisenplans umzusetzen suchte. Wie in Großbritannien war auch in Frankreich zunächst de facto, ab 1981 dann aber auch de jure die Stahlindustrie größtenteils verstaatlicht. Die Beschäftigten der beiden Standorte Denain und Longwy, zwei kleineren Industriestädten, waren überwiegend in den von Stilllegung bedrohten Werken beschäftigt oder arbeiteten in deren Zuliefererbetrieben. In Longwy waren dies Ende der 1970er Jahre 14 000 Menschen.[35] Nach Verkündung der Schließungspläne kam es in beiden Regionen zur Bildung von Aktionskomitees sowie zu Werksbesetzungen und Massenkundgebungen – am 19. Dezember 1978 in Longwy mit 20 000 Teilnehmern (was etwa einem Fünftel der Bevölkerung entspricht) und am 12. Januar 1979 in Metz mit 60 000 Teilnehmern. Die Aktionsformen wurden aber schnell gewalttätiger und richteten sich vor allem gegen Symbole der Unternehmermacht und des Staats: Straßen wurden blockiert, Polizeiwachen und Sicherheitskräfte wurden angegriffen (so in Denain am 7. und 8. März, wo sieben Polizisten durch Gewehrschüsse verletzt wurden). Die beiden lokal stärksten Gewerkschaftsverbände CGT und CFDT setzten auf eine breite Mobilisierung der Basis und waren in der ersten Phase des Konflikts bestrebt, eine breite regionale Solidaritätsbewegung für den Erhalt der beiden Stahlstandorte zu organisieren, vergaßen aber auch nicht, ihr Konkurrenzverhältnis zu pflegen.[36]

Dazu entwickelten sie neue Aktionsformen: Um der Abhängigkeit von den nationalen und lokalen Medien zu entkommen und an-

35 Gérard Noiriel, Benaceur Azzaoui, *Vivre et lutter à Longwy*, Paris 1980, S. 18.
36 Étienne Penissat, »Les occupations de locaux dans les années 1960-1970. Processus sociohistoriques de ›réinvention‹ d'un mode d'action«, in: *Genèses* 59 (2005), S. 71-93.

gesichts der verbreiteten Unzufriedenheit mit deren Berichterstattung über die Ereignisse richteten die lokalen Gewerkschaftsverbände ihre eigenen illegalen Streikradios ein, die regional sendeten und eine Gegenöffentlichkeit zur Berichterstattung in den Medien schufen. Wir haben das sendestärkere und von zwei professionellen Journalisten unabhängig geleitete Radio der CGT, Lorraine Cœur d'Acier (LCA), bereits im letzten Kapitel vorgestellt. Sein großer Erfolg beruhte darauf, den unterschiedlichen Aktivistengruppen, aber auch der gesamten Bevölkerung eine Plattform für unzensierte Informationen und direkte Kommunikation anzubieten. Es wurde von den beiden Journalisten als »offener Kanal« betrieben, in dem jeder zu Wort kommen konnte. Dieses Angebot wurde extensiv genutzt, Telefonbeiträge wurden unzensiert gesendet, die offene Diskussion war Programm.

LCA sendete 18 Monate lang vom März 1979 bis zum Juli 1980, geriet dabei aber immer stärker unter Beschuss von Seiten der CGT und der kommunistischen Partei, denen die Meinungsvielfalt und interne Kritik zu weit gingen und die eine Schwächung des eigenen politischen Kurses befürchteten. Gleichzeitig wurden die illegalen, aber in der lokalen Bevölkerung enorm beliebten Sendungen von der Regierung durch Hubschraubereinsätze immer wieder massiv gestört. Nachdem die unabhängigen Journalisten im Juni 1980 entlassen worden waren und die Sendungen unter die direkte Kontrolle der Gewerkschaft gestellt wurden, verloren die Hörerinnen und Teilnehmer das Interesse. Das Projekt war faktisch beendet.[37] Festzuhalten ist, dass die seit dem Mai 68 immer wieder artikulierte Forderung nach Demokratisierung der medialen Kommunikation in diesem experimentellen Streikradio in der abgelegenen lothringischen Stahlstadt Longwy eine spektakuläre praktische Umsetzung fand, die Mediengeschichte geschrieben hat.[38] In den Sendungen

37 Sarah Vanessa Losego, *Fern von Afrika. Die Geschichte der nordafrikanischen »Gastarbeiter« im französischen Industrierevier von Longwy (1945-1990)*, Köln 2009, S. 414-428.
38 Ingrid Hayes, »Les limites d'une médiation militante: l'expérience de Radio Lor-

von LCA wurden nicht nur die aktuellen Probleme aus Sicht der verschiedenen Bevölkerungsgruppen thematisiert, sondern, wie bereits im letzten Kapitel erwähnt, zugleich auch – in der Sendung *passé présent* – eine regionale Geschichte »von unten« konstruiert, in der die durch Zuwanderungen aus Belgien, Polen und Italien geprägte Industriearbeiterschaft ihre eigene gemeinsame Vergangenheit in Erinnerung rief, allerdings unter faktischer Ausgrenzung der nicht weniger konfliktreichen, aber nationalpolitisch doppelt umstrittenen Geschichte der zahlreichen nordafrikanischen Arbeitsmigranten in der Region.[39]

Die Gewerkschaften CFDT und CGT suchten diese militante Stimmung in der Region auf politische Ziele umzulenken, und die vor Ort stärkste Gewerkschaft CGT mobilisierte zu diesem Zweck eine Großdemonstration der betroffenen Stahlarbeiter in der Hauptstadt: An diesem »Marsch auf Paris«, der sich allerdings auf einen Demonstrationszug entlang den Boulevards im Pariser Osten beschränkte, nahmen mehr als 250 000 Menschen teil. Das Medienecho war ambivalent. Da am Rande der Veranstaltung erneut gewalttätige Auseinandersetzungen zwischen Polizei und Demonstranten ausbrachen, blieb das Bild militanter Gewaltbereitschaft präsent und wurde in den folgenden Wochen durch Gewaltaktionen kleinerer Gruppen in Denain und Longwy (die sogenannten *coups de point* – »Faustschläge«) gegen Polizei und örtliche Einrichtungen noch zusätzlich verstärkt. Die Strategie der CGT, durch eine Ausweitung der Streiks auf andere Stahlwerke in Fos-sur-Mer und Dunkerque eine grundlegende Revision des französischen Teils des europäischen »Stahlplans« zu erzwingen, scheiterte an der mangelnden Beteiligung der Belegschaften: Am 8. Mai 1979 wurde der Streik auch in Longwy abgebrochen und die Arbeit wieder aufgenommen, nachdem die Gegenseite einen Aufschub der Schließung des Stahl-

raine Cœur d'Acier, Longwy 1979-1980«, in: *Actes de la recherche en sciences sociales* 196/197 (2013), S. 84-101.
39 Losego, *Fern von Afrika*, S. 450-495.

werks in Denain um ein Jahr und für Longwy eine Reduktion der Entlassungen um 25 Prozent sowie die Weiterführung der Produktion in der Kokerei angeboten hatte. Der im Juli von allen Gewerkschaften mit Ausnahme der CGT unterzeichnete Sozialplan für die gesamte französische Stahlindustrie sah für 12 000 Beschäftigte die Frühverrentung, für 3000 Arbeiter Versetzungen an andere Standorte mit finanziellen Ausgleichszahlungen und schließlich für 6100 Arbeiter Abfindungen in Höhe von 50 000 Francs vor. Bereits im Sommer 1979 machten mehr als 2000 Arbeiter an den beiden Stahlstandorten, darunter auch viele der jüngeren Streikaktivisten, von der Abfindung Gebrauch: Vor allem die Stahlarbeiter aus den nordafrikanischen Ländern sahen für sich keine Zukunft mehr an den beiden Stahlorten und in den betroffenen Regionen.

Mit noch härteren Bandagen wurde der einjährige Bergarbeiterstreik in den meisten Revieren der britischen Kohleindustrie von März 1984 bis März 1985 geführt, der mein zweites Beispiel für spektakuläre Ereignisse einer »Politik von unten« in dieser Phase der Deindustrialisierung ist.[40] Von Anfang an begriff die Regierung in London diese Auseinandersetzung als eine Entscheidungsschlacht, an deren Ausgang nur Sieg oder Niederlage stehen sollte. Im Verlauf der Ereignisse schloss sich auch die Bergarbeiter-Gewerkschaft NUM dieser Lesart des Konflikts an,[41] der von beiden Seiten als Wiederholung der Streiks von 1972 und 1974 angesehen wurde – die, wie wir oben gesehen haben, zugunsten der Gewerkschaft ausgegangen

---

40 Der Streik umfasste zu keinem Zeitpunkt alle Reviere: vor allem die Mehrheit der Bergleute der Kohlereviere in Nottinghamshire, Staffordshire und Derbyshire beteiligten sich nicht, während die Beschäftigten der anderen Regionen (Yorkshire, Schottland, Northumberland und Wales) sich dem Streikaufruf ihres Dachverbandes NUM anschlossen.

41 Einen kritischen Literaturüberblick bietet Arne Hordt, *Von Scargill zu Blair? Der britische Bergarbeiterstreik 1984-85 als Problem einer europäischen Zeitgeschichtsschreibung*, Frankfurt/M. 2013; eine knappe Darstellung findet sich bei Arthur Marwick, *British Society since 1945*, London u. a. ⁴2003, S. 282-288. Siehe auch Jörg Arnold, »Vom Verlierer zum Gewinner – und zurück«, in: *Geschichte und Gesellschaft* 42 (2016), S. 266-297.

waren. Am Ende sollten sowohl Regierung als auch Gewerkschaft zu Gefangenen ihrer militanten Rhetorik und Haltung werden. Die Härte des Streiks wurde für die Protagonisten gewissermaßen zum Beweis für die Höhe des Einsatzes. Es ging um nichts Geringeres als den Erfolg beziehungsweise das Scheitern der gesamten Wirtschaftspolitik der konservativen Regierung unter der Führung Margaret Thatchers, deren erklärtes Ziel es war, die alten Industrien und mit ihnen die alten Gewerkschaftstraditionen und Methoden loszuwerden. Arthur Scargill, Führer des militanten Mehrheitsflügels in der Bergarbeitergewerkschaft, und seine Anhänger verbanden deshalb die Verteidigung der Arbeitsplätze mit einem alternativen Wirtschaftsprogramm, das in diesen Jahren auch Teile der Labour Party vertraten.

Der Verlauf des Bergarbeiterstreiks sowie die Aktionsformen, in denen er ausgefochten wurde, wies einige Parallelen zu den Arbeitskämpfen von 1972 und 1974 auf.[42] Wieder ging es für die streikenden Bergleute darum, die Gegenseite durch Verknappung der Energiereserven in die Knie zu zwingen. Gleichzeitig forderte die Taktik der *flying pickets*, des Einsatzes von Streikposten vor nicht bestreikten Kraftwerken, Kohledepots und Ölhäfen, das Streikrecht heraus, das die konservative Regierung inzwischen erlassen hatte. Scargills Weigerung, sich von den Mitgliedern der NUM ein nationales Streikvotum geben zu lassen, war Herausforderung an den politischen Gegner, aber zugleich auch Ausdruck eigener Schwäche (er hatte zwei Abstimmungen, 1982 und 1983, verloren) und erwies sich als ein kapitaler strategischer Fehler. Die Spaltung der Bergarbeiterschaft nach Regionen hatte seit 1978 durch die Wiedereinführung regionalspezifischer Produktivitätsprämien ein lohnpolitisches Fundament, denn seitdem erhielten die Belegschaften moderner Schachtanlagen mit ergiebigeren Kohleflözen höhere Löhne und waren zugleich von den laufenden Zechenstilllegungen weniger bedroht

---

42 Zum Verlauf: Andy McSmith, *No Such Thing as Society. Britain in the Turmoil of the 1980s*, London 2011, S. 152-170.

als ihre Kollegen in älteren Anlagen und ungünstigeren Regionen.[43] Diese regionale, aber auch lokale Konfrontation zwischen Gegnern und Befürwortern des Streiks schwächte die Gewerkschaft, erhöhte gleichzeitig intern den Druck zur Geschlossenheit und setzte bei den Streikenden jene unbedingte Einsatzbereitschaft frei, mit der sie die Regierung moralisch besiegen wollten – was ihnen in den Augen eines Teils der britischen Öffentlichkeit auch gelang. Je länger der Streik dauerte, desto deutlicher wurden die beiden Hauptkonfrontationslinien: Die eine Linie verlief zwischen den Streikposten und der Polizei an den neuralgischen Auslieferungspunkten der Kohle, die andere zwischen den Streikenden und den Arbeitswilligen beziehungsweise Streikbrechern in den Dörfern und vor den Zechen. An beiden Fronten wurde erbittert gekämpft. Die Regierungsseite setzte alle Machtmittel unterhalb der Schwelle des direkten Einsatzes von Militär ein, um den Streik zu brechen, und praktizierte den harten Einsatz der Polizei zur Wiederherstellung von Recht und Ordnung. Die Gewaltbereitschaft sowohl der britischen Polizei als auch ihrer Gegner nahm in den 1980er Jahren deutlich zu (siehe auch Abb. 3.3). »Das Großbritannien der 1980er Jahre [...] war ein Land der Konfrontation, der Demonstrationen und des Aufruhrs.«[44]

Je länger der Streik dauerte, desto mehr waren die streikenden Bergleute und ihre Familien angesichts leerer oder blockierter Streikkassen und der Verweigerung staatlicher Sozialhilfe auf die Spenden einer breiten Öffentlichkeit angewiesen. Faktisch teilte sich das Land in zwei Lager: die Gegner und die Unterstützer der Bergleute. Deren Mobilisierungsarbeit gelang über weite Strecken, erfolgreich waren vor allem die Partnerschaften zwischen lokalen Unterstützergruppen und konkreten Bergarbeitergemeinden. Die Unterstützungskampagnen erreichten gerade auch die in den 1970er Jahren eher noch gewerkschaftsfernen sozialen Bewegungen wie Feministinnen,

43 Richards, *Miners on Strike*, S. 50-54.
44 Marwick, *British Society since 1945*, S. 394.

Abbildung 3.3:
Festnahme des Gewerkschaftsführers Arthur Scargill während
des britischen Bergarbeiterstreiks im Jahr 1984.
© *Peter Arkell, London.*

Im Mai 1984 nahmen zwei Polizisten den britischen Gewerkschaftsführer Arthur Scargill nahe einer Kokerei in Orgreave, Yorkshire, fest. Einer der Polizisten trägt das Megafon, mit dem Scargill eine Ansprache halten wollte, noch in der Hand. Wenige Wochen später kam es hier zu einer der schwersten Auseinandersetzungen des britischen Bergarbeiterstreiks. Bei den Straßenschlachten zwischen 5000 Streikposten und 6000 Polizisten wurden etliche Menschen verletzt, darunter auch Scargill. Die verhärteten Fronten zwischen der konservativen Regierung um Margaret Thatcher und der National Union of Mineworkers um Arthur Scargill machten eine Verhandlungslösung unmöglich. Nach einem Jahr endete der Streik mit einer vollständigen Niederlage der Bergarbeiter. Er kostete zehn Menschen das Leben, mehr als 3000 wurden verletzt und an die 12 000 waren zumindest vorübergehend verhaftet worden.

Schwulen- und Lesbenorganisationen.[45] Dagegen blieben signifikante Solidarisierungen seitens anderer Gewerkschaften aus: Weder der Dockarbeiterstreik Anfang September 1984 war nachhaltig, noch entfalteten die lokalen Aktionen anderer Gewerkschaften eine nennenswerte Wirkung. Faktisch gelang es der Bergarbeitergewerkschaft zu keinem Zeitpunkt, die Gewerkschaftsbewegung als ganze in ihren imaginierten Endkampf einzubeziehen. Aus der Rückschau wird erkennbar, dass spätestens im Herbst 1984 die Ziele des Streiks nicht mehr zu erreichen waren, aber wie schon angedeutet wurden die Streikenden und insbesondere ihre Führer zu Gefangenen ihres Selbstbildes und ihrer Gesellschaftsimagination. Die Hoffnung auf den Umschwung, den plötzlichen Zusammenbruch der staatlichen Gegenwehr, nährte sich aus den Streikerfahrungen von 1972 und 1974 und verselbständigte sich zu einer Art Wunschdenken. Die Überzeugung, es gehe um die Verteidigung der eigenen Ehre und Würde, wurde durch die stetig steigende Zahl von Streikbrechern, die als Verräter galten und sozial geächtet wurden, nicht erschüttert, sondern im Gegenteil gefestigt; die Erkenntnis, dass der Kampf verloren war, konnte nicht zugelassen werden; und die Vorstellung, an einer historischen Schlacht im Klassenkampf ehrenhaft teilgenommen zu haben, spendete den Aktivisten, die bis zum bitteren Ende ausharrten, Trost. In mancher Hinsicht hatten die letzten Monate dieses Streiks Züge eines Sozialdramas, das den heroischen Untergang der alten britischen Arbeiterbewegung in Szene setzte. Sowohl in der Selbst-, aber auch in der Fremdwahrnehmung rettete diese expressive Qualität des Geschehens die Beteiligten vor dem sang- und klanglosen Verschwinden und sicherte ihnen einen festen Platz in der britischen Geschichte. Paradoxerweise strebte die konservative Regierung genau dies an: einen historischen Sieg und Verbannung dieser Art von »wilden Streiks« in die Requisitenkammer des Ancien Regime britischer Arbeitsbeziehungen. Als im März 1985 das Streikkomitee der NUM die bedingungslose Wiederauf-

45 Richards, *Miners on Strike*, S. 149-154.

nahme der Arbeit mit knapper Mehrheit beschloss, stand der Sieger längst fest. Ein weiterer *winter of discontent*, so das deutliche Signal der konservativen Regierung an die Gewerkschaften, werde nicht hingenommen. Aber die Welle der Massenentlassungen, Betriebsschließungen und Firmenpleiten seit 1980 hatte längst den Boden für einen moderaten Realismus bereitet, mit dem die britische Gewerkschaftsbewegung auf den Rückgang der Mitgliederzahlen, auf die Einschränkung von Streikrechten und schließlich auf die Abschaffung alter Privilegien wie des *Closed-shop*-Prinzips reagierte.[46] Nach ihrem Sieg auf ganzer Linie war die Gegenseite zu keinerlei Zugeständnissen mehr bereit: Innerhalb von acht Jahren wurden 80 Prozent der noch verbliebenen Bergleute entlassen, gleichzeitig wurde die Produktivität der noch offenen Schachtanlagen weiter gesteigert und so die Privatisierung der britischen Kohleproduktion vorbereitet.[47]

Die Protestaktionen gegen die Schließung des Krupp-Stahlwerkes in Duisburg-Rheinhausen im Winter 1987/88 sind am Ende dieses Zyklus von Abwehrstreiks und Sozialprotesten gegen Stilllegungen und Massenentlassungen in den »alten« Industrien angesiedelt. In allen drei Ländern war die Deindustrialisierung im Verlauf der 1980er Jahre beschleunigt fortgeschritten, wie wir in Kapitel 1 gesehen haben. Inzwischen hatten sich alte und neue Kampfmittel als wirkungslos erwiesen, wenn es um die Fortführung der Produktion ging, wenngleich sie auf dem Gebiet der sozialen Abfederung von Umstrukturierungen und Werkschließungen teilweise erfolgreich waren. Die Ereignisse rund um das Stahlwerk Rheinhausen standen am Ende einer längeren Kette lokaler Proteste an den verschiedenen

---

46 John Kelly, »British Trade Unionism 1979-89: Change, Continuity and Contradictions«, in: *Work, Employment & Society* 4 (1990), S. 29-65; Duncan Gallie (Hg.), *Trade Unionism in Recession.* Oxford 1996; Chris Howell, »Unforgiven: British Trade Unionism in Crisis«, in: Andrew Martin, George Ross (Hg.), *The Brave New World of European Labor. European Trade Unions at the Millennium*, New York 1999, S. 26-74.
47 Richards, *Miners on Strike.*

Abbildung 3.4:
»Arbeitsplätze statt Arbeitslosigkeit«: Besetzung der Rheinbrücke zwischen
Rheinhausen und Hochfeld am 10. 12. 1987.
© *Manfred Vollmer, Essen.*

Um gegen die Stilllegung des Krupp-Stahlwerks in Duisburg-Rheinhausen zu protestieren, besetzten Ende 1987 mehrere Tausend Arbeiterinnen und Arbeiter eine Rheinbrücke. Viele von ihnen trugen Schutzhelme. Auf Transparenten forderten sie »Arbeitsplätze statt Arbeitslosigkeit«. Auch Arbeitsmigranten, dies machten die türkischsprachigen Transparente deutlich, beteiligten sich an der Besetzung. Trotz großer Solidarität der Bevölkerung endete der Arbeitskampf mit einer Niederlage. Im Jahr 1993 schloss das Stahlwerk für immer seine Tore. Heute ist die »Brücke der Solidarität«, wie sie 1988 von den Arbeitnehmern getauft wurde, ein wichtiger lokaler Erinnerungsort.

Stahlstandorten in der gesamten Bundesrepublik, die von Werkschließungen bedroht waren. Erste Aktionen fanden bereits 1980 statt (zum Beispiel in Dortmund am 27. November 1980), einen ersten Höhepunkt markierte ein »Marsch auf Bonn« am 29. September 1983, an dem etwa 130 000 Demonstranten teilnahmen. Als sich herausstellte, dass der kurze Aufschwung in der Stahlindustrie nach der Krise der Jahre 1980 bis 1982 nicht von Dauer war und die vergleichsweise moderaten Schließungs- und Entlassungspläne, die man in dieser Phase unter den beteiligten gesellschaftlichen Akteuren vereinbart hatte, nicht zu realisieren waren, kam es zur dritten Welle von Protestaktionen. Die IG Metall organisierte 1987 »Stahlaktionstage«. Der erste fand am 16. Januar mit über 70 000 Teilnehmern an 24 von Schließungen bedrohten Standorten statt, der zweite mit 30 000 Teilnehmern zwei Monate später in Hattingen und Oberhausen, ohne dass jedoch bei den laufenden politischen Verhandlungen zwischen Bundesregierung, Stahlunternehmen und IG Metall ein übergreifendes Konzept für den Erhalt von Arbeitsplätzen zustande kam. Diese Verhandlungen wurden von zwei weiteren Stahlaktionstagen der IG Metall mit kurzen Arbeitsniederlegungen begleitet.[48] Die am 26. November 1987 erfolgte Ankündigung der Krupp-Stahl AG, das Werk in Rheinhausen bis Ende des Jahres 1988 stillzulegen, löste dann die Protestaktionen der dortigen Belegschaft aus, die sich nicht mehr an die gewerkschaftlichen Vorgaben hielt, sondern ganz im Stil der lothringischen Stahlarbeiter acht Jahre zuvor Autobahnzufahrten und Straßen in der Umgebung blockierte, kurzfristig eine Rheinbrücke besetzte (siehe Abb. 3.4) und schließlich die Aufsichtsratssitzungen der Krupp-Stahl AG in Essen und Bochum stürmte. Beim 5. »Streikaktionstag« der IG Metall am 10. Dezember 1987 kam es denn auch zu Kurzstreiks; die Presse sprach von »Barrikaden im Ruhrgebiet« (*taz* vom 11.12.1987) und titelte »Im Revier standen die Räder still« (*Frankfurter Rundschau*

---

48 Lauschke, *Die halbe Macht*, S. 313.

vom 11.12.1987).[49] Um die Militanz dieser Aktionen besser zu verstehen, sei auf zwei Sachverhalte verwiesen: Zum einen waren bis 1986 in der westdeutschen Stahlindustrie 70 Prozent der über Sozialpläne Ausgeschiedenen vorzeitig in den Ruhestand getreten, das heißt, die Mehrzahl der älteren Arbeiter hatte die Werke bereits verlassen, so dass nun auch die jüngeren Arbeiter ihre Zukunft bedroht sahen. Zweitens kam die Stilllegungsankündigung ganz unerwartet und zur großen Enttäuschung einer Belegschaft, deren Vertreter noch kurz zuvor einer Vereinbarung über den Abbau von 2000 Stellen zugestimmt hatten. Gerade in einem Unternehmen der Montanmitbestimmung wurde dies als ein enormer Vertrauensbruch gewertet.[50]

In einem nächsten Schritt wurden die Aktionsformen der Friedensbewegung imitiert: Am 23. Februar 1988 wurde unter dem Motto »1000 Feuer an der Ruhr« eine Menschenkette vom Tor 1 des Werkes in Rheinhausen zum Tor 11 der Dortmunder Westfalenhütte gebildet. Dieses medienattraktive, für alle Beteiligten und die lokale Bevölkerung emotional bewegende Großereignis korrigierte nicht nur den bis dahin dominierenden Eindruck der Militanz der Aktionen, sondern übte auch politisch wirkungsvollen Druck auf die nordrhein-westfälische Landesregierung aus. Deren Innenminister, Herbert Schnoor, hatte bereits während der gesamten Zeit für maximale Zurückhaltung der Polizeikräfte gesorgt und eine bewusste Deeskalationsstrategie betrieben, die nun Früchte trug: In der »Düsseldorfer Vereinbarung« wurde im Mai 1988 ein Aufschub der Stilllegung des Werkes Rheinhausen um zwei Jahre bis Ende 1990 erreicht, die Krupp-Stahl AG stimmte dem Erhalt von 1500 Arbeitsplätzen in Rheinhausen zu, die öffentliche Seite wiederum verpflichtete sich zum Ausbau eines Qualifizierungszentrums für die noch Beschäftigten. Faktisch wurde das Stahlwerk dann erst am

49 Zitiert in Hordt, *Kumpel, Kohle und Krawall*, S. 205.
50 Lauschke, *Die halbe Macht*, S. 321.

15. August 1993 stillgelegt. 1988 jedoch kehrten die Akteure mit einem Teilerfolg in der Tasche an ihre Arbeitsplätze zurück; sie hatten nicht nur ihren Abschied öffentlich inszeniert, sondern konkret zwei Jahre Berufszeit erkämpft.[51]

Eine weder in Großbritannien noch in Frankreich zu findende Variante sozialer Mobilisierung gegen die Krisenfolgen stellten die in der Bundesrepublik von der IG Metall geführten Streiks um die Einführung der 35-Stunden Woche dar. Ihre langfristige Bedeutung für die Strategien westdeutscher Industrieunternehmen, von Management und Betriebsräten ist in international vergleichender Perspektive sehr viel besser zu erkennen als im Rahmen einer nationalzentrierten Betrachtung, in der vor allem die Erwartungen der Protagonisten mit den späteren Folgen beziehungsweise Ergebnissen kontrastiert werden.

Die Entscheidung, die Arbeitszeitverkürzung zu einem zentralen Ziel gewerkschaftlicher Tarifpolitik zu machen, entstammte den frühen Erfahrungen mit Rationalisierungen und Arbeitsplatzverlusten in Kernsektoren der westdeutschen Industrie. Welches konkrete Ziel – Verkürzung der Jahresarbeitszeit oder der Wochenarbeitszeit – Priorität haben sollte, war zwischen und innerhalb der Gewerkschaften heftig umstritten. Vor allem innerhalb der IG Metall fanden sich Befürworter für beide Optionen, während die Führungen von IG Bergbau/Energie und IG Chemie eindeutig die für die Schaffung zusätzlicher Arbeitsplätze eher unattraktive, aber unter ihren Mitgliedern und bei den Beschäftigten dieser Branchen populäre Forderung nach Verlängerung des Jahresurlaubs bevorzugten. Die Führung der IG Metall setzte die Forderung nach der 35-Stunden-Woche ein erstes Mal ein, um in der bereits kriselnden und von massiven Entlassungen bedrohten Stahlindustrie 1978/79 Arbeitsplätze zu sichern, konnte aber trotz breiter Unterstützung und erfolgreicher Mobilisierung der Mitglieder für den Streik keinen Durchbruch er-

---

51 Ebd., S. 324.

zielen – nicht zuletzt aufgrund der rigorosen Ablehnung der Forderung seitens der Arbeitgeber.[52] Der zweite Anlauf in der Tarifrunde 1984 wurde durch eine Öffentlichkeitskampagne der IG Metall 1983 vorbereitet. Sie stand jedoch zunächst im Schatten der großen Kampagnen und medienwirksamen Aktionen der Friedensbewegung, die im Herbst 1983 ihren Höhepunkt hatte. In der Öffentlichkeit rückte angesichts wachsender Arbeitslosigkeit (amtliche Zahl im September 1983: 2,134 Millionen)[53] die Frage in den Mittelpunkt, wie viele Arbeitsplätze durch die 35-Stunden-Woche gewonnen werden könnten. Der sich anbahnende Tarifkonflikt wurde angesichts der klaren Parteinahme der Regierung unter Helmut Kohl weiter politisiert. Kohl bezeichnete die gewerkschaftliche Forderung im Dezember 1983 als »absurd, dumm und töricht«.[54] Der liberale Wirtschaftsminister Otto Graf Lambsdorff bemerkte ironisch im Bundestag: »Die 35-Stunden-Woche bei vollem Lohnausgleich schafft Arbeitsplätze, jawohl. Aber ich komme ja gerade von da, wo sie Arbeitsplätze schafft: in Ostasien.«[55] So verdichtete sich der in der Metallindustrie Nordwürttembergs/Nordbadens und Hessens geführte Tarifkampf 1984 dann auch zu einem politischen Richtungsstreik um die Einführung der 35-Stunden-Woche in der Bundesrepublik – der aber letztlich nicht zwischen Gewerkschaften und Regierung ausgetragen wurde, sondern durchaus medienwirksam (siehe Abb. 3.5) zwischen der IG Metall und dem Unternehmerverband Gesamtmetall.

Ab Frühjahr 1984 mobilisierte die IG Metall ihre Mitglieder und die Belegschaften der betroffenen Tarifbezirke (Nordwürttemberg/ Nordbaden und Hessen). Angesichts der entschiedenen Gegnerschaft sowohl der Arbeitgeberverbände, welche die Unterschreitung der

---

52 Ebd., S. 231-256.
53 Hemmer u. a. (Hg.), *Geschichte der Gewerkschaften in der Bundesrepublik Deutschland*, S. 486.
54 Zitiert in Peters/Gorr (Hg.), *In freier Verhandlung*, S. 621.
55 Stenografische Berichte des Deutschen Bundestages, 10. Wahlperiode, 70. Sitzung, Freitag, 4. Mai 1984, S. 4985, zitiert in ebd., S. 646.

Im Mai 1984 wandte sich der *Spiegel* dem Streik für die 35-Stunden-Woche zu. Mit der Gestaltung des Titelbildes spielte das Nachrichtenmagazin auf die lachende Sonne mit der Zahl 35 der IG Metall an, dem bis heute letzten breitenwirksamen Symbol der deutschen Gewerkschaften. In ihm verbindet sich eine zeitgemäße Gestaltung mit einem deutlichen Rückbezug auf die Tradition der Arbeiterbewegung (»Brüder, zur Sonne, zur Freiheit«). Dass es dieses Symbol auf das Cover schaffte, verweist auf die damals noch bestehende gesamtgesellschaftliche Gestaltungskraft der IG Metall. Zugleich deutet die Verfremdung (unglückliche statt lachender Sonne, Blitze) und die Betextung mit der Frage »Streik: Wer zahlt drauf?« auf die drohende Niederlage der Gewerkschaften und ihren beginnenden Bedeutungsverlust hin.

40-Stunden-Woche weiterhin zu einem Tabu in Tarifverhandlungen erklärten, als auch der Regierung wurden die Mobilisierung der eigenen Mitglieder und die Unterstützung der Öffentlichkeit besonders wichtig. Der Streik selbst dauerte vom 17. Mai 1984 bis zum 27. Juli 1984, die Streiktaktik der IG Metall war darauf angelegt, durch die Bestreikung ausgewählter Betriebe maximale Auswirkungen für die gesamte Branche zu erzielen. Im Gegenzug antworteten die Unternehmer mit der Aussperrung einer möglichst großen Zahl von Beschäftigten (nach Schätzungen der Gewerkschaft waren es 450000), um die Streikkasse der IG Metall maximal zu belasten. Die »kalte« Aussperrung politisierte den Konflikt weiter, da die hessische Verfassung das Kampfmittel der Aussperrung explizit verbot; ein weiteres Signal der Politisierung war die Entscheidung des Präsidenten der Bundesanstalt für Arbeit und CSU-Mitglieds Heinrich Franke, den mittelbar vom Streik Betroffenen keine Leistungen der Bundesanstalt für Arbeit auszuzahlen. So kam es zu einer intensiv geführten Machtprobe mit Protestaktionen und befristeten Arbeitsniederlegungen von Mitgliedern anderer Gewerkschaften, am 28. Mai 1984 zu einem weiteren »Marsch auf Bonn« mit 250000 Teilnehmern und juristischen Teilerfolgen der Gewerkschaft in Sachen Verweigerung des Kurzarbeitergeldes durch die Bundesanstalt für Arbeit. Nach drei Wochen war die Unternehmerseite zu Verhandlungen über die Verkürzung der Wochenarbeitszeit bereit, beide Seiten akzeptierten das Verfahren einer »besonderen Schlichtung« und deren Ergebnis: 38,5-Stunden-Woche bei vollem Lohnausgleich, Lohn- und Gehaltserhöhungen, Vorruhestandsregelungen mit 65 oder 70 Prozent des letzten Bruttoeinkommens. Wesentlicher Erfolg für die Unternehmerseite war aber, dass per Betriebsvereinbarung die Wochenarbeitszeit variabel gestaltet werden konnte, da die neue Regelarbeitszeit nicht mehr wöchentlich festgelegt, sondern auf zwei Monate gerechnet wurde.[56] Dieser Kompromiss brach zwar das Tabu der 40-Stunden-Woche, war aber weit entfernt vom Durch-

---

56 Siehe aus gewerkschaftlicher Sicht ebd., S. 619-636.

bruch zur 35-Stunden-Woche. Faktisch verlagerte sich der Großteil der Aushandlungen über die Umsetzung auf die betriebliche Ebene. Die beschäftigungspolitischen Effekte waren damit nach diesem Streik keineswegs absehbar. Wichtiger als dieses in der öffentlichen Debatte zentrale Thema waren jedoch die Nebenfolgen, welche mit diesem Streik mittelfristig verbunden waren. Die Gestaltung kürzerer, aber flexiblerer Arbeitszeiten wurde in der Bundesrepublik zu einem immer wichtigeren Bestandteil von Tarifrunden und betrieblichen Verhandlungen. Entsprechende Tarifverträge wurden in den verschiedenen Branchen geschlossen, im Bereich der Metallverarbeitung wurde die 35-Stunden-Woche per Tarifvertrag 1995 Realität. Auch in dieser Signal- und Orientierungswirkung ist die allgemeinpolitische Bedeutung dieses Arbeitskonflikts zu sehen. Er ist eine Wendemarke insofern, als er die bundesrepublikanischen Unternehmen angesichts verkürzter Arbeitszeiten auf einen Weg kontinuierlicher Produktivitätssteigerungen und technologischer Innovationen festlegte.

Mein letztes Beispiel für ein spektakuläres Ereignis, dass paradigmatisch die Strategien und Formen einer »Politik von unten« in der Hochphase der Deindustrialisierung illustriert, ist die Anti-Poll Tax Campaign (»Anti-Gemeindesteuer-Kampagne«), die in Großbritannien von 1989 bis 1991 Furore machte.[57] Sie richtete sich gegen das durch die konservative Parlamentsmehrheit eingeführte neue Erhebungssystem der Gemeindesteuer. Zuerst 1989 in Schottland, dann 1990 in Wales und England eingeführt, sah diese Steuerreform vor, dass statt eines Steuerbetrags auf Hausbesitz relativ zum Mietwert des bewohnten Eigentums nun ein einheitlicher Jahresbetrag für jeden erwachsenen Einwohner einer Gemeinde erhoben werden

---

57 Paul Bagguley, »The Moral Economy of Anti-Poll Tax Protest«, in: Colin Barker (Hg.), *To Make Another World. Studies in Protest and Collective Action*, Aldershot u. a. 1996, S. 7-24; Rodney Barker, »Legitimacy in the United Kingdom: Scotland and the Poll Tax«, in: *British Journal of Political Science* 22 (1992), S. 521-533; Paul Hoggett, Danny Burns, »The Revenge of the Poor: The Anti-Poll Tax Campaign in Britain«, in: *Critical Social Policy* 11 (1991), S. 95-110.

sollte. Rasch stellte sich heraus, dass diese neue Kommunalabgabe unpopulär war und von vielen Bewohnern, zumal denen mit niedrigerem Einkommen, als unfair und Tory-Wahlgeschenk an Besserverdienende und Immobilienbesitzer verstanden wurde. Widerstand und Sozialprotest formierten sich zunächst in Schottland, griffen aber bald auf die anderen Landesteile über. Die Steuerverweigerungskampagne organisierte sich in lokalen, nachbarschaftsbezogenen Anti-Poll Tax Unions und erfasste etwa 20 Millionen Menschen. Gleichzeitig koordinierten überregionale Dachorganisationen diese soziale Bewegung. In ihr war die industrielle Arbeiterschaft – anders als zum Beispiel in der britischen oder westdeutschen Friedensbewegung – deutlich präsent; alle ihre traditionellen Organisationen und lokalen Gewerkschaftsvereinigungen, aber auch Labour-Abgeordnete und *shop stewards* nahmen an den öffentlichen Aktionen teil. Einen ersten Erfolg erzielte der Protest, als es ihm gelang, die eigene Bezeichnung *poll tax* (Kopfsteuer) medienwirksam an die Stelle der regierungsamtlichen Bezeichnung *community charge* (Kommunalgebühr) zu setzen.[58] Die Kampagne wurde auch als Revanche für die mehr als zehnjährige »Klassenpolitik von oben« wahrgenommen, welche die Thatcher-Regierungen in den Augen vieler britischer Arbeiterinnen und Arbeiter geführt hatten. Höhepunkt der Kampagne war wiederum eine Großdemonstration. Sie fand am 31. März 1990 in London statt. Die Zahl der Teilnehmer aus dem ganzen Land ist auf 200 000 bis 250 000 geschätzt worden. Für sie war der zunächst für 60 000 Teilnehmer angemeldete Versammlungsort, der Trafalgar Square, zu eng, aber die Behörden verweigerten eine Verlegung in den Hyde Park. Das Ergebnis war eine direkte Konfrontation zwischen Polizei und Demonstranten, denn der Demonstrationszug sah sich durch ein großes Aufgebot berittener Polizisten der *riot police* zusammengedrängt; aus dem Handgemenge entwickelten sich dann regelrechte Straßenschlachten zwischen Polizei und Demonstranten, an deren Ende zerstörte und geplünderte

58 McSmith, *No Such Thing as Society*, S. 277 f.

Geschäfte im Westend, verbrannte Autos und mehr als 400 Verhaftungen standen.[59] Aus der Großdemonstration war ein Aufruhr geworden – ein *riot*. Dass sich daran demonstrierende Bergarbeiter beteiligten, wurde in der Presse als Racheakt für die Niederlage im großen Streik von 1984/85 gewertet, Regierung und Organisatoren gaben die Schuld zunächst »anarchistischen Provokateuren«, aber die offizielle Untersuchung musste diese Agententheorie ein Jahr später dementieren. Diese Gewalteskalation war wohl das Resultat eines Zusammenwirkens verschiedener Faktoren: des gewaltbereiten beziehungsweise martialischen Auftretens der Polizei, der emotionalen Konfrontation zwischen Regierung und Kampagnen-Anhängern sowie der ungünstigen Örtlichkeiten, die für eine Demonstration dieser Größe viel zu eng und zu unübersichtlich waren.[60]

Die Öffentlichkeit reagierte auf die Londoner Ereignisse gespalten, die Anti-Poll-Tax-Kampagne gewann aber weitere Anhänger und Mitte des Jahres 1990 war klar, dass eine große Mehrheit der Wähler deren Ziele unterstützte (Umfragen ergaben Zustimmungen von 78 Prozent). Der Sturz Thatchers im November 1990 war zweifellos auch eine Nebenfolge dieser Kampagne. Sie erreichte ihr Ziel endgültig aber erst 1992, als der neugewählte konservative Premier John Major wie in seinem Wahlkampf angekündigt die Poll Tax durch eine neue Gemeindesteuer ersetzte, die wieder auf der Basis des Grundbesitzwertes erhoben wurde.

59 Clifford John T. Stott, John Drury, »Crowds, Context and Identity: Dynamic Categorization Processes in the ›Poll Tax Riot‹«, in: *Human Relations* 53 (2000), S. 247-273.
60 Siehe den ausführlichen Eintrag in der englischen Wikipedia zu »Anti-Poll Tax Unions«, ⟨https://en.wikipedia.org/wiki/Anti-Poll_Tax_Unions⟩, zuletzt eingesehen am 14. 9. 2018.

Die Rückkehr der Rebellion (1990-2005)

Ich habe oben schon ausgeführt, dass die Mitte der 1980er Jahre eine Art Wetterscheide in den Arbeitskonflikten der westeuropäischen Industrien war. Bis dahin hatten Sozialproteste, Demonstrationen und Streiks einen festen Platz in den politischen Auseinandersetzungen um die Sozial- und Wirtschaftspolitik in den drei Ländern. Dabei spielten Arbeiterinnen und Arbeiter als direkt Beteiligte neben ihren Gewerkschaften und den politischen Parteien immer auch eine wichtige und eigenständige Rolle. Diese »Politik von unten« beeinflusste vor allem die sozialpolitischen Lösungen, die in Frankreich, Großbritannien und der BRD angesichts der Deindustrialisierungswelle der Jahre 1975 bis 1983 entwickelt wurden und die auch darauf zielten, die öffentlichen Proteste gegen Entlassungen einzugrenzen beziehungsweise bereits vorweg durch einvernehmliche Lösungen zu vermeiden. Vor allem in den Frühverrentungslösungen, die in die Sozialpläne vieler Krisenbranchen Eingang fanden, kann man die direkten lebenspraktischen Spuren dieser Mobilisierungsereignisse wiedererkennen. Auch die zum Teil üppigen Abfindungssummen (wie sie etwa in Longwy und Denain angeboten wurden) sind ohne die Großdemonstrationen und regionalen Aktionen nicht denkbar. Dahinter stand auch die Absicht, dem harten Kern militanter Aktivisten die Basis zu entziehen – eine in mehreren Konflikten erfolgreiche Strategie der Gegenseite, die solche finanziellen Angebote vielfach dank staatlicher Subventionen unterbreitete. Die Metapher der »gekauften Zeit«,[61] die von Wolfgang Streeck eingeführt worden ist, um die Schuldenpolitik westeuropäischer Regierungen in unserem Untersuchungszeitraum zu charakterisieren, trifft auch für die in Frankreich und der Bundesrepublik verfolgte Befriedungsstrategie zu. Indem man sich die Rückkehr zur Normalität je-

---

61 Wolfgang Streeck, *Gekaufte Zeit. Die vertagte Krise des demokratischen Kapitalismus*, Berlin [5]2014.

denfalls für eine gewisse Zeit erkaufte, vermied man langwierige und gewalttätige Arbeitskämpfe und Sozialproteste, die am Ansehen der politisch Verantwortlichen kratzten. Typischerweise entzogen sich dann jedoch die handfesten Anschlussprobleme – Arbeitslosigkeit nach Auslaufen der Zahlungen, Wegzug in andere Regionen, Rückreise der Arbeitsmigranten in ihre Herkunftsländer – der Aufmerksamkeit der politischen Öffentlichkeit. Sie sanken zu zwar massenhaften, aber individualisierten Schicksalen ab, denen damals in den drei Ländern wenig Aufmerksamkeit geschenkt wurde, trotz der durchaus vorhandenen und auch genutzten sozialstatistischen Beobachtungsroutinen. Erst allmählich etablierten sich neue sozialwissenschaftliche Spezialfelder, die sich den entsprechenden Themen widmeten: von der (Langzeit-)Arbeitslosigkeit über die Migration bis hin zu den »Problemvierteln« in verödenden Industriestädten.

Dass die Sozialproteste nach 1985 deutlich abnahmen, hat viele Gründe. Zum einen routinisierten sich die Prozeduren bei Massenentlassungen, zum Zweiten verloren die Betroffenen in vielen Fällen den Glauben daran, durch spektakuläre Aktionen die politische Öffentlichkeit für ihre Angelegenheit mobilisieren zu können. »*Yesterday's industries*«[62] (»Industrien von gestern«) – Thatchers kühle Bemerkung zur verstaatlichten britischen Stahlindustrie war nur die besonders früh und offenherzig ausgesprochene Überzeugung der meisten Wirtschaftspolitiker mit Regierungsmacht. Die Deindustrialisierung wurde regelrecht banalisiert, und die schiere Anzahl von Werkschließungen sowie der immer gleiche Ablauf demoralisierte die davon betroffenen Arbeiterinnen und Arbeiter. Die Überzeugung, dass Widerstand zwecklos sei, machte sich breit.

Ein weiterer Grund hat mit den im vorigen Kapitel behandelten Deutungsmustern zu tun, die sich zu dieser Zeit ausbreiteten und den Individuen mehr denn je die moralische und politische Verantwortung für ihr Berufsschicksal aufluden. Jeder wurde als »seines

---

62 Margaret Thatcher im *Daily Telegraph* am 1. April 1980, zit. n.: Charles Docherty, *Steel and Steelworkers. The Sons of Vulcan*, London 1983, S. 218.

Glückes Schmied« adressiert, und mit den Arbeitsämtern (oder neuerdings: Jobcentern) und Sozialämtern standen öffentliche Einrichtungen bereit, die das sich verstetigende Massenschicksal in singuläre Einzelfälle auflösten und behandelten. Dieser sozialpsychologische Faktor darf nicht außer Acht gelassen werden, wenn man die relative Ereignislosigkeit der 1990er Jahre angemessen sozialhistorisch verstehen will. Die neuen Subjektivierungsformate in Medien und Verwaltungen beeinflussten zusehends die Wahrnehmungsraster der Betroffenen. Auch die Anlässe für Sozialprotest veränderten sich und mit ihnen die Akteursgruppen. Bereits in den defensiven Arbeitskämpfen der späten 1970er und frühen 1980er Jahre waren jüngere Arbeiterinnen und Arbeiter immer häufiger an vorderster Stelle aktiv. Sie waren es auch, die eher zu illegalen Aktionen und Gewalt bereit waren. Dies galt insbesondere für Frankreich und für Großbritannien, beides Länder, in denen Streiks und politischer Protest von je her mit einer gewissen Militanz einhergingen. Meist trug auch der massive Einsatz von Sicherheitskräften erheblich zu einer Eskalation der Gewalt bei, wie wir am Beispiel der Londoner Eskalation in Zusammenhang mit der Anti-Poll-Tax-Kampagne oder der »Entscheidungsschlacht« im britischen Bergarbeiterstreik gesehen haben. In der Bundesrepublik kam es bei den Aktionen und Kampagnen, die sich auf die Arbeitswelt bezogen, selten zu vergleichbaren Konfrontationen zwischen Demonstranten und Polizei, während sie in den 1980er Jahren für die lokalen Hausbesetzerszenen in Hamburg und Berlin sowie in den Auseinandersetzungen um den Bau der Startbahn-West in Frankfurt sowie der Wiederaufbereitungsanlage in Wackersdorf (Oberpfalz) eine zentrale Rolle spielten. Die Kampagne gegen die neue Gemeindesteuer in Großbritannien macht deutlich, dass sich faktisch zwei unterschiedliche Formen und Traditionen des sozialen Protests bei einzelnen Großereignissen wie der Londoner Demonstration im März 1990 überlagern konnten und »Ausschreitungen«, so der in den Medien gern benutzte offizielle Ausdruck, sich wieder als mehr oder weniger regelmäßige Begleiterscheinung oder Ausdrucksform von »Straßenpolitik« neben den vielen anderen gewaltfreien und legalen Formen sozialen und politischen Protests etablierten. Besonders krasse Formen nahmen diese Ausschreitungen – als *riots* und *émeutes* – in britischen und französischen Großstädten beziehungsweise Stadtvierteln an, bei denen vor allem Jugendliche ohne Arbeit die Hauptrolle spielten. Der ersatzlose Wegfall industrieller Arbeitsplätze und das regionale und lokale Anschwellen der Jugendarbeitslosigkeit destabilisierten Haushalte und Familien. Eine vor allem durch die Privatisierung des Wohnungsmarktes befeuerte Segregation in den suburbanen Räumen verwandelte etliche der einstmals als fortschrittlich gepriesenen Großanlagen des sozialen Wohnungsbaus in »Problemzonen« oder »soziale Brennpunkte«.[63] Drogen und Kriminalität wurden zu medial verstärkten Markenzeichen solcher Viertel, die Präsenz ethnischer Minderheiten machte sie zugleich zu Zonen von »Fremden« und bevorzugten Objekten rassistischer Emotionen und Stigmatisierungen. Die soziale Ursachenkette, so lang und komplex sie in vielen Fällen gewesen sein mag, führt immer zurück zu den Krisenphänomenen der Deindustrialisierung.[64]

Daher verwundert es nicht, dass die städtischen Ausschreitungen in den 1980er und 1990er Jahren zunahmen. Während sie in Großbritannien vor 1970 die seltene Ausnahme (1958: *Notting Hill Riots*) blieben und in den 1970er Jahren nur drei größere Ereignisse als *riots* – »Unruhen« – klassifiziert worden sind, waren es für die 1980er Jahre bereits elf Ereignisse, in den 1990er Jahren waren es sieben, bevor sie in den 2000er Jahren im Zuge des Wirtschaftsbooms samt sinkender Arbeitslosigkeit wieder seltener wurden (fünf). Dann allerdings kam der Sommer 2011 und mit ihm ein jäher Ausbruch neuer Unruhen. Bilder von Toten und Schwerverletzten, von brennenden Häusern und Autos sowie von geplünderten Geschäften aus London, Liverpool, Manchester, Birmingham, aber auch

---

63 Lynsey Hanley, *Estates. An Intimate History*, London 2012, S. 97-147.
64 Michel Kokoreff, »L'émeute urbaine«, in: Pigenet/Tartakowsky (Hg.), *Histoire des mouvements sociaux*, S. 733-743; François Dubet, *La galère. Jeunes en survie*, Paris 2003.

kleineren englischen Städten schockierten die Öffentlichkeit. In Frankreich waren die 1980er Jahre noch vergleichsweise ruhig (»nur« vier größere Zusammenstöße mit der Polizei), aber in den 1990er Jahren eskalierte die Lage und es gab regelmäßig Ausschreitungen in den Vorstädten von Lyon, Rouen, Paris und Toulouse sowie in kleineren Orten, etwa in Melun. Noch gut im Gedächtnis und bisherige Höhepunkte dieser Entwicklung sind die Unruhen in den Banlieues, die in den Jahren 2005, 2007 und 2010 Frankreich erschütterten.[65] Die gesellschaftliche Verwahrlosung ganzer Städte beziehungsweise Stadtteile schuf jedenfalls den Nährboden für die immer wieder aus lokalen Anlässen scheinbar unvermittelt losbrechenden Gewaltaktionen, die meist in heftigen Konfrontationen mit der Polizei, in der Zerstörung und Plünderung von Geschäften und öffentlichen Einrichtungen bestanden. Insbesondere aufgrund der enormen medialen Resonanz prägten sie nachhaltig das öffentliche Bild der »Problemviertel«, schufen aber auch ein Bewusstsein für die sozialen Folgeprobleme der Deindustrialisierung.

Die große Mehrheit der Jugendlichen, die sich seit den 1980er Jahren an »Ausschreitungen« beteiligt haben, stammte aus Arbeiteroder Unterschichtenfamilien. Vor allem in den frühen britischen *riots* (Toxteth/Liverpool 1981,[66] Londoner Stadtviertel 1981 und 1985) waren ihre Lebensbezüge zu Industriearbeitermilieus häufig sehr eng. Der Verlust der Arbeitsplätze und die Abwanderung oder Schließung der Fabriken ließen diese Verbindungen dann schwächer werden, bis zu dem Punkt, an dem die Zukunft der Arbeit an vielen dieser Orte nur mehr aus (prekären) Dienstleistungsjobs zu bestehen schien. Die Medien und infolgedessen die breitere Öffentlichkeit nahmen allerdings verstärkt und immer wieder die Präsenz ethni-

---

65 Alain Bertho, *Le temps des émeutes*, Paris 2009; La Documentation française, Enquêtes sur les violences urbaines: comprendre les émeutes de novembre 2005, Paris 2007, online unter ⟨http://www.ladocumentationfrancaise.fr/rapports-publics/074000340/index.shtml⟩, zuletzt eingesehen am 30.9.2018.
66 Zu Toxteth siehe ⟨https://en.wikipedia.org/wiki/1981_Toxteth_riots⟩, zuletzt eingesehen am 14.9.2018.

scher Minderheiten in den Blick und etikettierten die Ausschreitungen gern als *race riots* – Rassenunruhen–, während die jugendlichen Akteure eher ihre gemeinsame lokale Identität betonten und in den Ausschreitungen symbolisch verteidigten. Stéphane Beaud und Michel Pialoux haben für die ostfranzösische Industriestadt Montbéliard, die in direkter Nähe zum und im sozialen Rekrutierungsraum des großen Peugeot-Werkes von Sochaux liegt, die komplexen Verbindungen zwischen städtischer Gewalt und Krise der Industriearbeit exemplarisch untersucht.[67] Die »Kultur der Provokation«, die sich seit den 1990er Jahren unter den Jugendlichen meist nordafrikanischer Abstammung in den Sozialblocks der Neubauviertel etablierte, sehen sie in direktem Zusammenhang mit den enttäuschten Berufshoffnungen und Bildungserwartungen der Jüngeren, den vielfältigen Diskriminierungserfahrungen als »Minderheiten«, aber auch mit den Enttäuschungen ihrer nach einer häufig aufstiegslosen Berufszeit als ungelernte Produktionsarbeiter frühverrenteten oder entlassenen Väter, die auf diese Weise zu heimlichen Komplizen ihrer gewalttätigen Söhne wurden:

> Also zerstören sie alles bei dem Versuch, ihre Väter zu rächen. Und indem der Vater dazu schweigt, schlagen beide den falschen Weg ein! ...
> Abgesehen von ihrem Vater verachten sie alle. ... Auch die anderen Nordafrikaner, die bei Peugeot arbeiten: das sind Tiere, sie halten das Maul, sie sind Duckmäuser! ... Sie übernehmen all die Ausdrücke, die wir [= die CGT] benutzen, wenn wir schlecht über die anderen Gewerkschaften reden. Sie [die Jungen] sagen uns: Denn ihr, ihr habt akzeptiert, unter unmenschlichen Bedingungen zu arbeiten![68]

Der Gewerkschaftsaktivist H. beschrieb in einem Interview mit den beiden Soziologen voller Bitterkeit die Autoritätsverluste der älteren Generation, die Entfremdung zwischen den Generationen so-

---

67 Stéphane Beaud, Michel Pialoux, *Violences urbaines, violence sociale. Genèse des nouvelles classes dangereuses*, Paris 2006; Stéphane Beaud, *80 % au bac ... et après? Les enfants de la démocratisation scolaire*, Paris 2003.
68 Beaud/Pialoux, *Violences urbaines, violence sociale*, S. 347 f.

wie das übergreifende Gefühl der Ohnmacht und des (Selbst-)Hasses, das die Sicht der jüngeren Vorstadtbewohner auf die soziale Welt tiefgreifend geprägt hat. Die ursprünglich politisch gemeinten Parolen linker Gewerkschaftsaktivisten dienten nun als Rechtfertigung für diffuse soziale Gewalt oder Kriminalität, die mit der zuvor beschriebenen, progressiv orientierten »Politik von unten« nur noch wenig gemeinsam hatte. Stattdessen führten Wut und Enttäuschung Regie bei den Unruhen, in denen Sicherheitskräfte und lokale Jugendliche gegeneinander kämpften, öffentliche Gebäude, allen voran Schulen, aber auch private Autos und Wohnungen zerstört wurden. Sowohl in Frankreich als auch in Großbritannien etablierten sich eigene Gewaltkulturen, welche für eine aktive Minderheit zum positiven Referenzpunkt ihrer eigenen sozialen Identität wurden. Zwar wurden die Jugendlichen in der medialen Berichterstattung pauschal als amoralische Gewalttäter und kriminelle Gangs abqualifiziert, doch natürlich lagen auch diesen Ereignissen politische und moralische Motive zugrunde. In diesen Gewaltakten artikulierten die Teilnehmer ihren Protest gegen die Behandlung durch Polizei und Schule, die beiden Hauptzielscheiben der Angriffe, sie forderten von der Gesellschaft das ihnen verweigerte Recht auf »Beziehungsgleichheit« und Chancengleichheit.[69] Der Protest der Vorstädte beruhte nach übereinstimmenden sozialwissenschaftlichen Analysen auf einem diffusen, apolitischen Gefühl der Ungerechtigkeit, verweigerter politischer Partizipation und vorenthaltener Bildungschancen angesichts wachsender sozialer Ungleichheit in Verbindung mit dem starken Gefühl politischer Ohnmacht sowie einem ausgeprägten Hass auf die Vertreter der öffentlichen Ordnung und überhaupt »die da oben«.[70]

---

69 Ferdinand Sutterlüty, »The Hidden Morale of the 2005 French and 2011 English Riots«, in: *Thesis Eleven* 121 (2014), S. 38-56; Stephen Reicher, Clifford John T. Stott, *Mad Mobs and Englishmen? Myths and Realities of the 2011 Riots*, New York 2011; Pierre Rosanvallon, *Die Gesellschaft der Gleichen*, Hamburg 2013.
70 Reicher/Stott, *Mad Mobs and Englishmen?*.

Der Abschied der Industriearbeiter von
der politischen Bühne

Die Rückkehr der *riots*, von denen man glaubte, es handele sich um Phänomene aus längst vergangenen Zeiten oder aus »unzivilisierten« Weltregionen, ist die Kehrseite dessen, dass es immer weniger soziale Bewegungen gab, die in direkter Verbindung zur Arbeiterschaft oder den *classes populaires* standen. Die Aufstände sind als Symptome einer neuen Lage der verbliebenen (Industrie-)Arbeiterschaft im Feld der Politik zu lesen, die für alle drei hier untersuchten Länder charakteristisch war. Der Konnex von sozialem Protest, politischen Forderungen und ökonomischen Interessen, welcher den Zyklus von Arbeitskämpfen zwischen 1968 und 1985 geprägt hatte, hatte sich in den 1990er Jahren weitgehend aufgelöst. Nach und nach haben sich große Teile der Industriearbeiterinnen und -arbeiter aus politischen Aktivitäten, gar aus der Beteiligung an Formen direkter Partizipation, wie wir sie in diesem Kapitel untersucht haben, zurückgezogen, und es sollte einige Zeit dauern, bis ihre politischen Einstellungen und Emotionen wieder als sozialer Protest und politisches Handeln an die Oberfläche kamen: Die derzeit zu beobachtende wachsende Unterstützung von Arbeiterinnen und Arbeitern für rechtspopulistische Parteien und Politiker ist ohne diese Vorgeschichte jedenfalls kaum zu verstehen.[71]

71 Die große Ausnahme zu dem gerade gezeichneten Bild der schleichenden Entkoppelung von Sozialprotesten und Arbeitswelt scheint auf den ersten Blick Frankreich zu liefern, wo es 1995 und 2003 zu großen landesweiten Streiks und Massenprotesten gegen die Rentenreformpläne der Regierungen gekommen war. Die Auslöser waren jeweils sozialpolitische Spar- und Reformmaßnahmen der Regierungen: 1995 präsentierte die Regierung Juppé ein Projekt zur umfassenden Reform des Sozialversicherungssystems, setzte dann aber nur eine Strukturreform der Renten im öffentlichen Dienst durch, 2003 hob die Regierung Raffarin die Zahl der Beitragsjahre für eine abschlagsfreie Rente schrittweise an. Allerdings wurden diese Proteste allesamt von Beschäftigten des öffentlichen Dienstes bzw. des staatlichen Transportsektor getragen, wohingegen die Beschäftigten im privaten Sektor

Für diesen Rückzug aus der Politik, dieses Verschwinden der Industriearbeiter von der politischen Bühne, gibt es eine ganze Reihe von Erklärungen. Als Erstes und immer wieder wird in diesem Zusammenhang auf die disziplinierende Kraft der Massenarbeitslosigkeit hingewiesen, welche die Deindustrialisierung begleitete und konkret die Verhandlungsmacht der Industriearbeiter, insbesondere der geringer qualifizierten Arbeiterinnen und Arbeiter, schwächte.

Die Bereitschaft, schlechte Arbeitsbedingungen, Mehrarbeit, ja sogar Lohnkürzungen widerstandslos hinzunehmen, ist gut dokumentiert: Sie findet sich in zahlreichen Studien der zeitgenössischen Industriesoziologie, in Interviews mit den Betroffenen sowie in den Rückmeldungen von Gewerkschaftlern und Arbeitsrechtlern. Der stumme Zwang der Verhältnisse reicht aber als Erklärung nicht hin.

Dazu kommt zweitens das Faktum, dass die Zukunft vieler Betriebe in Zeiten von Globalisierung und Finanzmarktkapitalismus gefährdet schien, auch und gerade in den Augen der Beschäftigten. Arbeitskämpfe und zumal öffentlich sichtbare Politisierungen wurden daher als riskante Unterfangen eingeschätzt, welche die Weiterexistenz des eigenen Betriebs noch zusätzlich bedrohten. Die Strategie der »Konfliktpartnerschaft«, ein auf die notorisch verhandlungsorientierten und kompromissbereiten westdeutschen Gewerkschaften gemünztes Konzept, wurde unter diesen Umständen für Industriegewerkschaften in allen drei Ländern zu einer Alternative, die deutlich attraktiver wurde als Militanz und Politisierung.[72] Das bedeutet auch, dass unterhalb der politischen Ebene und fern jeder Politisierung kollektive Erfahrungsräume und Organisationsformen kollektiver Interessenartikulation weiter existierten, die genauer untersucht werden müssen. »Politik von unten«, wie ich sie in diesem Kapitel untersucht habe, ist beileibe nicht die einzige Ebene, die über politische Teilhabe und soziale Anerkennung von Arbeitern und Arbei-

und damit (fast) alle Industriebeschäftigten bestenfalls sympathisierende Zuschauer blieben.
72 Siehe dazu allgemein: Müller-Jentsch, *Konfliktpartnerschaft.*

terinnen Auskunft gibt. Daher werde ich auf dieses Thema in diesem Buch an anderer Stelle zurückkommen.

Die dritte Erklärung hat mit dem Staat zu tun, der sich immer mehr aus der direkten Verantwortung für industrielle Unternehmungen zurückzog und als Adressat populärer Forderungen nach Investitionen, gar von Verstaatlichungen immer weniger plausibel war. Die Linksparteien, Anfang der 1980er Jahre noch mögliche Wortführer einer interventionistischen staatlichen Industriepolitik, verabschiedeten sich im Verlauf dieses Jahrzehnts von solchen Programmen und bewegten sich Schritt für Schritt auf den neuen wirtschaftspolitischen Konsens zu, der Marktöffnung, Schuldenabbau, Privatisierung und Währungsstabilität zu Eckpfeilern einer nunmehr »alternativlosen« Sachpolitik erklärte. Der heimliche Ansprechpartner verbalradikaler Militanz, nämlich ein linkskeynesianischer Reformsozialismus, verschwand in der Vergangenheit. Typische Restbestände der Politisierung waren in den Jahren bis zur Jahrtausendwende (und darüber hinaus) die Verteidigung sozialpolitischer Besitzstände und Errungenschaften früherer Zeiten und als neues Thema in der Bundesrepublik und Großbritannien die Einführung staatlicher Mindestlöhne als Schutzwall gegen die sich ausbreitenden Niedriglöhne.

Viertens verschoben sich wie im Kapitel 2 vorgeführt, die Koordinaten der soziopolitischen Kategorien, die in den öffentlichen Debatten genutzt worden sind. Zum einen wurde der Nimbus des Kollektivsingulars *class, classe* oder Klasse (in Westdeutschland häufiger: Arbeitnehmerschaft) zerstört, der bislang die Mobilisierungsrhetorik der Sozialproteste begleitet hatte. Zum anderen waren Organisationen mit straffen Gruppenzwängen, also zum Beispiel Gewerkschaften, zunehmend verpönt; sie galten nicht nur in Großbritannien bei einem wachsenden Teil der konservativen, liberalen, aber auch der unpolitisch-skeptischen Öffentlichkeit als unzeitgemäße Überbleibsel aus einer anderen Zeit. Parallel dazu gewannen andere Kategorien einen festen Platz in den Medien: Ethnizität und Gender wurden mehr oder weniger selbstverständliche soziale Einheiten, denen man gemeinsame Eigenschaften und soziale Lagen zurechnete und die zu bevorzugten Objekten politischer Mobilisierung wurden. Diese Verschiebungen im Meinungswissen und bei der medialen Sichtbarkeit haben auch Niederschlag in der sozial- und geschichtswissenschaftlichen Forschung gefunden. Sie haben dazu geführt, dass Konflikte und Protestereignisse der Arbeitswelt vermehrt einer in diesem Sinne spezifizierten Gruppe, zum Beispiel der der Migranten oder Einwanderer (*immigrés*), zugeschrieben werden, auch wenn die Akteurinnen und Akteure selbst sich als integralen Bestandteil einer Betriebsbelegschaft oder gar der Arbeiterklasse verstanden.[73] Auch nationale beziehungsweise nationalistische Rahmungen – »*the nation*«, »*le peuple*«, »das Volk« – gewannen in den Jahrzehnten seit 1980 wieder an medialer Strahlkraft sowie an politischer, sozialer und emotionaler Zuschreibungsplausibilität – man denke nur an die im Namen der Nation geführten Kriege Großbritanniens (1982, 1990 und 2003) sowie an die Wiedervereinigung 1989/90 in Deutschland.

Dass der in diesem Kapitel rekonstruierte Zyklus politisierter Arbeiterkämpfe abgeschlossen ist und der Vergangenheit angehört, bedeutet aber nicht, dass solche Politisierungen ein für alle Mal vom Tisch sind. Tatsächlich sind in allen drei Ländern seit der Jahrtausendwende Gegentendenzen zu beobachten; die Zahl der medial sichtbaren, zu Protestereignissen verdichteten Arbeitskonflikte, meist ausgelöst durch die Ankündigung von Werksschließungen, nahm wieder leicht zu. Ein nationales Medienereignis war zum Beispiel die Betriebsbesetzung der Firma Cellatex, die im französischen Departement Ardennes Viskosefasern produzierte. Die von Entlassung und Stilllegung bedrohten Textilarbeiterinnen begannen im Sommer 2000, dosiert hochgiftige Werkschemikalien in die umliegenden Gewässer abzulassen und zwangen damit die Unternehmerseite sowie die staatlichen Vertreter zu substantiellen Zugeständnissen in

---

73 Laure Pitti, »Grèves ouvrières versus luttes de l'immigration: une controverse entre historiens«, in: *Ethnologie française* 31 (2001), S. 465-476.

Form eines Sozialplans.[74] Solche illegalen Aktionen gegen den Verlust weiterer Arbeitsplätze waren in der Regel Bestandteile langandauernder Konflikte zwischen den Gewerkschaften, den Eigentümern der Betriebe, bei denen es sich häufig um international agierende Kapitaleigner handelte, die die Schließungspläne mit unbefriedigenden Umsatzrenditen legitimierten, und den lokal beziehungsweise regional gut vernetzten Belegschaften, die den Kampf um ihre Arbeitsplätze zugleich auch als Kampf gegen die regionale Beschäftigungskrise führten. Auch wenn (noch) nicht von einem neuen Zyklus, und schon gar nicht von der Fortsetzung des alten, gesprochen werden kann, zeigen dieses und weitere sporadische Protestereignisse und die Resonanz, die sie gefunden haben, dass sich Arbeitskonflikte auch nach der Jahrtausendwende und dem mit der Deindustrialisierung verbundenen Umbau von Wirtschaft und Gesellschaft politisierten und die »Politik von unten« das Interesse von kritischen Sozialwissenschaftlern, Kulturproduzenten und Medien zu wecken vermochte, die sie in der politischen Öffentlichkeit präsent halten.[75]

---

74 Siehe den Eintrag in der französischen Wikipedia zu »Cellatex«, ⟨https://fr.wikipe dia.org/wiki/Cellatex⟩, zuletzt eingesehen am 24.8.2018.
75 Georges Ubbiali, »Mémoires des luttes«, in: *Politix* 74 (2006), S. 189-198; Steve Jefferys, »Forward to the Past? Ideology and Trade Unionism in France and Britain«, in: Craig Phelan (Hg.), *The Future of Organised Labour. Global Perspectives*, Oxford, New York 2007, S. 209-242, hier: S. 229f.; Richard Detje u.a., »Gewerkschaftliche Kämpfe gegen Betriebsschließungen – ein Anachronismus?«, in: *WSI Mitteilungen* 59 (2008), S. 238-245.

4.

Von Industriebürgern und Lohnarbeitern:
Arbeitsbeziehungen, Sozialleistungen und Löhne

1996 beauftragte die Europäische Kommission eine Gruppe von
Wissenschaftlern damit, einen Bericht zum Wandel der Arbeit und
zur Zukunft des Arbeitsrechts in Europa zu verfassen. Er ist 1999
erschienen.[1] Gegenstand des Berichts und der darin enthaltenen
Empfehlungen für eine Weiterentwicklung der rechtlichen Rahmenbedingungen von Arbeitsverhältnissen in der Europäischen Union
waren die tiefgreifenden Veränderungen, die sich in der Arbeitswelt
vollzogen haben, seit die Europäische Gemeinschaft für Kohle und
Stahl als eine der Vorläuferinnen der Europäischen Union 1951 gegründet worden war, aber auch seit die Europäische Kommission
1974 ihre erste Initiative zum Ausbau der sozialen Rechte von Arbeitnehmern lancierte. Klar definierte der Vorsitzende dieser Arbeitsgruppe, der französische Arbeitsrechtler Alain Supiot, die Ausgangslage:

> Das Arbeitsrecht beruht auf einer zugleich hierarchischen und kollektiv
> gedachten Konzeption von Arbeitsverhältnissen. Der Arbeitsvertrag
> wird hier vor allem durch die Unterordnung definiert, die er zwischen
> dem Arbeitenden und demjenigen herstellt, der dessen Dienste in An-
> spruch nimmt. [...] Den Eckstein dieses Modells bildete die typisch
> »unbefristete Beschäftigung«, die dem Lohnempfänger für seine Ab-
> hängigkeit im Gegenzug die Sicherung seiner Existenz versprach.
> Dass dieses Schema gegenwärtig nach und nach an Gültigkeit verliert,
> ist nicht zu übersehen.[2]

1 Union Européenne, Commission Européenne (Hg.), *Au-delà de l'emploi. Transformations du travail et devenir du droit du travail en Europe*, Paris 1999.
2 Alain Supiot, »Wandel der Arbeit und Zukunft des Arbeitsrechts in Europa«, in:
  Jürgen Kocka, Claus Offe (Hg.), *Geschichte und Zukunft der Arbeit*, Frankfurt/
  M., New York 2000, S. 293-307, hier: S. 294.

Diese weite Definition von »Arbeitsverhältnissen« bietet einen idealen Ausgangspunkt für dieses Kapitel, in dem ich die Folgen der wirtschaftlichen Umbrüche seit 1975 für das Arbeits- und Sozialrecht in Westeuropa untersuchen werde. Wiederum liegt mein Schwerpunkt darauf, wie sich die industrielle Lohnarbeit – insbesondere aus der Perspektive der Arbeiterinnen und Arbeiter – in Zeiten von Arbeitsplatzabbau, Massenarbeitslosigkeit, aber auch angesichts neuer Arbeitsplätze und Beschäftigungsformate jenseits der etablierten Normen verändert hat. Konkret wurden die Arbeitsverhältnisse durch ein ganzes Bündel von Gesetzen und vertraglichen Vereinbarungen bestimmt, die weit über den individuellen Arbeitsvertrag hinausgingen und vor allem soziale Leistungen, Gesundheits- und Arbeitsschutz sowie konkrete branchen- oder tarifrechtliche Normen umfassten. Die Autoren des Berichts von 1999 haben dies auch unmissverständlich zum Ausdruck gebracht, als sie den Begriff der Sozialbürgerschaft (*citoyenneté sociale*) einführten, um eine angemessene Zielstellung für die Entwicklung eines europäischen Arbeits- und Sozialrechts zu definieren:

> Er [der Begriff der Sozialbürgerschaft, L. R.] hat den Vorteil, umfassend zu sein (er deckt zahlreiche Rechte ab, nicht nur die Aufnahme in die Sozialversicherung); er verbindet die Sozialrechte nicht nur mit dem Begriff der Arbeit, sondern auch mit dem der sozialen Integration, vor allem aber schwingt darin der Gedanke der Mitbestimmung mit. Denn die Staatsbürgerschaft verlangt die Mitwirkung der betroffenen Personen bei der Bestimmung und der Umsetzung ihrer Rechte.[3]

Diese sozial- und arbeitspolitische Leitidee einer europäischen Sozialbürgerschaft soll uns im Folgenden als Messlatte dienen, um die in den Jahrzehnten von 1970 bis 2000 zu beobachtenden arbeitspolitischen Entwicklungstendenzen in Frankreich, Großbritannien und der Bundesrepublik Deutschland einordnen und ihre sozialen Folgen bewerten zu können. Der in Kapitel 3 beschriebene Rückzug

---

3 Ebd., S. 307.

der industriellen Arbeiterschaft, und generell der *working classes/ classes populaires*, aus der Politik schuf Freiräume für die Umgestaltung der Arbeitsverhältnisse: Neue Leitbilder »guter Arbeit« wurden medial verbreitet, so dass der Druck stieg, etablierte Regulierungen von Arbeitseinsatz und Entlohnung zu modifizieren. Gleichzeitig wurden nicht zuletzt angesichts wachsender Staatsschulden sowie eines sich ständig erhöhenden Kostendrucks für Betriebe und Unternehmen die an den Arbeitsvertrag geknüpften Sozialleistungen und Anwartschaften auf den Prüfstand gestellt. Spätestens mit der Ausbreitung anhaltender Massenarbeitslosigkeit in den drei Ländern Anfang der 1980er Jahre wurde das Paket von rechtlichem Schutz, sozialrechtlichen Leistungen und Anwartschaften aufgeschnürt, das zu diesem Zeitpunkt mit einem unbefristeten Arbeitsvertrag verbunden war. Die spannende Frage lautet, was um die Jahrtausendwende noch in diesem Paket enthalten war, das den schönen Namen der Sozialbürgerschaft trug.

Industrielle Lohnarbeit und soziale Sicherheit Anfang der 1970er Jahre

Im ersten Kapitel haben wir gesehen, dass am Ende der langen Wachstumsphase der Nachkriegszeit die wirtschaftliche und gesellschaftliche Relevanz des industriellen Sektors in unseren drei westeuropäischen Ländern einen in Friedenszeiten bis dahin kaum erreichten Höchststand erreicht hatte. Das gilt auch für den Einfluss der Industriearbeiterschaft, deren damalige Stärke auf unterschiedlichen Säulen ruhte: in der Bundesrepublik und in Großbritannien auf der Verhandlungs- und Organisationsmacht ihrer Gewerkschaften in den Arbeitsbeziehungen selbst sowie auf ihrem Einfluss auf die linken Volksparteien Labour und SPD; in Frankreich auf der Mobilisierungsmacht ihrer Gewerkschaften in Arbeitskonflikten und bei Sozialprotesten. In allen drei Ländern führte dieser Machtzuwachs zu einem in seinen sozialen Auswirkungen ähnlichen Ergebnis: Das Lohnarbeitsverhältnis verwandelte sich in einen sozial- und arbeitsrechtlich mehrfach abgesicherten Status. Er verlieh dem konsumorientierten Arbeiter (*affluent worker*) der zeitgenössischen Industriesoziologie zugleich auch ein industrielles Bürgerrecht (*industrial citizenship*), wie es Thomas H. Marshall mit Blick auf die Ergebnisse von gut 100 Jahren Arbeitskonflikte und gewerkschaftliche Interessenvertretung in Großbritannien nannte.[4] In der demokratischen Tradition von Sozialpolitik war der Ausbau staatlicher Daseinsvorsorge eng mit dem Ausgleich des ungleichen Lohnarbeitsverhältnisses durch gewerkschaftliche Gegenmacht verbunden und abgesichert durch Tarifautonomie und Streikrecht. Wie bereits im vorigen Kapitel gezeigt, war in Frankreich und der Bundesrepublik die arbeitsrechtliche und tarifrechtliche Regulierung allerdings viel engmaschiger als in Großbritannien, wo ein Großteil der Statusgarantien auf Verträgen und Übereinkommen zwischen den autonom agierenden Tarifparteien, also konkret zwischen Gewerkschaften und Unternehmern beruhte. Und dennoch: Auf ganz unterschiedlichen Wegen kam so in allen drei Ländern ein »Paket« von arbeits-, tarif- und sozialrechtlichen Garantien und Sicherheiten zustande, und aus der Rückschau ist insbesondere die Verknüpfung von individuellen Schutzrechten, gewerkschaftlicher Verhandlungsmacht und demokratischen Beteiligungsrechten hervorzuheben, die allesamt Bestandteile dieses Sozialpakets rund um den individuellen Arbeitsvertrag waren. Für Arbeiterinnen und Arbeiter bedeutete dies konkret:

(1) kollektive, tarifrechtliche Absicherung von Löhnen, Arbeitsabläufen und Arbeitszeiten auf der Grundlage gewerkschaftlicher Rechte wie Streikrecht sowie Tarifautonomie;

(2) betriebliche Informations- beziehungsweise Mitspracherechte in unterschiedlichem Umfang;

(3) die Existenz von Instanzen zur Durchsetzung beziehungs-

---

4 Thomas Humphrey Marshall, *Sociology at the Crossroads and other Essays*, London 1963, S. 98.

weise Sicherung dieser Ansprüche, also von Arbeits- beziehungsweise Schiedsgerichten, gewerkschaftlichen Vertrauensleuten in Betrieben und/oder gewählten Repräsentanten von Belegschaften;

(4) tarifliche oder gesetzliche Regelungen von Mindestlöhnen: Weder Großbritannien noch die Bundesrepublik kannten einen gesetzlichen Mindestlohn, dennoch schufen im britischen Fall branchen- beziehungsweise berufsbezogene Tarifvereinbarungen, im westdeutschen Fall Flächentarifverträge Lohnuntergrenzen, die in den meisten Industriebranchen den Standards gleichkamen, welche in Frankreich durch den inflationsindizierten gesetzlichen Mindestlohn gesetzt wurden;

(5) individuelle Schutzrechte, welche der Gestaltungsfreiheit des Arbeitsvertrags vor allem seitens des Unternehmers enge Grenzen setzten: dazu gehörten vor allem das Kündigungsschutzrecht, das Verbot der Diskriminierung aufgrund von Geschlecht oder Rasse; außerdem Gesundheits- und Arbeitsschutzregelungen, die auf die Vermeidung von Arbeitsunfällen und -krankheiten zielten, aber auch Kompensationszahlungen und Rehabilitationsmaßnahmen bei Berufskrankheiten und Arbeitsunfällen vorsahen;

(6) arbeitsbasierte Ansprüche auf Sozialversicherungsleistungen wie Arbeitslosengeld, Invaliditäts- und Altersrenten sowie medizinische Versorgung im Krankheitsfall.

Gewiss waren diese sechs Komponenten in den drei Ländern ganz unterschiedlich stark ausgestaltet, und wichtige Bestandteile dieses arbeitsbasierten Sozialpakets fanden erst im Verlauf der 1960er und frühen 1970er Jahre allgemeine Verbreitung, als der Gesetzgeber den arbeitsrechtlichen Kündigungsschutz verbesserte, die materiellen Leistungen der gesetzlichen Altersrenten anhob, die gesetzlichen Bestimmungen im Unfall- und Gesundheitsschutz verschärfte sowie die öffentliche Gewerbeaufsicht ausdehnte. Als genereller Trend der arbeits- und sozialrechtlichen Reformen dieser Schlussphase des Nachkriegsbooms zeichnet sich allerdings ab, dass Schutzrechte und Sozialleistungen, die mit dem Eintritt in ein Lohnarbeitsverhältnis in einem Industriebetrieb verbunden waren, immer stärker denjenigen gleichkamen, die die Angestellten und Beamten in den Büros von Unternehmen und im öffentlichen Dienst bereits seit Jahrzehnten genossen. Dazu zählten neben den bereits genannten Leistungen die monatliche Auszahlung des Lohnes, betriebliche Zusatzrenten für die Alterssicherung oder bezahlter Urlaub. Die egalitäre Ausdehnung dieser früher standespolitisch zäh verteidigten Privilegien auf die Industriearbeiterschaft und generell alle lohnabhängig Beschäftigten brachte eine Entwicklung zum Abschluss, deren Anfänge in allen drei Ländern in den politischen und gesellschaftlichen Aufbrüchen der unmittelbaren Nachkriegszeit lagen.[5]

In der sozialwissenschaftlichen Diskussion wird diese spezifische Regulierung industrieller Arbeitsbeziehungen und Lohngestaltung immer wieder als direkter Ausfluss »fordistischer Arbeitsbeziehungen« gedeutet. Das ergibt aus gesellschaftshistorischer Perspektive jedoch wenig Sinn. Erstens wurden die politischen Grundlagen bereits zu einem Zeitpunkt gelegt, als die fordistische Produktion eher die Ausnahme als die Regel darstellte. Zweitens liegen die politischen und sozialen Motive und Intentionen jenseits des fordistischen Betriebs.[6] Drittens blieb der Facharbeiter in allen drei Ländern Hauptadressat, Hauptträger und Hauptgewinner dieser Regelungen; ungelernte Arbeiter wuchsen gewissermaßen in diese Arrangements hinein, profitierten mehr und mehr (und wenn es sich um Arbeitsmigranten wie in Frankreich und Westdeutschland handelte, erst deutlich später) von diesem Modell. Viertens ist dieser generalisierte »Lohnarbeiterstatus« (*statut salarial*), wie ihn Robert Castel

---

5 Colin Crouch, *Social Change in Western Europe*, Oxford 2004, S. 34-36.
6 Zu den historischen Spezifika des Fordismus vor allem in der ersten Hälfte des 20. Jahrhunderts siehe: Adelheid von Saldern, »›Alles ist möglich.‹ Fordismus – ein visionäres Ordnungsmodell des 20. Jahrhunderts«, in: Lutz Raphael (Hg.), *Theorien und Experimente der Moderne. Europäische Gesellschaften im 20. Jahrhundert*, Köln u. a. 2012, S. 155-192; Adelheid von Saldern, Rüdiger Hachtmann, »Das fordistische Jahrhundert. Eine Einleitung«, in: *Zeithistorische Forschungen/Studies in Contemporary History*, 6:2 (2009), S. 174-185, online unter ⟨http://www.zeithis torische-forschungen.de/2-2009/id=4508⟩, zuletzt eingesehen am 10.1.2019.

genannt hat,[7] keine Erscheinungsweise, die im Schlepptau sich global ausbreitender fordistischer Produktionsformen überall zu beobachten war, sondern er war im Wesentlichen auf Europa beschränkt. In den USA und in Japan blieben die arbeitsrechtlichen und sozialstaatlichen Standards zum Beispiel erheblich hinter dem europäischen Niveau zurück, betriebliche Statusgarantien hatten in diesen und vielen anderen Ländern ein deutlich größeres Gewicht und wirkten dort als »Privilegiensysteme« innerhalb von Lohnarbeitsverhältnissen, die viel stärker durch das liberale Erbe des 19. Jahrhunderts oder autoritäre Traditionen geprägt waren.

Dieses egalitäre Statusmodell wurde massiv durch die ungleichen Geschlechterordnungen beeinträchtigt und überlagert. In allen drei Ländern bestätigten die arbeitsgebundenen Sozialleistungen die geschlechtsspezifischen Arbeitsteilungen in den Berufs- und Familienordnungen, ja, das Rollenmodell des männlichen Hauptverdieners ist durch den Ausbau des Lohnarbeiterstatus und die Vermehrung industrieller, meist männlicher Arbeitsplätze im Nachkriegsboom sogar noch gestärkt worden. Allerdings war das egalitäre Statusmodell nur in Teilen direkt mit diesem patriarchalischen Ordnungsmuster verknüpft, denn grundsätzlich eröffnete es gleiche arbeitsund sozialrechtliche Sicherheiten für beide Geschlechter. Dass die arbeitsbezogene Sozialbürgerschaft die alte Rollenverteilung sogar noch bekräftigte, hatte vor allem damit zu tun, dass man um 1970 noch recht weit davon entfernt war, den Frauen gleichen Zugang zu und gleiche Chancen auf den Arbeitsmärkten sowie in den Berufshierarchien zuzugestehen. Die allermeisten Industriebürger waren Männer. Wir werden noch sehen, dass die Deindustrialisierung in dieser Hinsicht als ein Katalysator weitreichender Veränderungen wirkte, mit höchst ambivalenten Folgen.

---

7 Robert Castel, *Les metamorphoses de la question sociale. Une chronique du salariat*, Paris 1995, Teil II: »Du contrat au statut«, S. 213-384.

Abbildung 4.1:
Die Verhandlungen von Grenelle im Mai 1968.
© *Keystone France/Getty Images.*

Ende Mai 1968 vereinbarten französische Gewerkschaften, Unternehmerverbände und Regierung das Abkommen von Grenelle. In einem Saal des Arbeitsministeriums in Paris saßen sich die Vertreter von CGT und CFDT und die von CNPF und PME gegenüber. Am Kopfende, das die beiden Flügel verbindet, hatten die Regierungsmitglieder Platz genommen, unter ihnen Premierminister Georges Pompidou. Die symmetrische Anordnung der Tischreihen unterstreicht, dass diese Verhandlungen auf Augenhöhe stattfanden. Doch ohne den vorangegangenen Generalstreik und die Fabrikbesetzungen hätte es sie in dieser Form gar nicht gegeben. Zugleich fällt auf, wer nicht mit am Tisch saß. Frauen und Migranten waren in keiner Weise repräsentiert, weder bei den Unternehmerverbänden und der konservativen Regierung noch bei den Gewerkschaften.

Die Erosion des kollektiven Tarifrechts

Die Fixierung standardisierter Arbeitsentgelte und Arbeitsbedingungen durch Tarifverträge gehörte zu den wesentlichen Bestandteilen der Industriebürgerschaft. Gewerkschaften und Arbeitgeberverbände waren in dieser Arena die wichtigsten Akteure. Diese kollektive Rahmenordnung war die erste, die nach 1975 unter Beschuss geriet. Ältere liberale Vorbehalte gegen die »Monopolisierung« der Ware namens Arbeitskraft durch mitgliederstarke, streikfähige Gewerkschaften erlebten eine unerwartete Renaissance. Das wirtschaftliche Argument des Anpassungsdrucks an schärfere internationale Wettbewerbsbedingungen verstärkte diesen Angriff auf branchen- oder berufsbezogene Tarifabschlüsse sowie auf Vereinbarungen über Arbeitsgestaltung und Arbeitszeiten. Die Rückkehr zu individuell oder bestenfalls betrieblich vereinbarten oder firmenseitig festgesetzten Löhnen und Rahmenregelungen wurde zu einem Dauerthema der arbeitspolitischen Debatten in dieser Umbruchphase. Die Kritiker des Tarifrechts nannten häufig grundsätzliche ordnungspolitische Gründe für ihre Haltung, andere waren auch durch dezidiert interessenpolitische Motive geleitet. Dazu gesellten sich seit den 1980er Jahren in wachsendem Maße sozialwissenschaftliche Experten, in deren Augen Gewerkschaften Relikte älterer Sozialverhältnisse, Überbleibsel absterbender industrieller Arbeitsbeziehungen darstellten, mit der Krise gewerkschaftlicher Organisation und Interessenvertretung als notwendige Folge. Vor allem Experten der neuen Unternehmensformen und -kulturen blickten auf die etablierten Formen kollektiver Interessenvertretung mit dem mitleidigen Lächeln vermeintlicher Sieger: Sie sahen für Gewerkschaften nur eine Zukunft, wenn sie sich als funktionale Helfer in die neuen kooperativen Informations- und Kommunikationsformen ebenso flexibler wie individualisierter Arbeitsverhältnisse einpassten. Das westdeutsche Modell der Sozialpartnerschaft wurde fortan zum Schlachtruf konservativer und liberaler Reformer in Frankreich und

Großbritannien. *Partenariat social* und *social partnership* waren die Schlüsselworte für befriedete und unternehmensfreundliche Arbeitsbeziehungen – der krönende Abschluss »moderner« Arbeitsverhältnisse.[8] Wie die Tabelle 3.2 verdeutlicht, entwickelte sich die Streikpraxis in allen drei Ländern eindeutig in diese Richtung. So ist es denn auch wenig überraschend zu beobachten, dass der vertragliche Verzicht auf Streikaktivitäten zu einer wesentlichen Komponente »sozialpartnerschaftlicher« Betriebsvereinbarungen in Großbritannien wurde. Sie wurden zum Beispiel von japanischen Unternehmen für ihre britischen Niederlassungen angestrebt, wenn sich die Anerkennung gewerkschaftlicher Verhandlungspartner nicht vermeiden ließ.

Der Gesetzgeber verhielt sich angesichts dieser (neo)liberalen Kritik an »blockierten Arbeitsverhältnissen« im europäischen Wirtschaftsraum sehr unterschiedlich. Wir haben bereits gesehen, dass zwischen 1979 und 1997 die britischen Gewerkschaften und ihr »Missbrauch« ihrer Mobilisierungs- und Vetomacht im Mittelpunkt konservativer Gesetzgebung standen. Der Gesetzgeber beendete damit eine lange Phase (seit 1906), in der bis auf wenige positive Bestimmungen (keine Gewaltanwendung) ein rechtspolitischer Immunitätsbezirk definiert war, der die Ausgestaltung der kollektiven Arbeitsbeziehungen in Großbritannien zu einem Feld von Gewohnheitspraktiken, situativen Machtproben und pragmatischen Anpassungen an neue Gegebenheiten hatte werden lassen.[9] Zwischen 1970 und 1993 sind die Rahmenbedingungen dieses Systems grundlegend geändert worden. Dies geschah im Wesentlichen auf dem Weg der Verrechtlichung der kollektiven Arbeitsbeziehungen.[10] Haupt-

---

8 John McIlroy, »Ten Years of New Labour: Workplace Learning, Social Partnership and Union Revitalization in Britain«, in: *British Journal of Industrial Relations* 46 (2008), S. 283-313; Ralf Hoffrogge, »Engineering New Labour: Trade Unions, Social Partnership and the Stabilization of British Neoliberalism«, in: *Journal of Labor and Society,* 21 (2018), S. 301-316.

9 Paul Lyndon Davies, Mark Freedland, *Labour Legislation and Public Policy. A Contemporary History,* Oxford u. a. 2006.

10 Siehe ebd. sowie dies., *Towards a Flexible Labour Market: Labour Legislation and Regulation since the 1990s,* Oxford 2007.

verlierer dieser Regulierungen waren die Gewerkschaften, deren Gestaltungs- und Handlungsspielräume gezielt durch die konservative Gesetzgebung eingeschränkt wurden; Hauptgewinner waren die Unternehmen, deren Gestaltungs- und Handlungsfreiheit in der Personal- und Lohnpolitik gestärkt wurde. Dezidiertes Ziel der konservativen Arbeitsgesetzgebung war es, die Flexibilität von Arbeitsmärkten für eine »freie und wettbewerbsorientierte Marktwirtschaft«[11] zu erhöhen. Die Palette der Einschränkungen gewerkschaftlicher Handlungsfreiheit reichte vom Verbot des *closed shop* bis hin zu Vorschriften für die Regeln innergewerkschaftlicher Demokratie; auch sollten die Gewerkschaften für die Folgen illegaler Arbeitskampfmaßnahmen ihrer Mitglieder haften. Wir haben bereits gesehen, wie erfolgreich diese Politik der Thatcher-Regierungen seit 1979 war: Schritt für Schritt hat sie die Macht der britischen Gewerkschaften, vor allem ihres militanten Flügels, gebrochen.

Demgegenüber verstärkte der Gesetzgeber in Frankreich über den regelmäßigen Wechsel zwischen bürgerlichen und sozialistischen Regierungsmehrheiten hinweg die kollektive Interessenvertretung der Belegschaften und verband dies mit dem erklärten Ziel, Gewerkschaften und Unternehmer von der bis dahin üblichen Konfrontation zur Kooperation zu bewegen. Insbesondere die Arbeitsgesetze aus dem Jahr 1982 (*lois Auroux*) stärkten die Rechte und die Präsenz der Gewerkschaften in den Betrieben und erweiterten die kollektiven Partizipationsrechte der Beschäftigten. Neben den bereits 1945 eingeführten *comités d'entreprise*, dem französischen Gegenstück zum westdeutschen Betriebsrat, sowie den Gewerkschaftsdelegierten (*délégués syndicaux* – seit 1968) und den betrieblichen Gewerkschaftssektionen (*sections syndicales* – ebenfalls seit 1968) wurde 1982 ein Sicherheits- und Gesundheitsausschuss (*comité de sécurité et d'hygiène*) als vierte institutionelle Säule kollektiver Interessenvertretung von Beschäftigten in einem französischen Unternehmen installiert.

In der Bundesrepublik vermied der Gesetzgeber nach den inten-

11 Ebd., S. 7.

siven Konflikten um die Mitbestimmungsgesetze der 1970er Jahre jede weitere Einmischung in das etablierte Institutionengefüge der kollektiven Arbeitsbeziehungen. Anders als in Großbritannien war die Autonomie der Tarifpartner, konkret der Gewerkschaften und Unternehmerverbände, durch die bereits bestehende Rahmengesetzgebung und vor allem durch die Rechtsprechung der Arbeitsgerichte seit den 1950er Jahren ohnehin schon rechtlich stark reguliert.[12] An diesem Kurs hielt auch die liberal-konservative Regierung unter der Kanzlerschaft Kohls bis in die späten 1990er Jahre fest, als von Unternehmerseite und von wirtschaftswissenschaftlichen Expertengremien massive Kritik an der »Rigidität« des bestehenden Flächentarifvertragssystems geübt und eine Aufhebung des tariflichen Verhandlungsmonopols von Gewerkschaften zugunsten von Betriebsräten gefordert wurde. Diese Initiativen zielten ganz im Sinne der britischen Gesetzgebung seit 1979 auf eine Stärkung der unternehmerischen Freiräume und eine größere Flexibilität kollektiver Arbeitsverträge, scheiterten aber am geschlossenen Widerstand der arbeitsrechtlichen Experten, die diesen Reformplänen 1996 auf dem deutschen Juristentag eine Absage erteilten.[13]

Im Ländervergleich wird deutlich, dass es keine (neo)liberale Einbahnstraße in Westeuropa gab, sondern die Gesetzgeber in Frankreich und der Bundesrepublik an dem Modell kollektiver Arbeitsbeziehungen als Ordnungsrahmen festhielten und lediglich Großbritan-

---

12 Reinhard Richardi, »Arbeitsverfassung und Arbeitsrecht«, in: Hans Günter Hockerts (Hg.), *Bundesrepublik Deutschland, 1966-1974. Eine Zeit vielfältigen Aufbruchs*, Baden-Baden 2006, S. 225-276; Thomas Blanke, »Koalitionsfreiheit und Tarifautonomie: Rechtliche Grundlagen und Rahmenbedingungen der Gewerkschaften in Deutschland«, in: Wolfgang Schroeder, Bernhard Weßels (Hg.), *Die Gewerkschaften in Politik und Gesellschaft der Bundesrepublik Deutschland. Ein Handbuch*, Wiesbaden 2003, S. 144-173.
13 Manfred Weiss, »Die Entwicklung der Arbeitsbeziehungen aus arbeitsrechtlicher Sicht«, in: *Industrielle Beziehungen* 20 (2013), S. 393-417; Gerd Bender, »Herausforderung Tarifautonomie. Normative Ordnung als Problem«, in: Thomas Duve, Stefan Ruppert (Hg.), *Rechtswissenschaft in der Berliner Republik*, Berlin 2018, S. 697-725.

nien seit den 1980er Jahren konsequent den Weg beschritt, Unternehmen vom Zwang kollektiver Tarifverträge zu befreien und die Spielräume für die individuelle Vertragsgestaltung zwischen Unternehmen und ihren Mitarbeitern auch auf Kosten sozialer Mindeststandards und Schutzrechte erheblich zu erweitern. Diese arbeitsrechtliche Strategie brachte die konservativen Regierungen auch in strikte Gegnerschaft zu den sozial- und arbeitsrechtlichen Initiativen der EG/EU in den späten 1980er und 1990er Jahren.[14]

Für die vergleichende Analyse der vier ersten kollektiven Elemente der Industriebürgerschaft ist ein Blick auf die Entwicklung gewerkschaftlicher Organisationsmacht unentbehrlich. In Großbritannien sind die Befunde eindeutig. Wie wir bereits im vorigen Kapitel gesehen haben, beruhte die Stärke der britischen Gewerkschaften in der Industrie auf ihrer starken Mitgliederbasis und ihrer Präsenz in den Betrieben. In vielen Fabriken kann für die 1970er Jahre von einem stillschweigenden Komanagement von Unternehmensleitung und Gewerkschafts- beziehungsweise Belegschaftsvertretern gesprochen werden, wenn es um Fragen der Personalpolitik oder der Arbeitsorganisation ging.[15] Entscheidend war, dass in 44 Prozent der Industriebetriebe solche Gewerkschaftssprecher für die Gruppe der Arbeiter (*manual workers*) präsent waren.[16] Von dieser Organisationsmacht blieb nach 1979 nur noch ein schwacher Rest übrig. Mit der Schließung vieler Betriebe und ganzer Unternehmen verloren viele traditionelle Berufsgewerkschaften nach und nach ihre Mitgliederbasis. In den neugegründeten Betrieben war es für Gewerkschaften vielfach schwieriger, Mitglieder zu gewinnen und *shop stewards* zu etablieren. 2004, am Ende der lang anhaltenden Deindustrialisierung, war der gewerkschaftliche Organisationsgrad in vielen Industriezweigen gegenüber dem Höhepunkt Ende der 1970er Jahre um gut die Hälfte geschrumpft und betrug durch-

---

14 Davie/Freedland, *Towards a Flexible Labour Market*, S. 25-27.
15 Eric Batstone, *The Reform of Workplace Industrial Relations. Theory, Myth and Evidence*, Oxford 1988, S. 77-111.
16 Ebd., S. 78f.

schnittlich nur noch 34 Prozent.[17] Diese im Ländervergleich immer noch relativ hohen Mitgliederzahlen ließen sich aber nur noch punktuell in tarifpolitische Verhandlungsmacht und gewerkschaftlichen Einfluss umsetzen. Erhebungen aus dem Jahr 2004 kamen zu dem Ergebnis, dass es überhaupt nur noch in einem Drittel der gewerblichen Betriebe Lohnverhandlungen und Tarifverträge gab. Löhne wurden für die meisten Beschäftigten inzwischen vom Arbeitgeber festgesetzt oder individuell vereinbart. Eine Rückkehr zu den Praktiken konfliktorientierten Aushandelns von Löhnen, Prämien und Themen der Arbeitsorganisation war nach gut drei Jahrzehnten Deindustrialisierung und arbeits- und tarifpolitischer Gegnerschaft seitens der Regierungen und der Unternehmerschaft nicht mehr in Sicht. Industrielle Bürgerschaft, wie sie Marshall definiert hatte, gehörte in Großbritannien im Jahr 2000 längst der Vergangenheit an beziehungsweise wurde ein Privileg weniger.

In Frankreich lässt sich trotz ganz anderer tarifrechtlicher Maßnahmen der Regierungen eine ähnliche Krise gewerkschaftlicher Organisation beobachten. Von der Mitte der 1970er Jahre bis in die frühen 1990er Jahre gingen die Mitgliederzahlen der Gewerkschaftsbünde deutlich zurück. Der gewerkschaftliche Organisationsgrad war am Ende dieser Phase landesweit um die Hälfte geschrumpft und stabilisierte sich in der Folgezeit auf diesem niedrigen Niveau von 8 bis 9 Prozent, im privaten Sektor sogar bei nur 5 Prozent.[18] Die kommunistisch geführte CGT, eindeutig stärkste Gewerkschaft im Industriesektor, aber auch unter den Arbeitern und Angestellten des öffentlichen Dienstes, erlebte den größten Einbruch bei den Mitgliederzahlen. 1993, am Ende der langen Krisenphase, waren von ihren 1,8 Millionen Mitgliedern im Jahr 1974 nur noch 480 000 übrig und sie organisierte fortan nur noch 2,5 Prozent statt zuvor knapp 11 Prozent der Beschäftigten. Auch ihre alten Hochburgen

---

17 Barbara Kersley, *Inside the Workplace. Findings from the 2004 Workplace Employment Relations Survey*, Milton Park u. a. 2006, S. 110.

18 Zahlen für 2003 in Thomas Amossé, »Mythes et réalités de la syndicalisation en France«, in: *Premières Synthèses* 44:2 (2004), S. 1-5, hier: S. 2f.

im industriellen Sektor waren von diesem Einbruch betroffen: nur noch 2 Prozent der Metallarbeiter waren CGT-Mitglieder. Allein unter den Beschäftigten der staatlichen Gas-, Wasser- und Stromversorgung sowie bei den Arbeitern des öffentlichen Sektors erreichte die Gewerkschaft noch Organisationsgrade von mehr als 20 Prozent.[19] Die Einbußen der zweitgrößten Gewerkschaftsorganisation, der CFDT, waren etwas moderater, folgten aber dem gleichen Trend. Im französischen Fall wurde dieser Verlust an realer Verhandlungsmacht teilweise kompensiert durch die gesetzliche Ausweitung gewerkschaftlicher Beteiligungsrechte an betrieblichen beziehungsweise firmenbezogenen Tarifvereinbarungen zur Ausgestaltung der gesetzlichen Regelungen zur Arbeitszeitverkürzung und Beschäftigungspolitik.

Glimpflicher kamen die westdeutschen Gewerkschaften durch diese Krise: Der Organisationsgrad der DGB-Industriegewerkschaften vor allem unter Arbeitern war zunächst deutlich krisenfester als in den beiden anderen Ländern und stieg nach dem Hochstand von 47,3 Prozent 1980 sogar nochmals auf 48,4 Prozent im Jahr 1990 an.[20] Allein die IG Metall besaß in den 1980er und 1990er Jahren kontinuierlich mehr als 2,5 Millionen Mitglieder – mehr als alle französischen Gewerkschaften zusammen.[21] Der industrielle Sektor blieb der Kernbereich gewerkschaftlicher Organisationsmacht, während der Dienstleistungssektor und der öffentliche Dienst deutlich niedrigere Organisationsgrade aufwiesen. Die bundesdeutschen Angestellten standen anders als ihre Kolleginnen und Kollegen in Großbritannien gewerkschaftlicher Mitgliedschaft mehrheitlich distanziert

19 Dominique Andolfatto, Dominique Labbé, *La CGT. Organisation et audience depuis 1945*, Paris 1997, S. 266 u. S. 269.
20 Bernhard Ebbinghaus, »Die Mitgliederentwicklung deutscher Gewerkschaften im historischen und internationalen Vergleich« in: Schroeder/Weßels (Hg.), *Die Gewerkschaften in Politik und Gesellschaft der Bundesrepublik Deutschland*, S. 174-203, hier: S. 182.
21 Jürgen Peters, Holger Gorr (Hg.), *In freier Verhandlung. Dokumente zur Geschichte der Tarifpolitik der IG Metall 1945-2002*, Göttingen ²2009, S. 942 f.

gegenüber: In dieser Statusgruppe waren auch nach den »fetten« 1970er Jahren weiterhin nur 15 bis 16 Prozent Gewerkschaftsmitglieder.[22]

Trotz sinkender Mitgliederzahlen reichte die gewerkschaftliche Organisationsmacht auf dem Gebiet der alten Bundesrepublik aus, um in der Praxis das etablierte System branchen- beziehungsweise regionalspezifischer Flächentarifverträge gegenüber den Arbeitgebern zu verteidigen. Von 1970 bis 2000 war die große Mehrheit (mehr als 75 Prozent) der Beschäftigten in tarifgebundenen Betrieben beschäftigt.[23]

Ganz anders sah es jedoch in den neuen Bundesländern aus, wo die gewerkschaftlichen Mitgliederzahlen nach Anfangserfolgen und parallel zum Einbruch der Industriebeschäftigung massiv zurückgingen. Zudem traten dort zunehmend Unternehmen aus den Verbänden aus und entzogen sich so den Flächentarifverträgen. Damit erreichte der bereits im britischen Fall beobachtete Trend zur »Befreiung« der Unternehmen von den »Fesseln« kollektiver Arbeitsbeziehungen auch die Bundesrepublik, und zu Beginn des 21. Jahrhunderts existierten im wiedervereinigten Deutschland das britische und westdeutsche Modell quasi nebeneinander.[24] Wir haben bereits gesehen, dass tarifrechtlich Gewerkschaften, Arbeitgeberverbände und Arbeitsrechtsexperten am westdeutschen Modell festhielten und sich dieses System seit den späten 1990er Jahren wieder stabilisierte.[25]

Eingangs haben wir die betrieblichen Informations- und Konsultationsrechte als zweites Element demokratischer Sozialbürgerschaft

22 Ebbinghaus, »Die Mitgliederentwicklung deutscher Gewerkschaften im historischen und internationalen Vergleich«, S. 182.

23 Reinhard Bahnmüller, *Stabilität und Wandel der Entlohnungsformen. Entgeltsysteme und Entgeltpolitik in der Metallindustrie, in der Textil- und Bekleidungsindustrie und im Bankgewerbe*, München, Mering 2001, S. 50 (Tabellen).

24 Ingrid Artus, *Krise des deutschen Tarifsystems. Die Erosion des Flächentarifvertrags in Ost und West*, Wiesbaden 2001.

25 Ebd., S. 505-522; siehe auch Weiss, »Die Entwicklung der Arbeitsbeziehungen aus arbeitsrechtlicher Sicht«.

genannt. Auch hier sind die Befunde von Land zu Land sehr unterschiedlich. In Großbritannien führte die Krise der Gewerkschaften zugleich auch zur Schwächung kollektiver Interessenvertretung in den Betrieben, denn nur in wenigen Unternehmen gab es *work councils*, in denen gewählte Belegschaftsvertreter saßen. Im Industriesektor sank zwischen 1980 und 1998 der Prozentanteil von Betrieben, die über *consultative committees* verfügten, von knapp einem Drittel auf 24 Prozent.[26] Der Informations- und Kommunikationsfluss im Betrieb wurde zusehends allein Sache des Managements.

In Frankreich dagegen entwickelte sich die betriebliche Interessenvertretung der Beschäftigten institutionell trotz der Organisationsschwäche der Gewerkschaften weiter. Aufgrund des gesetzlichen Zwangs entstanden nach und nach die oben genannten, vorgeschriebenen betrieblichen Vertretungsausschüsse. Während es den Gewerkschaften in acht von zehn Betrieben mit mehr als 500 Beschäftigten gelang, ihre Vertreter in diese betrieblichen Vertretungsgremien wählen zu lassen, überwog in Klein- und Mittelbetrieben der Anteil unorganisierter Repräsentanten.[27] Die Wahlbeteiligung, die 1977 noch bei gut 70 Prozent gelegen hatte, sank zwischen 1989 und 2004 auf durchschnittlich 65 Prozent.[28] Frankreich wurde dank dieser betrieblichen Vertretungsstrukturen zum Pionierland firmenbezogener Tarifverträge bei gleichzeitig schwacher gewerkschaftlicher Verhandlungsmacht. Im Gewerkschaftslager wurde diese Politik vor allem vom zweitstärksten Gewerkschaftsbund, der CFDT, getragen, die sich in den 1980er Jahren von ihrem seit 1968 prononciert kämpferischen und konfliktorientierten Kurs abwandte, angesichts der an-

26 Neil Millward u. a., *All Change at Work? British Employment Relations 1980-1998, as Portrayed by the Workplace Industrial Relations Survey Series*, New York 2000, S. 109.

27 Amossé, »Mythes et réalités de la syndicalisation en France«, S. 4.

28 Pierre Saint-Jevin, »Les résultats des élections aux comités d'entreprises en 1977 et l'état de l'institution en novembre 1978«, in: *Revue francaise des affaires sociales* 33 (1979), S. 161-270, hier: S. 169; Olivier Jacod, *Les élections aux comités d'entreprise de 1989 à 2004*, Paris 2008, S. 17.

haltenden Krise der französischen Gewerkschaftsbewegung auf Kooperation und Kompromiss setzte und die neuen arbeits- und tarifrechtlichen Optionen als Gestaltungsmöglichkeiten zu nutzen suchte.

Dieser Kurs wurde durch die weiteren kleineren Gewerkschaftsbünde wie Force Ouvrière (FO), die christliche Gewerkschaft Confédération francaise des travailleurs chrétiens (CFTC) und die Angestelltengewerkschaft Confédération générale des cadres (CGC) mitgetragen. Selbst die CGT musste sich den neuen Kräfteverhältnissen anpassen und stieg auch ohne Streikaktionen mehr und mehr in betriebliche Tarifverhandlungen ein.[29] Faktisch vollzog sich damit eine stille französische Revolution der Arbeitsbeziehungen, die vor allem den Betrieb beziehungsweise das Unternehmen zum zentralen Bezugspunkt kollektiver Interessenvertretung machte.

Die Verbesserung der betrieblichen Mitbestimmungsrechte von Belegschaften durch das Mitbestimmungsgesetz von 1972 war Ausgangspunkt aller weiteren Entwicklungen in der Bundesrepublik.[30] Die Mitwirkungsrechte des Betriebsrats betrafen von nun an Fragen der Lohngestaltung, der Gestaltung der Arbeitszeit, die Beteiligung bei Personalentscheidungen (Einstellung, Versetzung und Einstufung, Kündigung) sowie Betriebsänderungen. Im Gegenzug zu diesen im internationalen Vergleich sehr weitgehenden Rechten war das Gremium zu vertrauensvoller Zusammenarbeit mit der Unternehmensleitung verpflichtet und besaß zunächst keinerlei tarifrechtliche Kompetenz. Betriebsvereinbarungen konnten aber abgeschlossen werden, sofern die Tarifpartner dies vereinbarten. Die betriebliche Mitbestimmung wurde 1976 durch das Gesetz über die Unternehmensmitbestimmung für Großbetriebe ergänzt. Wie schon erwähnt, nutzten die liberal-konservativen Kohl-Regierungen ihre lange Regierungs-

29 Baptiste Giraud, »Au-delà du déclin. Difficultés, rationalisation et réinvention du recours à la grève dans les stratégies confédérales du syndicats«, in: *Revue française de science politique* 56 (2006), S. 943-968.
30 Richardi, »Arbeitsverfassung und Arbeitsrecht«, S. 257-262; Wermer Milert, Rudolf Tschirbs, *Die andere Demokratie. Betriebliche Interessenvertretung in Deutschland, 1848 bis 2008*, Essen 2012, S. 462-475.

zeit nicht, um das Rad der betrieblichen Mitbestimmung zurückzu-
drehen. Obwohl die Unternehmerverbände zunächst erheblichen
politischen Widerstand gegen die Ausweitung der Mitbestimmungsrechte mobilisierten, gewöhnten auch sie sich wie die meisten Unternehmensleitungen sehr rasch an die neuen rechtlichen Bedingungen.
Die Akzeptanz der betrieblichen Mitbestimmung stieg deutlich und
die Zahl der Betriebsräte wuchs seitdem kontinuierlich an. Selbst in
Klein- und Mittelbetrieben, wo die Widerstände gegen die Einrichtung dieses Vertretungsorgans bis weit in die 1970er Jahre sehr groß
gewesen waren, nahm der Anteil mitbestimmter Betriebe deutlich
zu. Mit der Flexibilisierung der Arbeitszeit und der Verkürzung
der Wochenarbeitszeit nach dem Streik von 1984 gewannen auch
in der Bundesrepublik betriebliche Vereinbarungen als Ergänzung
zu Flächentarifverträgen immer mehr an Bedeutung, da in ihnen
auch abweichend von den Rahmenordnungen die Details der Arbeits-
zeitorganisation und Entlohnung festgelegt wurden. Im Ergebnis
wurden 1995 für mehr als 72 Prozent der Beschäftigten in Westdeutschland Arbeitsbedingungen und Entlohnung durch solche be-
triebsbezogenen Vereinbarungen geregelt.[31] Untersuchungen zu den
Betriebsratswahlen belegen das anhaltende Interesse der Beschäftigten an diesem Vertretungsorgan und zugleich auch das anhaltende
Vertrauen in Gewerkschaftsmitglieder als geeignete Vertreter von Belegschaftsinteressen im Betrieb. Die Wahlbeteiligung lag bei Arbeitern in den 1970er und 1980er Jahren bei über 80 Prozent, im wiedervereinigten Deutschland dann bei 75 bis 77 Prozent, also auf einem
Niveau, das mit dem der Bundestagswahlen übereinstimmt.[32] Mit
der Ausbreitung des Gremiums wuchs auch die Zahl der Gewählten: Waren es 1981 19 900 Betriebsratsmitglieder,[33] so wurden 2006

---

31 Anke Hassel, Thorsten Schulten,»Globalization and the Future of Central Collective Bargaining: the Example of the German Metal Industry«, in: *Economy and Society* 27 (1998), S. 486-522, hier: S. 489.
32 Horst-Udo Niedenhoff, *Betriebsratswahlen. Eine Analyse der Betriebsratswahlen
von 1975 bis 2006*, Köln 2007, S. 25.
33 Wolfgang Rudolph, Wolfram Wassermann, *Betriebsräte im Wandel. Aktuelle Ent-

mehr als 33 000 Betriebsratsmitglieder von ihren Kolleginnen und Kollegen gewählt, 14 095 davon im gewerblichen Sektor. In den 1970er und 1980er Jahren waren im Durchschnitt 8 von 10 Betriebsratsvorsitzenden zugleich auch Gewerkschaftsmitglieder. Dieser Anteil sank zwar seit den 1990er Jahren erheblich – 2006 waren es nur noch knapp über 57 Prozent[34] –, aber dennoch lässt sich sagen, dass die betriebliche Welt kollektiver Interessenvertretung in der Bundesrepublik im Untersuchungszeitraum durchaus im Zeichen der Kontinuität stand.

Als Zwischenfazit halte ich fest, dass sich mit Blick auf die kollektive Dimension der Sozialbürgerschaft die Unterschiede zwischen den drei Ländern im Verlauf der Umbruchphase vertieft haben. Westdeutsche Industriearbeiter hatten viel größere Chancen und zudem rechtliche Garantien, ihre Interessen kollektiv zu vertreten, als ihre britischen Kollegen. Gewerkschaftliche Verhandlungsmacht hatte nur in der Bundesrepublik und bereits mir großen Abstrichen in Frankreich als Bestandteil der Sozialbürgerschaft überlebt. In Großbritannien waren es nunmehr einzelne Betriebe beziehungsweise Unternehmen, in denen diese Tradition weiterlebte. Mit Blick auf die innerbetriebliche Mitbestimmung lässt sich für Frankreich und die Bundesrepublik eine gewisse Kontinuität auf aus Sicht der Beschäftigten recht hohem beziehungsweise sehr hohem Niveau konstatieren, wenngleich in Frankreich zunehmend ohne gewerkschaftliche Beteiligung. Düster sah es in dieser Hinsicht dagegen in Großbritannien aus, wo die innerbetriebliche Mitbestimmung Arm in Arm mit der gewerkschaftlichen Verhandlungsmacht zusammenbrach.

Es ist bezeichnend, dass die Gemeinsamkeiten viel größer werden, wenn man auf die Arbeitstätigkeiten und Arbeitsverhältnisse in den neu entstehenden privaten Dienstleistungssektoren schaut. Rasch wuchsen dort in allen drei Ländern die Zonen ohne betrieb-

wicklungsprobleme gewerkschaftlicher Betriebspolitik im Spiegel der Betriebsratswahlen, Münster 1996, S. 7.
34 Niedenhoff, *Betriebsratswahlen*, S. 35.

liche Interessenvertretung und gewerkschaftliche Präsenz. Vor allem die unqualifizierten Jobs in der Logistikbranche, im Einzel- und Großhandel, im Hotel- und Gaststättengewerbe sowie in den haushaltsnahen Dienstleistungen blieben steinige Äcker für gewerkschaftliche Organisatoren und Werbeaktionen. Angesichts fehlender kollektiver Verhandlungsmacht entwickelten sie sich rasch zu blühenden Landschaften von Niedriglöhnen, Teilzeitbeschäftigung und Leiharbeit. Dass nach Frankreich, das angesichts seiner vergleichsweise schwachen Gewerkschaften bereits eine lange Tradition des gesetzlichen Mindestlohns kannte, auch Großbritannien (Ende der 1990er Jahre) und die Bundesrepublik (2014) dieses arbeitsrechtliche Schutzinstrument einführten, zeigt die Macht dieses Trends jenseits der Kernsektoren stabiler Beschäftigung und beruflicher Qualifikation.

Löhne und Entgeltsysteme im Umbruch

Löhne und Entgeltsysteme sind Schlüsselthemen industrieller Arbeitsbeziehungen. Spätestens seit den 1980er Jahren träumten Teile des Managements, vor allem aber zeitgenössische Trenddeuter sowie wirtschaftswissenschaftliche »Sachverständige« von einer Revolution auf diesem Gebiet, zumal sich die Entlohnungspraxis dem zeitgenössischen Individualisierungs- und Flexibilisierungstrend zunächst widersetzte. Schauen wir uns die Veränderungen, zu denen es dann tatsächlich gekommen ist, im Einzelnen an.

Noch in den frühen 1970er Jahren waren gewerkschaftlich ausgehandelte Akkordlöhne in der Industrie der Normalfall. Diese wurden nach und nach abgelöst, zuerst von einem Zeitlohn in Kombination mit einem differenzierten Lohnklassensystem auf der Basis analytischer Arbeits(platz)bewertungen und dann vermehrt vom Gruppenzeitlohn beziehungsweise von Gruppenakkordlöhnen – eine Änderung, die durch die Einführung der Gruppenarbeit nötig wurde. Diese Entwicklung hin zum Gruppenakkord beziehungsweise zu komplexeren Lohnberechnungssystemen (»Leistungslohn«), bei denen ein Basislohn, der auf Eingruppierungen in entsprechende Lohngruppen beruhte, mit einem Stück- oder Zeitlohn sowie Bonusanteilen kombiniert wurde, ist beispielsweise typisch für den gesamten Bereich der Automobilbranche.[35] Angesichts der beständig steigenden Kosten für Produktionsanlagen und Produktionsmittel in der industriellen Fertigung wurden Lohnsysteme immer attraktiver, welche Maschinenlaufzeit und Produktivität zu einem wesentlichen Element der Lohnfindung machten. Am weitesten vom klassischen Stundenlohn entfernten sich dann Entgeltsysteme, welche in Form gruppenbezogener Verträge zwischen einzelnen Arbeitsgruppen und dem Unternehmen die kollektive Arbeitskraft nach Output und Maschinenlaufzeit bezahlten.[36]

Angesichts der Kontinuität gewerkschaftlicher Verhandlungsmacht lag der Abstand zwischen Tarif- und Effektivverdiensten, der sogenannte Lohndrift, in der Bundesrepublik über einen langen Zeitraum – seit den frühen 1960er Jahren bis zum Ende des 20. Jahrhunderts – unter zwei Prozent.[37] Auch die Abstände zwischen den verschiedenen tariflich vereinbarten Lohngruppen blieben in den drei Jahrzehnten von 1970 bis 2000 weitgehend konstant bei durchschnittlich 15 Prozent. Ein ähnliches Bild tarifvertraglicher Kontinuität liefern die Regelungen des Leistungslohnes (Akkord- oder Prämienlohn), die beispielsweise im Fahrzeugbau detailliert festgeschrieben waren. Auch Regelungen der Lohnabsicherung für ältere Arbeiter (Absicherung des Durchschnittsverdiensts) oder der Jahressonderzahlungen wurden im gesamten Untersuchungszeitraum fortgeschrieben, so dass sich ein Gesamtbild kollektiver Lohnabsiche-

---

35 Für die britischen und westdeutschen Entwicklungen bis zu den frühen 1980er Jahren siehe den Überblick bei Knuth Dohse u. a., *Reorganisation der Arbeit in der Automobilindustrie. Konzepte, Regelungen, Veränderungstendenzen in den USA, Großbritannien und der Bundesrepublik Deutschland. Ein Materialbericht*, Berlin 1984.
36 Vgl. den Fall, den Hermann Kotthoff und Josef Reindl in »*Fitneßtraining*«. *Betriebliche Reorganisation im Saarland*, Saarbrücken 1999, analysieren, siehe ebd., S. 39.
37 Bahnmüller, *Stabilität und Wandel der Entlohnungsformen*, S. 62.

rung ergibt. Noch 1998 war nur eine kleine Minderheit von Arbeiterinnen und Arbeitern von Formen ertragsabhängiger Entlohnung betroffen (zwischen 9,6 und 16 Prozent).[38] Individuelle Leistungskomponenten kamen allerdings über die Lohnformen zum Tragen. Je nach Branche lag der Anteil der Arbeiterinnen und Arbeiter, die als Zeitlöhner auf der Basis individueller Leistungsbeurteilung leistungsvariable Arbeitsentgelte bezogen, bei etwa 75 Prozent. Dabei schwankte die Höhe dieses variablen Anteils zwischen 11 und 30 Prozent.[39] Die Bundesrepublik blieb nicht nur für Industrieunternehmen ein tarifrechtlich reguliertes Hochlohnland, denn kollektive Tariflöhne sicherten auch große Teile der anderen Wirtschaftssektoren ab, insbesondere den expandierenden öffentlichen Sektor. Risse in dieser Mauer kollektiver Lohn- und Einkommensregulierungen entstanden wie erwähnt nach 1990 vor allem in den Betrieben der neuen Bundesländer sowie in den privaten Dienstleistungsbranchen.

Anders war die Lage in Großbritannien, wo der Anteil tariflich vereinbarter Entgelte für ganze Branchen ohnehin immer niedriger war als in der BRD und bereits in den 1970er Jahren betriebs- beziehungsweise firmenbezogene Tarifvereinbarungen dominierten. Im Zuge von Deindustrialisierung und Gewerkschaftskrise schrumpfte dann der Anteil der Beschäftigten, deren Entgelte durch kollektive Verträge festgesetzt waren, dramatisch. Gegen den allgemeinen Trend zur Individualisierung und Flexibilisierung der Arbeitsentgelte hielten allerdings einige Industriebranchen, zum Beispiel die metallverarbeitende Industrie oder die Druckindustrie, an branchenweiten Rahmenvereinbarungen fest, in denen Mindestlöhne, Ausbildungsstandards und Weiteres überbetrieblich vereinbart wurden. Mit einer gewissen Zurückhaltung folgten die Industrieunternehmen bei der Bezahlung ihrer Arbeiterschaft dem allgemeinen Trend zu Prä-

38 Ebd., S. 74-76.
39 Ebd., S. 146.

mien- und Bonuszahlungen,[40] die zum Beispiel in der Automobilindustrie bis zu 30 oder gar 50 Prozent des Grundlohns ausmachen konnten.[41]

Insgesamt näherten sich die britischen Lohnformen schneller als in der BRD den liberalen Wünschen nach stärkerer Berücksichtigung der Ertragslage sowie der individuellen Leistung des Beschäftigten. Daraus resultierte ein Flickenteppich von betriebsspezifischen Regelungen und ein immer breiter werdendes Spektrum von Lohnformen und Lohnhöhen, weshalb die verfügbaren Durchschnittswerte deutlich weniger aussagekräftig sind als im deutschen Fall. Dies hängt auch damit zusammen, dass Überstunden und lange Wochenarbeitszeiten die im Vergleich zur Bundesrepublik eher niedrigen Stundenlöhne für Industriearbeiter teilweise kompensierten. Zwischen 1980 und 1995 stiegen deren Stundenverdienste inflationsbereinigt um 22 Prozent (also jährlich um knapp 1,5 Prozent) und lagen damit weiterhin deutlich hinter westdeutschen Stundenverdiensten zurück, die bereits 1980 höher lagen und bis 1995 um gut 26 Prozent anstiegen (also 1,7 Prozent pro Jahr).[42]

In Frankreich sorgten Branchen- und Firmentarife dafür, dass die große Mehrheit der Beschäftigten im Geltungsbereich tariflicher Lohnfestsetzungen arbeitete und zudem mit dem gesetzlichen Mindestlohn eine national gültige, rechtlich verbindliche Mindestnorm existierte. Auch hier entwickelte sich der Anteil ertragsabhängiger Entlohnungsformen und leistungsvariabler Komponenten schneller und kräftiger als im östlichen Nachbarland. Die schwächere Position der Gewerkschaften schlug sich auch darin nieder, dass das Lohngefälle größer war als in den entsprechenden westdeutschen Industriebranchen. Man darf jedoch nicht vergessen, dass Überstunden

40 Peter Jauch, Werner Schmidt, *Industrielle Beziehungen im Umbruch. Die Regulierung von Lohn, Gehalt und Arbeitszeit in Deutschland und Großbritannien*, München, Mering 2000, S. 36.
41 Paul Stewart u. a. (Hg.), *Teamwork in the Automobile Industry. Radical Change or Passing Fashion?*, Basingstoke 1999, S. 28.
42 Jauch/Schmidt, *Industrielle Beziehungen im Umbruch*, S. 47.

und Schichtarbeit auch vor den technologischen Innovationen der 1980er und 1990er Jahre in vielen Industriebranchen verbreitete Praxis für einen großen Prozentsatz der Arbeiterinnen und Arbeiter waren. In Frankreich stagnierten zwischen 1978 und 1996 inflationsbereinigt die Durchschnittslöhne von Arbeitern, wodurch der Abstand zum Lohnniveau östlich des Rheins, aber auch – je nach Branche und Betrieb – zu den britischen Löhnen größer wurde.[43]

Individuelle Schutzrechte im Zeichen der Verrechtlichung

Unter dem Eindruck gewerkschaftlicher Verhandlungsmacht und häufiger Arbeitskonflikte waren in allen drei Ländern in den 1970er Jahren die Schutzrechte für Arbeitnehmer ausgebaut worden. Spätestens ab Ende des Jahrzehnts, als die Deindustrialisierung neue arbeitsmarktpolitische Rahmenbedingungen geschaffen hatte, wurden die Rufe nach Korrekturen beim individuellen Arbeitsrecht immer lauter. Ein klassischer Revisionsfall aus wirtschaftsliberaler Sicht war zum Beispiel der Kündigungsschutz. In der Bundesrepublik hatte das Kündigungsschutzgesetz vom 25. August 1969 die gesetzliche Rahmenordnung verschärft. Die Kündigungsfrist war für unbefristet beschäftigte Arbeiter auf sechs Monate erhöht, die gesetzlichen Mindestsumme für dann fällige Abfindungszahlungen heraufgesetzt und dem Arbeitgeber die Beweispflicht übertragen worden: Er musste von nun an Gründe für die Auflösung des Arbeitsvertrags vorbringen.[44] Als dann im Mitbestimmungsgesetz von 1972 auch noch das Mitspracherecht des Betriebsrats bei Kündigungen verstärkt wurde, hatte sich die arbeitsrechtliche Position von Beschäftigten erheblich verbessert. In Frankreich wurde 1973 der Kün-

---

43 Adrien Friez, Martine Julhès, »Séries longues sur les salariés. Edition 1998«, in: *Résultats. Emploi-revenues* 605 (1998), S. 1-89, hier: S. 10.
44 Richardi, »Arbeitsverfassung und Arbeitsrecht«, S. 242 f.

digungsschutz verschärft und 1975 sogar eine Genehmigungspflicht bei mehr als 20 Entlassungen (durch die Arbeitsinspektoren) eingeführt, die bis 1986 bestehen blieb. Und auch in Großbritannien wurde das Kündigungsrecht novelliert, und zwar 1971. Hier verbesserten vor allem Schlichtungsverfahren und die Festsetzung einer Mindestsumme für Abfindungen die Position der Arbeitnehmer. Das britische Arbeitsrecht verlangt seitdem ebenfalls gute Gründe für die Entlassung von Beschäftigten (*fair dismissal*), ist aber vager als das deutsche bei deren Definition. Schutzansprüche bestanden im britischen Fall aber nur nach mindestens einjähriger Beschäftigungszeit und die Fristen erhöhten sich auf maximal 12 Wochen je nach Beschäftigungsdauer. Mindest- beziehungsweise Höchstbeträge bei den fälligen Abfindungssummen sind auch in Großbritannien gesetzlich festgeschrieben.

Der Vergleich von Rechtsnormen ist allerdings notorisch schwierig, zumal wenn man ihre praktische Umsetzung einbezieht. Die französische Lösung bestand (und besteht bis heute) in einer möglichst starken juristischen Einhegung der Handlungsspielräume, im deutschen und mehr noch im britischen System blieb den Tarifparteien, dann aber auch den Schlichtungsinstanzen und schließlich den Gerichten mehr Freiheit. Die Praxis wurde ganz wesentlich mitgeprägt durch die Existenz und die Vetomacht betrieblicher Gremien, welche die Beschäftigten repräsentierten und damit mögliche Schutzfunktionen ausüben konnten. Hier entwickelte sich seit den 1980er Jahren eine Kluft zwischen Großbritannien und den beiden anderen Ländern: Während auf dem Kontinent betriebliche Vertretungsorgane erhalten blieben, verloren sie auf der Insel außerhalb des öffentlichen Sektors erheblich an Bedeutung.

Blickt man nun auf die weitere Entwicklung des Kündigungsschutzes, so fällt auf, dass die Grundregeln in allen drei Ländern beibehalten worden sind, so dass die ursprünglich bestehenden Unterschiede in Regelungsdichte und -tiefe sowie im Präventionsgrad weiter existierten. Die britischen Regelungen waren von Anfang an deutlich liberaler und räumten dem Arbeitgeber mehr Freiheiten und Handlungsoptionen ein als das französische und das deutsche Recht. Diese Unterschiede hatten auch Folgen in der Rechtspraxis: Kündigungsfälle beschäftigten in Deutschland fünfmal häufiger die Arbeitsgerichte als in Großbritannien.[45] Insbesondere Regelungen im französischen Kündigungsschutzrecht über die Verpflichtung zur Aufstellung von Sozialplänen und die administrative Zustimmung zu betriebsbedingten Kündigungen gewannen angesichts der Struktur- und Konjunkturkrisen ab den späten 1970er Jahren direkte praktische Bedeutung. In der Bundesrepublik wirkte das Mitspracherecht des Betriebsrats bei Entlassungen in die gleiche Richtung. In beiden Ländern wurde die Aufstellung von Sozialplänen zum Normalfall bei kollektiven Entlassungen im industriellen Sektor. In Großbritannien existierte kein entsprechender rechtlicher Zwang, so dass allein tarifliche Vereinbarungen für das einzelne Unternehmen beziehungsweise den Betrieb zu entsprechenden Sozialplänen führten. Dies war zum Beispiel in den späten 1970er Jahren in der damals staatlichen Stahlindustrie der Fall, wo entsprechende Sozialpläne bei der Schließung der verschiedenen Stahlstandorte vereinbart wurden. Neuere rechtsvergleichende Untersuchungen kommen zu dem Ergebnis, dass die weitergehenden französischen und deutschen Regeln nach wie vor durchaus signifikante präventive Wirkungen entfalten, während diese im britischen Fall deutlich schwächer ausfallen.[46]

Einen besonders aufschlussreichen Fall für arbeitsrechtliche Schutzansprüche stellen Diskriminierungsverbote dar. Während das Arbeitsrecht des 19. Jahrhunderts positive Diskriminierungsregeln einführte, um zum Beispiel Kinder oder Frauen vor besonders gefährlichen oder gefährdenden Arbeitseinsätzen und Beschäftigungen fernzuhalten, entwickelte sich erst spät, nämlich erst seit den 1960er Jahren, eine Antidiskriminierungsgesetzgebung, welche ungleiche Arbeits-

---

45 Ulrich Zachert, *Beendigungstatbestände im internationalen Vergleich. Eine normative und empirische Bestandsaufnahme*, Baden-Baden 2004, S. 12-20 u. S. 43-52.
46 Ebd., S. 75.

entgelte für Männer und Frauen oder nach rassischen beziehungsweise ethnischen Gesichtspunkten verbot. In Großbritannien begann die arbeitsrechtliche Absicherung gleichen Lohns für gleiche Arbeit für alle Geschlechter (*equal pay*) nach einem Streik von Arbeiterinnen beim Autobauer Ford in Dagenham im Jahr 1968, die die gleiche Bezahlung wie ihre männlichen Kollegen forderten. Die Streikenden suchten und fanden die Unterstützung der Öffentlichkeit und der amtierenden Labour-Regierung, nachdem die eigenen Gewerkschaftsvertreter eher ausweichend und abwiegelnd auf ihre Forderung reagiert hatten. Das Gesetz von 1970, das faktisch jedoch erst 1975 in Kraft trat und im selben Jahr durch den Sex Discrimination Act ergänzt wurde,[47] hat sich bis heute nicht überlebt; es hat mit dafür gesorgt, dass geschlechtsspezifische Diskriminierungen nicht nur ein legaler, sondern auch ein legitimer Klagegrund geworden sind, gehört also zu den sowohl rechtlichen als auch kulturellen Fortschritten der Umbruchphase.[48] Von ähnlicher epochemachender Bedeutung waren die britischen Gesetze gegen Rassendiskriminierung von 1968 und 1976. Auch hier waren zwei gesetzgeberische Anläufe nötig, um dem politisch zwar unstrittigen, aber in der sozialen Wirklichkeit vielfach missachteten Gleichbehandlungsgrundsatz mehr Nachdruck zu verleihen. Sozialwissenschaftliche Paneldaten liefern Hinweise darauf, dass das gesetzliche Verbot der Rassendiskriminierung allmählich seine Spuren in der Arbeitswelt Großbritanniens hinterlassen hat. So kam die seit 1980 regelmäßig durchgeführte Untersuchung britischer Betriebe zu dem Befund, dass am Ende des 20. Jahrhunderts Angehörige ethnischer Minderheiten und Migranten in immer mehr Branchen und Berufsgruppen arbeiteten, die noch in den 1970er Jahren faktisch geltenden Zugangsschranken also gefallen waren.[49]

In Frankreich wurden die entsprechenden gesetzlichen Regelun-

47 Davies/Freedland, *Labour Legislation and Public Policy*, S. 211 u. S. 381-385.
48 Ebd., S. 220-230 u. S. 380-385.
49 Millward u. a., *All Change at Work?*, S. 40.

gen (gleicher Lohn für gleiche Arbeit) 1972 eingeführt und 1983 erneut bekräftigt. Auch hier bedurfte es der mehrfachen gesetzlichen Nachsteuerung, um jene »Löcher« zu stopfen, durch die diskriminierende Praktiken gegenüber Frauen und Arbeitsmigranten insbesondere aus Nord- und Schwarzafrika schlüpfen konnten. Untersuchungen zu den Schwierigkeiten vor allem jugendlicher Berufsanfänger mit Migrationshintergrund in den 1990er und frühen 2000er Jahren förderten allerdings zu Tage, dass nach wie vor erhebliche Vorbehalte ihnen gegenüber bestanden, weshalb der Einstieg ins Arbeitsleben für diese Gruppe besonders schwierig blieb.[50] Ein weiteres individuelles Schutzrecht betrifft die gesetzliche Begrenzung der Tages-, Wochen- und Jahresarbeitszeit. Auf diesem Gebiet waren die Parlamente der drei Länder bis zur Mitte der 1970er Jahre unterschiedlich stark aktiv. In Frankreich setzten nach längerer Abstinenz nach dem Mai 1968 wieder Initiativen zur Begrenzung und Regulierung der Arbeitszeiten ein; wichtige Gesetze waren 1969 die Einführung von vierwöchigem bezahlten Urlaub als Regelfall, 1982 das Gesetz zur Einführung der 39-Stunden-Woche und zur Einführung der fünften Woche bezahlten Urlaubs. 1998 und 2000 folgten zwei Gesetze zur Einführung der 35-Stunden-Woche.[51] Die sozialistischen Regierungen ebneten mit dieser Rahmengesetzgebung den Weg zur Verkürzung der Wochenarbeitszeit, der dann auf Branchen- und Betriebsebene durch tarifliche Vereinbarungen flexibel umgesetzt worden ist.

In der Bundesrepublik und in Großbritannien hielt sich der Gesetzgeber bei der Gestaltung der Arbeitszeiten weitgehend zurück. Im westdeutschen Fall galt bis 1994 formal die Regelarbeitszeit von 48 Stunden, die 1938 gesetzliche Geltung erhalten hatte, und flächendeckende Tarifverträge regelten die Wochenarbeitszeit und den

50 Ingrid Tucci, *Les descendants des Immigrés en France et en Allemagne: des destins contrastés. Participation au marché du travail, formes d'appartenance et modes de mise à distance sociale*, Diss., Berlin 2008.
51 Steve Jefferys, *Liberté, Égalité, and Fraternité at Work. Changing French Employment Relations and Management*, Houndmills u. a. 2003, S. 99 f.

Jahresurlaub. Die Wochenarbeitszeit lag bis 1984 in der metallverarbeitenden Industrie, wie wir im letzten Kapitel gesehen haben, bei 40 Stunden, sank in Umsetzung des Schlichtungsspruches nach dem Arbeitskampf 1984 bis Ende der 1980er Jahre auf 38,5 Stunden, um dann in der zweiten Hälfte der 1990er Jahre bei 35 Stunden zu landen. Auf alle Industriebranchen gesehen folgte die durchschnittliche tarifliche Wochenarbeitszeit bis 1989 diesem von der Metallindustrie gesetzten Trend, blieb aber bis zum Ende der 1990er Jahre bei 37,4 Stunden in den alten und bei 39,1 Stunden in den neuen Bundesländern.[52] In der Bundesrepublik verlängerte sich die Gesamtzeit des Jahresurlaubs im Zeitraum von 1974 bis 2000 von 23,7 Tagen (1974) auf 31,2 Tage (2000) um fast sieben Tage und überschritt damit wie in Frankreich durchschnittlich fünf Wochen.[53] Auch in diesem Fall wich der Trend in Großbritannien erheblich von den beiden kontinentaleuropäischen Nachbarn ab: der Gesetzgeber verzichtete auf eine Regelung der Arbeitszeiten und des Urlaubs. Lag die durchschnittliche Arbeitszeit bereits vor 1970 durchschnittlich höher als in Frankreich und der BRD, so vertiefte sich dieser Unterschied in den folgenden Jahrzehnten nochmals.

Auch hier sind die Durchschnittszahlen jedoch in mancher Hinsicht irreführend, da es das Ziel der Industrieunternehmen in allen drei Ländern war, ihre Belegschaften in der Produktion flexibler, das heißt den Schwankungen der Auftragslage entsprechend einsetzen zu können. Dem kam zum einen die seit langem etablierte Praxis höher vergüteter Überstunden entgegen, die vor allem in Großbritannien sehr verbreitet war.[54] In der Bundesrepublik und in Frankreich existierten mit Blick auf Überstunden gesetzliche Beschränkungen, so dass andere arbeitszeitpolitische Mittel gefunden werden mussten, die zur gewünschten Flexibilitätssteigerung beim Arbeitskräfte-

52 Siehe die Übersichtstabellen in Peters/Gorr, *In freier Verhandlung*, S. 948.
53 Ebd., S. 950.
54 Anna Pollert, »›Team work‹ on the Assembly Line: Contradiction and the Dynamics of Union Resilience«, in: Peter Ackers u. a. (Hg.), *The New Workplace and Trade Unionism*, London, New York 1996, S. 178-209, hier: S. 201.

einsatz und damit in der Produktion führten. Vergleichende Untersuchungen kamen zu dem Ergebnis, dass die durchschnittliche Wochenarbeitszeit für britische Arbeiter mit knapp 45 Stunden 1995 noch genauso lang war wie 1977, für Arbeiterinnen sogar leicht anstieg (von knapp 40 auf knapp 41 Stunden), während sie im selben Zeitraum in der Bundesrepublik für Arbeiter von 42 auf 38,4 Stunden und für Arbeiterinnen von knapp 40 auf 37,2 Stunden zurückging.[55]

Ein weiteres Thema für den Gesetzgeber und Gegenstand administrativer Kontrolle beziehungsweise arbeitgeberseitiger betrieblicher Informationspflichten wurden Sicherheits- und Gesundheitsrisiken am Arbeitsplatz. In allen drei Ländern wurden die gesetzlichen Auflagen verschärft,[56] mehr zuständige Fachkräfte wurden eingestellt beziehungsweise ausgebildet (Gewerbeaufsichtsbeamte, Sicherheitsingenieure, Betriebsärzte). Auf europäischer Ebene trat 1989 eine entsprechende Arbeitsschutzrichtlinie in Kraft.[57] Anders sieht es aus, wenn man nach der Weiterentwicklung von Kontrollpraktiken, das heißt nach der Einhaltung dieser Standards fragt. In Großbritannien etwa wurde in den 1980er Jahren die öffentliche Gewerbeaufsicht personell ausgedünnt, in Frankreich waren die *inspecteurs du travail* notorisch überlastet, für die Bundesrepublik liegen bessere, aber keineswegs rosige Bilanzen vor. Der wesentliche Unterschied liegt aber darin, dass in der Bundesrepublik und in Frankreich anders als in Großbritannien die Interventionsrechte der Belegschaftsvertretungen gesetzlich gestärkt und damit die Chancen zur Einhaltung der gesetzlichen Standards unabhängig von den Kontrollroutinen verbessert wurden.

---

55 Jauch/Schmidt, *Industrielle Beziehungen im Umbruch*, S. 36.
56 In Großbritannien 1974 mit dem Health & Safety Act; in Frankreich 1982 mit dem Loi Auroux, das Gesundheits- und Sicherheitskomitees vorschrieb; in der Bundesrepublik mit dem Arbeitssicherheitsgesetz vom 12. Dezember 1973.
57 Dietrich Bethge, »Arbeitsschutz«, in: Manfred G. Schmidt (Hg.), *Bundesrepublik Deutschland, 1982-1989. Finanzielle Konsolidierung und institutionelle Reform*, Baden-Baden 2005, S. 197-236.

Dieser Überblick über die wichtigsten Bereiche individueller Schutzrechte für Arbeitnehmer macht deutlich, dass von einem gezielten Abbau dieser Rechte eigentlich keine Rede sein kann. Wir können festhalten, dass die industrielle Arbeitswelt bis in die Gegenwart von den Schutzfunktionen arbeitsrechtlicher Regulierungen geprägt blieb. Dass sich dennoch von einer Erosion dieser Schutzrechte sprechen lässt, hat damit zu tun, dass die Gesetzgeber seit den späten 1980er Jahren immer weniger bereit waren, die etablierten Schutzrechte ohne Einschränkungen auf »atypische« Beschäftigungsverhältnisse und neue Arbeitsplätze auszudehnen. Im britischen Fall war dies mit der neoliberalen Leitvorstellung verbunden, dass die Rückkehr zum individuell ausgehandelten Vertrag die beste Garantie für die rasche Wiederherstellung von Vollbeschäftigung sei und die existierenden Schutzbestimmungen zu hohe Hürden für die Einstellung und den Einsatz von neuen und zusätzlichen Arbeitskräften darstellten. Entsprechend konnten beispielsweise Sicherheitsbestimmungen der geltenden Gesundheits- und Arbeitsschutzgesetze durch ministerielle Erlasse modifiziert oder außer Kraft gesetzt werden.

Schließlich hat die Ausbreitung von Teilzeitarbeit dazu geführt, dass eine wachsende Zahl von Beschäftigten die gesetzlichen Schutzrechte nicht mehr in Anspruch nehmen konnten, da sie an den Tatbestand unbefristeter Arbeitsverträge und an die Dauerhaftigkeit des Beschäftigungsverhältnisses geknüpft blieben. Dies galt und gilt zum Beispiel für den Kündigungsschutz, aber auch, wenn nicht de jure, so doch de facto, für das Diskriminierungsverbot, die beide in der Regel bei befristeten Arbeitsverträgen und bei Leiharbeit versagten, bei zwei Vertragsformaten also, die in allen drei Ländern zwar auch im industriellen Sektor anzutreffen waren, sich aber vor allem in den neuen Dienstleistungsbereichen rasant ausbreiteten. Im Vereinigten Königreich waren 2002 7 Prozent aller Beschäftigten unter solchen Arbeitsverträgen beschäftigt, 4 Prozent arbeiteten als Leiharbeiter; in Frankreich arbeiteten im gleichen Jahr deutlich mehr, nämlich 15 Prozent der Beschäftigten, befristet, wohingegen die Anzahl der Leiharbeiter niedriger lag, nämlich bei 2,7 Prozent, in der Bundesrepublik war die Quote der Leiharbeiter angesichts der damals noch strikteren gesetzlichen Regulierung noch niedriger: dort waren es 1,2 Prozent, während die Zahl derer, die mit befristeten Arbeitsverträgen beschäftigt waren, bei 11 Prozent lag.[58]

Der Abschied vom Sozialpaket

Arbeitsverträge von Fabrikarbeiterinnen und -arbeitern waren direkt verknüpft mit einem Bündel von Leistungen aus Sozialversicherungen, die untrennbar mit dem Arbeitsvertrag verbunden waren. Pflichtversicherungen zur Absicherung der klassischen Risiken wie Unfall und Invalidität, Krankheit und Alter sowie Arbeitslosigkeit waren in der BRD und in Frankreich integrale Bestandteile »normaler« Arbeitsverhältnisse und wurden durch die Zahlung entsprechender Beiträge durch Arbeitgeber und Arbeitnehmer an die Sozialversicherungsträger finanziert. Im britischen Fall war das öffentliche Gesundheitssystem kostenfrei und steuerfinanziert, so dass diese Komponente des Soziallohns wegfiel. Anders als in den beiden Vergleichsländern wurde in Großbritannien auch die Altersrente nicht allein aus Beitragszahlungen von Beschäftigten und Arbeitgebern finanziert, sondern auch aus Steuern. Damit blieb der Anteil der Lohnnebenkosten im britischen Fall deutlich niedriger. Entsprechend kürzer war der Schritt hin zu Arbeitsverhältnissen, in denen Sozialleistungen nicht mehr automatisch an den Arbeitsvertrag gekoppelt waren, wie dies den neo- wie sozialliberalen Reformern als Lösung aus der Arbeitsmarktkrise seit den 1980er Jahren vorschwebte. In Frankreich und der Bundesrepublik war der Sozialleistungsteil des Lohnvertrags auch deshalb umfangreicher, weil alle Versicherungsleistungen so kalkuliert waren, den Lebensstandard

---

58 Zachert, *Beendigungstatbestände im internationalen Vergleich*, S. 19, S. 51 u. S. 82.

beziehungsweise die soziale Position im Leistungsfall zu sichern. Dieses Prinzip der »Lebensstandardsicherung« war erst seit den 1970er Jahren für die große Mehrheit der Industriearbeiter wirksam.[59] Die Höhe von Altersrenten oder Arbeitslosengeld war so angelegt, dass im Durchschnittsfall diese sozial stabilisierende Wirkung eintrat. In Großbritannien lag das Niveau sozialer Absicherung deutlich niedriger und es bestanden viel größere branchen- beziehungsweise unternehmensspezifische Unterschiede. Dies hing vor allem damit zusammen, dass erst der Bezug von betrieblichen Zusatzrenten die Alterspension auf ein Niveau brachte, das die Weiterführung des sozialen Lebensstandards sicherte, während die gesetzliche Grundrente so gestaltet war, dass sie lediglich vor Altersarmut schützte. Mit dem Social Security Act von 1976 wurden die Zahlungen aus der staatliche Zusatzversicherung für das Rentenalter zwar angehoben, aber nur auf 25 Prozent des Durchschnittslohns der besten 20 Versicherungsjahre, weitere 19 Prozent kamen aus der Basisaltersversicherung.[60] Auch die Lohnausgleichszahlungen aus der Arbeitslosenversicherung deckten in Großbritannien im Durchschnitt nur 41 Prozent des Lohnes ab, in der Bundesrepublik waren dies 61 Prozent, in Frankreich je nach zuständiger Sozialversicherungskasse zwischen 60 und 70 Prozent, für bestimmte Berufskategorien sogar bis zu 90 Prozent.[61] Der Umfang dessen, was in den drei Ländern als sozialer Sicherheitsstandard für Lohnarbeiter galt, war also bereits Mitte der 1970er Jahre durchaus unterschiedlich. Der Abbau dieser Netze sozialer Sicherheit vollzog sich dann in den 1980er und 1990er Jahren keineswegs lautlos, sondern war

59 Lutz Leisering, Christian Marschallek, »Zwischen Wohlfahrtsstaat und Wohlfahrtsmarkt: Alterssicherung und soziale Ungleichheit«, in: Hans Günter Hockerts, Winfried Süß (Hg.), *Soziale Ungleichheit im Sozialstaat. Die Bundesrepublik Deutschland und Großbritannien im Vergleich*, München 2010, S. 89-116, hier: S. 94.
60 Cornelius Torp, *Gerechtigkeit im Wohlfahrtsstaat. Alter und Alterssicherung in Deutschland und Großbritannien von 1945 bis heute*, Göttingen 2015, S. 145-147.
61 Rodney Lowe, *The Welfare State in Britain Since 1945*, Basingstoke u.a. [3]2007, S. 307 f.; Jefferys, *Liberté, Egalité and Fraternité at Work*, S. 147.

ein politisch hoch umstrittener Prozess. In allen drei Ländern bewiesen Umfragen immer wieder die Popularität der alten sozialen Netze.[62] Die Gewerkschaftsbünde protestierten immer wieder gegen »Sozialabbau«. Für Regierungsparteien blieben die Kürzung von Sozialleistungen und der Umbau der Sicherungssysteme ein ebenso risikoreiches wie heikles Politikfeld. Um erneut Wolfgang Streeck zu zitieren: Alle »kauften sich Zeit«, indem sie zunächst das Anwachsen sozialer Transferzahlungen hinnahmen, aber parallel dazu mit dem langfristig angelegten Rückbau lohnbasierter Sozialleistungen begannen. Vorreiter eines klaren sozialpolitischen Kurswechsels war wiederum Großbritannien, wo bereits Anfang der 1980er Jahre durch die konservative Regierung Thatcher die Weichen für eine nachhaltige Erosion von Sozialleistungen gestellt wurden. Es begann mit der Abkoppelung der Leistungen der staatlichen Altersversicherung von der Lohnentwicklung, der Verkürzung der Leistungszeiten sowie der Einschränkung des Kreises derjenigen, die Anspruch auf die versicherungsbasierte Arbeitslosenunterstützung (*jobseekers' allowance*) haben; und es setzte sich fort im Abbau der staatlichen Zusatzrentenversicherung zugunsten privater Versicherungsverträge.[63] In der Bundesrepublik begann die Schleifung lohnabhängiger Sozialleistungen ebenfalls in den frühen 1980er Jahren, noch unter der sozialliberalen Regierung, und setzte sich dann fort. Zuerst wurde die Mindestbeschäftigungszeit zum Erwerb der Anwartschaft auf Arbeitslosengeld von zwei auf drei Jahre erhöht, dann wurden 1984 die Regelsätze für Arbeitslose ohne Kinder deutlich gekürzt (von 68 auf 63 Prozent beim Arbeitslosengeld, von 58 auf 56 Prozent bei der Arbeitslosenhilfe), mit dem Ergebnis, dass diese Sätze für 13 Prozent der Leistungsbezieher nicht mehr ausreichten und sie Sozialhilfe in Anspruch nehmen mussten.[64] Ähnliche Regelsätze galten

---

62 Lowe, *The Welfare State in Britain Since 1945*, S. 337.
63 Ebd., S. 343; Torp, *Gerechtigkeit im Wohlfahrtsstaat*, S. 197-212.
64 Günther Schmid, Frank Oschmiansky, »Arbeitsmarktpolitik und Arbeitslosenversicherung«, in: Schmidt (Hg.), *Bundesrepublik Deutschland, 1982-1989*, S. 237-288, hier: S. 264.

im Untersuchungszeitraum auch in Frankreich (64,7 Prozent im ersten Bezugsjahr von Arbeitslosengeld).[65]

Spektakuläre Risse im Versorgungsmodell sozialer Sicherheit traten auf, als Wiedereinstellungen nach Entlassungen auf sich warten ließen und das Phänomen der sogenannten Langzeitarbeitslosigkeit um sich zu greifen begann. Dies war bereits Anfang der 1980er Jahre zu beobachten, ließ Sozialbeobachter und Experten aufmerken und wurde zu einem Dauerthema auf der sozialpolitischen Agenda aller drei Länder, die allesamt Frühverrentungsregelungen als Ausweg für ältere Industriearbeiter beschlossen und damit nicht zuletzt den Sozialprotesten dieser Jahre die Spitze nahmen, wie wir in Kapitel 3 gesehen haben (siehe Abb 4.2). Es stellte sich aber bald heraus, dass jugendliche Berufsanfänger ohne hohe Bildungsqualifikationen sowie ungelernte und angelernte Arbeitskräfte am häufigsten von der angespannten Lage auf den Arbeitsmärkten betroffen waren und aufgrund von befristeten Verträgen, Teilzeitjobs, Beschäftigung in Arbeitsbeschaffungsmaßnahmen oder illegalen Beschäftigungsverhältnissen ohnehin über geringere soziale Anwartschaften und Schutzrechte verfügten.

Wie viel soziale Sicherheit mit den verschiedenen Arbeitsverträgen und Beschäftigungsformen zu erreichen war, wurde in den ersten Jahrzehnten des 21. Jahrhunderts für Arbeiter und Angestellte im privaten Sektor zusehends unübersichtlich und deutlich schwerer zu kalkulieren als für ihre Elterngeneration. Nicht die linearen Kürzungen, sondern die wachsenden Unsicherheiten und Unterschiede, also die Abkehr von weitgehend einheitlichen Standards im Paket sozialer Sicherung von Arbeitsverhältnissen stellt das wichtigste Ergebnis der Umbruchphase dar. Am ehesten lässt sich für alle drei Länder gleichermaßen von einer Erosion lohnbasierter sozialer Sicherheit sprechen.

Die Beharrungskraft des alten Modells war naturgemäß dort am schwächsten, wo es im Arbeits- und Sozialrecht nur schwach veran-

---

65 Jefferys, *Liberté, Egalité, and Fraternité at Work*, S. 149.

„ PROBIEREN WIR'S HALT MAL DA SO ZWISCHENDURCH ENTLANG.'

Abbildung 4.2:
Arbeitslosigkeit oder Rentenpleite?: Karikatur zum Artikel
»Wer nicht arbeitet, wird schneller alt«, in: Der Spiegel *43 (1983),*
S. 76–92, hier: S. 92.
© Horst Haitzinger, München.

Auf einer Karikatur, die der *Spiegel* im Jahr 1983 veröffentlichte, ist der damalige Bundesarbeitsminister Norbert Blüm zu sehen. Soeben war er aus einem Wohnmobil ausgestiegen, um nach einem Weg zu suchen, der zwischen »Arbeitslosigkeit« und »Rentenpleite« hindurchführt. Sowohl sozial- als auch christdemokratischen Politikern galt in den 1980er Jahren Frühverrentung als vielversprechender Lösungsansatz für das drängende Problem der Massenarbeitslosigkeit, trotz der damit verbundenen hohen Kosten. Nur der auf dem Beifahrersitz wartende deutsche Michel scheint über die Zunahme seiner arbeitsfreien Lebenszeit nicht besonders glücklich zu sein.

kert war. Dies war nur in Großbritannien der Fall und entsprechend schnell und breit zeigten sich auch die Spuren der neuen wirtschaftlichen und politischen Großwetterlage nach 1979. Damit kehrte die Sozialhilfe, also die an Bedürftigkeitsprüfungen – *means tests* – gekoppelten Leistungen des Sozialstaats in das Leben von immer mehr Arbeiterinnen und Angestellten zurück. Auch in Frankreich geschah dies früher und häufiger als in der Bundesrepublik, aber spätestens mit der Massenarbeitslosigkeit nach der Wiedervereinigung entwickelten sich auch östlich des Rheins Gestaltung und Höhe der Sozialhilfeleistungen aus Steuermitteln zum sozialpolitischen Dauerthema. Die Tonlage und die Argumente dieser Debatte waren aufs Engste mit dem Vordringen neoliberaler Deutungsmuster von Arbeitslosigkeit und Sozialleistungen verknüpft. Die Bundesrepublik schwenkte dann mit der Reform der Altersrente 2001 und den Gesetzen Hartz I bis IV in den Jahren 2002 und 2003 auf die britische Linie ein und setzte fortan auf flexible Arbeitsmärkte und notfalls Niedriglöhne statt auf statussichernde Sozialleistungen im Kampf gegen Arbeitslosigkeit und Armut.[66]

Diese Verschlechterungen im sozialrechtlichen Status hatten weitreichende Folgen für die Wahrnehmung und Beurteilung der sozialen Wirklichkeit seitens der Arbeiter selbst. Die Erosion sozialer Standards in der Arbeitswelt wurde für viel mehr Arbeiter und Angestellte konkret erfahrbar, als es die anhaltenden hohen Lohneinkommen der aggregierten Statistik suggerierten. Die Rückkehr der elementaren Risiken der Lohnarbeit rückte wieder in aller Deutlichkeit in den Erfahrungsraum vieler Arbeiterhaushalte und begann den kollektiven Erwartungshorizont einzuschränken. Aber Vorsicht: An dieser Stelle sind Generalisierungen auf der Makroebene irreführend, vielmehr bedarf es des genaueren Blicks auf Berufskarrieren,

---

66 Die Empfehlungen der sogenannten Hartz-Kommission wurden in vier Gesetzen (Hartz I-IV) 2002 und 2003 umgesetzt: Erstes und zweites Gesetz für moderne Dienstleistungen am Arbeitsmarkt vom 23. Dezember 2002, drittes und viertes Gesetz für moderne Dienstleistungen am Arbeitsmarkt vom 23. und 24. Dezember 2003.

Beschäftigungsverläufe und Haushaltskonstellationen, um das Ausmaß dieser Veränderungen präzise zu erfassen. So fällt auf, dass die Erosion sozialer Leistungen ihre scharfen Konturen verliert, sobald man auf die konkreten Haushalte als kleinste soziale Einheiten blickt. Viele Geringverdiener oder »atypisch« Beschäftigte profitierten – als Ehepartner, Kinder oder sonstige Familienangehörige – vom Fortbestand abgesicherter Lohnarbeitsverhältnisse, denn vollbeschäftigte männliche Industriearbeiter oder weibliche Angestellte im öffentlichen Dienst sorgten in immer mehr Haushalten der *working classes/classes populaires* dafür, dass die sozialen Folgen dieser Erosionsprozesse abgemildert wurden. Dies wird ein Thema von Kapitel 6 sein.

Krise der Sozialbürgerschaft

Das Versprechen sozialer Statussicherung und sozialer Gleichheit, das erst mit den Reformen und Leistungsausweitungen der 1970er Jahre auf alle Arbeiterinnen und Arbeiter ausgeweitet worden war, wurde jedoch nach und nach gegenüber sehr vielen Menschen gebrochen. Die Erosion der arbeitsgebundenen sozialen Leistungen verstärkte die in den beiden voranstehenden Kapiteln beschriebene Tendenz der Arbeiterschaft zum Rückzug aus dem gesellschaftlichen und politischen Feld. Die Erosion demokratischer Beziehungsgleichheit, die seit mindestens zehn Jahren als eines der Schlüsselprobleme der gegenwärtigen Krise der kapitalistischen Demokratien identifiziert wird, hat eine ihrer Ursachen in der Krise der Sozialbürgerschaft, die wiederum untrennbar mit dem Prozess der Deindustrialisierung verbunden ist.

Die Beschäftigungskrise, welche von der Deindustrialisierung ausgelöst wurde, schnürte zunächst das Sozialpaket auf, das aus Lohnarbeit eine sichere Berufs- und Lebensperspektive gemacht hatte. Hatten in den 1970er Jahren noch Partizipationsforderungen und

Sicherheitsversprechen das Modell der Sozialbürgerschaft vorangetrieben, so sind seit den 1980er Jahren gegenläufige wirtschaftliche, gesellschaftliche und politische Kräfte stärker geworden. Entsprechend große Bedeutung gewannen Arbeits-, Sozial- und Tarifrecht als mögliche Beharrungskräfte und Kontinuitätsfaktoren in dieser langen Phase der Deindustrialisierung.

Die Arbeitsmarktpolitik aller drei Länder eröffnete in unterschiedlichem Maße, aber letztlich wirksam die arbeits- und sozialrechtlichen Optionen für eine Flexibilisierung der Arbeitsverhältnisse. Am entschiedensten und frühesten geschah dies in Großbritannien, Die Bundesrepublik und Frankreich folgten eher zögernd und in beiden Ländern blieben die rechtlichen Grundlagen des alten Modells intakt. Am Ende dieses Prozesses arbeitspolitischer Anpassungen standen langsam sinkende Zahlen der Arbeitslosenstatistik, aber auch steigende Zahlen von Beschäftigten in befristeten Verträgen, in Teilzeit oder Leiharbeit. Das Modell der aus dem Industriesektor stammenden Sozialbürgerschaft galt nun als nicht mehr zeitgemäß für die neuen Dienstleistungssektoren und geriet selbst in den Kernsektoren unter Druck.

Dieses Modell beruhte aber nicht allein auf sozialer Daseinsvorsorge, sondern enthielt auch eine genuin politische Dimension: Zu ihm gehörte die Wahrnehmung kollektiver Interessen gegenüber der Kapitalseite und im Arbeitsprozess. Wir haben gesehen, dass und warum noch Ende der 1970er Jahre mächtige Gewerkschaften die zentralen Repräsentanten dieser kollektiven Interessen waren. Anfang des 21. Jahrhunderts war von dieser Gewerkschaftsmacht vor allem in Frankreich und Großbritannien so gut wie nichts mehr übrig, und auch in der Bundesrepublik befanden sich die Industriegewerkschaften in der Defensive, hatten aber ihre Organisation auf einem deutlich höheren Niveau stabilisiert als ihre westlichen Schwestern. In Großbritannien brach das etablierte Modell industrieller Bürgerschaft in der Deindustrialisierung und unter dem Druck einer klar antigewerkschaftlichen Gesetzgebung der konservativen Regierungen zusammen. Aber selbst dort existieren weiterhin Fabriken und Unternehmen, in denen *shop stewards* Mitbestimmungsrechte wahrnehmen und nach wie vor eine faktische Vetomacht gegenüber Entscheidungen der Unternehmensleitung besitzen. Wie oben beschrieben, war es in Frankreich und der Bundesrepublik zu einem rechtlichen Ausbau betrieblicher Interessensorgane gekommen, deren Verbindung mit den Gewerkschaften insgesamt so stark blieb, dass diese sich zu wichtigen Verhandlungspartnern der Unternehmensseite weiterentwickelten und eine signifikante Rolle bei der Gestaltung der diversen Umbrüche in den Organisationsformen industrieller Produktion auf betrieblicher Ebene spielten. Der Umfang und die Gestaltungsspielräume dieser innerbetrieblichen Partizipation hingen wiederum von vielen Faktoren ab, zudem gewann die Art und Weise ihrer Ausgestaltung angesichts des wachsenden Wettbewerbsdrucks und der technologischen Transformationen unmittelbare ökonomische Bedeutung.

Mit Wolfgang Schroeder lassen sich am Ende der hier untersuchten Übergangszeit in allen drei Ländern drei ganz unterschiedliche Arbeitswelten unterscheiden.[67] In der ersten Welt bestimmte das Modell der Sozialbürgerschaft die arbeits-, tarif- und sozialrechtlichen Bedingungen, unter denen die allermeisten Beschäftigten arbeiteten. Vor allem industrielle Großunternehmen, aber auch exportorientierte mittelständische Industrieunternehmen gehörten weiterhin zu diesem Bereich. In ihm war der Einfluss von Gewerkschaften und von Betriebsräten/*shop stewards* oder *comités d'entreprise* nach wie vor wirksam und spürbar. Dieser Kernbereich dominierte in fast allen Industriebranchen der alten Bundesrepublik, war in Frankreich aber bereits viel stärker auf den Bereich der Großunternehmen beschränkt und von ihm waren in Großbritannien nur noch Inseln übriggeblieben. Die zweite Welt stellt eine Zone dar, in der einzelne Komponenten dieses Modells nach wie vor galten, aber vor allem

<hr>

67 Wolfgang Schroeder, Samuel Greef, »Gewerkschaften und Arbeitsbeziehungen nach dem Boom«, in: Anselm Doering-Manteuffel u. a. (Hg.), *Vorgeschichte der Gegenwart. Dimensionen des Strukturbruchs nach dem Boom*, Göttingen 2016, S. 245-270, hier: S. 265.

die kollektive Interessenvertretung zurückgedrängt worden war. In solchen Unternehmen nahmen typischerweise auch die Arbeitsverträge zu, die nicht mehr die vollen Schutzrechte enthielten. Vor allem Klein- und Mittelbetriebe, aber auch Neugründungen US-amerikanischer oder japanischer Unternehmen in Frankreich oder in Großbritannien gehörten zu dieser Übergangszone. Die dritte Welt bildeten jene Unternehmen und Betriebe, in denen alle Aspekte des Modells de jure oder de facto aufgekündigt wurden oder unbekannt blieben. Marginale Kleinbetriebe in der Industrie gehörten dazu, aber zahlenmäßig in allen drei Ländern viel wichtiger wurden die Beschäftigungsverhältnisse des privaten Dienstleistungssektors. Diese dritte Welt war weit entfernt von den Standards der Sozialbürgerschaft, in sich aber wiederum sehr heterogen, was Arbeitsverträge, Lohnformen und Arbeitsbedingungen betrifft.

5.

Facharbeit, Produktionswissen und Bildungskapital: Deutungskämpfe und Neuarrangements

Schwere körperliche Arbeit und eintönige Routinetätigkeiten galten lange Zeit als Inbegriff von Industriearbeit schlechthin. Für Fabrikjobs brauchte man weder handwerkliche noch technische Kompetenzen besonderer Art – »Jedermannswissen« und »Jedermannsfähigkeiten« reichten hin. Dieses Bild industrieller Arbeit hat seit den 1970er Jahren zunehmend an Plausibilität verloren. Wie wir in Kapitel 1 gesehen haben, mechanisierte und automatisierte die »dritte industrielle Revolution« zahlreiche Produktionsabläufe, was unter anderem zur Folge hatte, dass viele Arbeitsplätze, die keinerlei spezielle Qualifikation sowie nur geringe Anlernzeiten erforderten, wegfielen. Die neuen technischen Arrangements veränderten die Anforderungen an die Maschinenarbeiter und das Produktionspersonal erheblich. Neues Wissen (Informatik, Programmierung) und neue Fertigkeiten und Fähigkeiten (Beobachten, Bewerten) waren nun gefragt, wohingegen bestimmte Berufsroutinen und auch Berufsbilder überflüssig wurden (man denke nur an den Setzer in der Druckindustrie).

Ich möchte in diesem Kapitel untersuchen, wie sich der viel zitierte »Übergang von der Industrie- zur Wissensgesellschaft«[1] in Frankreich, Großbritannien und der Bundesrepublik in den drei Jahrzehnten der Transformation vollzogen hat, und zwar erneut aus der Perspektive industrieller Arbeit. In allen drei untersuchten Län-

---

1 So die »Kommission für Zukunftsfragen der Freistaaten Bayern und Sachsen« 1998, zitiert in: Hermann Kocyba, »Wissensbasierte Selbststeuerung: die Wissensgesellschaft als arbeitspolitisches Kontrollszenario«, in: Wilfried Konrad (Hg.), *Wissen und Arbeit. Neue Konturen von Wissensarbeit*, Münster 1999, S. 92-119, hier: S. 92.

dern reagierten die Zeitgenossen sehr aufmerksam auf diese Veränderungen, »Wissen« und »Bildung« wurden plötzlich überall als die zentralen Ressourcen beschworen, welche die Zukunftsfähigkeit der eigenen Gesellschaft sichern sollten. Ob anwendungsbezogenes, vielfach erfahrungsgebundenes Wissen von Industriearbeitern in dieser Zukunft noch eine wichtige Rolle spielen würde, war am Beginn der Transformationsphase Mitte der 1970er Jahre zumal unter Industriesoziologen heftig umstritten, und auch hinsichtlich der Bewertung dieses »Übergangs« war man uneins: Während die neomarxistischen Skeptiker eine weitere Abwertung manueller Arbeit befürchteten, malten liberale Optimisten das Bild einer schönen neuen Arbeitswelt der Zukunft, in der vielseitige, wissensbasierte Tätigkeiten die Normalität sein würden. Empirisch war lange Zeit unklar, in welche Richtung die Entwicklung gehen würde, allerdings stellte sich relativ schnell heraus, dass die noch in den 1960er Jahren breit diskutierte automatische Fabrik auch im digitalen Zeitalter Utopie bleiben würde. Zwar hielten Industrieroboter in die Werkshallen Einzug und die Computersteuerung von Maschinen und Produktionsabläufen dominierte nach und nach immer größere Teile der Industrieproduktion, aber die menschliche Arbeit blieb dennoch unersetzlich.[2] Als entscheidende Frage kristallisierte sich vielmehr heraus, zu welchen konkreten Aufgabenverteilungen und Kompetenzzuweisungen es gekommen ist und wie sich das auf die Bildungswege, Entlohnungssysteme und Berufsordnungen der Industriebeschäftigten auswirkte.

Bevor wir uns die Entwicklungen im Einzelnen ansehen, sei noch ergänzt, dass die Vernetzung der unterschiedlichen Betriebsabläufe auch die Anforderungen an sprachliche und kommunikative Kompetenz erhöhte oder – allgemeiner gesagt – an die Fähigkeit zur Zu-

---

2 Martina Heßler, »Die Halle 54 bei Volkswagen und die Grenzen der Automatisierung. Überlegungen zum Mensch-Maschine-Verhältnis in der industriellen Produktion der 1980er-Jahre«, in: *Zeithistorische Forschungen* 11:1 (2014), S. 56-76, online unter ⟨https://zeithistorische-forschungen.de/1-2014/id=4996⟩, zuletzt eingesehen am 2.12.2018.

sammenarbeit. Die noch von Maurice Halbwachs zum zentralen Charakteristikum des Industriearbeiters erhobene »Isolation« von sozialem Leben, der für ihn typische fehlende Austausch mit anderen sowie seine Fixierung auf Maschinen und Apparate[3] trat mehr und mehr in den Hintergrund.

Produktionswissen und Bildungskapital: Eine Geschichte langer Dauer

Die dritte industrielle Revolution verlangte also nach einer Neujustierung von Wissen und Kompetenzen, stellte etablierte Wissenshierarchien auf den Prüfstand und rief Reformer des allgemeinen Bildungssystems und der Berufsbildungssysteme auf den Plan. Solche Reformpläne trafen jedoch auf Wissensordnungen und Bildungshierarchien, die in den drei hier untersuchten Gesellschaften institutionell fest verankert waren. Die Abwertung manueller Tätigkeiten gegenüber geistigen Tätigkeiten oder aristokratischer Muße hatte eine lange Vorgeschichte und diese gesellschaftlichen Bewertungsstrukturen von Arbeit waren durch die erste industrielle Revolution nicht außer Kraft gesetzt worden. Im Gegenteil: sie stürzte die handwerklichen Gewerbeordnungen, welche berufliches Können und Wissen zünftiger Handwerker vor »unlauterem Wettbewerb« zu schützen suchten, in eine tiefe Krise. Im Ergebnis verschlechterten sich die Verwertungsbedingungen fachlicher Kompetenz und beruflichen Wissens für Handarbeiter in der Industrie erheblich, wie bereits Marx klar herausstellte:

> Aller kapitalistischen Produktion, soweit sie nicht nur Arbeitsprozeß, sondern zugleich Verwertungsprozeß des Kapitals, ist gemeinsam, daß nicht der Arbeiter die Arbeitsbedingung, sondern umgekehrt die Arbeitsbedingung den Arbeiter anwendet, aber erst mit der Maschinerie

---

3 Maurice Halbwachs, *Les classes sociales* [1937], Paris 2008, S. 91-103.

erhält diese Verkehrung technisch handgreifliche Wirklichkeit. Durch seine Verwandlung in einen Automaten tritt das Arbeitsmittel während des Arbeitsprozesses selbst dem Arbeiter als Kapital gegenüber, als tote Arbeit, welche die lebendige Arbeitskraft beherrscht und aussaugt. Die Scheidung der geistigen Potenzen des Produktionsprozesses von der Handarbeit und die Verwandlung derselben in Mächte des Kapitals über die Arbeit vollendet sich, wie bereits früher angedeutet, in der auf Grundlage der Maschinerie aufgebauten großen Industrie. Das Detailgeschick des individuellen, entleerten Maschinenarbeiters verschwindet als ein winzig kleines Ding vor der Wissenschaft, den ungeheuren Naturkräften und der gesellschaftlichen Massenarbeit, die im Maschinensystem verkörpert sind und mit ihm die Macht des »Meisters« (master) bilden.[4]

In der kapitalistischen Fabrikarbeit wurde die Trennung von gesellschaftlich verfügbarem Wissen und individueller Handarbeit, von »Maschinensystem« und »Massenarbeit« auf die Spitze getrieben, die konkrete Tätigkeit der Industriearbeiter darauf reduziert, ein wissensbasiertes Produktionssystem am Laufen zu halten. Die einseitige, auf Privatbesitz beruhende Aneignung von Wissen und Kompetenz gehörte deshalb für Marx zu den zentralen Strukturmerkmalen und Spannungsfeldern der kapitalistischen Industrieproduktion. Via Fabrikordnungen und Arbeitsorganisationen wurden die jeweils in ihren gesellschaftlichen Umgebungen vorgefundenen traditionellen Hierarchien von Wissen und Tätigkeiten unter die Herrschaft des Kapitals gebracht. Die Aneignung und die Entwertung von Kenntnissen und Kompetenzen sowie der Kampf um die Verfügbarkeit und den Preis von Produktionswissen sind zentrale Themen in den Konflikten zwischen Gewerkschaften und Unternehmern, zwischen Kapital, Arbeit und Staat geblieben. Ob die im industriellen Arbeitsprozess benötigten Fähigkeiten Teil gesellschaftlich regulierter Berufsordnungen wurden, ob tarifpolitischer Schutz von Berufsti-

---

4 Karl Marx, *Das Kapital*, Bd. 1, in: ders., Friedrich Engels, *Werke* (MEW), Bd. 23, Berlin 1962, S. 446.

teln und fachlichen Ausbildungsstandards die alten zünftigen Gewerberegulierungen ersetzte, die im Zuge liberaler Gewerbereformen aufgehoben worden waren, war zum Beispiel hoch umstritten.

Die von Marx analysierte Trennung von Produktionswissen und manueller Industriearbeit führte zu einer grundlegenden Aufteilung des industriellen Produktionswissens auf drei nach Status, Einkommen und Handlungsmacht strikt geschiedene Berufsgruppen: die Vertreter der Kapitalseite, konkret Firmeneigentümer beziehungsweise deren Manager, die Vertreter der technischen Expertise, also Ingenieure, Naturwissenschaftler und Techniker, die für Planung und Steuerung der Produktion zuständig waren, und als dritte Gruppe die in der Produktion tätigen Arbeiterinnen und Arbeiter.

Diese Perspektive auf das Produktionswissen, die den Antagonismus von Kapital und Arbeit herausstreicht, muss jedoch ergänzt werden durch eine zweite, die auf kooperative Aspekte abhebt. Ihr zufolge kollaborieren Arbeiter, Ingenieure und Naturwissenschaftler bei der Entwicklung und Anwendung spezifischer industrieller Produktionstechnologien und bringen dabei ihre unterschiedlichen Kompetenzen und Erfahrungen ein. Das bedeutet, dass in den arbeitsteilig vollzogenen Arbeitsprozess und das erarbeitete Produkt verschiedene Formen von Wissen ganz unterschiedlicher Herkunft und Trägerschaft eingehen: angewandte Wissenschaft und Technik ebenso wie betriebliches Erfahrungswissen und berufliches Können. Daraus entsteht so etwas wie eine gemeinsame industrielle Professionalität oder Produktionskompetenz. Arbeitswissen in diesem Sinne dreht sich um die Qualität des Produkts sowie die Kooperation zwischen Menschen mit unterschiedlichen Kompetenzen.

Handwerkliches Wissen, die Unterwerfung des Produktionswissens unter die Macht des Kapitals sowie die kooperative Professionalität haben allesamt zur Ausgestaltung der konkreten Wissensordnungen in der industriellen Produktion seit dem 18. Jahrhundert beigetragen. Die Anfänge industrieller Produktion waren noch aufs Engste mit den handwerklichen Fertigkeiten und Wissensbeständen der Arbeiter verknüpft. Daraus entwickelten sich im 19. Jahrhundert spezifische Formen hochspezialisierter Facharbeit, und zwar in scharfem Gegensatz und in deutlicher ökonomischer und sozialer Distanz zu den bloßen Handlangern und Hilfsarbeitern ohne Vorwissen und Bildung, den »Massenarbeitern«, von denen Marx im obigen Zitat spricht.[5] Die industrielle Großfabrik schuf dann die neue Berufsgruppe angelernter Produktionsarbeiter, deren fachliches Wissen und theoretische Kenntnisse zwar beschränkt waren, die aber über konkretes arbeitsplatzbezogenes Erfahrungswissen, zum Beispiel über komplexe technische Abläufe und Maschinen, verfügten und sich dadurch als unersetzlich erwiesen.

In allen drei Ländern nahm im weiteren Verlauf industrieller Entwicklung die Bedeutung beruflicher Bildungstitel für Industriearbeiter dann wieder zu. Diese Anerkennung ihres Wissens und Könnens war aufs Engste mit der Anerkennung ihrer Gewerkschaften und Parteien als kollektiven Interessenvertretern in Politik und Wirtschaft verbunden.[6]

Von dieser institutionellen Absicherung profitierte in allen drei Ländern die Gruppe der Facharbeiter, *ouvriers professionnels* oder *skilled workers*, deren Wissen und Kompetenzen in direkter Unterordnung und in Komplementarität zum Wissen des Ingenieurs und des Technikers definiert waren. Die damit verbundene Hierarchie von Wissen und Entscheidungsmacht blieb erstaunlich lange stabil und passte sich mehr oder weniger problemlos den ständigen technologischen Innovationen an, die seit dem Ende des 19. Jahrhunderts die industrielle Produktion vorantrieben. Auch der Aufstieg des »Massenarbeiters« der fordistischen Fließbandproduktion, die zwischen 1920 und 1970 immer wichtiger wurde, veränderte an dieser Ordnung grundsätzlich nichts. Facharbeiterwissen wurde in allen drei

5 Gerhard Ritter, Klaus Tenfelde, *Geschichte der Arbeiter und der Arbeiterbewegung in Deutschland seit dem Ende des 18. Jahrhunderts*, Bonn 1992, S. 431 f.; siehe auch ebd., S. 298-353.
6 Wolf-Dietrich Greinert, *Berufsqualifizierung und dritte industrielle Revolution. Eine historisch-vergleichende Studie zur Entwicklung der klassischen Ausbildungssysteme*, Baden-Baden 1999, S. 53-79.

Ländern meist durch eine betriebliche Lehre erworben. Der Anteil der so ausgebildeten Fachkräfte an den industriellen Belegschaften umfasste in Großbritannien allerdings maximal ein Drittel der Industriearbeiterschaft, was unter anderem mit der berufsgewerkschaftlichen Kontrolle über diese Ausbildung (*apprenticeship*) zu tun hatte. Unter den französischen und westdeutschen Arbeitern war der Anteil deutlich höher. In Frankreich stellten sie bei den Volkszählungen 1954 und 1975 46 beziehungsweise knapp 45 Prozent aller Arbeiter (*ouvriers*),[7] es lag vor allem am Zustrom vor allem ungelernter Arbeitsmigranten aus dem Mittelmeerraum, dass dieser Anteil in den 1960er und frühen 1970er Jahren nicht weiter anstieg. Ähnlich präzise Statistiken fehlen für die Bundesrepublik, aber das Gesamtbild entspricht den französischen Entwicklungen. In der Schlussphase des Nachkriegsbooms nahm, wie wir gesehen haben, in allen drei Ländern der Einfluss der Gewerkschaften zu und sie nutzten ihn, indem sie zum einen neben den Unternehmern und dem Staat beziehungsweise den Vertretern des öffentlichen Bildungssystems die Einrichtungen der Berufsausbildung mitgestalteten und zum anderen indem sie tarifliche Vereinbarungen über den Einsatz von Facharbeitern und beruflich qualifizierten Arbeitskräften aushandelten. Man kann durchaus sagen, dass der ausgebildete Facharbeiter in dieser Endphase des Booms der herausragende Repräsentant legitimer Arbeiterinteressen in Gewerkschaften und Arbeiterparteien war.

Wenn wir nun etwas genauer nach Frankreich, Großbritannien und Deutschland schauen, so lässt sich zunächst feststellen, dass sich die nationalen Rahmenordnungen für dieses Grundmuster industrieller Wissensverteilung und -hierarchie deutlich voneinander unterschieden. In Großbritannien behauptete sich ein liberales Ordnungsmuster, das die Vermittlung von Produktionswissen zu einer Angelegenheit zwischen Arbeitgeber und Arbeitnehmer machte. Ausbildungsregeln für Industrieberufe blieben Gegenstand freier Aus-

---

7 Gérard Noiriel, *Les ouvriers dans la société francaise. XIXe-XXe siècle*, Paris 1986, S. 211.

handlungen zwischen Kapital und Arbeit, konkret: zwischen Berufsgewerkschaften und Unternehmerorganisationen oder einzelnen
Unternehmen. Infolgedessen dominierten lokale oder branchenspezifische Lösungen, wohingegen eine staatliche Regelung weitgehend
ausblieb.[8] In Frankreich, wo im Zuge der Revolution von 1789 die
alten handwerklichen Wissensordnungen und Ausbildungsregime
abgeschafft worden waren, füllte erst im frühen 20. Jahrhundert
nach und nach der Staat die Lücke, welche diese revolutionäre
Deregulierung hinterlassen hatte. Er schuf zunächst einen institutionellen Rahmen, indem er Bildungsabschlüsse und Berufsqualifikationen definierte sowie entsprechende Berufsschulzweige im sekundären Bildungssystem etablierte. Die private Initiative führte
demgegenüber ganz klar ein Schattendasein.[9] Im Deutschen Reich
entstand aus dem Zusammenfließen der traditionellen handwerklichen Lehrlingsausbildung und neuer industrieller Ausbildungsangebote nach dem Ersten Weltkrieg das sogenannte duale Berufsbildungssystem, das die betriebliche Ausbildung in die Hände der
Unternehmer beziehungsweise ihrer Verbände legte, wohingegen
die schulische Ausbildung vom Staat übernommen wurde.[10]

8 John Sheldrake, Sarah Vickerstaff, *The History of Industrial Training in Britain*, Al-
    dershot 1987, S. 4-18.
9 Bernard Charlot, Madeleine Figeat, *Histoire de la formation des ouvriers 1789-1984*,
    Paris 1985; Greinert, *Berufsqualifizierung und dritte industrielle Revolution*, S. 66-
    69.
10 Wolf-Dietrich Greinert, *Das »deutsche System« der Berufsausbildung. Geschichte, Or-*
    ganisation, Perspektiven, Baden-Baden ²1995, S. 61-102.

Postindustrielle Bildungsideologien

Zusammen mit den alten Industrien geriet dann auch die oben beschriebene Wissensordnung zu Beginn der 1970er Jahre in eine tiefe Krise, weil sich die Gewichte produktionsrelevanten Wissens aufgrund der wachsenden Bedeutung wissenschaftsgestützter technologischer Innovationen verschoben. Schon einige Jahre zuvor hatten sich Zeitdiagnostiker zu Wort gemeldet mit der Prognose, dass Wissen und Technologie die Zukunft bestimmen werden. Die »postindustrielle Gesellschaft«, ganz gleich ob kapitalistischer oder sozialistischer Prägung, werde eine »Informations-« beziehungsweise »Wissensgesellschaft« sein.[11] Diese Prophezeiung verfestigte sich rasch zu einem konsensfähigen Meinungswissen über aktuelle Trends und nahende Zukünfte, überall war die Rede vom Verschwinden handwerklicher und generell körperlicher Arbeit, von der wachsenden Bedeutung schulisch-abstrakten Wissens und höherer (akademischer) Bildung und vom »lebenslangen Lernen«. Ein wesentliches Element all dieser Diagnosen war die Verabschiedung des »Berufs« (viel seltener: der Profession) zugunsten der »Kompetenz« (*compétence, skill*) oder vielmehr: der »Kompetenzen« oder des »Kompetenzprofils«, verstanden als stimmiges Bündel unterschiedlicher Fähigkeiten und Kenntnisse. Deren Definition und empirische Erforschung in vergleichender »globaler« Perspektive wurde zu einem wichtigen Feld der sozial- und bildungswissenschaftlichen Forschung, die vor allem von den großen internationalen Institutionen wie der Organisation für wirtschaftliche Zusammenarbeit und Entwicklung (OECD), der EU-Kommission und der Internationalen Arbeiterorganisation (ILO) gefördert und vorangetrieben worden ist. Ihre theoretische Fundierung fanden all diese Prophetien über den Zu-

---

11 Vgl. zur zeitgenössischen Diagnostik: Nico Stehr, »›Wissensgesellschaften‹ oder die Zerbrechlichkeit moderner Gesellschaften«, in: Konrad (Hg.), *Wissen und Arbeit*, S. 13-23; siehe auch die Beiträge in: Manfred Moldaschl (Hg.), *Wissensökonomie und Innovation. Beiträge zur Ökonomie der Wissensgesellschaft*, Marburg 2010.

sammenhang von dritter industrieller Revolution und Wissen im Humankapital-Konzept (siehe Abb. 5.1), das Mitte der 1960er Jahren von Gary Becker zur Prominenz gebracht wurde.[12] Mit Humankapital ist ein »individuell angelegte[r] Kapitalstock an Fertigkeiten, an Wissen oder Gesundheit« gemeint, dessen Hege und Pflege jedem Einzelnen obliegt, dessen profitable Nutzung aber gesellschaftliche Umorganisationen erfordert. Denn »damit war zugleich gesagt, dass eine produktivitätsorientierte Wirtschaftspolitik beim Individuum ansetzen musste: bei seiner Ausbildung, bei seiner ökonomischen Natur, bei seinem Streben nach Gewinnmaximierung«.[13]

Übernommen wurde auch Beckers an US-amerikanischen Verhältnissen orientierte Empfehlung, öffentliche Bildungsangebote mit privaten Zusatzinvestitionen in Bildungskapital zu kombinieren (die vom einzelnen Individuum oder von seiner Firma zu tätigen seien) und auf sonstige Regulierungen zu verzichten, obwohl empirische Befunde eher gegen das Modell sprachen.[14] Mit diesem Ansatz wurden arbeitsbezogene Wissensformen und -inhalte neu zusammengesetzt, und konsequent zu Ende geführt wurde das Ganze durch die sogenannte Modularisierung von Kompetenz und Wissen mit dem Ziel, möglichst klar umrissene Kernkompetenzen auszuweisen und diese von spezialisierten Fachkompetenzen beziehungsweise ad hoc benötigten Fertigkeiten zu unterscheiden, welche möglichst kostengünstig und flexibel zu vermitteln seien. Die Steuerung und Kontrolle von Kompetenzerwerb wurde zu einem wichtigen Bestandteil neuer Managementstrategien. Das Unternehmen sollte sich damit von gewerkschaftlich geschützten Berufsmonopolen sowie den starren Hierarchien allgemeiner schulischer Bildungstitel freimachen.

12 Gary S. Becker, *Human Capital*, Chicago 1964.
13 Brigitta Bernet, »Dein Hirn, dein Kapital«, *Zeit Online* (3.7.2014), ⟨http://pdf.zeit. de/2014/28/wissensgesellschaft-brigitta-bernet-schweiz.pdf⟩, zuletzt eingesehen am 20.9.2018.
14 Colin Crouch, »Skill Formation Systems«, in: Stephen Ackroyd u.a. (Hg.), *The Oxford Handbook of Work and Organization*, Oxford 2005, S. 95-114, hier: S. 96f.

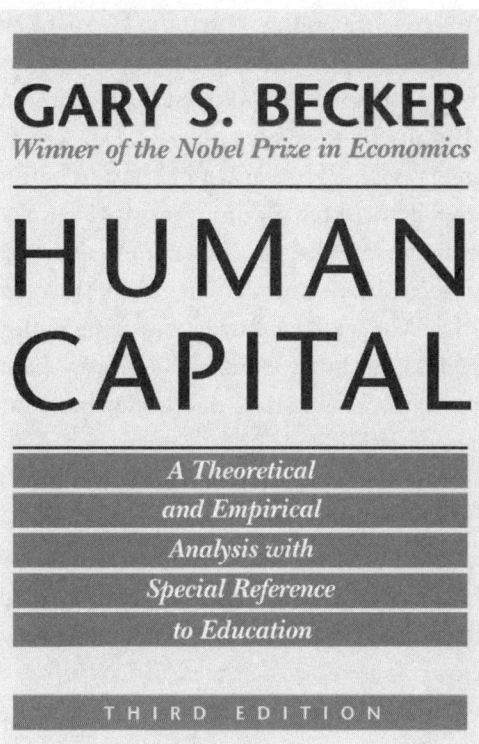

Abbildung 5.1:
Gary S. Becker, Human Capital, *Cover der Ausgabe von 1993.*
© The University of Chicago Press, Chicago.
Mit freundlicher Genehmigung.

Nach 1964 und 1975 erschien im Jahr 1993 die dritte Ausgabe von
Gary S. Beckers *Human Capital. A Theoretical and Empirical Analysis
with Special Reference to Education.* Ein Jahr zuvor hatte der US-amerikanische Wirtschaftswissenschaftler den Nobelpreis erhalten, weil er, so die
Begründung des Preiskomitees, die mikroökonomische Theorie auf weite
Bereiche des menschlichen Verhaltens ausgedehnt habe. Insbesondere in
Großbritannien gehörte Becker zu den einflussreichen Vordenkern einer
Neuausrichtung des Bildungswesens. Nicht die gewerkschaftlich abgesicherte Berufsausbildung, sondern individuell zu erwerbende *skills* galten
nun als zukunftsträchtig.

In Zeiten großer Unsicherheit boten die Humankapital-Theorie und das von ihr generierte Meinungswissen Unternehmern, Regierungen und auch strategisch kalkulierenden Eltern einen Orientierungsrahmen für zusehends risikoreiche Investitionen in Bildungstitel und Bildungswissen. Humankapital wurde bald so etwas wie die Chiffre einer kompakten Bildungsideologie, mit der laufende Veränderungen nicht nur diagnostisch kommentiert, sondern auch einem bestimmten Bildungsmodell für die künftigen postindustriellen Zeiten das Wort geredet wurde, das seine performative Wirkung nicht verfehlte. Bildungspolitiker, Bildungswissenschaftler und schließlich internationale Institutionen wie die OECD machten sich zu Anwälten eines Bildungsmodells mit klaren Zielvorgaben. Sie lauten: Ausweitung der allgemeinen Schul- und vor allem Hochschulbildung als Vermittlungsinstanz von Schlüsselkompetenzen, Abschaffung strikt definierter Berufsbilder und Berufsausbildungen zugunsten einer breiten Kompetenzvermittlung. Begleitend dazu wurde die meritokratische Vorstellung propagiert, dass individuelle Bildungsleistungen spätere Einkommensunterschiede rechtfertigten. Lebenslanges Lernen immer neuer job- und bereichsbezogener »Schlüsselkompetenzen« wurde zum Ideal erhoben. Leitbilder des zukunftsfähigen Wissens waren zum einen der kreative Künstler und der visionäre Unternehmer, zum andern der forschend-innovative Naturwissenschaftler. Als gewissermaßen pragmatische Version dieses heroischen Ideals konnten sich die *professionals* halten, das heißt die akademisch ausgebildeten, hochqualifizierten Experten und Spezialisten. Die etablierten und prestigeträchtigen Professionen des Mediziners, des Juristen oder des Ingenieurs wurden zu Blaupausen für eine wachsende Zahl neuer akademisierter Berufe: auch Informatiker, Finanzexperten und Controller erwarben akademische Abschlüsse oder trugen Doktortitel. In der radikalen Version wurden berufliche Ausbildungssysteme vollständig durch flexible Anlernsysteme ersetzt.

Auffällig ist, dass in diesem Tableau die klassischen Industrieberufe, aber auch die vielen »einfachen« und »mittleren« Jobs in den

Dienstleistungsbranchen weitgehend fehlten. Ihre inhaltliche Ausrichtung galt zunehmend als unzeitgemäß, ihre Wissensbestände als unterkomplex und die mit ihnen verbundenen Kompetenzen als verzichtbar beziehungsweise als den neuen technologischen Herausforderungen nicht mehr gewachsen.

Der ideologische Zangenangriff von Sozialdeutern, Bildungsreformern und Managementgurus ließ die traditionellen Tugenden industrieller Berufe zwar im doppelten Wortsinne alt aussehen,[15] allerdings stellte sich heraus, dass die etablierten Strukturen deutlich träger, und ihre Verteidiger störrischer waren, als die Propheten des neuen Zeitalters vermuteten.

Tatsächlich waren die Bildungssysteme Frankreichs, Großbritanniens und der Bundesrepublik Anfang der 1970er Jahre noch ziemlich weit davon entfernt, den Zukunftsszenarien zu entsprechen. Das hatte damit zu tun, dass alle drei Länder aus der ersten Hälfte des 20. Jahrhunderts ein sozial sehr selektives allgemeines Bildungssystem übernommen hatten, dessen »Demokratisierung«, das heißt praktische Öffnung aller seiner weiterführenden Zweige für die Bevölkerungsmehrheit, seit den 1960er Jahren ganz oben auf der politischen Agenda stand. »Demokratisierung« meinte auch die Öffnung dieser schulischen Bildungsabschlüsse hin zu praktischem, vor allem auch industriell nützlichem und arbeitsmarkttauglichem Wissen. Die Bildungssysteme aller drei Länder erlebten, wenn auch zeitversetzt, markante Ausbau- und Wachstumsschübe, an deren Ende die Mehrheit der 16- bis 24-Jährigen tertiäre Bildungsdiplome an öffentlichen Fachschulen, Hochschulen oder Universitäten beziehungsweise *skills* mit dem übergreifenden Ziel erwirbt, auf Arbeitsmärkten erfolgreich zu sein und damit dem Schlüsselkriterium der *employability* zu genügen. In allen drei Ländern blieb dabei die tra-

15 Martin Baethge, »Entwicklungstendenzen in der Beruflichkeit – neue Befunde aus der industriesoziologischen Forschung«, in: *Zeitschrift für Berufs- und Wirtschaftspädagogik – Beihefte* 100 (2004), S. 336-347; ders., »The German ›Dual System‹ of Training in Transition. Current Problems and Perspectives«, in: Peter Berg (Hg.), *Creating Competitive Capacity. Labor Market Institutions and Workplace Practices in Germany and the United States*, Berlin 2000, S. 101-118.

ditionelle Hierarchie der Bildungstitel gewahrt, neue Berufsfelder und -ausbildungen wurden in die bestehende Ordnung eingefügt. Anders als es manche Propheten der Wissensgesellschaft erwartet oder gar gehofft hatten, kam es also nicht zu einer kompletten Neuordnung der Bildungshierarchie oder gar zu einer Abwertung traditioneller Bildungsabschlüsse zugunsten lebenslangen Kompetenz- und Wissenserwerbs in Reaktion auf die sich ständig wandelnden Anforderungen in der (postindustriellen) Arbeitswelt. Wie schon erwähnt, nahm der Anteil von Berufen und Ausbildungsgängen insgesamt zu, die nach dem Modell der (akademischen) Professionen organisiert wurden. Vom Arzt über den Ingenieur und den Anwalt bis hin zum Piloten bestimmten in diesen Professionen Standesorganisationen über die Standards von Ausbildung und Berufstätigkeit, über die Zulassung zum Arbeitsmarkt und die Formen der arbeitsrechtlichen Regulierungen mit.

Frankreich gab beim Ausbau und bei der »Demokratisierung« seines sekundären und tertiären Bildungssystems seit den späten 1960er Jahren den Takt an, die Bundesrepublik hielt bei den Zuwächsen in den 1970er und 1980er Jahren nur mühsam mit, während Großbritannien erst in der zweiten Hälfte der 1990er Jahre in der Ära von New Labour seine tertiären Bildungseinrichtungen für die Mehrheit seiner Jugend öffnete. Doch im Zuge dieses Ausbaus und dieser Öffnung verschoben sich Stellung und Gewicht der gewerblichen Berufsausbildung in den drei Ländern in ganz unterschiedlicher Art und Weise.

Die vielen Leben des deutschen Berufsbildungssystems

Das duale System beruflicher Bildung in Deutschland erfuhr in den 1980er und 1990er Jahren in internationalen Vergleichen der Entwicklungsdynamik westlicher Industrien eine überraschende Aufwertung. Ökonomen und Soziologen unterstrichen den engen Zusammenhang zwischen der flexiblen Qualitätsproduktion und der allgegenwärtigen Präsenz fachlich qualifizierter Arbeitskräfte in westdeutschen Betrieben. Aber noch um die Jahrtausendwende gab es auch kontroverse Debatten darüber, ob das Berufskonzept hinreichend flexibel sei, um adäquat auf die technischen und organisatorischen Umbrüche industrieller Produktion zu reagieren.[16] In der Bundesrepublik selbst übertönten die Stimmen der Skeptiker und Kritiker die leiseren Argumente der Verteidiger dieses Systems, das längst unter Druck geraten war. Angebotene Ausbildungsberufe (in Handwerk und Industrie) schienen um 1980 keine Zukunft mehr zu haben, in anderen Berufen hatten sich in der Praxis längst die fachlichen Anforderungen und praktischen Einsatzfelder verschoben, zudem haftete dem ganzen Berufsbildungssystem als Teil des dreigliedrigen Schulsystems der Geruch an, der Reproduktion von Klassen- und Bildungsschranken zu dienen.[17]

Die »Modernität des Unmodernen«[18] hat dies ein Bildungswissenschaftler genannt und damit auf die überraschende Anpassungsfähigkeit des westdeutschen Systems beruflicher Bildung in dieser Umbruchphase hingewiesen. Als Ausgangspunkt der Entwicklungen kann die gesetzliche Neuregelung des beruflichen Ausbildungs-

16 David W. Soskice, Wolfgang Franz, *The German Apprenticeship System*, Berlin 1994; Horst Kern, Charles F. Sabel, »Verblaßte Tugenden. Zur Krise des deutschen Produktionsmodells«, in: Nils Beckenbach, Werner von Treeck (Hg.), *Umbrüche gesellschaftlicher Arbeit*, Göttingen 1994, S. 605-624; Wolfgang Streeck, »Skills and the Limits of Neo-Liberalism: The Enterprise of the Future as a Place of Learning«, in: *Work, Employment & Society* 3 (1989), S. 89-104; Kathleen Ann Thelen, »Institutionen und sozialer Wandel: Die Entwicklung der beruflichen Bildung in Deutschland«, in: Jens Beckert u. a. (Hg.), *Transformationen des Kapitalismus. Festschrift für Wolfgang Streeck zum sechzigsten Geburtstag*, Frankfurt/M. 2006, S. 399-424.
17 Die politische Geschichte der Reformen analysiert Marius R. Busemeyer, *Wandel trotz Reformstau. Die Politik der beruflichen Bildung seit 1970*, Frankfurt/M. 2009; Kurzfassung in: ders., »Die Sozialpartner und der Wandel in der Politik der beruflichen Bildung seit 1970«, in: *Industrielle Beziehungen. Zeitschrift für Arbeit, Organisation und Management* 3 (2016), S. 273-294.
18 Die Wendung stammt aus Greinert, *Berufsqualifizierung und dritte industrielle Revolution*, S. 46.

wesens gelten, die 1969 von der großen Koalition aus CDU/CSU und SPD auf den Weg gebracht wurde.[19] Das Gesetz stand noch ganz im Bann des Booms und diente vorrangig der Konsolidierung und Ausweitung des seit dem Ende des Zweiten Weltkriegs dynamisch gewachsenen Angebots beruflicher Bildungsabschlüsse. Dieses Ensemble regional und beruflich recht unterschiedlicher Lehrberufe war zum zahlenmäßig größten (wenn auch in der gesellschaftlichen Wahrnehmung und Wertschätzung eher vernachlässigten) Zweig des öffentlichen Bildungssystems herangewachsen. Faktisch hatten 60 bis 70 Prozent der nach 1930 Geborenen eine Lehre absolviert und der größte Teil von ihnen hatte dabei Lehrberufe gewählt, die im handwerklich-gewerblichen Sektor angesiedelt waren. Aber erst mit dem »Berufsbildungsgesetz« wurde daraus das »duale System« mit seinen vier Merkmalen: Einbeziehung aller Wirtschaftsbereiche, Verwaltung durch die Kammern, staatliche Anerkennung der Ausbildungsberufe sowie Mitwirkungsrecht von Gewerkschaften, Ländern und Berufsschullehrern an der Ausgestaltung der Ausbildungsgänge.[20] Das Gesetz stärkte so die korporatistische Verfassung der Berufsausbildung. In den nächsten zehn Jahren scheiterten alle Versuche von Bildungsreformern und Gewerkschaftlern, dieses System weiter zu »modernisieren«, etwa den Anteil schulischer Bildung und entsprechenden Wissens zu stärken oder den Einfluss der Unternehmerseite auf die Ausgestaltung der betrieblichen Teile der Ausbildung zu schwächen.

Für die Propheten der Wissensgesellschaft war dieses reformresistente Gebilde naturgemäß ein Relikt veralteter Wissensbestände und Bildungskonzepte.[21] Ab Mitte der 1970er Jahre geschah dann

19 Greinert, *Das »deutsche System« der Berufsausbildung*, S. 100-103.
20 Ebd., S. 100.
21 Karl Ulrich Mayer, »Ausbildungswege und Berufskarrieren«, in: *Forschung im Dienst von Praxis und Politik. Festveranstaltung zum 25jährigen Bestehen des Bundesinstituts für Berufsbildung am 7. und 8. September 1995. Dokumentation*, Berlin 1996, S. 113-145.

Angesichts des anhaltenden Lehrstellenmangels interviewte der *Spiegel* im Juni 1997 den Personalchef von Daimler-Benz, Heiner Tropitzsch. Ausdrücklich hob dieser die Vorteile von dualem System und praxisnaher Ausbildung hervor. Das Gespräch wurde im Magazin (Ausgabe 26/1997, S. 30) mit obiger Fotografie illustriert, die mehrere Auszubildende in Blaumännern des Automobilherstellers zeigt, mit einem von ihnen selbst gebauten Roboter im Zentrum. Das Bild steht für das Zusammenwirken von althergebrachten handwerklichen Fähigkeiten und neuer Computertechnologie, das wesentlich zum Erfolg der exportorientierten Qualitätsproduktion in Deutschland beigetragen hat.

allerdings etwas Überraschendes: Die Träger der dualen Berufsbildung, also Unternehmerverbände, Gewerkschaften, Handwerkskammern sowie Industrie- und Handelskammern fanden sich bis in die 1990er Jahre immer wieder in wechselnden Koalitionen zusammen, um Radikalveränderungen dieses Systems zu verhindern; und sie bildeten alle gemeinsam Gestaltungskoalitionen, als es im Verlauf des Untersuchungszeitraums mehrmals darum ging, Berufsbilder und Ausbildungsinhalte an die veränderte Arbeitswelt anzupassen. Im Ergebnis widerstand das reformierte duale System den vielfältigen Erosionskräften, die aus Gesellschaft und Wirtschaft auf es einwirkten. Seine Beharrungskraft war auch eine Nebenfolge der jugendpolitischen Dauerkrise angesichts fehlender Ausbildungsplätze für Schulabgänger, die in den Jahren 1975 bis 1990 besonders zahlreich waren.[22] Die schwache Konjunktur traf ausgerechnet die Babyboomer-Generation und verschlechterte deren Ausbildungs- und Beschäftigungschancen. In dieser Situation wurde das duale System zum wichtigsten Mittel im Kampf gegen die Jugendarbeitslosigkeit und damit de facto unentbehrlich; selbst die Bildungsreformer sahen in ihm das kleinere Übel. In der Ära Kohl wurde der jährliche Kampf um die Bereitstellung hinreichend vieler Lehrstellen zu einem festen Ritual, an dem sich alle Akteure im politischen Feld gern beteiligten.[23]

Generell kam es aufgrund dieser Reformen zur Zusammenlegung eng definierter, noch stark handwerklich geprägter Berufsbilder zu neuen übergreifenden Facharbeiterprofilen für ganze Branchen beziehungsweise Fertigungsprozesse, aber auch zur Einführung neuer Ausbildungsberufe. Infolge der wichtigen Reform der Metallberufe im Jahr 1987 zum Beispiel schrumpfte die Zahl der Ausbildungsbe-

22 Dies legen jedenfalls die empirischen Studien nahe, die sich mit der Entwicklung des Berufsbildungswesens in der Bundesrepublik in den letzten drei Jahrzehnten des 20. Jahrhunderts befasst haben, vgl. Greinert, *Das »deutsche System« der Berufsausbildung*; Busemeyer, *Wandel trotz Reformstau*.

23 Thomas Raithel, *Jugendarbeitslosigkeit in der Bundesrepublik. Entwicklung und Auseinandersetzung während der 1970er und 1980er Jahre*, München 2012, S. 69-103.

rufe in diesem Sektor von 45 auf 16,[24] die Reform von 1997 führte dazu, dass zwischen 1997 und 2006 62 neue Ausbildungsberufe, nun vor allem in den Bereichen Gesundheit, Tourismus, Wirtschaftsdienstleistungen und IT geschaffen und 162 Berufsbilder modernisiert wurden.[25] Eine wichtige Rolle in all diesen Bemühungen spielte das neu erwachte Interesse der Unternehmen an jungen Facharbeitern, mit denen die in den 1980er Jahren sich verdichtenden Umstrukturierungen der Produktion bewältigt werden sollten (siehe Abb. 5.2).

In dieser Gemengelage unterschiedlicher Motive und Akteurskonstellationen erfuhr jedenfalls das Produktionswissen von Facharbeitern für die Innovations- und Marktanpassungsstrategien vieler deutscher Industrieunternehmen eine deutliche Aufwertung. Das Festhalten an der dreijährigen Facharbeiterausbildung (ab 1987 war eine Verlängerung um ein halbes Jahr möglich) stärkte auch das System der Flächentarife, in denen der Facharbeiterlohn der zentrale Orientierungspunkt blieb.

Faktisch verschoben sich im selben Zeitraum aber die Gewichte zwischen dem allgemeinbildenden Teil des (west-)deutschen Bildungssystems und dem dualen System. Angesichts erhöhter Ausbildungsanforderungen und wachsender Schülerzahlen an Realschulen und Gymnasien absolvierten nun immer mehr Realschüler und Abiturienten eine berufliche Ausbildung. Damit nahm auch die Durchlässigkeit des dualen Systems in Richtung Fachhochschulen und anderer Einrichtungen des tertiären Bereichs des Bildungssystems weiter zu. Im Ergebnis stieg der Anteil der Auszubildenden an der Alterskohorte der 16- bis 19-Jährigen von 1970 bis 1990 von gut 53 auf knapp 75 Prozent an.[26] Schwerpunkte blieben dabei die gewerblichen und handwerklichen Ausbildungsberufe. Gleichzeitig wurde der Zugang zur beruflichen Ausbildung für Schulabbrecher und schwächere Schüler vor allem aus den Hauptschulen immer schwerer, und

24 Gerhard Bosch, »Zur Zukunft der dualen Berufsausbildung in Deutschland«, in: ders. (Hg.), *Das Berufsbildungssystem in Deutschland*, Wiesbaden 2010, S. 37-62.
25 Ebd., S. 45.
26 Greinert, *Das »deutsche System« der Berufsausbildung*, S. 123.

für viele von ihnen (8 von 10) wurde der Umweg über Vorbereitungskurse und öffentlich geförderte Sondermaßnahmen zum normalen Zugang zu einer beruflichen Qualifikation. Im Jahr 2002 startete die große Mehrheit der Schulabgänger (680 000) ihre berufliche Bildung in solchen Kursen und Klassen, während nur noch eine Minderheit (480 000) direkt mit ihrer Lehre beginnen konnte.[27]

Kompetenzerwerb, Wissensverlust und Dequalifizierung: Britische Wege in die Wissensgesellschaft

Großbritannien bot sich Sozialpolitikern und Arbeitsökonomen spätestens seit den Beschäftigungserfolgen der 1990er Jahre als Musterbeispiel einer Alternative zum vergleichsweise konservativen westdeutschen Weg der Fortschreibung des dualen Systems an. Dabei hatte das Land binnen recht kurzer Zeit gleich zwei harte Kurswechsel in der staatlichen Berufsbildungspolitik erlebt. Zunächst versuchten die Labour-Regierungen mittels korporatistischer Arrangements zwischen Gewerkschaften, Unternehmerverbänden und Staat die im internationalen Vergleich niedrige Quote von Fachkräften (Ingenieuren, Technikern und Facharbeitern) in der Industrie zu erhöhen. Das 1964 verabschiedete Gesetz (Industrial Training Act) eröffnete eine relativ kurze Phase von 15 Jahren, in der das bis dahin dominante Modell marktförmig beziehungsweise tarifpolitisch regulierter Ausbildungsstandards in der britischen Industrie durch staatliche Reglementierungen (dezentrale *industrial training boards*) überformt wurde.[28] Als Erbschaft des liberalen Modells existierte zu Beginn dieser Phase eine Vielzahl unterschiedlicher Berufsdiplome und Ausbildungsformen in den verschiedenen Regionen, Branchen

27 Sirikit Krone, »Aktuelle Probleme der Berufsausbildung in Deutschland«, in: Bosch (Hg.), *Das Berufsbildungssystem in Deutschland*, S. 19-36, hier: S. 24.
28 Sheldrake/Vickerstaff, *The History of Industrial Training in Britain*, S. 32-43.

und Unternehmen. Dabei hatte sich das traditionelle Lehrlings- oder *Apprenticeship*-Modell als relativ aufwendiger (bis zu 5 Jahre dauernder) Qualifikationsweg für wenige Berufsanfänger in der Industrie behauptet, erfasste aber selbst in seinen besten, nämlich den 1950er Jahren allenfalls ein Drittel aller Industriearbeiter. Das Gesetz von 1964 verfehlte jedoch sein Ziel, den Ausbildungsstand in der britischen Industrie zu verbessern. Zum einen wählten Jugendliche nach wie vor gern den direkten Weg von der Schule in die Industrie, zum anderen scheuten zahlreiche vor allem kleinere und mittlere Unternehmen die Investitionen in die berufliche Qualifikation ihrer Arbeiter – nicht zuletzt aufgrund des damit verbundenen Risikos, diese gut ausgebildeten Arbeiter dann an Großbetriebe zu verlieren. Drittens verteidigten auch die Berufsgewerkschaften den Status quo freier betrieblicher beziehungsweise brancheninterner Aushandlung von Umfang und Standards der Facharbeiterausbildung und konnten damit auch den Zugang zum Arbeitsmarkt und die Jobsituation für die eigenen Mitglieder kontrollieren und regulieren. Eine neue Situation entstand, als seit den frühen 1970er Jahren die Arbeitslosenzahlen wuchsen und kurzfristige Programme zur Bekämpfung der Jugendarbeitslosigkeit in den Vordergrund rückten.[29] 1979, am Ende dieser Phase, gaben nur 21,7 Prozent der in Industrie und Bauwesen Beschäftigten an, über eine längere Berufsausbildung (*apprenticeship*) zu verfügen. Bezeichnenderweise war der Anteil unter den älteren Arbeitern (älter als 35 Jahre) um 3 Prozent höher als bei den Jüngeren, die erst nach 1964 ins Berufsleben eingetreten waren.[30]

Diese Kombination von Konjunktureffekten und Sonderinteressen setzte dem Gesetz von 1964 engere Grenzen als erwartet, vol-

---

29 Ebd., S. 26-42; Paul Ryan, »Apprenticeship in Britain – Tradition and Innovation«, in: Thomas Deißinger (Hg.), *Berufliche Bildung zwischen nationaler Tradition und globaler Entwicklung. Beiträge zur vergleichenden Berufsbildungsforschung*, Baden-Baden 2001, S. 133-158; Roy Canning, »Vocational Education and Training in Scotland. Emerging Models of Apprenticeship«, in: ebd., S. 159-180.
30 Die entsprechenden Zahlen habe ich dem Labour Force Survey [LFS] von 1979 entnommen, UK Social Data Archive [UK SDA], Study Number [SN] 1756.

lends ausgehebelt wurde es dann aber erst durch den Kurswechsel in der industriellen Ausbildungspolitik seitens der konservativen Regierungen zwischen 1979 und 1994, deren erklärtes Ziel es ja war, die Macht der Gewerkschaften auf ganzer Linie zu brechen. Dazu gehörten auch die Verdrängung der Gewerkschaften aus der Mitbestimmung über Ausbildungsfragen und Rückgabe der vollen Verantwortung für die berufliche Qualifikation ihrer Belegschaften an die Unternehmer. Im selben Zug sollte die seit den späten 1970er Jahren immer stärker anwachsende Jugendarbeitslosigkeit möglichst schnell und publikumswirksam bekämpft werden. Während also traditionelle Lehrlingsausbildungsgänge vernachlässigt wurden, kam es zu einem Ausbau der staatlichen Förderung für häufig nur ein- bis zweijährige Berufsvorbereitungskurse (*Youth Training Schemes –* *YTS*) für Schulabgänger. Damit verzögerte sich für viele Jugendliche im Alter zwischen 16 und 18 Jahren der Berufsstart (beziehungsweise der Weg in die Arbeitslosigkeit) um zwei Jahre, was sich zwar positiv auf die Arbeitslosenstatistik und somit auf das Bild der Regierung in der Öffentlichkeit auswirkte, aber kaum etwas dazu beitrug, die Teilnehmer dieser Maßnahmen auf ihre künftigen Jobs vorzubereiten. Weil viele der traditionellen Ausbildungsberufe von den zuständigen Berufsgewerkschaften gestaltet und kontrolliert wurden, tat der Niedergang der traditionellen Berufsgewerkschaften ein Übriges, die Möglichkeiten zur beruflichen Qualifikation weiter zu reduzieren.

Die Risiken, die mit der liberalen Deregulierung etablierter beruflicher Qualifikationen verbunden waren, wurden durchaus gesehen, und Initiativen zur Kurskorrektur sind seit Ende der 80er Jahre immer lauter geworden. Sie führten 1994 zum offiziellen Kurswechsel und der Wiederentdeckung der Tugenden betrieblicher Berufsausbildung – nun unter dem Etikett *modern apprenticeship*.[31] Dieses

---

31 John McIlroy, »Ten Years of New Labour. Workplace Learning, Social Partnership and Union Revitalization in Britain«, in: *British Journal of Industrial Relations* 46 (2008), S. 283-313; Ryan, »Apprenticeship in Britain – Tradition and Innovation«; Canning, »Vocational Education and Training in Scotland«.

staatliche Förderprogramm wurde dann unter der neuen Labour-Regierung nach 1997 erweitert, blieb aber wiederum ohne größeren Erfolg, weil nunmehr der tertiäre Sektor des allgemeinen Bildungssystems als neuer Königsweg zum Erwerb von Schlüsselqualifikationen und arbeitsmarktbezogenen Kompetenzen (*skills*) ausgebaut wurde. Die Bildungsoffensive mit dem Ziel, besser bezahlte Jobs für alle zu schaffen, verband sich mit dem meritokratischen Leitbild von *New Labour* und dem Versprechen der Regierung Blair, via Bildung Chancengleichheit in der britischen Gesellschaft herzustellen und die scharfen Klassengrenzen zu beseitigen. Beides blieb indes Floskel und Illusion.

Angesichts der Schwäche beruflicher Ausbildungsstrukturen entwickelte sich Großbritannien zum Musterland des neuen modularen Konzepts flexibler *job skills*, deren konkreter Erwerb weitestgehend in die Verantwortung und damit auch das Ermessen der Unternehmensleitungen fiel beziehungsweise ganz im Sinne des Humankapital-Ansatzes als Ergebnis individueller Weiterbildungs- oder Qualifizierungsinvestitionen verstanden und propagiert wurde. Die Verbetrieblichung arbeitsbezogener Qualifikationen und fachlichen Wissens wurde damit weiter vorangetrieben und zugleich übersetzt in die neue Sprache allgemeiner Kompetenzen und Fähigkeiten, deren schrittweiser Erwerb Aufgabe jedes Individuums werden sollte, deren Anerkennung als Humankapital aber im Ermessen des Arbeitgebers lag oder über Arbeitsmärkte reguliert wurde. Gerade angesichts des dramatischen Umbaus der britischen Wirtschaftsstruktur in der Ära Thatcher schuf das kompetenzbasierte Trainingssystem jene Flexibilität, ohne die Branchen- und Berufswechsel noch schwieriger gewesen wären.

Gleichzeitig verfolgten die verschiedenen öffentlichen Förderprogramme für berufliches Training und berufliche Weiterbildung das Ziel, den insgesamt wachsenden Wissensanforderungen in der Arbeitswelt nachzukommen. Umstritten bleibt, in welchem Maß das liberale Marktmodell erfolgreich war. Relativ zum bescheidenen Niveau Ende der 1970er Jahre verbesserte sich die Qualifizierungsbilanz über alle Branchen und Berufe hinweg, doch blieben erhebliche Unterschiede zwischen Ausbildungsberufen und unqualifizierten Jobs bestehen.[32] Für den schrumpfenden Industriesektor zeigt sich eine Trendwende hin zu höheren Qualifikationen. So war im Jahr 2000 der Anteil derer, die laut Selbstauskunft über eine Lehrlingsausbildung (*apprenticeship*) verfügten, auf knapp 37 Prozent (22 Prozent waren es 1979) gestiegen, dabei lag der Anteil unter den Jüngeren (15-24 Jahre) mit 28,5 Prozent weiterhin deutlich niedriger als bei den Älteren (55-64 Jahre), wo er 41 Prozent betrug.[33] Innerhalb des britischen Beschäftigungssystems war der kleiner gewordene Industriesektor zu einem Bereich geworden, in dem mehr und anspruchsvolleres Wissen gefordert war als in vielen Jobangeboten der neuen *service industries*, wo in vielen Fällen praktische Fähigkeiten Vorrang hatten vor technischem oder anderem Fachwissen.

Der britische Fall ist deshalb so interessant, weil hier auch langfristig weiterwirkende Geschlechterbilder und soziale Orientierungen sichtbar wurden, welche die gesellschaftliche Ungleichverteilung von Bildung und Wissen nochmals verstärkten. In den industriellen Zentren des Landes war die schulische Ordnung auch eine Klassenordnung, so dass das Erreichen höherer Bildungsgrade den Abschied vom Herkunftsmilieu samt seinen Solidaritäten bedeuten konnte. Studien wie die von Paul Willis haben noch für die frühen 1970er Jahre die Existenz einer dezidiert antiintellektuellen Gegenkultur männlicher Jugendlicher aus traditionellen Arbeitermilieus dokumentiert, deren »natürlicher« Berufsweg nach den Pflichtschuljahren in die Produktion und den Erwerb von Kompetenzen innerhalb männ-

---

32 So das Ergebnis der Studien der Social Change and Economic Life Initiative (SCELI), siehe Alan Felstead u.a., *Work Skills in Britain 1986-2001*, Nottingham 2002; Roger Penn u.a. (Hg.), *Skill and Occupational Change*, Oxford, New York 1994.

33 Nur Beschäftigte der Sektoren Industrie und Bau; meine Berechnungen auf der Basis des LFS 1979 und des LFS 2000, UK SDA, SN 1756 (LFS 1979) und 5857 (LFS 2000).

licher Arbeiterhierarchien führte.[34] Die Ablehnung der früheren Schule und überhaupt schulischer Bildung und entsprechender Lernsituationen war auch in der Bundesrepublik unter männlichen Auszubildenden in der Industrie verbreitet.[35] Während diese Distanz hier durch den Lernort Betrieb im dualen System in den meisten Fällen überwunden werden konnte, wurde die Bildungsferne der Arbeiterschaft in Großbritannien durch institutionelle Sanktionierung gewissermaßen noch fortgeschrieben. Typischerweise entstanden Orte und Formen anerkannten beruflichen Wissens hier in Branchen und Unternehmen, in denen die Gewerkschaften signifikanten Einfluss auf die berufliche Ausbildung ausübten und sich die berufliche Qualifikation im Binnenraum der eigenen Organisations- und Lebenswelt vollzog.

Traditionelle Distanz und neue Hierarchien: Bildungstitel und Produktionswissen in Frankreich

Auf den ersten Blick und eingedenk dessen, was wir bislang über Frankreich festgehalten haben, liegt es nahe, dem Land hinsichtlich des jetzigen Themas ebenfalls eine Zwischenposition zuzuweisen, und zwar zwischen den beiden Extremfällen *job skills* (Großbritannien) und Lehr- beziehungsweise Ausbildungsberuf (Deutschland), zumal auch liberale und staatsinterventionistische Traditionen über Ärmelkanal und Rhein hinweg auf die französischen Entwicklungen eingewirkt haben. Aber bei genauerem Hinsehen wird erkenn-

---

34 Paul Willis, *Spaß am Widerstand. Gegenkultur in der Arbeiterschule*, Frankfurt/M. 1979.
35 Vgl. die Interviews der SOFI-Untersuchung junger Facharbeiter Ende der 1990er Jahre. SOFI Archiv Facharbeiterstudie, Interviews WD01F02; MS 01F01j; MS 01F04; PK01F03 vgl. Peter Kupka, »Arbeit und Subjektivität bei industriellen Facharbeitern«, in: *Beiträge zur Arbeitsmarkt- und Berufsforschung* 240 (2002), S. 99-113.

bar, dass Frankreich einen ganz eigenständigen dritten Fall darstellt. Hier war es das allgemeine Bildungssystem und dessen systematischer und dynamischer Ausbau, welche die Rahmenbedingungen für die Fortentwicklung industrieller Wissensordnungen maßgeblich bestimmt haben.[36] Faktisch folgten auch die innerbetrieblichen Hierarchien den strikten Klassifizierungen der staatlichen Bildungsdiplome. Anders als in der Bundesrepublik und durchaus vergleichbar mit den britischen Zuständen hatte sich in der industriellen Arbeitswelt Frankreichs am Ende des Booms eine scharfe Trennlinie herausgebildet zwischen der Mehrheit der Produktionsarbeiterinnen und -arbeiter einerseits und den leitenden Angestellten (*cadres*, dort auch die Ingenieure) sowie der Gruppe der technischen Berufe andererseits. Unter den Arbeitern bildeten die *ouvriers professionnels* nur eine Minderheit. Sie verfügten in der Regel über ein CAP (*certificat d'aptitude professionnelle*) oder ein BEP (*brevet d'études professionnelles*), wobei es sich um zwei Diplome handelt, die sowohl von öffentlichen Berufsschulen als auch von betrieblichen Ausbildungsinstituten vergeben wurden. Der Anteil schulisch vermittelter Kenntnisse in Technik, Naturwissenschaften und Mathematik entsprach häufig den westdeutschen Standards und lag in der Regel höher als bei vergleichbaren britischen Ausbildungsgängen.[37]

Kennzeichnend für die französische Entwicklung seit den 1970er Jahren wurde der rasche Bedeutungsverlust dieser traditionellen Facharbeiterschaft, ihrer Ausbildungsroutinen und Wissensstandards. Anders als in der Bundesrepublik kam es zu einem Wechsel in den Formen und Inhalten berufsqualifizierender Ausbildungsgänge und Diplome. Sie wurden nun immer mehr und immer häufiger an den berufsbildenden Gymnasien (*lycées professionnels*) oder an Fachhochschulen (*Instituts universitaires de technologie* IUT) erworben, so

---

36 Charlot/Figeat, *Histoire de la formation des ouvriers 1789-1984*.

37 Jens Schriewer, »Alternativen in Europa: Frankreich. Lehrlingsausbildung unter dem Anspruch von Theorie und Systematik«, in: Herwig Blankertz (Hg.), *Enzyklopädie Erziehungswissenschaften*, Bd. 9: *Sekundarstufe II, Teil 1: Handbuch*, Stuttgart 1982, S. 250-285.

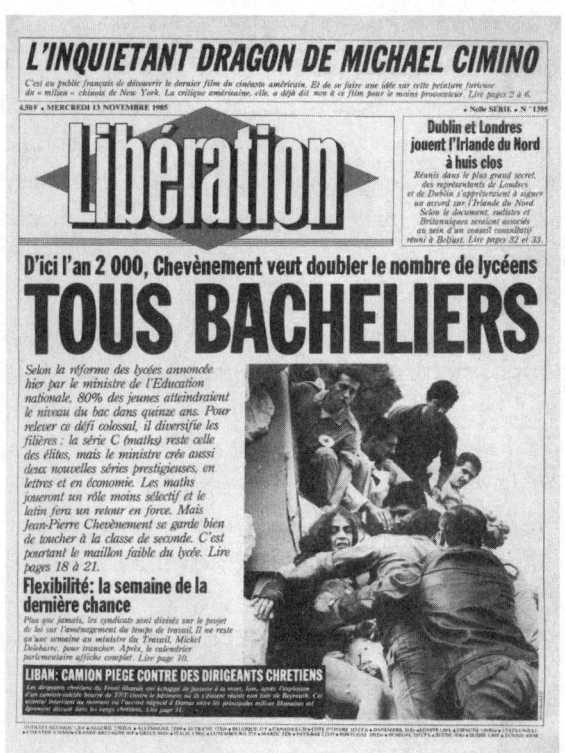

Abbildung 5.3.:
»Alles Abiturienten«: Titelseite der Libération vom 13.11.1985.
© Libération.

Nachdem der französische Bildungsminister Jean-Pierre Chevènement im November 1985 angekündigt hatte, die Zahl der Abiturienten bis zum Jahr 2000 zu verdoppeln, titelte die Tageszeitung Libération »Tous Bacheliers« (»Alles Abiturienten«). Doch das damit verbundene Versprechen des sozialen Aufstiegs erwies sich als trügerisch. Zunehmend fiel es Abiturienten und Studierenden schwer, eine angemessene Stelle zu finden. Auch in den Industriebetrieben wuchs die Zahl der überqualifizierten Arbeiterinnen und Arbeiter.

dass die junge Generation industrieller Facharbeiter, nun meist *opérateurs* genannt, wenig oder gar nichts mehr mit den *ouvriers professionnels* alter Schule gemein hatten. Im Zuge des seit 1981 forcierten Ausbaus des allgemeinen Schulsystems mit dem politischen Ziel, 80 Prozent eines Jahrgangs zum französischen Äquivalent des Abiturs (*baccalauréat*, kurz *bac*) zu führen, veränderte sich auch das Profil berufsbezogener Ausbildungsgänge grundlegend (siehe Abb. 5.3).[38] Gedacht als Qualifizierungsoffensive, um die seit dem Ende des Booms immer bedrohlicher anwachsende Jugendarbeitslosigkeit systematisch und langfristig zu bekämpfen, erwies sich die Öffnung der *lycées* und Hochschulen als tiefgreifende Zäsur im System beruflicher Ausbildung. Die Vermehrung berufsbezogener Abschlüsse im allgemeinbildenden öffentlichen Bildungssystem vertiefte die ohnehin schon recht tiefe Kluft zwischen (industrieller) Arbeitswelt und Bildungssystem noch weiter. Die wachsende Zahl von Absolventen mit Abitur oder tertiären Bildungsabschlüssen, die eigentlich für künftige Positionen im Rang von Technikern oder Industriemeistern qualifizierten, sah sich mit Arbeitsmärkten konfrontiert, auf der sie bestenfalls als *opérateurs* beginnen konnten oder Berufspraxis zunächst als fachlich qualifizierte Leiharbeiter sammeln mussten. Während sich im deutschen Fall die Reform der einzelnen Ausbildungsgänge im Rahmen institutioneller und personeller Kontinuität auf schulischer wie betrieblicher Ebene vollzog, wurde in Frankreich der Bruch mit der alten Ausbildungsordnung zum Normalfall.[39] Hinter der Kategorie *ouvrier professionnel* verbirgt sich also ein tiefgreifender Einschnitt sowohl bei den Erwerbsformen als auch bei der konkreten Art des berufsqualifizierenden Wissens. Anschaulich haben dies die Studien von Beaud, Pialoux und Hatzfeld für den

38 Stéphane Beaud, *80 % au bac – et après? Les enfants de la démocratisation scolaire*, Paris 2003; ders., Michel Pialoux, *Retour sur la condition ouvrière. Enquête aux usines Peugeot de Sochaux-Montbéliard*, Paris 1999.
39 Armelle Gorgeu, René Mathieu, »La place des diplômes dans la carrière des ouvriers de la filière automobile«, in: *Formation emploi* 105 (2009), S. 37-51.

Automobilkonzern Peugeot und dessen Werk in Sochaux gezeigt.[40] Die firmeneigene Berufsfachschule wurde 1970 geschlossen, ihre Absolventen arbeiteten häufig als *ouvriers professionels* im Unternehmen, aber diese Facharbeiter alter Schule wurden immer mehr an den Rand gedrängt. Der Konzern vollzog die technologischen Innovationen in der eigenen Produktion seit den späten 1980er Jahren gezielt unter Rückgriff auf junge Fachkräfte, die von den verschiedenen Berufsgymnasien und technischen Fachhochschulen ausgebildet worden waren; diese verfügten zwar über entsprechend höheres fachlich-technisches Vorwissen als ihre älteren Kollegen, hatten ihnen gegenüber in Sachen Berufserfahrung und betrieblicher Praxis deutlich das Nachsehen.

Ihrem Ausbildungsprofil und ihrer Selbstwahrnehmung entsprechend, strebten diese neuen industriellen Fachkräfte, auch wenn sie direkt in der Produktion beschäftigt waren, eine Position in der mittleren Hierarchieebene an. Im Ergebnis führte die Einführung neuer Technologien und Produktionsregime bei Peugeot und in anderen französischen Unternehmen zu einem generationellen Bruch zwischen den älteren *ouvriers spéciaux* und *professionels* und den jüngeren *opérateurs*. Vor allem dort, wo taylorisierte Arbeitsabläufe durch neue Formen von Teamarbeit ersetzt werden sollten, traten diese Gegensätze deutlich hervor. Konflikte entstanden aber auch dort, wo innerbetriebliche Aufstiegswege für Arbeiter oder Techniker durch die externe Rekrutierung formal höher qualifizierter Fachkräfte blockiert wurden.[41] Natürlich waren auch die westdeutschen Betriebe nicht frei von solchen Konflikten zwischen Älteren und Jüngeren, zwischen Facharbeitern und technischen Angestellten. Ein wesentlicher Unterschied zu Frankreich war jedoch, dass in der Bundesre-

---

40 Nicolas Hatzfeld, *Les gens d'usine. 50 ans d'histoire à Peugeot-Sochaux*, Paris 2002; Beaud/Pialoux, *Retour sur la condition ouvrière*.

41 Entsprechende Beispiele, das Hewlett-Packard-Werk in Grenoble betreffend, finden sich im Archiv des Forschungsprojekts *Enquête Emploi salarié et conditions de vie* im Centre Maurice Halbwachs, Paris, und betreffend das Peugeot-Werk in Sochaux wiederum bei Beaud/Pialoux, *Retour sur la condition ouvrière*, S. 111-160.

publik die Kontinuität der Facharbeiterausbildung sowie in personeller und fachlicher Hinsicht vergleichsweise durchlässige Statusgrenzen als Integrationsfaktoren wirkten.

Wissensordnungen und neue Produktionsregime

Die öffentlichen Bildungssysteme der drei Länder spielten also eine ganz wesentliche Rolle, als es im Zuge der dritten industriellen Revolution zu einer Neubewertung industrieller Arbeitskompetenzen und produktionsbezogenen Wissens auf den Arbeitsmärkten und im Rahmen gesellschaftlicher Statuszuweisungen kam. In erheblichem Maße haben sie die Neu- und Umverteilung von Wissensanforderungen im Zuge der technologischen und ökonomischen Entwicklungen seit 1970 gesteuert. Lediglich in der Bundesrepublik überstanden die Facharbeiterberufe des dualen Systems die Transformationen der industriellen Welt zwischen 1975 und 2000 überraschend unbeschadet und stellten dort auch noch Anfang des 21. Jahrhunderts einen eigenen, weit verbreiteten Typus von Beruflichkeit dar. Dessen Wirksamkeit auf den Arbeitsmärkten beruhte im Wesentlichen auf der staatlichen Anerkennung der Ausbildungsgänge und Berufstitel sowie auf der tarifrechtlichen Verankerung dieser Berufsqualifikation und der gewerkschaftlichen Verteidigung des Facharbeiterbriefs.[42] Weder in Großbritannien noch in Frankreich haben die *skilled workers* oder die *ouvriers professionnels* in den Umbrüchen seit den 1970er Jahren ihre bis dahin ähnlich starke Stellung im Feld der Berufe in vergleichbarem Umfang halten können. Die Inflation allgemeinbildender Bildungsdiplome ohne spezifische Passung und die Definition jobbezogener *skills* ohne öffent-

---

42 Christoph Deutschmann, »Latente Funktionen der Institution des Berufs«, in: Marita Jacob, Peter Kupka (Hg.), *Perspektiven des Berufskonzepts. Die Bedeutung des Berufs für Ausbildung und Arbeitsmarkt*, Nürnberg 2005, S. 3-16.

lich-rechtliche und/oder tarifliche Absicherung hat die Lage der *working classes* beziehungsweise *classes populaires* im Kampf um »Titel und Stelle«[43] erheblich verschlechtert. Dies ist eine der langfristigen Paradoxien, die aus der Öffnung der allgemeinen Bildungssysteme resultierten.

Die Auswirkungen dieser nationalen Ausbildungsordnungen lassen sich anhand einiger Zahlen verdeutlichen (siehe Tab. 5.1.), welche die Entwicklungsdynamik der beruflichen Ausbildungssysteme im Untersuchungszeitraum illustrieren.

Abschlüsse:	Groß-britannien	Frankreich	Westdeutschland
Promotionen	1,2	0,5	1,6
Universitätsdiplome auf Master-Level bzw. Äquivalente	4	11	7
Bachelor-Diplome bzw. Äquivalente (z. B. Fachhochschuldiplome)	25	27	34
Technische Berufsabschlüsse	51	63	72
Facharbeiterdiplome	62	167	197

Tabelle 5.1:
Technisch-gewerbliche Berufsqualifikationen pro 100 000 Beschäftigte im Jahr 1985.[44]

Bei allen Schwierigkeiten der vergleichenden Zuordnung nationalspezifischer Diplome in international vergleichbare Kategorien verdeutlichen diese Zahlen jedoch die Unterschiede zwischen den drei

43 Pierre Bourdieu, Luc Boltanski, »Titel und Stelle. Zum Verhältnis von Bildung und Beschäftigung«, in: Pierre Bourdieu, Helmut Köhler (Hg.), *Titel und Stelle. Über die Reproduktion sozialer Macht*, Frankfurt/M. 1981, S. 89-116.
44 Die Tabelle stammt aus: Christel Lane, »Vocational Training and New Production Concepts in Germany: Some Lessons for Britain«, in: *Industrial Relations Journal* 21 (1990), S. 247-259, hier: S. 250.

Ländern. Generell waren Berufsqualifikationen in der industriellen Arbeitswelt Großbritanniens seltener als in Frankreich und Deutschland. Dabei sind aber die Abstände zwischen den drei Ländern in der Gruppe der höher qualifizierten Naturwissenschaftler, Ingenieure und Techniker deutlich kleiner als in der viel größeren Statusgruppe der Facharbeiter.

Wie Tabelle 5.1. zu entnehmen ist, gab es mitten in der Umbruchphase der dritten industriellen Revolution in Großbritannien deutlich weniger Personal mit entsprechendem Fachwissen (»Facharbeiterdiplom«) als in der Bundesrepublik und in Frankreich. Ein solcher direkter Vergleich beruht aber auf der Fiktion, dass die Ausbildung (*apprenticeship*) in der britischen Industrie, die Facharbeiterausbildung in der Bundesrepublik und die *CAP*-Ausbildung in Frankreich mehr oder weniger äquivalent sind. Davon kann nur mit sehr großen Einschränkungen die Rede sein. Nur ein kleinerer Teil der britischen Ausbildungen entsprach zum Beispiel dem Umfang des vermittelten Fachwissens nach den westdeutschen Ausbildungsnormen, die *apprenticeships* legten aber großes, teilweise größeres Gewicht auf praktische Kompetenzvermittlung und berufliche Erfahrungen am Arbeitsplatz.[45] Und beide Modelle sind wiederum sehr verschieden vom französischen *CAP* oder *BEP*, zwei Ausbildungsqualifikationen, die in der Regel betriebsfern erworben worden sind. Der Anteil an Fachwissen entsprach in Frankreich daher meist den westdeutschen Normen oder übertraf sie. Mitte der 1980er Jahre hat Hilary Steedman britische und französische Ausbildungsstandards in den beiden industriellen Kernbereichen Elektrik und Mechanik untersucht. Sie kam zu dem Ergebnis, dass die französischen Ausbildungsniveaus (*CAP* wie *BEP*) höher, britische Ausbildungsangebote (hier: die anspruchsvolleren *City-and-Guilds*-Abschlüsse) dafür stärker praxisbezogen und anwendungsorientiert seien und zog daraus den Schluss, dass angesichts der größeren Zahl an derart ausgebil-

---

45 Hilary Steedman, »A Decade of Skill Formation in Britain and Germany«, in: *Journal of Education and Work* 11 (1998), S. 77-94.

deten Fachkräften (Facharbeitern wie Technikern) die französische Industrie für die Bewältigung neuer Technologien in Fertigung und Produktion besser vorbereitet sei.[46] Diese Befunde sind durch weitere Vergleichsstudien aus den 1990er Jahren sowohl mit Blick auf die französische als auch die bundesrepublikanische Konkurrenz bestätigt worden.[47]

Ein weiterer Aspekt muss bei einem Vergleich der drei Ausbildungssysteme beachtet werden: Die unterschiedlichen Qualifikationen waren in unterschiedliche betriebliche Hierarchien eingebunden. Entsprechende Untersuchungen aus den frühen und mittleren 1970er Jahren haben gezeigt, dass in französischen Betrieben unter sonst gleichen Bedingungen die Hierarchieebenen in der Produktion viel zahlreicher, die Beteiligung der Arbeiter an Planung und Gestaltung viel geringer und die Distanzen zwischen den einzelnen Statusgruppen viel größer waren als in den vergleichbaren westdeutschen Betrieben. Wo ein französischer Maschinenbaubetrieb sechs Hierarchiestufen brauchte, kam ein westdeutscher Betrieb mit vier aus, entsprechend geringer wurde in den französischen Betrieben das Erfahrungswissen der *ouvriers professionnels* oder gar der *ouvriers spéciaux* geschätzt.[48] In Großbritannien waren die Distanzen zwi-

46 Hilary Steedman, »Vocational Training in France and Britain: Mechanical and Electrical Craftsmen«, in: *National Institute Economic Review* 126 (1988), S. 57-70.
47 Hilary Steedman u. a., »Intermediate Skills in the Workplace: Development, Standards and Supply in Britain, France and Germany«, in: *National Institute Economic Review* 136 (1991), S. 60-76; dies., Karin Wagner, »Nationale Ausbildungssysteme und ihr Einfluss auf das betriebliche Ausbildungs- und Rekrutierungsverhalten von Unternehmen«, in: *Arbeit – Beispiele für ihre Humanisierung. Erfahrungen, Berichte, Analysen* 17 (2008), S. 268-282; Geoff Mason u. a., »Productivity, Product Quality and Workforce Skills. Food Processing in Four European Countries«, in: *National Institute Economic Review* 147 (1994), S. 62-83; Karin Wagner, Geoff Mason, »Restructuring of Automotive Supply-Chains: The Role of Workforce Skills in Germany and Britain«, in: *International Journal of Automotive Technology and Management* 5 (2005), S. 378-410.
48 Burkart Lutz, »Bildungssystem und Beschäftigungssystem in Deutschland und Frankreich. Zum Einfluss des Bildungssystems auf die Gestaltung betrieblicher Arbeitskräftestrukturen«, in: Hans-Gerhard Mendius u. a. (Hg.), *Betrieb, Arbeits-*

schen den drei Statusgruppen Ingenieure/Manager, *skilled manual workers* und Angelernte und Ungelernte traditionell ebenfalls groß. Die berufliche Hierarchie war also zugleich auch eine Wissenshierarchie, deren Ordnung durch Diplome und Bildungstitel, aber auch durch unterschiedliche Berufsorganisationen zementiert wurde. Die Systeme in Frankreich und Großbritannien waren erheblich im Nachteil, als es im internationalen Wettbewerb um den Abbau von Hierarchien und um die Flexibilisierung der Arbeitsabläufe ging. Diese nationalen Unterschiede hatten wiederum Auswirkungen auf die unternehmerischen Strategien in der technologischen Umbruchphase der 1980er und 1990er Jahre.

In westdeutschen Betrieben setzten die Personalabteilungen in der Regel darauf, die Berufsprofile der Facharbeiter als Fundament für ihre Strategie der Mobilisierung ungenutzter Arbeitskapazitäten und -kompetenzen zu nutzen. Innerbetriebliche Aus- und Weiterbildungsprogramme sowie Angebote, über den sogenannten zweiten Bildungsweg die Weiterqualifikation zum Techniker oder Ingenieur zu schaffen, waren Bestandteil dieser Strategie. Beruflichkeit und Fachlichkeit blieben Eckpfeiler industriellen Produktionswissens im westdeutschen Kapitalismus, und die Anerkennung und Wertschätzung des Facharbeiterbriefs steht der des Ingenieurdiploms in westdeutschen Industrieunternehmen nicht nach. Facharbeiter wurden zu wichtigen Adressaten der neuen Managementstrategien, die über Qualitätszirkel, Arbeitsgruppen und dergleichen eine Steigerung sowohl der Produktivität als auch der Qualitätsstandards anstrebten. Parallel nutzten die Unternehmen die Chancen, welche ihnen die Einführung EDV-basierter Fertigungsverfahren und Kommunikation bot, um die konkreten Arbeitsleistungen zu kontrollieren. Die aus der Höherqualifizierung ihrer Beschäftigten resultierenden höheren Lohnkosten führten wiederum zu Investitionen in

markt, Qualifikation, Frankfurt/M. 1976, S. 83-151; Marc Maurice u.a., *Politique d'éducation et organisation industrielle en France et en Allemagne. Essai d'analyse sociétale*, Paris 1982.

neue arbeitssparende Produktionsanlagen und produzierten entsprechende Produktivitätsvorteile.[49]

In Großbritannien folgte die schnell schrumpfende Industrie mehr oder weniger willig dem bildungspolitischen Kurswechsel der konservativen Regierung und erhoffte sich vor allem von dem sinkenden Einfluss der Berufsgewerkschaften mehr Flexibilität im Arbeitseinsatz und damit Produktivitätsgewinne und Kostenvorteile; nur wenige Industriebranchen nutzten weiterhin die Chancen, welche die obligatorischen Industrial Training Boards boten, um ihren Fachkräftebedarf zu decken – 1981 waren dies die Bereiche Bekleidung, Bau, Maschinenbau und Kunststoff.[50] Weil Großbritannien also geradezu mustergültig dem Weg folgte, den die Humankapital-Theorie vorgezeichnet hatte, verstärkten sich die Qualifikationsdefizite, mit denen britische Industrieunternehmen in der Konkurrenz mit beispielsweise anderen europäischen Produzenten zu rechnen hatten.[51] Der Weg zur flexiblen Qualitätsproduktion war insofern steiniger beziehungsweise musste häufiger andere Formen der innerbetrieblichen Arbeitsorganisation wählen. Den insgesamt steigenden Bedarf an *skills* suchten die Industrieunternehmen durch *training on the job* und durch das Festhalten an tayloristischen Verfahren strikter und kleinschrittiger Arbeitszerlegung zu bewältigen. Dies ist jedenfalls das Ergebnis einer Reihe von vergleichenden Studien, die in den 1980er Jahren vom National Institute of Economic and Social Research in verschiedenen Branchen durchgeführt worden sind.[52] Für britische Automobilzulieferer wurden Defizite im Qua-

49 Wagner/Mason, »Restructuring of Automotive Supply-Chains«, S. 394.
50 Malcolm Anderson, John Fairley, »The Politics of Industrial Training in the United Kingdom«, in: *Journal of Public Policy* 3 (1983), S. 191-207, hier: S. 200.
51 Sigbert Jon Prais, *Productivity, Education and Training: An International Perspective*, Cambridge 1995; Mary O'Mahony, »Employment, Education and Human Capital«, in: Roderick Floud, Paul Johnson (Hg.), *The Cambridge Economic History of Modern Britain*, Bd. III: *Structural Change and Growth, 1939-2000*, Cambridge 2004, S. 112-133; Hilary Steedman, »Do Work-Force Skills Matter?«, in: *British Journal of Industrial Relations* 31 (1993), S. 285-292.
52 Hilary Steedman, Karin Wagner, »A Second Look to Productivity, Machinery and

lifikationsniveau ihrer Belegschaften zum unmittelbaren Wettbewerbsnachteil, da die Qualität, Flexibilität und Produktivität ihrer westdeutschen und französischen Konkurrenz höher lagen. Deren Produktionsarbeiter waren besser qualifiziert (40 Prozent Facharbeiter in Deutschland gegenüber 3 Prozent in Großbritannien) und sie waren flexibler an den verschiedenen Maschinen, aber auch bei Wartungs- und Reparaturarbeiten einsetzbar. Gleichzeitig verfügten die Betriebe in Frankreich und der Bundesrepublik in der Regel über mehr Techniker und Ingenieure mit Fachober- oder Hochschulqualifikation, die in der Lage waren, die eigene Produktpalette an die spezifischen Anforderungen ihrer verschiedenen Kunden anzupassen.[53]

Französische Betriebe wiederum nutzten zum einen das Überangebot von Berufsanfängern mit den verschiedensten höheren Bildungsdiplomen, um verstärkt freiwerdende Stellen in der Produktion mit solchen überqualifizierten»Jungarbeitern« zu besetzen.[54] Typischerweise ging damit die»Passung« zwischen Stelleninhaber und konkretem Arbeitsplatz in Hinsicht auf Kenntnisse, Kompetenzen und Fertigkeiten weitgehend verloren, und in vielen Industriebetrieben entstand eine geprellte Generation schulisch»überqualifizierter« Berufseinsteiger. Sie trugen zudem die Erwartung weiter, dass die innerbetrieblichen Hierarchien die Rangordnung der öffentlichen Bildungstitel reproduzieren sollten. Dies war aber angesichts der eher starren Hierarchiegrenze zwischen Technikern und Facharbeitern in Frankreich viel weniger leicht zu bewerkstelligen als etwa in der Bundesrepublik.

Skills in Germany and Britain«, in: *National Institute Economic Review* 122 (1987), S. 84-95; Steedman u. a.,»Intermediate Skills in the Workplace«: Development, Standards and Supply in Britain, France and Germany; Hilary Steedman,»A Decade of Skill Formation in Britain and Germany«, in: *Journal of Education and Work* 11 (1998), S. 77-94.

53 Wagner/Mason,»Restructuring of Automotive Supply-Chains«, S. 397 f.
54 Gorgeu/Mathieu,»La place des diplômes dans la carrière des ouvriers de la filière automobile«.

Französische Unternehmen reagierten auf die wachsende Diskrepanz zwischen schulischen Bildungstiteln samt daran gekoppelten Berufserwartungen junger Arbeiterinnen und Arbeiter und ihren eigenen Anforderungen an Kompetenzen ihrer Beschäftigten mit Initiativen zu betrieblichen Weiterbildungen und eigenen Bewertungskriterien für Arbeitsplätze und Mitarbeiter, um sich unabhängiger von den schulischen Bildungstiteln und den von diesen mittransportierten Hierarchien zu machen. Versuche, nach deutschem Vorbild duale Ausbildungswege neu einzuführen, blieben aber weitgehend erfolglos, weil sich keine Seite, weder die Unternehmen noch die Arbeitnehmer, hinreichend vom Goldstandard der öffentlichen Bildungstitel lösen wollte.[55] Dies führte zu einer erheblichen Verkleinerung des innerbetrieblichen Spielraums für einen Abbau von Wissenshierarchien und engte den produkt- und prozessorientierten Austausch von Wissen über die Statusgrenzen der Beschäftigten hinweg ein. Als erfolgreiche Ausweichstrategie bot sich wie in Großbritannien der Weg hin zu einer stärkeren Verbetrieblichung der Wissensordnungen an – ganz im Einklang mit den Vorgaben des *human resource managements*. Französische Studien kamen für die 1990er Jahre und das erste Jahrzehnt des neuen Jahrhunderts denn auch je nach Branche zu ganz unterschiedlichen Befunden über die Qualifikationsanforderungen an Produktionsarbeiter. Der Anteil unqualifizierter Arbeiter ging in ebenjenen Branchen zurück, in denen er früher eher hoch war (so in der Textil- und Bekleidungsindustrie, in der Holz-, Zellstoff- und Papierindustrie sowie in den Branchen Chemie und Kunststoff), nahm aber dort leicht zu (bis zu 20 Prozent), wo er früher eher niedriger war (so in der Automobil-, der Elektro- und der Druckindustrie sowie in den Betrieben der Metallverarbeitung). Dahinter waren zwei gegenläufige Prozesse am Werk: Zum einen stieg der Bedarf an fachlich qualifizierten Arbeiterinnen

---

55 Siehe den Beitrag von Alain Lattard »Das Prinzip Alternanz – Zum Versuch der Modernisierung des bürokratischen Ausbildungsmodells«, in: Greinert, *Berufsqualifizierung und dritte industrielle Revolution*, S. 120-131.

und Arbeitern für flexiblere Arbeitseinsätze, zum anderen nutzten die Unternehmen die Verhandlungsschwäche der Gewerkschaften, um höher bewertete und besser bezahlte Arbeitsstellen durch neue, niedriger eingestufte Positionen zu ersetzen und diese mit überqualifiziertem Personal zu besetzen. Im französischen wie im britischen Fall sind spätestens zum Ende des Untersuchungszeitraums die Effekte der in Kapitel 4 beschriebenen Erosion tariflicher Standards und gewerkschaftlicher Verhandlungsmacht deutlich zu erkennen.[56] Wie der Ländervergleich zeigte, erwies sich die praxisorientierte Vermittlung aktuellen Fachwissens als ein erheblicher Vorteil bei der Umsetzung diverser Unternehmensstrategien in dieser Umbruchphase. Die damit einhergehende stärkere innerbetriebliche Durchlässigkeit der Hierarchien erleichterte beispielsweise die Reorganisation des Informationsflusses und der Kommunikation. Zeitgenössische industriesoziologische Studien belegen immer wieder, dass sowohl in Mittel- als auch in Großbetrieben die Umstellungen der Produktion vielfach in kleinen Schritten und eher vorsichtig, jedenfalls pragmatisch vollzogen wurden und dabei das Erfahrungswissen, aber auch die Kooperationsbereitschaft der Stammbelegschaft von Facharbeitern eine ganz wichtige Rolle gespielt haben.[57]

Besonders weit gingen alle jene Betriebe, welche die Trennung zwischen Planung und Produktion überwinden wollten, um eine engere Rückkoppelung zwischen den Innovationen in der Produktentwicklung und Fertigung herzustellen. Dabei wurde dem Wissen von Facharbeitern über die Maschinen in der Produktion, ihren positiven wie negativen Erfahrungen mit den konkreten Produktionsabläufen neue Aufmerksamkeit geschenkt. Erfolgreich war diese Strategie vor allem in der Produktionsgüterindustrie, insbesondere im Anlagen- und Maschinenbau. Produktionsfacharbeiter in die Planung einzubeziehen und dies auch dazu zu nutzen, um den eigenen

---

56 Armelle Gorgeu, René Mathieu, »La déqualification ouvrière en question«, in: *Formation emploi* 103 (2008), S. 83-100.
57 SOFI-Archiv, Bestände Kompetenzerweiterung, Trendreport Facharbeit.

Kundenservice weiter zu verbessern und direkt mit Planung und Fertigung zu verbinden, erwies sich für viele Betriebe zumal in Westdeutschland immer mehr als besonderer Wettbewerbsvorteil. Im Grenzfall entstanden dabei Arbeitsplätze, bei denen die etablierten Arbeitsteilungen zwischen Technikern, kaufmännischen Angestellten, Ingenieuren und Facharbeitern aufgehoben waren. Diese Arbeitsplätze blieben jedoch das Privileg einer Minderheit unter den Industriearbeitern, und dennoch verdeutlichen die genannten Beispiele, dass die Spielräume für betriebliche Experimente prinzipiell sehr groß waren, allerdings stark von der Verfügbarkeit fachlicher Wissensressourcen abhingen, das heißt von den nationalen Bildungs- und Ausbildungssystemen, die jedenfalls in Großbritannien und partiell auch in Frankreich solchen Neuarrangements dann wieder recht enge Grenzen setzten.

Bewahrheitet hat sich die 1988 von David Finegold und David Soskice aufgestellte These, dass Unternehmen in Ländern mit hohen beruflichen Ausbildungsstandards in Richtung exportorientierter Qualitätsproduktion tendieren, wohingegen Unternehmen in Ländern mir eher niedrigen beruflichen Ausbildungsstandards vor allem über Kostensenkungen ihre internationale Wettbewerbsfähigkeit aufrechterhalten würden.[58]

Gewinner und Verlierer

Zum Abschluss dieses Kapitels will ich mich wieder denjenigen zuwenden, die von diesen Veränderungen direkt betroffen waren, nämlich den Industriearbeitern. Welche Erfahrungen machten sie beim Einsatz ihres neuen beziehungsweise alten Wissens in der Produktion und welche Strategien entwickelten sie angesichts der oben geschilderten wachsenden Ansprüche an individuelles Können, fach-

---

58 Zitiert in Crouch, »Skill Formation Systems«, S. 105.

liche Kompetenzen und technisches Wissen? Meine Antwort auf diese Fragen ist siebenteilig.

Erstens: Aus der Zunahme fachlicher Wissensanforderungen ergab sich, dass die Bedeutung erlernten Wissens im konkreten Arbeitsalltag stieg. Diesen Trend verdeutlichen für die Bundesrepublik Daten des Sozio-oekonomischen Panels (SOEP): Die Zahl der Facharbeiter, die in ihrem erlernten Beruf tätig waren, lag bereits 1985 bei 63 Prozent und nahm bis 2000 um 12 Prozentpunkte auf fast 75 Prozent zu. Zudem betonten neun von zehn Facharbeitern, dass ihre Berufsausbildung für ihre aktuelle Tätigkeit erforderlich sei (1985 waren es nur 65 Prozent gewesen) und eine deutliche Mehrheit erklärte, dass es (voll oder teilweise) zutreffe, dass sie ihre Arbeit selbständig ausübten. 2000 taten dies 78,1 Prozent, 1985 waren es nur 69,8 Prozent.[59]

Zweitens: Weiterbildung und Weiterqualifikation wurden nun auch für Arbeiterinnen und Arbeiter zu wichtigen Aspekten ihres Berufslebens. So gaben in der Bundesrepublik im Jahr 2000 gut 21 Prozent der Ungelernten und Angelernten, 38 Prozent der Facharbeiter, 58 Prozent der Vorarbeiter und 79 Prozent der Meister an, im letzten Jahr an entsprechenden betrieblichen Maßnahmen teilgenommen zu haben.[60] Es bleibt allerdings offen, in welchem Ausmaß es in der betrieblichen Praxis zu einer systematischen Einbeziehung der verschiedenen Arbeiterkategorien in solche Weiterbildungsprogramme gekommen ist. Die Angaben in den einschlägigen Betriebsuntersuchungen lassen jedenfalls ein großes Spektrum von Alltagsroutinen erkennen, vom vollständigen Fehlen solcher Angebote und Anforderungen bis hin zu dessen systematischer Anwendung.[61] Eine

---

59 Berechnungen anhand meiner eigenen SOEP-Datenbank *Arbeiterhaushalte in Westdeutschland 1984-2001*.

60 Sonja Weber-Menges, *»Arbeiterklasse« oder Arbeitnehmer? Vergleichende empirische Untersuchung zu Soziallage, Lebenschancen und Lebensstilen von Arbeitern und Angestellten in Industriebetrieben*, Wiesbaden 2004, S. 209.

61 Michael Lacher, *»Bildungsferne und Weiterbildungsnähe – ein Gegensatz?«*, in: *Zeitschrift für Berufs- und Wirtschaftspädagogik – Beihefte* 86 (1990), S. 309-324;

einschlägige Untersuchung zu den 1980er Jahren kam zu dem Ergebnis, dass etwa ein Drittel der 1981 erfassten Facharbeiter in Industriebetrieben zehn Jahre später auf Positionen gewechselt war, die eine weitere fachliche Qualifikation (Techniker via Berufsfachschule, Ingenieur via Fachhochschule oder Universität) voraussetzten.[62] Viele dieser Facharbeiter nutzten die Angebote der innerbetrieblichen Weiterqualifikation und rückten beispielsweise über Meisterkurse auf entsprechend höhere Positionen in ihrem Betrieb. Die vielbeschworene Dynamik der Wissensgesellschaft wird hier also auf recht traditionelle Weise sichtbar, nämlich als innerbetriebliche Weiterbildung oder als »zweiter Bildungsweg«.

Drittens: Ein historischer Blick auf die konkreten Arbeitsabläufe zeigt, dass noch in den 1970er Jahren die ständige Wiederholung derselben Handgriffe, Körperbewegungen oder technischen Routinen das wesentliche Merkmal industrieller Arbeit von An- und Ungelernten, aber auch vieler Facharbeiter war. Die Spezialisten der *work studies* und der »Zeitstudien«, die REFA-Fachleute[63] und die Meister des Bedaux-Systems hatten zumindest in Deutschland und Frankreich tiefe Spuren hinterlassen. Nach dem Boom fanden jedoch nur wenige Betriebe den Weg aus der Krise, indem sie zur Produktivitätssteigerung an der Schraube der Arbeitszerlegung drehten, um ihre Belegschaften mit neuen oder eben den alten Maschinen mehr in kürzerer Zeit produzieren zu lassen. Vielmehr setzten die meisten Unternehmen darauf, die durch technische Verbesserungen höher getakteten Arbeitsprozesse zu flexibilisieren, indem sie ihren Produktionsarbeitern mehrere Arbeitsplätze, mehrere Arbeitsabläufe

Michael Lacher u. a., *Die Fort- und Weiterbildung von Montagearbeitern/-innen: Voraussetzungen und Perspektiven am Beispiel der Volkswagen AG*, Recklinghausen 1987.

62 Hasso von Henninges, *Ausbildung und Verbleib von Facharbeitern. Eine empirische Analyse für die Zeit von 1980 bis 1989*, Nürnberg 1991.

63 REFA ist ein Akronym, abgeleitet von »Reichsausschuß für Arbeitszeitermittlung«, einer Einrichtung, die seit ihrer Gründung 1924 mehrere Namenswechsel hinter sich gebracht hat, ohne das Akronym zu ändern; seit 1977 bezeichnet REFA den Verband für Arbeitsstudien und Betriebsorganisation mit Sitz in Darmstadt.

und mehrere Aufgaben zumuteten oder eben auch: zutrauten. Die Frage der *skills* wurde neu gestellt und anders beantwortet. Immer mehr Arbeitsprozesse wurden so organisiert, dass an- und ungelernte Produktionsarbeiter mehrere Handgriffe erledigten, aber auch anspruchsvollere Aufgaben wie kleinere Reparaturen und Wartungsarbeiten übernahmen; gleichzeitig wurden Facharbeiter, die bislang allein mit Bereitstellungs- und Wartungsarbeiten befasst waren, nun stärker in die Maschinenbedienung, aber auch in die Produkt- und Produktionsplanung sowie die Auslieferung und den Kundenservice einbezogen. Einen Extremfall beobachteten Hermann Kotthoff und Josef Reindl in einem Automobilzuliefererbetrieb im Saarland Mitte der 1990er Jahre, bei dem die Produktionsarbeiter »auf Wanderschaft« waren, also keine festen Arbeitsplätze mehr hatten, sondern flexibel an den verschiedenen Maschinen im Betrieb eingesetzt wurden, um den Anforderungen der *Just-in-time*-Produktion zu genügen.[64] Bei den meisten anderen Betrieben dieser Branche nahm die Flexibilisierung des Arbeitseinsatzes ihrer Belegschaften allerdings weit weniger dramatische Züge an, wie die Autoren berichten. Häufig wurden drei bis fünf Stationen oder Jobs genannt, die entweder in regelmäßiger Rotation oder bedarfsorientiert von den Produktionsarbeitern erledigt wurden. Vielfach waren diese polyvalenten Maschinenbediener oder Bandarbeiter Teil der betrieblichen Stammbelegschaft, um die herum Teilzeit- und Leiharbeiter sowie nur kurzfristig Beschäftigte an ihren jeweiligen Einzelplätzen tätig waren. *Multiskilling*, eines der neuen Zauberwörter der Management-Literatur, erwies sich laut Praxisberichten als abhängig von Betriebszugehörigkeit und Fachqualifikation der Beschäftigten.[65]

64 Hermann Kotthoff, Josef Reindl, »*Fitneßtraining*« – *Betriebliche Reorganisation im Saarland*, Saarbrücken 1999, S. 25.
65 Berichte in: ebd.; siehe auch Rick Delbridge, *Life on the Line in Contemporary Manufacturing. The Workplace Experience of Lean Production and the »Japanese« Model*, Oxford, New York 1998; Michael Schumann u. a., *Trendreport Rationalisierung. Automobilindustrie, Werkzeugmaschinenbau, chemische Industrie*, Berlin 1994; Jean-Pierre Durand, Nicolas Hatzfeld, »The Effectiveness of Tradition: Peugeot's So-

Der britische Manager eines Hitachi-Werks in Wales machte den Unterschied zwischen Wunsch und Wirklichkeit deutlich: »Wir möchten eigentlich, dass jeder Arbeiter in der Produktion dazu in der Lage ist, fünf Jobs zu erledigen, jedoch: Das ist schwierig zu erreichen wegen der Fluktuation in der Belegschaft und in Zeiten, in denen der Produktionsdruck hoch ist. [Aber] 30 Prozent der Produktionsarbeiter sind fünf Jahre und länger bei uns und sie sind sehr flexible Leute.«[66] So konnte es denn auch durchaus passieren, dass man unter dem neuen Schlagwort des *multiskilling* und der Jobrotation stillschweigend zur Routine des eingeübten Arbeitsplatzes zurückkehrte, wenn die Umstände und Vorgesetzten es zuließen.[67] Das Spannungsverhältnis zwischen neuer Norm und alter Praxis verweist aber nochmals auf die Bedeutung, die dem Qualifikationsniveau der Belegschaften in diesen Umbruchzeiten zukam.

Viertens: Solche Umstrukturierungen im Aufgabenzuschnitt bedeuteten einen Bruch mit den Routinen der Vergangenheit, und es war keineswegs so, dass alle Produktionsarbeiter freudig oder bereitwillig die Herausforderung annahmen, gleich auf mehreren Posten kompetent und schnell zu arbeiten. Der Teufel lag auch hier im Detail: Welche Anreize waren mit den neuen Tätigkeitsprofilen verbunden, kam es zu Lohnerhöhungen, zu ergonomischen Verbesserungen, zum Abbau von Belastungen?

Fünftens: Der »Abschied vom Malocher« war auch ein Abschied von alten Wissens- und Erfahrungsbeständen, denn im Zuge der partiell krisenhaften Transformation wurden in den 1970er und insbesondere in den frühen 1980er Jahre vor allem ältere und unge-

chaux Factory«, in: Paul Stewart u. a. (Hg.), *Teamwork in the Automobile Industry. Radical Change or Passing Fashion?*, Basingstoke 1999, S. 173-201, und die anderen Texte in diesem Sammelband. Siehe auch Beaud/Pialoux, *Retour sur la condition ouvrière.*

66 Zitiert in: Barry Wilkinson u. a., »The Iron Fist in the Velvet Glove: Management and organization in Japanese Manufacturing Transplants in Wales«, in: *Journal of Management Studies* 32 (1995), S. 819-830, hier: S. 825.

67 Beispiele bei Delbridge, *Life on the Line in Contemporary Manufacturing*, S. 91.

lernte Arbeiterinnen und Arbeiter entlassen oder schieden aus der Arbeitswelt aus. Faktisch wurde damit auch ein Großteil ihres Erfahrungswissens ausgemustert. Die Einführung neuer Produktionsverfahren und die Umgestaltung der Arbeitsplätze wurden von Unternehmerseite gern genutzt, um die Belegschaften zu verjüngen und deren Wissensniveau zu erhöhen. Ob sich dies eher kontinuierlich vollzog oder aber mit generationellen Brüchen einherging, hing, wie oben gezeigt, auch von den Ausbildungssystemen ab. Hier bestanden deutliche Unterschiede zwischen den drei Ländern, wie wir gesehen haben. Generell schwankte aber die Wahrnehmung der neuen Arbeitsbelastungen stark mit dem Alter und den Berufserwartungen der Arbeiterinnen und Arbeiter. So bewerteten Jungarbeiter und ältere Arbeiter bei Peugeot in Sochaux die Neuorganisation der Produktionsarbeit ganz unterschiedlich: Während die jungen die verdichteten Arbeitsrhythmen der neuen Produktionshalle eher als sportliche Herausforderungen sahen, standen für die älteren trotz physischer Erleichterungen die höheren Belastungen durch den Wegfall von Pausen und individuellen Puffern im Vordergrund.[68]

Sechstens: Mit der Neuverteilung von Wissen gingen neue Anforderungen an Aufmerksamkeit und Disziplin einher. »Null Fehler«, ein ungestörter Produktionsablauf ohne Standzeiten und technische Pannen sowie die permanente Verbesserung der Produktionsabläufe wurden nach japanischem Vorbild als realistische Ziele propagiert. Die Umsetzung solcher *Lean-production*-Programme hat tiefe Spuren in der Arbeitsplatzgestaltung hinterlassen. Die Möglichkeiten der elektronischen Datenspeicherung erhöhten insgesamt das Niveau der Kontrolle und führten dazu, dass auch jene Arbeiterinnen und Arbeiter, denen die Qualität ihrer Arbeitsprodukte keine Herzensangelegenheit war, sich veranlasst sahen, die hohen Standards einzuhalten. Entsprechend groß war der Anteil unter den un- und angelernten Arbeitern, die sich über zu starke Kontrolle oder Überwachung und zu geringe Befugnisse und Entscheidungsräume

---

68 Durand/Hatzfeld, »The Effectiveness of Tradition«, S. 188f.

beklagten. Anders sieht das Verhältnis von Autonomie und Kontrolle bei den Facharbeitern aus. Für sie gehörte die Übernahme von mehr Verantwortung gewissermaßen zum beruflichen Selbstverständnis. Die Teilnehmer am SOEP wurden regelmäßig zu ihren Arbeitserfahrungen befragt. Die in Tabelle 5.2. und 5.3. dargestellten Antworten bringen zwei Aspekte zum Ausdruck, die zusammengenommen möglicherweise ein Schlüssel zum besseren Verständnis der Dynamik an den Arbeitsplätzen qualifizierter Arbeiterinnen und Arbeiter sind. Zum einen wird nämlich deutlich, dass selbständige Arbeitsgestaltung für immer mehr von ihnen Bestandteil ihres Berufsalltags wurde. Ebenso deutlich wird aber zum anderen, dass sich nur ein Drittel der befragten Facharbeiter keiner strengen Kontrolle mehr ausgesetzt sah. Schärfere EDV-gestützte Kontrolle und größere Gestaltungsspielräume sind die zwei Seiten ein und derselben Medaille namens größere persönliche Verantwortung für das Arbeitsprodukt und die Arbeitsleistung. »Mehr Druck durch mehr Freiheit« haben dies griffig zwei Soziologen genannt.[69]

Siebtens: Die traditionelle Geschlechterordnung des Wissens ist im Prozess der Deindustrialisierung bestätigt worden, denn weder die Zunahme schulisch vermittelter Wissensbestände noch die wachsende Bedeutung sozialer und kommunikativer Kompetenzen haben dazu geführt, dass der Anteil von Frauen unter Facharbeitern, Technikern, Meistern oder Ingenieuren größer geworden ist. Ja, man kann sogar behaupten, dass die Einführung computergestützter Maschinen und ganzer Produktionsanlagen die Randständigkeit von Frauen in industriellen Fachberufen nochmals zementierte. Eine Studie über die Auswirkungen neuer Technologien in Betrieben der Lebensmittelbranche in Österreich, der Bundesrepublik und in Großbritannien aus der Mitte der 1990er Jahre kam jedenfalls zu dem Ergebnis, dass nach der Umstellung der Produktion und dem massi-

---

69 Wilfried Glißmann, Klaus Peters, *Mehr Druck durch mehr Freiheit. Die neue Autonomie in der Arbeit und ihre paradoxen Folgen*, Hamburg 2001.

Facharbeiter in Westdeutschland: selbständige Arbeitsgestaltung		
	1985	2000
Trifft voll zu	27,9 %	26,6 %
Trifft teilweise zu	**39,9 %**	**51,5 %**
Trifft nicht zu	32,3 %	21,9 %
Gesamtzahl der Antworten	1026	1027
Keine Angabe	15,4 %	21,2 %

Tabelle 5.2:
Selbständige Arbeitsgestaltung bei westdeutschen Facharbeitern.[70]

Facharbeiter in Westdeutschland: strenge Kontrolle der Arbeitsleistung		
	1985	2000
Trifft voll zu	20,0 %	19,3 %
Trifft teilweise zu	**40,5 %**	**47,7 %**
Trifft nicht zu	39,5 %	33,0 %
Gesamtzahl der Antworten	1023	1025
Keine Angabe	15,6 %	21,4 %

Tabelle 5.3:
Kontrolle der Arbeitsleistung bei westdeutschen Facharbeitern.[71]

70 Die Zahlen stammen aus meiner eigenen Datenbank *Arbeiterhaushalte in Westdeutschland 1984-2001* und wurden auf Basis des SOEP ermittelt.
71 Die Zahlen stammen wiederum aus meiner eigenen Datenbank *Arbeiterhaushalte in Westdeutschland 1984-2001* und wurden auf Basis des SOEP ermittelt.

ven Abbau von Personal Arbeiterinnen weiterhin als ungelernte Arbeitskräfte eingesetzt und keine höheren Wissensanforderungen an sie gestellt wurden, betriebliche Weiterbildungsangebote dementsprechend für sie kaum von Bedeutung waren.[72] Ein wesentlicher Faktor für diese Situation waren zweifellos die schulischen Bildungssysteme, die Jungen und Mädchen frühzeitig in unterschiedliche Berufsfelder lenkten und damit die weiteren Selektionsschritte (Abschluss der Lehre, Übernahme in die Betriebe) im Arbeitsprozess vorentschieden. Die ungebrochene Dominanz männlicher Absolventen sowohl in den industriellen Ausbildungsberufen als auch in den Ingenieurstudiengängen und Technikerausbildungen unterstreicht die Fortdauer dieser geschlechtsspezifischen Trennlinie. Dies gilt in schlichter Einfachheit für alle drei Länder mit den typischen individuellen Ausnahmen und den ebenfalls typischen branchenspezifischen Enklaven. Daraus ergaben sich wiederum weitreichende Folgen für die Erosion arbeitsbezogener sozialer Bürgerrechte – denn die in der Umbruchphase neu entstandenen und schlechter bezahlten Teilzeitjobs, voran im privaten Dienstleistungsbereich, gingen vor allem an Frauen.

Last but not least und zusammenfassend sei noch einmal an den bereits mehrfach erörterten Aspekt der Subjektivierung von Kompetenzbewertung und Leistungsbeurteilung am Arbeitsplatz erinnert. Produktionsarbeitern wurde mehr Verantwortung für die Produktionsabläufe und die Produktqualität übertragen, und das Management sah sich geradezu gezwungen, Engagement und Verantwortungsgefühl ihrer Produktionsarbeiter über monetäre Anreize hinaus durch persönliche Ansprache und Einbeziehung sicherzustellen. In eine ähnliche Richtung lief der Trend, die Zergliederung der Arbeitsabläufe zurückzunehmen und dem einzelnen Arbeiter mehr und verschiedenartige Arbeitsschritte zu übertragen. Die Zahl derjenigen

---

72 Jörg Flecker u. a., »The Sexual Division of Labour in Process Manufacturing: Economic Restructuring, Training and ›Women's Work‹«, in: *European Journal of Industrial Relations* 4 (1998), S. 7-34.

Arbeitsplätze, die nur in der Wiederholung passgenauer Handgriffe bestanden und deren Akteure bloße Rädchen im Getriebe eines taylorisierten Produktionsablaufs waren, nahm im Untersuchungszeitraum ab. Alle arbeitswissenschaftlichen und industriesoziologischen Experten waren sich zu Beginn des 21. Jahrhunderts darin einig, dass die Nutzung und Bewertung der individuellen Wissensbestände des je einzelnen Arbeiters, der je einzelnen Arbeiterin an Bedeutung gewonnen haben. Damit war der Industriearbeiter nolens volens in die Welt des Humankapitals eingetreten, verfügte aber in den drei Ländern, wie ich in diesem Kapitel zu zeigen versucht habe, tendenziell über höchst unterschiedliche Chancen, sein konkretes Können und Wissen in (relativ) abgesicherte Positionen in betrieblichen Arbeitsordnungen oder auf Arbeitsmärkten umzuwandeln. Angesichts dieser Tendenzen entwickelten sich Berufsverläufe, Aufstiegschancen und Verdienstmöglichkeiten je nach Alter, Geschlecht und Qualifikation, aber auch in Abhängigkeit situativer Gegebenheiten wie Betrieb, Branche oder Region sehr unterschiedlich. Hierüber lässt sich nur dann Genaueres in Erfahrung bringen, wenn man die Makroebene verlässt und Arbeitsbiographien genauer untersucht und miteinander vergleicht. Genau das werde ich im nächsten Kapitel tun, das Teil II dieses Buches eröffnet.

II.

NAHAUFNAHMEN

Erfahrungsräume und Erwartungshorizonte
im Wandel

6.
Lebensläufe, Berufskarrieren und Jobsuche in Umbruchzeiten

Auch wenn die Biographie längst wieder ein geschätztes Genre der Geschichtswissenschaft ist, spielt sie in sozialhistorischen Untersuchungen hierzulande kaum eine Rolle.[1] Insbesondere die Lebensläufe »kleiner Leute« erregen eher selten die Aufmerksamkeit von Zeithistorikern; daran hat auch die Etablierung der *oral history* nicht viel geändert.[2] Ich nutze in diesem Buch ganz bewusst die biographische Perspektive, um Einblicke in die gesellschaftlichen Dynamiken zu gewinnen, die mit den Strukturbrüchen nach dem Boom in Westeuropa verbunden waren. Meines Erachtens eignet sich das Studium von Arbeitsleben und Berufskarrieren vorzüglich, um jenseits der Momentaufnahmen der Sozialstatistiken und der großen Trendbeschreibungen für die Jahrzehnte zwischen 1970 und 2000 Kontinuitäten und Brüche in den Soziallagen derjenigen Menschen auszuloten, die von der großen Transformation, die die Deindustrialisierung

---

1 Teilergebnisse dieses Kapitels sind bereits in dem Aufsatz »Arbeitsbiographien ›nach dem Boom‹: Lebensläufe und Berufserfahrungen britischer, französischer und westdeutscher IndustriearbeiterInnen« in: *Geschichte und Gesellschaft* 43 (2017), S. 32-67, publiziert worden.

2 Das ist in Großbritannien durchaus anders, siehe die Studien von Selena Todd, *The People. The Rise and Fall of the Working Class 1910-2010*, London 2010; David Hall, *Working Lives. The Forgotten Voices of Britain's Post-War Working class*, London 2012; Arthur McIvor, *Working Lives, Work in Britain since 1945*, Basingstoke 2013. Mit Blick auf die Bundesrepublik siehe die Untersuchungen zu gewerkschaftlichen Funktionsträgern: Wolfgang Hindrichs u. a., *Der lange Abschied vom Malocher. Sozialer Umbruch in der Stahlindustrie und die Rolle der Betriebsräte von 1960 bis in die neunziger Jahre*, Essen 2000; Knut Andresen, *Triumpherzählungen. Wie Gewerkschafterinnen und Gewerkschafter über ihre Erinnerungen sprechen*, Essen 2014. Zu Frankreich siehe Jean-Pierre Terrail, *Destins ouvriers. La fin d'une classe?*, Paris 1990.

in den westeuropäischen Gesellschaften bedeutet, besonders stark betroffen waren. Von einem Blick auf Erwerbsverläufe und Berufskarrieren der Arbeiterklasse, *classes populaires*, *working classes* verspreche ich mir substantielle Hinweise auf relevante Veränderungen in den Sozialräumen aller drei Länder.

Arbeitsbiographien und Lebenslaufforschung

Das generelle Interesse für individuelle Lebensverläufe wächst in dem Maße, wie in den westeuropäischen Gesellschaften »Subjektivierung« zu einem immer weiter sich ausbreitenden Rahmenformat der Selbst- und Fremdbeschreibung von Individuen geworden ist.[3] Die meritokratische Legitimation sozialer Ungleichheit (gedeutet als Resultat von Chancengleichheit) entfaltete in den Jahrzehnten seit 1970 eine immer breitere soziale Wirkung und beflügelte die Entwicklung vielfältiger Formen leistungsbezogener, moralisch-politischer, aber auch moralisch-therapeutischer (Selbst-)Beobachtung und (Selbst-)Bewertung von Individuen. Im Zuge dessen gewann die »biographische Illusion«,[4] verstanden als Selbstbeschreibungsformat und sozialer Zuschreibungszwang für immer mehr Menschen an Bedeutung. Die ideengeschichtlichen Kontexte dieser Entwicklung haben wir bereits in Kapitel 2 betrachtet.

Schon während der Umbruchsjahrzehnte notierte die zeitgenössische Sozialbeobachtung aufmerksam die vielfältigen Auflösungserscheinungen kompakter Sozialmilieus sowie das Ende traditioneller Berufsbilder und Berufskarrieren; sie analysierte scharf die generationellen Konflikte und betonte die vermeintlich wachsende Bedeutung ethnischer Differenzen innerhalb der industriellen Arbeiter-

---

3 Vgl. Wiebke Wiede, »Subjekt und Subjektivierung«, Version: 1.0, in: *Docupedia-Zeitgeschichte* (10.12.2014), ⟨http://docupedia.de/zg/wiede_subjek_v1_de_2014⟩, zuletzt eingesehen am 28.10.2018.
4 Pierre Bourdieu, »Die biographische Illusion«, in: *BIOS* 1 (1990), S. 75-81.

schaft.[5] Die gesellschaftsgeschichtliche Rekonstruktion von gruppenspezifischen und erfahrungsprägenden Soziallagen ist bestens beraten, den damals vollzogenen Wandel der Beobachtungs- und Beschreibungsmethoden von vermeintlich vorgegebenen Gruppenzusammenhängen zu stärker individualisierten Lebenssituationen mitzumachen und nach Mustern individueller Lebensläufe zu suchen, das heißt nach Gemeinsamkeiten und Ähnlichkeiten, die es erlauben, Typen zu identifizieren. Bevor Behauptungen über die Verdichtung von Soziallagen und Lebensläufen zu erfahrungsprägenden Klassenlagen aufgestellt werden, ist daher nach biographischen Verlaufsmustern und genauer nach spezifischen situativen und strukturellen Risiken zu fragen, wie sie etwa beim Übergang vom Bildungssystem in die Arbeitswelt, beim Übergang vom Berufsleben in den Ruhestand sowie in spezifischen Arbeitsmärkten gegeben sind.

Ich halte mich in diesem Kapitel an die Konstruktionslogik der sozialwissenschaftlichen Biographie- und Lebenslaufforschung, deren Ansätze und empirische Ergebnisse wertvolle Anregungen für den Sozialhistoriker bereithalten.[6] Leider entwickelte diese Forschung, zumal in ihrer (west-)deutschen Ausprägung, wenig Interesse an Klassen und spezifischen Berufslagen,[7] sondern widmete sich primär jenen Differenzen, die sich entlang der Dimensionen »Alter«, »Bildung«, »Geschlecht« und »Ethnie« aufbauen und beobachten lassen. In ihrer orthodoxen quantitativ vergleichenden Perspektive ging diese

5 Ulfert Herlyn u. a., *Neue Lebensstile in der Arbeiterschaft? Eine empirische Untersuchung in zwei Industriestädten*, Opladen 1994; Claudine Attias-Donfut, »Generationenwechsel und sozialer Wandel«, in: Renate Köcher, Joachim Schild (Hg.), *Wertewandel in Deutschland und Frankreich*, Opladen 1998, S. 173-206.

6 Zu den grundlegenden Konzepten siehe den kritischen Kommentar bei Hannah Brückner, Karl Ulrich Mayer, »De-Standardization of the Life Course: What it Might Mean? And if it Means Anything, Whether it Actually Took Place?«, in: *Advances in Life Course Research* 9 (2005), S. 27-53 u. S. 27-35. Überblicke über die empirische Forschung zur Bundesrepublik bietet: Steffen Hillmert, Karl Ulrich Mayer (Hg.), *Geboren 1964 und 1971. Neuere Untersuchungen zu Ausbildungs- und Berufschancen in Westdeutschland*, Wiesbaden 2004.

7 Siehe aber: Karl U. Mayer, Glenn R. Carroll, »Jobs and Classes: Structural Constraints on Career Mobility«, in: *European Sociological Review* 3 (1987), S. 14-38.

Forschungsrichtung davon aus, dass es mit der Entwicklung »moderner Industriegesellschaften« zu stärker standardisierten, weil durch institutionelle Rahmungen (von der staatlichen Schule bis zur sozialversicherungsfinanzierten Rente) eingehegten und damit vorhersehbaren Lebensläufen komme. Die Umbrüche im Untersuchungszeitraum, also in den Jahrzehnten zwischen 1970 und 2000, boten vielfach Gelegenheit, diesem modernisierungstheoretisch grundierten Konzept andere Deutungen entgegenzusetzen, welche die Tendenzen zur Deinstitutionalisierung, Pluralisierung und Individualisierung in den Mittelpunkt rückten. Diese Deutungen waren insbesondere in der soziologischen Zeitdiagnostik der 1980er und 1990er Jahre *en vogue*. Die empirischen Befunde sind aber alles andere als eindeutig, und so kann auch dieses Kapitel als gesellschaftshistorischer Beitrag zu dieser Debatte gelesen werden. Es wird darin um vier spezifische »Episoden« beziehungsweise »Ereignisse« im Lebensverlauf von Industriearbeitern und Industriearbeiterinnen gehen: um den Übergang von (beruflicher oder schulischer) Ausbildung ins Berufsleben, um die Partnerwahl und Familiengründung, um den Wechsel von Arbeitsplatz und/oder Beruf und schließlich um das Ausscheiden aus dem Berufsleben und den Eintritt in den Ruhestand.

Entlang dieser vier »Ereignisse« werde ich die soziale Logik individueller Lebensläufe, die Etablierung spezifischer Cluster von Lebensläufen in Verbindung mit Berufskarrieren von Industriearbeiterinnen und Industriearbeitern in den drei westeuropäischen Ländern vergleichend untersuchen. Methodisch stehen dem Historiker für diese Aufgabe mehrere Optionen offen. Zum einen liefert die quantitative Sozialbeobachtung eine Reihe von statistischen Daten, die für die jeweiligen Erhebungszeitpunkte als »objektive Möglichkeiten«[8] individueller Lebensläufe gelesen werden können. Mit der

8 Max Weber, »Objektive Möglichkeit und adäquate Verursachung in der historischen Kausalbetrachtung«, in: *Gesammelte Aufsätze zur Wissenschaftslehre*, Tübingen [7]1988, S. 266-290.

Etablierung von Paneldaten liegen zudem für unterschiedlich große Stichproben und über unterschiedlich lange Zeiträume Daten über reale Berufsbiographien und Lebensverläufe vor, die es erlauben, Muster präziser zu erfassen und auf dieser Grundlage Typen zu bilden. Schließlich ermöglicht es die Rekonstruktion detaillierter Biographien Einzelner auf der Grundlage von Egodokumenten unterschiedlicher Herkunft, Verhaltensweisen und Entscheidungslogiken genauer herauszuarbeiten, welche zu solchen Mustern oder Typen geführt haben. Es handelt sich also um den bewussten Versuch, unterschiedliche Methoden und Ansätze für die sozialhistorische Analyse zu kombinieren. Das erscheint mir nicht zuletzt deshalb ratsam, weil die Datenlage für die drei Länder, die hier im Mittelpunkt stehen, sehr unterschiedlich ist, es also keinen Königsweg für eine vergleichende Betrachtung zumindest für den Untersuchungszeitraum gibt.[9]

Wege in die Industriearbeit in den 1950er und 1960er Jahren

Es fällt schwer, für das hier behandelte Thema scharfkantige Grenzziehungen zwischen den Boom-Zeiten von 1948 bis 1973 und der Zeit danach zu ziehen. Auf den ersten Blick wirken die Jahrzehnte des Nachkriegsbooms kontrastiv zu der auf sie folgenden Phase als Periode der großen Vereinfachung, Homogenisierung und Standardisierung von Biographien, Soziallagen und Gruppenstrukturen. In

---

9 Folgende Datensätze sind benutzt worden: eigene Datenbank *Arbeiterhaushalte in Westdeutschland 1984-2001*; Labour Force Survey [LFS] aus UK Social Data Archive [UK SDA], Study Number [SN] 1758 (LFS 1975), 5876 (LFS 1995), 5857 (LFS 2000); lebensgeschichtliche Interviews in UK SDA, SN 4938: *Families and Social Mobility: A Comparative Study, 1985-1988*; British Library Sound Archives [BLSC], Interviewserien *Lives in Steel* sowie *Food: From Source to Salespoint*; lebensgeschichtliche Interviews der Enquete *Emploi salarié et conditions de vie*, FNSP und CNRS 1996-1999, im Archiv des Centre Maurice Halbwachs [CMH].

Kapitel 4 wurde gezeigt, dass der Ausbau sozial- und arbeitsrechtlicher Garantien von Lohnarbeit dafür gesorgt hat, dass sich Mindeststandards etablierten, die wiederum für eine Angleichung von Lebenslagen und Einkommensverhältnissen auf deutlich höherem materiellem Niveau als etwa 1955 sorgten. Aber gerade die Wachstumsdynamik der meisten Industriebranchen in diesen Jahrzehnten generierte Mobilitätsdynamiken und Arbeitsmärkte, die eine große Vielfalt an Lebensläufen und Berufskarrieren produzierten und jenseits sozialrechtlicher Standardisierungen für große Unterschiede innerhalb der Industriearbeiterschaft sorgten.[10]

So wurde beispielweise in allen drei Ländern die Anstellung als Ungelernter beziehungsweise Angelernter oder als Facharbeiter für nicht wenige der dort insgesamt Beschäftigten zu einer Zwischenetappe in der Berufskarriere, die zu meist besser bezahlten oder sozial prestigeträchtigeren Beschäftigungen als Angestellte, Beamte oder Manager führte. Industriearbeit wurde angesichts der ständig wachsenden Zahl von Arbeitsplätzen in Industrie, Dienstleistungen und Verwaltung zu einem Kreuzungspunkt ganz unterschiedlicher Berufswege. DDR-Flüchtlinge, Vertriebene sowie »Gastarbeiter« aus den Mittelmeerländern und dem Commonwealth fanden häufig Arbeit in der boomenden Industrie, sei es als Ankunftsjob mangels Alternativen oder als dauerhafte Beschäftigung. Vor allem in den 1960er Jahren kamen in relativ kurzer Zeit viele neue Arbeitsmigranten nach Westeuropa. Sie fanden Arbeit in Industrie und Bauwirtschaft, häufig unter prekären Wohnbedingungen und mit befristeten Arbeitsverträgen. In der Bundesrepublik und in Frankreich kamen noch die vielen Söhne von Landwirten hinzu, die mit dem Ende der traditionellen Bauernwirtschaft Aus- und Einkommen in Industriejobs oder im öffentlichen Dienst suchten. 1970 waren in Frankreich rund ein Viertel der Väter (männlicher) Arbeiter (in der Alterskohorte der 25- bis 34-Jährigen) Landwirte, in der Bundes-

---

10 Vgl. Josef Mooser, *Arbeiterleben in Deutschland 1900-1970*, Frankfurt/M. 1984, S. 61-73.

republik waren es etwa 15 Prozent.[11] Hier besteht ein markanter Unterschied zur Situation in Großbritannien, wo weder der ländliche noch der migrantische Herkunftshintergrund eine zahlenmäßig nennenswerte Rolle spielte.[12] Angesichts der Verwerfungen, welche der Zweite Weltkrieg und seine unmittelbaren Folgen wie Flucht, Vertreibung und Kriegsgefangenschaft für die betroffenen Alterskohorten mit sich gebracht hatten, erscheint es mir sinnvoll, vereinfachend die erste Nachkriegskohorte von Industriearbeitern in Hinblick auf solche Muster in Berufskarrieren und Lebensverläufen zu untersuchen. Es handelt sich um diejenigen, die in der zweiten Hälfte der 1930er Jahre und in den 1940er Jahren geboren wurden und damit im ersten Nachkriegsjahrzehnt ins Berufsleben eintraten. Diese Altersgruppe bildete das Gros der Industriebeschäftigten der 1960er Jahre. Dies ist bereits ein erster Hinweis darauf, dass es sich bei der Industriearbeiterschaft des Booms in allen drei Ländern um eine relativ junge Bevölkerungsgruppe handelte – was nicht zuletzt damit zusammenhing, dass in allen drei Ländern die Mehrheit der Jugendlichen mit 14, 15 Jahren ins Berufsleben eintrat und viele von ihnen in Industrie oder Handwerk einen Ausbildungs- oder sogar direkt einen Arbeitsplatz erhielten. Angesichts der in allen drei Ländern vorherrschenden günstigen Lage auf den Arbeitsmärkten für Industriebeschäftigte gehörte für viele Jungarbeiter mit einer abgeschlossenen Berufsausbildung eine frühe Berufsphase mit häufigeren Wechseln des Arbeitsplatzes zum klassischen Profil, bevor in Verbindung mit Heirat und Familiengründung spätestens im Alter zwischen 25 und 30 Jahren eine zweite Phase der Berufskarriere zu beobachten war, in der sich diese

---

11 Zahlen für Frankreich aus: Claude Thélot, »L'évolution de la mobilité sociale dans chaque génération«, in: *Economie et statistique* 161 (1983), S. 3-21, hier: S. 12; für die Bundesrepublik: meine Berechnungen auf der Grundlage der Zahlen in Mooser, *Arbeiterleben*, S. 106, Tab. 16.

12 Im LFS von 1975 hatten nur 3,6 Prozent der Industrie- und Bauarbeiter einen migrantischen Hintergrund. Siehe UK SDA, SN 1758 (LFS 1975), meine Berechnungen.

Facharbeiter zu erheblichen Anteilen längerfristig an ein Unternehmen banden und dort interne Aufstiegsmöglichkeiten und Lohnsteigerungen nutzten. Dieses biographische Muster lässt sich sowohl in den schnell wachsenden Großbetrieben als auch in den zahlreichen Mittel- und Kleinbetrieben beobachten, welche in den Jahrzehnten des anhaltenden Wachstums ihre Belegschaften ausbauten.[13] Die Jahrzehnte des Booms sind goldene Jahre für Facharbeiter, *skilled workers* beziehungsweise *ouvriers professionnels*.[14] Betriebsinterne oder branchenspezifische Aufstiegsmöglichkeiten und/oder Wechselmöglichkeiten hatten für diese Alterskohorte qualifizierter Arbeiter so etwas wie stabile, erwartbare Karrieren oder Berufswege entstehen lassen, welche die in der Welt industrieller Arbeit tradierten Risiken, etwa von sinkenden (Akkord-)Löhnen angesichts des Verschleißes der eigenen Arbeitskraft mit wachsendem Alter, in den Hintergrund rückten. Das Aufrücken in der innerbetrieblichen Hierarchie zu Meistern oder Vorarbeitern, die Übernahme produktionsfernerer Tätigkeiten wie Wartung und Reparatur, schließlich auch die Weiterqualifikation zu Technikern eröffneten ihnen Berufswege, welche Platz für individuelle Ambitionen boten. Parallel dazu eröffneten sich die Chancen einer gewerkschaftlichen Karriere für jene, die den Angeboten der Unternehmerseite kritisch gegenüberstanden und in der Vertretung von Arbeiterinteressen zugleich ihre eigenen Berufsideale und Aufstiegshoffnungen verwirklichten.[15]

13 So wechselten die von Wilfried Deppe befragten, nach 1939 geborenen Industriearbeiter zu einem guten Drittel mehrfach, ein weiteres Drittel einmal nach Abschluss der Lehre den Arbeitgeber. Bei den gelernten Handwerkern lag der Anteil höher, bei ungelernten Arbeitern wechselte jeder achte besonders häufig den Job (drei bis sieben Mal): Wilfried Deppe, *Drei Generationen Arbeiterleben*, Göttingen 1982, S. 281f., S. 313 u. S. 341.

14 Burkart Lutz, »Konfliktpotential und sozialer Konsens. Die Geschichte des industriellen Systems der BRD im Spiegel des Schicksals einer Generation«, in: Otthein Rammstedt, Gert Schmidt (Hg.), *BRD ade!*, Frankfurt/M. 1992, S. 101-122.

15 Zu den Gewerkschaftskarrieren dieser Alterskohorten siehe Andresen, *Triumpherzählungen*, S. 59-95 u. S. 116-129; Hindrichs, *Der lange Abschied vom Malocher*, S. 105-124; Christian Courouge, Michel Pialoux, »Engagement et désengagement militant aux usines Peugeot de Sochaux dans les années 1980 et 1990«, in: *Actes de*

In den drei Ländern machte diese Gruppe qualifizierter Arbeiter zwischen 30 und 40 Prozent der Industriearbeiterschaft insgesamt aus. Vor allem in der Bundesrepublik und in Frankreich hatte dabei eine Minderheit unter ihnen ihre Ausbildung und vielfach auch ihre ersten Berufsjahre im Handwerk gemacht. Ihre Wege in die neue Arbeitswelt waren jedoch häufig konfliktreicher und weniger geradlinig als die der Industriefacharbeiter. Ein Teil von ihnen wechselte in die Industrie wegen der deutlich besseren Löhne und betrieblichen Sozialleistungen, begann aber die eigene industrielle Karriere als angelernte Produktionsarbeiter. Zusammen mit ihren ungelernten Kolleginnen und Kollegen, die zum Beispiel aus der Landwirtschaft kamen oder direkt nach der Schule in der Produktion zu arbeiten begannen, bildeten sie eine zweite Gruppe, denen man ein berufsbiographisches Muster zuordnen kann.

Auch die Gruppe der an- und ungelernten Arbeiter stieg in den Jahren des Booms kräftig an und bildete in allen drei Ländern die Mehrheit der Beschäftigten in den Großbetrieben der Massenproduktion. Faktisch standen ihnen jedoch je nach Betriebsgröße, Standort und Branche ganz unterschiedliche Berufskarrieren offen. In dieser Welt der Produktionsarbeit bildeten Stahlindustrie und Bergbau separate Bereiche mit eigenen Berufsmustern und Karrierestufen. Hier existierten interne Aufstiegswege für angelernte Produktionsarbeiter mit altersspezifischen Karrierestufen, die sowohl den hohen physischen Belastungen Rechnung trugen als auch so etwas wie eine geordnete betriebs- beziehungsweise brancheninterne »Dienstkarriere« generierten.[16]

Ein anderes Muster etablierte sich in der Konsumgüterindustrie. 30 bis 40 Prozent der ungelernten Produktionsarbeiter, darunter

la recherche en sciences sociales 196/197 (2013), S. 20-33; Alain Chenu, »Les ouvriers et leurs carrières: enracinement et mobilités«, in: Sociétés contemporaines (1993), S. 79-92.

16 Karl Lauschke, Die Hoesch-Arbeiter und ihr Werk. Sozialgeschichte der Dortmunder Westfalenhütte während der Jahre des Wiederaufbaus 1945-1966, Essen 2000, S. 142-173; Hindrichs, Der lange Abschied vom Malocher, S. 43-89.

sehr viele Frauen und Arbeitsmigranten, arbeiteten nur vorübergehend an den Fertigungsbändern und taylorisierten Arbeitsplätzen dieser Branchen. Diese Arbeitsplätze waren vor allem für jüngere Männer und Frauen attraktiv, die ohne Berufsqualifikation und mit einfachen und gering bewerteten Schulabschlüssen ins Arbeitsleben starteten. Die Attraktivität der Arbeitsplätze lag vorrangig in den hohen Löhnen beziehungsweise den zusätzlichen Verdienstmöglichkeiten durch Schichtarbeit und Überstunden. Vielfach bildeten Beschäftigungsjahre an den Produktionsbändern von VW, Renault, British Leyland oder Vauxhall sowie in den Textilfabriken aller drei Länder nur eine Episode in Lebensläufen, die dann entweder im Fall vieler Frauen nach Heirat und Geburt des ersten Kindes in die Haushaltsarbeit oder aber zum Wechsel in ganz andere Branchen und Berufe führte. Auch in diesen Branchen existierten, vor allem in den rasch expandierenden Großbetrieben, in den 1960er und 1970er Jahren zahlreiche Angebote zum innerbetrieblichen Aufstieg auch für Angelernte, so dass ganz ähnlich wie in der Stahlindustrie und im Bergbau eine wachsende Zahl von Arbeitern, viel seltener Arbeiterinnen, brancheninterne Dienstkarrieren einschlugen, die ihnen ein hohes Lohnniveau, Arbeitsplatzsicherheit und Aufstiegsoptionen versprachen. Vor allem für einen Teil der Arbeitsmigranten in Westdeutschland und Frankreich entwickelte sich diese Option zu einem biographischen Muster, das vor allem mit dem Nachzug der Familien seit den frühen 1970er Jahren und spätestens dann mit den Anwerbestopps 1973/74 attraktiver wurde.

Nicht vergessen darf man die Gruppe der Frauen, die eine mehr oder weniger dauerhafte Beschäftigung als un- oder angelernte Industriearbeiterinnen aufnahmen. Sie waren vor allem in Branchen wie der Textil-, Bekleidungs- und Nahrungsmittelindustrie zahlreich, aber faktisch stand nur den wenigstens von ihnen eine Berufskarriere im vollen Sinne des Wortes offen. Vielfach waren die qualifizierten Positionen durch männliche Facharbeiter besetzt, so dass die Chancen des innerbetrieblichen Aufstiegs für sie sehr gering waren. Die Welt dieser Industriearbeitsplätze ohne Berufskarriere und Aufstiegsoptionen etablierte sich gerade in den »fetten Jahren« des Booms, und zwar typischerweise im kleinstädtisch-ländlichen Raum sowie in enger Verbindung mit den Umstrukturierungen der bäuerlich-ländlichen Gesellschaften. Aus mithelfenden Familienangehörigen wurden Industriearbeiterinnen, aber die Optionen des Wechsels zurück in Haushalt und Familienbetrieb blieben noch lange intakt. All diese Karriereoptionen beruhten auch auf den verbesserten Rahmenbedingungen industrieller Lohnarbeitsverhältnisse, die der in Kapitel 4 beschriebenen Sozialbürgerschaft den Weg bahnten.[17] In allen drei Ländern blieb vor allem für ungelernte Arbeiterinnen und Arbeiter in Klein- und Mittelbetrieben die reale Nutzung dieser Statusgarantien weiterhin gebunden an eine günstige Arbeitsmarktkonjunktur beziehungsweise die Durchsetzungsmacht gewerkschaftlicher Interessenvertretung. Ein Schlaglicht mag dies verdeutlichen: 1967 besaßen in Westdeutschland 540000 Arbeitsmigranten, also die Mehrheit unter ihnen, »Arbeitserlaubnisse, die an ihren Arbeitsplatz gekoppelt waren und bei Arbeitslosigkeit neu beantragt werden mussten«.[18] Erst die Streik- und Protestwelle der Jahre 1968 bis 1979 sorgte dafür, dass es zu weitreichenden arbeits- und sozialpolitischen Reformen kam und auch an- und ungelernte Arbeitsmigranten und Arbeiterinnen in den Genuss der neuen Rechte gelangten (siehe Kapitel 4).

Für die Bundesrepublik sowie mit Abstrichen und Einschränkungen auch für Frankreich und Großbritannien lässt sich am Beginn der 1970er Jahre feststellen, dass die Berufsperspektiven und Lebensläufe von Facharbeitern und von einem Teil der angelernten Arbeiter sich denen mittlerer und unterer Angestellter angenähert hatten. Gleichzeitig bewirkte die Fortsetzung traditioneller Muster geschlechtsspezifischer Arbeits(ver)teilung in den drei Gesellschaften, dass in Arbeitnehmerhaushalten durch Partnerschaft oder Hei-

---

17 Robert Castel, *Les métamorphoses de la question sociale*, Paris 1995, S. 323-384.
18 Jenny Pleinen, *Die Migrationsregime Belgiens und der Bundesrepublik seit dem Zweiten Weltkrieg*, Göttingen 2012, S. 101.

rat Berufsperspektiven von (männlichen) Arbeitern und (weiblichen) Angestellten zusammentrafen. Für eine dynamische Betrachtung von Berufskarrieren ist schließlich nicht ohne Bedeutung, dass sich mit dem relativen Anstieg der Industrielöhne nun wie im Bürgertum beziehungsweise den Mittelklassen auch unter Industriearbeitern das Modell des männlichen Alleinverdieners oder Haupternährers etablierte, mit dem Ergebnis, dass gerade bei den zwischen 1935 und 1950 geborenen Frauen ohne höhere Bildungsabschlüsse die Zahl derer zunahm, deren Berufskarrieren durch Familien- und Erziehungszeiten unterbrochen wurden und deren Wiedereinstieg häufig in neue Angestelltenberufe oder Teilzeitjobs führte.[19]

Diese Trends erregten im Untersuchungszeitraum die Gemüter der Sozialforscher, weil mit zunehmender Arbeitsplatzsicherheit, der Verbreitung von spezifischen Berufskarrieren, dem steigenden Anteil von Facharbeitern das Ende der Proletarität gekommen schien. *Affluent worker* war das Schlagwort, das die wohl folgenreichste und erfolgreichste britische soziologische Studie der 1960er Jahre in die Welt setzte. John Goldthorpe und seine Kolleg(inn)en beschrieben die neuen Konsumbedürfnisse und den wachsenden »Individualismus« von Automobilarbeitern und glaubten das Vorrücken instrumenteller Einstellungen zur Arbeit sowie einen Trend zur Auflösung traditioneller Muster proletarischer Sozialmilieus erkannt zu haben.[20] Nüchtern betrachtet blieben Einkommen und Konsum bei allen Industriearbeitern im gesellschaftlichen Vergleich eher bescheiden, aber sie stiegen kontinuierlich und schufen Distanz zu den Erfahrungen von Mangel und Unsicherheit in der ersten Hälfte des

---

19 Christine von Oertzen, *Teilzeitarbeit und die Lust am Zuverdienen. Geschlechterpolitik und gesellschaftlicher Wandel in Westdeutschland 1948-1969*, Göttingen 1999.

20 John Harry Goldthorpe u. a., *The Affluent Worker in the Class Structure*, Cambridge 1969; siehe zur Historisierung dieser Forschungen: Jon Lawrence, »Social-Science Encounters and the Negotiation of Difference in Early 1960s England«, in: *History Workshop Journal* 77 (2014), S. 215-239; Mike Savage, *Identities and Social Change in Britain Since 1940. The Politics of Method*, Oxford, New York 2010; sowie als kritische Sekundäranalyse und Folgeuntersuchung Fiona Devine, *Affluent Workers Revisited. Privatism and the Working Class*, Edinburgh 1992.

Jahrhunderts. Auch bei den un- und angelernten Arbeitern ging jene Armut zurück, welche die proletarische Existenz seit dem Beginn der Industrialisierung ausgezeichnet hatte. Die Armutslinie trennte in Verbindung mit der Respektabilitätslinie jedenfalls um 1970 nicht mehr so deutlich wie noch 30 Jahre zuvor die oberen und unteren Lohngruppen und ihre Familien innerhalb der Arbeiterschaft. Allerdings existierte am unteren Rand der Industriearbeiterschaft in allen drei Ländern nach wie vor eine Minderheit, deren Lebensläufe nicht aus der relativen Armut hinausführten und die konkret durch schlechte Wohnverhältnisse, instabile Beschäftigungsverhältnisse und das Fehlen jeglicher Rücklagen gekennzeichnet waren. Zwar waren sich Industriearbeiterinnen in ländlichen Regionen sowie Arbeiter und Arbeiterinnen in Niedriglohnbranchen wie der Textil- und der Lebensmittelindustrie in den 1960er und frühen 1970er Jahre ihres Arbeitsplatzes sicherer als in der Zwischenkriegszeit, aber ihre Haushaltseinkommen blieben bescheiden und am Rande der Armut, wenn nicht die Ehepartner und älteren Kinder zuverdienten und entsprechende Lücken in der familiären Haushaltskasse schlossen. Arbeitsmigranten begannen ihre Berufskarrieren in den drei Ländern vielfach als (noch) Unverheiratete im Zeichen relativer Armut und akzeptierten sie nicht zuletzt deshalb, weil sie sie mit der viel härteren Armut ihrer Heimatländer verglichen. Dieser Doppelstandard der Armut darf nicht vergessen werden, wenn man ihre hartnäckige Weiterexistenz in den westeuropäischen Gesellschaften dieser Zeit verstehen will.

Am Schluss dieser zwangsläufig vereinfachenden Skizze der Ausgangslage muss jedoch die Differenz betont werden, die zwischen der britischen Situation auf der einen und den französischen und westdeutschen Soziallagen auf der anderen Seite bis zum Beginn der 1970er Jahre entstanden war. Aufgrund eines deutlich niedrigeren Wachstums der Industriebranchen sowie eines geringeren Zustroms von Arbeitsmigranten und ländlichen Arbeitskräften in die Industrie war das Spektrum britischer Berufsverläufe innerhalb der Industriearbeiterschaft homogener als in den beiden anderen Ländern; in Großbritannien sorgten vor allem Unterschiede zwischen Branchen und Regionen (zwischen Schottland, Nordengland und Wales einerseits, dem Südosten Englands andererseits) für Differenzen.[21] Zweitens war Arbeitslosigkeit bereits zu diesem Zeitpunkt für un- und angelernte Arbeiter vor allem in den traditionellen Industrieregionen des Nordens eine verbreitete Erfahrung, während jenseits des Ärmelkanals Vollbeschäftigung herrschte.[22]

Mit der ersten großen Wirtschaftskrise 1973/74, die, wie oben ausführlich dargestellt, eine längere Phase schwächeren Wirtschaftswachstums und des beschleunigten Strukturwandels industrieller Produktion einläutete, änderte sich in allen drei Ländern die Lage grundlegend. Ich werde in den nächsten Abschnitten untersuchen, in welchem Maße sich Arbeitslosigkeit, Branchenkrisen und neue Technologien auf die Berufskarrieren von Industriearbeiterinnen und Industriearbeitern auswirkten. Angesichts der großen Unterschiede der verfügbaren Daten und Quellen werde ich die Ergebnisse für die drei nationalen Vergleichsfälle zunächst nacheinander darstellen.

Kontinuität und Wandel: Berufskarrieren und Arbeitsbiographien nach dem Boom in Frankreich

Rekapitulieren wir kurz, was wir bereits aus den vorigen Kapiteln über die Rahmenbedingungen von Arbeitskarrieren in Frankreich wissen. Gut 1,5 Millionen Arbeitsplätze gingen zwischen 1972 und 2002 im industriellen Sektor verloren; die jährlichen Reallohnzuwächse für Arbeiter fielen zwischen 1975 und 1985 auf gut ein Prozent und lagen dann bis 2005 bei etwa null Prozent.[23] Die Relationen zwischen qualifizierten Arbeitern (*ouvriers professionnels*) und unge-

---

21 Arthur Marwick, *British Society since 1945*, London u.a. [4]2003, S. 124-140.
22 1970 waren 9% der unqualifizierten Arbeitskräfte arbeitslos gemeldet: McIvor, *Working Lives*, S. 243.
23 Louis Chauvel, *Le destin des générations*, Paris [2]2010, S. 66.

lernten oder angelernten Arbeitern (*ouvriers spéciaux*) verschoben sich zwischen 1975 und 1995 zunächst zugunsten der ersten Kategorie, doch in der zweiten Hälfte der 1990er Jahre wurden wieder vermehrt Arbeitsplätze für Ungelernte in der Industrie angeboten, so dass 1999 der Anteil der Facharbeiter wieder bei über 42 Prozent aller Arbeiter und damit nahe an ihrem Anteil von 1975 lag.[24] Eine weitere statistische Beobachtung betrifft den Anteil von Migranten unter den französischen Industriearbeitern. Er blieb relativ stabil, genauer: Er sank nur leicht von 13 Prozent im Jahr 1968 auf 11 Prozent 1995, wobei er bei der Untergruppe der un- und angelernten Arbeiter deutlich höher lag (17 Prozent).[25] Frappant ist jedoch eine weitere Verschiebung in der Geschlechterhierarchie industrieller Arbeit: Der bereits vor der Umbruchphase niedrige Anteil von Frauen unter den qualifizierten Arbeitern sank weiter, nämlich von 17 auf 12 Prozent zwischen 1962 und 1995, dabei erhöhte sich der Frauenanteil unter den unqualifizierten Arbeitern nochmals, von 26 auf 30 Prozent. Die traditionelle Geschlechterhierarchie in der industriellen Arbeitswelt verschärfte sich also in Zeiten von Massenarbeitslosigkeit und Massenentlassungen. Schließlich gehörte eine hohe Jugendarbeitslosigkeit, wie in den Kapiteln 1 und 5 gezeigt, zu den ständigen Begleiterscheinungen der Deindustrialisierung in Frankreich. In der Altersgruppe der 15- bis 24-Jährigen stieg die Quote derer, die arbeitslos gemeldet waren, von rund fünf Prozent in den frühen 1970er Jahren stetig an und erreichte 1984 den Höchstwert von 25 Prozent, bevor sie sich 1990 bei um die 20 Prozent 1990 stabilisierte.[26]

Mit der in Kapitel 5 beschriebenen Ausweitung des *baccalauréat* (Abitur) zum allgemeinen Abschluss der Sekundarschulen seit den 1980er Jahren stieg der Anteil derer, die als ungelernte Arbeiter be-

---

24 Thomas Amossé, Olivier Chardon, »Les travailleurs non qualifiés: une nouvelle classe sociale?«, in: *Economie et statistique* 393-394 (2006), S. 203-227, hier: S. 209.
25 Cézard, »Les ouvriers«, in: *INSEE première* 455 (1996), S. 2.
26 Thomas Raithel, *Jugendarbeitslosigkeit in der Bundesrepublik*, München 2012, S. 16.

schäftigt wurden, aber über einen berufsqualifizierenden Abschluss oder das Abitur beziehungsweise noch höhere Bildungstitel verfügten, auf 44 Prozent.[27] Fast die Hälfte aller unqualifizierten Arbeiter verfügte damit am Ende des Untersuchungszeitraums über Bildungsabschlüsse, die ihnen 30 Jahre früher noch die Chance eröffnet hätten, ihre Berufskarriere zumindest als Facharbeiter, wenn nicht als Techniker zu beginnen.

Schließlich reduzierte die langfristige Abkühlung der Industriekonjunktur für alle Altersgruppen die Chancen des sozialen Aufstiegs. Waren in den Jahren des Booms etwa 30 Prozent der Industriearbeiter in andere Berufsgruppen aufgestiegen, so lagen die objektiven Chancen für einen Wechsel in eine höhere Statusgruppe (Facharbeiter, Meister, Vorarbeiter, Techniker) im Krisenjahr 1982 bei 5,4 Prozent und 1998 (in einer Wachstumsphase) bei 7,7 Prozent. Das bedeutete, dass nur noch einer von 12 Arbeitern in die Gruppe der mittleren Angestellten aufstieg; einer von 20 machte sich selbständig.[28]

Was bedeuteten diese Verschiebungen in den sozioökonomischen Rahmenbedingungen nun für die Berufsbiographien? Eine erste Beobachtung betrifft das Alter: Deindustrialisierung bedeutete in Frankreich, dass sich vor allem die Altersstruktur der Industriearbeiterschaft massiv veränderte. Man begann sein Arbeitsleben in der Fabrik nun deutlich später und beendete es deutlich früher. Damit verkürzte sich die durchschnittliche Lebensarbeitszeit nach und nach für alle nach 1925 Geborenen. Im Laufe der 1980er und 1990er Jahre schieden die letzten Arbeiterinnen und Arbeiter, die mehr als 40 Jahre, klassisch vom 15. bis zum 60. Lebensjahr, »malocht« hatten, aus dem Berufsleben aus. Seit Mitte der 1980er Jahre waren das 20. oder 25. und das 50. oder 55. Lebensjahr in dieser Hinsicht die neuen Klas-

27 Das ist die Zahl für das Jahr 2001, siehe Olivier Chardon, »Les transformations de l'emploi non qualifié depuis vingt ans«, in: *INSEE première* 796 (2001), S. 1-4, hier: S. 3.

28 Stéphanie Dupays, »En un quart du siècle, la mobilité sociale a peu évolué«, in: *Données sociales. La société française*, Paris 2006, S. 343-349.

siker. Jugendphase und *troisième age* (»drittes Lebensalter«), das in Frankreich nach Senkung des gesetzlichen Renteneintrittsalters auf 60 Anfang der 1980er Jahre rasch an Beliebtheit gewann, wurden feste Bestandteile der neuen Arbeiterbiographien.

Das ist zweifellos die größte und in Verbindung mit der fortschreitenden Verlängerung der Lebenszeit auch die nachhaltigste Veränderung in den Lebensläufen französischer (aber auch deutscher und weniger markant britischer) Arbeiter. Dieser Umbruch vollzog sich relativ rasch – der Hauptschub erfolgte in den 1980er Jahren. Viele Unternehmen lösten mit finanzieller Unterstützung des Staates und der Sozialversicherungssysteme das Problem des Personalabbaus durch Frühverrentungen und Sozialpläne. Im Ergebnis verschob sich die Altersstruktur der Belegschaften immer mehr in Richtung der 30- bis 50-Jährigen. Einige Beispiele mögen dies illustrieren: Waren im Automobilbau 1975 noch 40 Prozent der Arbeiter unter 30 Jahre alt, so waren es 1990 nur noch 24 Prozent. Ähnliche Entwicklungen gab es in der Textil- und Bekleidungs- sowie in der Elektroindustrie. In der Eisen- und Stahlindustrie, die zwischen 1975 und 1982 die Hälfte, dann zwischen 1982 und 1990 nochmals 70 Prozent ihrer Arbeiterschaft »freisetzte«, bildete die Gruppe der (Früh-)Verrenteten 40 Prozent derjenigen, die ausschieden. Nur in denjenigen Branchen, in denen es zu geringem oder gar keinem Stellenabbau kam (Lebensmittelindustrie, kunststoffverarbeitende Industrie oder das Druck- und Verlagswesen), kam es zu einer mehr oder weniger kontinuierlichen Verjüngung der Arbeiterschaft, so dass der Anteil jüngerer Beschäftigter konstant blieb.[29]

Gleichzeitig zwang der massive Personalabbau in den meisten französischen Industriebranchen viele jüngere Industriebeschäftigte zu einem Berufs- oder Branchenwechsel. Fünf bis sieben von zehn Arbeitern einer Industriebranche wechselten zwischen 1975 und 1990 in andere Branchen, wurden arbeitslos oder gingen (häufig früher)

29 Anne-Françoise Molinié, »Industrial Workforce Decline and Renewal«, in: *INSEE Studies* 43 (2000), S. 1-17, hier: S. 5.

in Pension.[30] Das Risiko, arbeitslos zu werden, schwankte dabei erheblich und war abhängig von Alter, Qualifikation und Branche. So fanden Arbeiterinnen in der Textilindustrie, die ihren Arbeitsplatz verloren hatten (in Frankreich waren das im Zeitraum 1975 bis 1990 zwischen 55 und 59 Prozent der dort Beschäftigten), zu einem Drittel eine neue Beschäftigung in einer anderen Branche, nur 6 Prozent hingegen bei einem anderen Textilbetrieb, während etwa 20 Prozent arbeitslos wurden oder sich ganz aus dem Erwerbsleben zurückzogen. Die Schrumpfung der Bekleidungs- und Textilindustrie ging also erheblich zu Lasten weiblicher Erwerbskarrieren – ein Muster, das wir immer wieder finden werden.

Der Weg aus der Industrie in andere Sektoren der Wirtschaft war zum Teil mit einem arbeitsrechtlichen Statuswechsel in die Gruppe der *employé(e)s*, seltener der *techniciens* verbunden, zum Teil hieß dies aber auch nur, dass man nun als *ouvrier* im Gesundheitswesen, in der öffentlichen Verwaltung oder aber im Transportwesen tätig war. Seit Mitte der 1990er Jahre wuchs in Frankreich dementsprechend die Zahl derer, die als unqualifizierte Arbeiter beschäftigt wurden, und dieser Zuwachs fand vor allem im Bereich der Dienstleistungen statt. 1990 waren bereits 37 Prozent der Gesamtkategorie »Arbeiter« außerhalb der Industrie beschäftigt, und zwischen 1982 und 2001 entstanden 1,27 Millionen neue Stellen für unqualifizierte Arbeiter in den Sektoren Gesundheit, Soziale Dienste, Schule, Handel, Transport, Logistik und Sicherheit.

Gegen diesen Trend der erzwungenen Berufsmobilität behauptete sich das Muster kontinuierlicher Berufskarrieren innerhalb eines Betriebs oder Unternehmens. Es war vor allem für qualifizierte Arbeiter typisch: 1995 waren mehr als 56 Prozent von ihnen länger als zehn Jahre im selben Betrieb beschäftigt. Angesichts anhaltender hoher Arbeitslosigkeit und einer vielfach prekären Geschäftslage ganzer Industriebranchen veränderten sich die Motivlagen hinter dieser Kontinuitätsstrategie. Es ging nun darum, sich durch Betriebszuge-

30 Ebd., S. 8.

hörigkeit vor den Risiken der Arbeitslosigkeit zu schützen, während die Chancen von Lohnzuwachs und vielfach auch von innerbetrieblichem Aufstieg eher sanken. Betriebstreue und berufliche Routine wurden zur besten Strategie insbesondere für ältere qualifizierte Arbeiter. Die soziale Logik des Festhaltens am eigenen Arbeitsplatz – auch um den Preis sinkender Aufstiegsmöglichkeiten und sinkender Einkommen (durch den Wegfall von Prämien und Sonderschichten, zum Beispiel) – galt auch für angelernte Arbeiter in Großunternehmen, zumal ihre Beschäftigungschancen außerhalb ihrer Betriebe nach 1975 dramatisch sanken, da ihre dort erworbenen spezifischen Kompetenzen (ob als Bandarbeiter oder als hochspezialisierte Stahlarbeiter) nicht mehr nachgefragt waren. Untersuchungen in der französischen Automobilbranche haben die Nebenwirkungen dieser Beharrungsstrategie analysiert und festgestellt, dass den älteren Bandarbeitern innerbetriebliche Aufstiege nunmehr versperrt waren und die anstrengende Arbeit am Band nun – und anders als in Zeiten des Booms – in wachsendem Maß auch von ihnen und nicht mehr hauptsächlich von Jungarbeitern verrichtet wurde.[31] Der Preis oder die Prämie für das Ausharren war in diesen Fällen die Frühverrentung. Nicht vergessen werden darf, dass darüber hinaus ein Teil der Arbeitsmigranten in ihre Heimatländer zurückkehrte und dort versuchte, die eigenen Arbeitskarrieren fortzusetzen.[32]

Schließlich etablierte sich als drittes Muster neben Mobilität und Kontinuität der gewundene Pfad des beruflichen Quereinstiegs für jüngere Arbeitskräfte, wiederum befördert durch die Ausweitung des allgemeinen Bildungssystems. Immer mehr vor allem junge Männer begannen nach dem Erwerb eines berufsqualifizierenden oder höheren Bildungsabschlusses und längeren Wartezeiten in öffentlichen Beschäftigungs- und Umschulungsmaßnahmen für jugendliche Arbeitslose ihre Karrieren in der Industrie als unqualifizierte Arbeiter mit

---

31 Stéphane Beaud, Michel Pialoux, *Retour sur la condition ouvrière. Enquête aux usines Peugeot de Sochaux-Montbéliard*, Paris 1999, S. 111-157.
32 Rachid Benattig, »Les retours assistés dans les pays d'origine: une enquête en Algérie«, in: *Revue européenne des migrations internationales* 5 (1989), S. 79-102.

befristeten Arbeitsverträgen. Je nach Konjunktur wurde daraus eine längere Phase kurzfristiger Beschäftigungen, an die sich immer wieder Zeiten der Arbeitslosigkeit anschlossen. Typisch ist für Frankreich auch der relativ hohe Anteil an Leiharbeitern (*intérimaires*) in dieser Gruppe. 2001, also am Ende des Untersuchungszeitraums, arbeiteten in den französischen Industriebranchen bis zu zehn Prozent der unqualifizierten Arbeiterinnen und Arbeiter als Leiharbeiter.[33]

Dem Festhalten an noch so bescheidenen betrieblichen Positionen unter den älteren Arbeitern trat also der Zwang zur beruflichen Mobilität und Flexibilität unter den jüngeren gegenüber. Für die französische Automobilindustrie haben dies Nicolas Hatzfeld, Stéphane Beaud und Michel Pialoux in ihrer hier schon mehrfach herangezogenen Studie zum Peugeot-Werk in Sochaux eindringlich beschrieben und analysiert.[34] Seit Ende der 1980er Jahre kamen über zunächst befristete Arbeitsverträge und Leiharbeiteragenturen nach langer Zeit wieder Jungarbeiter in den Betrieb. Sie verfügten über berufsqualifizierende oder allgemeine Bildungsabschlüsse, verbanden all ihre Ambitionen mit den technischen und organisatorischen Umstrukturierungen im Werk und hofften auf einen raschen betrieblichen Aufstieg. Dagegen wartete die Mehrheit der älteren Produktionsarbeiter, die ohne oder nur mit niedrigen Schulabschlüssen ins Werk eingetreten waren und bereits über mehr als ein Jahrzehnt Beschäftigungsabbau »überlebt« hatten, auf die Frühverrentung und verteidigte in skeptischer Ablehnung aller organisatorischen und technischen Neuerungen zäh die etablierte Produktionsordnung im Betrieb. Hier standen sich, wie die Interviews der Soziologen zeigen, zwei Arbeitergenerationen distanziert, fremd, ja sogar feindlich und in wechselseitiger Verachtung gegenüber.[35]

33 Chardon, »Les transformations de l'emploi non qualifié depuis vingt ans«, S. 3.
34 Nicolas Hatzfeld, »L'individualisation des carrières à l'epreuve«, in: *Sociétés contemporaines* 54 (2004), S. 15-33; Stéphane Beaud, Michel Pialoux, »Jeunes ouvrier(e)s à l'usine«, in: *Travail, genre et sociétés* 8 (2002), S. 73-103.
35 Beaud/Pialoux, *Retour sur la condition ouvrière*, S. 293-332.

Zur Illustration der Lage der Industriearbeiter in Frankreich in der Phase der Transformation möchte ich nun zwei individuelle Arbeitsbiographien genauer schildern. Die erste geht auf eine autobiographische Darstellung zurück, wohingegen die zweite auf Basis eines soziologischen Interviews rekonstruiert wird.

Abdallah Jelidi, Automobilarbeiter bei Renault von 1975 bis 1991, erzählt in seiner 2015 publizierten Autobiographie[36] die Etappen eines Erwerbslebens, wie es für viele Arbeitsmigranten, die noch in den Jahren des Booms aus den Maghreb-Staaten Marokko, Algerien und Tunesien nach Frankreich gekommen waren, typisch war. Jelidi, Sohn eines Tagelöhners aus Gabès in Tunesien, kam als 20-Jähriger über eine Anwerbekampagne französischer Unternehmer 1973 oder 1974 (sein Bericht ist an dieser Stelle ungenau) ins ostfranzösische Belfort und begann seine Berufslaufbahn als ungelernter Industriearbeiter in der Aluminium-Schmelzerei des Automobilherstellers Peugeot. Dank der Vermittlung seiner Schwester und seines Schwagers, die bereits in Paris wohnten, entkam er dem ebenso gefährlichen wie körperlich belastenden Arbeitsplatz, um als Leih- und Zeitarbeiter zunächst in einer Textilfabrik Daunenschlafsäcke zu füllen und dann auf der Großbaustelle des Centre Pompidou zu arbeiten, bevor er als Zeitarbeiter, später als unbefristet Beschäftigter bei Renault im Werk Billancourt eine Anstellung fand. Jelidi arbeitete bis zu seiner Entlassung im Zuge der Werksschließung 1991 zunächst wieder in der Schmelzerei, dann nach einem Arbeitsunfall zwölf Jahre lang als angelernter Arbeiter in der Sattlerei und montierte Rückspiegel. Als Gewerkschaftsdelegiertem (der CGT) und *immigré* gelang ihm kein Wechsel in attraktivere Abteilungen. Aber Jelidi fühlte sich ganz dem Kosmos »Renault« (mit günstiger und geräumiger Werkswohnung und anderen sozialen Vorteilen, aber auch als kritischer Gewerkschafter) zugehörig. 1991, im Alter von 38 Jahren, wurde der seit seinem 24. Lebensjahr Verheiratete

---

36 Abdallah Jelidi, in: Laurence Bagot, *Ceux de Billancourt*, Ivry-sur-Seine 2015, S. 99-112.

erstmals arbeitslos. Dank einer Umschulung zum Berufskraftfahrer fand er schnell den Job, den er zum Zeitpunkt des Berichts 2015 immer noch ausübte: Er wurde Lastkraftfahrer, der nachts für seine Firma die Supermärkte im Großraum Paris belieferte. Jelidis kontinuierliche Arbeitsbiographie zeigt sehr gut die engen Grenzen, die dem beruflichen Aufstieg an- und ungelernter Migranten gesetzt waren, aber auch die typischen prekären Übergangssituationen, deren glückliche beziehungsweise erfolgreiche Bewältigung erst den (Wieder-)Einstieg in dauerhaftere Beschäftigungsverhältnisse ermöglichten. Der Preis, den Jelidi für den Verlust seines industriellen Arbeitsplatzes zu zahlen hatte, war hoch: Permanente Nachtschichten prägten die letzten 20 Jahre seines Berufslebens.[37]

Einen Einblick in die Situation der jüngeren Arbeitergeneration gibt ein Interview aus dem Herbst 1995, das im Rahmen des Forschungsprojekts »Emploi salarié et conditions de vie« geführt worden ist.[38] Monsieur G., Jahrgang 1962, verheirateter Facharbeiter und Vater von zwei Kindern, arbeitete in der Möbelfabrik Ranger im Department Vienne als Programmierer an den neuen computergesteuerten Produktionsmaschinen, die zum Zeitpunkt der Befragung vom Unternehmen angeschafft worden waren. Als gelernter Fräser und Dreher hatte er zunächst in der Metallindustrie in der Gegend von Clermont-Ferrand gearbeitet und sich auf dem Weg der beruflichen Weiterbildung zum Programmierer qualifiziert. In der neuen Firma wurde seine fachliche Qualifikation vom Management gern in Anspruch genommen, wenn es darum ging, Engpässe und Krisensituationen zu bewältigen, aber wie die Arbeitsplätze der übrigen Be-

37 Zur Situation der Arbeitsmigranten siehe: Fanny Mikol, Chloé Tavan, »La mobilité professionnelle des ouvriers et employés immigrés«, in: *Données sociales: La société française* 12 (2006), S. 351-359; Chloé Tavan, »Migration et trajectoires professionnelles, une approche longitudinale«, in: *Economie et statistique* 393-394 (2006), S. 81-99; Anne-Sophie Bruno, »Analyser le marché du travail par les trajectoires individuelles. Le cas des migrants de Tunisie en région parisienne pendant les Trente Glorieuses«, in: *Vingtième Siècle. Revue d'histoire* 121 (2014), S. 35-47.
38 Das Projekt war am CMH in Paris angesiedelt. Ich danke Serge Paugam für die Bereitstellung dieser Forschungsdaten.

schäftigten (Durchschnittsalter 49 Jahre) war auch seine Zukunft bei einem Unternehmen, das in den letzten 10 Jahren fast 1000 Arbeitsplätze abgebaut hatte und sich nach Übernahme durch eine Finanzgruppe weiterhin in einer tiefen Krise befand, alles andere als gesichert. Als Facharbeiter sah G. keine Aufstiegsmöglichkeiten und beklagte im Interview, dass nach dem Verkauf des Unternehmens das Management im Betrieb von zwei auf 15 Personen erhöht worden sei. Vor allem mangelndes Vertrauen und die nicht angemessene finanzielle Honorierung der Arbeitskompetenz sorgten für eine entsprechende Verbitterung bei diesem (über-)qualifizierten Facharbeiter. Seine Verachtung galt sowohl der autoritären Inkompetenz des Managements als auch dem routinierten Desinteresse seiner meist älteren Arbeitskollegen, die fatalistisch den Niedergang ihres Unternehmens mitmachten in der Hoffnung, sich in die Frühverrentung zu retten. In diesem und anderen zeitgenössischen Interviews werden die Irritationen und Risiken deutlich, mit denen jüngere Facharbeiter in ihrer Arbeitsbiographie zu kämpfen hatten. Die »Passung« zwischen individuellen Berufserwartungen und betrieblichen Überlebensstrategien war, wie Serge Paugam und andere in ihren Studien gezeigt haben, in vielen Betrieben, vor allem jedoch in mittleren und kleineren Unternehmen, verloren gegangen.[39]

Die Entwicklungen in Frankreich lassen sich unter einigen wenigen Stichworten zusammenfassen: Erstens warf die Massenarbeitslosigkeit ihren dunklen Schatten auf die Berufskarrieren aller Alterskohorten. Unsicherheit des Arbeitsplatzes, lange Wartezeiten und Umwege für Berufsanfänger sowie der Einbau von Phasen der Arbeitslosigkeit in die eigene Berufslaufbahn sind typische Erscheinungsformen dieser Präsenz der Arbeitslosigkeit in den industriellen Arbeitsbiographien. Zweitens etablierte sich angesichts von hoher Jugendarbeitslosigkeit und Massenentlassungen sehr schnell das Modell der Frühverrentung, so dass viele Industriearbeiterinnen und -ar-

---

39 Serge Paugam, *Le salarié de la précarité. Les nouvelles formes de l'intégration professionnelle*, Paris 2000.

beiter meist vor ihrem 60. Lebensjahr aus dem Berufsleben ausschieden. Drittens entwickelte sich angesichts erheblicher Arbeitsmarktrisiken in einer insgesamt alternden Industriearbeiterschaft das Muster langjähriger Betriebszugehörigkeit oder kalkulierter Betriebstreue zu einer verbreiteten Strategie der Existenzsicherung. Viertens öffnete sich vor allem für die nach 1965 Geborenen die Schere zwischen Bildungstiteln und Jobangeboten und damit zwischen erwarteten und realen Berufskarrieren.

Großbritannien: Arbeiterbiographien zwischen Katastrophe und Umbruch

Wenn wir nun nach Großbritannien schauen, müssen wir als Erstes festhalten, dass die britische Industrie in den drei Jahrzehnten zwischen 1970 und 2000 noch mehr Arbeitsplätze und Marktanteile verlor als die französische oder westdeutsche Konkurrenz. Konkret verschwanden zwischen 1972 und 1992 2,3 Millionen Arbeitsplätze, jeder vierte Arbeitsplatz in den Sektoren Bau, Bergbau und produzierendes Gewerbe war betroffen. Zwischen 1992 und 2002 gingen dann nochmals 544000 Stellen verloren, was einen Rückgang von 13 Prozent gegenüber dem dramatischen Niveau von 1992 bedeutete.[40] Das Risiko, seinen industriellen Arbeitsplatz zu verlieren, war in Großbritannien etwa doppelt so hoch wie in Frankreich und Westdeutschland. Massenarbeitslosigkeit breitete sich in den 1980er Jahren in vielen Industrieregionen des Landes aus. Britische Arbeiterinnen und Arbeiter sahen sich mit einem ebenso unerwarteten wie langanhaltenden Umbruch konfrontiert, dessen direkte Folgen ein Teil von ihnen in Form von Einkommensrückgang, Arbeitsplatzverlust oder Arbeitslosigkeit erlebte. Angesichts der großen regio-

---

40 Meine Berechnungen auf der Grundlage der ILO-Datenbank, die ihrerseits auf amtlichen Daten beruht.

nalen Schwankungsbreite britischer Löhne und Einkommen sind Durchschnittswerte wenig aussagekräftig. Je nach Berechnungsmodus stagnierten die in der Industrie gezahlten Bruttostundenlöhne zwischen 1972 und 1992 real oder wuchsen moderat um circa 1,3 Prozent jährlich.[41] Auch für britische Industriearbeiter waren die Zeiten großer Wohlstandsvermehrung vorbei; für die meisten ging es um die Sicherung des Status quo.

Mit Blick auf die Arbeitsbiographien stand *reorientation* auf der Tagesordnung, und viele ehemalige Industriearbeiter wurden zu Quereinsteigern in den allmählich nachwachsenden Servicejobs. Auch in Großbritannien zahlten zunächst die jugendlichen Berufseinsteiger aus Arbeiterhaushalten den Preis dafür, dass Arbeitsplätze in der Industrie mehr oder weniger ersatzlos verschwanden. Entsprechend hoch waren die Quoten der Jugendarbeitslosigkeit, zumal hier viel später als in Frankreich das allgemeine Bildungssystem geöffnet wurde und berufliche Weiterqualifikationen und Umschulungen angeboten wurden. Auf dem Höhepunkt dieser Arbeitsmarktkrise, Ende der 1980er Jahre war die Hälfte der 16- bis 18-Jährigen arbeitslos oder in *Youth Training Schemes*, also Berufs- beziehungsweise Beschäftigungsprogramme für Schulabgänger, untergebracht (siehe Abb. 6.1).[42]

Ganz ähnlich wie in Frankreich und – wie wir noch sehen werden – in der Bundesrepublik bedeuteten Werksschließungen und Entlassungen vor allem für viele ältere Stahlarbeiter und Bergleute meist auch das Ende ihrer Erwerbstätigkeit. Längere Krankschreibungen, Langzeitarbeitslosigkeit und Frühverrentungen standen für viele über 50-Jährige am Ende ihrer »Maloche«. Entsprechende Sozialpläne für die britische Stahlindustrie eröffneten diesen Weg seit 1977.[43] Im Bergbau verloren zwischen 1985 und 2000 mehr als 175 000 Menschen ihren Arbeitsplatz, die Hälfte von ihnen

41 Ivan Reid, *Class in Britain*, Cambridge 1998, S. 83.
42 Ebd., S. 260.
43 Siehe die Betriebsvereinbarungen bei den Werksschließungen von British Steel in den Modern Records Archives der University of Warwick, MSS. 365/BSC/55

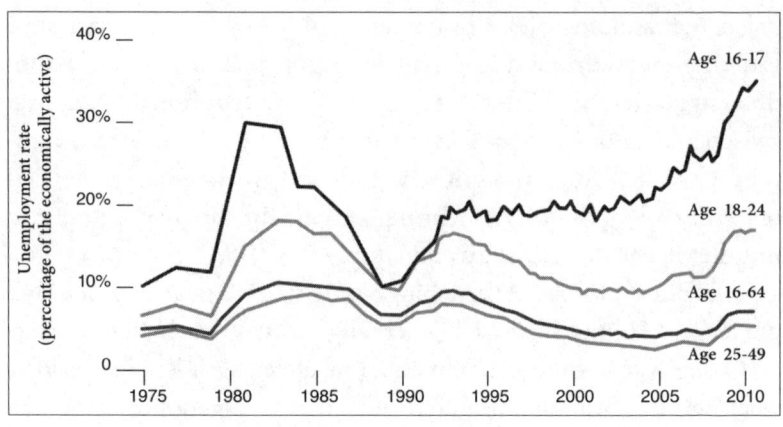

Abbildung 6.1:
Arbeitslosigkeit in Großbritannien 1975-2010, nach Altersgruppen.
Quelle: Barbara Petrongolo, John van Reenen, »The Level of Youth
Unemployment is at a Record High«, ⟨http://blogs.lse.ac.uk/politicsandpolicy/
youth-unemployment/⟩, zuletzt eingesehen am 30. 8. 2018.

Um Arbeitsbiographien in Zeiten der Deindustrialisierung fassen zu können, bedarf es verschiedener Perspektiven, darunter der Totale. Ein Liniendiagramm veranschaulicht hochaggregierte statistische Daten zur Arbeitslosigkeit in Großbritannien. Schon aus diesem Blickwinkel zeigt sich eine tiefe Zäsur. Zu Beginn der 1980er stieg die Zahl der arbeitslosen 16- und 17-Jährigen sprunghaft an. Fast jeder Dritte fand keine Anstellung mehr. Demgegenüber fiel der Ausschlag bei den 25- bis 49-Jährigen deutlich flacher aus. Trotz aller Umbrüche überwogen bei ihnen die Kontinuitäten.

blieben beschäftigungslos, wurden chronisch krank, Invaliden oder Frührentner, andere fanden Teilzeitbeschäftigungen, und nur eine Minderheit fand im ersten Jahrzehnt nach der Entlassungswelle wieder einen Vollzeitjob.[44] Eine Studie zu den Bergarbeiterregionen in Yorkshire kommt zu dem Ergebnis, dass in der Mitte der 1990er Jahre 40 Prozent der ehemaligen Bergleute unter 65 arbeitslos, krank oder im Vorruhestand waren.[45] Ein ehemaliger Bergmann und aktiver Unterstützer des Streiks von 1984/85 bemerkte zu dieser Situation in einem Interview: »Maggie Thatcher hat die Zechen geschlossen, wohl wahr, aber ich denke, sie hat mein Leben gerettet. Ich war 51, als ich aufgehört habe, und ich wäre weitere 15 Jahre unter Tage gewesen, wenn die Zechen weiter geöffnet geblieben wären. Aber was wäre aus mir nach weiteren 15 Jahren unter Tage geworden?«[46]

Zweifellos ist die Situation der britischen Bergarbeiter eine ganz besondere, aber Terry Sargeants Bemerkung über das unerwartet und (zunächst ungewollte) frühe Ende seiner Berufskarriere weist auf die Ambivalenzen hin, die mit dieser Form des »Abschieds vom Malocher« in allen drei Ländern verbunden waren: Diejenigen, die vor 1940 geboren worden waren, kamen vielfach nicht mehr mit den neuen industriellen Arbeitswelten des anbrechenden Computerzeitalters in Berührung. Sie wurden zu so etwas wie die (versehrten) Veteranen einer vergangenen Industriekultur. Ihr »sozialer Tod« – verstanden als erzwungener Rückzug aus dem Berufsleben, als Verlust sozialer Kontakte zu Arbeitskollegen, aber auch als Rückzug von sozialen Kontakten – wurde zuweilen dadurch aufgehalten, dass sie in ihren Regionen zu Protagonisten und Zeitzeugen

(Ebbw Vale 1978), MSS. 365/BSC/58 (Hartlepool 1977), MSS. 365/BSC/60 (Corby 1980).

44 McIvor, *Working Lives*, S. 242.

45 Royce Logan Turner, *Coal was Our Life. An Essay on Life in a Yorkshire Former Pit Town*, Sheffield 2000, S. 22 u. S. 27.

46 David Hall, *Working Lives. The Forgotten Voices of Britain's Post-War Working Class*, London 2014. Das Interview mit Terry Sargeant findet sich auf S. 460.

einer verlorenen Welt proletarischer Lebensformen und deren Werten (wie Solidarität und Kameradschaft) wurden.

Wir können also als Zwischenfazit festhalten, dass aufgrund des rasanten Tempos der britischen Deindustrialisierung sich viele Industriebeschäftigte, die Anfang der 1980er Jahre 40 Jahre alt oder jünger waren, unter besonders schwierigen Arbeitsmarktbedingungen beruflich verändern mussten. Ein Kurswechsel in den eigenen Berufs- und Lebensplänen war für einen Teil von ihnen unvermeidlich, denn die Chancen, auf den schrumpfenden industriellen Arbeitsmärkten eine Beschäftigung zu finden, sanken rasch und auf Dauer. Die Einkommenseinbußen konnten dabei 20 Prozent und mehr betragen, wie etwa Studien zur Weiterbeschäftigung von Automobilarbeitern nach der Schließung des Rover-Werks in Birmingham Anfang der Nullerjahre gezeigt haben.[47] Zahlen des Labour Force Survey (einer seit 1975 regelmäßig durchgeführten Erhebung) zeigen weitere Spuren der Veränderungen. Ein Teil der Industriearbeiterschaft war zu größerer beruflicher Mobilität und Flexibilität gezwungen, aber eine Mehrheit unter ihnen konnte sich langfristige Arbeitsplätze in den verbleibenden Industriebetrieben sichern. Wieder stoßen wir auf die Beharrungsstrategie der Betriebstreue bei älteren Arbeitern. Arbeiteten 1975 63,1 Prozent der 55- bis 64-Jährigen bereits mehr als 20 Jahre bei ihrem aktuellen Arbeitgeber, so war dies auch im Jahr 2000 bei immer noch 58,2 Prozent von ihnen der Fall.[48] Scharf tritt auch hier der Generationenunterschied zu Tage, den wir bereits im Frankreich-Abschnitt ausführlicher diskutiert haben. Im gleichen Zeitraum sank die Verweildauer jüngerer Arbeiter (Alterskohorte 25 bis 34 Jahre) in den Betrieben drastisch: Waren 1975 noch 50,5 Prozent der jüngeren Arbeiter länger als fünf Jahre beim selben Arbeitgeber beschäftigt, so waren es 25 Jahre

---

47 So sank das durchschnittliche Jahreseinkommen derer, die einen Anschlussjob gefunden hatten, von 24 000 BPD auf 18 278 BPD; siehe Owen Jones, *Chavs. The Demonization of the Working Class*, London, New York 2012, S. 151.
48 Meine Berechnungen auf der Grundlage des LFS, UK SDA, SN 1758 (LFS 1975), SN 5876 (LFS 1995), SN 5857 (LFS 2000).

später nur noch 37,5 Prozent. Wie in Frankreich wuchs auch hier der Unterschied zwischen »Stammbelegschaften« und denjenigen, die mehr oder weniger lange ihre berufliche Zukunft in den insgesamt mobileren, instabileren Beschäftigungsverhältnissen der Dienstleistungsbranchen suchen mussten. Mit Blick auf die Gesamtheit aller Beschäftigten lag der Anteil derer, die sogenannte Niedriglöhne verdienten,[49] 1995 und 2005 bei über 20 Prozent, wobei er bei den Facharbeitern (skilled trades) nur wenig niedriger (bei 18 Prozent) lag, in den Sektoren Handel und Dienstleistungen aber auf mehr als 50 Prozent anstieg. In der industriellen Arbeitswelt entwickelte sich die Lebensmittelbranche zu einem ausgesprochenen Niedriglohnsektor: Hier verdiente gut ein Drittel der Beschäftigten Niedriglöhne, vor allem Frauen.[50]

Die Welle von Werkschließungen und Massenentlassungen der 1980er Jahre ist von zahlreichen Interviewserien begleitet worden, so dass die Arbeitskarrieren von britischen Stahlarbeitern und Bergleuten relativ gut dokumentiert sind.[51] Schauen wir beispielhaft auf Lyn Bendle, einen der vielen Beschäftigten des verstaatlichten Stahlunternehmens British Steel, die im Zuge der zahlreichen Werkschließungen und Entlassungen seit 1977 frühzeitig in den Ruhestand traten. Zum Zeitpunkt des Interviews 1991 60 Jahre alt, war der Waliser Stahlarbeiter nach 43 Jahren Berufsleben 1987 mit 57 Jahren in Rente

---

49 Niedriglohn wird im Folgenden relativ definiert als Lohn, der unter zwei Dritteln des durchschnittlichen Bruttolohns liegt. Vgl. Robert Solow, »The German Story«, in: Gerhard Bosch, Claudia Weinkopf (Hg.), Low Wage Work in Germany, New York 2008, S. 1-14, hier: S. 5.

50 Geoff Mason u. a., »Low Pay, Labour Market Institutions, and Job Quality in the United Kingdom«, in: Caroline Lloyd u. a. (Hg.), Low Wage Work in the United Kingdom, New York, 2008, S. 41-95, hier: S. 46, Tab. 2.2.; Die entsprechenden Zahlen für Westdeutschland aus dem Jahr 1995 lauten: 8,9 % Niedriglöhner in der verarbeitenden Industrie insgesamt und 13,2 % in der Gruppe der Facharbeiter; siehe Gerhard Bosch, Thorsten Kalina, »Low Wage Work in Germany: An Overview«, in: Bosch/Weinkopf, Low Wage Work in Germany, S. 19-112, Tab. 33 u. Tab. 37.

51 Vgl. die Serie von Audio-Interviews mit Beschäftigten der britischen Stahlindustrie in der British Library: British Library Sounds Archive: Lives in Steel.

gegangen. Wie die meisten britischen Industriearbeiter seiner Generation hatte er bereits mit 14, unmittelbar nach Ende der Schulpflicht, sein Arbeitsleben begonnen, in diesem Fall direkt im Stahlwerk. Bis zur Entlassungswelle in seinem Werk nach dem großen Streik 1980 hatte er dort sein gesamtes Arbeitsleben verbracht und war dabei nach und nach in der internen Hierarchie der Arbeiterjobs aufgestiegen. Die letzten Berufsjahre war er in einem anderen Stahlwerk von British Steel außerhalb seiner Heimatregion Wales beschäftigt, hatte dabei Lohneinbußen und die Unterbringung im Wohnheim in Kauf genommen, bevor er die Frühverrentung in Anspruch nehmen konnte. Für ihn wie für viele andere verlängerte sich die vertraute Arbeitswelt des Booms bis zum vorzeitigen Ausscheiden aus dem Arbeitsleben. Als er 1993, fast vier Jahre nach seiner Pensionierung, interviewt wurde, blickte er bereits aus distanzierter Zuschauerperspektive zurück:

> Frage: Als Sie pensioniert wurden, was war da Ihre berufliche Position?
> Lyn Bendle: Derselbe Job wie immer: Produktionsarbeiter am Hochofen. ... Ich habe 43 Jahre in der Stahlindustrie gearbeitet, ich bekomme eine gute Rente, eine gute Abfindung, die jungen Leute stehen vor der Tür, warum also nicht? ... Ich sehe die Jungs am Hochofen, sie sind alle um die 45, alle Alten sind gegangen. Du hast nicht noch einmal eine zweite Chance bekommen. Jetzt ist es eng geworden, sie können jetzt nicht aussteigen. Wir hatten die Gelegenheit, wir waren die Glücklichen und jeder über 54 ging. Ich war 57, 57 ½.[52]

Vergleichend und zusammenfassend lässt sich festhalten, dass die Berufsverläufe britischer Industriearbeiter erstens noch viel stärker als die ihrer französischen und – wie wir noch sehen werden – bundesrepublikanischen Berufskolleginnen und -kollegen vom Schrumpfen des industriellen Sektors betroffen waren. Die massive Rückkehr prekärer Lebensverhältnisse in Arbeiterhaushalten und der Anstieg der Sozialhilfeempfänger in den altindustriellen Regionen Nordeng-

---

52 Ebd., Interview Lyn Bendle, C 532/055, Interviewteil 5/6.

lands, Wales' und Schottlands in den 1980er Jahren verdeutlichen die Dramatik dieses Umbruchs für die Lebensverläufe vieler Industriearbeiterinnen und -arbeiter. Zweitens entwickelte sich auch in Großbritannien das Muster der langfristigen Betriebsangehörigkeit als eine Sicherungsstrategie vor allem älterer Facharbeiter. Drittens war auch in Großbritannien ganz ähnlich wie in Frankreich für neu auf die Arbeitsmärkte drängende Jugendliche der Einstieg ins (industrielle) Arbeitsleben besonders schwierig, und dies umso mehr, als traditionelle Ausbildungswege zur Facharbeit, beispielsweise Lehrverträge (*apprenticeships*), immer seltener angeboten wurden.[53] Dies führte zu entsprechend unsteter werdenden Berufskarrieren und Existenzbedingungen für jüngere Arbeiterinnen und Arbeiter in der Industrie, die deutlich prekärer waren als in Zeiten des Booms. Viertens verbreitete sich aufgrund eines breiten Niedriglohnsektors und des rapiden Schrumpfens des Industriesektors das Doppelverdiener-Modell in den Arbeitnehmerhaushalten Großbritanniens schneller als in denen Frankreichs und der Bundesrepublik.

Westdeutsche Industriearbeit zwischen Aufstieg und prekärer Stabilität

In der alten Bundesrepublik verschwanden zwischen 1972 und 2002 1,9 Millionen Arbeitsplätze in der Industrie, der Rückgang belief sich auf durchschnittlich 13 Prozent pro Dekade. Das bedeutete, dass der Zwang zum Berufs- und Sektorenwechsel deutlich schwächer war als im britischen Fall und in etwa vergleichbar mit den französischen Entwicklungen ist. In dieser Hinsicht ähneln die Lebensläufe von Industriearbeitern aus den nördlichen Industrieregio-

---

53 John Sheldrake, Sarah Vickerstaff, *The History of Industrial Training in Britain*, Aldershot 1987; Hilary Steedman, *The State of Apprenticeship in 2010*, London 2010.

nen Großbritanniens viel stärker denen, die in den Industrieregionen der ehemaligen DDR nach 1990 zu beobachten waren, als es in vergleichbar kurzer Zeit und in regional noch größerem Umfang zur (fast) vollständigen Deindustrialisierung kam. In den alten Bundesländern vollzog sich der Anpassungs- und Transformationsprozess langsamer und folgte teilweise anderen Mustern. Auch im westdeutschen Fall gingen die Einkommenszuwächse in der Transformationsphase verglichen mit den Zeiten des Booms zurück, aber eher moderat. So ergibt sich für den Zeitraum 1975 bis 2000 ein jährlicher Nettorealverdienstzuwachs von 1,35 Prozent.[54] Dies gilt für die alten Bundesländer, deren Industriearbeiterinnen und -arbeiter im Vergleich zu ihren britischen und französischen Kolleginnen und Kollegen weiterhin über ein durchschnittlich höheres Lohnniveau verfügten.

Die Informationen des SOEP über mehr als 12 000 (west-, dann auch ost-) deutsche Haushalte seit 1984 erlauben es, einen genaueren Blick auf die beruflichen Lebensläufe von Arbeitern zu werfen, weil Jahr für Jahr dieselben Personen beziehungsweise Haushaltsmitglieder umfassend zu ihrer sozialen und ökonomischen Lage befragt worden sind. Im Ergebnis liegen so biographische Informationen über einen Zeitraum von mehr als 20 Jahren vor,[55] in vielen Fällen sogar für die gesamte Lebensspanne der Befragten vor 1984, so dass in einigen besonders günstigen Fällen die gesamte Berufskarriere bis zur Pensionierung rekonstruiert werden kann. Meine Auswertungen beruhen auf den biographischen Daten von mehr als 3000 Personen aus Westdeutschland, die der industriellen Arbeiterschaft zugeordnet werden können. Aus diesem Sample sind nochmals Arbeitsbiographien von 630 Haushalten ausgewählt worden, die detaillierte Informationen zum beruflichen Werdegang über

---

54 Meine Berechnungen auf Grundlage der Daten in Christoph Weischer, *Sozialstrukturanalyse*, Wiesbaden 2011, S. 234.
55 Zum SOEP und der auf dieser Grundlage gebildeten Datenbank siehe oben, »Einleitung«, Fn. 22.

mehr als 15 Jahre enthalten. Zum Ersten sind Schlüsselinformationen zu Arbeitssituation, Berufsqualifikation, Alter, Geschlecht und Nationalität quantitativ ausgewertet worden. Dabei wurden fünf verschiedene Alterskohorten gebildet, um generationelle Effekte besser beobachten zu können.[56] Zum Zweiten wurden die Biographien für Männer (636 Fälle) und Frauen (405) getrennt ausgewertet. In den 630 Haushalten, die erfasst worden sind, lebten viele Frauen, die entweder gar nicht erwerbstätig oder aber in anderen, also nichtindustriellen Wirtschaftssektoren tätig waren. Nur eine Minderheit war wie ihre (Ehe-)Partner in der Industrie beschäftigt und nur die Berufskarrieren dieser Teilgruppe sind hier genauer analysiert worden.[57] Zum Dritten wurde zwischen deutschen und ausländischen Arbeitern unterschieden und angesichts der häufig kleinen Fallzahlen für die anderen Nationalitäten in der Kategorie der ausländischen Arbeiter nur die türkische Teilgruppe als größte Ausländergruppe ausgewählt.[58] Zum Vierten ist die Kontinuität der Beschäftigung als Kategorie eingeführt worden. Als Kriterium diente dabei die Häufigkeit des Berufs- und/oder Branchenwechsels, die als Variable im SOEP verfügbar ist.[59] In dem ausgewählten Sample

56 Folgende Alterskohorten wurden gebildet: Jahrgänge 1945 und älter [1], Jahrgänge 1946 bis 1955 [2], Jahrgänge 1956 bis 1965 [3], Jahrgänge 1966 bis 1969 [4] und Jahrgänge 1970 bis 1979 [5]. Durch diese Differenzierung können die Veränderungen der Arbeitsmärkte für die unterschiedlichen Altersgruppen präziser erfasst und generationsspezifische Lagen identifiziert werden. Nachfolgend alles meine Berechnungen auf der Basis des SOEP 1984-2001, *Lebensläufe aus (Industrie-)Arbeiterhaushalten.*

57 Es sind 94 Frauen, 62 mit deutschem Familienhintergrund, 32 Frauen türkischer Herkunft.

58 473 und 163 Männer. Dies sind 74% bzw. 26% Prozent aller ausgewerteten männlichen Biographien. Die Berufsbiographien von Migranten sind dementsprechend in meiner Teilauswahl überrepräsentiert, wohingegen sie »nur« 17,2% der 3565 Fälle umfassen, die in meiner Datenbank *Arbeiterhaushalte in Westdeutschland 1984-2001* erfasst worden sind.

59 In der übergroßen Mehrheit der Fälle lag kein Berufswechsel vor, und diese Kategorie wurde benutzt, um die besonderen Vorbedingungen für prekäre Beschäftigungsverhältnisse und Arbeitsplatzunsicherheit genauer zu untersuchen.

sind Arbeitskarrieren aus allen größeren Industriebranchen vertreten,[60] so dass verschiedene Muster beruflicher Lebensläufe konstruiert werden konnten, deren soziale Logik dann anhand individueller Lebensverläufe genauer untersucht und im Hinblick auf mögliche typische Verlaufsformen analysiert worden ist.

Ich beginne mit einem Beispiel aus der ersten Alterskohorte, also jener Arbeiter, die 1975 auf mindestens zehn Berufsjahre zurückschauen konnten und in der Mitte ihres Berufslebens standen, als die strukturellen und konjunkturellen Turbulenzen ihre Betriebe erfassten. Das Arbeitsleben von A., einem gelernten Tischler, 1939 geboren – also der Alterskohorte [1] zugehörig – und in der Nähe von Bremen in einem Dorf wohnend, ist in dieser Hinsicht typisch. Es begann 1957 nach Abschluss seiner Lehre. Anschließend arbeitete er durchgängig als Facharbeiter, seit 1965 in ein und demselben Betrieb der Automobilbranche. In den 1980er Jahren wurde er Vorarbeiter beziehungsweise Leiter einer Arbeitsgruppe, 1996 wurde er im Alter von 57 entlassen (vermutlich als Teil eines betrieblichen Sozialplanes), war dann 20 Monate arbeitslos, bevor er in den Vorruhestand ging. Im Laufe der 1980er Jahre war sein Reallohn noch mehr oder weniger regelmäßig gestiegen, geriet aber nach 1989, also nach Erreichen des 50. Lebensjahrs, ins Trudeln und lag 1996 um 17 Prozent unter dem des Jahres 1990.[61] Seine Ehefrau, 1948 geboren (= Alterskohorte [2]), war ebenfalls seit dem Ende ihrer Schulzeit berufstätig, zunächst als ungelernte Arbeiterin in der Fertigung eines Betriebs der Kunststoffbranche, später als angelernte Angestellte in der Werkskantine eines Großbetriebs. Ihre Lohnzuwächse in den 1990er Jahren kompensierten die Einkommensverluste ihres neun Jahre älteren Mannes. Beide Arbeitsbiographien vollzogen sich praktisch unberührt von den Umbrüchen nach dem Boom, konservierten also ältere Berufsverlaufsmuster.

60 Baubranche (10,2 %), Metallindustrie (9,6 %), Chemie (5,1 %), Fahrzeugbau (4,3 %), Maschinenbau (4,3 %), Elektroindustrie (2,4 %), Möbel- und holzverarbeitende Industrie (2,6 %).
61 SOEP PID 85 201, 85 202.

Eine andere Biographie, in diesem Fall die eines ungelernten Arbeiters, zeigt eine dramatischere Variante desselben biographischen Musters: M., ein türkischer Metallarbeiter, Jahrgang 1941 (Alterskohorte [1]), lebte seit Mitte der 1960er Jahre in Dortmund und arbeitete ebenfalls über mehr als zwei Jahrzehnte in ein und demselben Unternehmen. In diesem mittelgroßen Betrieb der Metallbranche hatte er als 26-Jähriger angefangen und als ungelernter Arbeiter verschiedene Maschinen bedient. M. wurde 1990 im Alter von 49 Jahren entlassen. Für ihn begann eine lange Phase der Arbeitslosigkeit (mehr als 85 Monate, volle sieben Jahre), bevor er mit 56 frühverrentet worden ist. Das Ende seines Erwerbslebens fiel zusammen mit einem dramatischen Umbruch in seinem Privatleben: 1990 kam es zur Trennung von seiner Ehepartnerin und seinen zwei Kindern (zu diesem Zeitpunkt sechs und drei Jahre alt). M. lebte fortan in einem Einpersonenhaushalt ohne festen Partner. Gleichzeitig änderte sich seine wirtschaftliche Lage, denn er verlor mehr als die Hälfte seines früheren Einkommens.[62] M.s Biographie mag einen Ausnahmefall darstellen, aber sie kann auch als der außergewöhnliche Normalfall eines verbreiteten Verlaufsmusters in seiner Alterskohorte gedeutet werden. Technologischer Wandel und internationaler Wettbewerbsdruck führten fortlaufend zu Rationalisierungsmaßnahmen, bei denen immer wieder von neuem die älteren Arbeiter »freigesetzt« wurden. Die Gefährdung bis dahin stabiler Partnerbeziehungen durch Arbeitslosigkeit und die damit verbundenen sozioökonomischen und auch psychischen Belastungen werden etwa durch die französischen Studien von Serge Paugam aus den 1990er Jahren bestätigt. Im französischen Fall stieg vor allem in der Altersgruppe der 35- bis 50-Jährigen in einer solchen Situation die Zahl der Trennungen auf 50 Prozent.[63]

Wertet man die Zahlen des Samples aus, so ergibt sich folgendes Bild: 68 Prozent der älteren Arbeiter (Alterskohorte [1], vor 1946 ge-

---

62 SOEP PID 572101.
63 Paugam, *Le salarié de la précarité*, S. 296f.

boren) aus westdeutschen Haushalten schieden vor ihrem 60. Lebensjahr aus dem Erwerbsleben aus, in der Gruppe der türkischen Arbeiter waren es sogar 81 Prozent. Die Wege in den Rentenbezug waren dabei sehr unterschiedlich, führten über längere Phasen der Arbeitslosigkeit oder den Bezug von Invaliditätsrenten. Unter den deutschen Arbeitern geschah der Ausstieg aus dem Berufsleben meist erst im Alter von 57 oder 58, während 37 Prozent der türkischen Arbeiter bereits zwischen 50 und 55 diesen Schritt vollzogen. Es bedürfte noch genauerer Studien, um die Gründe für diese markante Altersdifferenz zwischen Migranten und Einheimischen herauszufinden.

In dieser Alterskohorte beendete die Frühverrentung in der Regel ein mehr als 30-jähriges Arbeitsleben, das meist im Alter von 14 oder 15 Jahren begonnen hatte. Auch hier gilt, was wir im britischen Fall gesehen haben: Das vorzeitige Ausscheiden war ein Bruch in der Biographie, dessen Beurteilung seitens der Betroffenen ambivalent ausfiel. Einerseits schützte es vor weiteren Beeinträchtigungen der Gesundheit, eröffnete auch neue Chancen im Privatleben, andererseits beendete es meist abrupt die Einbindung in soziale Netzwerke am Arbeitsplatz sowie alle Formen betriebszentrierter Geselligkeit und konnte zu einer Belastung im Ehe- und Familienleben werden. Der türkische Metallarbeiter M. betonte regelmäßig bei den Befragungen für das SOEP, dass er »gute Beziehungen« zu seinen Arbeitskollegen habe. Wir sollten auch nicht vergessen, dass M.s Lebenslauf noch Anfang der 1970er Jahre wie die meisten seiner »Gastarbeiter«-Kollegen noch keineswegs klaren Bahnen folgte, sondern am besten als »aufgeschoben« bezeichnet werden kann, da Entscheidungen über den Ort der Familiengründung, über den Erwerb einer angemessenen Wohnung, eines Hauses und des künftigen Lebensschwerpunktes meist offengelassen oder vertagt wurden. Aber spätestens nach 1973 hatte eine Mehrheit der türkischen Arbeitsmigranten der ersten Generation sich mehr oder weniger freiwillig dazu entschlossen, dauerhaft in der Bundesrepublik zu bleiben, ihre Familien nachziehen zu lassen und sich damit auch auf eine langfristige Berufskarriere in der Industrie eingerichtet.[64] Zu diesem Zeitpunkt erlebten sie gleichzeitig einen dramatischen Wechsel ihrer Jobchancen. Das frühzeitige Ende ihres Arbeitslebens bedeutete für viele auch den Verlust ihrer Sozialkontakte in der Einwanderungsregion. Sie waren vielfach zurückgeworfen auf ihre Familien beziehungsweise auf Kontakte zu anderen Migranten ihres Herkunftslandes. Die längerfristigen Auswirkungen dieses Berufsmusters werden bislang viel zu selten in Betracht gezogen, wenn es um Integration, Identität und generationsspezifische Erfahrungen von Migranten in der Bundesrepublik geht.

Die bisher vorgestellten Berufsverläufe stehen exemplarisch für zwei Varianten eines Verlaufsmusters, das man den sogenannten Stammbelegschaften westdeutscher Industriebelegschaften zuschreiben kann. Als 35- oder 40-Jährige überstanden diese Jahrgänge die ersten Stellenabbauwellen und profitierten dann von der Wachstumskonjunktur der 1980er Jahre. Mit dem Erreichen des 50. Lebensjahres rückte aber auch für sie die Frühverrentung beziehungsweise die Langzeitarbeitslosigkeit als Zwischenphase bedrohlich näher. Dabei darf nicht vergessen werden, dass dieses Muster – ganz ähnlich wie in Frankreich und in Großbritannien – in der bundesdeutschen Industrie bereits seit den späten 1970er Jahren etabliert worden war und sowohl von Unternehmern als auch von den Gewerkschaften und dem Staat gefördert und begrüßt wurde. Und wie wir in Kapitel 5 gesehen haben, bewirkten die Einführung neuer Fertigungstechniken und die permanente Reorganisation der Produktion hier dasselbe wie die Stilllegung alter Betriebe oder das »Sterben« ganzer Branchen: der »Abschied vom Malocher« wurde häufig als Frühverrentung langjähriger Mitarbeiter vollzogen. Sie war aber auch Teil eines generellen Trends in der alten Bundesrepublik: Von 1970 bis 1983 sank die Erwerbsquote der 60- bis 64-Jährigen von 70 auf 40 Prozent und blieb dann von Ende der

---

64 Vgl. hierzu Karin Hunn, *»Nächstes Jahr kehren wir zurück ...«. Die Geschichte der türkischen »Gastarbeiter« in der Bundesrepublik*, Göttingen 2005.

1980er bis zum Ende der 1990er Jahre mehr oder weniger konstant bei 33 Prozent.[65]

Werfen wir als Nächstes einen Blick auf die Berufskarrieren jüngerer Arbeiter, also jener, die erst nach 1975 und somit bereits im Zeichen von Umbau und Umbruch zu arbeiten begannen. Ihre Lebensläufe sind anders, deutlich vielfältiger als die ihrer älteren Kollegen, die Variationsbreite ist größer.[66] In den Alterskohorten [2], [3] und [4], also denen, die zwischen 1946 und 1969 geboren wurden, kam es im Untersuchungszeitraum 1980 bis 2000 häufiger zu Jobwechseln über Betriebs- und Branchengrenzen hinweg, und häufiger als bei den älteren Kollegen waren diese Wechsel auch mit Zeiten von Arbeitslosigkeit verbunden. Auf den ersten Blick meint man hier Muster zu erkennen, die auch in Frankreich und Großbritannien zu beobachten waren, dort allerdings in deutlich schärferer Ausprägung. Auf den zweiten Blick sieht man jedoch, dass es sich trotz gewisser Umwege und Instabilitäten bei sehr vielen Fällen um einen letztlich meist erfolgreichen Weg zu stabilen Beschäftigungsverhältnissen handelte, die mit dann langjähriger Zugehörigkeit zu einem Betrieb oder Unternehmen einhergingen. In diesen Arbeitsbiographien schlagen sich also konkret die Ausbildungs- und Rekrutierungsstrategien nieder, welche wir im Kapitel 5 im Zusammenhang mit der Weiterführung und Reform des dualen Systems der Berufsausbildung beschrieben haben (siehe Abb. 6.2). So erklärt sich, dass die für Deutschland untersuchten Facharbeiterbiographien der jüngeren Alterskohorten vielfach von innerbetrieblichem Aufstieg und/oder beruflicher Weiterqualifikation geprägt waren.[67]

---

65 Cornelius Torp, *Gerechtigkeit im Wohlfahrtsstaat. Alter und Alterssicherung in Deutschland und Großbritannien von 1945 bis heute*, Göttingen 2015, S. 269.

66 Gerd Mutz u. a., *Diskontinuierliche Erwerbsverläufe. Analysen zur postindustriellen Arbeitslosigkeit*, Opladen 1995.

67 Vgl. auch Lothar Lappe, *Berufsperspektiven junger Facharbeiter. Eine qualitative Längsschnittanalyse zum Kernbereich westdeutscher Industriearbeit*, Frankfurt/M. 1993; Hasso von Henninges, *Ausbildung und Verbleib von Facharbeitern. Eine empirische Untersuchung für die Zeit von 1980 bis 1989*, Nürnberg 1991.

Werkkreis Literatur der Arbeitswelt

**Mit 15 hat man
noch Träume**
Arbeiterjugend in
der BRD

entweder   oder

Abbildung 6.2:
Cover von Mit 15 hat man noch Träume. Arbeiterjugend in der BRD,
erschienen 1975 bei S. Fischer.
© S. Fischer Verlag, Frankfurt am Main.

Gerade in den 1970er Jahren erschienen zahlreiche autobiographische
Texte von Industriearbeitern (siehe Kapitel 2). Für Westdeutschland war
der »Werkkreis Literatur der Arbeitswelt« maßgeblich, der im renommier-
ten Verlag S. Fischer mehrere Anthologien veröffentlichte, unter anderem
die hier gezeigte. Auf dem Einband ist die Zeichnung eines lässigen jungen
Mannes zu sehen. In den Gläsern seiner Sonnenbrille spiegeln sich zwei
gegenläufige Zukunftsperspektiven. Entweder er füllt die Geldsäcke der
Konzerne oder er wird mit einem Fußtritt auf die Straße befördert. Mit
der drohenden Arbeitslosigkeit kündigte sich damals eine ungewisse Zukunft an. Doch zugleich wirkte die Zeit des Booms fort. Weiterhin begann
das Berufsleben mit 15 Jahren.

B., geboren 1958 und in den 1980er und 1990er Jahren in Duisburg lebend, begann dort auch sein Berufsleben, und zwar 1975 nach neun Jahren Schule und dreijähriger Lehre als Elektriker. Vom Ausbildungsbetrieb übernommen, machte er dann eine innerbetriebliche Karriere, vermutlich im Duisburger Stahlwerk von Thyssen, das nur 15 Minuten von seiner Wohnung entfernt lag. 1993, im Alter von 35 Jahren, wurde er Leiter eines Arbeitsteams, nachdem er von 1990 bis 1993 einen Industriemeisterkurs absolviert hatte. 1996 wechselte er in die Kategorie der Angestellten und übernahm Aufsichtsfunktionen. Sein Reallohn stieg in all diesen Jahren regelmäßig, und 2002, als 45-Jähriger, verdiente er inflationsbereinigt das Dreieinhalbfache dessen, was er 1985 verdient hatte.[68] In den Interviews des SOEP ist er regelmäßig über seine Arbeitszufriedenheit befragt worden: 1985, 1990 und 1992 (während seines Meisterkurses) war die Zufriedenheit sehr groß, fiel zwischen 1992 und 1995 aber dramatisch auf nur 3 von 10 Punkten ab. Das Risiko einer blockierten Karriere mag den jungen Mann ganz ähnlich wie seinen französischen Kollegen in der Möbelfabrik Ranger im Department Vienne sehr frustriert haben, bis er 1996 dann den ersehnten innerbetrieblichen Aufstieg schaffte.[69] Innerbetrieblicher Aufstieg blieb weiterhin ein wesentliches Element einer Facharbeiterkarriere, vor allem wenn die Chancen eines erfolgreichen Betriebswechsels mangels lokaler Alternativen geringer wurden oder aber den Umzug in andere Regionen voraussetzten.

Aber auch in diesen Zonen der Stabilität und Prosperität kam es zu Veränderungen. Der Berufsbeginn erfolgte später, nun besuchten die jüngeren Industriearbeiter zehn oder elf Jahre die Schule (im-

68 Diesen Berechnungen liegen die im SOEP erfassten und in Euro umgerechneten monatlichen Nettoverdienste zugrunde, die bei den jeweiligen Befragungen angegeben worden sind. Diese Werte sind dann wiederum inflationsbereinigt worden, um den Kaufkraftverlust auszuschalten. Vgl. SOEP PID 110101, meine Berechnungen für die Jahre 1984, 1998 u. 2006.
69 SOEP PID 110101.

mer häufiger die Realschule), bevor sie ihre Lehre begannen. Ob ihre Laufbahnen so früh enden werden wie die ihrer älteren Kollegen, ist noch offen, da die 1960 und später Geborenen gerade erst in die Altersphase über 55 eingetreten sind. D., Jahrgang 1969, hat nach seinem Realschulabschluss eine Lehre als Maler und Lackierer absolviert, bevor er als 20-Jähriger 1989 in seinem Beruf zu arbeiten begann. Aber bald hängte er den Malerjob an den Nagel, wurde für einen Monat arbeitslos und begann dann eine neue Berufskarriere als Produktionsarbeiter in einer Glasfabrik. Seitdem prägt Kontinuität sein Berufs- und Privatleben. Er heiratete 1991 im Alter von 22 Jahren, wurde 1996 Eigentümer einer Immobilie – ob Wohnung oder Haus geht aus den Daten nicht eindeutig hervor – und konnte während der ersten zehn Jahre im neuen Betrieb seinen Realverdienst beständig steigern.[70] 2006, mit 37 Jahren, wurde D. Vorarbeiter, aber sein Reallohn stieg nicht mehr weiter an, und während der nächsten zehn Jahre Betriebszugehörigkeit schwankte sein Monatslohn zwischen 1700 und 2300 Euro, je nach Auftragslage und Produktionsleistung seines Betriebs.[71]

Ganz anders als D.s Arbeitsleben verlief das eines drei Jahren älteren, das heißt 1966 geborenen jungen Mannes türkischer Abstammung (Abb. 6.3). Er kam als Jugendlicher im schulpflichtigen Alter in die Bundesrepublik und lebte zunächst in Wuppertal, später in Düsseldorf. Ohne deutschen Schulabschluss und mangels abgeschlossener Berufsausbildung hatte er bis zum Alter von 29 Jahren ein sehr unstetes Arbeitsleben. Mehr als zwölf Jahre war er offenbar auf der Suche nach einem guten Job, ist vier Mal entlassen worden, wurde dann arbeitslos und durchlief mehrere Branchen. Das Ende der Provisorien und Experimente kam, als er 1995, mittlerweile 29 Jahre alt, als Hubwagenfahrer in einem Stahlwerk eingestellt wurde. Dort wechselte er später in die Gießerei. Für 2001 haben wir die letzten

---

70 Von 1063 € im Jahr 1990 auf den Spitzenwert von 2659 € monatliches Nettoeinkommen im Jahr 2000, vgl. SOEP PID 57205.
71 Ebd.

Lebensalter	Tätigkeiten	Jahr	Erläuterungen
14-17	Lehre/Ausbildung (2 Jahre)	1982-83	Kein Abschluss
18	»Fachschule«	1984	Kein Abschluss
19	Metallhilfsarbeiter	1985	Kündigung
19	**arbeitslos**	**1986**	**8 Monate**
20-22	Lagerarbeiter	1986-88	Kündigung
23	Verfahrensmechaniker-helfer	1989	k. A.
24	**arbeitslos**	**1990**	**7 Monate**
25	Maschinenarbeiter	1991	Kündigung
26-29	**arbeitslos**	**1992-1995**	**46 Monate**
29-33	Hubwagenfahrer	1995-1999	Erwerbstätig ohne Wechsel
33-35	Gießereimechaniker	2000-2001	

Abbildung 6.3:
Rekonstruktion der Arbeitsbiographie von F., ausgehend von Daten des SOEP (PID 563 701). Grafik: Lutz Raphael.

Diese Graphik zoomt näher heran und rekonstruiert auf Grundlage der statistischen Erhebungen des Sozio-oekonomischen Panels den individuellen Lebenslauf eines angelernten Arbeiters. Der 1966 geborene F. ist türkischer Herkunft, wohnte zunächst in Wuppertal und dann in Düsseldorf. Bei ihm wechselten sich über viele Jahre kurze Phasen von Arbeitslosigkeit und Anstellung ab. Erst im Alter von 29 Jahren gelang ihm der Einstieg in eine dauerhafte Beschäftigung. Mit dem Ende des Booms, das verdeutlicht diese typische Arbeitsbiographie, fand der weitgehend nahtlose Übergang von Schule und Lehre zur Berufstätigkeit ein Ende. Mehr und mehr schrumpfte die Zeit der kontinuierlichen Beschäftigung zusammen.

Informationen. Im Alter von 35 arbeitete er immer noch im selben Job und hatte seit 1992 dieselbe Partnerin.[72]

Diese Biographie beschreibt anschaulich ein anderes Muster, das zwar nicht ganz neu war, sich aber seit 1975 immer stärker verbreitete: eine deutlich von prekären beziehungsweise kurzfristigen Jobs geprägte Anfangsphase im Berufsleben vor allem von unqualifizierten Arbeitern. Offenbar handelt es sich bei diesem Muster keineswegs um eine französische oder britische Spezialität, vielmehr unterscheidet lediglich die Häufigkeit seines Auftretens den westdeutschen Fall von den beiden anderen Ländern. Dieses Muster findet sich besonders oft bei jüngeren Migranten, die während oder nach ihrer Schulzeit nach Deutschland eingewandert waren. Vergleicht man ihre Berufslaufbahnen mit denen ihrer älteren Vettern, Brüder oder Väter, die zwischen 1965 und 1970 ins Land gekommen waren, so lassen sich die Unterschiede deutlich erkennen, welche Deindustrialisierung und technologische Revolution bewirkten. Da Arbeitsplätze für unqualifizierte Arbeiter in den Kernzonen der bundesrepublikanischen Industrieproduktion sukzessive abgebaut wurden, wurde es immer schwieriger und häufig abhängig von zusätzlichem sozialem Kapital in Form von Verwandtschaftskontakten, in die Hochlohnzone der Industrieproduktion hineinzukommen. Meist begannen diese Berufskarrieren in der Bauindustrie oder im Handwerk (Kfz-Werkstätten), längst nicht alle endeten in stabilen Beschäftigungen in der Industrie. Damit verlängerte sich ganz ähnlich wie in Frankreich die Phase erhöhter beruflicher Instabilität und Prekarität für diese Alterskohorte unqualifizierter Arbeiter bis etwa zum 30. Lebensjahr. Die quantitative Auswertung des Samples von Arbeiterbiographien gibt Hinweise über die Häufigkeit dieser Berufsverläufe: In den Alterskohorten [3] und [4] der Geburtsjahrgänge 1956 bis 1969 waren 16,5 Prozent der männlichen Berufseinsteiger in mehr als zwei Kalenderjahren arbeitslos gemeldet. Für 72 Prozent

---

72 SOEP PID 563701.

dieser Altersgruppe entwickelte sich aber ihr Berufsleben in eher ruhigen Bahnen, das heißt, die in den Interviews erhobenen Ereignisse Berufs- beziehungsweise Branchenwechsel oder Arbeitslosigkeit kamen bei ihnen höchstens dreimal in 15 Jahren vor. Kommen wir nun zu den Frauen dieser Arbeiterhaushalte. Auf den ersten Blick änderte sich bei ihnen wenig im Vergleich zu den Zeiten des Booms. Wie bereits vor 1975 war nur eine Minderheit von ihnen (22 Prozent) voll berufstätig, von denen wiederum die meisten für fünf, maximal sieben Jahre als ungelernte oder angelernte Arbeiterinnen beschäftigt waren; ihre Berufslaufbahn endete meist im Alter zwischen 20 und 25 Jahren mit der Heirat oder mit der Geburt des ersten Kindes. Es handelt sich bei der Mehrzahl der hier ausgewerteten Fälle weniger um Berufsbiographien als um Haushaltsbiographien. Gemeint ist damit, dass Zeitpunkt und Format der Erwerbstätigkeit dieser Frauen primär von den Bedürfnissen und Zwangslagen des Haushaltes bestimmt waren, in dem sie als Ehefrau, Mutter oder auch Tochter lebten. Alter und Anzahl der Kinder sowie die Berufssituation des Ehepartners sind offensichtlich wichtigere Determinanten in diesen Biographien als irgendwelche innerbetrieblichen Karriereoptionen. Das in den 1960er Jahren so erfolgreiche Modell des Zuerwerbs in Teilzeit hat sich in der Bundesrepublik in den Folgejahrzehnten in noch größerem Maßstab fortentwickelt. Dieser Typus von Lebenslauf war sowohl unter Migrantinnen als auch unter Inländerinnen verbreitet, die in den untersuchten Arbeiterhaushalten lebten.[73] Zwar entwickelten sich in diesen Jahrzehnten neue, spezifisch weibliche Muster von Berufskarrieren, allerdings typischerweise im sogenannten Dienstleistungssektor beziehungsweise im Bildungs- und Gesundheitswesen, und dort vor allem unter hochqualifizierten Frauen, insbesondere Akademikerinnen. Eine Gruppe im Sample verweist auf solche Optio-

---

73 Innerhalb des untersuchten Samples gehörte ein Drittel aller Frauen dieser Kategorie an: 94 von 275 Frauen deutscher Herkunft und 39 von 130 Frauen türkischer Herkunft.

nen: Frauen, die nach einem familiären Bruch als Witwen oder Alleinerziehende ins Berufsleben zurückkehren. Diesen Weg geht ein gutes Viertel aller Frauen. Die wenigsten von ihnen (13 von 99) machten als Industriearbeiterinnen Karriere.

Hierzu ein letztes Beispiel: G., 1966 geboren, türkischer Herkunft, arbeitete zunächst nach neun Jahren Schule und drei Jahren Lehre als Verkäuferin im Einzelhandel, war dabei sowohl in Teilzeit als auch in Vollzeit beschäftigt, bevor sie mit 23 Jahren heiratete und schwanger wurde. Ihre Arbeitskarriere in der Industrie startete erst zehn Jahre später, als sie, nun 33 Jahre alt, mit ihrem Kind, aber ohne Mann, nach Augsburg zog, dort als angelernte Arbeiterin in einem Betrieb der Elektroindustrie begann und ein bescheidenes Einkommen verdiente.[74] Aber 2007, also noch einmal acht Jahre später, gibt es gute Neuigkeiten: Im Alter von 41 hatte G. genug Ressourcen beisammen, um sich eine Eigentumswohnung zu kaufen.[75]

Heirat, Hausstand, familiäre Solidarität

Verkürzung der Berufstätigkeit nach Erreichen des 55. Lebensjahres, verschlungene Wege in die Arbeitswelt, Haushaltskarrieren von Arbeiterinnen – all diese Phänomene haben wir aus der biographischen Perspektive jeweils einer Person betrachtet. Sie verweisen uns aber alle auf die Einbettung dieser Lebensverläufe in Partnerbeziehungen und Familienzusammenhänge. Der Ort, an dem diese sozialen Verbindungen für Außenstehende wenigstens zum Teil sichtbar werden, ist der Haushalt. Seit den 1980er Jahren werden regelmäßig wirtschaftliche und demographische Daten und Informationen zu Haushalten erhoben. Sie erlauben es, rund um drei signi-

---

74 Ihr Einkommen betrug in den Jahren 2000 bis 2004 ca. 1800 Euro bzw. 1200 bis 1500 Euro inflationsbereinigt; siehe SOEP PID 565 403.
75 Ebd.

fikante Ereignisse in Arbeitsbiographien – Einstieg ins Arbeitsleben, Heirat/Auszug aus dem elterlichen Haushalt, Pensionierung – Zusammenhänge zwischen den Alterskohorten beziehungsweise den Generationen und ihren Lebensläufen zu untersuchen. Ich kann dies im Folgenden nur exemplarisch tun, und zwar lediglich anhand von Daten, die vor allem via SOEP gewonnen worden sind, das heißt für westdeutsche Arbeiterhaushalte. Britische oder französische Paralleldaten stehen für den Untersuchungszeitraum nicht zur Verfügung und eine systematische Auswertung geeigneter Vergleichsstudien war nicht zu leisten. Aber ich darf an dieser Stelle darauf verweisen, dass viele strukturelle Gemeinsamkeiten zwischen britischen, französischen und westdeutschen Arbeiterhaushalten dieser Jahrzehnte bestehen. In allen drei Ländern suchten junge Männer und Frauen aus Arbeiter- oder einfachen Angestelltenfamilien ihre Partnerinnen oder Partner fürs Leben oder, in Anbetracht der Scheidungsquoten, für den je nächsten Lebensabschnitt bevorzugt in ihrer näheren oder nächsten sozialen Umgebung. Diese sozial betrachtet konservative Option überdauerte auch die gesellschaftlichen und wirtschaftlichen Turbulenzen der 1980er und 1990er Jahre. Die Zahlen sprechen für alle drei Länder eine eindeutige Sprache. Für die Bundesrepublik hat Sonja Weber-Menges herausgearbeitet, dass die in den 1970er Jahren evidente Klassenmonogamie als dominantes Heiratsformat auch noch Ende der 1990er Jahre bestand: Waren gut 25 Jahre vorher zwei Drittel der Arbeiter mit Töchtern von Arbeitern verheiratet, so zeigen die Heirats- und Herkunftsdaten der von ihr befragten Arbeiter und Angestellten 1999, dass Facharbeiter je zur Hälfte mit Arbeiterinnen oder weiblichen Angestellten verheiratet waren, wobei es sich bei Letzteren wiederum ganz überwiegend um Arbeitertöchter handelte.[76] Ähnliche Heiratsmuster zeigten britische und französische (männliche) Arbeiter und (weibliche) Angestellte beziehungs-

76 Sonja Weber-Menges, *»Arbeiterklasse« oder Arbeitnehmer? Vergleichende empirische Untersuchung zu Soziallage, Lebenschancen und Lebensstilen von Arbeitern und Angestellten in Industriebetrieben*, Wiesbaden 2004, S. 144 f.

weise der viel kleinere Kreis von Industriearbeiterinnen, so dass in allen drei Ländern die sozialen Verbindungen zwischen den schrumpfenden männlichen Arbeitswelten der Industrie und den wachsenden Arbeitswelten weiblicher Dienstleistungs- und Teilzeitjobs immer enger wurden, während neue Familienbande in die Welt leitender Angestellter oder neuer und alter akademischer Berufe eher die Ausnahmen geblieben sind.[77]

Blicken wir auf die familiären Situationen, so lässt sich für die Phase des Umbruchs generell feststellen, dass sich zahlreiche Haushalte mit Kindern im Alter zwischen 16 und 25 mit der Notwendigkeit konfrontiert sahen, der jüngeren Generation angesichts verlängerter Ausbildungsjahre und schwieriger Einstiegsbedingungen in die Berufswelt länger Quartier in den eigenen vier Wänden zu gewähren und sie finanziell zu unterstützen. Gleichzeitig konnten die jüngeren Haushaltsmitglieder angesichts eigener Einkommen wiederum die Elterngeneration unterstützen, wenn etwa der Vater arbeitslos wurde oder in den Vorruhestand ging. Immerhin war am Ende des Untersuchungszeitraums, im Jahr 2000, knapp ein Drittel aller befragten Arbeiterhaushalte in Westdeutschland in einer solchen Übergangssituation, dort lebten also Erwachsene und Jugendliche über 16 Jahren oder sogar mehr als zwei Generationen zusammen, bei einem weiteren Drittel handelte es sich um Haushalte mit kleineren Kindern, der Rest – 30 und 4 Prozent – waren Haushalte ohne Kinder und von Alleinerziehenden.[78]

Die für diese Haushalte verfügbaren biographischen Daten ergeben eine Vielzahl von Lebenssituationen, Einkommenslagen und Lebensentscheidungen. Zum einen treffen wir auf Situationen, in denen die Aussicht auf berufliche Sicherheit gewissermaßen vererbt wurde. Besonders anschaulich macht diesen Fall eine Lebensgeschichte aus Accrington im traditionellen Kernland der britischen Industrie

77 Ivan Reid, *Class in Britain*, Cambridge 1998, S. 130; Alain Chenu, *L'archipel des employés*, Paris 1990, S. 175-177.
78 Siehe meine eigene Datenbank *Arbeiterhaushalte in Westdeutschland 1984-2001*.

in Lancashire.[79] Die interviewte Fabrikarbeiterin Marilyn Kenyon, 1953 geboren und zum Zeitpunkt des Interviews 50 Jahre alt, arbeitete wie ihr Ehemann und ihr einziger Sohn bei Holland's, einem traditionsreichen (seit 1851) regional und national bekannten Hersteller von *pies*. Sie selbst war seit ihrem 25. Lebensjahr dort beschäftigt, 1992 traten sowohl ihr Ehemann als auch ihr 1975 geborener Sohn als Arbeiter in die Firma ein. Der Betrieb ist also der generationenübergreifende Stabilitätsanker einer lokal fest verankerten Arbeiterfamilie in den Turbulenzen der Deindustrialisierung seit Mitte der 1970er Jahre. Solche »Familienkarrieren« in einem Großbetrieb waren auch in der Bundesrepublik und in Frankreich keine Seltenheit – und sie verweisen auf eine spezifische Verknüpfung verwandtschaftlicher und betrieblicher Sozialordnungen, auf die ich im nächsten Kapitel noch einmal näher eingehen werde.

Noch geläufiger war aber der Fall, dass der kleine soziale Aufstieg der Eltern fortgesetzt oder die jüngere Generation den sozialen Status der Eltern gewissermaßen als Startpunkt für eigene berufliche Karrieren oder Lebenspläne nahm. Im Haushalt der Familie L. im Raum Landshut wohnten zwischen 1984 und 1994 Eltern (Vater, geboren 1932, und Mutter, geboren 1936) und ihr einziger erwachsener Sohn (geboren 1965) zusammen. Während die Eltern ohne Berufsausbildung als angelernte Arbeitskräfte in der Industrie (Produktion von Betonfertigteilen) beziehungsweise im Reinigungsgewerbe (in Teilzeit) arbeiteten und langfristig im selben Betrieb beschäftigt waren, machte ihr Sohn in den frühen 1980er Jahren eine Lehre zum Schriftsetzer in einem Verlags- und Druckunternehmen und war bis zur letzten Befragung 2009 kontinuierlich dort beschäftigt. Während seine Eltern vor dem frühen Ende ihres Berufslebens (beide mit 58 Jahren) unsichere Zeiten von Arbeitslosigkeit (Vater 13 Monate im Zeitraum 1984 bis 1986, Mutter 11 Monate 1992 und 1993) erlebten, wohnte der Sohn weiter im elterlichen Haushalt und ver-

---

79 Teiltranskribiertes Audiointerview mit M. Kenyon, in: *Food: From Source to Salespoint*, British Library Sounds Collection, C821/120/01-03.

diente in diesen Jahren bereits deutlich mehr als seine Eltern. 1995 verließ der 30-Jährige den elterlichen Haushalt und zog mit seiner acht Jahre jüngeren Partnerin zusammen. Sie war zu diesem Zeitpunkt noch in ihrer Verwaltungsfachausbildung im gehobenen Dienst und stammte selber nicht aus einer Arbeiterfamilie; vielmehr hatten ihre Eltern Abitur und ihr Vater war Beamter. Kleiner sozialer Aufstieg, bescheidene materielle Sicherheit, aber auch Brüche und Unsicherheiten am Ende des Arbeitslebens prägten generationenübergreifend die Situation der Familie L. an den Stationen Berufseinstieg, Rente und Heirat.[80]

Eine deutlich komplexere soziale Lage kommt in den Blick, wenn wir die Haushaltsstrategien größerer Familien betrachten, wie sie im westdeutschen Fall häufig bei Arbeitsmigranten und -migrantinnen vorkamen. Diese Haushalte waren typischerweise mit zwei Risiken konfrontiert. Zum einen drohte ihnen, wie gezeigt, der frühe Verlust des väterlichen Arbeitsplatzes. Dies traf für die erste Generation der an- und ungelernten Arbeitsmigranten deutlich häufiger zu als für ihre einheimischen Kollegen. Zum anderen waren diese Haushalte häufiger damit konfrontiert, dass ihre jüngeren Mitglieder einen längeren und gewundenen Pfad ins Berufsleben nehmen mussten. Beides forderte die Mobilisierung gemeinsamer Haushaltsstrategien heraus.

Eine solche Situation lässt sich exemplarisch am Beispiel der Familie M. zeigen (Abb. 6.4). Herr und Frau M., 1945 und 1947 in der Türkei geboren, haben drei Söhne und zwei Töchter. Während Herr M. seit 1970 als angelernter Arbeiter in einem Betrieb der westdeutschen Metallindustrie arbeitete, lebte seine Frau mit vier der fünf Kinder zunächst weiter in der Türkei. Erst ihr fünftes Kind ist 1979 in der Bundesrepublik geboren worden. Die Verbindungen mit ihrem Herkunftsland blieben über die Jahre erhalten, denn auch die Schwiegertöchter waren Türkinnen. Der uns hier interessierende Lebensabschnitt dieser Familie mit den biographischen Weichenstellungen

---

80 SOEP PID 4057(01-03).

Familien-mitglied	Geburts-jahr	Berufsab-schluss	Beschäftigung	Arbeits-losigkeit	Haushalt-stand	Auszug/Umzüge
Vater	**1945**	**keiner**	**angelernter Metallarbeiter (1970-2000)**	**Seit 2000/ Frührent-ner**	**Heirat: ? 5 Kinder**	**1987, 1999**
Mutter	**1947**	**keiner**	**Hausfrau, Teilzeitjobs**			
1. Sohn	1965	keiner	Div. Jobs, angelernter. Metallarbeiter	1984-86 (25 M.)	Heirat 1987 3 Kinder: 1986, 1991, 1993	1999
1. Schwie-gertochter	1962	keiner	Teilzeit, wechselnd	2001 (11 M.)		
2. Sohn	1968	keiner	angelernter Metallarbeiter	1988 (7 M.)	Heirat 1990 Kind: 1993	1997
2. Schwie-gertochter	1973	keiner	Hausfrau			
3. Tochter	1970	Lehre	Keine Informationen mehr			1987
4. Sohn	1974	Lehre	Metallfach-arbeiter	1993 (2 M.), 1996-98 (33 M.)	Ledig, Partner (99)	1999
5. Tochter	**1979**	**Lehre**	**Friseurin; Teil-zeit, wechselnd**	**2001/02 (11 M.)**	**Ledig**	**2001**

Graustufen: ■ im Haushalt bis 2001; ■ bis 1999, ■ bis 1997; ☐ bis 1987

Abbildung 6.4:
Mehrgenerationenhaushalt der Familie M. 1986-2001, ausgehend von Daten des SOEP (PID 56510). Grafik: Lutz Raphael.

Wie durch ein Vergrößerungsglas lassen sich in diesem großen Haushalt die stabilisierenden Wirkungen des generationenübergreifenden Familienzusammenhangs beobachten. Er ermöglichte flexible Antworten auf die Wechselfälle der beruflichen Karrieren und persönlichen Lebenswege. Zunehmend waren die Haushalte der *classes populaires* auf die Einkünfte aller ihrer Mitglieder angewiesen. Das Modell des männlichen Haushaltsvorstands als Alleinverdiener wurde immer seltener. Ob männliche oder weibliche Haushaltsmitglieder die meisten Einnahmen generierten, war um 1995 viel offener als noch 20 Jahre vorher.

Arbeitsbeginn, Heirat und Auszug aus dem elterlichen Haushalt sowie Ausscheiden aus dem Berufsleben erstreckt sich über einen Zeitraum von gut 15 Jahren und reicht von 1986 (Beginn der Befragungen) bis zum Jahr 2001. Während dieser Jahre lebte die Familie in einer Kleinstadt in der Nähe von Düsseldorf und zog dort zweimal (1987 und 1999) um. Herr M. war bis 2000 kontinuierlich im selben Unternehmen in Schichtarbeit tätig. Während dieses Zeitraums heirateten die beiden ältesten Söhne (1965 und 1968 in der Türkei geboren) und kamen die ersten Enkel zur Welt (1986, 1990, zwei weitere 1993). Die beiden ältesten Söhne verdienten nach eher erfolglosem Schulbesuch wie ihr Vater seit ihrem 18. beziehungsweise 20. Lebensjahr als angelernte Arbeiter in einem Großbetrieb der Metallindustrie den Lebensunterhalt für ihre jungen Familien, denn ihre Ehefrauen waren (zunächst) nicht berufstätig; erst 1996, im Alter von 34 Jahren, nahm die älteste Schwiegertochter ihren ersten Job als Teilzeitbeschäftigte an. Auch nach Heirat und Geburt der Enkel lebten die jungen Familien bis 1997 beziehungsweise 1999 im elterlichen Haushalt. Dabei, so ist zu vermuten, unterstützten sie auch die Eltern und die drei jüngeren Geschwister, denn ihr Vater war seit seinem 55. Lebensjahr (2000) arbeitslos. Die erste Tochter, 1970 ebenfalls noch in der Türkei geboren, verließ sehr früh, nämlich mit 17, den elterlichen Haushalt, während der dritte Sohn, 1974 geboren, anders als seine älteren Brüder erfolgreich eine Facharbeiterlehre abschloss, 1993 heiratete und als Facharbeiter ebenfalls in der Metallbranche zu arbeiten begann. Seine weitere Berufs- und Lebensgeschichte verlief aber nicht so kontinuierlich wie die seiner älteren Brüder in den 1990er Jahren. Er wurde zwischen 1993 und 1996 zweimal entlassen, war insgesamt 35 Monate arbeitslos. Das jüngste Kind, die zweite Tochter, 1979 in der Bundesrepublik geboren und gelernte Friseurin, wechselte zwischen Teilzeitbeschäftigung und Arbeitslosigkeit, bevor sie 2001 heiratete und den elterlichen Haushalt als Letzte verließ. Zwischen 1986 und 2001 umfasste dieser Haushalt also drei Generationen und zeitweise lebten mehr als 10 Personen in ihm zusammen, davon waren stets mindestens drei, am

Ende der 1990er Jahre, als die Enkel bereits größer geworden waren, sogar fünf Erwachsene berufstätig. Die Gesamtsumme der im Interview angegebenen monatlichen Einkommen dieses Haushalts schwankte dabei von Jahr zu Jahr erheblich, aber die Einkommensrückgänge der drei männlichen Haupternährer wurden zwischen 1990 und 1998 zum Beispiel durch neue Verdienste der jüngeren und weiblichen Familienmitglieder wenigstens teilweise kompensiert. Das insgesamt zur Verfügung stehende Haushaltseinkommen ging zwischen 1990 und 1996 um etwa 20 Prozent zurück, bevor es nach den Auszügen der zwei jüngeren Familien 1997 und 1999 in den nun getrennten Haushalten bis 2004 wieder deutlich anstieg.

Blicke zurück, Blicke nach vorn

Die sozialwissenschaftliche Lebenslaufforschung hat nicht zuletzt unter dem Eindruck der empirischen Daten aus den Jahrzehnten des Booms das Gewicht der institutionellen Rahmungen (Schule, Erwerbsstatus, Berufsausbildung, Rentenalter) für die Gestaltung langfristig stabiler Berufskarrieren hervorgehoben. Diese Rahmungen wirkten als geschlechtsspezifische und altersbezogene Standardisierungen, die berufs- und haushaltszentrierte »Normalbiographien« etablierten. Bereits vor der Rezession 1973/74 existierten andere, viel instabilere Verlaufsmuster, die jedoch primär für die von der Mehrheitsgesellschaft ausgegrenzten Gruppen (vor allem Migranten) typisch waren. In den drei Jahrzehnten nach dem Boom veränderten sich, wie gezeigt wurde, diese Biographie-Muster im früheren Kernsektor industrieller Beschäftigung langsamer, als die zeitgenössische Wahrnehmung und Thematisierung von Langzeitarbeitslosigkeit, Jugendarbeitslosigkeit und nichtstandardisierten Beschäftigungsverhältnissen (Teilzeit, befristete Verträge, Leiharbeit) dies zunächst erwarten ließen. Auch der technologische und organisatorische Strukturwandel industrieller Produktion verhieß den zeitgenössischen Beobachtern deutlich markantere und direktere Folgen als diejenigen, die de facto aus der Rückschau erkennbar sind. Wie ist dies zu erklären?

Gerade wegen wachsender Risiken auf den Arbeitsmärkten und einer aus Sicht der Menschen insgesamt unsicherer werdenden Zukunft nahm das gesellschaftliche Bedürfnis nach Sicherheit, konkret nach stabilen Berufs- und Beschäftigungssituationen zu. Dieser aus Sicht der Industriebeschäftigten formulierten Bewältigungsstrategie kamen aber auch unternehmerische Strategien entgegen, die im Lichte wachsender technologischer Komplexität, stärkeren Wettbewerbsdrucks und sich rasch steigernder Qualitätsanforderungen auf Kompetenz und Kooperation ihrer Belegschaften setzten. Das war in den drei Ländern, aber auch in den jeweiligen Industriebranchen in unterschiedlichem Maße der Fall: Verschärfte Kontrolle der Arbeitsleistungen einer fluktuierenden Belegschaft, Senkung der Lohnkosten und Taylorisierung der Produktion waren alternative Strategien, die ebenfalls angewandt worden sind. Die Häufigkeit der unterschiedlichen Biographie-Muster hing also in erheblichem Maße von den Strategien ab, mit denen Unternehmen auf die Herausforderungen einer sich globalisierenden, jedenfalls europäisierenden Industrieproduktion reagierten, aber auch von der Verhandlungsmacht von Betriebsräten und Gewerkschaften bei Entlassungen oder der Erstellung von Sozialplänen. Dabei spielte die Bewertung und die Nutzung des Fachwissens und der Kompetenz von Industriearbeitern eine zentrale Rolle.

Die Unterschiede bei der beruflichen Qualifikation waren Thema von Kapitel 5. Neben dem Faktum, dass in der alten Bundesrepublik relativ gesehen weniger Industriearbeitsplätze abgebaut wurden als in Frankreich und Großbritannien, waren diese Unterschiede der wichtigste Grund, warum in der alten Bundesrepublik die Berufskarrieren von jungen Facharbeitern auch in den Jahrzehnten des Umbruchs nach dem Boom weitgehend im Fahrwasser des innerbetrieblichen Aufstiegs und der Beschäftigungskontinuität blieben. Auch in Großbritannien und Frankreich existierten Bereiche, in de-

nen dieses Biographie-Muster über die Zäsuren von Rationalisierungsmaßnahmen, Eigentümerwechsel und Werksschließungen der 1980er
und 1990er Jahre hinweg Bestand hatte. In Frankreich war dies vor
allem im öffentlichen Dienst und im nationalisierten Industriesektor der Fall. In beiden Ländern pflegten einzelne Großunternehmen in ihrer Personal- und Ausbildungspolitik solche innerbetrieblichen Karrieren ihrer Stammbelegschaft. Aber es handelte sich
eher um Inseln der Beschäftigungsstabilität in einer industriellen
Arbeitswelt, die ansonsten viel stärker durch Prekarität geprägt war
und in der die Übergänge in die instabileren Beschäftigungsstrukturen der rasant wachsenden einfachen Dienstleistungsbereiche
fließend wurden. Mit Blick auf die Durchschlagskraft dieses ersten
Stabilitätsfaktors ist also zu betonen, dass die unterschiedlichen nationalstaatlichen Rahmungen eine ganz wesentliche Rolle gespielt
haben.

Die Veränderungen der wirtschaftskonjunkturellen Großwetterlage und der Wettbewerbsbedingungen bescherten vielen älteren Arbeitern und Arbeiterinnen der alten Schlüsselindustrien ein überraschend frühes Ende ihrer Berufsarbeit. Sie wurden angesichts der
wachsenden Zumutungen einer globalisierten Konkurrenz in die
Frührente geschickt. Der »Abschied vom Malocher« verlegte in
einer unerwartet kurzen Zeitspanne das Ende des effektiven Berufslebens für Stahlarbeiter, Bergleute, Werftarbeiter und andere Kerngruppen der männlichen Industriearbeit zurück in das fünfte Le-
bensjahrzehnt.

In allen drei Ländern etablierte sich so etwas wie ein gesellschaftlicher Konsens darüber, dass der älteren Generation der »Malocher«
das Recht zustünde, den Zumutungen von spätem Jobverlust und
Dauerarbeitslosigkeit zu entkommen, die für sie mit Deindustrialisierung und Rationalisierungsmaßnahmen verbunden waren. Dieser Konsens veranlasste Unternehmer, Gewerkschaften und Staat
dazu, gemeinsam die Rahmenbedingungen für berufsbiographische
Muster zu schaffen, die den wachsenden Zumutungen an Flexibilität und den Risiken der Prekarisierung entzogen waren. In den Ar-

beitsbiographien wurde deutlich, welche Bedeutung konkret die Sozialbürgerschaft für die Alterssicherung der älteren Generation, aber auch ihrer Haushalte beziehungsweise Familien hatte. Teilzeitjobs, längere und wiederholte Phasen der Arbeitslosigkeit lassen erkennen, wie sich die Zonen prekärer Beschäftigung ausbreiteten und die Standards der Sozialbürgerschaft in Frage stellten.

Es ist deutlich geworden, dass Betriebstreue und Berufskontinuität vielfach das Resultat von Sicherheitsstrategien seitens der Beschäftigten waren, die immer lautstärker als »Arbeitsplatzbesitzer« adressiert wurden und kaum noch Spielräume für Arbeitsplatzwechsel oder risikoreiche Umschulungen sahen. Den gesellschaftlichen Preis dieser Beharrungsstrategie bezahlten zum einen die Frauen, deren Berufskarrieren im industriellen Sektor de facto bis auf seltene Ausnahmen inexistent blieben, und zum anderen die jugendlichen Berufseinsteiger, insbesondere in Großbritannien und Frankreich. Arbeitslosigkeit, prekäre (zeitlich befristete), eher schlecht bezahlte Beschäftigungen waren die Tickets, die häufig gelöst werden mussten, bevor man in die Welt (relativ) stabiler industrieller Arbeit eintreten konnte. Faktisch verlängerte sich damit die Phase des Einstiegs in eine Berufskarriere um gut zehn Jahre; sie begann für eine wachsende Zahl von Jugendlichen erst zwischen dem 25. und 30. Lebensjahr. Im Ergebnis verkürzte sich in sehr kurzer Zeit die Gesamtdauer der Arbeitsphase im Lebenszyklus von männlichen Industriearbeitern von 40 Jahren auf nunmehr 25 bis 30 Jahre.

Große Bedeutung kam der Arbeitsmigration zu. In der Bundesrepublik und in Frankreich hatten Arbeitsmigranten eine ganz wichtige Rolle als un- und angelernte Produktionsarbeiter in der Massengüterproduktion übernommen, welche bis 1975 boomte. In Großbritannien taten sie dies auch, spielten aber quantitativ eine viel geringere Rolle. Die älteren unter ihnen gehörten häufig zur Gruppe der frühverrenteten Malocher, bei später zuwandernden und/oder jüngeren Arbeitsmigranten sowie der sogenannten zweiten Generation zeigten sich dann die Folgen der ethnischen Unterschichtung, die sich in vielen Betrieben etabliert hatte, immer deutlicher.

So blieb der Zugang zu Weiterqualifikation und Beruflichkeit für diese Gruppe schwierig, sie stellten in allen drei Ländern überproportional hohe Anteile bei den an- und ungelernten Arbeitern, und entsprechend häufig lässt sich unter ihnen das Biographie-Muster der nicht geradlinigen und/oder aufgeschobenen Berufskarriere beobachten. Diese Unsicherheiten bildeten auch den klassen- und generationsspezifischen Hintergrund für die jugendlichen Sozialproteste in den Vorstädten, die ich in Kapitel 3 analysiert habe. Von einer systematischen gruppenspezifischen Exklusion aus den deutlich besser bezahlten und sicheren Industriejobs kann allerdings nicht die Rede sein.

In der industriellen Welt aller drei Länder verstetigte sich die geschlechterspezifische Arbeitsteilung. Die schrumpfende Zahl von Industriearbeiterinnen blieb in an- und ungelernten Jobs»hängen«, Berufskarrieren waren nur für eine kleine Minderheit von Facharbeiterinnen eine realistische Option. Der Anteil der Teilzeitbeschäftigten nahm weiter zu und damit der Anteil derer, bei denen mit Blick auf ihre Arbeitsbiographie eher von Haushaltskarrieren zu sprechen wäre. Für die soziale und ökonomische Lebenswelt der mehrheitlich männlichen Industriearbeiterschaft spielten jedoch die Berufskarrieren von Frauen eine immer wichtigere Rolle. Der kurze bürgerliche Traum vom männlichen Haushaltsvorstand als alleinigem »Brötchenverdiener« fand unter den neuen sozioökonomischen Bedingungen ein rasches Ende. Ob Fach- oder ungelernte Arbeiter: Häufig waren sie mit Frauen liiert oder verheiratet, die ihrerseits als Angestellte im Bildungsbereich, in der Sozialarbeit oder der Verwaltung, in Gesundheitsberufen, im Einzelhandel oder den vielen anderen Dienstleistungsberufen tätig waren, die sich im Untersuchungszeitraum vermehrten. Gerade angesichts der wachsenden Risiken von Arbeitslosigkeit sowie stagnierender oder gar sinkender Löhne wurde der Beitrag der Frauen für das Haushaltseinkommen strategisch immer wichtiger. Eine weitergehende Erforschung dieser weiblichen Arbeitsbiographien vor allem in den unteren und mittleren Rängen der Dienstleistungsangestellten ist von daher unbedingt nötig, wenn man den sozialen Realitäten der *working classes* der drei Länder nach dem Boom näherkommen will.[81]

Ich habe in diesem Kapitel viele wichtige Aspekte ausblenden müssen. Nur punktuell thematisiert wurden zum Beispiel die soziokulturellen Rahmungen dieser Arbeitsbiographien, und auch die diversen Einbettungen in familiäre und nachbarschaftliche Lebensentwürfe und Karriereerwartungen sind nur gelegentlich aufgeblitzt. Die zeit-, national- und klassenspezifischen Leitbilder für die verschiedenen Lebensphasen wie »Jugend«, »junge Familie«, »Partnerschaft« oder »Ruhestand« konnten hier nicht berücksichtigt werden. Dennoch glaube ich, dass die hier herausgestellten Verlaufsmuster dabei helfen können, jenseits der nationalspezifischen Trends grenzüberschreitende Ähnlichkeiten und Unterschiede in der industriellen Arbeitswelt in Zeiten sich globalisierender Produktionssysteme besser zu erkennen und zu interpretieren. Meines Erachtens lässt sich aus dem hier Gesagten beispielsweise die Arbeitshypothese gewinnen, dass ostdeutsche Arbeitsbiographien nach der Wende mehr Gemeinsamkeiten mit den Karrierewegen in Großbritannien haben, wo die maßgeblichen Entwicklungen zehn Jahre früher einsetzten, als mit westdeutschen Verlaufsmustern. Ebenfalls richtig ist, dass seit der Jahrtausendwende der Anteil prekärer beziehungsweise »flexibler« Arbeitskarrieren in »atypischen« Beschäftigungsformaten auch im industriellen Sektor der Bunderepublik sukzessive zunahm. Jüngst hat Philipp Ther darauf hingewiesen, dass sich ein europaweiter Trend zur eindeutigen Polarisierung industrieller Arbeitsbiographien entlang der fachlichen Qualifikation und/oder der Herkunft etabliert habe.[82]

Zu klären wäre schließlich, ob die »Entdeckung der Frühverrentung« als am wenigsten umstrittene »sozialverträgliche« Abfederung

---

81 Für die Bundesrepublik siehe Nicole Mayer-Ahuja, *Wieder dienen lernen? Vom westdeutschen »Normalarbeitsverhältnis« zu prekärer Beschäftigung seit 1973*, Berlin 2003.

82 Philipp Ther, *Die neue Ordnung auf dem alten Kontinent. Eine Geschichte des neoliberalen Europa*, Berlin 2014, S. 277-305.

der Beschäftigungsverluste auch in anderen europäischen Ländern so große Verbreitung gefunden hat. Sie sollte sich jedenfalls angesichts der rasch steigenden Kosten der Alterssicherung bald zu einer der Belastungszonen für die gesellschaftlichen Generationenverhältnisse entwickeln, besonders in Frankreich, wo die Vorverlegung des Rentenalters zum Königsweg einer sozialverträglichen Transformation von Wirtschaft und Gesellschaft wurde.

7.

Betriebliche Sozialordnungen im Umbruch

Seit den 1980er Jahren hat in allen drei Ländern, die ich in diesem Buch untersuche, das Unternehmen als Ort dynamischer Wertschöpfung und innovativer Produktideen, an dem sich kreative Mitarbeiterinnen und Mitarbeiter nur so tummeln, enorm an öffentlicher Anerkennung und Wertschätzung gewonnen. »Die grenzenlose Unternehmung«,[1] um den programmatischen Titel eines erfolgreichen BWL-Lehrbuches zu zitieren, war an die Stelle alter kapitalismuskritischer Klischees getreten, ließ aber auch Vorstellungen von behaglichen Sozialidyllen verblassen. Im öffentlichen Diskurs verlor eine unternehmenszentrierte Kapitalismuskritik, deren Schlüsselbegriffe »Ausbeutung« und »entfremdete Arbeit« waren, jedenfalls zusehends an Bedeutung und machte einer viel positiveren Sicht auf Unternehmen Platz, in der die neuen Selbstverwirklichungsvokabeln »Kreativität« und »Innovation« sowie Kategorien wie Markt- und Kundenorientierung, Passgenauigkeit und Flexibilität eine hervorgehobene Bedeutung hatten. »Der neue Geist des Kapitalismus«, wie Luc Boltanski und Ève Chiapello dieses neue Meinungswissen genannt haben, wertete das Unternehmen als solches enorm auf.[2] »Personalführung« wurde angesichts des in diversen Handbüchern immer wieder zitierten »Wertewandels« in den westlichen Gesellschaften zu einer anspruchsvollen Managementaufgabe, deren strategische Bedeutung darin gesehen wurde, dass motivierte Mitarbeiter ein »schwer zu imitierendes, strategisch wichtiges Wettbewerbspotential« darstell-

---

1 Arnold Picot u. a., *Die grenzenlose Unternehmung. Information, Organisation und Management. Lehrbuch zur Unternehmensführung im Informationszeitalter*, Wiesbaden ³1998.
2 Luc Boltanski, Ève Chiapello, *Der neue Geist des Kapitalismus*, Konstanz 2003, S. 129-187.

ten.[3] Dreh- und Angelpunkt der neuen Personalführungskonzepte war die Mobilisierung der Beschäftigten für die Unternehmensziele: »Firmentreue«, »Mitarbeiterqualifikation« und »Mitarbeitermotivation« sowie »Eigenverantwortung«, »Teamgeist« und »Freiräume« waren die Begriffe, mit denen die Leitungen marktführender Unternehmen ihre eigene erfolgreiche Personalpolitik charakterisierten.[4] Die Managementlehren der 1980er und 1990er Jahre entwarfen gewissermaßen Traumbilder künftiger Arbeitswelten (siehe Abb. 7.1). In ihnen »ersetzt[e] die Unternehmenskultur die Stechuhr«[5] und »demokratische« Führungsstile lösten das autoritäre »Macho«-Management, wie es nun hieß, ab. Imaginiert wurde nicht weniger als neue Sozialbeziehungen in einer Arbeitswelt, in der die alten Hierarchien und Interessengegensätze überwunden sind und das Versprechen größerer Teilhabe der Beschäftigten eingelöst ist.

Der Weg in diese neuen Arbeitswelten war allerdings durchaus steinig, insbesondere für die großen Industriebetriebe, die relativ schlecht vorbereitet von den Turbulenzen nach Ende des Booms erfasst wurden. Wie in Kapitel 1 und 3 geschildert, gehörten Absatzschwierigkeiten, Gewinneinbrüche und Arbeitskämpfe zu den bitteren Realitäten der 1970er und frühen 1980er Jahre, so dass die Neuerfindung der Unternehmen mehr aus der Not des Überlebenskampfes als aus Begeisterung für innovative Unternehmenskonzepte begann. Der Rationalisierungsdruck und die neuen Datenverarbeitungs- und Kommunikationstechnologien luden geradezu ein, die bürokratischen Großorganisationen umzugestalten sowie die Zeitverluste und Ineffizienzen aufzuspüren und zu beseitigen, die im bisherigen System aufgrund einer rigiden Arbeitsteilung zwischen funktional getrennten Abteilungen unvermeidlich waren. Der Zwang in fast allen Branchen und Betrieben, zugleich schneller und kostengünstiger zu produzieren und dabei auch noch die Qualität der Endprodukte

3 Picot u. a., *Die grenzenlose Unternehmung*, S. 447.
4 Hermann Simon, *Die heimlichen Gewinner. Die Erfolgsstrategien unbekannter Weltmarktführer*, Frankfurt/M. ⁵1998, S. 303f.
5 Ebd., S. 303.

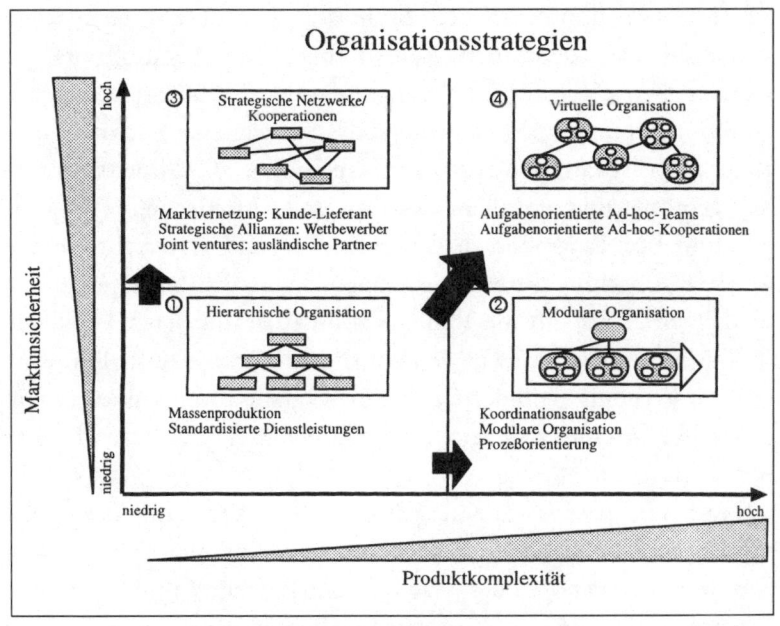

Organisationsstrategien

Marktunsicherheit (hoch → niedrig)

③ Strategische Netzwerke/ Kooperationen

Marktvernetzung: Kunde-Lieferant
Strategische Allianzen: Wettbewerber
Joint ventures: ausländische Partner

④ Virtuelle Organisation

Aufgabenorientierte Ad-hoc-Teams
Aufgabenorientierte Ad-hoc-Kooperationen

① Hierarchische Organisation

Massenproduktion
Standardisierte Dienstleistungen

② Modulare Organisation

Koordinationsaufgabe
Modulare Organisation
Prozeßorientierung

Produktkomplexität (niedrig → hoch)

Abbildung 7.1:
»Organisationsstrategien«: Schaubild aus Arnold Picot u. a.,
Die grenzenlose Unternehmung. Information, Organisation,
Management. Lehrbuch zur Unternehmensführung im
Informationszeitalter,
Wiesbaden 1996, S. 246.
Erstdruck in: Peter Pritrilla u. a., Telekommunikation im
Management, Strategien für den globalen Wettbewerb,
Stuttgart 1996. © *Schaeffler-Poeschel Verlag.*

Gerade Illustrationen dienen in der Betriebswirtschaftslehre der Informationsvermittlung, so auch das Schaubild »Organisationsstrategien«, das unter anderem in dem 1996 erschienenen Lehrbuch *Die grenzenlose Unternehmung* zu sehen ist, in dem es um den Wandel von Managementansätzen geht. Die Autoren schreiben, dass sich hierarchische Organisationen zwar für die traditionelle Massenproduktion und für standardisierte Dienstleistungen durchaus als effizient erwiesen hätten, sie nun jedoch nicht mehr zeitgemäß seien. Als treibende Kräfte macht das Schaubild die sich steigernde Marktunsicherheit und die wachsende Produktkomplexität aus. Gewerkschaften kommen in diesem Bild nicht vor.

zu verbessern, hinterließ tiefe Spuren in den französischen, britischen und westdeutschen Industriebetrieben. Produktivitätsgewinne ließen sich jedoch nicht allein mit der Einführung der neuen Computertechnologien erzielen, vielmehr zeigte sich schnell, dass auch die Organisationsstrukturen verändert, die Arbeitsprozesse neu geordnet und vor allem zwischen den verschiedenen Abteilungen und Berufsgruppen in den Betrieben anders verteilt werden mussten. Es schlug die Stunde neuer Managementkonzepte, deren Schlagwörter alsbald die Redegewohnheiten auf den Chefetagen und in den Ausbildungszentren künftiger Führungskräfte bestimmten. Im Ergebnis veränderten sich die Organisationsstrukturen insbesondere von industriellen Großunternehmen grundlegend (siehe Abb. 7.1).

Lean management war eines dieser Zauberwörter, die Anfang der 1990er Jahre die Runde zu machen begannen und binnen kurzer Zeit zum festen Bestandteil der Management-Ratgeber- und Schulungsliteratur in allen drei Ländern wurden. Popularität erlangte das Konzept dank einer am Massachusetts Institute of Technology erstellten Studie, die aufzeigen wollte, wie die US-amerikanische Automobilindustrie ihre Wettbewerbsfähigkeit zurückgewinnen beziehungsweise steigern könnte. Dabei fiel der Blick auf Organisationsmodelle der japanischen Konkurrenz, allen voran Toyota. Deren Muster wurden zu dem Konzept *lean production* stilisiert und dann als Erfolgsrezept auch kultur- und kontextunabhängig propagiert.[6] In der deutschsprachigen Diskussion etablierte sich dann der Begriff der »ganzheitlichen Produktionssysteme«.[7]

6 James P. Womack u. a., *Die zweite Revolution in der Autoindustrie*, Frankfurt/M. 1992. Zu den konkreten japanischen Voraussetzungen siehe Ulrich Jürgens, »Lean Production in Japan: Myth and Reality«, in: Wolfgang Littek, Tony Charles (Hg.), *The New Division of Labour. Emerging Forms of Work Organisation in International Perspective*, Berlin, New York 1995, S. 349-366.
7 Uwe Dombrowski, Tim Mielke (Hg.), *Ganzheitliche Produktionssysteme: Aktueller Stand und zukünftige Entwicklungen*, Heidelberg 2015.

Um besser zu erkennen, was tatsächlich in den Fabriken passierte, möchte ich beispielhaft nach Frankreich schauen. Der französische Soziologe Serge Paugam hat in den 1990er Jahren in einer Serie von Betriebsstudien untersucht, welche Bedeutung Arbeitserfahrungen und Betriebssituationen für die soziale Integration des einzelnen Arbeitnehmers in die französische Gesellschaft hatten.[8] Neben Faktoren wie Arbeitsplatzsicherheit, berufliche Qualifikation und konkrete Arbeitstätigkeit lenkte er den Blick auch auf den Betrieb und stellte fest, dass sich sowohl die sozialen Beziehungen unter den Arbeitnehmern als auch die Beziehung der Arbeitnehmer zum Unternehmen im Frankreich der 1990er Jahre deutlich verändert hatten. Der folgende Auszug aus einem Interview mit einem 55-jährigen ungelernten Arbeiter des Möbelherstellers Ranger im ländlichen Frankreich (Departement Vienne) verdeutlicht dies. Der interviewte Arbeiter war zum Zeitpunkt des Interviews seit 27 Jahren in diesem Betrieb beschäftigt. Am Ende einer langen dynamischen Wachstumsphase, die durch den Firmengründer geprägt war, waren zwischen 1200 bis 1300 Beschäftigte im Werk tätig. Nach dessen Tod 1982 hatte das Unternehmen mehrfach den Besitzer gewechselt und war schlussendlich Teil eines größeren Konzerns geworden. Bereits in den 1980er Jahren war es zur ersten Entlassungswelle gekommen, die etwa die Hälfte der Beschäftigten traf. Zum Zeitpunkt des Interviews, 1998, hatte der Betrieb nur noch 370 Mitarbeiter, die Auftragslage war eher schlecht und die Zukunft des gesamten Betriebs ungewiss.[9]

Seit den beiden Entlassungswellen ist die Stimmung nicht mehr dieselbe, und dann arbeitet man auch nicht so viel. Es ist nicht wie vorher, denn vorher gab es viel zu tun, aber man half sich gegenseitig. Wenn

---

8 Serge Paugam, *Le salarié de la précarité. Les nouvelles formes de l'intégration professionnelle*, Paris 2000.
9 Ebd., S. 235-250. Die Tonbänder und Transkripte aller Interviews dieser Untersuchung sind mir vom Verfasser freundlicherweise zur Verfügung gestellt worden: *Enquête Emploi salarié et conditions de vie*, Centre Maurice Halbwachs, Paris [CMH].

einer unter Druck war, gut, wenn man etwas Vorsprung hatte, ging man ihm zur Hand, aber heutzutage, nein, es herrscht nicht mehr die gleiche Stimmung, überhaupt nicht mehr.

Frage: Kommt das daher, dass die Leute nicht zufrieden sind mit ihrem Unternehmen?

(Seufzt.) Ich weiß nicht. Ich weiß, dass eine Verbindung besteht zwischen dem und… vielleicht der Tatsache, dass zwei oder drei Entlassungen gemacht worden sind, das spielt vielleicht auch eine Rolle, ich weiß nicht. Die Leute sind vielleicht weniger motiviert, vielleicht verbittert, ich weiß nicht… und dann wechselt häufig der Direktor. Den hat man gerade erst ausgetauscht, weiß keiner, woran er ist. Man hört Gerüchte, immer nur Gerüchte, also sind die Leute vollkommen orientierungslos.

Frage: Und Sie selber, machen Sie Ihre Arbeit, wie Sie sie machen sollen?

Ja sicher, aber nicht wie vorher. Ich weiß nicht, vorher hat es mir Spaß gemacht zur Arbeit zu gehen, aber im Augenblick würde ich eher einen Gang zurückschalten. Dann wird man auch häufig von Personen herumkommandiert, die nicht richtig Bescheid wissen, das ist das Problem. Das kotzt einen zwangsläufig an.

Frage: Sie sagen dann Ihre Meinung, Sie haben mitunter Streit?

Ja, das ist auch vorgekommen; aber jetzt lasse ich es einfach laufen, sie sagen, wie es gemacht werden soll, und ich mache, was sie sagen; Punkt und Schluss. Anders kommt man zu keinem Ende, sonst hätte man täglich zu tun.[10]

Die anhaltende Absatzkrise der Möbelindustrie hat in dem Betrieb tiefe Spuren hinterlassen: Häufige Management-Wechsel und Entlassungen haben dazu geführt, dass die Beschäftigten ihren Chefs nicht mehr trauten und mit dem Schlimmsten, nämlich der Werksschließung rechneten; zugleich war auch die Solidarität unter den Arbeitern verloren gegangen, sie waren zu Einzelkämpfern geworden, von denen jeder hoffte, irgendwie ungeschoren davonzukommen. In anderen Interviews, die Mitglieder des Forschungsteams

10 Interview Unternehmen 11, Monsieur Raoul, in: *Enquête Emploi salarié et conditions de vie*, CMH.

von Serge Paugam in diesem Werk geführt haben, wurden mangelnde Aufstiegschancen und fehlende Investitionen beklagt, das gezeichnete Stimmungsbild war jedoch immer dasselbe: Ein bis 1982 boomendes Werk, das von einem energischen und omnipräsenten Firmengründer straff und patriarchalisch geführt worden war, hatte sich in ein trostloses »Arbeitshaus« auf Abruf verwandelt, in dem die meisten nur deshalb weiter tätig waren, weil ihnen lokale Alternativen fehlten und die Massenarbeitslosigkeit vor Experimenten abschreckte. Im Ergebnis war bestenfalls ein instrumentalistisches Verhältnis zwischen den Beschäftigten und dem Unternehmen samt seiner Leitung übriggeblieben. Größer könnte der Kontrast zu den oben skizzierten Traumbildern zukünftiger Arbeitswelten nicht sein.

Dieses Beispiel verdeutlicht, welche weitreichenden sozialpsychologischen Folgen die typischen Krisenphänomene der Deindustrialisierung in Unternehmen haben konnten. Der Niedergang des Unternehmens hatte zu einer Art »negativer Identität« geführt, wie Paugam es nennt.[11] Die Arbeiterinnen und Arbeiter dieses Betriebs hatten sich ins Privatleben zurückgezogen, litten unter dem Verlust innerbetrieblicher Solidarität und misstrauten dem Management. Bei den Beschäftigten herrschte eine ressentimentgeladene, fatalistische Grundhaltung vor, zugleich waren sie an ihren Betrieb gefesselt. Sie waren zu prekären Inhabern ihrer Arbeitsplätze geworden, berufliche Identitäten und emotionale Bindungen an den Betrieb waren verloren gegangen. Paugam wertet diese Situation allerdings als einen Extremfall, dem er gegenteilige Arbeits- und Betriebserfahrungen entgegenstellt. Die meisten der 1025 Befragten dieser Untersuchung zeigten sich nämlich mit ihrer Arbeit zufrieden, selbst unter An- und Ungelernten waren dies noch mehr als 65 Prozent; fast alle (90 Prozent) sahen auch ihre Beziehungen zu Arbeitskollegen als positiv an, jedoch nur 60 Prozent bezeichneten das Arbeitsklima in ihrem Betrieb als gut. Je stabiler die Beschäftigungslage war, desto größer war die subjektive Arbeitszufriedenheit und desto

11 Paugam, *Le salarié de la précarité*, S. 249.

positiver fiel die Bewertung des eigenen Unternehmens aus.[12] Die Auswirkungen solcher Zustände für den Zusammenhalt der Gesellschaften wurden nicht nur in Frankreich kritisch analysiert und diskutiert.

Ob Management-Ideologie oder enttäuschte Belegschaftserwartung: In beiden Fällen stoßen wir auf den Betrieb oder das Unternehmen als Bezugspunkt von Zugehörigkeiten und Identifikationen, dessen Bedeutung im Untersuchungszeitraum offenbar deutlich zugenommen hat. Ein ganzes Bündel von Faktoren hat jedenfalls dazu beigetragen, den Betrieb als Ort sozialer Bindungen aufzuwerten. Wie wir im letzten Kapitel gesehen haben, hielten viele Industriearbeiterinnen und -arbeiter angesichts schwieriger Arbeitsmärkte an ihren Arbeitsplätzen fest, die Beschäftigungsdauer in Industriebetrieben blieb auch in den Jahrzehnten des Umbruchs auf dem hohen Niveau der Boom-Jahre, ja, sie stieg in einigen Branchen sogar an. Gleichzeitig ging die Reorganisation der industriellen Produktionsprozesse mit einer stärkeren Einbeziehung aller Teile der Belegschaften in die Qualitätssicherung von Arbeit und Produkt einher. Die Beschäftigten wurden selbständiger, bekamen mehr Verantwortung zugewiesen, erhoben aber auch – als Einzelne, als Arbeitsgruppe, als Gesamtbelegschaft – Anspruch auf mehr Teilhabe; zugleich kam es in allen Bereichen des Betriebs zu einer Verfeinerung der Kontrollmechanismen. Mit anderen Worten: Als Aushandlungsort widerstreitender Modelle von Partizipation und Zugehörigkeit wurde der Industriebetrieb in der Phase des Umbruchs immer wichtiger. Hierin liegt die genuin politische Dimension der betrieblichen Sozialverhältnisse, die ich in diesem Kapitel untersuche.

Unternehmen beruhen auf der bestenfalls rechtlich eingeschränkten Entscheidungsmacht und Weisungsbefugnis des Eigentümers beziehungsweise des Managements, Arbeitsvertrag und Fabrikord-

---

12 Ebd., S. 95-125. Diese Korrelation zeigte sich nochmals ausgeprägter bei höher qualifizierten Beschäftigten.

nung schaffen einen Raum, in dem demokratische Verfahren per se nicht vorgesehen sind. Die in Kapitel 4 beschriebene Sozialbürgerschaft hat sich aus gewerkschaftlicher Gegen- und Vetomacht entwickelt und ist ohne sie nicht denkbar. Die gesetzlichen Regeln betrieblicher Partizipation haben zwar unterschiedliche Kompromisse zwischen Demokratie und Kapitalismus, zwischen Unternehmensleitung und Belegschaften fixiert, aber für deren konkrete Ausgestaltung ist die Umsetzung dieser Regeln und Rechte im Betriebsalltag entscheidend. Demokratie als Lebensform hängt entscheidend davon ab, in welchem Maß sie auch die Beziehungen in der Arbeitswelt beeinflusst und also nicht vor den Werkstoren haltmacht. Konkret lautet die Frage, ob die Klassenbeziehungen im Betrieb, das heißt die dort etablierten Formen von Herrschaft und Arbeitsteilung, soziale Ungleichheiten produzieren, die mit dem demokratischen Gleichheitsgrundsatz nicht mehr zu vereinbaren sind. »Beziehungsgleichheit« nennt Pierre Rosanvallon diese Grundvoraussetzung demokratischer Gesellschaften.[13] Beziehungsgleichheit ist ohne »soziale Anerkennung« inhaltsleer, was übersetzt in die betriebliche Realität meint: Respektierung der Bedürfnisse und Interessenperspektiven der Beschäftigten durch das Management sowie Anerkennung der »Würde« der Arbeitenden ohne Diskriminierung und Zwang.

Bevor ich mich daranmache, die konkreten Bedingungen einer Sozialbürgerschaft im Arbeitsleben zu überprüfen und vor allem danach zu fragen, welche Entwicklungstendenzen für betriebliche Sozialordnungen, also für das, was gerne als »soziales Betriebsklima« bezeichnet wird, sich aus den ökonomischen und organisatorischen Dynamiken industrieller Unternehmen seit den siebziger Jahren ergeben haben, möchte ich zunächst die theoretische Perspektive erläutern, die ich dabei einnehmen werde.

---

13 Pierre Rosanvallon, *Die Gesellschaft der Gleichen*, Hamburg 2013, S. 306-308.

Die Fabrik als »soziales Handlungsfeld«[14]

Wenn man sich mit betrieblichen Sozialordnungen befasst, so positioniert man sich nolens volens in einem langandauernden Meinungsstreit über die angemessenen Kategorien und Theorien des kapitalistischen Unternehmens. Für mein Vorhaben sind Ansätze hilfreich, die zwei Fragen miteinander verknüpfen, nämlich die nach der Organisation »unternehmerischer Herrschaft«[15] und die nach den konkreten Beziehungen zwischen Kapital und Arbeit im Betrieb. Mit anderen Worten: Es geht darum, organisations- und arbeitssoziologische Perspektiven miteinander zu kombinieren – ein Verfahren, das überhaupt erst unter dem Eindruck der hier untersuchten Prozesse vermehrt von Forschern erprobt worden ist.

Die organisationssoziologische Frage nach der unternehmerischen Herrschaft knüpft an Forschungen an, die untersuchen, was eigentlich komplexe, funktional differenzierte Organisationen wie Betriebe und Unternehmen zusammenhält, worauf die Autorität des Managements jenseits der Machtasymmetrie aufgrund von Privateigentum und Arbeitsvertrag beruht und wie die verschiedenen Statusgruppen und Berufe die meist komplexen Macht- und Funktionsverteilungen im Betrieb zu ihren Gunsten zu gestalten und zu verändern suchen. Die »Mikropolitik« unterhalb und jenseits der formalen Regeln »bürokratischer« Arbeitsteilung und Entscheidungsmonopole hat dabei besondere Aufmerksamkeit gewonnen, die »Entbürokratisierung« von Unternehmen ist zum Ausgangspunkt ganz unterschiedlicher Forschungsrichtungen geworden, die sich jedoch in der Regel darauf konzentrieren, die Effekte von Netzwerken, Kommunikationsmustern und Kräftespielen innerhalb von Großunternehmen beziehungsweise zwischen Betrieben und Betriebseinheiten

---

14 Thomas Welskopp, *Unternehmen Praxisgeschichte. Historische Perspektiven auf Kapitalismus, Arbeit und Klassengesellschaft*, Tübingen 2014, S. 181.
15 Christoph Deutschmann, *Postindustrielle Industriesoziologie. Theoretische Grundlagen, Arbeitsverhältnisse und soziale Identitäten*, Weinheim 2002, S. 126-139.

zu modellieren.[16] Die Auswirkungen außerbetrieblicher Faktoren etwa von Arbeitsmärkten oder entsprechenden Ordnungsmustern in der Gesellschaft werden dabei entweder ausgeblendet oder es werden aktuell dominante Rahmenbedingungen als quasi naturgegebene, das heißt unveränderliche vorausgesetzt. Vor allem den an Modellen der rationalen Wahl orientierten spieltheoretischen Ansätzen fällt es schwer, die genuin sozialen Grundlagen zu analysieren, auf denen diese Mikropolitik rationaler Nutzenstrategien in Unternehmen überhaupt erst beruhen, nämlich Einverständnishandeln und dauerhafte Kooperationsbereitschaft. In ihren funktionalistischen Analysen kommt den affektiven Seiten der betrieblichen Sozialordnung und auch den Machtasymmetrien zwischen Arbeitern und Management keine oder nur geringe Bedeutung zu, auch Vergemeinschaftungsprozesse oder Sozialbindungen werden entweder ganz ausgeklammert oder als sekundäre Begleitphänomene interessengeleiteter Strategien rationaler Akteure interpretiert.[17]

Eine besondere Rolle spielt der Betrieb als Produktionsgemeinschaft hingegen in der deutschsprachigen Arbeits- und Industriesoziologie. Vor allem in ihren Anfängen, die bis ins 19. Jahrhundert zurückreichen, sah sie im produktionsorientierten Konsens von Management und Belegschaft den Kern betriebsorientierter Integration. Demnach sind betriebliche Sozialordnungen das Resultat eines solchen grundlegenden Einverständnisses, sie entstehen gewissermaßen naturwüchsig aus den Kooperationserfahrungen im Betriebsalltag.[18] Die Nähe zu älteren paternalistischen oder sozialpartnerschaft-

---

16 Charles Heckscher, »From Bureaucracy to Networks«, in: Stephen Edgell u. a. (Hg.), *The SAGE Handbook of Sociology, Work and Employment*, Los Angeles 2016, S. 245-261.
17 Deutschmann, *Postindustrielle Industriesoziologie*, S. 140.
18 Vgl. Peter Hinrichs, *Um die Seele des Arbeiters. Arbeitspsychologie, Industrie- und Betriebssoziologie in Deutschland 1871-1945*, Köln 1981; Gertraude Krell, *Vergemeinschaftende Personalpolitik. Normative Personallehren, Werksgemeinschaft, NS-Betriebsgemeinschaft, betriebliche Partnerschaft, Japan, Unternehmenskultur*, München 1994.

lichen Arrangements in Unternehmen ist hier offensichtlich, der Konflikt erscheint als empfindliche und vermeidbare Störung des Betriebsfriedens. Vor allem anwendungsorientierte sozialwissenschaftliche Studien zu Personalführung, Organisationspsychologie und Management haben in jüngster Zeit eine solche harmonistische Perspektive übernommen, allerdings mit verändertem Zielpunkt: Nicht die freiwillige Unterordnung des Einzelnen im autoritär geführten Betrieb wird angestrebt, sondern die bestmögliche Koordination individueller Arbeitsvermögen mit Blick auf das übergreifende Unternehmensziel.

Solchen Ansätzen trat und tritt die kapitalismuskritische marxistische Sicht auf Arbeitsprozesse und »Fabrikregime« schroff entgegen.[19] Die vergemeinschaftenden Aspekte der Fabrikarbeit unter kapitalistischen Bedingungen gelten ihr als Relikt vorkapitalistischer Produktionsweisen, als Überhang handwerklicher Beruflichkeit in der modernen Fabrik oder aber als Ergebnis unternehmerischer Sozialtechniken, die darauf aus sind, den grundlegenden Interessengegensatz zwischen Kapital und Arbeit zu verschleiern und den Belegschaften jene versteckten Ressourcen von Leistung und Können zu entlocken, die sie ansonsten dem Unternehmen vorenthalten würden. Stabile Betriebsordnungen sind in dieser kritischen Sicht also das Ergebnis entweder eines erfolgreichen unternehmerischen Personalmanagements oder aber von dauerhaften Kompromissen mit den handwerklichen Berufstraditionen von Facharbeitern. Ihre Zukunft ist aber in beiden Fällen prekär, da der grundlegende Interessenkonflikt ungelöst bleibt und weiter schwelt. Außerdem ergibt sich eine gewisse theoretische Spannung, weil die sozialen Beziehungen innerhalb der Belegschaft einerseits als quasi naturwüchsige Folge der Klassenbeziehungen im Arbeitsprozess und andererseits als Ergebnis der politischen Aufklärungsarbeit gewerkschaftlicher

---

19 Der Ausdruck »factory regimes« findet sich zum Beispiel bei Michael Burawoy, *Manufacturing Consent. Changes in the Labor Process under Monopoly Capitalism,* Chicago 1979, S. 23.

oder politischer Aktivisten gedeutet werden.[20] Auf der Habenseite ist zu verbuchen, dass diese industriesoziologische Perspektive besonders aufmerksam registriert, ob die Entwertung ihrer beruflichen Kompetenzen den Zusammenhalt und die Gegenmacht der Produktionsarbeiter im Betrieb aushöhlt.[21]

Ein weiteres Problem der marxistischen Tradition hat damit zu tun, dass sie den Zustand der betriebliche Sozialordnungen eng an das jeweils herrschende kapitalistische »Produktionsregime« koppelt, das wiederum stark von politökonomischen Rahmenbedingungen beeinflusst ist. Seit Beginn des »postfordistischen« Zeitalters Mitte der 1970er Jahre sei deshalb der Spielraum für spezifische Arrangements betrieblicher Partizipation eng umgrenzt und mehr oder weniger direkt von Gewinnspannen, Qualifikationsprofilen und Marktlagen abhängig,[22] was sich unmittelbar und unvermeidlich auf die konkrete Ausgestaltung der sozialen Betriebsordnungen niederschlage beziehungsweise – aus Sicht der zeitgenössischen Kritiker gesprochen – niederschlagen werde. Kurzum: Der Stand von Technik und Ökonomie würde nicht nur eine grobe Richtung vorgeben, sondern letztlich dazu führen, dass am Ende nur ein einziges, nämlich das neoliberale Modell betrieblicher Sozialordnungen überleben wird. So lautete jedenfalls die Prognose – und sie war falsch. Richtig ist vielmehr, dass die organisatorischen Experimente der 1980er und 1990er Jahre keineswegs ausschließlich in Fabrikordnungen neoliberaler Couleur mündeten. Stattdessen blieb eine überraschende Vielfalt betrieblicher Sozialordnungen erhalten, und auch

20 Ralph Darlington, *The Dynamics of Workplace Unionism. Shop Stewards' Organization in Three Merseyside Plants*, London, New York 1994; John E. Kelly, *Rethinking Industrial Relations. Mobilization, Collectivism and Long Waves*, London, New York 2006.

21 Martin Kuhlmann, Michael Schumann, »What's Left of Workers' Solidarity? Workplace Innovation and Workers' Attitudes Towards the Firm«, in: *Research in the Sociology of Work* 10 (2001), S. 189-214.

22 »Le régime néo-liberale de mobilisation«, in: Thomas Coutrot, *L'entreprise néo-libérale, nouvelle utopie capitaliste? Enquête sur les modes d'organisation du travail*, Paris 1998, S. 241.

das Vordringen finanzmarktkapitalistischer Vorgaben in die Chefetagen der Unternehmen setzte, wie in Kapitel 1 angedeutet, dieser Vielfalt kein Ende.[23]

Ich werde im Folgenden die marxistische Grundannahme von der Machtasymmetrie zwischen Kapital und Arbeit als strukturierendes Element betrieblicher Realitäten durchaus ernst nehmen und zugleich betriebliche Sozialordnungen als konkrete Ausgestaltungen von Interessengegensätzen und Kooperationszwängen zwischen Unternehmensleitung und Belegschaften begreifen. Meines Erachtens werden Ansätze, die allein auf die Rationalität des *homo oeconomicus* oder des *homo faber* setzen, den sozialen Beziehungen, welche im Betrieb entstehen, nicht gerecht. Ich interpretiere den Industriebetrieb als »soziales Handlungsfeld«,[24] dessen Strukturen sich weder allein aus formalen Regeln noch aus interessengeleiteten Markt- und Machtstrategien von Unternehmern oder den Gegenstrategien von Gewerkschaftsvertretern ergeben. Bei der betrieblichen Sozialordnung handelt es sich um eine soziale und vor allem historische Realität sui generis oder, wie Hermann Kotthoff es ausdrückt: »Das Konzept ›Sozialordnung‹ präjudiziert nicht eine bestimmte Form von Handlungskoordination, sondern unterstellt, daß es in jedem Betrieb irgendeine Form von Koordination gibt, durch die das Management und die Arbeitnehmer sozial aufeinander bezogen sind und zusammengehalten werden.«[25] Dementsprechend ist nach den Routinen sozialer Beziehungen zu fragen sowie nach den Bindungen und wechselseitigen Verpflichtungen, die bei den unterschiedlichen Akteuren im Betrieb bestehen. Ich interessiere mich für die sozialen Praktiken, welche die institutionellen Regeln ausbuchstabieren, mitunter sogar aushebeln und zu leeren Worten machen, und unterstelle, dass betriebliche Sozialordnungen von den gesellschaftlichen und politischen Ordnungsmustern mit-

23 Michael Faust, Jürgen Kädtler, »Die Finanzialisierung von Unternehmen«, in: *Kölner Zeitschrift für Soziologie und Sozialpsychologie* 70 (2018), S. 167-194.

24 Welskopp, *Unternehmen Praxisgeschichte*, S. 181-189.

25 Hermann Kotthoff, *Betriebsräte und Bürgerstatus*, München 1994, S. 31.

geprägt sind, welche die betrieblichen Akteure in die Fabrik mitbringen. Das bedeutet auch, dass um betriebliche Sozialordnungen stets gekämpft wird und der Ausgang dieses Konflikts deren Form bestimmt: Gelingt es der Unternehmensleitung, allein die soziale Ausgestaltung der Fabrikordnung zu bestimmen und die Belegschaft dazu zu bewegen, diese vorgegebene Ordnung zu akzeptieren und mitzutragen, sprechen wir von Betriebsordnungen monokratischen Typs; setzt sich dagegen die mobilisierte beziehungsweise organisierte Belegschaft durch, etablieren sich pluralistische Betriebsordnungen in den Varianten kooperativ-konsensorientiert und konfrontativ-konfliktorisch. Allerdings können sich auch beide Seiten aus den extralegalen wechselseitigen Verpflichtungen und Rücksichtnahmen wieder zurückziehen und auf die Einhaltung der formalen Ordnung, speziell der Arbeitsverträge, pochen oder sich allein und einseitig auf die eigene Gestaltungsmacht verlassen. Das führt zu kontraktuellen Sozialordnungen mit rein macht- und interessenbasierten Arbeitsbeziehungen. Alle vier Grundtypen betrieblicher Sozialordnung waren in Westeuropa verbreitet, die konkrete Ausgestaltung variierte erheblich und die Sozialforscher haben den vielen unterschiedlichen Varianten eine Vielzahl von Namen gegeben. Ich werde im Folgenden davon möglichst sparsam Gebrauch machen und immer wieder auf die vier genannten Grundtypen (siehe Tab. 7.1) zurückkommen, um auf diese Weise die wichtigsten Tendenzen besser verdeutlichen zu können.

	monokratisch	pluralistisch
sozialintegrativ	paternalistische bzw. patriarchalische Betriebe	Kooperativ-konsensorientiert oder konfrontativ-konfliktorisch
kontraktuell	»Arbeitshäuser«	»Marktgesellschaften«

Tabelle 7.1:
Typen betrieblicher Sozialordnung.

Eine letzte Vorbemerkung erscheint mir wichtig: Kämpfe um soziale Anerkennung, um Beziehungsgleichheit zeichnen sich durch eine soziale Dramatik und Emotionalität aus, die sie unterscheiden von den routinemäßigen und ritualisierten Aushandlungsrunden um Entgelt, Arbeitszeiten, Schichtpläne oder Arbeitsplatzgestaltung, welche ebenfalls im Betrieb stattfinden, die aber nur eine bestehende und allgemein akzeptierte beziehungsweise hingenommene Betriebsordnung reproduzieren.

Das Unternehmen als Kreuzungspunkt von Solidaritäten und Bindungen

Schauen wir nun genauer und vor allem länderspezifisch auf diejenigen sozialen Beziehungen innerhalb eines Industriebetriebs, die beim Aufbau eines »Betriebsklimas«, das heißt einer betrieblichen Sozialordnung, eine Rolle spielten. Mindestens vier Typen solcher Beziehungen lassen sich unterscheiden:

An erster Stelle sind berufsbezogene Verbindungen und Vergemeinschaftungen zu nennen. Facharbeiter, Techniker und Ingenieure waren diejenigen Berufsgruppen, die in den Industriebetrieben ihre berufsspezifische Besonderheit und Zusammengehörigkeit bewahrt und über Jahrzehnte hinweg gegenüber den Unternehmensleitungen verteidigt haben; sie stellten entsprechend eng vernetzte Statusgruppen dar, die in den meisten Betrieben über ein ausgeprägtes Selbstbewusstsein und ein klar konturiertes Selbstverständnis auch in Abgrenzung vom Rest der Belegschaft verfügten. Wir haben bereits in den vorigen Kapiteln gesehen, dass die technologischen und organisatorischen Veränderungen der Produktionsabläufe nicht vor tradierten Arbeitsteilungen und Grenzziehungen zwischen Berufsgruppen haltgemacht haben. Solche Verschiebungen, die sich auch bei Einkommen, Gestaltungsspielräumen, Weisungsbefugnissen und Status der unterschiedlichen Berufsgruppen niederschlugen, haben zwangsläufig die Beziehungen zwischen den verschiedenen Berufsgruppen im Betrieb verändert. In vielen britischen Fabriken etwa wurde die interne soziale Ordnung in den 1970er Jahren durch die Krise der alten industriellen Berufshierarchien und Arbeitsteilungen schwer erschüttert. Weil die Unternehmensleitungen die organisatorischen Details der Produktionsabläufe weitgehend der Selbstorganisation gewerkschaftlich organisierter Produktionsarbeiter überlassen hatten, wurde die oftmals mit antibetrieblicher Klinge geführte Verteidigung enger berufsspezifischer Sonderrechte in der betrieblichen Arbeitsorganisation zusehends anachronistischer und das berufsbezogene Partizipationsmodell zerfiel in dem Maße, wie die Wettbewerbsfähigkeit der Betriebe sank. Die Organisationslücke, die es hinterließ, ist seit 1980 vor allem durch unternehmerische Initiativen geschlossen worden, die im Windschatten des gewerkschaftsfeindlichen Kurses der konservativen Regierungen in vielen Betrieben Arbeitsformen und Kommunikationswege etablierten, die individuelle Bindungen stärken und gewerkschaftlich-berufliche Gruppensolidaritäten schwächen sollten.

In der Bundesrepublik hatten die beruflichen Vergemeinschaftungen aufgrund der branchengewerkschaftlichen Traditionen keine dezidiert antibetriebliche Tendenz. Hier bildeten in vielen Betrieben Ingenieure und Facharbeiter die Kerngruppen betriebszentrierter Kooperationserfahrungen zwischen Belegschaften und Management. Institutionelle Grundlage dieser Kombination von Betriebsbezug und beruflicher Zugehörigkeit war die betriebliche Mitbestimmung, bei der die Facharbeiter regelmäßig Führungspositionen übernahmen; die soziale Basis für dieses Modell lieferten längere Betriebszugehörigkeit und innerbetriebliche Aufstiegsmöglichkeiten. Ich habe den Kontrast zwischen der britischen und der westdeutschen Situation mit Absicht etwas zugespitzt, um deutlich zu machen, dass die Traditionen berufsbezogener Vergesellschaftung durchaus offen für betriebsbezogene Integrationsangebote waren. Entsprechende Spielräume sind seit den 1980er Jahren in allen drei Ländern von Unternehmensleitungen genutzt worden, und zwar in wachsendem Maße und diversen Formen, um einzelne Belegschaftsgruppen enger an das Unternehmen zu binden. Dies galt zum Beispiel für junge Facharbeiter und Techniker, für die sich mit den technischen Veränderungen der Digitalisierung in den Betrieben neue Berufskarrieren und Aufstiegschancen eröffnen konnten.[26] Zweitens spielten soziale Verbindungen eine gewichtige Rolle, die auf der Grundlage der konkreten Arbeitszusammenhänge entstanden waren. Vor allem in Großbetrieben stellten sie die wichtigsten konkreten sozialen Einheiten dar, auf die sich betriebliche Sozialordnungen bezogen. Sie waren von der Reorganisation der Arbeitsabläufe seit den 1980er Jahren in erheblichem Maße betroffen. Gruppenarbeit trat nicht an die Stelle, sondern neben strikte und kleinteilige Arbeitsteilung, zudem waren Methoden der Selbststeuerung und Selbstkontrolle von Arbeitsteams auf dem Vormarsch. Individualisierende Retaylorisierung technologisch neuer Arbeitsabläufe und gruppenbezogene »Anreicherung« beziehungsweise »Professionalisierung« von Industriearbeit entwickelten sich nebeneinander und veränderten die Voraussetzungen betrieblicher Sozialordnungen. Gerade die organisatorischen Innovationen in den Produktionsabläufen haben die Aufmerksamkeit der Industriesoziologie geweckt, so dass zahlreiche Beobachtungen über die sozialen Beziehungsgefüge in den Arbeitsgruppen vorliegen.[27] Die wachsenden Qualitätsansprüche bei gleichzeitigem Termin- und Kostendruck setzten der

---

26 Am Beispiel Peugeot arbeiten dies heraus: Stéphane Beaud, Michel Pialoux, *Retour sur la condition ouvrière. Enquête aux usines Peugeot de Sochaux-Montbéliard*, Paris 1999.

27 Nicolas Hatzfeld, *Les gens d'usine. 50 ans d'histoire à Peugeot-Sochaux*, Paris 2002, S. 351-548; Rick Delbridge, *Life on the Line in Contemporary Manufacturing. The Workplace Experience of Lean Production and the »Japanese« Model*, Oxford, New York 1998; Horst Kern, Michael Schumann, *Das Ende der Arbeitsteilung? Rationalisierung in der industriellen Produktion: Bestandsaufnahme, Trendbestimmung*, München 1984; Michael Schumann u. a., *Trendreport Rationalisierung. Automobilindustrie, Werkzeugmaschinenbau, chemische Industrie*, Berlin 1994; Andrew Scott, *Willing Slaves? British Workers under Human Resource Management*, Cambridge, New York 1994; Beaud/Pialoux, *Retour sur la condition ouvrière*.

zeit- und kostenintensiven Sozialbürgerschaft im Betrieb enge Grenzen. Was das konkret hieß, werde ich weiter unten in diesem Kapitel anhand eines Blicks in die Betriebswelten der französischen, britischen und deutschen Automobilproduktion während der Umbruchphase genauer beleuchten.

Die Fabrik oder das Werk bilden einen dritten Bezugspunkt der Vergemeinschaftung. Dabei gilt – wenig überraschend –, dass die Fabrik nur in kleineren und mittleren Betrieben auch als Sozialraum überschaubar und greifbar ist, wohingegen bei Großbetrieben mit 1000 und mehr Beschäftigten sowie mit mehreren Werkshallen und Produktionsabteilungen es in der Regel die Unternehmensleitungen beziehungsweise die Repräsentanten der Belegschaft sind, die dafür sorgen, dass der übergreifende Zusammenhang zum konkreten Objekt von Zugehörigkeit, Verpflichtung oder Bindung werden kann. Wie in Kapitel 1 gezeigt, nahm seit den 1970er Jahren in allen drei Ländern der Anteil der Beschäftigten, die in kleinen und mittleren Industriebetrieben arbeiteten, deutlich zu mit dem Ergebnis, dass in Großbetrieben mit mehr als 1000 Beschäftigten in Großbritannien 1995 nur noch knapp 16 Prozent, in der Bundesrepublik 31 Prozent der Industriebeschäftigten tätig waren (siehe oben, Tab. 1.3).

Diese Trendwende war mit einer weitergehenden Dezentralisierung von Entscheidungskompetenzen und Teilverantwortungen an einzelne Produktionsstätten oder Abteilungen in den Unternehmen verbunden, so dass im Gesamtbild die Großfabrik als abstrakter Bezugspunkt industrieller Arbeitsbeziehungen an Bedeutung verlor. Gleichzeitig schritt aber die Kapitalkonzentration weiter voran. Viele Klein- und Mittelbetriebe existierten nur noch als Tochterfirmen großer multinationaler Konzerne oder waren Eigentum von Holdinggesellschaften, und ihr Management war in seinen unternehmerischen Strategien keineswegs autonom. Daraus ergaben sich analoge Trends mit Blick auf die sozialen Betriebsordnungen. Es entstand eine ganz eigentümliche Welt betrieblicher Überlebensgemeinschaften, in denen Belegschaften um die Weiterexistenz ihres

Werkes und ihrer Arbeitsplätze kämpften und dabei entweder auf das Management als verlässliche Führung vertrauten oder sich von der Werksleitung »verraten und verkauft« fühlten, wie das zu Beginn dieses Kapitels geschilderte Beispiel des fremdgesteuerten französischen Möbelunternehmens zeigte. Die direkte Abhängigkeit von Märkten (sowohl für die eigenen Produkte als auch für den eigenen Betrieb) beeinflusste das soziale Klima in vielen kleineren und mittleren Betrieben unmittelbar.

Beim vierten Beziehungstyp, der für betriebliche Vergemeinschaftungsprozesse von Relevanz ist, handelt es sich um die Beziehung zwischen Belegschaft und Konzern oder Unternehmensgruppe, welche analytisch von der zum einzelnen Werk zu trennen ist. In der Regel waren und sind es die Unternehmensleitungen, die sich um den Ausbau und die Pflege dieser Beziehung bemüht haben, und dies in vielen Fällen – IBM, Krupp, Unilever und Renault wären hier zu nennen – mit Erfolg. Solche »Betriebsphilosophien« oder »Unternehmenskulturen« waren in der Regel das Produkt einer langen und erfolgreichen Firmengeschichte. Vielfach prägten markante Unternehmer beziehungsweise Manager in der Gründungs- und Expansionsphase der Unternehmen die Anfänge dieser betrieblichen Sozialordnungen, führten besondere Sozialleistungen ein und sorgten zugleich für eine Unternehmenskultur, in der die rechtlich vorgegebene »Herrengewalt« der Vorgesetzten eingehegt oder in eine Form überführt wurde, welche von den Belegschaften zumindest hingenommen, wenn nicht sogar akzeptiert wurde. Solche sozialintegrativen Unternehmenstraditionen schlugen sich in einer aktiven betrieblichen Sozialpolitik nieder, zumeist in Gestalt von substantiellen Zusatzleistungen für Teile oder die Gesamtheit der Belegschaft – von günstigen Werkswohnungen, über Ferien- und Freizeitangebote bis hin zu Betriebsrenten. In allen drei Ländern lassen sich Beispiele für solche Firmentraditionen finden. In Großbritannien profilierten sich zum Beispiel die von Quäkerfamilien gegründeten und geführten Lebensmittelkonzerne Rowntree (ab 1969 Rowntree Mackintosh) und Cadbury als Unternehmen mit einer ausgeprägt sozialintegrativen Unternehmensphilosophie, in Deutschland waren die seit der Wende zum 20. Jahrhundert expandierenden neuen Elektrokonzerne wie Bosch, AEG und Siemens Unternehmen mit einer aktiven betrieblichen Sozialpolitik. In allen Fällen verstanden die Unternehmensleitungen ihren Führungsstil und ihre betriebliche Sozialpolitik als Bestandteil ihrer *corporate identity*, das heißt als Markenzeichen ihrer besonderen Stellung als Markt- oder Branchenführer, gleichzeitig fanden sozialethische Motive von Firmengründern und Eigentümerfamilien Eingang in diese Modelle.

Für solche übergreifenden Konzernkulturen markierten zuerst die späten 1970er und dann die 1990er Jahre bedeutende Einschnitte. Zunächst, im ersten Jahrzehnt der Transformationsphase, mussten Weiterentwicklung und Pflege solcher unternehmensbezogener Zugehörigkeiten mit der Europäisierung beziehungsweise Internationalisierung der Unternehmen Schritt halten. Die nächste Herausforderung brachten dann die Aufkäufe und Fusionen der 1990er Jahre, wobei sich herausstellte, dass die symbolische und praktische Integration in die neuen Weltkonzerne selbst auf Managementebene nur unter besonders günstigen Umständen gelang. Ein Automobilkonzern wie Daimler-Benz verfügte Ende der 1990er Jahre über 54 Produktionsstätten, und selbst mittelständische Unternehmen umfassten immer häufiger mehrere Werke, gerade auch im Ausland. Die einzelnen Belegschaften blieben davon entweder unberührt oder sahen sich neuen Formen interner Konkurrenz zwischen den verschiedenen Werksstandorten um lukrative Aufträge und Produktionen gegenüber. Dies stärkte eher den lokalen Zusammenhalt als die konzernweite Solidarität der Belegschaften. Die Einrichtung europäischer Betriebsräte schuf hier ein wenn auch schwaches institutionelles Gegengewicht.[28]

---

28 Wolfgang Lecher, Hans-Wolfgang Platzer, »Europäische Betriebsräte«, in: Wolfgang Schroeder, Bernhard Weßels (Hg.), *Die Gewerkschaften in Politik und Gesellschaft der Bundesrepublik Deutschland. Ein Handbuch,* Wiesbaden 2003, S. 588-613; Wolfgang Streeck, »Industrial Citizenship under Regime Competition: The Case of the European Works Councils«, in: *Journal of European Public Policy* 4 (1997),

Interessante Erfahrungen machten die Belegschaften in erfolgreichen mittelständischen Industrieunternehmen, die sich seit den 1990er Jahren rasant internationalisierten. Die Beschäftigtenzahl in den von Hermann Simon untersuchten 1356 *hidden champions*, das heißt marktführenden oder sogar marktbeherrschenden mittelständischen Unternehmen, wuchs zwischen 1995 und 2005 insgesamt um 59 Prozent; dabei entstanden deutlich mehr Arbeitsplätze im Ausland (plus 110 Prozent) als in der Bundesrepublik (plus 28 Prozent), so dass der Anteil ausländischer Mitarbeiter, aber auch von internationalen Arbeitsteams und Kooperationsbeziehungen innerhalb des Unternehmens erheblich anstieg.[29]

Institutionelle Rahmenbedingungen und langfristige Prägungen im Drei-Länder-Vergleich

Betriebsbezogene und betriebszentrierte Kooperation zwischen Kapital und Arbeit hat in Deutschland eine lange Tradition.[30] Seit Ende des Ersten Weltkriegs ist die Verpflichtung zur Kooperation von Kapital und Arbeit mit Blick auf das übergreifende Ziel gebrauchswertorientierter Produktion immer wieder durch verschiedene gesetzliche Regelungen der betrieblichen Mitbestimmung institutionell fest gerahmt worden. Das gilt sogar für die zwölf Jahre

S. 643-664. Paul Marginson u. a., »The Impact of European Work Councils on Management Decision-Making in UK and US-based Multinationals: A Case Study Comparison«, in: *British Journal of Industrial Relations* 42 (2004), S. 209-233; Michael Whittall, Hermann Kotthoff, »Les comités d'entreprise européens, des zones libres de syndicats«, in: *La Revue de l'Ires* 68 (2011), S. 207-236; Harald Stöger, *Abstieg oder Aufbruch? Europäische Betriebsräte zwischen Marginalisierung und transnationalem Einfluss*, Wien 2011.

29 Hermann Simon, *Hidden Champions des 21. Jahrhunderts. Die Erfolgsstrategien unbekannter Weltmarktführer*, Frankfurt/M. 2007, S. 298.

30 Werner Milert, Rudolf Tschirbs, *Die andere Demokratie. Betriebliche Interessenvertretung in Deutschland. 1848 bis 2008*, Essen 2012.

der NS-Diktatur, in denen die übergeordnete Leitidee der Betriebsgemeinschaft zwar einseitig autoritär zugunsten der Unternehmensleitung ausgestaltet, aber nichtsdestotrotz verankert und weiter ausgebaut worden ist.[31] Betriebliche Sozialordnungen mit oder ohne Betriebsrat: Auf diese Formel lässt sich die institutionelle Grundunterscheidung bringen, die sich in Westdeutschland herauskristallisiert hat und auch die Demarkationslinie zwischen monokratischen und pluralistischen Betriebsordnungen hierzulande bildet – eine Linie, die allerdings bei Kleinbetrieben verwischt, weil dort vergleichbare betriebliche Sozialordnungen mit und ohne Betriebsrat zu finden sind.[32] Die lange und in ihrer Form europaweit einzigartige Tradition betrieblicher Interessenvertretung hat wiederum dazu geführt, dass die Spielarten betriebszentrierter kooperativer Zusammenarbeit von gewerkschaftlichen Betriebsräten und Unternehmensleitungen sich besonders breit entwickelt haben.

Ganz anders die Situation in Großbritannien, wo *work councils* oder ähnliche Vertretungsformen von Belegschaften eher die Ausnahme geblieben sind und die Ausgestaltung der betrieblichen Sozialordnung in rechtlicher Hinsicht Sache der Tarifparteien beziehungsweise Privatangelegenheit des Unternehmers und seiner Beschäftigten war. Nach Einschätzung des Industriesoziologen Thomas H. Marshall fehlte der britischen Gewerkschaftsbewegung jedwede Bereitschaft, sich auf so etwas wie wechselseitige Verpflichtungen um des Betriebs willen einzulassen;[33] dazu kam, wie oben bereits erwähnt, dass sich nach den ökonomisch-politischen Niederlagen der militanten Ge-

---

31 Zu den starken Traditionen vergemeinschaftender Betriebsideologien in Deutschland vgl. Krell, *Vergemeinschaftende Personalpolitik*, S. 85-205. Siehe außerdem Hinrichs, *Um die Seele des Arbeiters*, S. 146-207.

32 Ingrid Artus, *Betriebe ohne Betriebsrat. Informelle Interessenvertretung in Unternehmen*, Frankfurt/M. u. a. 2006; dies., *Interessenhandeln jenseits der Norm. Mittelständische Betriebe und prekäre Dienstleistungsarbeit in Deutschland und Frankreich*, Frankfurt/M., New York 2008; Hermann Kotthoff, Josef Reindl, *Die soziale Welt kleiner Betriebe. Wirtschaften, Arbeiten und Leben im mittelständischen Industriebetrieb*, Göttingen 1990.

33 Marshall vermisst jede Form einer »moral community« und eines »sense of obliga-

werkschaftsströmung in den Streiks der späten 1970er und der 1980er Jahre die Machtverhältnisse zwischen Management, Belegschaften und Gewerkschaften in vielen Betrieben so rasch und tiefgreifend änderten, dass neue betriebliche Sozialordnungen auch ohne kollektive Interessenvertretung der Belegschaften entstanden. Der Wandel betrieblicher Sozialordnungen nach dem Boom vollzog sich in Großbritannien also weitgehend ungehindert von institutionellen Rahmungen und blieb den situativ-informellen Aushandlungen betrieblicher Akteure überlassen. Aufschlussreich ist aber, dass sich nach dem rapiden Rückgang gemeinsamer Beratungs- beziehungsweise Informationskomitees (*joint consultative committees*) in den 1980er Jahren (von 32 auf 21 Prozent der untersuchten Industriebetriebe zwischen 1981 und 1990) deren Anteil in den 1990er Jahren wieder leicht erhöhte und dann bis 1998 bei 24 Prozent stabilisierte. Auch in Großbritannien entschied sich ein Teil des Managements dafür, der eigenen Belegschaft mehr Teilhaberechte einzuräumen, ganz im Einklang mit den Vorgaben des *human resource management*.[34]

In Frankreich unterstützte der Gesetzgeber seit den 1970er Jahren Akteure und Maßnahmen, die in Richtung auf betriebliche Sozialpartnerschaft wirkten – mit allerdings nur mäßigem Erfolg. Angesichts der Dominanz monokratischer Betriebsordnungen autoritärer Prägung hatten die Arbeitskämpfe seit 1968 in vielen Betrieben auch den Charakter einer Revolte der Belegschaften gegen Bevormundung und Kontrolle »von oben« angenommen und zunächst über den Weg der konfrontativen Veto- oder Gegenmacht eine erste Welle der Revision dieser autoritär-paternalistischen Traditionen ausgelöst. Alsbald setzten jedoch Krisenkonjunktur und Deindustrialisierung dieser gewerkschaftlichen Strategie in den Betrieben immer

---

tion«, zit. n. Kotthoff, *Betriebsräte und Bürgerstatus*, S. 332. Gegenbeispiele finden sich vor allem in Klein- und Mittelbetrieben.

34 Neil Millward u. a., *All Change at Work? British Employment Relations 1980-1998, as Portrayed by the Workplace Industrial Relations Survey Series*, New York 2000, S. 109.

engere Grenzen, so dass die gesetzlich festgeschriebenen Institutionen betrieblicher Interessenvertretung seit Beginn der mageren Jahre gewerkschaftlicher Militanz und Mobilisierung so etwas wie der Rettungsanker für Partizipation auf betrieblicher Ebene waren. Einen Sonderweg liberal-pluralistischer Betriebsordnungen gingen dagegen die meisten der verstaatlichten Großunternehmen, weil in ihnen gewerkschaftliche Mitspracherechte vor allem in der Personalpolitik und bei der Verwaltung der meist gut ausgebauten betrieblichen Sozialeinrichtungen und Sonderleistungen seit 1945 eine große Rolle spielten.

Dass die Branchenzugehörigkeit der Betriebe für deren Betriebsklima und Sozialordnung von Bedeutung ist, liegt auf der Hand; man denke nur an so unterschiedliche industrielle Arbeitswelten wie Brauereien, Textilfabriken, Konservenfabriken, Schiffswerften und Glashütten oder daran, dass große Branchen wie die Automobil-, die Chemie- oder die Elektroindustrie ganz unterschiedliche Produktionsprozesse und Teilsektoren umfassen und dementsprechend ganz heterogene Sozialordnungen auf betrieblicher Ebene ausgeprägt haben. Daher liegt ebenfalls auf der Hand, dass ein auf Unterschiede, Gemeinsamkeiten und übergreifende Trends abhebender Drei-Länder-Vergleich an dieser Stelle bestenfalls in Form eines kursorischen Überblicks geleistet werden kann, der aber zumindest erahnen lässt, wie groß die Spannweite branchenspezifischer Betriebssituationen war.

Die alte Welt der »Malocher« in den Montanindustrien, also im Kohlebergbau sowie in der Eisen- und Stahlerzeugung, hatte in den drei Ländern Betriebsordnungen hervorgebracht, die überraschend viele Gemeinsamkeiten aufwiesen – trotz einer Vielzahl markanter nationalspezifischer Traditionen. Stahlgewinnung und Kohleabbau blieben bis in die 1970er Jahre geprägt durch schwere körperliche Arbeit, die unter erheblichen gesundheitlichen Risiken erledigt wurde. Dreh- und Angelpunkt der sozialen Betriebsordnungen war letztlich das Crew-System hierarchisch gegliederter Arbeitsteams, die mehrheitlich aus an- und ungelernten Arbeitern bestanden und intern nach Erfahrung, Fachlichkeit und Betriebszugehörigkeit strukturiert waren.[35] Gleichzeitig waren die Belegschaften der Montanindustrie ausgesprochen werkszentriert und entwickelten entsprechend starke Verbundenheit mit den eigenen Betriebsstandorten. Das eigene Stahlwerk und die eigene Zeche sind zu typischen Bezugspunkten gruppenspezifischer Vergemeinschaftungsprozesse geworden – immer in eigensinniger, wenn auch nicht notwendig ideologisch-antagonistischer Selbstbehauptung gegenüber den Vergemeinschaftungsansprüchen von Werksleitungen und Konzernmanagement. In Betrieben und Konzernen der Stahlerzeugung und des Bergbaus dominierten bis weit ins 20. Jahrhundert hinein autoritär-paternalistische Modelle, bevor politische Umbrüche, etwa Nationalisierungen (im Bergbau und partiell in der Stahlindustrie in Frankreich und Großbritannien), die Einführung der betrieblichen und Montanmitbestimmung (in der BRD) und der Linksruck der unmittelbaren Nachkriegszeit, dafür sorgten, dass den Belegschaften Gestaltungsrechte eingeräumt wurden und sich kooperative Betriebsordnungen entwickelten. Die betrieblichen Sozialordnungen rund um das Crew-System verloren mit den technologischen Revolutionen in der Stahl- und Kohleproduktion immer mehr an Bedeutung, was in Verbindung mit der Stahlkrise Ende der 1970er Jahre speziell in der Stahlindustrie einen Paradigmenwechsel in der Arbeitsorganisation einläutete: Individuelle Facharbeit an großtechnologischen Apparaten wurde zum neuen Bezugspunkt kooperativer Betriebsordnungen, die sich in einigen Hinsichten denen in der Maschinenbauindustrie annäherten.[36]

35 Karl Lauschke, *Die Hoesch-Arbeiter und ihr Werk. Sozialgeschichte der Dortmunder Westfalenhütte während der Jahre des Wiederaufbaus 1945-1966*, Essen 2000, S. 142-174; Thomas Welskopp, »Soziale Kontinuität im institutionellen Wandel. Arbeits- und industrielle Beziehungen in der deutschen und amerikanischen Eisen- und Stahlindustrie von der Jahrhundertwende bis zu den 1960er Jahren«, in: Matthias Frese, Michael Prinz (Hg.), *Politische Zäsuren und gesellschaftlicher Wandel*, Paderborn 1996, S. 217-267; Serge Bonnet, *L' homme du fer*, Nancy ²1987.
36 Siehe Wolfgang Hindrichs, *Der lange Abschied vom Malocher. Sozialer Umbruch in der Stahlindustrie und die Rolle der Betriebsräte von 1960 bis in die neunziger Jahre*,

Die betrieblichen Sozialbeziehungen des Maschinenbaus waren in allen drei Ländern durch starke Berufstraditionen sowohl in der dominanten Gruppe der Facharbeiter als auch bei den Technikern und Ingenieuren geprägt.[37] In vielen Betrieben dieser Branche konnte sich nach dem Zweiten Weltkrieg ein technisch-produktionszentriertes Kooperationsmodell auf pluralistischer Grundlage etablieren, da die Unternehmensleitungen sich oft dazu veranlasst sahen, ihren fachlich kompetenten, gewerkschaftlich gut organisierten Belegschaften in Sachen Mitbestimmung und Gestaltung betrieblicher Belange entgegenzukommen, so dass sich in dieser Branche kooperative Betriebsordnungen auf ganz unterschiedlichen institutionellen Grundlagen durchgesetzt haben.

Ganz anders sah es in vielen Unternehmen der Nahrungsmittel- und der Textilindustrie aus. Dort beruhte die Arbeitsorganisation auf einer scharfen Trennung zwischen Facharbeitern (in den Bereichen Wartung und Reparatur) und an- oder ungelernten Produktionsarbeitern, die in vielen Fällen auch eine Trennung zwischen Männern und Frauen sowie zwischen einheimischen Arbeitern und Arbeitsmigranten war. Unter solchen Voraussetzungen blieben vor allem in Klein- und Mittelbetrieben patriarchalisch-paternalistische Modelle intakt und wurden in den vielen Firmen, die während des Nachkriegsbooms gegründet wurden, erfolgreich weitergeführt, ja, sie erfreuten sich zu Beginn der 1970er Jahre in allen drei Ländern einer viel stärkeren Verbreitung, als es das autoritätskritische Meinungsklima erwarten ließ, das in allen drei Ländern seit Ende der 1960er Jahre vorherrschte. Wie Kotthoff es prägnant formuliert: In diesen autokratisch-paternalistischen Modellen erschienen die Arbeiterinnen und Arbeiter nach wie vor als »Kinder«, um die man

---

Essen 2000; Uwe Jürgenhake, Beate Winter, *Neue Produktionskonzepte in der Stahlindustrie: Ökonomisch-technischer Wandel und Arbeitskräfteeinsatz in der Eisen- und Stahlindustrie und seine Auswirkungen auf die Arbeitsorganisation und -gestaltung sowie die betriebliche Aus- und Weiterbildung*, Dortmund 1992.
37 Kern/Schumann, *Das Ende der Arbeitsteilung?*, S. 137-234; Schumann u. a., *Trendreport Rationalisierung*, S. 371-457.

sich zwar zu kümmern hatte, die jedoch auch geführt, bestraft und belohnt werden mussten. Diese Wirklichkeiten betrieblicher Sozialordnungen standen dem Modell der Industriebürgerschaft naturgemäß sehr fern. Ob sich daraus im Untersuchungszeitraum eher »pluralistische« Sozialordnungen oder »kontraktuelle« Modelle entwickelten, hing häufig von der Art und Weise ab, wie beide Seiten den Konflikt verarbeiteten, der zum Ende solcher paternalistischen Betriebsordnung führte. Der enttäuschte Rückzug der Unternehmensleitung aus Sozialleistungen und Sozialfürsorge für die ungezogene Belegschaft führte nicht selten dazu, dass nunmehr nur noch die Arbeitskraft und deren Leistung gefragt war, sich also beide Seiten auf das minimalistische Modell einer bloß instrumentellen Betriebsordnung einigten. Gewerkschaftliche Gegenmacht sorgte dann für die Einhaltung fairer Regeln und für angemessene Entgelte.

Auch wo eine Fabrik stand, auf welche lokalen beziehungsweise regionalen Arbeitskulturen ihre internen Regelungen und Sozialbeziehungen Bezug nahmen und aufbauten, ist nicht ohne Folgen für die Ausgestaltung der sozialen Betriebsordnungen geblieben. Diese regionalen Prägungen sind in der vergleichenden sozialwissenschaftlichen Forschung meist ausgeblendet worden, weil sie, da es sich um eher langfristig wirkende soziokulturelle Faktoren handelt, weder leicht zu erfassen noch umstandslos mit aktuellen wirtschaftlichen oder technologischen Trends »verrechenbar« sind. Dabei konnten sich vor allem Klein- und Mittelbetriebe den lokalen beziehungsweise regionalen Gebräuchen und Erwartungen kaum entziehen, im Gegenteil: Die sozialen Beziehungsmuster in diesen Betrieben beruhten maßgeblich auf der Verbindlichkeit und Durchsetzungskraft etablierter lokaler und regionaler Traditionen. Eine präzise Kartierung dieser unterschiedlichen regionalen Arbeitskulturen liegt flächendeckend für keines der drei untersuchten Länder vor, so dass hier auf feine regionale Unterschiede nicht sinnvoll eingegangen werden kann. Ich muss mich auf übergreifende Trends beschränken und werde dies anhand von Fallstudien zu lediglich einer Branche tun, die allerdings in allen drei Volkswirtschaften eine bedeutende Rolle spielte (und immer noch spielt).[38]

Betriebliche Sozialordnungen in der Automobilindustrie 1970-2000

Die Automobilbranche hat sich seit den 1970er Jahren zum bestuntersuchten Feld industriesoziologischer Forschung entwickelt, insbesondere an international vergleichenden Studien herrscht erfreulicherweise kein Mangel.[39] Das mag damit zusammenhängen, dass die Automobilproduktion in allen drei Ländern zu den Schlüsselindustrien zählte; die in diesem Abschnitt beschriebenen Arbeitsbeziehungen betrafen 1,649 Millionen Beschäftigte in den drei Ländern (siehe Tab. 1.2).

Auslöser für die vielfältigen Umbrüche in den Betrieben war eine tiefgreifende Absatz-, Produktions- und Profitkrise der westeuropäischen Automobilindustrie in den 1970er Jahren. Wie wir in Kapitel 3 gesehen haben, geriet die traditionelle fordistische Fließbandproduktion unter Druck, und weder kooperative Arbeitsbeziehungen noch autokratisch-paternalistische Betriebsordnungen hatten verhindern können, dass es zu Streiks in der Fertigung kam, dass Gewerkschaften höhere Löhne und/oder eine Humanisierung der Arbeitsplätze forderten. Eine erhebliche Fluktuation bei den Beschäftigten, hohe Krankenstände und sinkende Arbeitsdisziplin gehörten zu den gängigen Krisendiagnosen der Arbeitsdirektoren. Bei Peugeot zum

---

38 Exemplarisch für solche präzisen Beschreibungen einzelner regionalen Arbeitskulturen: Kotthoff/Reindl, *Die soziale Welt kleiner Betriebe*, S. 324-353; Beaud/Pialoux, *Retour sur la condition ouvrière*; Wolfgang Schäfer, *Die Fabrik auf dem Dorf. Studien zum betrieblichen Sozialverhalten ländlicher Industriearbeiter*, Göttingen 1991.

39 Dies ist im Wesentlichen das Verdienst des internationalen Forschungsverbundes GERPISA und seiner kontinuierlichen Publikationen und Tagungen, siehe ⟨http://gerpisa.org/actes/actes_index.html.html⟩, zuletzt eingesehen am 30.1.2018.

Beispiel lag die Fluktuationsrate im Hauptwerk Sochaux Anfang der 1970er Jahre bei 12 Prozent und der Krankenstand bei 9 Prozent; die dadurch entstandenen Lücken wurden vor allem durch ausländische Arbeiter geschlossen, deren Anteil rasch auf 40 Prozent anstieg.[40] Die Krise der Fließbandarbeit führte vor allem in britischen und französischen Automobilwerken in konfrontative Arbeitsbeziehungen, Management und Produktionsbelegschaften misstrauten sich wechselseitig.

Die Humanisierung der Bandarbeit war eine gewerkschaftliche Forderung, die beispielsweise Renault, VW oder Daimler-Benz durchaus ernst nahmen: Man orientierte sich am Beispiel des schwedischen Volvo-Konzerns in der Absicht, die soziale Situation und die Arbeitsproduktivität vor allem in den Montageabteilungen zu verbessern.[41] Im Volvo-Werk Kalmar wurde 1974 mit gewerkschaftlicher Beteiligung ein Gegenmodell zur tayloristischen Arbeitsorganisation eingeführt: Die Montagearbeit wurde von Arbeitsgruppen durchgeführt, die ihre eigenen Sprecher wählten und über ihre Arbeitsabläufe und -organisation mitbestimmten. Die einzelnen Bandarbeiter wurden an verschiedenen Arbeitsplätzen eingesetzt und konnten ihre Arbeitsabläufe variieren.[42] Die Alternative zu diesem »sozialdemokratischen Weg« lautete: Robotisierung und Automatisierung – und sie wurde insbesondere in den 1980er Jahren auch verstärkt gewählt, allerdings, wie sich bald herausstellte, mit nur bescheidenen Effekten, da sich nur ein kleiner Teil der Fertigung auf diese Weise kostengünstiger gestalten ließ.[43]

40 Siehe Hatzfeld, *Les gens d'usine*, S. 395, S. 400, S. 404 f. u. S. 408-453.

41 Siehe Nicolas Hatzfeld, »Organisation du travail, repères pour une histoire comparée (1945-2000)«, in: Jacqueline Costa-Lascoux (Hg.), *Renault sur Seine*, Paris 2007, S. 37-53.

42 Jean-Pierre Durand, »The Diversity of Employee Relationships«, in: Paul Stewart, Juan José Castillo u. a. (Hg.), *Teamwork in the Automobile Industry. Radical Change or Passing Fashion?*, Basingstoke 1999, S. 1-34, hier: S. 19 f.

43 Vgl. für VW: Ulrich Jürgens, »The Development of Volkswagen's Industrial Model. 1967-1995«, in: Michel Freyssenet (Hg.), *One Best Way? Trajectories and Industrial Models of the World's Automobile Producers*, Oxford 1998, S. 273-310; Kern/

Dazu kam, dass spätestens nach der Rezession 1973/74 der weltweite Vormarsch der asiatischen, insbesondere der japanischen Konkurrenzunternehmen nicht mehr zu übersehen war; rasend schnell eroberten sie zuerst Nordamerika, dann aber auch die europäischen Märkte. »Toyotismus« beziehungsweise *lean production* wurden nolens volens die Bezugspunkte für die Umbaupläne der britischen, französischen und deutschen Konzerne sowie ihrer US-amerikanischen Konkurrenten mit europäischen Produktionsstätten und Tochtergesellschaften wie Ford und General Motors.[44] Für mein Thema ist entscheidend, dass die japanische Automobilproduktion nicht allein Änderungen bei den technischen Abläufen der Produktion beinhaltete, sondern dass ihre Produktivitätsvorteile in erheblichem Maße auf alternativen betrieblichen Sozialordnungen beruhten. Deren gemeinsamer Nenner war die aktive Beteiligung der Produktionsarbeiter an den Prozessen der permanenten Verbesserung der Produktionsabläufe, der Sicherung der Qualitätsstandards und der Flexibilisierung von Arbeitszeiten und Arbeitsabläufen. Bei Toyota beispielsweise gab es eine vergemeinschaftende Betriebs- und Unternehmensordnung, in der lebenslange Beschäftigung, hohe Löhne, betriebliche Sozialleistungen, innerbetriebliche Aufstiegsmöglichkeiten auch für Bandarbeiter sowie unternehmerfreundliche Hausgewerkschaften die enorm hohen Anforderungen an Arbeitsleistung und Identifikation mit dem Unternehmen ausbalancierten.[45] Dieses

Schumann, *Das Ende der Arbeitsteilung?*, S. 40-116; Martina Heßler, »Die Halle 54 bei Volkswagen und die Grenzen der Automatisierung. Überlegungen zum Mensch-Maschine-Verhältnis in der industriellen Produktion der 1980er-Jahre«, in: *Zeithistorische Forschungen* 11:1 (2014), S. 56-76, online unter ⟨https://zeithistorische-forschungen.de/1-2014/id=4996⟩, zuletzt eingesehen am 2.12.2018.

44 Christian Kleinschmidt, *Der produktive Blick. Wahrnehmung amerikanischer und japanischer Management- und Produktionsmethoden durch deutsche Unternehmer 1950-1985*, Berlin 2002; Leo Kissler, *Toyotismus in Europa. Schlanke Produktion und Gruppenarbeit in der deutschen und französischen Automobilindustrie*, Frankfurt/M., New York 1996.

45 Vgl. Koichi Shimizu, »A New Toyotism?«, in: Freyssenet (Hg.), *One Best Way?*, S. 63-90; Jürgens, »Lean Production in Japan: Myth and Reality«.

Modell funktionierte auch deshalb, weil Toyota eine beherrschende Stellung gegenüber den Zulieferbetrieben innehatte, in denen autokratisch-patriarchalische Betriebsordnungen dominierten, das heißt unter schlechteren Bedingungen gearbeitet wurde, die Arbeitsproduktivität niedriger lag und in die all jene Produktionsarbeiter wechseln konnten, die den Leistungsanforderungen im Toyota-System nicht genügten.

Interessanterweise ließen sich die betrieblichen Sozialordnungen Toyotas aufgrund ihrer spezifischen historischen und soziokulturellen Voraussetzungen nicht einfach importieren. Die europäischen Automobilhersteller orientierten sich jenseits plakativer Übernahmen einzelner Organisationselemente (wie Qualitätskontrolle, Just-in-time-Produktion und dergleichen) vor allem an den Kostensenkungen, welche die japanische Konkurrenz insbesondere durch den Abbau der Lagerhaltung und das Outsourcing von Teilen der Gesamtproduktion erzielte. In allen drei westeuropäischen Ländern übernahmen die Automobilhersteller die japanischen Anregungen und lagerten einen erheblichen Anteil ihrer Produktion aus; infolgedessen entstand zwischen 1985 und 2000 ein internationaler Markt für die Produktion von Automobilbauteilen, und die großen Automobilwerke waren von einem ganz neuen Geflecht von Zuliefererbetrieben und Subunternehmen umgeben, die in direkter Kooperation mit den und unter direkter Kontrolle durch die großen Konzerne produzierten.[46] Damit externalisierten die Automobilkonzerne einen Teil des Kostendrucks sowie der Flexibilisierungszwänge, den der verschärfte Wettbewerb ihnen aufzwang, und gewannen oder bewahrten auf diese Weise Spielräume für die Entwicklung der Arbeitsbeziehungen in ihren eigenen Werken.

Für die Ausgestaltung der betrieblichen Sozialbeziehungen wurden drei Faktoren besonders wichtig: die Neuorganisation des Arbeitskräfteeinsatzes durch die Einführung von Arbeitsgruppen und Teamarbeit, der massive Personalabbau und die Flexibilisierung der

46 Brocard/Donada, *La chaîne de l'équipement automobile*, S. 13-26.

Arbeitszeiten. Alle Bereiche der Automobilherstellung waren von ihnen betroffen, und die zeitgenössischen Untersuchungen zu unternehmens- beziehungsweise werksspezifischen Formen von Team- oder Gruppenarbeit belegen, dass die einzelnen Werke durchaus unterschiedlich mit ihnen umgegangen sind.[47] Allerdings blieb in der Mehrzahl der europäischen Betriebe das Erbe der fordistischen Arbeitsorganisation, die zentrale Planung aller Produktionsabläufe und die »wissenschaftliche Arbeitsorganisation«, weiterhin sehr einflussreich.[48] Mehr oder weniger spurlos verschwand aber der autoritäre Führungsstil aus den Werkshallen: In den politisierten Streiks der späten 1960er und der 1970er Jahre ging es, wie wir in Kapitel 3 gesehen haben, auch um die soziale Anerkennung der an- und ungelernten Bandarbeiter, zumal wenn sie Arbeitsmigranten oder Frauen waren.

Diese Umgestaltung der Produktionsabläufe vollzog sich mehr oder weniger im Gleichschritt mit dem sich international kontinuierlich verschärfenden Wettbewerb in der Branche. Spätestens seit der Rezession 1980/82 gerieten die einzelnen Automobilwerke immer wieder in die Gefahr, Teile ihrer Fertigung an andere Werke oder an Zulieferer zu verlieren, und die Belegschaften waren ständig von »Abwicklung« bedroht. Die Sicherung des eigenen Werkes wurde deshalb zu einem zentralen Thema der Belegschaftsvertreter und

---

47 Paul Stewart u.a. (Hg.), *Teamwork in the Automobile Industry. Radical Change or Passing Fashion?*, Basingstoke 1999, mit Fallstudien zu europäischen Werken von Peugeot (Jean-Pierre Durand, Nicolas Hatzfeld, »The Effectiveness of Tradition: Peugeot's Sochaux Factory«, in: ebd., S. 173-201), Renault (Michel Freyssenet, »Transformations in the Teamwork at Renault«, in: ebd., S. 202-217), GM (Paul Stewart, »The Negotiation of Change in the Evolution of the Workplace Towards a New Production Model at Vauxhall (General Motors) UK«, in: ebd., S. 236-253), Rover (Andrew Mair, »The Introduction of Teamwork at Rover Group's Stamping Plant«, in: ebd., S. 254-286), Daimler-Benz (Detlef Gerst, u.a., »Group work in the German Automobile Industry – The Case of Mercedes Benz«, in: ebd., S. 366-394) und VW (Anne Labit, »Group Working at Volkswagen: An Issue for Negotiation between Trade Unions and Management«, in: ebd., S. 395-411).
48 Vgl. Jean-Pierre Durand, »The Diversity of Employee Relationships«.

stärkte nochmals die ohnehin schon vorhandene lokalspezifische Werksorientierung in der europäischen Automobilbranche. Die in allen drei Ländern zu beobachtende Dominanz betrieblicher beziehungsweise unternehmensbezogener Tarifverhandlungen tat ein Übriges, um ausgeprägte Betriebsloyalitäten entstehen zu lassen. Management und gewerkschaftliche Belegschaftsvertreter entdeckten unter diesen Rahmenbedingungen ihr gemeinsames Interesse an kooperativen Arbeitsbeziehungen, und zwar selbst dort, wo bis dahin Streiks und konfrontative Lösungen von Alltagskonflikten dominiert hatten. Ein entsprechendes Beispiel liefert das General Motors Werk in Ellsmere Port bei Liverpool, in dem Ende der 1990er Jahre 4500 Menschen beschäftigt waren. Zwischen 1975 und 1979 waren die betrieblichen Arbeitsbeziehungen dort an einem Tiefpunkt angelangt und in einem dreimonatigen Konflikt kulminiert, der sich an der Ankündigung des Managements entzündet hatte, die Kontrolle über die Produktion zurückgewinnen zu wollen. 1989, nach Entlassungen und Auslagerungen der Produktion, schlossen Gewerkschaft (hier die im Werk dominante Transport and General Workers' Union – TGWU) und Management ein Rationalisierungs- und Modernisierungsabkommen (»V 6 Agreement«), das die einvernehmliche Reorganisation der Produktionsarbeit, die Einführung von Verfahren der permanenten Qualitätsverbesserung, von Produktivitätssteigerungen sowie Verbesserungen bei der Arbeitssicherheit und beim Gesundheitsschutz, den Schutz der »Würde des Beschäftigten« und die Verpflichtung auf Teamwork und wechselseitiges Vertrauen und Kooperation enthielt. Gemeinsame Ausschüsse von Management und Gewerkschaftsdelegierten waren für die Umsetzung dieser Betriebsvereinbarung verantwortlich, die wiederum die Grundlage für weitere Investitionen von GM in das britische Werk in den 1990er Jahren war.[49]

Die in britischen und französischen Automobilfabriken spätes-

49 Paul Stewart u. a., »Les ouvriers de Vauxhall face à la lean production«, in: *Le mouvement social* 217 (2006), S. 33-52.

tens seit den frühen 70er Jahren dominant konfrontativen Arbeitsbeziehungen, die sich ihrerseits aus ganz unterschiedlichen, teils autoritär-monokratischen, teils pluralistisch-liberalen Betriebsordnungen seit den 1960er Jahren entwickelt hatten, verschwanden mehr oder weniger spurlos von der Bildfläche. Sie blieben als bedrohliche Vergangenheit streikgefährdeter Produktionsabläufe für das Management und als heroische Vergangenheit erfolgreicher Gegenmacht für die ältere Generation gewerkschaftlich organisierter Arbeiterschaft zwar durchaus präsent, bestimmten aber seit den 1980er Jahren immer weniger die betrieblichen Sozialbeziehungen.[50] Dies galt sowohl auf der Ebene der konkreten Arbeitseinheiten, in denen das gewerkschaftliche Gegenmachtmodell und seine Protagonisten, *shop stewards*, Gewerkschaftsdelegierte und Vertrauensleute, ihre konkrete Machtbasis gefunden hatten, als auch für die Werks- oder gar die Konzernebene. Den großen Konzernen wie Renault, Peugeot, Rover oder Ford gelang es, die Rationalisierungswelle der 1980er und 1990er Jahre zu nutzen, um neue soziale Beziehungen in ihren Werken zu etablieren. Gewerkschaften wurden nun in allen Unternehmen geduldet und als Verhandlungspartner auf Betriebsebene akzeptiert, wohingegen der klassenkämpferisch-konfliktorientierte Flügel gezielt ausgegrenzt und systematisch delegitimiert wurde.[51] Einen wesentlichen Beitrag dazu leisteten die neuen Ideologien der Personalführung, die inspiriert durch die internationalen Leitdiskurse des *human resource management* konzernspezifische Partizipations- und Gemeinschaftsideale formulierten. Auf dieser Grundlage entstand ein Typus betrieblicher Sozialordnungen, der auf geduldeter Mitsprache der gewählten Belegschaftsdelegierten setzte, aber gezielt und intensiver als zuvor die Wege der direkten Einbindung des einzelnen Beschäftigten in den Betrieb nutzte. Am Beispiel Peugeot haben Beobachter von einer »modernen Form pater-

50 Beaud/Pialoux, *Retour sur la condition ouvrière*, S. 333-374.
51 Ebd.; siehe auch Christian Corouge, Michel Pialoux, »Chronique Peugeot«, in: *Actes de la recherche en sciences sociales* 57/58 (1985), S. 108-128.

nalistischer Betriebsleitung«[52] gesprochen. Gewerkschaften und Betriebsdelegierte blieben als Verhandlungspartner für Betriebsvereinbarungen über flexiblere Arbeitszeiten und Arbeitseinsätze sowie als Ordnungsmacht bei Konflikten nichtsdestotrotz wichtig, ja unentbehrlich. Die möglichst rasche und im Streikfall niedrigschwellige Bewältigung von Produktionsausfällen war Geschäftsgrundlage für die neuen kooperativen Arbeitsbeziehungen. Es waren also auch elementare ökonomische Gründe, welche zur Durchsetzung solcher begrenzt pluralistisch-liberalen Kooperationsmodelle führten.[53]

Auch in den japanischen Werken, die in Frankreich und Großbritannien im Laufe der 1980er und 1990er Jahre errichtet worden sind (Toyota-Werk in Valenciennes, Nissan-Werk in Sunderland, Honda-Fabrik in Swindon), strebten die Unternehmensleitungen kooperative Arbeitsbeziehungen an und brachten ein breites Programm vergemeinschaftender Integrationsangebote mit. Das Management profitierte in allen Fällen davon, dass die Werke just dann gegründet wurden, als die Krise der alten Betriebsordnungen in der britischen Automobilindustrie bereits deutliche Spuren hinterlassen hatte und die Einführung betriebsbezogener kooperative Arbeitsbeziehungen auf wenig Widerstand bei den neuen Belegschaften stieß. Die Nissan-Neugründung in Sunderland zum Beispiel erlaubte es der Unternehmensleitung, den berufsorientierten gewerkschaftlichen Pluralismus aus dem neuen Betrieb fernzuhalten und nur eine Gewerkschaft als Verhandlungspartner zu akzeptieren. Gleichzeitig wurde einseitig das Modell der »Sozialpartnerschaft von oben« als verbindlicher Handlungsrahmen institutionalisiert (siehe Abb. 7.2).[54] Die Betriebsgemeinschaft japanischer Prägung war damit zwar noch

---

52 »Une forme moderne de gestion paternaliste«, Armelle Gorgeu u. a., *Organisation du travail et gestion de la main-d'œuvre dans la filière automobile*, Paris 1998, S. 38.

53 Jean-Pierre Durand u. a., »The Transformation of Employee Relations in the Automobile Industry?«, in: Stewart u. a. (Hg.), *Teamwork in the Automobile Industry*, S. 412-445.

54 Tony Charles, »The New Division of Labour in Europe«, in: Littek/Charles (Hg.), *The New Division of Labour*, S. 235-261, hier: S. 250 f.

Abbildung 7.2:
100 000 Bluebirds: Beschäftigte des Nissan-Werks in Sunderland, 1989.
Foto aus: Steven Hugill, »Celebrating 30 years since Nissan's Sunderland
Bluebird made first flight«, in: The Northern Echo *vom 8. 7. 2016.*

1989 rollte der 100 000. »British Bluebird« vom Band. Aus diesem Anlass versammelten sich Arbeiter, Angestellte und Manager des Nissan-Werks in Sunderland um das soeben fertiggestellte Auto, und eine unter vielen ähnlichen Fotografien der neuen britischen Industrie entstand. Vor allem zwei Beteiligte stechen bei dieser Inszenierung der Betriebsgemeinschaft hervor. Zum einem der Arbeiter im Blaumann links im Vordergrund. Während er in der rechten Hand den Autoschlüssel hält, stützt er sich mit dem linken Arm auf »sein« Auto. Zum anderen der japanische Manager, der rechts neben dem Auto steht und über seinem Anzug ebenfalls einen Blaumann trägt.

längst nicht komplett in den Arbeitsalltag der britischen Automobilfabriken eingeführt worden, aber die Elemente paternalistischer betrieblicher Einbindung, die bis dahin in Großbritannien kaum eine Rolle gespielt hatten, nahmen deutlich zu. Dass die am japanischen Vorbild orientierten Vergemeinschaftungsprogramme von oben keine Selbstläufer waren, zeigt das Gegenbeispiel des im Jahr 2001 in die Produktion startenden Toyota-Werkes in Valenciennes, also im industriell geprägten Norden Frankreichs. Hier gelang es dem Management nicht, die frisch rekrutierte junge Belegschaft längerfristig an den Betrieb zu binden, denn niedrige Löhne und geringe Aufstiegschancen führten zu häufigen Kündigungen und hoher Personalfluktuation sowie zu wachsenden Konflikten zwischen Produktionsarbeitern und mittlerem Management, bei denen repressive Maßnahmen gegen Anhänger und Mitglieder der konfliktorientierten CGT zur Anwendung kamen. Das Ganze kulminierte schließlich 2009 in einem 18-tägigen Streik – dem ersten bei Toyota seit 1950 (siehe Abb. 7.3).[55]

In den britischen Werken war die Partizipation der Belegschaften auf Verfahren der Qualitätskontrolle, auf interne Zeit- und Aufgabenzuteilungen innerhalb von Arbeitseinheiten und die Mitsprache der Belegschafts- beziehungsweise Gewerkschaftsdelegierten beschränkt, endete aber vor der konkreten Produktionsplanung oder wenn es um Investitionsentscheidungen ging. Anders die Situation in der BRD: Unter den institutionellen Rahmenbedingungen der Mitbestimmung gewannen die westdeutschen Betriebsräte deutlich mehr Partizipationsrechte, so dass sie unter anderem auch über Investitionsentscheidungen und Produktionsplanungen verhandelten. Vor allem im VW-Konzern entwickelte sich ein ausgeprägt korporatistisches Komanagement der Betriebsräte, das durch entsprechende Betriebsvereinbarungen abgesichert war. An diesen kooperativen

---

55 Tommaso Pardi, »Travailler chez Toyota. De l'emploi à vie à la course à la survie«, in: *La Revue de l'Ires* 62 (2009), S. 39-70, hier: S. 39; ders., »Crise et rejet de la greffe Toyota à Valenciennes?«, in: *Le journal de l'école de Paris du management* 99 (2013), S. 29-36, hier: S. 29.

Abbildung 7.3:
Streikende Toyota-Arbeiter in Valenciennes, 2009.
© *picture alliance/Reuters/Pascal Rossignol.*

Im Jahr 2001 nahm Toyota in einem neuen Werk, das nahe der nordfranzösischen Stadt Valenciennes gelegen war, die Produktion auf. Auch hier ließ sich ein japanischer Automobilhersteller in einer durch den Niedergang von Traditionsindustrien geprägten Region nieder. Doch im Unterschied zur Entwicklung im britischen Sunderland hatte sich die kämpferische Haltung der Industriearbeiter auch über die wirtschaftlichen Umbrüche hinweg erhalten. Im Laufe der Jahre nahmen die Spannungen zwischen Belegschaft und Management immer weiter zu. Schließlich brannten im Jahr 2009 vor der französischen Fabrik die Barrikaden. Es war der erste Streik bei Toyota seit 1950.

Arrangements wurde von beiden Seiten auch dann noch festgehalten, als die westdeutsche Automobilindustrie 1993/94 eine größere Absatzkrise erlebte und eine weitere Rationalisierungsrunde in den Konzernen und ihren Werken eingeleitet wurde.[56]Alle wichtigen Zukunftsentscheidungen von VW zwischen 1975 und 2000 beruhten auf Betriebsvereinbarungen, in denen die IG Metall und die Betriebsräte wichtige Aspekte mitgestaltet hatten. Spektakulär waren die Vereinbarungen von 1998, in der massive Arbeitszeitverkürzungen Massenentlassungen verhinderten. Reduktion der Arbeitszeit bei partiellem Lohnverzicht und gleichzeitiger Beschäftigungsgarantie waren Kompromisslösungen, die von breiten Belegschaftsmehrheiten mitgetragen wurden und darauf beruhten, dass sich die betriebliche Mitbestimmungskultur als erfolgreicher Faktor des Krisenmanagements etabliert hatte (siehe Abb. 7.4). In diesem Unternehmen verstetigten sich also die Aspekte betrieblicher Arbeitsbeziehungen, welche auf sozialer Anerkennung und Beziehungsgleichheit beruhten. Auch bei Daimler, BMW, Opel und Ford verdichteten sich unter den verschärften Wettbewerbsbedingungen der 1980er und 1990er Jahre noch einmal die korporatistischen Merkmale ihrer betrieblichen Sozialordnungen. Typischerweise zeigte das Management westdeutscher Automobilwerke viel größere Bereitschaft, ihren Belegschaften autonome Gestaltungsspielräume einzuräumen, wenn es etwa um die Einführung von Gruppenarbeit ging, als dies in Frankreich oder Großbritannien der Fall war.[57] Bereits in den 1980er Jahren kamen wirtschaftswissenschaftliche Studien zu dem Ergebnis, dass die auf betrieblicher Mitbestimmung beruhenden Produktionsmodelle in den westdeutschen Werken diesen auch Produktivitätsvor-

56 Jürgens, »The Development of Volkswagen's Industrial Model«; Klaus Dörre, *Kampf um Beteiligung. Arbeit, Partizipation und industrielle Beziehungen im flexiblen Kapitalismus. Eine Studie aus dem Soziologischen Forschungsinstitut Göttingen (SOFI)*, Wiesbaden 2002.
57 Gerst u. a., »Group Work in the German Automobile Industry – The Case of Mercedes-Benz«, S. 366; siehe auch Durand u. a., »The Transformation of Employee Relations in the Automobile Industry?«, S. 412-445.

Abbildung 7.4:
Cover der Wirtschaftswoche *vom 5. November 1993 zur*
Vier-Tage-Woche bei Volkswagen.
© *Handelsblatt GmbH, Düsseldorf.*

Anfang November 1993 machte eines der Pflichtblätter der Frankfurter
Börse, die *Wirtschaftswoche,* mit einer strahlenden Sonne vor rotem Hintergrund auf. Anlass war die Einigung zwischen VW-Management und
IG Metall auf eine Vier-Tage-Woche. Dass das unternehmerfreundliche
Magazin damit auf die Streiks für die 35-Stunden-Woche im Jahr 1984 an-
spielte, verweist auf den weiterhin bestehenden Einfluss der Gewerkschaften. Angesichts wiederholter Wirtschaftskrisen und fortdauernder Massenarbeitslosigkeit hatten sich jedoch die gesamtgesellschaftlichen Kräfteverhältnisse deutlich verschoben. Um Massenentlassungen zu verhindern,
war die IG Metall nun bereit, erhebliche Lohneinbußen hinzunehmen und
Sondervereinbarungen außerhalb des Flächentarifvertrags abzuschließen.

teile gegenüber ihrer Konkurrenz verschafften. Solche Momentaufnahmen dürfen zwar nicht überbewertet werden, verdeutlichen aber die ökonomischen Hintergründe für die Kontinuität, die für die sozialen Beziehungen in den meisten Automobilwerken in Westdeutschland in dieser Umbruchphase typisch blieb.[58]

In den Zulieferbetrieben der drei Länder sah es dagegen vielerorts ganz anders aus als in den Werkshallen der großen Konzerne. Sofern sie nicht selbst beherrschende Positionen in ihrem Marktsegment innehatten und damit über hinreichend Verhandlungsmacht gegenüber den Preisvorgaben und Kontrollansprüchen ihrer Großkunden verfügten, waren die einzelnen Unternehmen und ihre Werke einem erheblichen Marktdruck ausgesetzt. Kurzfristigkeit der Aufträge und Lieferungen, direkte Qualitätskontrollen ihrer Großkunden im Werk, Preisdruck und Planungsunsicherheit wurden zu widrigen Voraussetzungen, mit denen vor allem die in der dritten und vierten Reihe stehenden Unternehmen zu kämpfen hatten.[59] Zur beispielhaften Veranschaulichung, welche sozialen Betriebsordnungen sich unter diesen für die Umbruchszeit charakteristischen Rahmenbedingungen entwickelten und wie sich die vielbeschriebenen »Vermarktlichungstendenzen« in den betrieblichen Beziehungen niederschlugen, greife ich auf eine Studie über betriebliche Rationalisierungsmaßnahmen in den späten 1990er Jahren zurück, in der die unterschiedlichsten Betriebe des lokal verdichteten Automobilbaukomplexes im Saarland genauer untersucht wurden. Von den

---

58 Felix Fitzroy, Kornelius Kraft, »Mitarbeiterbeteiligung und Produktivität. eine ökonometrische Untersuchung«, in: *Zeitschrift für Betriebswirtschaft* 55 (1985), S. 21-36; Lothar Kamp, Nikolaus Simon, »Mitbestimmung als Faktor nachhaltiger Unternehmensentwicklung«, in: *WSI Mitteilungen* 56 (2005), S. 459-464.

59 Die meisten Fallstudien zu Zulieferbetrieben stammen aus den 1990er Jahren, als sich nach der ersten Welle von Produktionsauslagerungen und Rationalisierungen festere Strukturen in der Zulieferbranche herausgebildet hatten. Siehe zum Beispiel: Dörre, *Kampf um Beteiligung*; Hermann Kotthoff, Josef Reindl, »*Fitneßtraining« – Betriebliche Reorganisation im Saarland*, Saarbrücken 1999; Delbridge, *Life on the Line in Contemporary Manufacturing*; Gorgeu u. a., *Organisation du travail et gestion de la main-d'œuvre dans la filière automobile*.

40 000 Beschäftigten dieser Branche in der Region waren nur 6000 bei Ford, also einem der großen Autokonzerne direkt tätig, 20 000 arbeiteten bei Zulieferern, die nur für die Automobilkonzerne arbeiteten, weitere 10 000 bei Sublieferanten. Eine »ungeheure Beschleunigung des Rationalisierungstempos«[60] verband diese »amputierten Betriebe«,[61] die reine Produktionsstätten fremder, nicht ortsansässiger Unternehmen waren. Maximale Flexibilitätsanforderungen der Automobilkonzerne, Preissenkungsverpflichtungen und kurzfristige Lieferverträge prägten Betriebsklima und Arbeitsbeziehungen in einigen, aber längst nicht allen dieser Betriebe. Der Kostendruck führte in einem Betrieb zu einer Anpassungsstrategie, die Technisierung und Automatisierung mit der Intensivierung tayloristischer Kontrolle aller Arbeitsabläufe verband und die Produktionsarbeiter vollflexibel an allen Arbeitsplätzen einzusetzen suchte. Die Arbeitsbeziehungen beruhten auf wechselseitigem Misstrauen zwischen Vorgesetzten und Produktionsarbeitern, und die Fabrik funktionierte letztlich als reines »Arbeitshaus«, das durch Kostendruck, Kontrolle und Akkordlohn zusammengehalten wurde.

In der Zwangsjacke der Just-in-time-Produktion wirkt der Ideenhimmel der neuen Managementphilosophie deplatziert. Das humane Pathos von Selbstverantwortung, Selbstregulierung und sozialer Kompetenz passt nicht zu einer Wirklichkeit, die von Zeitnot, Pressereien, einem permanenten Existenzkampf und sozialer Kälte geprägt ist.

So lautete das Fazit der soziologischen Beobachter dieses »autoritär flexibilisierten Taylorismus«.[62] Ein anderer Betrieb hatte seine Produktivität ebenfalls enorm gesteigert, dabei aber auf die Selbstmobilisierung seiner Belegschaft durch Gruppenarbeit und *job rotation* sowie transparente Lohnanreize gesetzt. Management und Belegschaft, vertreten durch den Betriebsrat, hatten angesichts der exis-

---

60 Kotthoff/Reindl, »*Fitneßtraining*« – *Betriebliche Reorganisation im Saarland*, S. 21
61 Ebd., S. 22.
62 Ebd., S. 28 (längeres Zitat) u. S. 29.

tenzbedrohenden Produktionskosten das gesamte Arbeits- und Entlohnungssystem neu organisiert; Gruppenarbeit und produktivitätsorientierte Löhne verwandelten die Fabrik in eine »kooperative Marktgesellschaft«, in der Unternehmensleitung und Belegschaft einen offenen Marktdeal über ihre Anteile an den Produktivitätsgewinnen ausgehandelt hatten. Der Clou dieses Systems bestand darin, dass die einzelnen Fertigungsgruppen maximale Lohnprämien angeboten bekamen, wenn sie gleichzeitig in die mitlaufende Anhebung der Normen für die Standardleistung ihres Gruppenakkords einwilligten. In diesem Betrieb mit etwa 1000 Beschäftigten existierten 120 halbautonome Arbeitsgruppen, deren Mitglieder alle fachlich und sozial für die neuen Arbeitsabläufe geschult und deren Rechte auf Selbststeuerung klar fixiert worden waren. Arbeitsverdichtung und Leistungssteigerung waren durch eine betriebliche Sozialordnung »abgesichert«, die vom Betriebsrat mit Gegenleistungen (zum Beispiel für leistungsschwächere Mitarbeiter) ausgehandelt und von der Belegschaft als Verbesserung gewertet wurde, weil sie höhere Löhne für höher qualifizierte Arbeit sowie höhere Anerkennung und Selbständigkeit für die große Mehrheit der Produktionsarbeiter gebracht hatte.[63] Dieser »kooperativen Marktgesellschaft« lag ein Wettlauf mit der Zeit zugrunde, denn die Frage war, ob es gelingen würde, das Tempo der Produktivitätssteigerungen und Qualitätsverbesserungen, die in den Jahren der Umstellung den Erfolg garantiert hatten, durchzuhalten.

Ein dritter Fall: Im saarländischen Werk von Bosch blieb der Rationalisierungsdruck der 1990er Jahre draußen vor den Werkstoren, während drinnen eine moderne Form paternalistischer Betriebsführung dafür sorgte, dass die taylorisierte Bandproduktion des preissetzenden Marktführers wie am Schnürchen lief, dass auch den Bandarbeiterinnen Zeitlohn gezahlt wurde, es Beschäftigungsmöglichkeiten für Schwerbehinderte gab und feste Arbeitsgruppen den sozialen Zusammenhalt und die soziale Nähe unter den meist weib-

63 Ebd., S. 43-45.

lichen ungelernten Beschäftigten in der Produktion stärkten.[64] Der in diesem Großbetrieb früher herrschende straff-autoritäre Führungsstil wurde den Vorgaben zeitgenössischer Management-Konzepte angepasst, allerdings änderte die Einführung von Gruppenarbeit nicht viel an den Routinen der Arbeitsabläufe und noch viel weniger an der »ungebrochen paternalistischen Sozialordnung«.[65]

Diese drei regionalen Momentaufnahmen aus der westdeutschen Zuliefererbranche zeigen, dass den betrieblichen Akteuren auch unter schwierigen ökonomischen Rahmenbedingungen und verschärften Kontrollregimen durchaus Gestaltungsspielräume blieben. Sie verdeutlichen aber auch, woran die betrieblichen Lösungen Maß nehmen mussten, um zu funktionieren: am Rationalisierungsdruck, an der Qualifikationsstruktur der Belegschaften und nicht zuletzt an den regionalen Arbeitsmärkten und Arbeiterkulturen.

Ein sprechendes Beispiel gerade für das Gewicht regionaler Faktoren liefert eine Betriebsstudie aus dem Jahr 1991, die sich einen Zulieferbetrieb in Südwales genauer angesehen hat. Die seit den späten 1960er Jahren bestehende Fabrik war nach viermaligem Besitzerwechsel von einem der großen multinationalen Zuliefererkonzerne gekauft worden und belieferte vor allem die Konzerne Volvo, Nissan, Rover und Honda.[66] Von den 180 gewerblichen Beschäftigten (bei einer Gesamtbelegschaft von 225) waren 80 Prozent Frauen, die alle in der Fertigung tätig waren, während das Management sowie die Facharbeiterschaft nur aus Männern bestand. Die Sozialordnung dieses Werkes war die einer improvisierten Marktgesellschaft, die sich in stetem Kampf um die Aufrechterhaltung der Qualitätsstandards und die flexible Bewältigung der Aufträge ihrer übermächtigen Großkunden befand. Der Betrieb zahlte auch lokal eher unterdurchschnittliche Löhne, aber die meisten der dort beschäftigten Männer und Frauen sahen keine realistische Alternative auf den lo-

---

64 Ebd., S. 46-50.
65 Ebd., S. 57.
66 Delbridge, *Life on the Line in Contemporary Manufacturing*, S. 24-31.

kalen Arbeitsmärkten, die nach dem Zechensterben und der Schließung der Stahlwerke durch anhaltend hohe Arbeitslosigkeit geprägt
waren. Die kooperativen Gewerkschaftsvertreter wurden vom Management als legitime Interessenvertreter sowie als Schlichter und
Vermittler in Konflikten akzeptiert. Faktisch beruhte die Weiterexistenz
des Betriebs darauf, dass Managementfehler und Strukturschwä-
chen des Betriebs durch Improvisationen jenseits der frischetablier-
ten Regelwerke des *Just-in-Time-* und *Total-Quality*-Managements
und durch pragmatische Kompromisse zwischen Betriebsleitung und
Belegschaftsvertretern ausgebügelt werden konnten. Es waren in vieler
Hinsicht die typischen Stärken britischer Industriekultur, welche in
den Arbeitsbeziehungen dieses walisischen Zweigwerks eines multinationalen Konzerns zum Tragen kamen. Aber in der genannten
Studie wurde auch deutlich, dass der zeitliche Horizont dieser Über-
lebensgemeinschaft eng und prekär war. Bei einer durchschnittlichen
Betriebszugehörigkeit von vier Jahren band die meisten Arbeiterinnen
und Arbeiter nur wenig an diesen Betrieb, dessen Überlebenskampf
sie aber täglich durch ihren unermüdlichen Einsatz in der Produk-
tionsimprovisation unterstützten.[67]

Aus mehreren im Jahr 1996 durchgeführten Betriebsstudien in
französischen Zulieferbetrieben ergibt sich ein ähnliches Bild. In
vielen der 36 untersuchten Betriebe schlugen sich die geschilderten
Rahmenbedingungen in betrieblichen Sozialordnungen des Typs
»Arbeitshaus« oder »Marktgesellschaft« nieder. Viele Unternehmen
arbeiteten mit einem besonders jungen Personal, das mittels aufwändi-
ger Test- und Auswahlverfahren rekrutiert wurde und zunächst nur
befristete Verträge erhielt, bevor eine Entfristung angeboten wurde.[68]
Die häufig nur kurzfristig planbaren Produktionsschwankungen
wurden zudem durch den Einsatz von Leiharbeitern beziehungsweise Teilzeitarbeitskräften, etwa für abendliche Sonderschichten,

67 Ebd., S. 24.
68 Armelle Gorgeu, René Mathieu, »La place des diplômes dans la carrière des ouvriers de la filière automobile«, in: *Formation emploi* 105 (2009), S. 37-51.

aufgefangen. Solche betrieblichen Arrangements banden zwangsläufig nur bestimmte Arbeitskräfte längerfristig an den Betrieb, nämlich einerseits junge, leistungsbereite und leistungsfähige Arbeiterinnen und Arbeiter, die ihren Job machten und vom Absprung zu in mehreren Hinsichten attraktiveren Unternehmen – beispielsweise den Automobilbauern in der direkten Nachbarschaft – träumten, und andererseits all jene, deren Chancen auf dem Arbeitsmarkt aufgrund fehlender oder falscher Berufsqualifikation oder wegen ihres Alters und/oder ihrer Herkunft schlecht waren.[69] Entwickelten sich solche Arbeitsbeziehungen in Betrieben, die unter günstigeren Marktbedingungen und unter anderen Eigentümern oder Betriebsleitern eher autokratisch-patriarchalisch geführt worden waren, so waren die Verletzungen und Verlusterfahrungen der älteren Mitarbeiter besonders ausgeprägt: Diesen Marktgesellschaften war gewissermaßen die »Seele« genommen worden, Solidaritäten und Bindungen waren auf dem Altar von Effizienz, Flexibilität und Profit geopfert worden – mit entsprechend negativen Folgen für das Betriebsklima. Das Risiko, in schwierigen Zeiten den Rückhalt der Belegschaft zu verlieren, war hoch, und es war insbesondere der Verlust, nicht allein das Fehlen der sozialen Anerkennung, was diese Betriebe anfällig für Konflikte machte, wenn es zu Geschäftseinbrüchen kam.

Auch die französischen Zulieferbetriebe mittlerer Größe, die als Spezialhersteller Marktnischen besetzten und vor allem mit Fachkräften produzierten, organisierten ihre Betriebsordnung tendenziell anders, wie sich den genannten Studien entnehmen lässt. Zum einen bestanden dort die engen kooperativen Beziehungen zwischen gewerkschaftlich orientierten und organisierten Belegschaftsvertretern und Betriebsleitung fort. Dies gilt etwa für einen Zuliefererbetrieb mit 250 Beschäftigten, der auf das Kaltpressen und Kaltstauchen

---

69 Armelle Gorgeu, René Mathieu, »Les suppressions d'emploi dans la filière automobile: L'impact négatif sur les conditions de travail et la qualification ouvrière«, in: *Formation emploi* 124 (2013), S. 87-103.

von Metallteilen spezialisiert war. Dessen hervorragende Marktposition beruhte nicht zuletzt darauf, dass dort kooperative Beziehungen mit den gewerkschaftlich organisierten Belegschaftsvertretern gepflegt wurden, die sich in der Ablehnung von Leiharbeit und befristeten Arbeitsverträgen niederschlug und zur Zahlung übertariflicher Löhne führte.[70] Eine andere Variante einer solchen »Produktionsgemeinschaft« wurde in einem wiederum hochspezialisierten kleinen Mittelbetrieb (etwa 100 Beschäftigte) für Metallbearbeitung praktiziert, dessen Belegschaft ebenfalls fast ausschließlich aus Facharbeitern bestand. Hier folgte man einer klassisch patriarchalischen Ideologie, die als Familientradition weitergegeben worden war, und legte Wert auf gute, »humane« Sozialbeziehungen im Werk sowie auf übertarifliche Löhne und eine hohe Qualität der eigenen Produkte. Ganz ähnlich wie im Fall von Bosch beruhte die Weiterführung dieser sozialintegrativen Unternehmensphilosophie auf Marktführerschaft und Unabhängigkeit gegenüber den Autokonzernen und Großunternehmen der Zulieferbranche.[71]

Zusammenfassend lässt sich festhalten, dass es in den Werken der überlebenden Automobilkonzerne sowie in den Großbetrieben der Zulieferer aller drei Länder einen Trend hin zu kooperativen Arbeitsbeziehungen gab, Sozialpartnerschaft dabei jedoch unterschiedlich ausgelegt wurde. In Großbritannien und Frankreich wurde dieses Modell von Konzernen wie Peugeot, Toyota, Nissan und Ford implementiert, um ihre Belegschaften stärker an sich zu binden, und zwar möglichst an den Gewerkschaften vorbei, während die Konzerne an den westdeutschen Standorten die Traditionen gewerkschaftlicher Kooperation und das Regelwerk der betrieblichen Mitbestimmung nutzten, um ihre Rationalisierungsprogramme und Produktivitätssteigerungen sozialverträglich und einvernehmlich mit der IG Metall und den Betriebsräten auszuhandeln. Ein Komanagement, wie

70 Ebd., S. 116.
71 Ebd., S. 117.

es bei VW praktiziert wurde, stellte dabei die am weitesten gehende Variante kooperativer Sozialordnungen dar.

Dagegen blieb die immer größer werdende Welt der Zulieferbetriebe ein Bereich, in der sozialintegrative Ordnungsmuster nur bei wenigen Unternehmen eine nennenswerte Rolle spielten; für die meisten Betriebsordnungen in diesem Segment der Automobilindustrie galt, dass sie sich unter den gegebenen Marktbedingungen in Richtung rationalisierter Marktgesellschaften oder repressiver Arbeitshäuser entwickelten, in denen Leistungsdruck, tayloristische Arbeitsabläufe und vergleichsweise niedrige Löhne durch innerbetriebliche Kontrollen bestenfalls eingehegt wurden, aber wenig für die Entwicklung betriebsbezogener Identitäten oder gar von Formen der Industriebürgerschaft getan wurde. Zwischen diesen beiden Extremen stehen einzelne Betriebe, in denen Belegschaften und Management improvisierte »Bündnisse für Arbeit« zumindest punktuell eingegangen waren, um die Weiterexistenz des Werkes zu sichern. Insgesamt fällt aber auf, dass sich insbesondere in größeren Betrieben pluralistische Betriebsordnungen etablierten, die in der einen oder anderen Weise auf einer Kooperation zwischen Belegschaft – vertreten durch gewählte, meist gewerkschaftliche Delegierte – und Management beruhten. Dieser Befund widerlegt die zeitgenössischen Erwartungen, dass japanischen Betriebsgemeinschaften auch in Europa die Zukunft gehöre beziehungsweise dass die in den einschlägigen Ratgebern und Handbüchern entworfenen Visionen von schönen neuen Arbeitswelten in der westeuropäischen Automobilherstellung über kurz oder lang zur Realität würden.

Das außergewöhnlich Normale:
Notgemeinschaften, Befreiungen und Auflösungen

Zum Abschluss dieses Kapitels möchte ich einen Schritt zurücktreten und im Sinne eines Fazits drei paradigmatische Problemkonstellationen identifizieren, mit denen sich die betrieblichen Akteure in den drei Ländern konfrontiert sahen, sowie exemplarische Lösungen benennen. Was waren die »außergewöhnlich normalen« Situationen und Konflikte in westeuropäischen Industriebetrieben zwischen 1975 und 2000 und wie wurde darauf reagiert?

Als Erstes sind die zugespitzten Notlagen zu nennen, die entstanden, wenn die Weiterexistenz des Betriebs oder des Unternehmens auf dem Spiel stand, zum Beispiel weil sich die ökonomische Großwetterlage zu ihrem Nachteil veränderte. In der Bundesrepublik wurden beispielsweise im Kontext der Rezession 1992/93 und ihrer Folgen betriebliche »Bündnisse für Arbeit« geschlossen – Betriebsvereinbarungen oder Haustarifverträge, die das Ziel hatten, Beschäftigung zu sichern, dafür aber im Gegenzug Konzessionen der Belegschaften enthielten. Solche betrieblichen Pakte wurden zwar auch in Großunternehmen geschlossen,[72] waren aber besonders verbreitet bei Klein- und Mittelbetrieben und entwickelten sich dort zu Produktions- und Zweckgemeinschaften von Industriebürgern weiter. Wir haben frühe Varianten dieses Typs bereits kennengelernt, nämlich im Kontext der Betriebsbesetzungen der 1970er Jahre. Vor allem in Frankreich machte die Weiterführung der Produktion durch die Belegschaft bei der Uhrenfabrik LIP, die ich ausführlich in Kapitel 3 behandelt habe, Karriere als Alternative zur drohenden Stilllegung oder Firmenpleite. Hier war es das antikapitalistische Programm der *autogestion*, das den Rahmen für diese betrieblichen Sozialformen lieferte, und intern orientierten sie sich

---

72 Zu Großunternehmen vgl. Britta Rehder, *Betriebliche Bündnisse für Arbeit in Deutschland. Mitbestimmung und Flächentarif im Wandel*, Frankfurt/M. 2003.

in der Regel an genossenschaftlichen Produktionsmodellen, die als stille Alternative den Siegeszug des kapitalistischen Unternehmens seit dem 19. Jahrhundert begleitet hatten. In den 1990er Jahren kam es dann sehr häufig zu Zweckgemeinschaften zwischen Eigentümern und Belegschaften, die so etwas wie betriebliche »Bündnisse für Arbeit« darstellten. In diesen Fällen schlüpften Betriebsräte faktisch in die Rolle des Komanagements und mobilisierten ihre Belegschaften für weitreichende Umstellungen in Produktion und Organisation des Betriebs – all dies in enger Kooperation und vertraglicher Absprache mit der Unternehmensführung. In Reportagen über westdeutsche Betriebsräte und ihre Arbeit aus den 1990er Jahren werden solche Situationen anschaulich geschildert. Sie zeigen Betriebsräte, die in ihren Betrieben jene Aufgaben übernahmen, die sonst der Unternehmensleitung oder Beratungsfirmen zukam: Sie erstellten Pläne zur Steigerung der Produktivität, waren an der Produktentwicklung beteiligt und an der Umstrukturierung der Arbeitsorganisation. Das Ziel war in allen Fällen, den Betrieb zu erhalten, Arbeitsplätze zu sichern oder notwendige Entlassungen zumindest sozialverträglich zu gestalten.[73] Dabei waren Lohnverzicht, das Unterschreiten der tariflichen Grenzen in der flexiblen Gestaltung von Arbeitszeiten sowie Weiterqualifikation und Umschulung häufig Teil des Programms. Solche Produktionsgemeinschaften existierten aber nicht nur in kriselnden Betrieben, sondern auch in florierenden Unternehmen, beispielsweise des Maschinenbaus, in denen Generations- und/oder Eigentümerwechsel das Ende monokratischer Ordnungen einleiteten. Beispiele für solche Betriebe finden sich in den einschlägigen Betriebsstudien zu westdeutschen Klein- und Mittelbetrieben vom Ende der 1980er Jahre.[74] Sie zeigen, dass auch in diesen vormals sehr hierarchisch aufgestellten Unternehmen mit autoritär-patriarchalischem Führungsstil das Element

---

73 Cornelia Girndt, *Anwälte, Problemlöser, Modernisierer. Betriebsratsreportagen*, Gütersloh 1997.
74 Kotthoff/Reindl, *Die soziale Welt kleiner Betriebe*, S. 82-117.

produktionsorientierter Vergemeinschaftung stark an Bedeutung gewann.[75]

Diese »demokratischen Produktionsgemeinschaften« sind mehr als nur Ausnahmefälle; vielmehr sind sie ein Indikator jenes grundlegenden Strukturwandels industrieller Beruflichkeit, der in vielen Arbeitsprozessen und Arbeitsbereichen in allen drei Ländern zu beobachten war. Als viele westeuropäische Industriebetriebe sich »neu erfinden« mussten, um neue Produkte mit neuen Maschinen in anderen Organisationsstrukturen an neue Kunden verkaufen zu können, stellte sich heraus, dass die erfahrungsgestützte Kompetenz von Facharbeitern, Technikern und Ingenieuren unersetzbar war. Der in Kapitel 1 beschriebene allgemeine Trend zur Vermarktlichung brachte es aber mit sich, dass sich Belegschaften nunmehr auch um betriebswirtschaftliche Bewertungsverfahren, Kostenkalkulationen und Gewinnerwartungen kümmern mussten, wenn sie ihre Arbeitsplätze sichern wollten. Umgekehrt galt auch für die Unternehmensleitungen, dass sie ihre Aussichten auf Erfolg deutlich steigern konnten, wenn sie bereit und fähig waren, eine »sozialpartnerschaftliche Revolution« in ihren Betrieben zu initiieren. Der Typus »Produktionsgemeinschaft« ist eine Antwort auf diese Situation. Er konnte sich letztlich aber nur in jenen Betrieben erfolgreich etablieren, in denen mehrheitlich Arbeitskräfte beschäftigt waren, die Kompetenzen und Qualifikationen besaßen oder erwerben konnten, welche den Innovationsanforderungen der Umbruchsituation entsprachen.

Die zweite typische Problemkonstellation betrifft die Etablierung pluralistischer Betriebsordnungen oder den »mühsamen Auszug aus dem kleinen Patriarchat«.[76] Wie beschrieben, trat in vielen Unternehmen eine auf Verhandlung und Kooperation gegründete Betriebsordnung, in der die Betriebsleitung die gewählten Belegschaftsvertreter als eigenständige Akteure akzeptierte, an die Stelle

75 Ebd., S. 187-212.
76 Kotthoff, *Betriebsräte und Bürgerstatus*, S. 91.

monokratischer Unternehmensführungen. Immerhin hatten in der von Kotthoff und anderen 1990 durchgeführten Nachfolgestudie zur betrieblichen Mitbestimmung in westdeutschen Industrieunternehmen zwei Drittel der 1975 noch autoritär-patriarchalisch geführten Betriebe einen solchen Statuswechsel durchlaufen, meist verbunden mit dramatischen, emotional aufgeladenen Konflikten, bevor der neue Modus Vivendi gefunden worden war. Angeführt wurde dieser Kampf um soziale Anerkennung in diesen Betrieben in der Regel von einer kleinen Gruppe von Protagonisten oder gar einzelnen exponierten Wortführern, die auch den persönlichen Konflikt mit dem oder den Chefs nicht scheuten und auf diese Weise erst die Solidargemeinschaft der Belegschaften gegen den Status quo schufen. Sie trugen die Ansprüche demokratischer Beteiligung, wie sie sich seit den 1970er Jahren in allen drei Ländern artikulierten, quasi in ihren Betrieb hinein und erzwangen die sozialmoralische Anerkennung der Industriebürgerschaft. Beispielhaft sei hier der Fall eines mittelständischen westdeutschen Metallbetriebs mit mehreren hundert Beschäftigten genannt, bei dem es die Kraftprobe eines eintägigen Streiks 1984 war, die der neue Betriebsratsvorsitzende als Gegenspieler des noch die Geschäfte führenden, aber nur noch über 50 Prozent der Firmenanteile verfügenden Firmenchefs erfolgreich bestand. Als 1987 der Betrieb ganz in den Besitz des bereits zuvor kapitalbeteiligten größeren Konzerns überging, schwenkte die neue Betriebsleitung ohne mit der Wimper zu zucken auf den neuen Kurs pluralistischer Kooperation ein.[77]

Bei der dritten Konstellation geht es um die Verwerfungen, die entstanden, wenn Betriebe mit fest in der Firmentradition und den lokalen Arbeitskulturen verankerten Sozialbeziehungen in die Krisenphase der Deindustrialisierung eintraten und auf einen Schlag Absatzkrise, Rationalisierungsprogramme und Eigentümerwechsel zu bewältigen hatten. Schauplatz eines solchen Geschehens waren zwei traditionsreiche Betriebe in Großbritannien, genauer: in

77 Ebd., S. 161.

Willenhall, Lancashire, dem Zentrum der britischen Schlüssel- und Schließanlagenproduktion seit dem frühen 19. Jahrhundert. Die beiden Großunternehmen hatten bis in die 1980er Jahre eine ausgeprägt sozialpaternalistische Betriebskultur gepflegt und damit eine lange Tradition der ursprünglich familiengeführten Unternehmen fortgesetzt. Betriebssportvereine, *social clubs*, familiale Betriebszugehörigkeiten über mehrere Generationen hinweg sowie innerbetriebliche Aufstiege ins Management waren typische Bestandteile von zwei Unternehmenskulturen, die aufs Engste mit der lokalen Arbeit(er)kultur verbunden waren.[78] Die Vertretung der Belegschaftsinteressen durch die lokale Berufs- beziehungsweise Branchengewerkschaft gehörte ebenfalls zu dieser traditionsgeprägten Sozialordnung, die zugleich auf einer strikten Teilung der betrieblichen Arbeit zwischen Männern und Frauen beharrte. Vor den großen Umbrüchen der späten 1980er und frühen 1990er Jahre waren zwei Drittel der Beschäftigten Frauen. Sie arbeiteten am Montageband oder in der Verpackung, während den Männern die höher qualifizierten Jobs in Wartung, Reparatur und Entwicklung vorbehalten waren. Diese tradierte geschlechtsspezifische Arbeitsteilung nach Taylors Rezeptur wurde noch dadurch verstärkt, dass vielfach ganze Familien oder Verwandtschaftsnetzwerke in beiden Betrieben beschäftigt waren.[79] Diese betrieblichen Sozialordnungen gerieten ab 1988 unter Druck, als die gesamte britische Sicherheits- und Schlüsselindustrie zum begehrten Kaufobjekt von Kapitalmarktunternehmern wurden, deren Geschäftsmodell darauf beruhte, unrentabel gewordene Firmen mit attraktiven Markennamen günstig zu kaufen, zusammenzulegen und zu sanieren, um die neu gebildeten grö-

---

78 John Black u. a., »Clinging to Collectivism? Some Ethnographic Shop-Floor Evidence from the British Lock Industry 1979-98«, in: *The International Journal of Human Resource Management* 10 (1999), S. 941-957; Anne Marie Greene, *Voices from the Shop Floor. Dramas of the Employment Relationship*, Burlington 2001; dies. u. a., »Lost Narratives? From Paternalism to Team-Working in a Lock Manufacturing Firm«, in: *Economic and Industrial Democracy* 22 (2001), S. 211-235.

79 Greene, *Voices from the Shop Floor*, S. 56-60.

ßeren Firmenkonglomerate sodann entweder erfolgreich an der Börse zu platzieren oder einzelne Segmente weiterzuverkaufen. So gerieten nach einem kurzen Intermezzo eines US-amerikanischen Eigentümers die beiden Werke (Chubbs und Yale Locks) in die Hände der britischen Industrieholding Williams, die von den beiden Finanzexperten Nigel Rudd und Brian McGovern seit 1982 aus dem Nichts geschaffen worden und bis zum Ende des Jahrzehnts zu einem ebenso umsatz- wie renditestarken britischen Börsenunternehmen angewachsen war. Als deren Unternehmensstrategie auf dem Feld der Sicherheitsindustrie scheiterte, gingen die Werke in Willenhall am Ende einer langen Kette von Fusionen, Abtrennungen und Weiterverkäufen zwischen 1997 und 2000 schlussendlich in den Besitz des skandinavischen Multis Assa Abloy über. Wir haben es hier mit einem besonders krassen Beispiel für die innovativen Geschäftsmodelle aus den Pioniertagen[80] des Finanzmarktkapitalismus zu tun, zu deren Kernelementen die Entsendung sanierungsbereiter »moderner« Managementteams in die »alten« Betriebe gehörte. Der »Sanierungsfall« Chubbs und Yale Locks in Willenhall erwies sich jedoch als schwierig, weil die angestrebte Umstellung der gesamten Produktion entlang den neuen Leitlinien des *human resource management* alles andere als reibungslos vonstatten ging. Die auf ein Drittel reduzierte Restbelegschaft (von 1500 auf 450 Beschäftigte, beide Werke zusammen) begegnete der Einführung von Gruppenarbeit, der Umstellung des Lohnsystems auf Gruppenprämienlohn sowie den neuen Formen direkter Kommunikation zwischen Management und Arbeitern mit starkem und anhaltendem Misstrauen. Dem ortsfremden, distanziert auftretenden Management gelang es nicht, die in der etablierten tayloristischen Arbeitsorganisation brachliegenden Potentiale an Produktivität wie erhofft zu entfesseln, ganz im Gegenteil: Die am Sozialmodell »koope-

---

80 Dieser Begriff erscheint durchaus angemessen, wenn man die zeitgenössische Wirtschaftspresse liest und den fachjournalistischen Spuren folgt, welche die beiden erfolgreichen Manager Rudd und McGowan hinterlassen haben.

rative Marktgesellschaft« ausgerichteten Reorganisationen verunsicherten die verbliebene Belegschaft. Die vorher trotz individuellem Akkordlohn etablierte Kooperation zwischen den Mitgliedern der Fertigungsteams funktionierte unter den formalen Vorgaben von Gruppenarbeit und Gruppenprämienlohn schlechter als vorher und auch die sozialen Beziehungen in der Belegschaft verschlechterten sich. Gleichzeitig vertiefte der Rückzug des neuen Managements aus den lokalen Einbindungen die klassische *Us-and-them*-Trennlinie zwischen Management und Produktionsarbeitern, die in der traditionellen Arbeiterkultur zusammen mit der paternalistischen Betriebsordnung weitergegeben worden war. Ganz ähnlich, aber unter viel schwierigeren Rahmenbedingungen als westdeutsche Betriebsräte standen die *shop stewards* dieses Betriebs vor dem Problem, in ihren Belegschaften für die Rationalisierungen und Modernisierungen zu werben, um ihn zu retten.[81] Die soziale Krise, in der sich dieses aus zwei Traditionsbetrieben hervorgegangene Unternehmen beim Weiterverkauf an den gerade entstehenden schwedischen Multi 2000 befand, resultierte letztlich aus dem Zusammenstoß von zwei Welten, die verschiedenen Epochen zu entstammen schienen: die traditionsreiche, immer noch lebendige Arbeitskultur eines auch international erfolgreichen Betriebs traf unvermittelt auf Sanierungsmanager, die ihre eigene Zukunft im Lichte finanzmarktorientierter Unternehmensführung und Gewinnerwartungen sahen. Die soziologischen Berichte und Dokumente über das Zusammentreffen dieser beiden Deutungshorizonte und Weltsichten zeigen in aller Klarheit die Grenzen, die kurzfristig-voluntaristischen Umbauplänen betrieblicher Sozialordnungen auch in Krisenzeiten gesetzt waren.[82] Soziale Anerkennung, Beziehungsgleichheit und industrielle Bürgerschaft ließen sich zwar problemlos in die demokratiekompatible Rhetorik einer schönen neuen Arbeitswelt integrieren, ihre kon-

---

81 Greene, *Voices from the Shop Floor*, S. 81-106.
82 Eine Studie zur BRD spricht gar von »Hau-Ruck-Sanierung« im Stil des »Bombenabwurfs«: Dörre, *Kampf um Beteiligung*, S. 60.

krete Umsetzung in die historisch gewachsenen lokalen Firmenkulturen war dagegen ein ungleich schwierigeres Unterfangen. Dieses zweifellos extreme Beispiel zeigt noch einmal in aller Deutlichkeit, dass sich betriebliche Sozialordnungen nicht ohne soziale Dramatik und heftige Affekte und Emotionen verändern ließen. Der Handlungsraum »Betrieb« war in diesen Fällen weit entfernt von den *Rational-choice*-Modellen der Organisationssoziologen und Managementratgeber.

Der Industriebetrieb als Sicherheitsinsel

Meine Reise durch eine Vielzahl von Industriebetrieben, die ich in diesem Kapitel unternommen habe, hatte das Ziel, den sozialen Ausgestaltungen von Industriebürgerschaft und Partizipationsansprüchen nachzuspüren, deren rechtlich-politische Konturen wir im Kapitel 4 analysiert haben. Zu Beginn des Kapitels habe ich die soziale Anerkennung und die Beziehungsgleichheit als diejenigen Aspekte hervorgehoben, die für die soziale Dimension betrieblicher Arbeitsbeziehungen ausschlaggebend seien. Welches Fazit lässt sich nun, am Ende dieser Reise, ziehen?

Zunächst einmal spielte natürlich die Deindustrialisierung als übergreifender Rahmen eine wichtige Rolle, denn in den meisten Industriebetrieben wurden Arbeitsplätze wegrationalisiert, umorganisiert und neu gestaltet. Fabriken, deren Beschäftigtenzahl im Untersuchungszeitraum wuchs, waren eindeutig in der Minderheit. Für alle Beschäftigten stieg damit der Wert ihres Arbeitsplatzes in einem funktionierenden, gar erfolgreichen Betrieb oder Unternehmen. Die Bedeutung des »Geschäftsklimas«, konkret die Zukunftsaussichten des eigenen Unternehmens für die Betriebsbindung und Integration können kaum überschätzt werden. Betriebliche Sozialordnungen reagieren prinzipiell besonders sensibel auf den Entzug von Vertrauen und auf zeitliche Ungewissheit. Insofern sind das branchenspezifische Geschäftsklima und die Lebensdauer von Betrieben gute Indikatoren mit Blick auf die Verteilungswahrscheinlichkeiten von betrieblichen Sozialordnungen. Auch gut integrierte Sozialpartnerschaften und fest etablierte sozialfürsorgliche Patriarchate überstanden Konjunktureinbrüche und Absatzeinbrüche nur, wenn es gelang, solche ökonomischen Krisen zu bewältigen. »Überlebensgemeinschaften« und »Produktionsgemeinschaften« sind deshalb betriebliche Sozialordnungen, die gerade im Kontext dieser spezifischen Umbruch- und Krisenkonjunktur mobilisierende Wirkungen entfalten konnten und erfolgreich als »Bündnisse für Arbeit« funktionierten. Umgekehrt standen sie alle unter dem Bewährungsdruck ökonomischer Rentabilität, die im Untersuchungszeitraum in vielen Betrieben nur über weitreichende organisatorische Umstrukturierungen und technische Innovationen zu sichern oder zurückzuholen war. Nicht zuletzt EDV-gestützte »marktzentrierte Kontrollmechanismen«[83] gewannen als Gegenkraft zu partizipativen Arbeitsbeziehungen und Dezentralisierung von Entscheidungsspielräumen an Bedeutung. Wie prekär und sozial defizitär dagegen diejenigen betrieblichen Arbeitsbeziehungen waren, welche sich im Schatten von Absatzkrisen, Teilentlassungen und drohender Veräußerung des Betriebs beispielsweise an ausländische Kapitaleigner entwickelten, hat das zu Beginn dieses Kapitels zitierte Interview deutlich gemacht. Angesichts sinkender Zukunftserwartungen sowie schlechter Erfahrungen mit dem eigenen Management, aber auch aufgrund der wachsenden Konkurrenz unter Kollegen erodierten sowohl ältere paternalistische als auch bürgerschaftliche Produktionsgesellschaften und Gemeinschaften. Zurück bleiben in diesen Fällen »seelenlose Arbeitshäuser«.

Die Chancen auf soziale Anerkennung und Beziehungsgleichheit verschoben sich im Untersuchungszeitraum in den Industriebetrieben schubweise. Die Arbeitskämpfe und Sozialproteste der 1970er Jahre hatten insbesondere für die bis dahin diskriminierten Grup-

83 Ebd., S. 22.

pen wie Arbeitsmigranten oder angelernte Fabrikarbeiterinnen nicht nur ökonomische Verbesserungen, sondern vor allem symbolische Anerkennung und Gleichstellung zur Folge. Der in ganz Westeuropa zu beobachtende Abbau autoritärer Strukturen machte auch vor den Fabriktoren nicht halt. Die Reformen von Arbeitsrecht und Mitbestimmung schufen institutionelle Rahmenordnungen, die in Frankreich und Westdeutschland einen Wandel betrieblicher Sozialordnungen von monokratischen hin zu liberal-pluralistischen beförderten. Dies gilt jedoch nicht für Großbritannien, weil dort der Gesetzgeber gewerkschaftliche Positionen eher einschränkte und viel größere Freiräume für die Entwicklung neuer Betriebsordnungen »von oben« und in Einklang mit den neuen Managementkonzepten für die »grenzenlose Unternehmung« ließ.

Weitere Verschiebungen hingen mit den Konjunkturkrisen von 1980 bis 1982 und von 1992 bis 1994 zusammen. Anders als in den 1970er Jahren mussten betriebliche und/oder gewerkschaftliche Aktivitäten, die für sozialintegrative und pluralistische Sozialordnungen eintraten, in dieser Phase ohne breitere öffentliche Unterstützung auskommen. In den Debatten um die Globalisierung verbreiteten sich die Leitbilder eines neuen menschenfreundlichen Managements und einer partizipativen Unternehmenskultur in der medialen Öffentlichkeit. Im Lichte dieser Deutungsmuster erschienen betriebliche Kämpfe um soziale Anerkennung und Partizipation eher als Nachwehen alter Klassenkämpfe und antiquierter kollektiver Mitbestimmungsregeln. Dennoch belegen die Befunde aus den unterschiedlichsten Branchen die betrieblichen Entscheidungsspielräume in diesen Krisensituationen, die in diesem Sinne in der Tat auch Chancen waren, wie dies im zeitgenössischen Krisenjargon gern betont wurde.

Anders als es vor allem marxistisch orientierte Zeitdiagnosen erwartet hatten, ergab sich aus den Veränderungen dominanter Organisationsformen des Kapitals, also aus dem Aufstieg des Finanzmarktkapitalismus seit den 1980er, verstärkt dann in den 1990er Jahren, kein eindeutiger Veränderungsdruck auf betriebliche Sozialordnungen.[84] Auch wenn sich die Renditeerwartungen in den Bewertungen und Analysen seit den 1990er Jahren änderten – Renditen sollten schneller anfallen und höher ausfallen –, blieben die Effekte auf die Gestaltung von Betriebsordnungen eher diffus. Dem Internationalisierungsschub industriellen Kapitals, der in allen drei Ländern vor allem seit den 1990er Jahren zu beobachten war, entsprach keineswegs die Hinwendung zu international dominanten Firmenmodellen amerikanischen oder japanischen Typs. Auch ausländische Kapitaleigner sahen sich veranlasst, den nationalen beziehungsweise regionalen, bisweilen sogar lokalen Spezifika der betrieblichen Arbeitsbeziehungen Rechnung zu tragen und die Entscheidungsmacht mit Belegschaftsdelegierten und Gewerkschaften zu teilen. Mitbestimmung als Wettbewerbsvorteil war eine späte Einsicht, die neoliberale Ideologen nur zähneknirschend akzeptierten, der aber Investoren und Manager pragmatisch folgten. Daher lässt sich durchaus behaupten, dass das Zusammenwachsen europäischer Märkte und die Entstehung europaweit agierender Unternehmen / Konzerne dazu beigetragen haben, die Mindeststandards (geduldeter) pluralistisch-liberaler Betriebsordnungen jenseits der nationalspezifischen institutionellen und ideologischen Unterschiede auszuweiten. Die Institution der europäischen Betriebsräte entstand zwar erst am Ende der hier untersuchten Übergangsperiode, markiert aber einen wichtigen institutionellen Ankerpunkt dieses Trends.

Die technischen Veränderungen der Arbeitsprozesse gaben den Entwicklungen betrieblicher Sozialordnungen ebenfalls keine eindeutige Richtung vor, im Gegenteil: Alle primär technikbasierten Prognosen haben sich im Untersuchungszeitraum als falsch oder wenig aussagekräftig erwiesen. Größere Erklärungskraft haben Ansätze, welche die großen Spielräume bei der Ausgestaltung der neuen digitalen Technologien in Wechselbeziehungen zu den sozialen Be-

---

84 Ebd., S. 371; Michael Faust u. a., *Das kapitalmarktorientierte Unternehmen. Externe Erwartungen, Unternehmenspolitik, Personalwesen und Mitbestimmung*, Berlin 2011.

triebsordnungen setzen. Kooperative Betriebsordnungen stärkten unternehmerische Investitionsentscheidungen, die auf höherwertige Qualitätsprodukte und Serviceleistungen zielten, um so auf internationalen Absatzmärkten Gewinne zu erwirtschaften, welche die »teuren« Standorte im westlichen Europa sicherten. In dieser Hinsicht sind die erfolgreichen betrieblichen Lösungen aufschlussreich, welche in der Bundesrepublik als Antwort auf die schwere Konjunkturkrise Anfang der 1990er Jahre entwickelt worden sind. Sie scheinen jedenfalls in vielen Fällen darauf beruht zu haben, dass die sozialintegrativen Kooperationsmodelle zwischen Belegschaften und Unternehmensleitungen nicht aufgekündigt, sondern adaptiert und modernisiert worden sind. Das Modell solcher betrieblichen »Bündnisse für Arbeit« hat bis über die »Große Rezession« der späten Nullerjahre hinaus Wirkung gezeigt. Auch Betriebe und Unternehmen in Großbritannien und Frankreich haben diesen Weg beschritten und waren dabei erfolgreich. In einer Auswertung der seit 1992/93 alle fünf Jahre durchgeführten Betriebsstudie *réponse* in Frankreich kamen die Soziologen Thomas Amossé und Thomas Coutrot zu dem Ergebnis, dass in etwa einem Drittel des repräsentativen Betriebssamples »toyotistische« sozioproduktive Modelle praktiziert würden. Mit diesem Label belegte die Studie soziale Betriebsordnungen, bei denen hohe Beteiligungsquoten an Arbeitsbesprechungen, größere Spielräume in der Arbeitsgestaltung, geringe Sorge um den Verlust des Arbeitsplatzes, gute Arbeitsbedingungen und soziale Anerkennung sowie eine niedrige Konfliktrate zusammenkamen.[85] Sichtbar wurde auch, dass solche Rückkopplungen keineswegs allein in Hochtechnologie-Betrieben und innovationsstarken Branchen funktionierten; auch die Weiterentwicklung sozialintegrativer Betriebsordnungen auf der Basis altmodisch taylorisierter Betriebsabläufe stellt einen solchen Fall von »Koevolution« dar, um die es hier geht.

---

85 Thomas Amossé, Thomas Coutrot, »Socio-productive Models in France: An Empirical Dynamic Overview, 1992-2004«, in: *Industrial and Labour Relations Review* 64 (2011), S. 786-817, hier: S. 798.

Die Fallstudien zur Automobilbranche haben uns zahlreiche Beispiele für diese Variante geliefert. Viele Betriebsstudien deuten darauf hin, dass kooperative Arbeitsbeziehungen bei den Umstellungen der Arbeitsabläufe und der Reorganisation der Betriebe sowohl bei Belegschaften als auch beim Management Rückhalt fanden. Insbesondere in britischen und französischen Unternehmen bedeutete dies eine Abkehr vom Modell gewerkschaftlicher Gegenmacht und Militanz. Vor allem in Großbritannien sorgten die ausländischen multinationalen Konzerne dafür, dass explizit »sozialpartnerschaftliche« Verträge mit der Anerkennung von nur noch einer Gewerkschaft als betrieblichem Verhandlungspartner geschlossen wurden und gleichzeitig das Management sozialintegrative Befriedungs- und Mobilisierungsstrategien verfolgte – mit durchaus unterschiedlichem Erfolg.

Wettbewerbsdruck und die Jagd auf Produktionskosten haben in fast allen Unternehmen im Untersuchungszeitraum den alten, zumeist in der Zwischenkriegszeit etablierten Instrumenten betrieblicher Sozialpolitik das Wasser abgegraben: Werkswohnungen wurden immer seltener, betriebliche Sport-, Freizeit- oder Urlaubsangebote wurden zurückgefahren oder abgeschafft, Kreditmöglichkeiten für Mitarbeiter eingeschränkt. In der zerklüfteten Welt betrieblicher Sozialleistungen ergibt sich jedoch kein einheitliches Bild. Während diese Sonderleistungen früher die Domäne der Großkonzerne und Branchenführer waren, verteilten sie sich im Untersuchungszeitraum gleichmäßiger, das heißt, die Großunternehmen verabschiedeten sich von ihnen, während Unternehmen mittlerer Größe eher daran festhielten.

Während der Umbruchphase haben die Sozialdiagnostiker den Trend zur Individualisierung beziehungsweise Subjektivierung des Arbeitnehmers scharf herausgearbeitet und darin einen paradigmatischen Umbruch in den Beziehungen zwischen Unternehmen und Arbeitnehmer gesehen, der sich parallel zur Deindustrialisierung vollziehe.[86] Auch bei diesem Thema führte allerdings kein direkter und

86 Stephan Voswinkel, Gabriele Wagner, »Die Person als Leistungskraft«, in: *Leviathan Zeitschrift für Sozialwissenschaft* 40:4 (2012), S. 591-608; Manfred Moldaschl,

schon gar kein breiter Weg zu neuen betrieblichen Sozialordnungen. Der Berufsmensch der industriellen Produktion (ob Facharbeiter, Techniker oder Ingenieur) erwies sich als ausgesprochener Teamarbeiter und Gruppenmensch, dem die Anerkennung im sozialen Gefüge der Abteilung und des Betriebs ebenso wichtig blieb wie die Anerkennung seiner individuellen Leistung. Alle Prognosen über den Siegeszug einer individualistischen Arbeitsethik und von instrumentalistischen Betriebsordnungen erweisen sich zumindest im Licht der ausgewerteten Betriebsfallstudien als unangemessene Sozialdramatik. Lösten sich die Gruppenzusammenhänge am Arbeitsplatz auf, reagierten die Betroffenen eher mit Bitterkeit und Ressentiments. Betriebliche Sozialordnungen auf der Grundlage der Anerkennung der Arbeitskollektive, aus denen sich die Gesamtbelegschaft zusammensetzte, waren auch noch im Jahr 2000 eine stabilere Grundlage industrieller Produktionseinheiten als die leistungsorientierte Züchtung individualistischer Arbeitssubjekte unter einem Dach, die im Übrigen bereits lange vor den Umbrüchen der dritten industriellen Revolution beobachtet werden konnte.

Schattenzonen sich verschlechternder Betriebsordnungen entstanden nicht nur dort, wo Absatzkrisen, Missmanagement oder Dauerkonflikte zum Niedergang des Unternehmens oder des Werks führten. Auch ökonomisch erfolgreiche Rationalisierungsstrategien, die zur Folge hatten, dass ein Betrieb nur mehr als monokratisch organisiertes »Arbeitshaus« funktionierte, mit einer Unternehmensleitung, der es einzig und allein darum ging, maximale Leistung aus der Belegschaft »herauszuholen«, führten zu betrieblichen Situationen, in denen sich Arbeit und Kapital wechselseitig misstrauten und die wenig Potential für mittelfristig erfolgreiche Wettbewerbsstrategien boten. Die so gewonnene unternehmerische Flexibilität wurde häufig durch eine höhere Fluktuation der Belegschaften erkauft so-

Gerd-Günter Voß, *Subjektivierung von Arbeit*, München 2002; Gerd-Günter Voß, »Die Entgrenzung von Arbeit und Arbeitskraft«, in: *Mitteilungen aus der Arbeitsmarkt- und Berufsforschung* 31 (1998), S. 473-487.

wie mit Leiharbeit beziehungsweise befristeten Arbeitsverträgen oder Teilzeitarbeit. Sie verstärkte damit jene Tendenzen, die zeitgleich zur Erosion der Sozialbürgerschaft in vielen Betrieben des privaten Dienstleistungssektors führten.

Insgesamt nahm im Zuge der vielfältigen Umbrüche das relative Gewicht pluralistisch-kooperativer Betriebsordnungen zu – sei es als Realität, sei es als bedrohte Norm. Gerade für Arbeiterinnen und Arbeiter in den mittleren Lebensjahren wurde eine »gute« betriebliche Sozialordnung in der Industrie immer wichtiger, nicht zuletzt angesichts der Lage in den neuen Dienstleistungsbranchen und des hohen Risikos von Arbeitslosigkeit. Der Industriebetrieb als Stabilitätsanker und als Gegenwelt zu den Distanz- und Ohnmachtserfahrungen in Gesellschaft und Politik gehört jedenfalls zu den vielleicht überraschendsten Befunden dieser Untersuchung. Arbeitssoziologen haben dies gut zehn Jahre nach Ende meines Untersuchungszeitraums als Identifikation mit der »kleine(n) Welt des Betriebs« bezeichnet, um deutlich zu machen, dass darin auch der Rückzug vieler Beschäftigter aus Politik und gesellschaftlichem Engagement zum Ausdruck kam, wie ich sie in den Kapiteln 2 und 3 beschrieben habe.[87] Als Erfahrungsraum demokratischer Teilhabe verdient diese Welt jedoch Beachtung, ist sie doch ein wichtiger Ankerpunkt der demokratischen Ordnungen in allen drei hier untersuchten Ländern.

87 Klaus Dörre u. a., »Zwischen Firmenbewusstsein und Wachstumskritik«, in: ders., u. a. (Hg.), *Das Gesellschaftsbild der LohnarbeiterInnen. Soziologische Untersuchungen in ost- und westdeutschen Industriebetrieben*, Hamburg 2013, S. 198-261.

8.

Industriedistrikte, »Problemviertel« und Eigenheimquartiere: Sozialräume der Deindustrialisierung

»Im Raume lesen wir die Zeit« – dieser Buchtitel des Historikers Karl Schlögel drückt kurz und bündig aus, wie heute Briten, Franzosen und Deutsche ihre industrielle Vergangenheit wahrnehmen.[1] Sie ist in Industriedenkmälern verewigt, aber auch noch in Gestalt von verwahrlosten Industriebrachen, Schutthalden und Ödland sichtbar, die an den Rändern von Wohnquartieren, zwischen Ortschaften oder inmitten von touristisch aufgehübschten Parklandschaften übriggeblieben sind. Dort wo die industrielle Vergangenheit imposante Ruinenlandschaften hinterließ, sind seit den späten 1980er Jahren Umnutzungen entstanden, die diese Hinterlassenschaften in die neuen urbanen Architekturen einbeziehen und die Vergangenheit systematisch zur Aufwertung neuer Wohnquartiere, kultureller und touristischer Angebote oder Bürolandschaften nutzen. *Heritage industry* wurde in Großbritannien ein wichtiger Zweig städtebaulicher Umgestaltung alter Hafenanlagen, Fabrik- oder Lagerhallen, und die citynahen alten Hafenanlagen und -viertel Hamburgs, Glasgows oder Liverpools sind auf diesem Weg zu Ankerpunkten der urbanen Erneuerung dieser Großstädte nach dem industriellen Niedergang in den 1970er und 1980er Jahren geworden (siehe Abb. 8.1).[2] Industrieromantische Erinnerungsorte bezeu-

---

1 Karl Schlögel, *Im Raume lesen wir die Zeit. Über Zivilisationsgeschichte und Geopolitik*, München 2003.
2 Tobias Gerstung, *Stapellauf für ein neues Zeitalter. Die Industriemetropole Glasgow im revolutionären Wandel nach dem Boom (1960-2000)*, Göttingen 2016; Arndt Neumann, *Unternehmen Hamburg. Eine Geschichte der neoliberalen Stadt*, Göttingen 2018; Jon Murden, »›City of Change and Challenge‹: Liverpool since 1945«, in:

gen nicht nur die Blütezeit des alten Industriekapitalismus, sondern zugleich auch jenen schmerzhaften Prozess der Deindustrialisierung, der seit den 1970er Jahren die Raumstrukturen der drei Länder nachhaltig umgestaltet hat – auch wenn der Rückzug des Kapitals aus der industriellen Produktion in Westeuropa nur an wenigen Orten jene überwältigenden Spuren der Verwüstung hinterlassen hat, wie sie etwa im US-amerikanischen *rustbelt* zu finden sind.[3] Doch auch jenseits dieser sichtbaren und inzwischen auch hochkulturell und erinnerungspolitisch aufgewerteten Erinnerungsorte der industriellen Vergangenheit haben die Umbrüche der Deindustrialisierung die sozialräumlichen Arrangements der drei Länder nachhaltig verändert. Diese Veränderungen genauer zu beleuchten, ist das Thema dieses letzten Kapitels des Buches. Ich werde dabei sozusagen im Stil von Google Earth vorgehen und vom Satellitenbild ganzer Regionen Westeuropas zur Ansicht städtischer Ballungsräume, dann zu Stadtvierteln und schließlich zu einzelnen Wohnquartieren herunterzoomen. Bei jedem dieser Schritte, so viel sei jetzt schon gesagt, werden andere Effekte der Deindustrialisierung sichtbar werden.

Neue regionale Disparitäten

Ganz zu Beginn des Buches, in Kapitel 1, habe ich die nationalspezifischen Wege der Deindustrialisierung charakterisiert und schon dort darauf hingewiesen, dass sich die Wirtschaftsgeographien der drei Länder im Zuge dieses Prozesses in unterschiedlichem Ausmaß verändert haben. Besonders krass war der Wandel in Großbritannien. Dort führte der Abbau von Industrien dazu, dass der ältere

John Belchem (Hg.), *Liverpool 800. Culture, Character and History*, Liverpool 2006, S. 393-485.

3 Tim Strangleman, »›Smokestack Nostalgia‹, ›Ruin Porn‹ or Working-Class Obituary: The Role and Meaning of Deindustrial Representation«, in: *International Labor and Working Class History* 84 (2013), S. 23-37.

Abbildung 8.1:
Die Clyde Waterfront in Glasgow im Jahr 2013.
© *Kit Downey Photography/Getty Images.*

Bis in die 1960er hinein gehörte Glasgow zu den wichtigsten nordwesteuropäischen Industriestädten. Riesige Werften, Stahlwerke, Maschinenbaufabriken und Hafenanlagen prägten die schottische Stadt am Clyde. Zu diesen Industriebauten gehörte auch der mächtige Finnieston Crane, mit dem Dampflokomotiven auf Handelsschiffe gehoben wurden. Gut drei Jahrzehnte später zeigt sich Glasgow völlig verändert: Fast alle Industrieanlagen sind aus der Stadt verschwunden, stattdessen dominieren Finanzdienstleistungen, die Medien- und Unterhaltungsindustrie sowie der Tourismus die Wirtschaft. Spektakuläre Kulturbauten wie das in dieser Aufnahme grün erleuchtete Clyde Auditorium sind die sichtbaren Zeichen des Strukturwandels. Nur der Finnieston Crane ist noch da und erinnert an die industrielle Vergangenheit – als Denkmal.

Unterschied zwischen dem montan- und textilindustriellen Norden und dem von neuen Konsumgüterindustrien und Dienstleistungen geprägten Süden des Landes eine neue Dimension erreichte. Der Norden verlor mit den traditionellen Industrien seine wirtschaftliche Substanz und trat in eine lange Phase krisengeprägten Strukturwandels ein, während der Süden, genauer: der Südosten Englands um die Metropolenregion London, zum boomenden Zentrum der neuen Wachstumsbranchen wurde, allen voran der Finanzdienstleistungen.

Erste Anzeichen dieses dualistischen Entwicklungspfads waren bereits in den frühen 1970er Jahren sichtbar, die Kluft zwischen Nord und Süd verschärfte sich aber dramatisch infolge der Rezession 1980 bis 1982 sowie der wirtschaftsliberalen Politik der konservativen Regierungen zwischen 1979 und 1997. In den 1980er Jahren kletterten die Arbeitslosenzahlen in fast allen nördlichen Großregionen des Vereinigten Königreiches auf Werte über 13 Prozent, parallel stieg die Zahl der Armen und Sozialhilfebezieher, und immer mehr Menschen wanderten aus den industriellen Krisenregionen in Schottland, Lancashire, den Midlands und in Yorkshire ab. Höhepunkt dieser regionalen Krise stellten die Jahre 1985 und 1986 dar, in denen die offiziellen Arbeitslosenquoten Höchststände erreichten: 15,7 Prozent in der Region North (Cumbria, Northumberland, Durham), 14,2 Prozent in der Region North West und in Wales, während im Südosten Englands die Verluste industrieller Arbeitsplätze bereits durch die Schaffung neuer Arbeitsangebote in den Dienstleistungssektoren partiell kompensiert wurden und die Arbeitslosigkeit mit 8,6 Prozent 1986 deutlich unter den amtlichen Zahlen der nördlichen Industrieregionen blieb. Dieses Nord-Süd-Gefälle sollte für die nächsten zwei Jahrzehnte bestimmend bleiben, auch wenn allgemein die Arbeitslosigkeit immer mehr zurückging, dafür aber niedrigere Löhne und versteckte Arbeitslosigkeit die nördlichen Regionen des Landes weiterhin zu Abwanderungszonen machten. Zwischen 1980 und 2000 schrumpfte in den Regionen North East und North West die Wohnbevölkerung (um 2,2 beziehungsweise um 0,7 Prozent), während in ganz England die Bevölkerung um 6,8 Prozent wuchs.[4]

Die Industrieregionen des Nordens waren also einem mehr oder weniger flächendeckenden Schrumpfungsprozess ausgesetzt, der jedoch deutliche regionale Unterschiede aufwies. Besonders hart betroffen waren die Regionen des Kohlebergbaus, der Stahlproduktion und des Schiffbaus. Dort, wo sich diese Industrien ballten, ergaben sich auch die tiefsten Einschnitte in die wirtschaftlichen und sozialen Strukturen.

Abgemildert wurde der Niedergang überall dort, wo Industrien die erste Welle der Schließungen überstanden und es zur Ansiedlung neuer Unternehmen und Branchen kam. Insgesamt schrumpfte die britische Konsumgüterindustrie deutlich langsamer und weniger als die Stahl-, Kohle- und Schiffbauindustrie des Nordens. In Schottland entstand mit der Erschließung des Nordseeöls rund um Aberdeen sogar ein neues Industriezentrum, und die Krise der schottischen Stahlwerke und Werften rund um Glasgow wurde ein Stück weit kompensiert durch die Ansiedlung neuer Elektronikunternehmen, bei denen 1986 immerhin 43 000 Menschen beschäftigt waren.[5] Insgesamt markierten die 1990er Jahre eine Phase, in der in den nördlichen Regionen Großbritanniens neue Wirtschaftsstrukturen entstanden und neue Wachstumsimpulse den Schrumpfungsprozess in der Fläche punktuell kompensierten. Großstädte wie Manchester, Sheffield, Newcastle, Liverpool oder eben Glasgow »erfanden sich neu«, dort gelang es, die Wachstumsbranchen der Finanzdienstleistungen, aber auch öffentliche Verwaltungen oder Firmenzentralen anzulocken und auf diese Weise neue Arbeitsplätze zu schaffen. Das ging allerdings nicht von heute auf morgen, vielmehr dauerte es typischerweise mehr als ein Jahrzehnt, in vielen Orten 20 Jahre und mehr, bis sich die Umstellung der lokalen Wirtschaftsstrukturen in

---

4 Alle Daten aus Arthur Marwick, *British Society since 1945*, London u. a. [4]2003, S. 248 f., S. 254 u. S. 423.
5 Ebd., S. 246 f.

entsprechenden Beschäftigungszuwächsen niederschlug. Ein sprechendes Beispiel hierfür ist Liverpool. In der Metropolenregion rund um die Stadt am Mersey waren zwischen 1971 und 1984 95 000 Industriearbeitsplätze verschwunden, der Stellenaufwuchs in den Sektoren Dienstleistungen (vor allem: Callcenter, Banken, Versicherungen und Tourismus) setzte aber erst nach zehn Jahren ein und betrug bis 2001 50 000 neue Jobs.[6] Keiner der alten Industriestädte gelang es, mittelfristig die Arbeitsplatzverluste, welche der Strukturbruch der 1970er und 1980er Jahre hinterlassen hatte, vollständig zu kompensieren. Auch wenn die hoch aggregierten Daten, die sich auf Großregionen beziehen, es nicht erlauben, Gewinner und Verlierer dieses Strukturwandels eindeutig zu benennen und die lokalen Veränderungen der Sozialräume im Einzelnen zu identifizieren – dazu müssen wir sozusagen stärker heranzoomen –, lässt sich festhalten, dass die innerstädtischen Kontraste zwischen Wohnquartieren und sozialen Lebenslagen der unterschiedlichen Bevölkerungsgruppen erheblich zunahmen. Eine regionale Metropole wie Manchester gewann beispielsweise neue Sichtbarkeit und Attraktivität als Sitz von Finanzdienstleistern, als Messezentrum und Kulturstadt, aber in ihren Armutsvierteln lag die Arbeitslosigkeit auch in den 1990er Jahren bei 25 bis 30 Prozent; außerdem prägten Langzeit- und Jugendarbeitslosigkeit den städtischen Arbeitsmarkt und hohe Kriminalitätsraten wurden zu ihrem Markenzeichen.[7]

In Großbritannien lässt sich auch beobachten, dass zwischen der Metropolenregion London, die einen Boom der neuen Dienstleistungsbranchen erlebte, und den alten industriellen Kernregionen des Nordens Übergangszonen entstanden, in denen sich sowohl neue Industriebetriebe ansiedelten und als auch der Dienstleistungssektor wuchs. So behielten die West Midlands, insbesondere das mittelenglische Black Country, ein Ballungszentrum nördlich und west-

6 Murden, »›City of Change and Challenge‹«, S. 431 u. S. 479.
7 Benito Giordano, Laura Twomey, »Economic Transitions: Restructuring Local Labour Markets«, in: Jamie Peck, Kevin Ward (Hg.), *City of Revolution. Restructuring Manchester*, Manchester u. a. 2006, S. 50-75, hier: S. 71.

lich von Birmingham, ihre traditionell starke industrielle Prägung, und in Wales verschob sich das Zentrum industrieller Beschäftigung von den Bergbauzonen und Stahlwerken der südwalisischen Täler an die Küstenregion um Cardiff. Gleichzeitig siedelten sich neue Industrie- und industrienahe Dienstleistungsfirmen entlang des Korridors nördlich und südlich der Autobahn M4 von London nach Bristol und Wales an und setzten damit einen Trend fort, der bereits in den Jahren des Booms begonnen hatte. Trotz all dieser Entwicklungen ist jedoch in der Gesamtbetrachtung des britischen Kartenausschnitts Westeuropas festzuhalten, dass die negativen Spuren der Deindustrialisierung auch noch im Jahr 2000, also 30 Jahre nach ihrem Start, deutlich sichtbar waren.

Schauen wir als Nächstes nach Osten und auf den deutschen Kartenausschnitt der europäischen Regionen. Insbesondere im Gebiet der früheren DDR hat der Zusammenbruch der meisten Industriebetriebe nach der Wiedervereinigung eine ähnlich durchschlagende Wirkung gezeigt wie in den nördlichen Regionen Großbritanniens. Gut zehn Jahre später als dort verschwanden hier im Zeitraum von 1994 bis 2009 sage und schreibe 850000 Arbeitsplätze in der Industrie, was einen Rückgang um 83 Prozent bedeutete. Die Arbeitslosenquoten lagen bis 2005 zwischen 15 und 19 Prozent,[8] und auch hier setzte eine massenhafte Abwanderung vor allem jüngerer und besser qualifizierter Bewohner in die westlichen Bundesländer ein – das war eine regionale Mobilität, welche die britische Entwicklung zahlenmäßig deutlich übertraf.[9] Nach 1990 vertiefte sich damit in der Bundesrepublik ein regionaler Gegensatz, der bereits in den 1980er Jahren als markantes Nord-Süd-Gefälle der alten Bundesländer zu beobachten war. In der alten Bundesrepublik hatte die Deindustrialisierung zunächst die industriellen Küstenregionen des Nordens am härtesten getroffen, Hamburg, Bremen, Teile Niedersachsens

---

8 Zahlen aus: Bundesagentur für Arbeit, *Arbeitsmarkt in Deutschland. Analytikreport der Statistik*, April 2009, o.S.; Raphael Dorn, *Alle in Bewegung., Räumliche Mobilität in der Bundesrepublik Deutschland*, Göttingen 2018, S. 173.
9 Ebd., S. 89-148.

und Schleswig-Holstein hatten in dem Jahrzehnt nach der Schließung der meisten Werften und der Rationalisierung der Hafenarbeit die höchsten Arbeitslosenquoten der gesamten Republik. Auch dort brachten die Jahre 1986/87 Höchststände in der Arbeitslosenstatistik: Bremen lag mit 16 Prozent an der Spitze, dann folgten Hamburg mit mehr als 14 Prozent und Niedersachsen mit 12 Prozent, während die Quoten in den südlichen Bundesländern zwischen 6 und 8 Prozent lagen.[10] Lediglich das Saarland als traditionelle Montanregion hatte es mit 14 Prozent Arbeitslosigkeit entsprechend hart getroffen. In den 1990er Jahren verfestigte sich dieses Nord-Süd-Gefälle, auch wenn auf Länderebene, aber langsamer als in Großbritannien, die Arbeitslosenzahlen im Durchschnitt zurückgingen. Nun waren es einzelne »altindustrielle« Teilregionen der alten Bundesländer, in denen die arbeitspolitische Lage prekär blieb: das südliche Niedersachsen, die Ostseeküste, das Saarland und die Westpfalz, allerdings kam in diesem Zeitraum noch als Großregion das Ruhrgebiet hinzu, dessen Städte nun Arbeitslosenquoten zwischen 13 und 17 Prozent aufwiesen. Diese Beschäftigungskrise traf hier eine Region, die zwischen 1970 und 1990 ohnehin bereits mehr als zehn Prozent ihrer Bevölkerung verloren hatte.[11] Schließlich hinterließ die Konjunkturkrise 1992-94 auch südlich des Mains ihre arbeitspolitischen Spuren: Die ober- und mittelfränkischen Industrieregionen (um Nürnberg und Schweinfurt) sowie der Großraum Mannheim wiesen nachfolgend erstmals Arbeitslosenquoten über 10 Prozent aus.[12]

Was die sichtbaren Begleiterscheinungen des Strukturbruchs angeht, so zeichnete sich in den Industrieregionen der alten Bundesrepublik ein ähnliches Bild ab wie in Großbritannien. Es gab Industriekommunen, die sich darum bemühten, neue Arbeitsplätze durch

10 Bundesagentur für Arbeit, *Arbeitsmarkt in Deutschland*, o. S.
11 Zahlen für die Gemeinden des Kommunalverbands Ruhrgebiet (1970-1987) finden sich in Bernhard Butzin, »Regional Life Cycles and Problems of Revitalisation in the Ruhr«, in: Trevor Wild, Philip N. Jones (Hg.), *De-Industrialisation and New Industrialisation in Britain and Germany*, London 1991, S. 186-198, hier: S. 194.
12 *Bundesarbeitsblatt* 1 (1998), S. 81f.

die Ansiedlung neuer Wachstumsbranchen zu schaffen, und sich im Kampf um Investoren ganz neue »Images« zulegten; und es gab Städte und Gemeinden, in denen sich die negativen sozialen Begleiterscheinungen des Strukturwandels markant verdichteten. Die lokalen Unterschiede zwischen »abgehängten« und »dynamischen« Kommunen, Stadtvierteln oder Kleinregionen nahmen zu und verfestigten sich sogar über die Jahrtausendwende hinaus weiter. Im Ruhrgebiet beispielsweise blieben erfolgreiche industrielle Neuansiedlungen die Ausnahme, so dass vor allem die monoindustriell geprägte nördliche Emscher-Lippe-Region mit Städten wie Gelsenkirchen, Bottrop und Recklinghausen deutlich gegenüber der schon in vorindustriellen Zeiten urban geprägten Hellwegzone – der Region entlang der alten Handelsstraße namens Hellweg – mit Zentren wie Essen, Bochum oder Dortmund zurückfiel, wo es überregionale Firmensitze, Hochschulen, Verwaltungszentren und dergleichen gab.[13] Erneut gilt, dass erst der Blick auf die Detailkarte die dramatischen Verschiebungen in den Sozialräumen enthüllen wird.

Dagegen sind die südlichen und südwestlichen Regionen der alten Bundesrepublik dadurch gekennzeichnet, dass die Deindustrialisierung sich dort häufig als ein komplexer Strukturwandel vollzog, der Industrien und Dienstleistungen gleichermaßen erfasste. Sie profitierten nun davon, dass Kohle und Stahlproduktion in der regionalen Industrieentwicklung kaum eine Rolle gespielt hatten. Aber auch dort fand ein umfassender Wandel der Beschäftigungsstrukturen statt mit dem Ergebnis, dass der Verlust von Industriearbeitsplätzen relativ geräuschlos durch neue Arbeitsplätze kompensiert werden konnte und insgesamt alle Regionen binnen kurzer Zeit mit Blick auf die Dynamik des Wachstums zu den Gewinnern innerhalb des europäischen Wirtschaftsraumes zählten. So verlor die hochindustriali-

13 Stefan Goch, *Eine Region im Kampf mit dem Strukturwandel. Bewältigung von Strukturwandel und Strukturpolitik im Ruhrgebiet*, Essen 2002; ders., »Betterment withour Airs: Social, cultural and Political Consequences of Deindustrialization in the Ruhr«, in: *International Review of Social History* 47 (2002), S. 87-111.

sierte Region am mittleren Oberrhein (also der Raum südlich von Karlsruhe) zwischen 1980 und 1994 nur 8,7 Prozent ihrer industriellen Arbeitsplätze, weil unter anderem Firmenneugründungen die Lücke auf dem Arbeitsmarkt schlossen, die Rationalisierungen und Konkurse geschlagen hatten.[14] Auch Frankreichs Wirtschaftsgeographie wurde durch die Deindustrialisierung tiefgreifend verändert.

Ganz ähnlich wie London wuchs der Großraum Paris schneller als die meisten anderen Regionen des Landes und zog vor allem die bestbezahlten Jobs der neuen privaten Dienstleistungsbranchen und des weiter expandierenden öffentlichen Sektors an sich. Dagegen schrumpfte die Industrie im Großraum Paris noch stärker als im übrigen Land: Zwischen 1982 und 2006 nahmen die Arbeitsplätze in der gewerblichen Produktion dort um 43 Prozent ab, wohingegen der Rückgang in den übrigen urbanen Ballungsräumen des Landes »nur« 23 Prozent betrug.[15] Gleichzeitig gerieten die wenigen ausgesprochenen Industrieregionen des Landes in eine anhaltende Strukturkrise, die nach Umfang und sozialen Folgen (Arbeitslosigkeit, Armut, Abwanderung) mit den besonders drastischen britischen und ostdeutschen Situationen zu vergleichen ist. Dies betraf vor allem die lothringische Montanregion (um Longwy, Metz und Thionville), den Norden (Region Nord-Pas-de-Calais) und die durch Werft- und Hafenindustrien geprägten Küstenregionen im Süden und Westen (La Ciotat und Marseille, Nantes und Brest). Dagegen konnten sich ähnlich wie in der Bundesrepublik andere Industrieregionen wie das Elsaß, die Region Rhône-Alpes (Lyon, Grenoble), Midi-Pyrénées (um Toulouse) oder die Normandie behaupten, da dort neue Industrien in Verbindung mit industrienahen Dienstleistungsbetrieben die Schrumpfungsprozesse der älteren Branchen der Regionen kompensierten.[16]

14 Knud Andresen, *Triumpherzählungen. Wie Gewerkschafterinnen und Gewerkschafter über ihre Erinnerungen sprechen*, Essen 2014, S. 156-158.
15 Cyrille van Puymbroek, Robert Reynard, »Répartition géographique des emplois«, in: *INSEE première* 1278 (2010), S. 4.
16 Hervé Le Bras, Emmanuel Todd, *Le mystère français*, Paris 2013, S. 155.

Frankreich entwickelte sich zum Musterland der *fabbrica diffusa*, der im Territorium verteilten Fabriken, zumal kleinerer und mittlerer Größe, genauer: Das ländliche Frankreich, *la France profonde*, war nördlich einer Linie, die La Rochelle mit Grenoble verbindet, immer weniger agrarisch, aber deutlich stärker industriell geprägt, während im Süden des Landes und in der Metropole Paris der öffentliche Dienst und lokal orientierte Dienstleistungen (Tourismus, Gesundheit, Einzelhandel) dominierten. Damit verstärkte sich nach 1975 eine Tendenz, die bereits älteren Datums ist und mit dem Wachstum vor allem der Konsumgüterindustrie im ländlich-kleinstädtischen Raum in Zeiten des Booms 1948 bis 1973 an Schub gewonnen hatte. In Frankreich verband sich diese Wanderung der Industrie in ehemals ländlich geprägte Regionen mit signifikanten Gentrifizierungstendenzen in den urbanen Zentren. In den bürgerlichen, aber auch ehemals ärmeren Vierteln der Großstädte begann sich sukzessive jener Teil der Bevölkerung zu sammeln, der über höhere Einkommen und/oder Vermögen, über wirtschaftliche oder politische Entscheidungsmacht sowie über Bildungskapital verfügte.[17]

Fassen wir die länderübergreifenden Gemeinsamkeiten, die der Blick auf die Regionen Westeuropas erkennen ließ, noch einmal kurz zusammen: Erstens verschärften sich auf dieser regionalen Ebene die Entwicklungsdisparitäten und sorgten für zunächst wachsende, dann stagnierende regionale Ungleichheit bei Kapitalbesitz, Arbeitsangebot und infrastruktureller Ausstattung. Zweitens vollzog sich die Deindustrialisierung vor allem in den monoindustriell geprägten Gebieten (der Eisen- und Stahlerzeugung, des Bergbaus, der Textilindustrie und des Schiffbaus) als regionale Krise industriezentrierter Sozialordnungen; der Verlust industrieller Arbeitsplätze markierte hier den Beginn einer mehr als zwanzigjährigen »Struktur-

17 Nicole Tabard, »Des quartiers pauvres aux banlieues aisées. Une représentation sociale du territoire«, in: *Economie et statistique* 270 (1993), S. 5-22; Alain Chenu, Nicole Tabard, »Les transformations socioprofessionnelles du territoire français. 1982-1990«, in: *Population* 48 (1993), S. 1735-1769.

krise«, die durch Massenarbeitslosigkeit, Ausbreitung von absoluter und relativer Armut sowie die Marginalisierung der »Verlierer« des regionalen Anpassungsprozesses gekennzeichnet war. Drittens verschoben sich die regionalen Verteilungen der berufstätigen Bevölkerungsgruppen, so dass Industriebeschäftigte, vor allem jedoch Industriearbeiter, im Untersuchungszeitraum zusehends Bewohner von Kleinstädten und ländlichen Gemeinden beziehungsweise von Rand- oder Außenbezirken städtischer Ballungsräume wurden. Wenn Ende des 20. Jahrhunderts von »ländlichen Strukturen« die Rede ist, so sind damit längst nicht mehr landwirtschaftlich geprägte Umgebungen gemeint, sondern durch Lohnarbeit geprägte Wohn- und Lebenssituationen »am Rande« und in Distanz zu den urbanen Ballungszentren.

Im Ergebnis veränderten sich nicht nur die sozialräumlichen Koordinaten industrieller Arbeit nachhaltig, sondern auch die gesamten Sozialräume der drei Nationalstaaten. Um die Feinstrukturen dieser Veränderungen zu erkennen, werde ich mich nun von den Regionen verabschieden und mich den kleinräumigeren Prozessen zuwenden.

Industriedistrikte im Strukturwandel

Gehen wir also näher ran und schauen auf die sozial- und wirtschaftsräumlichen Mikrostrukturen, das heißt auf jene Verdichtungen von Geschäftsbeziehungen, von sozialen Netzwerken und von soziokulturellen Gemeinsamkeiten, welche als lokale Cluster von Betrieben, als spezifische Milieus, als moderne Gewerbelandschaften oder als kleinteilige Sozialräume bezeichnet worden sind. Dass sie maßgeblich zum Verständnis sozialen Wandels und wirtschaftlicher Dynamik beitragen, ist unter Sozialwissenschaftlern und Historikern unumstritten, allerdings sind sie je nach Fachtradition eher aus wirtschaftlicher, aus sozialer oder aus politisch-kultureller Perspektive untersucht worden. Insbesondere in der sozial- und wirtschaftsgeschichtlichen Forschung zum 19. Jahrhundert spielen die »Gewerbelandschaften« eine wichtige Rolle als kleinste sozialräumliche Einheiten der Industrialisierung,[18] an denen sich die regional spezifischen Dynamiken der ersten und zweiten Industrialisierungswellen ablesen lassen. Bei diesen Einheiten handelte es sich in den meisten Fällen um lokale Verbünde kooperierender und konkurrierender Klein- und Mittelbetriebe hochspezialisierter Branchen. Klassische Beispiele sind die Messer- und Besteckproduktion in Sheffield oder Solingen, die Uhrenproduktion im Schwarzwald oder im französischen Jura, die Produktion von Schlössern und Beschlägen, später Schließanlagen in Wolverhampton und Umgebung, die Textilmaschinenfabriken in Rochdale (Lancashire), die Möbelindustrie in Ostwestfalen-Lippe, die Polstermöbelherstellung im Coburger Land und die Teppichproduktion im englischen Kidderminster und Umgebung. Erfolg und Überleben der Betriebe beruhten auf der Existenz einer lokal eng vernetzten Facharbeiterschaft, aus deren Mitte nicht wenige ihre eigenen Firmen gründeten, die sich zu traditionsreichen Familienunternehmen entwickelten.[19] Deren Markterfolge basierten ganz wesentlich auf einer lokal fest verankerten Arbeitskultur, die Qualitätsarbeit sicherstellte und auf eine beständige, inkrementelle Innovationspraxis setzte. Eine ganz wesentliche Rolle spielte die Einbettung der Unternehmen in diese lokalen Netzwerke und Sozialstrukturen. Sie stärkten wirtschaftliche Anpassungsfähigkeit und/oder Innovationsleistung.

Daneben und zuweilen in enger sowohl räumlicher Nachbarschaft als auch funktionaler Verbindung entstanden jedoch auch jene Industriedistrikte, in denen vor allem große Konzerne und Großbe-

---

18 Rainer Fremdling, Richard H. Tilly (Hg.), *Industrialisierung und Raum. Studien zur regionalen Differenzierung im Deutschland des 19. Jahrhunderts*, Stuttgart 1979.
19 Andrew Popp, John F. Wilson, »The Emergence and Development of Industrial Districts in Industrialising England, 1750-1914«, in: Giacomo Becattini u. a. (Hg.), *A Handbook of Industrial Districts*, Cheltenham, Northampton 2009, S. 43-57.

triebe dominierten, welche auf zumeist ungelernte Arbeitskräfte zurückgriffen und den gesamten Herstellungsprozess zu kontrollieren oder unter einem Konzerndach zu organisieren suchten sowie darauf bedacht waren, ihre dominante Stellung auf den lokalen Arbeitsmärkten zu sichern. Diese Dominanz stand der Herausbildung wechselseitiger Verflechtungen mit kleinen und mittleren Betrieben jenseits des engen Kreises von Zulieferern oder spezialisierten Maschinenbaufirmen im Weg und führte zur Herausbildung hierarchischer Beziehungen zwischen den verschiedenen lokalen Wirtschaftsakteuren; auch die Entwicklung beziehungsweise Ansiedelung anderer Industriezweige wurde durch die lokale Herrschaft der Branchenführer eher verhindert. Dieser Typus von Industrieregion, wie er sich klassisch um die Montan- und Chemieindustrien herausbildete, hatte mit dem Aufstieg der Massenfertigung insgesamt an Bedeutung gewonnen und drängte in der Wachstumsperiode nach dem Zweiten Weltkrieg die alten »Gewerbelandschaften« des zuvor genannten Typs an den Rand. Diese standen nun ganz im Schatten der Großindustrie, die viel geringere lokale Verankerungen benötigte und ihren Bedarf an qualifizierten Arbeitskräften durch Locklöhne und betriebliche Sozialleistungen decken konnte.[20] Auch die nach 1945 auf der »grünen Wiese« entstandenen Fabriken der Konsumgüterindustrie (vom Fahrzeugbau zu den Lebensmittelfabriken) entsprachen oft dem Großindustrie-Modell. In der Wirtschaftsgeographie aller drei Länder haben sich diese beiden Typen von Industriedistrikten vielfach zeitlich überlagert sowie in direkter regionaler Nachbarschaft entwickelt.

Mit der dritten industriellen Revolution wurden die Klein- und Mittelbetriebe wieder interessanter und mit ihnen die älteren Industriedistrikte.[21] Es war zunächst der Aufstieg der Industriedist-

20 Vgl. zum langfristigen Dualismus der deutschen Industriestrukturen Gary Herrigel, *Industrial Constructions. The Sources of German Industrial Power*, Cambridge (MA) u. a. 2009.
21 Becattini u. a. (Hg.), *A Handbook of Industrial Districts*.

rikte des »dritten Italien« fernab des industriellen Dreiecks Mailand-Genua-Turin, welcher die Neugierde der Sozialwissenschaftler erregte, aber bald kamen aber auch britische, französische und westdeutsche Mikroregionen hinzu.[22] Vor allem im Süden und Südwesten der Bundesrepublik wurden die Wirtschafts- und Sozialwissenschaftler fündig: die Entdeckung der *hidden champions*, der (Welt-) Marktführer in spezialisierten Produktmärkten führte häufig in Regionen, die auf lange Traditionen industriell-gewerblicher Arbeit zurückblickten und entsprechende Sozialordnungen und lokale Arbeitskulturen herausgebildet hatten.[23] Sie erwiesen sich als besonders anpassungsfähig in der Umbruchphase nach dem Boom, weil sie den neuen Anforderungen flexibler Qualitätsproduktion leichter entsprechen konnten als die auf Massenfertigung ausgelegten Großbetriebe. Die Karte dieser regionalen Arbeitskulturen ist in allen drei Ländern ausgesprochen kleinteilig. Josef Reindl und Hermann Kotthoff haben in ihrer Studie zu westdeutschen Klein- und Mittelbetrieben die jeweiligen branchenspezifischen Industriedistrikte als wichtige Rahmenbedingungen für Unternehmensstrategien und betriebliche Sozialordnungen identifiziert.[24] So stand die ostwestfälisch-lippische Möbelindustrie der späten 1980er Jahre immer noch in einer halb agrarisch geprägten Gewerbetradition, in der eine starke gewerkschaftliche Interessenvertretung und kooperative Betriebspolitik sich mit einer mittelständischen Industrietradition verband. Die Zentren der südwestdeutschen Metallindustrie und des Maschinenbaus mobilisierten wiederum lokal spezifische Ressourcen von Kapital und Arbeit; im Breisgau beruhte der Erfolg der mittel-

---

22 Popp/Wilson, »The Emergence and Development of Industrial Districts in Industrialising England, 1750-1914«; Georges Benko, Bernard Pecqueur, »Industrial Districts and the Governance of Local Economies: The French Example«, in: Becattini u. a. (Hg.), *A Handbook of Industrial Districts*, S. 501-511.
23 Hermann Simon, *Die heimlichen Gewinner (Hidden Champions). Die Erfolgsstrategien unbekannter Weltmarktführer*, Frankfurt/M. ⁵1996.
24 Hermann Kotthoff, Josef Reindl, *Die soziale Welt kleiner Betriebe. Wirtschaften, Arbeiten und Leben im mittelständischen Industriebetrieb*, Göttingen 1990, S. 324-340.

ständischen Maschinenbauindustrie auf ihrer Einbettung in noch agrarisch geprägte ländliche Strukturen, in denen die Weiterentwicklung industrieller Facharbeit gleichermaßen von Arbeitern wie Ingenieuren gesichert wurde. Weitere Beispiele hierfür sind die Metall- und Textilindustrie des westlichen Münsterlandes, die verschiedenen kleineren industriellen Zentren Bayerns außerhalb der Metropolenregionen München, Augsburg oder Nürnberg, also zum Beispiel das Allgäu, die Region um Ingolstadt oder die um Schweinfurt. Ähnliche Formen produktionsorientierter Kooperationen bestanden auch in gewerkschaftlich-städtischen Zentren, etwa im Stuttgarter Raum oder im Rhein-Main-Gebiet rund um Frankfurt. Die wirtschaftliche Anpassungsfähigkeit dieser mittelständisch geprägten Industriedistrikte der alten Bundesrepublik hat sich auch in den Wirtschaftskrisen seit den 1990er Jahren bestätigt, als die Standortvorteile dieser Form lokal eingebundener mittelständischer Produktionsnetzwerke international bereits wieder angezweifelt wurden.[25]

Auch in Frankreich und Großbritannien haben sich, wenn auch in deutlich kleinerem Umfang als in der Bundesrepublik oder auch in Italien, Industriedistrikte erneuert oder neu gebildet. Bezogen auf Frankreich ist die Liste der entsprechenden *pays*, die letztlich gleichrangig neben die größeren, aber relativ an Bedeutung verlierenden Industriezentren des Landes traten, eigentlich nur für Kenner des Landes aussagekräftig.[26] Für Großbritannien sind anhand quantitativer Indikatoren knapp 100 solcher lokalen industriebasierten

25 Vgl. als regionale Fallstudie Marc Bonaldo, *Resiliente Region Stuttgart? Anpassung und Innovation regionaler Industriekultur ›nach dem Boom‹*, Diss., Trier 2019.
26 Siehe die Karte in Hervé Le Bras, Emmanuel Todd, *Le mystère français*, Paris 2013, S. 160. Solche peripheren regionalen Schwerpunkte waren 2009 etwa le Vimeu in der Picardie, der Choletais (Grenzregion der Départements Vendée und Anjo) oder die Region um die Stadt Roanne bei Lyon, siehe ebd., S. 159 u. S. 161; zu den Industriedistrikten in geographischer Nähe zu den urbanen Zentren Toulouse, Lyon, Bordeaux, Strassburg sowie die Großregion Paris siehe Benko/Pecqueur, »Industrial Districts and the Governance of Local Economies: The French Example«, S. 506.

Unternehmenscluster für den Beginn des 21. Jahrhunderts identifiziert worden. Sie setzten in vielen Fällen die Traditionen älterer Industriebezirke fort und finden sich dementsprechend vor allem in den Midlands (East und West) und im Nordwesten (Lancashire).[27] Auch hier überlebten Kerne der bereits erwähnten älteren Industriedistrikte um Wolverhampton und Walsall, Kidderminster und Rochdale die Einbrüche der frühen 1980er Jahre. Einige Elemente der soziokulturellen Einbettungen dieser britischen Industriedistrikte haben wir bereits kennengelernt. So waren die traditionellen Familienbetriebe der Schlüsselindustrie Wolverhamptons aufs Engste mit der lokalen Sozialkultur verbunden, es gab eine Tradition (männlicher) Facharbeit, eine ausgeprägt lokale Verankerung der betrieblichen Sozialpolitik und der unternehmerischen Philantropie sowie enge, auch familiäre und generationenüberschreitende Bindungen zwischen Arbeiterschaft und Unternehmen, wie die Beispiele in den beiden vorigen Kapiteln gezeigt haben. Derartige Industriebezirke strukturierten soziale Aufstiegsprozesse, berufliche Karrieren und familiäre Beziehungen von ortsansässigen und zuwandernden Arbeitskräften und stabilisierten auf diese Weise wiederum die lokalen betrieblichen Sozialordnungen.[28]

Im Zuge der industriellen Umstrukturierungen sind aber auch neue Industriezonen entstanden, zum Beispiel die neuen regionalen Ballungszentren der Automobilindustrie, von denen bereits oben im Kapitel 7 über den Wandel der betrieblichen Sozialordnungen die Rede war: das Saarland sowie die Region Nord-Pas-de-Calais mit dem Schwerpunkt um Valenciennes, beide jeweils grenzüberschreitend zwischen Deutschland und Frankreich beziehungsweise Frankreich und Belgien (siehe Abb. 8.2). In Großbritannien hat sich um den in der Nachkriegszeit entstandenen Automobilstandort Bir-

27 Lisa de Propris, »The Empirical Evidence of Industrial Districts in Great Britain«, in: Becattini u. a. (Hg.), *A Handbook of Industrial Districts*, S. 360-380, hier: S. 369.
28 Nicolas Renahy u. a., »Deux âges d'émigration ouvrière. Migration et sédentarité dans un village industriel«, in: *Population* 58 (2006), S. 707-738.

Abbildung 8.2:
Smartville Hambach aus der Luft.
© Daimler AG.

Während die Industrie aus den Großstädten verschwand, entstanden neue Produktionsanlagen vor allem in ländlich geprägten Regionen, so auch nahe der lothringischen Kleinstadt Hambach. Hier eröffnete Daimler-Benz im Jahr 1997 die neue Automobilfabrik Smartville Hambach. Um das kreuzförmige Zentralgebäude herum, in dem die Endmontage des Smart stattfindet, sind die Hallen von Zulieferer- und Logistikbetrieben angeordnet. Dieses Arrangement soll die *Just-in-Time*-Produktion gewährleisten. Umgeben von Wäldern und Wiesen beschäftigen die Daimler AG und die anderen Unternehmen in Hambach heute 1600 Menschen.

mingham ein regionales Netzwerk von Zuliefererbetrieben gebildet. In allen vier genannten Regionen haben die neuen Unternehmenscluster zumindest partiell die Lücken gefüllt, die zuvor durch den krisenhaften Niedergang der alten Industrien – der Montanindustrie im Saarland und im Norden Frankreichs, der Großfabriken britischer Automobilkonzerne in Birmingham – entstanden waren. Die Strategie der großen Automobilhersteller, Teile ihrer Zuliefererbetriebe in die Nähe ihrer Endmontagewerke zu locken, hat die Initialzündung zu diesen regionalen Ballungen geliefert.[29] Solche regionalen Cluster finden sich in den drei Ländern noch an mehreren anderen Standorten großer Automobilwerke, so im südlichen Niedersachsen rund um das Wolfsburger VW-Werk, im Raum Stuttgart rund um das Stammwerk von Daimler-Benz sowie am Münchener Standort von BMW.

Kennzeichnend für die neuen Produktionsreviere der Automobilbranche ist also zum einen die Koexistenz von Großbetrieben mit mehr als 2000 Beschäftigten und Klein- oder Mittelbetrieben, die als Zulieferer ersten, zweiten oder dritten Rangs für die Großbetriebe produzieren. In der nordfranzösischen Region waren das im Jahr 2005 31338 Beschäftigte in 148 Betrieben, die größten Fabriken beschäftigten bis zu 6000 Menschen, die kleinsten weniger als 50, und zwei Drittel der Beschäftigten wohnten in den alten Bergbaugemeinden in der Umgebung.[30]

In den zuletzt genannten Beispielen tritt die sozialräumliche Kontinuität besonders klar hervor. Denn zum einen etablierten sich dort lokale Arbeitsmärkte für Industriearbeiterinnen und -arbeiter, zwar mit sehr unterschiedlichen betrieblichen Anforderungen und Lohnprofilen, jedoch in der Regel mit den großen Automobilkonzernen als Orientierungspunkten. In ihrer Rekrutierungspolitik profitierten die neuen Unternehmen vor allem in der Startphase von

---

29 Stéphane Humbert u. a., *Le secteur automobile en Nord-Pas-de-Calais*, Lille 2007, S. 19.
30 Ebd.

der hohen Arbeitslosigkeit vor Ort.[31] Dies gilt vor allem für die britischen und französischen Distrikte, in denen zum Beispiel die sich neu ansiedelnden japanischen Unternehmen niedrige Löhne mit langfristigen Jobaussichten verknüpften, um auf diese Weise lokale Belegschaften an sich zu binden – was manchmal, aber nicht immer gelang, wie wir in Kapitel 7 gesehen haben. In vielen dieser älteren Industriedistrikte überlebten starke lokale Bindungen, die wiederum die Arbeitsmoral und die betrieblichen Sozialbeziehungen stärkten, weshalb beispielsweise eine gewerkschaftliche Orientierung in den alten Zentren industrieller Facharbeit präsent blieb und als demokratischer Partizipationsanspruch in die neuen Betriebe sozusagen einwanderte.

Zweifellos kam den erneuerten Industriedistrikten in der Umbruchphase der 1980er und 1990er Jahre eine besondere Bedeutung zu. Erstens erwiesen sich die dort tradierten und weiter gepflegten Arbeitskulturen als wichtige Potentiale für die flexible Anpassung der industriellen Produktion an die neuen Marktbedingungen und technologischen Möglichkeiten. Sowohl über den Weg der betrieblichen Sozialordnungen als auch über die Verbreitung und Weiterentwicklung von Wissen und Kompetenzen schufen die sozialräumlichen Arrangements günstige Voraussetzungen für betriebliche Kooperationen und Unternehmensstrategien. Zweitens stärkten die regionalen Vernetzungen die soziale Einbettung des Kapitals, wobei vor allem die Sozialbindung mittelständischer Betriebe nach wie vor eine große Rolle spielte, auch wenn sie, wie wir gesehen haben, durch gegenläufige Tendenzen zur Finanzialisierung und zur Konzentration des Kapitals abgeschwächt oder überlagert wurde. Drittens ist im Hinblick auf die Nutzung und Weiterförderung des lokal beziehungs-

---

31 Armelle Gorgeu, René Mathieu, »La place des diplômes dans la carrière des ouvriers de la filière automobile«, in: *Formation emploi* 105 (2009), S. 37-51; Armelle Gorgeu u. a., *Organisation du travail et gestion de la main-d'œuvre dans la filière automobile*, Paris 1998; Tony Elger, Chris Smith, »New Town, New Capital, New Workplace? The Employment Relations of Japanese Inward Investors in a West Midlands New Town«, in: *Economy and Society* 27 (1998), S. 523-553.

weise regional verfügbaren Erfahrungswissens industrieller Arbeit zu sagen, dass vor allem die bundesrepublikanischen Unternehmen die entsprechenden Möglichkeiten ausschöpften, die ihnen das duale Bildungssystem in dieser Hinsicht bot, während es um die Wissenstraditionen lokaler Industriekulturen in Frankreich und Großbritannien seit den Umstellungen in den dortigen Bildungssystemen deutlich schlechter bestellt war. Viertens ist daran zu erinnern, dass vor allem die kleinbetrieblich und mittelständisch geprägten Industriedistrikte von den regionalen Traditionen betrieblicher Kooperation profitierten, die ihnen in den Krisen und Umbrüchen seit den späten 1970er Jahren jene Flexibilitätsspielräume eröffneten, welche für das wirtschaftliche Überleben und eine erfolgreiche Anpassung an die neuen Märkte essentiell waren.

Französische Soziologen haben viertens einen Trend dokumentiert, von dem noch nicht ganz klar ist, ob er in vergleichbarer Ausprägung auch für Großbritannien und die Bundesrepublik gilt: Über die Strukturkrise der alten Industrieregionen hinaus leitete die Deindustrialisierung auch eine Polarisierung der sozialräumlichen Strukturen in ganz Frankreich ein. Nicht nur die Fabriken, sondern auch Industriearbeiterinnen und Angestellte des privaten Sektors verschwanden nach und nach aus den Groß- und Mittelstädten und lebten immer häufiger in suburbanen oder ländlich geprägten Gemeinden, ein Teil von ihnen in neuen oder alten industriell geprägten Gewerbelandschaften, die in Distanz zu den regionalen Zentralorten und urbanen Zentren lagen.

Von der Trabantenstadt zum »Problemviertel« und zur Reihenhaussiedlung

Zoomen wir noch näher heran und schauen auf die Stadtviertel, Wohnquartiere und Straßenzüge in der Nachbarschaft von Industriebetrieben. Auch sie waren signifikant von den Umbrüchen infolge der Deindustrialisierung betroffen, aber auch von den regionalen Unterschieden, die sich im Zuge der gesamtwirtschaftlichen Umstellungen herausgebildet haben. Generell lässt sich festhalten, dass in allen drei Ländern bis in die 1970er Jahre hinein eine Erbschaft aus dem Zeitalter der Industrialisierung weitergepflegt wurde, nämlich jene grundlegende sozialräumliche Zweiteilung, die in den mittleren und großen Städten Arbeiterviertel von bürgerlichen Wohnvierteln trennte. Auch die im 20. Jahrhundert rasch expandierenden neuen Wohnviertel für die aufstrebenden Mittelschichten waren fast überall in räumlicher Distanz zu älteren oder neueren Arbeiterwohnquartieren errichtet worden. Allein in kleinstädtisch-dörflichen Agglomerationen rückte die industrielle Klassengesellschaft enger zusammen. Der Aufstieg des sozialmoralischen Leitbildes »sozialer Durchmischung«[32] gehörte zu den Begleiterscheinungen des Nachkriegsbooms und war eine langfristige Folge der nationalen Mobilisierungen aller drei Gesellschaften in den beiden Weltkriegen. Zudem schufen die Zerstörungen des Zweiten Weltkriegs die Möglichkeit, den egalitären Leitbildern eines demokratischen Wohlfahrtsstaats auch bei den sozialräumlichen Arrangements gerecht zu werden. Folgerichtig waren die drei Jahrzehnte zwischen 1950 und 1980 die Hochphase des öffentlich geförderten oder finanzierten sozialen Wohnungsbaus.[33] Regierungen und öffentliche Verwaltungen verfolgten

---

32 Tilman Harlander, Gerd Kuhn (Hg.), *Soziale Mischung in der Stadt. Case Studies – Wohnungspolitik in Europa – Historische Analyse*, Stuttgart 2012.

33 Günther Schulz (Hg.), *Wohnungspolitik im Sozialstaat. Deutsche und europäische Lösungen, 1918-1960*, Düsseldorf 1993; Peter Kramper, *Neue Heimat. Unternehmenspolitik und Unternehmensentwicklung im gewerkschaftlichen Wohnungs- und Städte-*

hierbei jeweils unterschiedliche Förderstrategien, aber bei aller Verschiedenheit tragen sie alle die Spuren einer grundlegenden Zielspannung zwischen der Förderung individuellen Wohneigentums, vor allem in Form des Einfamilienhauses, und der Förderung von Mietwohnungen via Neubau oder Sanierung von Altbaubeständen zur Beseitigung des Wohnungsmangels, der in den 1950er und 1960er Jahren ein Dauerthema der Sozialpolitik blieb. Für die stetig wachsende Zahl von Industriearbeiterinnen und -arbeitern war zunächst und mehrheitlich die zweite Zielrichtung öffentlicher Wohnungspolitik relevant, wohingegen der Erwerb von Wohneigentum das Privileg weniger blieb. Lediglich in ländlich-kleinstädtisch geprägten Regionen wohnten Industriearbeiter häufiger in ihren eigenen vier Wänden, die sie nicht selten geerbt hatten. Die baulichen Ergebnisse des sozialen Wohnungsbaus der Nachkriegszeit – Trabantenstädte, Hochhaussiedlungen und kompakte Mietwohnanlagen in sanierten Wohnvierteln der Industriestädte – veränderten insbesondere im Laufe der 1960er und 1970er Jahre die Wohnsituation der städtischen Industriearbeiterschaft radikal (siehe Abb. 8.3).[34] In allen drei Ländern hatten sich dabei nicht zuletzt aus Kostengründen die Anhänger der Betonmoderne durchgesetzt und für monotone Gleichförmigkeit jenseits der historischen Altstadtviertel und der repräsentativen Bauten der Innenstädte gesorgt.[35] Allerdings verschwanden auf diese Weise auch die noch aus dem 19. Jahrhundert stammenden proletarischen Elendsviertel, in denen katastrophale Wohnbedingungen herrschten, zudem wurden die Baulücken in den zerbombten Industriezentren geschlossen und zahlreiche neue Städte und Vorstädte errichtet, die der Industriearbeiterschaft, aber auch dem wachsenden

bau 1950-1982, Stuttgart 2008; Rodney Lowe, *The Welfare State in Britain since 1945*, Basingstoke u. a. [3]2007, S. 246-271; Guy Groux, Cathérine Lévy, *La possession ouvrière. Du taudis à la propriété, (XIXᵉ-XXᵉ siècle)*, Paris 1993.

34 Adelheid von Saldern, *Häuserleben. Zur Geschichte städtischen Arbeiterwohnens vom Kaiserreich bis heute*, Bonn [2]1997, S. 351-362 u. S. 379-384.

35 Für Großbritannien eindrucksvoll: Lynsey Hanley, *Estates. An Intimate History*, London 2012.

Abbildung 8.3:
Modell der Cité Colonel-Fabien.
© *Fonds Lurçat. CNAM/SIAF/Cité de l'architecture et du patrimoine/*
Archives d'architecture du XXe siècle/VG Bild-Kunst, Bonn 2019

Die Cité Colonel-Fabien ist eine Großsiedlung im nördlich von Paris gelegenen Saint-Denis, die von dem bedeutenden Architekten André Lurçat
in enger Zusammenarbeit mit dem kommunistischen Bürgermeister der
Gemeinde entworfen wurde. Benannt nach einem Résistance-Kämpfer
macht sie exemplarisch deutlich, wie eng kommunale Stadtplanung und
moderne Architektur in sozialdemokratisch oder kommunistisch regierten
Gemeinden bisweilen zusammenhingen. In den Jahren ihres Baus – von
1947 bis 1967 – war Saint-Denis durch die Metallindustrie geprägt, worauf
beispielsweise das Modell einer Fabrik mit Sheddach und Schornstein im
Hintergrund verweist. Während des Booms waren solche Großsiedlungen
am Rande von Paris strahlende Zukunftsentwürfe. Heute sind sie zum Inbegriff des Scheiterns geworden. So war Saint-Denis einer der Brennpunkte
des Banlieue-Aufruhrs im Jahr 2005 (siehe Kap. 3).

Heer der Angestellten in den Dienstleitungsbranchen und der Verwaltung Wohnraum boten.

Und in der Tat zogen in die Mietwohnungen des sozialen Wohnungsbaus – in die *council houses*, die *habitations à loyer modéré* (HLM) und in die Objekte der Neuen Heimat – Arbeiter und Angestellte sowie kleinere Beamte des öffentlichen Dienstes, außerdem konnten vor allem junge Familien von bevorzugter Wohnungszuweisung profitieren. Die soziale Durchmischung entsprach meist den Anteilen der verschiedenen Berufs- und Statusgruppen unterer und mittlerer Einkommenslagen in der lokalen Bevölkerung. In den meisten dieser Wohnanlagen fehlten die Besserverdienenden und Besitzenden sowie die Erben von Wohneigentum. Bauliche Substanz und Ausstattungsqualität der neuen Wohnungen und Quartiere war durchaus unterschiedlich, man kann aber sagen, dass die britischen Bausünden die französischen Nachlässigkeiten und den deutschen Pfusch am Bau noch übertrafen. Die Skandalchronik dieser Architektur- und Stadtplanungsära ist lang und gut dokumentiert, aber sie verdeckt das für unser Thema Wesentliche: Diese gebaute sozialräumliche Ordnung der industriellen Expansionsphase war gerade mal zehn, zuweilen sogar nur fünf, seltener bereits 15 Jahre alt, als sie von der Deindustrialisierung in vielen Industriestädten außer Kraft gesetzt wurde.

In den 1980er Jahren kam es in allen drei Ländern zu einem moderaten bis radikalen Kurswechsel in der staatlichen Wohnungspolitik. Die Mittel für den Bau von Sozialwohnungen wurden gekürzt, die öffentliche Hand beschränkte sich weitgehend darauf, den Bestand an bezahlbaren Mietwohnungen »instand zu halten«, gleichzeitig wurde der Erwerb von Wohneigentum zum neuen Leitbild öffentlicher Förderpolitik.[36] Infolgedessen entstanden in allen

---

36 Siehe mit Blick auf die BRD: Tilman Harlander, »Wohnungspolitik«, in: Martin H. Geyer (Hg.), *Geschichte der Sozialpolitik in Deutschland seit 1945*, Bd. 6: *1974-1982, Bundesrepublik Deutschland: Neue Herausforderungen, neue Unsicherheiten*, Baden-Baden 2008, S. 823-850; ders., »Wohnungspolitik«, in: Manfred G. Schmidt (Hg.), *Bundesrepublik Deutschland, 1982-1989. Finanzielle Konsolidierung*

drei Ländern neue Massenmärkte für den kreditfinanzierten, steuerlich geförderten oder auf anderen Wegen subventionierten Erwerb von Wohneigentum.[37] Zum Beispiel eröffnete das von der konservativen Regierung in Großbritannien durchgesetzte Vorkaufsrecht für Mieter (*right to buy*) diesen eine Kaufoption für die von ihnen bewohnten städtischen Sozialwohnungen. Angesichts der günstigen Verkaufspreise war dies eines der populäreren Programme konservativer Sozialpolitik mit weitreichenden sozialräumlichen Folgen.[38] Daneben und noch teilweise parallel zum Boom des städtischen Sozialwohnungsbaus träumten die Bevölkerungen aller drei Länder mehr denn je den Traum von den »eigenen vier Wänden« in Form eines Einfamilienhauses, am besten »im Grünen«, ohne dass jedoch die groben sozialen Unterschiede zwischen Arbeiterschaft, Mittelschichten und Bürgertum bei der Realisierung dieses Traums aufgehoben worden wären. Studien zur Bundesrepublik sprechen vom »Arbeiterkleinhaus«,[39] für Frankreich war 1973 die durchschnittliche Wohnfläche eines solchen Hauses, das von einem vierköpfigen Arbeiterhaushalt bewohnt wurde, 88 qm.[40] Besonders die konservativen Parteien und Regierungen förderten diesen Traum durch öffentliche Subventionen sowie Steuer- und Kreditvergünstigungen.[41]

Am Ende der Ausbauphase des sozialen Wohnungsbaus, 1979, lebten in Großbritannien 48 Prozent der Industriearbeiter als Mieter

und institutionelle Reform, Baden-Baden 2005, S. 683-712; mit Blick auf Großbritannien: Lowe, *The Welfare State in Britain since 1945*, S. 365-375 u. S. 428-431.

37 Pierre Bourdieu und Rosine Christin, »La construction du marché. Le champ administratif et la production de la ›politique du logement‹«, in: *Actes de la recherche en sciences sociales* 81/82 (1990), S. 65-85.

38 Lowe, *The Welfare State in Britain since 1945*, S. 365-369.

39 Saldern, *Häuserleben,* S. 440f.

40 Michel Verret, *L'espace ouvrier*, Paris 1979, S. 193.

41 Siehe für Großbritannien: Lowe, *The Welfare State in Britain since 1945*, S. 264, S. 267 u. S. 366f.; Martin J. Daunton, *A Property-Owning Democracy? Housing in Britain*, London 1987; für die Bundesrepublik: Clemens Zimmermann, »Wohnungspolitik – Eigenheim für alle?«, in: Tilman Harlander, Harald Bodenschatz (Hg.), *Villa und Eigenheim. Suburbaner Städtebau in Deutschland*, Stuttgart 2001, S. 330-349; und für Frankreich: Groux/Lévy, *La possession ouvrière*.

vor allem in *council houses*, während 52 Prozent eigene Häuser oder Wohnungen besaßen, jedenfalls abbezahlten.[42] Hier war der Trend zum Wohneigentum bereits viel weiter vorangeschritten als auf dem Kontinent. In Frankreich waren nach einer Spezialuntersuchung des Statistikamts INSEE aus dem Jahr 1973 36,6 Prozent der Arbeiter Eigentümer ihrer Behausung.[43] Für die Bundesrepublik liegen Zahlen für das Jahr 1972 vor, denen zufolge in der Kategorie »Arbeiter« 31,3 Prozent Eigentümer ihrer »vier Wände« waren.[44] Der Trend zum Wohneigentum setzte sich bei den Industriearbeitern bis zur Jahrtausendwende fort, aber es gab deutliche Unterschiede zwischen den drei Ländern, was vor allem mit den unterschiedlichen Strukturen von Siedlungsbau und Eigentumserwerb zusammenhing. In Großbritannien dominierte weiterhin der im 19. Jahrhundert standardisierte Typ der Reihenhaussiedlung, in Frankreich und der Bundesrepublik war daneben das freistehende Einzel- oder Doppelhaus weit verbreitet; des Weiteren blieb in Deutschland der Anteil derjenigen, die zur Miete wohnten, deutlich höher als in den beiden anderen Ländern, und das mehrstöckige Mehrparteienmietshaus war dort auch jenseits der Großstädte ein verbreiteter Haustyp. Überhaupt machten auf der britischen Insel Einzel- und Reihenhäuser 83 Prozent des Wohnungsbestands aus, in Frankreich waren es 58 Prozent, im wiedervereinigten Deutschland hingegen nur 39 Prozent.[45] So ist es nicht verwunderlich, dass insbesondere in Großbritannien der Trend zum Eigenheim in Arbeiterhand weiter voranschritt. Nach Erhebungen des *Labour Force Survey* wohnte im Jahr 2000 nur noch knapp jeder fünfte Industriearbeiter oder -angestellte zur Miete, während 64 Prozent von ihnen ihr Wohn-

---

42 Meine Berechnung auf Basis des Labour Force Survey [LFS] 1979, in: UK Social Data Archive [UK SDA] Study Number [SN] 1756.

43 Die Untersuchung wird zitiert in: Verret, *L'espace ouvrier*, S. 193.

44 Karin Kurz, »Soziale Ungleichheiten beim Übergang zu Wohneigentum«, in: *Zeitschrift für Soziologie* 1 (2000), S. 27-43, hier: S. 30.

45 Stand 1995, Zahlen für die drei Länder in: *Annuaire statistique de la France* 105 (2000), S. 256.

eigentum schon erworben hatten, aber noch Kredite abstotterten; 16 Prozent waren bereits echte Eigentümer.[46] Deutlich langsamer und regional uneinheitlich verlief diese Entwicklung in der Bundesrepublik. 1998 besaßen in den alten Bundesländern 35 Prozent der Arbeiterinnen und Arbeiter Wohneigentum, wobei die Facharbeiter in dieser Gruppe viel stärker vertreten waren als An- und Ungelernte oder Arbeitsmigranten.[47] Der Unterschied zwischen städtischen Ballungsräumen und suburbanen Wohnquartieren war ebenfalls signifikant. Eine westdeutsche Untersuchung unter Arbeitern und Angestellten in Nordrhein-Westfalen, Hessen und Rheinland-Pfalz aus dem Jahr 1999/2000 ermittelte, dass dort nach wie vor deutliche Mehrheiten der Befragten zur Miete wohnten – zwei Drittel der An- und Ungelernten, knapp 57 Prozent der Facharbeiter – und dass darüber hinaus dieser Anteil unter den Stadtbewohnern noch deutlich höher lag, nämlich bei 79 beziehungsweise 69 Prozent.[48] Auch in Frankreich nahm zwischen 1975 und 1996 die Zahl der Besitzer oder Erwerber von Wohneigentum zu, und zwar um mehr als 50 Prozent; dort lag das Eigenheim (*maison individuelle*) in Arbeiterhand meistens in den suburban-ländlichen Randlagen des Landes und ähnlich wie in der Bundesrepublik lebten auch hier deutlich weniger Arbeitsmigranten in den eigenen vier Wänden.

Deindustrialisierung und Durchsetzung des Leitbilds Wohneigentum – diese doppelte Trendumkehrung – sorgten dafür, dass es ab Mitte der 1970er Jahre vielerorts zu dramatischen Veränderungen in den sozialräumlichen Strukturen der drei Länder kam. Überspitzt formuliert: Noch rascher, als die Gebäude verfielen, verwahrlosten die sozialen Ordnungen in den Sozialwohnungsquartieren, die während der Boom-Jahre insbesondere an den Rändern der Städte errichtet worden waren. Besonders markant ist der Zusammenhang

---

46 Meine Berechnung auf Basis des LFS 2000, UK SDA, SN 5857.
47 Kurz, »Soziale Ungleichheiten beim Übergang zu Wohneigentum«, S. 30 u. S. 37.
48 Sonja Weber-Menges, »*Arbeiterklasse« oder Arbeitnehmer? Vergleichende empirische Untersuchung zu Soziallage, Lebenschancen und Lebensstilen von Arbeitern und Angestellten in Industriebetrieben*, Wiesbaden 2004, S. 165.

in den großstädtischen Ballungszentren. In Frankreich und Großbritannien lagen Ende der 1990er Jahre die »Problemviertel« oder »sozialen Brennpunkte« typischerweise in den Randzonen von Großstädten wie London, Liverpool, Manchester, Paris, Strasbourg oder Lyon. Vor allem die in Wohntürmen und kompakten Trabantenstädten verdichteten Neubauquartiere überlebten die ebenfalls Mitte der 1970er Jahre einsetzende Krise der »sozialen Durchmischung« nur mit Mühe oder gar nicht. Überall sorgte die Privatisierungswelle für eine rasche Binnendifferenzierung der Wohnblöcke und Sozialbauquartiere.[49] Die ungünstig gelegenen, mittlerweile sozial stigmatisierten und/oder baulich schlechten, jedenfalls unzulänglichen Wohnungen verblieben in den Händen der kommunalen Wohnungsverwaltungen, während die besseren »Objekte« in private Hände wechselten. Vor allem jüngere, besserverdienende und festangestellte Beschäftigte verließen in Scharen die Sozialwohnungen, nach rückten »Problemfamilien« und »Sozialfälle«. Bei vielen Wohnblöcken reichten zehn Jahre, um sie zu Orten sozialer Devianz und geballter Armut zu machen. Soziale Durchmischung blieb dabei auf der Strecke.

Ein etwas anderes Bild boten die krisengeschüttelten alten Industrieregionen. In Großbritannien entzog der Strukturbruch der 1980er Jahre der schnellen Privatisierung die ökonomischen Grundlagen, so dass der starke landesweite Trend zum Eigenheim hier nicht zu beobachten war. In der Kleinstadt Featherstone (17000 Einwohner) im Kohlerevier Yorkshires zum Beispiel wohnten auch 1991 noch 40 Prozent der Bevölkerung als Mieter in kommunalen *council houses* und nur 55 Prozent waren Eigentümer ihrer Wohnungen oder Häuser.[50] Die gemischten Sozialwohnungsquartiere verloren allerdings auch

49 Sylvie Tissot, »Une ›discrimination informeile‹? Usage du concept de mixité sociale dans la gestion des attributions de logements HLM«, in: *Actes de la recherche en sciences sociales* 159 (2005), S. 54-69; Olivier Masclet, »Du ›bastion‹ au ›ghetto‹. Le communisme municipal en butte à l'immigration«, in: *Actes de la recherche en sciences sociales* 159 (2005), S. 10-25.

50 Royce Turner, *Coal Was Our Life. An Essay on Life in a Yorkshire Former Pit Town*, Sheffield 2000, S. 32.

hier nach und nach nicht nur ihre bauliche, sondern auch ihre soziale Substanz, ja, das abrupte Ende kollektiver Zukunftsperspektiven sprengte die soziale Ordnung der Quartiere: Die Arbeitslosigkeit unter ehemaligen Bergleuten der Region war hoch, wie lokale Untersuchungen Anfang der 1990er Jahre gezeigt haben. Das Ergebnis von zwei Zechenbelegschaften aus Doncaster (Yorkshire) entsprach dem allgemeinen Trend: Ein Viertel von ihnen war arbeitslos, 23 Prozent waren langfristig krankgeschrieben.[51] Dass die alten Industrieregionen zugleich Zentren der Jugendarbeitslosigkeit waren, ist angesichts der Schwierigkeiten der »Malocher«, vor Ort neue Arbeit zu finden, keine Überraschung. Eine Heroinwelle sowie weitverbreiteter Alkoholmissbrauch wurden Mitte der 1990er Jahre im gesamten Bergbaubezirk zu einem bedrohlichen Problem der lokalen Sozialordnung und führten zum Anstieg der Kriminalitätsquoten (lokal um das Drei- oder Sechsfache in der zweiten Hälfte der Dekade) mit täglichen Einbrüchen und Autodiebstählen.[52] Ähnliche Entwicklungen ergaben sich in den neuen und alten Arbeiterwohnvierteln Liverpools, Manchesters oder Glasgows (siehe Abb. 8.4). In dieselbe Richtung lief die Entwicklung der Sozialbausiedlungen in den neugebauten Trabantenstädten französischer Metropolen, nur dass hier der ethnischen Segregation angesichts des viel höheren Anteils von Arbeitsmigranten in den *classes populaires* eine deutlich größere Bedeutung zukam als in Großbritannien, wo sich die Arbeitsmigranten karibischer und südasiatischer Herkunft in einigen wenigen Großstädten, vor allem im Großraum London, konzentrierten. Auf beiden Seiten des Ärmelkanals evozierten diese Entwicklungen bereits in den 1980er Jahren Sozialproteste, die große öffentliche Aufmerksamkeit erregten. Allerdings geriet der Zusammenhang dieser *riots* oder *émeutes* mit den industriewirtschaftlichen Umbrüchen immer mehr in Vergessenheit.[53]

---

51 Ebd., S. 27.
52 Ebd., S. 196-212.
53 Siehe dazu oben, Kap. 3.

Abbildung 8.4:
Jugend mit versperrter Zukunft: Film Still aus Sweet Sixteen
(GB 2002, Regie: Ken Loach).
© *Sixteen Films.*

Das Einzelbild aus Ken Loachs Film *Sweet Sixteen*, der 2002 in die britischen Kinos kam, zeigt zwei Jugendliche vor einem Mehrfamilienhaus nahe Glasgow. Der Niedergang der Werftindustrie hat hier tiefe Spuren hinterlassen. Baseballkappe und Joggingklamotten weisen die beiden als Angehörige der Unterschicht aus. Um seiner Mutter, die im Gefängnis sitzt, ein besseres Leben zu ermöglichen, fängt Liam (links im Bild) an, mit Drogen zu dealen. Immer tiefer verstrickt er sich, immer aussichtsloser wird seine Situation. Ken Loach, Chronist der britischen Arbeiterklasse in Zeiten der Deindustrialisierung, zeigt die Perspektivlosigkeit von Jugendlichen in einer Stadt, die noch wenige Jahrzehnte zuvor zu den weltweit wichtigsten Standorten der Schiffbauindustrie gehört hatte.

In den Regionen, die primär durch Verschiebungen in den Beschäftigungsstrukturen und weniger durch den Verlust von (vor allem: industriellen) Arbeitsplätzen geprägt wurden, waren die Veränderungen in den Wohnquartieren in der Regel weniger dramatisch. Die anhaltenden wirtschaftlichen Möglichkeiten öffneten gerade hier Arbeitern und Angestellten mit sicheren Arbeitsplätzen den Weg zum Wohneigentum – entweder durch Erwerb der eigenen Sozial- oder Werkswohnung oder durch den Umzug in die weiter wachsenden semiurbanen Agglomerationen entlang den Autobahnen und Schienennetzen. Auch hier regelten Baukosten und Grundstückspreise die soziale Verteilung nach Einkommen und Herkunft.

Dass die »soziale Durchmischung« – der Inbegriff sozialplanerischer Harmoniefantasien – in den heruntergekommenen Wohnblöcken der Trabantenstädte recht schnell auf der Strecke geblieben ist, wie ich es oben formuliert habe, heißt nicht, dass es sie nicht gab. Aber sie ereignete sich wohl hauptsächlich in den Reihenhaussiedlungen semiurbaner Zwischenräume und Randzonen, die für die industriell geprägten Regionen aller drei Länder nun typisch wurden.[54] Es sind die Realität gewordenen Werbeprospekte der Bausparkassen, der *caisses agricoles* und der *mortgage banks*, in denen nun die Arbeiterschaften der drei Länder einzogen. In Frankreich und der Bundesrepublik schossen solche Siedlungen in den 1980er Jahren in den äußersten Randlagen der städtischen Agglomerationen oder im ländlichen Raum wie Pilze aus dem Boden und wurden zu typischen Orten des kleinen sozialen Aufstiegs in diesen Jahrzehnten.[55] Französische Untersuchungen belegen, dass ein Teil der Käufer dieser Häuser frühere Mieter in den Sozialwohnungsanlagen der näheren Umgebung waren.[56] In diesen Quartieren siedelten sich vor allem Angestellte, Beschäftigte des öffentlichen Dienstes, Vorarbeiter,

54 Harlander/Bodenschatz (Hg.), *Villa und Eigenheim*, mit zahlreichen Fallstudien zu Deutschland.
55 Pierre Bourdieu, *Der Einzige und sein Eigenheim*, Hamburg 1998.
56 Marie Cartier, *La France des »petits-moyens«. Enquête sur la banlieue pavillonnaire*, Paris 2008, S. 53f.

Meister oder Facharbeiter, aber auch Techniker, Ingenieure an – also häufig die Aufsteiger der *classes populaires*. Sie wurden in den zeitgenössischen politischen Sprachen gern als »Mittelschichten« adressiert, als *classes moyennes* beziehungsweise *middle class*, rechneten sich selbst aber in Frankreich und Großbritannien eher den *classes populaires* und den *working classes* zu.[57] Sozialstatistische Untersuchungen zum Großraum Paris haben für das Jahr 1990 solche *quartiers populaires* identifiziert, in denen gut 30 Prozent der Bevölkerung lebten, und zwar neben Arbeitern vor allem Angestellte, Techniker und Ingenieure.[58] In allen drei Ländern, so lässt sich zusammenfassen, wurden Industriearbeiter zunehmend Teil jener großen Gemeinschaft der Wohneigentümer, auf der in den Zukunftsperspektiven der Regierungspolitiker die soziale Stabilität der Gesellschaft beruhen sollte. Allerdings gelang dies nur dem besserverdienenden Teil der Arbeiterklasse: Er wurde Eigentümer von Häusern und Wohnungen, die um die Jahrtausendwende mehrheitlich in Kleinstädten und Landgemeinden lagen. Die schrumpfende, aber arrivierte industrielle Arbeiterklasse wurde damit zugleich auch zu einer sozialen Klasse in Randlage. Gleichzeitig vertieften das Ende des sozialen Wohnungsbaus und die Krise der Neubauviertel die sozialen Trennlinien innerhalb der *classes populaires*, denn die Verbindungslinien zu denjenigen, die in die verwahrlosenden Sozialblöcke nachzogen, wurden dünner. Ausgehend von den dort herrschenden Sozialproblemen wurden deren Bewohner in allen drei Ländern nun immer häufiger als ethnisch (oder gar rassisch) fremd oder moralisch minderwertig kategorisiert. In Großbritannien wurde die aus den USA importierte Kategorie der *underclass* zu einem beliebten Argument in den poli-

---

57 Siehe ebd., S. 38-67; vgl. auch: Mike Savage u. a., »Ordinary, Ambivalent and Defensive: Class Identities in the Northwest of England«, in: *Sociology* 35 (2001), S. 875-892.
58 Edmond Préteceille, »La ségrégation contre la cohésion sociale: la métropole parisienne«, in: Hugues Lagrange (Hg.), *L'épreuve des inégalités*, Paris 2006, S. 195-246 u. S. 225-227.

tischen und intellektuellen Debatten,[59] die auch in Frankreich und der Bundesrepublik geführt wurden, hier aber auf deutlich weniger positive Resonanz stießen. In diesen beiden Ländern vertieften sich dagegen seit den 1980er Jahren die semantischen Trennlinien und diskriminierenden Abgrenzungen zwischen nordafrikanischen beziehungsweise türkisch-kurdischen Arbeitsmigranten und der »einheimischen« Bevölkerung, und dies umso mehr, als in den »Problemvierteln«, den *zones urbaines sensibles*, wie es im amtlichen französischen Sprachgebrauch heißt, der Ausländeranteil weit über den regionalen Durchschnittswerten lag.[60]

Doppelte Abwesenheit: Transiträume

Die Internationalisierung ökonomischer Prozesse hat die Zahl derer vergrößert, für die Auslandsaufenthalte zum wichtigen Bestandteil ihrer industriellen Berufskarriere als Monteure, Techniker, Ingenieure oder Manager wurden und deren grenzüberschreitende Verbindungen, Vermögenslagen und Berufskontakte in der Tat als Erweiterungen ihrer eigenen sozialräumlichen Existenz gedeutet werden können. Die Frage ist, inwieweit dies auch für die zahlreichen Arbeitsmigranten gilt, die in den 1960er und 1970er Jahren, ja, sogar noch in den 1980er Jahren nach Frankreich, in die Bundesrepublik oder nach Großbritannien kamen, häufig mit keinem oder nur geringem Kapital an Wissen, beruflicher Erfahrung oder Vermögen. Welche Rolle spielte die Migration bei der Umgestaltung der Sozialräume, als industrielle Arbeitsplätze knapp wurden und die ökonomischen Vor-

---

59 John Welshman, *Underclass. A History of the Excluded, 1880-2000*, London, New York 2006.

60 Ingrid Tucci, *Les descendants des Immigrés en France et en Allemagne: des destins contrastés. Participation au marché du travail, formes d'appartenance et modes de mise à distance sociale*, Diss., Berlin 2008, S. 136-141.

teile, die sie in der Boom-Phase so attraktiv hatten werden lassen, schrumpften oder sogar ersatzlos wegfielen?

Um die sozialräumlichen Effekte der Arbeitsmigration in den drei Untersuchungsländern richtig einschätzen zu können, ist es notwendig, sich ihren Umfang und ihre Dauer noch einmal ins Gedächtnis zu rufen: Der Anteil ausländischer Arbeitsmigranten in der Industrie schwankte von Branche zu Branche erheblich, lag aber am Ende des Nachkriegsbooms im Durchschnitt bei 15 (Frankreich) beziehungsweise 17 Prozent (BRD). Nur ein Teil dieser neuen Industriearbeiter, bei denen es sich zumeist um an- und ungelernte Arbeiter handelte, blieb längerfristig. Bis zum Anwerbestopp lag zum Beispiel die Rückkehrquote ausländischer Arbeiter in Frankreich und der Bundesrepublik bei gut 30 Prozent.[61] In den 1960er und 1970er Jahren ist deshalb der Anteil derer, die in sozialen Transiträumen wohnten, in beiden Ländern nicht unerheblich. Ein Teil von ihnen blieb nur für einen beschränkten Zeitraum von 5 bis 10 Jahren in der Industrie und kehrte danach wieder in seine Heimat zurück oder wechselte in industrieferne Branchen. Dennoch haben selbst diese Zugvögel der industriellen Arbeitswelt in sozialräumlicher Hinsicht dauerhafte Spuren hinterlassen. Mit Gemeinschaftsunterkünften, Arbeiterwohnheimen, Hotels garnis und billigen Unterkünften in Sanierungsvierteln entstanden eigene Sozialräume an den Rändern proletarischer Viertel. Sie waren allesamt mehr oder weniger durch die Perspektive der Rückkehr und die Realität des Provisoriums geprägt, auch wenn ihre Bewohner dort vielfach ihr halbes oder ganzes Berufsleben verbrachten, bevor die Rückkehr oder der Wechsel in jene Sozialräume gelang, denen sie sich stärker oder dauerhaft zugehörig fühlten, weil dort familiäre oder andere Verbindungen bestanden sowie Sprache, Religion und Alltagskultur vertraut waren.

Die Lage der Arbeitsmigranten in der industriellen Produktion ver-

61 Helen Baykara-Krumme, »Returning, Staying or Both? Mobility Patterns among Elderly Turkish Migrants after Retirement«, in: *Transnational Social Review* 3 (2013), S. 11-29, hier: S. 13.

änderte sich, wie schon angedeutet, nach 1974 signifikant. Die Anwerbestopps in Frankreich und der Bundesrepublik sowie die Ver-
schärfung der Einreisemöglichkeiten für britische Bürger des Commonwealth sorgten dafür, dass die Frage der Rückkehr für viele
Arbeitsmigranten auf die Tagesordnung rückte. Sie waren in Frankreich und der Bundesrepublik überdurchschnittlich stark von den
Massenentlassungen und Sozialplänen der Krisenbranchen Kohle, Stahl
und Textil betroffen. Finanzielle Rückkehrhilfen wurden in Frankreich und der BRD nach der Konjunkturkrise Anfang der 1980er Jahre
Bestandteil der regierungsamtlichen Maßnahmen gegen die anhaltende Massenarbeitslosigkeit. Davon machten weniger Arbeitsmigranten Gebrauch als erhofft, jedoch waren es häufiger diejenigen, die
sich bis dahin in den Provisorien der Transiträume eingerichtet hatten und nun nach mitunter mehr als zehnjähriger Industriebeschäftigung als bereits älter gewordene un- oder angelernte Arbeiter angesichts drohender Arbeitslosigkeit den Versuch unternahmen, mit
den staatlichen Prämien als Startkapital eine neue berufliche Existenz
in ihren Heimatländern aufzubauen. Auf diesem Weg kehrten zum
Beispiel mehr als 23 000 Algerier zwischen 1984 und 1988 Frankreich
den Rücken und nach Algerien zurück.[62] In der Bundesrepublik machten 13 700 ausländische Arbeitskräfte, davon allein 12 000 türkische
Arbeitsmigranten, vom Angebot des »Rückkehrhilfe-Gesetzes« 1983/
84 Gebrauch.[63]

Der algerische Soziologe Abdelmalek Sayad hat den Begriff »doppelte Abwesenheit« (*double absence*) vorgeschlagen, um die Defizite
sozial-kultureller Zugehörigkeit seitens der algerischen Arbeitsmi-

62 Rachid Benattig, »Le devenir des Algériens rentrés avec l'aide à la réinsertion«, in:
Revue européenne des migrations internationales 4 (1988), S. 97-113; ders., »Les retours assistés dans les pays d'origine: une enquête en Algérie«, in: *Revue européenne
des migrations internationales* 5 (1989), S. 79-102.
63 Jan Motte, »Gedrängte Freiwilligkeit. Arbeitsmigration, Betriebspolitik und Rück-
kehrförderung 1983/84«, in: ders. u. a. (Hg.), *50 Jahre Bundesrepublik, 50 Jahre Einwanderung. Nachkriegsgeschichte als Migrationsgeschichte*, Frankfurt/M., New York
1999, S. 165-183; Karin Hunn, »*Nächstes Jahr kehren wir zurück...*«. *Die Geschichte
der türkischen »Gastarbeiter« in der Bundesrepublik*, Göttingen 2005, S. 478-491.

granten zu bezeichnen, die in unserem Untersuchungszeitraum nach Frankreich gekommen sind.[64] Damit widersprach er einer verbreiteten optimistischeren Sichtweise zumal unter Migrationssoziologen, die aus der biographischen Verknüpfung von zwei unterschiedlichen, geographisch voneinander entkoppelten Sozialräumen auf eine »doppelte Anwesenheit« schlossen und die sozialen, ökonomischen und kulturellen Zugewinne gegenüber den Verlustrisiken der Migrationserfahrung betonten. Die »Rückkehrillusion« war ein ganz wesentliches Element dieser doppelten Abwesenheit nicht nur unter nordafrikanischen Arbeitsmigranten; sie prägte, wie Studien für die Bundesrepublik zeigen, über Jahrzehnte auch türkische Arbeitsmigranten, die längst mehr als 15 und 20 Jahre dort arbeiteten. 1985 äußerten noch 80 Prozent der befragten türkischen Arbeitsmigranten den Wunsch, in die Heimat zurückzukehren, zwanzig Jahre später waren es immer noch mehr als 40 Prozent.[65]

Im Zeichen der Deindustrialisierung veränderten sich auch die traditionellen Transiträume der in der Industrie beschäftigten Arbeitsmigranten. Allmählich verschwanden die fabriknahen Unterkünfte, immer mehr Arbeitsmigranten zogen mit ihren Familien in neu gebaute oder freiwerdende Sozialwohnungen. Mit Blick auf den oben beschriebenen Trend zum Eigenheim bildeten sie in ihrer großen Mehrheit die Nachzügler, da sie sowohl auf den schrumpfenden industriellen Arbeitsmärkten als auch auf den Wohnungs- und Häusermärkten mit Nachteilen wie mangelnden beruflichen Qualifikationen oder fehlendem Vermögen zu kämpfen hatten. Im Ergebnis schlug sich dies in einer markanten Verdichtung ausländischer Wohnbevölkerung in schlechter ausgestatteten, kleineren Wohnungen und in den Vierteln des sozialen Wohnungsbaus nieder. In diesen schlecht beleumundeten und wenig nachgefragten Quartieren trafen sie mit später zugewanderten Migrantengruppen und anderen von den freien

64 Abdelmalek Sayad, *La double absence. Des illusions de l'émigré aux souffrances de l'immigré*, Paris 2003.
65 Diehl/Liebau, »Turning back to Turkey – Or Turning the Back to Germany?«, S. 31.

Wohnmärkten verdrängten sozialen Gruppen in prekären Lebens- und Einkommenslagen zusammen.[66]

Eine vergleichende Studie über die Geschichte türkischer »Migrantenkolonien« in Colmar und Bamberg im Zeitraum von 1970 bis 1995 erlaubt einige genauere Einblicke in die Folgen der Deindustrialisierung für die Sozialräume der Zuwanderer.[67] In Bamberg sorgte die Kontinuität lokaler industrieller Beschäftigung dafür, dass die türkischen Arbeiterinnen und Arbeiter über die Rezessionen 1973/74 und 1980 bis 1982 in ihrer großen Mehrheit dauerhaft beschäftigt blieben und mit ihren Familien meist in sozial gemischten Wohnquartieren der Region wohnten. Die Einbettung in die lokalen Arbeitskulturen vollzog sich über die Zäsur der beiden Ölkrisen hinweg, die knapp 1400 Personen zählende türkische »Kolonie« wurde fester Bestandteil des lokalen Arbeitermilieus. In Colmar hingegen entstand die türkisch-kurdische Migrantenbevölkerung vor allem durch illegale Zuwanderung beziehungsweise nach dem Anwerbestopp von 1974 auf der Grundlage politischen Asyls, und die Arbeits- und Wohnbedingungen der lokalen Gruppe blieben durch Instabilität und Prekarität geprägt. Ein Einstieg in die Welt der Festanstellung war für die Mehrzahl der unqualifizierten Migranten sehr schwer und gelang nur einer Minderheit unter ihnen. In diesem Fall bildeten sich jene typischen Transiträume, in denen die sozialen Erfahrungen der doppelten Abwesenheit sich kumulierten und zumeist auch die Lebenschancen der zweiten und sogar der dritten Generation (mit)prägten.

In Großbritannien spielten Arbeitsmigranten zahlenmäßig eine deutlich geringere Rolle in der Industriearbeit als in den beiden Ver-

66 Pierre Bourdieu, *Das Elend der Welt. Zeugnisse und Diagnosen des alltäglichen Leidens an der Gesellschaft*, Konstanz 1997, Kap. »Position und Perspektive«, S. 17-156, sowie »Ortseffekte« S. 159-168.
67 Gaby Straßburger u. a., *Die türkischen Kolonien in Bamberg und Colmar. Ein deutsch-französischer Vergleich sozialer Netzwerke von Migranten im interkulturellen Kontext*, Bamberg 2000; dies., »Türkische Migrantenkolonien in Deutschland und Frankreich«, in: *Archiv für Sozialgeschichte* 42 (2002), S. 173-189.

gleichsländern. Die Zahl ausländischer Arbeiter beziehungsweise britischer Bürgerinnen und Bürger, die aus dem Commonwealth zugewandert waren, lag bei durchschnittlich 5 bis 6 Prozent der Industriebeschäftigten. Sie waren zudem noch stärker als in Frankreich und der Bundesrepublik in einigen wenigen Zentren konzentriert: neben der Stadt und dem Großraum London, wo ausgewählte Viertel Ausländeranteile von mehr als 33 Prozent aufwiesen (Brent, Newham, Tower Hamlets, Hackney, Brixton, Slough oder Luton), waren dies vor allem Bradford (für die südasiatischen Zuwanderer), Birmingham und Liverpool (hier vor allem der Stadtteil Toxteth) für Zuwanderer aus der Karibik.[68] Diese Konzentration führte bereits frühzeitig dazu, dass in Großbritannien entsprechende Wohnquartiere entstanden, in denen diese Zuwanderergruppen entweder dominierten oder jedenfalls stark vertreten waren.

Allen drei Ländern gemeinsam ist jedoch die statistisch signifikante Präsenz von Zuwanderern in den Krisenzonen der Sozialwohnungsquartiere und den verwahrlosten Trabantenstädten der letzten Industrieexpansion. Zuwandererhaushalte und -familien hatten mit den negativen Folgen von Diskriminierungen auf dem Wohnungsmarkt und zugleich mit den Risiken instabiler Beschäftigungsverhältnisse für an- und ungelernte Arbeiter zu kämpfen. Entsprechend stark betonte die mediale Berichterstattung und die politische Bearbeitung dieser Probleme die ethnische Dimension derjenigen Konflikte und Probleme, die sich typischerweise in diesen Quartieren häufen. Aus den Transiträumen der Industriegesellschaft waren die neuen Problemzonen der Dienstleistungsgesellschaft geworden.

68 Marwick, *British Society since 1945*, S. 389.

Das Ende der sozialmoralischen Milieus und die Krise lokaler Arbeiterkulturen

Die Arbeiterviertel in den Industriestädten waren bis in die 1980er Jahre zugleich auch regionale Zentren gewerkschaftlicher und linker politischer Kultur. Diese Kommunen waren meist fest in der Hand von Labour in Großbritannien, der SPD in der BRD und der PCF oder (ab 1971) der PS in Frankreich, und die linken Gemeindeverwaltungen unterstützten durch Räume, Personal und Finanzmittel das lokale Vereinswesen der eigenen Wählerbasis: Der *social club*, das lokale Gewerkschaftshaus, Sport-, Musik- und andere Freizeitvereine waren mehr oder weniger in diese Netzwerke eingebunden. Diese »sozialmoralischen Milieus«[69] mobilisierten zwar vor Ort immer nur eine aktive Minderheit von Parteimitgliedern, Gewerkschaftlern und Aktivisten, prägten aber insgesamt diese Wohnquartiere und Sozialräume. In Großbritannien war diese sozialräumliche Konfiguration verbreiteter als in Frankreich oder der Bundesrepublik, weil dort viele Industrieregionen (vor allem im Norden, in den Midlands und in Wales) über eine lange, auch politisch ungebrochene Tradition verfügten. Viele Industrieregionen Frankreichs und der Bundesrepublik waren jünger, der Anteil der Zuwanderer dort durchgängig viel höher und die politische Tradition der Arbeiterbewegungskulturen viel schwächer ausgeprägt oder durch Krieg und NS-Diktatur überlagert worden.[70] Häufig wird übersehen, dass die politischen Mobilisierungen im Anschluss an 1968 in diesen Industrieorten die lokalen linken Arbeiterkulturen verstärkten. Sie sorgten zum Beispiel für einen Generationenwechsel unter den Aktivisten und erweiterten die Mitgliederbasis von Linksparteien und Gewerkschaften. In vielen katholisch geprägten kleineren Industriegemein-

---

69 M. Rainer Lepsius, *Demokratie in Deutschland. Soziologisch-historische Konstellationsanalysen*, Göttingen 1993.
70 Stefan Goch, *Sozialdemokratische Arbeiterbewegung und Arbeiterkultur im Ruhrgebiet. Eine Untersuchung am Beispiel Gelsenkirchen, 1948-1975*, Düsseldorf 1990.

den Frankreichs und der Bundesrepublik errangen erst in den 1970er Jahren die Linksparteien kommunale Mehrheiten.[71] Was mit diesem sozialmoralischen Milieu im Zuge der Deindustrialisierung passierte, ist bislang noch nicht breit untersucht worden. Vor allem für die Bundesrepublik liegen nur wenige regionale Untersuchungen vor, welche die entsprechenden Transformationsprozesse regionaler Ordnungsmuster genauer in den Blick nehmen.[72]

Relativ klar und eindeutig war die Sache dort, wo die Deindustrialisierung als lokale Strukturkrise die etablierten soziokulturellen Routinen mit voller Wucht traf. In diesen Fällen löste sie nämlich die lokalen Arbeitermilieus sehr schnell auf: Entlassungswellen und Werksschließungen, Abwanderung, Jugendarbeitslosigkeit und Langzeitarbeitslosigkeit verwandelten in den »alten« Industrieregionen die bislang arbeitszentrierten Quartiere in Problemzonen städtischer Sozialpolitik. Vor allem Reportagen und Zeitzeugenberichte aus den britischen Industriestädten des Nordens betonen die rasche Auflösung der sozialmoralischen Verbindungen in den Wohnquartieren. Linke Gemeinderäte und Stadtverwaltungen sahen sich mehr und mehr gezwungen, die sozialen Notlagen und wachsende Armut mehr schlecht als recht zu verwalten.[73] Auf diese Krise linker Politik in den alten Industriestädten reagierten die Arbeiterparteien sehr unterschiedlich. Lokal artikulierte sich die wachsende soziale Ungleichheit zwischen »Gewinnern« und »Verlierern« der Umbrüche als wachsende Spannungen zwischen verschiedenen Wählergruppen und Quartieren. Dort, wo vor allem Arbeitsmigranten die schlech-

---

71 Vgl. für das Ruhrgebiet: Wolfgang Hindrichs, *Der lange Abschied vom Malocher. Sozialer Umbruch in der Stahlindustrie und die Rolle der Betriebsräte von 1960 bis in die neunziger Jahre*, Essen 2000.

72 Arne Hordt, *Kumpel, Kohle und Krawall*, Göttingen 2018; Neumann, *Unternehmen Hamburg*; Dietmar Süß, *Kumpel und Genossen. Arbeiterschaft, Betrieb und Sozialdemokratie in der bayerischen Montanindustrie 1945 bis 1976*, Berlin, Boston 2003.

73 Murden, »»City of Change and Challenge««; Karen Evans u. a., *A Tale of Two Cities. Global Change, Local Feeling and Everday Life in the North of England*, London 2003.

ter bezahlten oder unbeliebteren Industriejobs in der Schlussphase des Booms übernommen hatten, traten rassistische und nationalistische Gegenströmungen auf, die vor Ort die Integrationspolitik linker Kommunen herausforderten. Der politische Ausgang dieser lokalen Konflikte war sehr unterschiedlich, und auch wenn kein direkter Weg vom Ende der lokalen Arbeiterkulturen hin zu den rechtspopulistischen Mobilisierungen der *working classes/classes populaires* führt, die in den letzten zehn Jahren in allen drei Ländern zu beobachten ist, eröffnete die Erosion dieser politisch-kulturellen Lokalkulturen eine Phase, in der neue politische Akteure die lokale Agenda betraten und die Koordinaten politisch-kultureller Orientierung für die verbliebene Arbeiterschaft verschoben. Grüne Umweltaktivisten im Kampf gegen Kahlschlagsanierung und Umweltverschmutzung, muslimische Aktivisten in den ehemals »roten Hochburgen« französischer, britischer und westdeutscher Vorstädte, rechtsnationalistische Aktivisten mit dezidiert ausländerfeindlichem Programm, sozial- oder wirtschaftsliberale Reformer mit umfänglichen Visionen einer postindustriellen Zukunft – all diese neuen politischen Akteure begleiteten auf kommunaler Ebene die Umbrüche dort, wo die Deindustrialisierung eine Krise der lokalen Arbeitskulturen auslöste. Die alte Hegemonie linker, sozialistisch oder sozialreformerisch gefärbter Arbeiterkulturen beruhte sowohl auf einem spezifischen Arbeitsethos als auch Arbeitshabitus, deren Bestandteile die Bereitschaft zu auch körperlich harter und anstrengender Arbeit (»Maloche«), der Respekt vor Facharbeit und Berufsqualifikation, das Festhalten an strikten geschlechtsspezifischen Rollen- und Arbeitsteilungen in Arbeitswelt und Familie sowie die Wertschätzung von Solidarität und Egalität waren. Das Schrumpfen industrieller Arbeitsplätze in der Gegenwart und die Zukunftserwartung des völligen Verschwindens dieser Arbeit stellten auch die kollektive Verbindlichkeit dieser Arbeitskultur in Frage.[74]

74 Danièle Linhart, »D'un monde à l'autre: la fermeture d'une entreprise«, in: *La Revue de l'Ires* 47 (2005), S. 81-94.

Anders sah es in den Trabantenstädten und den expandierenden kleinstädtisch-ländlichen Wohnquartieren aus, in denen, wie wir gesehen haben, ein wachsender Teil der Industriearbeiter wohnte. Hier existierten andere soziokulturelle Prägungen, spielten ältere dörfliche Verbindungen, traditionelle kirchliche oder religiöse Bezüge oder – bei den Arbeitsmigranten – gemeinsame Herkunftsländer und -regionen eine ebenso wichtige Rolle wie die Traditionen der nationalspezifischen gewerkschaftlich-linken Arbeiterbewegungskulturen.[75] Die in der Umbruchphase relativ erfolgreichen Industriedistrikte haben jedenfalls ihre ausgeprägt regionalspezifischen Prägungen beibehalten. Unterschiedliche Berufsgruppen und sozialmoralische Milieus haben die eben beschriebenen traditionellen Normen – harte (industrielle) Arbeit, Solidarität etc. – weitergetragen. Diese Arbeitskulturen waren in den meisten Fällen aber klassenübergreifend und ausgeprägt regionalbezogen. Ihre (partei)politische Prägung war lokal unterschiedlich und wurde angesichts der Verschiebungen in der beruflichen Zusammensetzung der regionalen Arbeitskräfte eher schwächer. Die wenigen Studien, die vorliegen, betonen vor allem die lokalen Bindungen und die Distanz zu den urbanen linken Milieus und deren Werten.[76]

Für Frankreich ist davon gesprochen worden, dass damit die *classe ouvrière* als soziokulturelles Milieu aus den Sozialräumen der Industrieregionen verschwand und die Arbeiter der 1990er Jahre sich dort eher als Teil des jeweiligen regionalen oder lokalen Sozialgefüges verstanden. Und in der Tat spricht vieles dafür, sich von der Kategorie *classe ouvrière* zu verabschieden und zu *classes populaires* zu greifen, um die soziokulturellen Gemeinsamkeiten zwischen räum-

75 Wolfgang Schäfer, *Die Fabrik auf dem Dorf: Studien zum betrieblichen Sozialverhalten ländlicher Industriearbeiter*, Göttingen 1991.
76 Werner Kudera, »Lebenskunst auf niederbayerisch: Schichtarbeiter in einem ländlichen Industriebetrieb«, in: Projektgruppe »Alltägliche Lebensführung« (Hg.), *Alltägliche Lebensführung. Arrangements zwischen Traditionalität und Modernisierung*, Wiesbaden 1995, S. 121-170; Florence Weber, *Le travail à-côté. Une ethnographie des perceptions*, Paris 2009.

lich benachbarten Haushalten männlicher Industriearbeiter oder Techniker, weiblicher (einfacher) Angestellter in Verwaltungen, Einzelhandel oder Gesundheitsberufen auf einen Begriff zu bringen.[77] Im Fall von Industriedistrikten verdichten sich solche Gemeinsamkeiten häufig zu markanten Arbeitskulturen, außerdem haben wir ja bereits im Kapitel über die betrieblichen Sozialordnungen festgestellt, dass diese lokalen Arbeitskulturen wiederum eine wichtige Rolle bei der Verteidigung beziehungsweise Ausweitung von Teilhabe und Sozialbürgerschaft in der Arbeitswelt gespielt haben. Die »kleine Welt der Betriebe« erweiterte sich zu sozialen Nahräumen mit starken Bindungskräften und Netzwerken. Ob als »Bündnisse für Arbeit« in Klein- und Mittelbetrieben oder als kooperative Arbeitsgesellschaften: In all diesen Betrieben erwiesen sich diese politisch eher unauffälligen, eher konsensorientierten regionalen Arbeitskulturen als wichtiger Rückhalt für die Weiterführung arbeitsbezogener Partizipation. Gefährdet wurden diese sozialmoralischen Ordnungsmuster, wenn Kapitaleigner und Unternehmensleitung sich aus den wechselseitigen Verpflichtungen zurückzogen, entweder weil lokale Unternehmen in den Besitz größerer Konzerne oder internationaler Finanzinvestoren übergingen, die ihrerseits ein neues Management einsetzten und die lokalen Einbettungen kappten, oder weil der lokale Standortwettbewerb vom Management ausgenutzt wurde, um kooperative Zugeständnisse zurückzunehmen und die eigene Belegschaft zu »erpressen«. Die Sicherung »guter Arbeit« in den Regionen, und zwar in Form leistungsstarker, anerkannter Unternehmen mit fairen Arbeitsbedingungen und guten Löhnen, spielte jedenfalls für die politisch-kulturellen Grundlagen dieser lokalen Arbeitskulturen eine ganz wichtige Rolle. Der weitere Gang der Transformation von Industrieregionen, die durch die *classes populaires* geprägt blieben, in Zonen prekärer Dienstleistungsjobs und in Sphären prak-

---

77 Olivier Schwartz, »Peut-on parler des classes populaires?«, in: *La Vie des idées* (13.9.2011), ⟨http://www.laviedesidees.fr/Peut-on-parler-des-classes.html⟩, zuletzt eingesehen am 3.1.2019.

tisch unerreichbarer Traumjobs für akademische Professionals unterspülte dann über kurz oder lang endgültig die sozialmoralischen Grundlagen jener regionalen Zusammenhänge, welche den Zusammenbruch der alten industriellen Sozialräume noch überstanden hatten.

Die sozialräumlichen Folgen der Deindustrialisierung sind, wie hoffentlich deutlich geworden ist, ausgesprochen vielfältig und lassen sich nicht auf regionale Disparitäten, Segregation und Gentrifizierung reduzieren, auch wenn es sich dabei um Erscheinungen handelt, die erhebliche mediale Aufmerksamkeit genießen. Näher an die sozialen Gemengelagen in den alten wie den neuen Industrieorten und -regionen führen drei andere Phänomene heran, die ich im Sinne einer Zusammenfassung noch einmal besonders hervorheben möchte.

Zum einem haben wir gesehen, dass sich die industriellen Arbeits- und Lebenswelten in »Randzonen« zurückgezogen haben. Diese Peripherisierung geht sowohl auf den Auszug der Großindustrien aus den städtischen Zentren als auch auf die Verlagerung neuer Industrien in kleinstädtisch-ländlich geprägte Räume zurück und war von einer Verlagerung von Arbeiterquartieren in großstädtische Randlagen oder direkt in Klein- und Mittelstädte oder gar Dörfer begleitet. Sie hat ganz erheblich dazu beigetragen, die gleichzeitige Neuerfindung aller drei Gesellschaften als »Dienstleistungsgesellschaften« voranzutreiben, deren Zentren nun in den großstädtischen Kernräumen lagen. Diese wiederum erfuhren eine kulturelle und ökonomische Aufwertung via Gentrifizierung und urbanistische Imagepflege, etwa in Form von *Signature*-Architektur und touristischen Attraktionen, wie wir sie seit den 1990er Jahren in allen drei Ländern beobachten können. Die Rückverlagerung industrieller Normalität an die Ränder der Städte und in die »Provinz« knüpfte nahtlos an die sozialräumliche Ordnung des bürgerlichen 19. Jahrhunderts und deren symbolisch-kulturelle Bewertungen von Orten an.[78] Die Verwahr-

78 »Ortseffekte« nennt das Bourdieu, siehe *Das Elend der Welt*, S. 159-168.

losung öffentlicher Räume in und der Rückzug staatlicher Autorität aus den *zones urbaines sensibles*, wie die politisch korrekte Bezeichnung französischer Raumplanung lautete, waren nur die medienwirksamen Teilaspekte dieses viel breiteren sozialräumlichen Prozesses.[79] Mit »Peripherisierung« ist zugleich auch eine symbolische Rückstufung gemeint, welche von den Betroffenen durchaus sensibel als Exklusion registriert worden ist. Ein Teil der *classes populaires* sah sich erneut an den Rand gedrängt, quasi unsichtbar gemacht und durch die sozialräumlichen Konsequenzen der Deindustrialisierung um ihre soziale Anerkennung gebracht.

Zum Zweiten rückte die Industriearbeiterschaft während der Phase der Deindustrialisierung in den Kreis der Haus- und Grundbesitzer auf. Dies galt vor allem für diejenigen qualifizierten Industriearbeiter, die zu den Stammbelegschaften der schrumpfenden Industriebetriebe zählten, aber auch für Familien/Haushalte mit mehreren Einkommensquellen. Gerade die Zunahme weiblicher Erwerbsmöglichkeiten in den neuen Dienstleistungsbranchen eröffnete hier neue Möglichkeiten. Viele dieser Haushalte erwarben ihr Wohneigentum dank günstiger Hypothekenkredite und verschuldeten sich in erheblichem Maße. Die vor allem für Frankreich gut dokumentierte Entstehung entsprechender Wohnquartiere einer »unteren Mittelschicht«, wie man in Deutschland gerne sagt, beziehungsweise der *classes populaires* gaben der Verlagerung der Arbeitsmärkte hin zu den unterschiedlichen Dienstleistungen jenen sozialräumlichen Ankerplatz,[80] ohne den sozialräumliche Verwahrlosung eintrat, wie sie die suburbanen »Problemviertel« oder monoindustriellen Ruinenstädte (bei denen es sich rein quantitativ allerdings um Ausnahmefälle handelt) für alle Sozialpolitiker und die breitere Öffentlichkeit deutlich erkennbar vor Augen führten. Es kam, anders als es die so-

---

79 Wilhelm Heitmeyer u. a. (Hg.), *Die Krise der Städte. Analysen zu den Folgen desintegrativer Stadtentwicklung für das ethnisch-kulturelle Zusammenleben*, Frankfurt/M. 1999.
80 Cartier, *La France des »petits-moyens«.*

zialdemokratischen Aufstiegsprogramme in der Expansionsphase suggeriert hatten, nicht zu einer sozialräumlichen »Durchmischung« einer sozial immer durchlässigeren Gesellschaft, sondern die Mehrzahl der Arbeiterschaft blieb in ihren Lebens- und Wohnbedingungen auf einen Platz in der unteren »Hälfte« der drei nationalen Sozialräume verwiesen. Dabei darf nicht vergessen werden, dass in den entsprechenden Quartieren und Siedlungen auch die Mehrheit der Arbeitsmigranten, die ihre ursprünglichen Transiträume verlassen hatten, ihren Platz fand. Es handelte sich im Untersuchungszeitraum um Zonen relativer sozialräumlicher Stabilität. Sie funktionierten auch deshalb als solche Ankerpunkte, weil das tägliche oder wöchentliche Pendeln zwischen Arbeitsplatz und Wohnort immer mehr zunahm. Der Trend war in allen drei Ländern gleich stark: Die Zahl der Berufspendler nahm in den letzten drei Jahrzehnten des 20. Jahrhunderts und auch danach stetig zu, zugleich wuchsen die dabei zurückgelegten Entfernungen.[81]

Zum Dritten verschwanden in allen drei Ländern bis auf wenige Ausnahmen die großindustriellen Ballungszonen, in denen es in der Blütezeit der Industrialisierung zwischen 1880 und 1970 zu einer ganz engen Verzahnung von industriellen Produktionsräumen mit industriell geprägten Sozialräumen gekommen war. Die montanindustriellen Regionen, aber auch die großen Automobilwerke waren solche kompakten Industriearbeitswelten. Die Industriedistrikte des digitalen Zeitalters sind hingegen viel stärker durch jene Raumordnungen geprägt, wie sie die ländlich-kleingewerblichen Zonen schon immer charakterisiert haben: kleinstädtisch geprägte Siedlungsstrukturen mit gemischten Wirtschaftsstrukturen und engen Vernetzungen zwischen den unterschiedlichen sozioökonomischen Statusgruppen. Dass diese neuen, überschaubaren Industriegebiete in unseren drei Ländern durchaus unterschiedliche Gestalten angenommen haben, hat vor allem mit den jeweiligen nationalspezifi-

---

81 Detaillierte Daten für die BRD liefert Dorn, *Alle in Bewegung*, S. 63 u. S. 123.

schen Rahmenbedingungen zu tun. Detaillierte sozialgeschichtliche Untersuchungen über die soziokulturellen Grundlagen dieses dritten Phänomens sind ein Desiderat. Hier liegt noch viel Forschungsarbeit vor uns.

Schluss: Die Gesellschaftsgeschichte der Deindustrialisierung als Problemgeschichte unserer Gegenwart?

Welche Erbschaften haben die Umbrüche der Deindustrialisierung der sozialen Gegenwart Westeuropas hinterlassen? Welche politischen Herausforderungen und Gestaltungsoptionen ergeben sich aus den Analysen der voranstehenden Kapitel? – Wer eine Gesellschaftsgeschichte der jüngeren Vergangenheit schreibt, kommt nicht umhin, sich auch mit Fragen wie diesen auseinanderzusetzen und damit das Gebiet der historischen Forschung ein Stück weit zu verlassen. Zwar habe ich bereits am Ende der acht Kapitel jeweils versucht, die bis in die Gegenwart reichenden Kontinuitätslinien kenntlich zu machen, möchte aber nun, zum Abschluss meiner Untersuchung, noch einmal diejenigen Aspekte benennen, die in der Zusammenschau besonders deutlich hervortreten.

Erstmals seit langer Zeit hat die Deindustrialisierung wieder Gewinner und Verlierer in den Gesellschaften Westeuropas produziert. Der wirkungsmächtige »Fahrstuhleffekt« des Nachkriegsbooms, der (fast) alle Berufsgruppen und Schichten in höhere Etagen von Einkommen und sozialer Sicherheit, von Bildungschancen und Konsummöglichkeiten befördert hatte, setzte Ende der 1980er Jahre aus. Von da ab nahm nicht nur die Einkommensungleichheit wieder zu, sondern soziale Risiken wie Arbeitslosigkeit, Einkommensarmut und Vermögenslosigkeit, aber auch minderwertige Wohnbedingungen und schlechte Jobs wurden zusammengenommen wieder prägend für die Lebenswirklichkeit zwar nicht der Mehrheit, aber doch eines erheblichen Teils der westeuropäischen Bevölkerung. Vor allem dem Verlust gut bezahlter Arbeitsplätze in der Industrie war es geschuldet, dass dieser Fahrstuhl nicht mehr für alle funktionierte, denn von den neuen Dienstleistungsjobs gab es bei weitem nicht genug, außerdem waren sie häufig schlecht bezahlt, boten keine Beschäftigungssicherheit und nicht immer das, was man eine halbwegs zufriedenstellende Arbeits- und Berufserfahrung nennen könnte. Kaum waren in den drei westeuropäischen Ländern die meisten Spuren proletarischer Existenzweise beseitigt worden, brach ein neues Zeitalter der Prekarität an. Ich habe die gesellschaftshistorischen Konturen dieser neuen Konstellation in diesem Buch zwar immer wieder angesprochen, sie aber nicht in den Mittelpunkt gerückt – weil sich gezeigt hat, dass von der industriellen Arbeitswelt eben auch starke, diese neuen Tendenzen geradezu konterkarierende Beharrungskräfte ausgingen. Tatsächlich sind die westeuropäischen Industrien im Großen und Ganzen Sektoren stabiler Beschäftigung geblieben, in denen dank hoher Produktivität Löhne gezahlt wurden, die bei vergleichbarem Qualifikationsniveau über denen im Dienstleistungssektor lagen. Die Reallöhne wuchsen zwar nur noch in sehr bescheidenem Umfang, aber die Qualität der Arbeit und die Sicherheit der Beschäftigung schufen eine Distanz zwischen den dort Beschäftigten und jenen, welche die Industriearbeit aufgaben und ihr Auskommen in den neuen *service industries* finden mussten. Der Trend zu Letzterem war dort besonders stark, wo die Industrieproduktion schnell und drastisch schrumpfte, es infolgedessen zu Massenentlassungen kam oder arbeitsbezogene Sozialleistungen und Rechte in großem Umfang abgebaut wurden und der Anteil von unqualifizierten Jobs in der industriellen Fertigung relativ hoch blieb. In vielen Regionen Großbritanniens ist all dies der Fall gewesen, während sich die Gesamtsituation in Frankreich und der Bundesrepublik von Anfang an anders entwickelt hat. Die Entscheidung britischer Regierungen für eine radikale Deindustrialisierung samt Kurswechsel in der Sozialpolitik ist noch zu Beginn des 21. Jahrhunderts von vielen westeuropäischen Politikern als »mutig« bewundert worden und die inzwischen eingetretenen arbeitsmarktpolitischen Erfolge des britischen Wegs regten zu entsprechenden Nachahmungen auf dem Kontinent an, wenn auch in geringerem Umfang und mit deutlich vorsichtigerem Zugriff. Allerdings hatte und hat dieser Erfolg auch einen hohen gesellschaftlichen Preis, nämlich dass prekäre Arbeitsund Lebensverhältnisse in einem Maße zur Lebenswirklichkeit vieler Mitglieder der *working classes* geworden sind, wie es in den beiden anderen Ländern nicht der Fall war. Der britische Abschied von der Sozialbürgerschaft hat die Kluft zwischen Großbritannien und den beiden anderen Ländern markant vertieft – und dies lange vor dem Brexit.

Die sozialen Beharrungskräfte industrieller Arbeit waren dort am stärksten, wo die technologischen Innovationen zugleich weitreichende Veränderungen in der Arbeitsorganisation und bei den Produkten selbst herbeigeführt haben. Immer wieder hat sich im Laufe der Untersuchung gezeigt, dass die Gestaltungsspielräume beim Spurwechsel der Unternehmen und Betriebe auf die Seite der flexiblen Qualitätsproduktion relativ groß waren und häufig pragmatisch-situationsabhängig genutzt wurden, und zwar von beiden Seiten, Kapital und Arbeit. Ständig und in gleichsam experimentellen Situationen veränderten sich beispielweise die betrieblichen Sozialbeziehungen in den 1980er und 1990er Jahren in allen drei Ländern. Es kam zu einer Neuverteilung von Verantwortlichkeiten und Mitspracherechten zwischen den verschiedenen Beschäftigtengruppen und zu einer Neubewertung fachlichen beziehungsweise produktionsspezifischen (Erfahrungs-)Wissens. Meist wurden die Betriebshierarchien flacher, und das Aufgabenspektrum und die Verantwortlichkeiten von Arbeiterinnen und Arbeitern wurden größer. In der Bundesrepublik setzte sich mehrheitlich ein Modell flexibler Qualitätsproduktion in den exportorientierten Industrieunternehmen durch, in denen qualifizierte Kernbelegschaften weitreichende Mitgestaltungs- und partiell Mitbestimmungsrechte erhielten. In Frankreich und Großbritannien hingegen gab es einen Trend zur Entwicklung neuer Formen taylorisierter Arbeitsbeziehungen auf der Grundlage computergestützter Fertigungs- und Kommunikations- und Kontrollsysteme. Aber auch dort, wo solche tradierten Arbeitsteilungen zwischen Arbeiterinnen und Arbeitern, Fachkräften und Angelernten weiter gepflegt und Wissen und Kompetenzen nur in bescheidenem Maße neu verteilt wurden, konnten sich betriebliche Sozialordnungen etablieren, welche auf Kooperation und Anerkennung beruhen. Dass der eigene Betrieb immer wieder als positiver Bezugspunkt in den Berichten und Befragungen von Industriearbeiterinnen und -arbeitern genannt wurde, verweist auf seine Bedeutung als Ankerpunkt arbeitsbiographischer Kontinuität und für soziale Integration. Die Unsicherheiten der Datenlage sowie die Vielfalt der konkreten betrieblichen Konstellationen lassen zwar keine eindeutige Aussagen zu, erlauben aber durchaus die vorsichtige Deutung, dass die Zufriedenheit vieler Beschäftigter mit ihren neuen industriellen Arbeitsplätzen auch mit Erfahrungen sozialer Anerkennung und (relativer) sozialer Sicherheit zusammenhing. Das bessere Image vieler Industrieunternehmen war also nicht allein das Resultat erfolgreicher PR-Arbeit oder einer Kontrastierung mit der arbeits- und sozialpolitischen Negativbilanz vieler neuer Dienstleistungsunternehmen. Dass die Ansprüche der Belegschaften auf Teilhabe und Anerkennung sogar in dieser Umbruchphase mit den Renditeerwartungen der Kapitalseite vereinbar waren, scheint mir unabweisbar.

Die Aufwertung des eigenen Betriebs durch seine Beschäftigten, zumal in Zeiten von Massenarbeitslosigkeit und wirtschaftlichen Wechsellagen, ist keineswegs ein neues Phänomen. Neu war allerdings, dass sie nun, das heißt in der Umbruchphase nach dem Boom, viel stärker als in der Vergangenheit aufs Engste mit effektiver gewerkschaftlicher beziehungsweise betrieblicher Interessenvertretung verbunden blieb. Der Ausbau betrieblicher Vertretungsrechte ist ein klarer Trend in dieser Phase, der gern vernachlässigt wird. Er führte dazu, dass vor allem auch in mittleren und kleineren Betrieben der Alleinherrschaft des Managements oder des Unternehmers ein Ende gesetzt wurde, auch wenn dies nicht flächendeckend der Fall war. Auf der Ebene der tarifrechtlichen Regulierungen markierten Großbritannien und Frankreich die beiden Extreme politischer Gestaltung betrieblicher Partizipation. Festzuhalten ist, dass es vor allem der Verbreitungsgrad kollektiver Interessenvertretung war, welcher in den konkreten industriellen Arbeitswelten der drei Länder den Unterschied ausmachte. Demokratische Partizipation auf betrieblicher Ebene entwickelte sich parallel zu den technologischen und organisatorischen Umbrüchen in der industriellen Produktion und ist eine wichtige Erbschaft dieser Übergangszeit.

Ob Fabriken zu »Arbeitshäusern« mutierten oder sich zu »kooperativen Produktionsgesellschaften« entwickelten, gewann auch deshalb immer mehr an Bedeutung, weil die Repräsentation kollektiver Interessen von Industriearbeiterinnen und -arbeitern auf der politischen Ebene immer schwächer wurde. Die soziale Integration im Betrieb wurde zum Gegenbild sozialer Spaltungen und fehlender Teilhabe auf der gesellschaftlichen Makroebene. Deren Grenzen – die Nation, Europa, der Westen oder gar die globalisierte Welt? – wurden unschärfer, und die Enttäuschungen über deren (Un-)Ordnungen wuchsen. Ich habe beschrieben, wie sich die etablierte Industriearbeiterschaft allmählich von der politischen Bühne zurückzog und seit Beginn des 21. Jahrhunderts weitgehend passiver Zuschauer der dort inszenierten Konflikte geblieben ist. Bei allen nationalen Unterschieden lässt sich festhalten, dass es bei dieser Gruppe zu einer kontinuierlichen Distanzierung von den Linksparteien, ja generell von Parteien und Politik gekommen ist. Die weiteren Spuren dieser Krise der politischen Repräsentation führen mehr oder weniger direkt zu den politischen Protestbewegungen und rechtspopulistischen Mobilisierungen im Westeuropa unserer Tage. Anknüpfend an die Analysen französischer Sozialwissenschaftler habe ich das »Unsichtbarwerden« von Problemwahrnehmungen und Erfahrungen von Industriearbeitern und -arbeiterinnen als einen wichtigen Faktor dieser Repräsentationskrise betont, und meine These von der »Peripherisierung« ihrer Sozialräume gibt dieser eher kultur- und politikgeschichtlichen Analyse ihre gesellschaftshistorische Fundierung.

Der Strukturwandel in der sozialen Geographie von Arbeit und Wohnen gehört zu jenen »stillen Revolutionen«, denen wir in diesem Buch mehrfach begegnet sind, allerdings habe ich seine kulturellen Bedeutungen hier nur streifen können; dazu sind weitere Studien nötig. Der Auszug der *classes populaires* aus den urbanen Zentren und die Ansiedlung vieler Haushalte beziehungsweise Familien von Industriearbeiterinnen und -arbeitern in den Randzonen der Großstädte oder in den flächengreifenden Großräumen der *suburbia* wirkt ebenfalls bis in die Gegenwart. Mit Blick auf den Erwerb von Wohneigentum hielt der Fahrstuhleffekt in allen drei Ländern an und machte eine wachsende Zahl von Arbeiterinnen und Arbeitern zu Teilen jener Eigentümergesellschaft, auf deren Stabilität sich die demokratischen Parteien Westeuropas immer stärker verlassen haben. Ein Teil dieser Arbeiter- und Angestelltenhaushalte ging langfristige hohe Zahlungsverpflichtungen ein, um sich diesen Traum zu erfüllen. Welche Auswirkungen diese finanziellen Verpflichtungen des Vermögenserwerbs bis heute haben, welche aktuellen Abhängigkeiten, Unwägbarkeiten und Ängste daraus resultieren, bedarf ebenfalls noch der genaueren Untersuchung.

Der Erwerb von Wohneigentum durch eine wachsende Zahl von Arbeitern verweist zudem auf einen weiteren bis in die Jetztzeit wirkenden sozialen Wandel »revolutionärer Qualität«. Der »Abschied vom Malocher« vollzog sich nämlich konkret auch als Auflösung kompakter soziokultureller Milieus, die um die Figur des männlichen Produktionsarbeiters kreisten. Der alleinverdienende Schichtarbeiter in den Stahlwerken, Zechen und Automobilfabriken verlor nicht nur zahlenmäßig rasch an Bedeutung. Die große Welle der Frühverrentungen leitete auch das rasche Ende einer milieuprägenden Sozialfigur ein. Dieser Wechsel von Verhaltensweisen und Leitbildern vollzog sich mal als stiller, überwiegend konfliktarmer Wandel in den Einstellungen jüngerer Alterskohorten (so vor allem in der Bundesrepublik oder in Großbritannien), mal als konfliktträchtiger Gegensatz generationstypischer Orientierungen (insbesondere in Frankreich). Damit einher ging ein allmählicher und leiser Wandel der Familien- und Haushaltsstrukturen. Auf den ersten Blick änderte sich gerade innerhalb der *classes populaires* vergleichsweise wenig, denn häufiger noch als in den dynamischen Wachstumszeiten nach dem Zweiten Weltkrieg stammte die nachfolgende Generation von Arbeiterinnen und Arbeitern wiederum aus Arbeiterfamilien oder einfachen Angestelltenhaushalten. Wie in der Generation ihrer Eltern fanden zwar meist Ehepartner aus gleichen oder ähnlichen sozialen Lagen und mit gleichen Bildungsabschlüssen zusammen, allerdings gab es nun vermehrt Partnerschaften zwischen männlichen Industriearbeitern und weiblichen Angestellten, die ihrerseits in den verschiedensten Dienstleistungssektoren tätig waren und anders als noch ihre Mütter über gleichrangige berufliche Qualifikationen verfügten wie ihre Ehemänner oder Partner. Die Ehefrauen, Mütter und Töchter arbeiteten in deutlich stärkerem Umfang als die männlichen Haushaltsmitglieder in Teilzeit, waren nach wie vor stark vertreten bei den An- und Ungelernten, jedoch nahm ihr Anteil bei den Fachkräften langsam, aber kontinuierlich zu. Der Beitrag der Frauen zum Haushaltseinkommen wurde angesichts stagnierender Löhne und anhaltender Zahlungsverpflichtungen allmählich genauso relevant wie das Einkommen der Ehemänner, Väter und Brüder. Infolgedessen entwickelte sich der Sozialraum der *classes populaires* zu einem Kreuzungspunkt unterschiedlicher beruflicher Erfahrungen von Männern und Frauen, von industrieller Arbeitswelt und den neuen und alten Dienstleistungen. Wie homogen dieser Sozialraum war, darüber entschieden mehr denn je die lokalen und regionalen Gegebenheiten: gemeinsame Herkunftsmilieus und Bildungsstandards, lokale beziehungsweise regionale Zugehörigkeiten, Traditionen sozialmoralischer Milieubildung oder Arbeitsbeziehungen.

Diese *classes populaires* wurden am Ende der Umbruchphase und darüber hinaus von allen Seiten als Teil der großen Mitte umworben, die spätestens seit den 1990er Jahren in allen drei Ländern (in der Bundesrepublik deutlich früher) als das Epizentrum eines »klassenlosen« nationalen Gesellschaftscontainers galt; sie sind jedoch in deutlicher kultureller, sozialer und ökonomischer Distanz zu den »besserverdienenden« Mittelschichten der akademischen Berufswelten geblieben – wobei weder die Grenzlinien nach oben noch die nach unten einfach zu ziehen sind – und besetzten in allen drei Ländern mehrheitlich die untere Hälfte des sozialen Raums, ohne diesem durch kulturelle Eigenheiten, gemeinsame politische Organisationen oder übergreifende Konsumstile eine spezifische Prägung oder gar einen Zusammenhalt zu verleihen. Die *classes populaires* nutzten die wachsenden Angebote kulturellen Konsums (Privatfernsehen, Freizeitangebote) und partizipierten an den wachsenden Freiheitsgraden bei der Gestaltung von Freizeitstilen und Konsummustern. Ihr Eintritt in die soziale Logik der feinen Unterschiede gehörte zweifellos zu einer der grundlegenden, bis heute nachwirkenden Verschiebungen in den Sozialräumen Westeuropas, hatte aber mit dem Prozess der Deindustrialisierung nur indirekt zu tun, denn er war viel stärker an die Dynamiken von Konsum, Mediennutzung und Bildung rückgebunden. Hierbei spielten die nationalkulturellen Rahmungen weiterhin eine ausschlaggebende Rolle: Sie bestimmten die symbolischen Einsätze und Gewinne bei der sozialen Bewertung kultureller Praktiken.[1] Die Auflösung der festen Trennlinien zwischen Hochkultur und Unterhaltung, zwischen bürgerlicher und populärer Kultur, die sich in den letzten drei Jahrzehnten des 20. Jahrhunderts in allen drei Ländern in großem Stil vollzog, pluralisierte die Welt gesellschaftlich akzeptierter kultureller Formen, war aber auch der Startschuss zu einem komplexen Wettlauf um symbolische Anerkennungen von Lebensstilen und Konsumangeboten, um die feinen Unterschiede und kulturelles Prestige in der sozialen Welt. In diesen Wettlauf traten die *classes populaires* aller drei Länder unter denkbar schlechten Umständen ein. Ihnen fehlten die nötigen Bildungstitel, um eigenen Vorlieben allgemeine Geltung als Ausdruck legitimer Kultur zu verschaffen, und gleichzeitig sahen sie sich mit einem permanenten Prozess der Umwertung und Neuaneignung populärer Kulturformen durch die Avantgarden akademischer Mittelschichten konfrontiert. Und sie sind auf der Verliererstraße geblie-

---

1 Brigitte Le Roux u. a., »Class and Cultural Devision in the UK«, in: *Sociology* 42 (2008), S. 1049-1071; Mike Savage, *Social Class in the 21st Century*, London 2015; Gérard Mauger, »Bourdieu et les classes populaires. L'ambivalence des cultures dominées«, in: Philippe Coulangeon (Hg.), *Trente ans après »La distinction« de Pierre Bourdieu*, Paris 2013, S. 243-254; Olivier Schwartz, »Peut-on parler des classes populaires?«, in: *La Vie des idées* (13. 9. 2011), ⟨http://www.laviedesidees.fr/Peut-on-parler-des-classes.html⟩, zuletzt eingesehen am 3. 1. 2019.

ben, solange keine politischen Umdeutungen die Spielregeln veränderten. Dazu kam es im Ansatz nach dem Zusammenbruch sozialdemokratischer oder kommunistischer Gegenkulturen, als verstärkt regionale und nationale, aber auch ethnisch-religiöse Gegenentwürfe zu den dominanten Modellen einer liberal-kosmopolitischen Weltkultur westlicher Prägung Anklang bei den *classes populaires* zu finden begannen.[2]

Angesichts des bislang Gesagten könnte der Eindruck entstehen, dass die in diesem Buch beschriebene Umbruchphase der Deindustrialisierung auch heute, das heißt fast 50 Jahre nach ihrem Beginn, noch längst nicht an ihr Ende gekommen ist. Das führt zu der Frage, ob es Zäsuren gibt, die es rechtfertigen würden, die drei Jahrzehnte von 1970 bis 2000 als eigenständige Epoche auszuweisen und von unserer Gegenwart abzugrenzen. Die Frage ist natürlich typisch für Historiker, aber meine Antwort auf sie betrifft auch unsere Gegenwartsanalysen. Sie lautet: Ja, jenseits der Kontinuitätslinien von Problemlagen und Beharrungskräften gibt es solche epochenspezifischen Zäsuren. Zu nennen sind beispielsweise die vielfältigen Proteste und sozialen Mobilisierungen gegen etablierte Hierarchien und Autoritäten, die als arbeitsweltliche Folgen von »1968« vor allem die Anfangsjahre der Deindustrialisierung mitgeprägt haben. Bis in die 1980er Jahre reichen die Spuren politischer »Aufmüpfigkeit« gegen hierarchische Fabrikordnungen und mangelnde Anerkennung vor allem an- und ungelernter Arbeiterinnen und Arbeiter. Die Entwicklung von Alternativen zur tayloristischen Fabrikorganisation und die Programme einer »Humanisierung der Arbeitswelt« sind ebenso genuine »Kinder dieser Zeit« wie der Ausbau der Sozialbürgerschaft in allen drei Ländern sowie der Ausbau betrieblicher Mitbestimmungsrechte in Frankreich und in der Bundesrepublik. Auch die letzte Welle der Arbeitsmigration und die Einbeziehung der ersten und zweiten Ge-

---

2 Diese kulturelle Dimension wachsender Ungleichheit bedarf wiederum einer eigenen kultur- und politikgeschichtlichen Untersuchung. Aus soziologischer Sicht einschlägig: Andreas Reckwitz, *Die Gesellschaft der Singularitäten. Zum Strukturwandel der Moderne*, Berlin 2017.

neration von Arbeitsmigranten gehören zu den Spezifika dieser Transformationsphase. Insgesamt war das Gewicht der industriellen Arbeitswelt, ihrer Akteure und ihrer Problemlagen, in den 1970er und 1980er Jahren deutlich größer als nach der Jahrtausendwende, und in den 1990er Jahren kamen viele der hier untersuchten Veränderungen, die sich aus der Deindustrialisierung ergaben, zu einem vorläufigen Abschluss. Spätestens um das Jahr 2000 hatten sich alle drei Länder von der alten »Industriemaloche« verabschiedet. Die breit einsetzende Musealisierung und Historisierung des Industriezeitalters ist hierfür ein kultureller Indikator, die qualitative und quantitative Stabilisierung der Industrien und ihrer Beschäftigungszahlen im Verlauf der Nullerjahre ein wirtschaftlicher. Der in den 1990er Jahren einsetzende Boom der New Economy verweist auf neue Zukunftserwartungen und Gesellschaftsdeutungen, und viele unserer heutigen Problemlagen sind erst danach beziehungsweise unabhängig von den hier beschriebenen Umstellungsprozessen entstanden. So hat etwa der rasante Siegeszug des Internets seit 1995 reichlich neue soziale Phänomene, neue politische Kommunikationsmuster und insgesamt einen tiefgreifenden strukturellen Wandel in Westeuropa und weltweit hervorgebracht. Die Distanzen, die uns inzwischen von sozialen Welten ohne soziale Medien, ohne Internet und Smartphones trennen, sind enorm.

Ein generationenspezifisches Argument kommt hinzu. Der Schrumpfungsprozess industrieller Arbeitsplätze hat vor allem in den 1980er Jahren dazu geführt, dass in rascher Folge die vor 1935 Geborenen aus dem Arbeitsleben ausschieden, und im Jahr 2000 war nur noch eine Minderheit vor allem männlicher Jugendlicher auf dem Weg in eine neue industrielle Berufskarriere. Industriearbeit als Erfahrungshintergrund verlor in allen drei Ländern aufgrund von Arbeitsplatzabbau und Frühverrentungspraxis erheblich an Bedeutung. Schließlich legt auch die Chronologie der politischen Ereignisse nahe, die Jahrtausendwende als eine Epochenschwelle anzunehmen, welche die unmittelbare Vorgeschichte unserer Gegenwart von der längeren Umbruchphase nach dem Boom trennt. Mit Tony Blair und Gerhard Schröder kamen 1997 und 1998 zwei Sozialdemokraten in ihren Ländern an die Macht, die ganz bewusst mit der Vergangenheit ihrer Parteien brachen. Die Gestaltung des Dienstleistungssektors stand im Mittelpunkt ihrer Wirtschaftspolitik und die Ausrichtung der SPD und der Labour Party an der neuen aufstiegsorientierten Mittelklasse ließ die alten Klientel- und Repräsentationsverhältnisse zwischen den *classes populaires* und den beiden Linksparteien weiter erodieren. In Frankreich dokumentierte das Wahldebakel des sozialistischen Präsidentschaftskandidaten Lionel Jospin 2002 einen ganz ähnlichen Bruch in der politischen Repräsentation der Arbeiterschaft.

Die angerissenen Neuorientierungen in Politik, Alltagskommunikation und Generationserfahrungen seit dem Ende des 20. Jahrhunderts sprechen also dafür, den Zeitraum zwischen 1970 und 2000 als eine spezifische Übergangsperiode zu bezeichnen, in deren Verlauf aus einer primär industriell geprägten Gesellschaftsordnung eine deutlich pluraler strukturierte Sozialordnung mit drei gleich starken Wirtschaftssektoren – öffentlicher Dienste, private Dienstleistungen und industrielle Produktion – geworden ist. Deren Gesellschaftsgeschichte wird zwar den Pfadabhängigkeiten und Kontinuitätslinien Rechnung tragen müssen, die unsere Gegenwart mit dem späten 20. Jahrhundert verbindet, aber sie wird ihrerseits neue Methoden und Perspektiven entwickeln müssen, um den Dynamiken der letzten 20 Jahre gerecht zu werden.

Zum Abschluss möchte noch einmal auf das offene Konzept von Gesellschaftsgeschichte eingehen, für das ich zu Beginn des Buches deswegen plädiert habe, weil es uns erlaubt, gleichermaßen grenzüberschreitenden Makroprozessen und regionalen oder gar lokalen Mikrostrukturen gerecht zu werden. Allerdings bleibt die Frage nach deren jeweiligem Gewicht und ihrer wechselseitigen Verzahnung offen. Denn auch wenn ich einen wirtschaftlichen Basisprozess als Ausgangspunkt meiner Untersuchung genommen habe, der zweifelsohne alle entwickelten kapitalistischen Industrieländer betraf und zudem durch zentrale wirtschaftspolitische Regulierungen (Zölle, Produktnormen etc.) auf europäischer und erst sekundär auf nationalstaatlicher Ebene gesteuert wurde, bin ich ständig auf soziale Folgen und Gestaltungen gestoßen, die markant regional- und/oder lokalspezifisch waren. Daher habe ich versucht, unterschiedliche Typen lokaler Konstellationen gesellschaftshistorisch herauszuarbeiten und die Spielräume sozialer Antworten auf die ökonomischen Herausforderungen auszumessen. In diesem Sinne liefert das Buch Argumente für eine kleinteilige Kartierung europäischer Industrieregionen im Umbruch und bleibt auf Distanz zu Versuchen, bloß nationalspezifische Varianten des Kapitalismus zu identifizieren. Ausländische Kapitalanleger beispielsweise ließen sich bei ihren Investitionsentscheidungen eher von regionalen als von nationalen Gesichtspunkten leiten, betriebliche Sozialordnungen waren eher durch interne Faktoren oder regionale Einflüsse als durch nationale Regulierungen bestimmt. Diese Argumentation stieß jedoch dort an ihre Grenzen, wo es um die rechtlichen Regulierungen von Bildungsabschlüssen, Sozialleistungen oder Arbeitsverträgen ging. Hier blieb der nationalstaatliche Gestaltungsspielraum entscheidend und setzte der Variationsbreite lokaler Verhältnisse relativ enge Grenzen.

Es wäre aber dennoch verfehlt, die Ergebnisse dieser Studie jeweils in drei gesonderten »Nationalkapiteln« zusammenzufassen, weil dies dem Gewicht der grenzüberschreitenden, ganz Westeuropa betreffenden Trends ebenso wenig gerecht werden würde wie dem Einfluss regionaler oder lokaler Konstellationen. Dass die nationale Ebene wieder so dramatisch ins Zentrum der Aufmerksamkeit gerückt ist, hat weniger mit den hier analysierten gesellschaftlichen Prozessen zu tun, sondern primär mit der politischen Entwicklung, die in Großbritannien, Frankreich und der Bundesrepublik Deutschland seit der Jahrtausendwende zu beobachten ist. Kriege, Terroranschläge und humanitäre Interventionen, in die alle drei Länder involviert waren, rückten nationale Belange deutlich in den Vordergrund. Die Transformation der EU in eine neoliberale Modernisierungsmaschinerie, die sich auf den Konsens von Verwaltungsbeamten, Kapitaleignern, Managern und Politikern aller Volksparteien stützt, aber kaum noch eine Rolle als Gestaltungsraum von Sozialbürgerschaft spielt, hat das europäische Projekt wieder zu einem bloßen Kooperationsgeschäft europäischer Eliten zurückgestuft. Dieser Trend wurde durch die Banken- und Eurokrise nach 2008 nochmals verstärkt. Dies alles sind Gründe, die auch die sozialwissenschaftlichen Debatten um Alternativen in der Sozial- und Wirtschaftspolitik auf die nationalstaatlichen Ebenen zurückgeworfen haben. Dort formulieren die populistischen Protestbewegungen unserer Tage dezidiert nationalistische Forderungen. So ist Westeuropa zwar der strukturprägende Bezugsrahmen, aber die Erfahrungsgeschichte der Akteure führt uns jenseits der lokalen und regionalen Bezüge immer wieder zurück auf die Ebene der Nationalgesellschaften. Wie das zu bewerten ist und ob das auch in der Zukunft so bleiben wird, sind Fragen, die nicht in den Zuständigkeitsbereich des Historikers fallen.

Dank

Dieses Buch hat eine lange Entstehungsgeschichte. Sie beginnt vor mehr als acht Jahren, als der von Anselm Doering-Manteuffel und mir geleitete Forschungsverbund »Nach dem Boom – Studien zur Geschichte Westeuropas nach 1970« seine Arbeit aufnahm. Wir, das heißt eine Gruppe von Historikerinnen und Historikern an den Universitäten Tübingen und Trier, wollten der Signatur der letzten drei Jahrzehnte des 20. Jahrhunderts auf die Spur kommen und insbesondere den Strukturwandel besser verstehen, der während dieser Zeit die Gesellschaften Westeuropas nachhaltig verändert hatte. Finanziert wurde und wird dieser Forschungsverbund durch die Deutsche Forschungsgemeinschaft, zunächst im Rahmen eines Paketantrags der beiden Universitäten Tübingen und Trier, dann seit 2013 als DFG-Leibniz-Forschergruppe an der Universität Trier. Von den zahlreichen Diskussionen mit Tobias Dietrich, Anselm Doering-Manteuffel, Maria Dörnemann, Raphael Dorn, Fernando Esposito, Tobias Gerstung, Hannah Jonas, Martin Kindtner, Christian Marx, Silke Mende, Arndt Neumann, Morten Reitmayer und Wiebke Wiede habe ich enorm profitiert, auch haben sie dieses Buchprojekt von Anfang an kritisch begleitet, Thesen mit mir diskutiert und mir immer wieder Hinweise auf aktuelle Studien und neue Erkenntnisse gegeben. Allen sei ganz herzlich für dieses intellektuelle Interesse gedankt.

Großzügige Unterstützung habe ich von Nicole Mayer-Ahuja und Serge Paugam erfahren, die mir bei der Erschließung wichtiger Dokumente und Sozialdaten geholfen haben, indem sie mir Zugang zu den Archiven der von ihnen geleiteten Forschungsinstitute, dem Centre Maurice Halbwachs und dem Soziologischen Forschungsinstitut (SOFI) an der Universität Göttingen, verschafft haben. Ich danke ihnen sehr für die unbürokratische Hilfe.

Die vielen aufschlussreichen Informationen, die in den Datensätzen des Sozio-oekonomischen Panels enthalten sind, wären mir ohne die freundschaftlichen Hinweise von Christoph Weischer vermutlich verborgen geblieben, ihre konkrete Erschließung und praktische Nutzung wiederum konnte ich mit Hilfe von Raphael Dorn vorantreiben. Wir haben beide in unseren Studien neue Wege der kollektivbiographischen Auswertung erprobt, nachdem Raphael Dorn die vielen Probleme bei der Umgestaltung der Datenpräsentation gelöst hatte. Ein ganz großes Dankeschön hierfür und für die gemeinsame Arbeit mit dem SOEP!

Dieses Buch konnte seit 2010 konkretere Gestalt annehmen dank der Unterstützung, die mir durch die Verkettung glücklicher Umstände zuteilwurde. Ein Fellowship am Internationalen Geisteswissenschaftlichen Kolleg »Arbeit und Lebenslauf in globalgeschichtlicher Perspektive« an der Humboldt-Universität zu Berlin erlaubte mir von Oktober 2010 bis August 2011, mich in das Thema einer vergleichenden deutsch-französischen Perspektive einzuarbeiten, das anschließende Forschungssemester als Visiting Fellow des European Studies Centre am St Antony's College in Oxford ermutigte mich, Großbritannien in meine Studie einzubeziehen. Beiden Einrichtungen und ihren Direktoren sei an dieser Stelle ganz herzlich gedankt. Dass neben der universitären Lehre und den laufenden Drittmittelanträgen noch Zeit blieb für dieses Buchprojekt, ist allein dem Glück geschuldet, das mir 2013 den Gottfried Wilhelm Leibniz-Preis der DFG bescherte. Gedankt sei allen Gutachterinnen und Gutachtern für diese Ehre und dieses großzügig bemessene Forschungskapital. Die Gerda Henkel Stiftung war es schließlich, die mir im akademischen Jahr 2015/16 eine Gastprofessur an der London School of Economics und am German Historical Institute in London ermöglichte und damit die Gelegenheit bot, die Studien zum britischen Fall zu einem vorläufigen Abschluss zu bringen sowie erste Entwürfe zu präsentieren. Mein Dank gilt allen meinen Kolleginnen und Kollegen an diesen Einrichtungen für ihre Gastfreundschaft sowie für die zahlreichen Anregungen und kritischen Einwände, denen ich hoffentlich gerecht werden konnte. Besonders danken möchte ich Jane Caplan, Andreas Eckert, Andreas Gestrich und Jürgen Kocka.

Erste Kapitelentwürfe habe ich an verschiedenen Orten in Form von Vorträgen vorgestellt und dabei stets von den anschließenden Diskussionen profitiert. Namentlich für ihr Interesse und ihre Kritik möchte ich Ulrich Herbert, Ariane Leendertz, Ute Schneider, Nicole Mayer-Ahuja, David Gugerli und Jakob Tanner herzlich danken. Einen wirklichen intellektuellen Freundschaftsdienst, dem im Übrigen zahlreiche größere und kleinere Mängel zum Opfer gefallen sind, haben mir aber Brigitta Bernet, Clelia Caruso, Anselm Doering-Manteuffel, Andreas Gestrich, Christian Marx, Arndt Neumann, Morten Reitmayer und Christoph Weischer erwiesen, die sich bereiterklärt haben, die ersten Niederschriften zu lesen und kritisch zu kommentieren. Ein großes Dankeschön an sie alle – und ebenso an Niklas Penth und Pascal Licher für ihre souveräne Arbeit an den Fußnoten, am Literaturverzeichnis und am Register sowie ihre Mithilfe bei diversen Recherchen. Arndt Neumann schließlich hat das Konzept und die Texte für die Illustrationen entwickelt und mit besonderem Spürsinn die Abbildungen für dieses Buch ausgewählt. Auch ihm sei ganz herzlich gedankt.

Am Ende hat dieses Buch entscheidend davon profitiert, dass ich sein Konzept und seine Thesen im Sommer 2018 als Frankfurter Adorno-Vorlesungen vorstellen durfte, die das Institut für Sozialforschung an der Johann Wolfgang Goethe-Universität zusammen mit dem Suhrkamp Verlag veranstaltet. Ich danke Axel Honneth für die ehrenvolle Einladung und seinem Team für die perfekte Organisation und Betreuung vor Ort.

Das letzte Dankeschön möchte ich aber für Eva Gilmer reservieren, deren sorgfältigem Lektorat keine noch so kleine sprachliche Nachlässigkeit oder stilistische Verirrung entging und die mit Beharrlichkeit und Kompetenz auf Prägnanz und Leserfreundlichkeit bestanden hat.

Literatur und Quellen

Datenbanken, statistische Publikationen, Archivalien

Archiv des Centre Maurice Halbwachs [CMH], Paris
– Enquete *Emploi salarié et conditions de vie*, FNSP und CNRS 1996-1999
Annuaire statistique de la France (diverse Jahrgänge)
Annual Abstracts of Statistics (diverse Jahrgänge)
British Library Sound Archives [BLSC]
– Interviewserie *Lives in Steel*
– Interviewserie *Food: From Source to Salespoint*
Bundesagentur für Arbeit
– *Arbeitsmarkt in Deutschland. Analytikreport der Statistik*
Bundesamt für Statistik
– *Statistisches Jahrbuch für die Bundesrepublik Deutschland* (diverse Jahrgänge)
International Labor Organization [ILO]
– Statistics and databases, ILOSTAT, ⟨https://www.ilo.org/global/statistics-and-data
bases/lang–en/index.htm⟩, zuletzt eingesehen am 25.1.2019.
SOFI Archiv Göttingen
– Bestände: Facharbeiterstudie, Kompetenzerweiterung, Trendreport
Sozio-oekonomisches Panel (SOEP)
– daraus erstellt: Datenbank *Arbeiterhaushalte in Westdeutschland 1984-2001*
UK Social Data Archive [UK SDA]
– Study Number [SN] 1756, Labour Force Survey (LFS) 1979
– SN 1758, LFS 1975
– SN 5876, LFS 1995
– SN 5857, LFS 2000
– SN 4938, *Families and Social Mobility: A Comparative Study, 1985-1988*

Bibliographie

Accornero, Guya, Fillieule, Olivier (Hg.), *Social Movement Studies in Europe. The State of the Art*, Oxford 2016.
Achten, Udo, *Zorn und Unzufriedenheit genügen nicht. Die Septemberstreiks 1969*, Berlin 2016.
Ackers, Peter, u.a. (Hg.), *The New Workplace and Trade Unionism*, London, New York 1996.
Ackroyd, Stephen, u.a. (Hg.), *The Oxford Handbook of Work and Organization*, Oxford 2005.
Aglietta, Michel, *Le capitalisme de demain*, Paris 1998.
Ahrens, Ralf, »Eine alte Industrie vor neuen Herausforderungen. Aufbrüche und Nie-

dergänge im ost- und westdeutschen Maschinenbau seit den 1960er Jahren«, in: Plumpe/Steiner (Hg.), *Der Mythos von der postindustriellen Welt*, S. 55-119.

–, u. a. (Hg.), *Die »Deutschland AG«. Historische Annäherungen an den bundesdeutschen Kapitalismus*, Essen 2013.

Ambrosius, Gerold, *Wirtschaftsraum Europa. Vom Ende der Nationalökonomien*, Frankfurt/M. 1996.

Amossé, Thomas, »Mythes et réalités de la syndicalisation en France«, in: *Premières Synthèses* 44:2 (2004), S. 1-5.

–, Chardon, Olivier, »Les travailleurs non qualifiés: une nouvelle classe sociale?«, in: *Economie et statistique* 393-394 (2006), S. 203-227.

–, Coutrot, Thomas, »Socio-productive Models in France: An Empirical Dynamic Overview, 1992-2004«, in: *Industrial and Labour Relations Review* 64 (2011), S. 786-817.

Anderson, Malcolm, Fairley, John, »The Politics of Industrial Training in the United Kingdom«, in: *Journal of Public Policy* 3 (1983), S. 191-207.

Andolfatto, Dominique, Labbé, Dominique, *La CGT. Organisation et audience depuis 1945*, Paris 1997.

Andresen, Knud, *Triumpherzählungen. Wie Gewerkschafterinnen und Gewerkschafter über ihre Erinnerungen sprechen*, Essen 2014.

–, *Gebremste Radikalisierung. Die IG Metall und ihre Jugend 1968 bis in die 1980er Jahre*, Göttingen 2016.

Arnold, Jörg, »Vom Verlierer zum Gewinner – und zurück«, in: *Geschichte und Gesellschaft* 42 (2016), S. 266-297.

Artus, Ingrid, *Krise des deutschen Tarifsystems. Die Erosion des Flächentarifvertrags in Ost und West*, Wiesbaden 2001.

–, *Betriebe ohne Betriebsrat. Informelle Interessenvertretung in Unternehmen*, Frankfurt/M. u. a. 2006.

–, *Interessenhandeln jenseits der Norm. Mittelständische Betriebe und prekäre Dienstleistungsarbeit in Deutschland und Frankreich*, Frankfurt/M., New York 2008.

Attias-Donfut, Claudine, »Generationenwechsel und sozialer Wandel«, in: Köcher/Schild (Hg.), *Wertewandel in Deutschland und Frankreich*, S. 173-206.

Audier, Serge, *Néo-libéralisme(s). Une archéologie intellectuelle*, Paris 2012.

Bach, Olaf, *Die Erfindung der Globalisierung. Entstehung und Wandel eines zeitgeschichtlichen Grundbegriffs*, Frankfurt/M. 2013.

Bacqué, Marie-Hélène, Yves Sintomer (Hg.), *La démocratie participative. Histoire et généalogie*, Paris 2011.

Baethge, Martin, »The German ›Dual System‹ of Training in Transition. Current Problems and Perspectives«, in: Berg (Hg.), *Creating Competitive Capacity*, S. 101-118.

–, »Entwicklungstendenzen in der Beruflichkeit – neue Befunde aus der industriesoziologischen Forschung«, in: *Zeitschrift für Berufs- und Wirtschaftspädagogik – Beihefte* 100, (2004), S. 336-347.

Bagguley, Paul, »The Moral Economy of Anti-Poll Tax Protest«, in: Barker (Hg.), *To Make another World*, S. 7-24.

Bagot, Laurence (Hg.), *Ceux de Billancourt*, Ivry-sur-Seine 2015.

Bahnmüller, Reinhard, *Stabilität und Wandel der Entlohnungsformen. Entgeltsysteme und Entgeltpolitik in der Metallindustrie, in der Textil- und Bekleidungsindustrie und im Bankgewerbe*, München, Mering 2001.

Barker, Colin (Hg.), *To Make another World. Studies in Protest and Collective Action*, Aldershot u. a. 1996.

Barker, Rodney, »Legitimacy in the United Kingdom: Scotland and the Poll Tax«, in: *British Journal of Political Science* 22 (1992), S. 521-533.

Batstone, Eric, *The Reform of Workplace Industrial Relations. Theory, Myth and Evidence*, Oxford 1988.

Baudru, Daniel, Kechidi, Med, »Les investisseurs institutionnels étrangers. Vers la fin du capitalisme à la française?«, in: *Revue d'économie financière* 48 (1998), S. 93-105.

Bauman, Zygmunt, *Flüchtige Moderne*, Frankfurt/M. [7]2016.

Baykara-Krumme, Helen, »Returning, Staying or Both? Mobility Patterns among Elderly Turkish Migrants after Retirement«, in: *Transnational Social Review* 3 (2013), S. 11-29.

Beaud, Stéphane, *80 % au bac – et après? Les enfants de la démocratisation scolaire*, Paris 2003.

Beaud, Stéphane, Pialoux, Michel, *Retour sur la condition ouvrière. Enquête aux usines Peugeot de Sochaux-Montbéliard*, Paris 1999 (dt.: *Die verlorene Zukunft der Arbeiter. Die Peugeot-Werke von Sochaux-Montbeliard*, Konstanz 2004).

–, »Jeunes ouvrier(e)s à l'usine«, in: *Travail, genre et sociétés* 8 (2002), S. 73-103.

–, *Violences urbaines, violence sociale. Genèse des nouvelles classes dangereuses*, Paris 2006.

Becattini, Giacomo, u. a. (Hg.), *A Handbook of Industrial Districts*, Cheltenham, Northampton 2009.

Beck, Ulrich, *Risikogesellschaft. Auf dem Weg in eine andere Moderne*, Frankfurt/M. 1986.

Beckenbach, Nils, von Treeck, Werner (Hg.), *Umbrüche gesellschaftlicher Arbeit*, Göttingen 1994.

Becker, Gary S., *Human Capital*, Chicago 1964.

Becker, Jean-Jacques, Ory, Pascal, *Crises et alternances (1974-1995)*, Paris 1998.

Becker, Karina, *Die Bühne der Bonität. Wie mittelständische Unternehmen auf die neuen Anforderungen des Finanzmarkts reagieren*, Baden-Baden 2009.

Beckert, Jens, u. a. (Hg.), *Transformationen des Kapitalismus. Festschrift für Wolfgang Streeck zum sechzigsten Geburtstag*, Frankfurt/M. 2006.

–, Deutschmann, Christoph (Hg.), *Wirtschaftssoziologie*, Wiesbaden 2010.

Beckett, Andy, *When the Lights Went Out. Britain in the Seventies*, London 2010.

Belchem, John (Hg.), *Liverpool 800. Culture, Character and History*, Liverpool 2006.

Bell, Daniel, *Die nachindustrielle Gesellschaft*, Frankfurt/M., New York 1975.

Benattig, Rachid, »Le devenir des Algériens rentrés avec l'aide à la réinsertion«, in: *Revue européenne des migrations internationales* 4 (1988), S. 97-113.

–, »Les retours assistés dans les pays d'origine: une enquête en Algérie«, in: *Revue européenne des migrations internationales* 5 (1989), S. 79-102.

Bender, Gerd, »Herausforderung Tarifautonomie. Normative Ordnung als Problem«, in: Duve/Ruppert (Hg.), *Rechtswissenschaft in der Berliner Republik*, S. 697-725.

Benko, Georges, Pecqueur, Bernard, »Industrial Districts and the Governance of Local Economies: The French Example«, in: Becattini u. a. (Hg.), *A Handbook of Industrial Districts*, S. 501-511.

Berg, Peter (Hg.), *Creating Competitive Capacity. Labor Market Institutions and Workplace Practices in Germany and the United States*, Berlin 2000.

Berghoff, Hartmut, »Varieties of Financialization? Evidence from German Industry in the 1990s«, in: *Business History Review* 90 (2016), S. 81-108.

Bernet, Brigitta, »Dein Hirn, dein Kapital«, *Zeit Online* (3.7.2014), ⟨http://pdf.zeit.de/2014/28/wissensgesellschaft-brigitta-bernet-schweiz.pdf⟩, zuletzt eingesehen am 20.9.2018.

Bertho, Alain, *Le temps des émeutes*, Paris 2009.

Bethge, Dietrich, »Arbeitsschutz«, in: Schmidt (Hg.), *Bundesrepublik Deutschland, 1982-1989*, S. 197-236.

Beyer, Jürgen, »Die Strukturen der Deutschland AG. Ein Rückblick auf ein Modell der Unternehmenskontrolle«, in: Ahrens u. a. (Hg.), *Die »Deutschland AG«*, S. 31-56.

Birke, Peter, *Wilde Streiks im Wirtschaftswunder. Arbeitskämpfe, Gewerkschaften und soziale Bewegungen in der Bundesrepublik und Dänemark*, Frankfurt/M. 2007.

Black, John, u. a., »Clinging to Collectivism? Some Ethnographic Shop-Floor Evidence from the British Lock Industry 1979-98«, in: *The International Journal of Human Resource Management* 10 (1999), S. 941-957.

Blanke, Thomas, »Koalitionsfreiheit und Tarifautonomie: Rechtliche Grundlagen und Rahmenbedingungen der Gewerkschaften in Deutschland«, in: Schroeder/Weßels (Hg.), *Die Gewerkschaften in Politik und Gesellschaft der Bundesrepublik Deutschland*, S. 144-173.

Blankertz, Herwig (Hg.), *Enzyklopädie Erziehungswissenschaften*, Bd. 9: *Sekundarstufe II, Teil 1: Handbuch*, Stuttgart 1982.

Boltanski, Luc, Chiapello, Ève, *Der neue Geist des Kapitalismus*, Konstanz 2003.

Bonaldo, Marc, *Resiliente Region Stuttgart? Anpassung und Innovation regionaler Industriekultur ›nach dem Boom‹*, Diss., Trier 2019.

Bonnet, Serge, *L'homme du fer*, Nancy ²1987.

Bosch, Gerhard, »Zur Zukunft der dualen Berufsausbildung in Deutschland«, in: ders., (Hg.), *Das Berufsbildungssystem in Deutschland*, S. 37-62.

–, Kalina, Thorsten, »Low Wage Work in Germany: An Overview«, in: Bosch/Weinkopf, *Low Wage Work in Germany*, S. 19-112.

Bosch, Gerhard (Hg.), *Das Berufsbildungssystem in Deutschland*, Wiesbaden 2010.

–, Weinkopf, Claudia (Hg.), *Low Wage Work in Germany*, New York 2008.

Bourdieu, Pierre, *Entwurf einer Theorie der Praxis*, Frankfurt/M. 1976.

–, »Die biographische Illusion«, in: *BIOS* 1 (1990), S. 75-81.

–, *Rede und Antwort*, Frankfurt/M. 1992.

–, u. a., *Das Elend der Welt. Zeugnisse und Diagnosen des alltäglichen Leidens an der Gesellschaft*, Konstanz 1997.

–, u. a., *Der Einzige und sein Eigenheim*, Hamburg 1998.

–, Boltanski, Luc, »Titel und Stelle. Zum Verhältnis von Bildung und Beschäftigung«, in: Bourdieu/Köhler (Hg.), *Titel und Stelle*, S. 89-116.

–, Christin, Rosine, »La construction du marché. Le champs administratif et la production de la ›politique du logement‹«, in: *Actes de la recherche en sciences sociales* 81/82 (1990), S. 65-85.

–, Köhler, Helmut (Hg.), *Titel und Stelle. Über die Reproduktion sozialer Macht*, Frankfurt/M. 1981.

Boyer, Robert, »How and Why Capitalisms Differ«, in: *Economy and Society* 34 (2005), S. 509-557.

–, *Économie politique des capitalismes. Théorie de la régulation et des crises*, Paris 2015.

Bremer, Helmut, Lange-Vester, Andrea (Hg.), *Soziale Milieus und Wandel der Sozialstruktur. Die gesellschaftlichen Herausforderungen und die Strategien der sozialen Gruppen*, Wiesbaden 2006.

Brocard, Pascal, Donada, Carole, *La chaîne de l'équipement automobile*, Paris 2003.

Brückner, Hannah, Mayer, Karl Ulrich, »De-Standardization of the Life Course: What it Might Mean? And if it Means Anything, Whether it Actually Took Place?«, in: *Advances in Life Course Research* 9 (2005), S. 27-53.

Brückweh, Kerstin, *Menschen zählen. Wissensproduktion durch britische Volkszählungen und Umfragen vom 19. Jahrhundert bis ins digitale Zeitalter*, Berlin, Boston 2015.

Bruno, Anne-Sophie, »Analyser le marché du travail par les trajectoires individuelles. Le cas des migrants de Tunisie en région parisienne pendant les Trente Glorieuses«, in: *Vingtième Siècle. Revue d'histoire* 121 (2014), S. 35-47.

Burawoy, Michael, *Manufacturing Consent. Changes in the Labor Process under Monopoly Capitalism*, Chicago 1979.

Busemeyer, Marius R., *Wandel trotz Reformstau. Die Politik der beruflichen Bildung seit 1970*, Frankfurt/M. 2009.

–, »Die Sozialpartner und der Wandel in der Politik der beruflichen Bildung seit 1970«, in: *Industrielle Beziehungen. Zeitschrift für Arbeit, Organisation und Management* 3 (2016), S. 273-294.

Butzin, Bernhard, »Regional Life Cycles and Problems of Revitalisation in the Ruhr«, in: Wild/Jones (Hg.), *De-Industrialisation and New Industrialisation in Britain and Germany*, S. 186-198.

Camard, Sophie, »Comment interpréter les statistiques des grèves?«, in: *Genèses* 47 (2002), S. 107-122.

Cannadine, David, *Class in Britain*, New Haven 1998.

Canning, Roy, »Vocational Education and Training in Scotland. Emerging Models of Apprenticeship«, in: Deißinger (Hg.), *Berufliche Bildung zwischen nationaler Tradition und globaler Entwicklung*, S. 159-180.

Cartier, Marie, *La France des »petits-moyens«. Enquête sur la banlieue pavillonnaire*, Paris 2008.

Castel, Robert, *Les metamorphoses de la question sociale. Une chronique du salariat*, Paris 1995 (dt.: *Die Metamorphosen der sozialen Frage: eine Chronik der Lohnarbeit*, Konstanz 1995).

Castells, Manuel, *Das Informationszeitalter. Wirtschaft, Gesellschaft, Kultur*, Bd. 1: *Der Aufstieg der Netzwerkgesellschaft*, Opladen 2001.

Cézard, Michel, »Les ouvriers«, in: *INSEE première* 455 (1996), S. 1-4.

Chardon, Olivier, »Les transformations de l'emploi non qualifié depuis vingt ans«, in: *INSEE première* 796 (2001), S. 1-4.

Charles, Tony, »The New Division of Labour in Europe«, in: Littek/Charles (Hg.), *The New Division of Labour*, S. 235-261.

Charlot, Bernard, Figeat, Madeleine, *Histoire de la formation des ouvriers 1789-1984*, Paris 1985.

Chauvel, Louis, »La déstabilisation du système des positions sociales«, in: Lagrange (Hg.), *L'épreuve des inégalités*, S. 91-112.

–, *Le destin des générations*, Paris ²2010.

–, Schultheis, Franz, »Le sens d'une dénégation: l'oubli des classes sociales en Allemagne et en France«, in: *Mouvements* 26 (2003), S. 17-26.

Chenu, Alain, *L'archipel des employés*, Paris 1990.

–, »Les ouvriers et leurs carrières: enracinement et mobilités«, in: *Sociétés contemporaines* (1993), S. 79-92.

–, Tabard, Nicole, »Les transformations socioprofessionnelles du territoire français. 1982-1990«, in: *Population* 48 (1993), S. 1735-1769.

Cochoy, Franck, u. a., »Comment l'écrit travaille l'organisation: le cas des normes ISO 9000«, in: *Revue francaise de sociologie* 39 (1998), S. 673-699.

Comfort, Nicholas, *The Slow Death of British Industry. A Sixty-Year Suicide, 1952-2012*, London 2013.

Commaille, Laurent, »Das Ende des ›französischen Modells‹. Die Eisen- und Stahlindustrie im späten 20. Jahrhundert«, in: Reitmayer (Hg.), *Unternehmen am Ende des »goldenen Zeitalters«*, S. 129-145.

Conze, Werner, Lepsius, M. Rainer (Hg.), *Sozialgeschichte der Bundesrepublik Deutschland. Beiträge zum Kontinuitätsproblem*, Stuttgart ²1984.

Corouge, Christian, Pialoux, Michel, »Chronique Peugeot«, in: *Actes de la recherche en sciences sociales* 57/58 (1985), S. 108-128.

–, »Engagement et désengagement militant aux usines Peugeot de Sochaux dans les années 1980 et 1990«, in: *Actes de la recherche en sciences sociales* 196-197 (2013), S. 20-33.

Costa-Lascoux, Jacqueline (Hg.), *Renault sur Seine*, Paris 2007.

Coulangeon, Philippe (Hg.), *Trente ans après »La distinction« de Pierre Bourdieu*, Paris 2013.

Courtois, Stéphane, Lazar, Marc, *Histoire du Parti Communiste Français*, Paris 1995.

Coutrot, Thomas, *L'entreprise néo-libérale, nouvelle utopie capitaliste? Enquête sur les modes d'organisation du travail*, Paris 1998.

Crouch, Colin, *Social Change in Western Europe*, Oxford 2004.

–, »Skill Formation Systems«, in: Ackroyd u. a. (Hg.), *The Oxford Handbook of Work and Organization*, S. 95-114.

Cusset, François, *La décennie. Le grand cauchemar des années 1980*, Paris 2013.

Darlington, Ralph, *The dynamics of Workplace Unionism. Shop Stewards' Organization in three Merseyside Plants*, London, New York 1994.

Daumas, Jean-Claude, Kharaba, Ivan, Mioche, Philippe (Hg.), *La désindustrialisation: une fatalité?*, Besançon 2017.

Daunton, Martin J., *A Property-Owning Democracy? Housing in Britain*, London 1987.

Davies, Paul Lyndon, Freedland, Mark, *Labour Legislation and Public Policy. A Contemporary History*, Oxford u. a. 2006.

–, *Towards a Flexible Labour Market: Labour Legislation and Regulation since the 1990s*, Oxford 2007.

Dayan, Jean-Louis, »L'emploi en France depuis trente ans«, in: Marchand (Hg.), *L'emploi, nouveaux enjeux*, S. 17-24.

Deißinger, Thomas (Hg.), *Berufliche Bildung zwischen nationaler Tradition und globaler Entwicklung. Beiträge zur vergleichenden Berufsbildungsforschung*, Baden-Baden 2001.

Delbridge, Rick, *Life on the Line in Contemporary Manufacturing. The Workplace Experience of Lean Production and the »Japanese« Model*, Oxford, New York 1998.

Demmou, Lilas, »Le recul de l'emploi industriel en France entre 1980 et 2007. Ampleur et principaux déterminants: un état des lieux«, in: *Economie et statistique* 438-440 (2010), S. 273-296.

Deppe, Wilfried, *Drei Generationen Arbeiterleben*, Göttingen 1982.

de Propris, Lisa, »The Empirical Evidence of Industrial Districts in Great Britain«, in: Becattini u. a. (Hg.), *A Handbook of Industrial Districts*, S. 360-380.

Desrosières, Alain, Thévenot, Laurent, *Les catégories socioprofessionelles*, Paris 1992.

Detje, Richard, u. a., »Gewerkschaftliche Kämpfe gegen Betriebsschließungen – ein Anachronismus?«, in: *WSI Mitteilungen* 59 (2008), S. 238-245.

Deutschmann, Christoph, »Latente Funktionen der Institution des Berufs«, in: Jacob/Kupka (Hg.), *Perspektiven des Berufskonzepts*, S. 3-16.

Deutschmann, Christoph, *Postindustrielle Industriesoziologie. Theoretische Grundlagen, Arbeitsverhältnisse und soziale Identitäten*, Weinheim 2002.

Devine, Fiona, *Affluent Workers Revisited. Privatism and the Working Class*, Edinburgh 1992.

Dicken, Peter, *Global Shift. Reshaping the Global Economic Map in the 21st Century*, London u. a. [4]2003.

–, *Global Shift. Mapping the Changing Contours of the World Economy*, New York, London [6]2011.

Docherty, Charles, *Steel and Steelworkers. The Sons of Vulcan*, London 1983.

Doering-Manteuffel, Anselm, Raphael, Lutz, *Nach dem Boom. Westeuropäische Zeitgeschichte seit 1970*, Göttingen [3]2011.

Doering-Manteuffel, Anselm, u. a. (Hg.), *Vorgeschichte der Gegenwart. Dimensionen des Strukturbruchs nach dem Boom*, Göttingen 2016

Dohse, Knuth, u. a., *Reorganisation der Arbeit in der Automobilindustrie. Konzepte, Re-*

gelungen, Veränderungstendenzen in den USA, Großbritannien und der Bundesrepublik Deutschland. Ein Materialbericht, Berlin 1984.

Dombrowski, Uwe, Mielke, Tim (Hg.), *Ganzheitliche Produktionssysteme: Aktueller Stand und zukünftige Entwicklungen,* Heidelberg 2015.

Dorn, Raphael Emanuel, *Alle in Bewegung. Räumliche Mobilität in der Bundesrepublik Deutschland 1980-2010,* Göttingen 2018.

Dörre, Klaus, *Kampf um Beteiligung. Arbeit, Partizipation und industrielle Beziehungen im flexiblen Kapitalismus. Eine Studie aus dem Soziologischen Forschungsinstitut Göttingen (SOFI),* Wiesbaden 2002.

–, »Das flexibel-marktzentrierte Produktionsmodell: Gravitationszentrum eines ›neuen Kapitalismus«, in: ders./Röttger (Hg.), *Das neue Marktregime,* S. 7-34.

Dörre, Klaus, u. a., »Zwischen Firmenbewusstsein und Wachstumskritik«, in: ders./ u. a. (Hg.), *Das Gesellschaftsbild der LohnarbeiterInnen,* S. 198-261.

–, Bernd Röttger (Hg.), *Das neue Marktregime. Konturen eines nachfordistischen Produktionsmodells,* Hamburg 2003.

–, u. a. (Hg.), *Das Gesellschaftsbild der LohnarbeiterInnen. Soziologische Untersuchungen in ost- und westdeutschen Industriebetrieben,* Hamburg 2013.

Dreyfus-Armand, Geneviève u. a. (Hg.), *Les années 68. Le temps de la contestation,* Bruxelles 2000.

Dubet, François, *La galère. Jeunes en survie,* Paris 2003

Dupays, Stéphanie, »En un quart du siècle, la mobilité sociale a peu évolué«, in: *Données sociales. La société française,* Paris 2006, S. 343-349.

Durand, Jean-Pierre,»The Diversity of Employee Relationships«, in: Stewart u. a. (Hg.), *Teamwork in the Automobile Industry,* S. 1-34.

–, »The Transformation of Employee Relations in the Automobile Industry?«, in: Stewart u. a. (Hg.), *Teamwork in the Automobile Industry,* S. 412-445.

–, Hatzfeld, Nicolas, »The Effectiveness of Tradition: Peugeot's Sochaux Factory«, in: Stewart u. a. (Hg.), *Teamwork in the Automobile Industry,* S. 173-201.

Durand, Marcel, *Grain de sable sous le capot,* Marseille ²2006.

Duve, Thomas, Ruppert, Stefan (Hg.), *Rechtswissenschaft in der Berliner Republik,* Berlin 2018.

Dworkin, Dennis L., *Cultural Marxism in Postwar Britain. History, the New Left, and the Origins of Cultural Studies,* Durham 1997, S. 182-218.

Ebbinghaus, Bernhard, »Die Mitgliederentwicklung deutscher Gewerkschaften im historischen und internationalen Vergleich« in: Schroeder/Weßels (Hg.), *Die Gewerkschaften in Politik und Gesellschaft der Bundesrepublik Deutschland,* S. 174-203.

Edgell, Stephen, u. a. (Hg.), *The SAGE Handbook of Sociology, Work and Employment,* Los Angeles 2016.

Eich, Stefan, Tooze, Adam, »The Great Inflation«, in: Doering-Manteuffel u. a. (Hg.), *Vorgeschichte der Gegenwart,* S. 173-196.

Eley, Geoff, *Forging Democracy. The History of the Left in Europe, 1850-2000,* Oxford, New York 2002.

Elger, Tony, Smith, Chris, »New Town, New Capital, New Workplace? The Employment Relations of Japanese Inward Investors in a West Midlands New Town«, in: *Economy and Society* 27 (1998), S. 523-553.

–, *Assembling Work. Remaking Factory Regimes in Japanese Multinationals in Britain*, New York 2005.

Esposito, Fernando (Hg.), *Zeitenwandel. Transformationen geschichtlicher Zeitlichkeit nach dem Boom*, Göttingen 2017.

Evans, Karen, u. a., *A Tale of Two Cities. Global Change, Local Feeling and Everday Life in the North of England*, London 2003.

Faust, Michael, u. a., *Das kapitalmarktorientierte Unternehmen. Externe Erwartungen, Unternehmenspolitik, Personalwesen und Mitbestimmung*, Berlin 2011.

–, Kädtler, Jürgen, »Die Finanzialisierung von Unternehmen«, in: *Kölner Zeitschrift für Soziologie und Sozialpsychologie* 70 (2018), S. 167-194.

Felstead, Alan u. a., *Work Skills in Britain 1986-2001*, Nottingham 2002.

Fillieule, Olivier, u. a. (Hg.), *Penser les mouvements sociaux. Conflits sociaux et contestations dans les sociétés contemporaines*, Paris 2010.

Fitzroy, Felix, Kraft, Kornelius, »Mitarbeiterbeteiligung und Produktivität. eine ökonometrische Untersuchung«, in: *Zeitschrift für Betriebswirtschaft* 55 (1985), S. 21-36.

Flecker, Jörg, u. a., »The Sexual Division of Labour in Process Manufacturing: Economic Restructuring, Training and ›Women's Work‹«, in: *European Journal of Industrial Relations* 4 (1998), S. 7-34.

Floud, Roderick, Johnson, Paul (Hg.), *The Cambridge Economic History of Modern Britain*, Bd. III: *Structural Change and Growth, 1939-2000*, Cambridge 2004.

Foote, Geoffrey, *The Labour Party's Political Thought. A History*, Basingstoke 1997.

Fourastié, Jean, *Le Grand Espoir du XXe siècle. Progrès technique, progrès économique, progrès social*, Paris 1949 (dt.: *Die große Hoffnung des 20. Jahrhunderts*, Köln 1954).

Fremdling, Rainer, Tilly, Richard H. (Hg.), *Industrialisierung und Raum. Studien zur regionalen Differenzierung im Deutschland des 19. Jahrhunderts*, Stuttgart 1979.

Frese, Matthias, Prinz, Michael (Hg.), *Politische Zäsuren und gesellschaftlicher Wandel*, Paderborn 1996.

Freye, Saskia, »Neue Managerkarrieren im deutschen Kapitalismus?«, in: *Leviathan* 41 (2013), S. 57-93.

Freyssenet, Michel, »Transformations in the Teamwork at Renault«, in: Stewart u. a. (Hg.), *Teamwork in the Automobile Industry*, S. 202-217.

– (Hg.), *One Best Way? Trajectories and Industrial Models of the World's Automobile Producers*, Oxford 1998.

Friez, Adrien, Julhès, Martine, »Séries longues sur les salariés. Edition 1998«, in: *Résultats. Emploi – revenues* 605 (1998), S. 1-89.

Gallie, Duncan (Hg.), *Trade Unionism in Recession*, Oxford 1996.

Geddes, Mike, Green, Anne, »Engineering: Company Strategies and Public Policy in an Industry in Crisis«, in: Turner (Hg.), *The British Economy in Transition*, S. 123-141.

493

Geißler, Rainer, Weber-Menges, Sonja, »Natürlich gibt es heute noch Schichten!« Bilder der modernen Sozialstruktur in den Köpfen der Menschen«, in: Bremer/ Lange-Vester (Hg.), *Soziale Milieus und Wandel der Sozialstruktur*, S. 102-127.

Gerst, Detlef, u. a., »Group work in the German Automobile Industry – The Case of Mercedes Benz«, in: Stewart u. a. (Hg.), *Teamwork in the Automobile Industry*, S. 366-394.

Gerstung, Tobias, *Stapellauf für ein neues Zeitalter. Die Industriemetropole Glasgow im revolutionären Wandel nach dem Boom (1960-2000)*, Göttingen 2016.

Geyer, Martin H. (Hg.), *Geschichte der Sozialpolitik in Deutschland seit 1945. 1974-1982 Bundesrepublik Deutschland. Neue Herausforderungen, neue Unsicherheiten*, Baden-Baden 2008.

Gilcher-Holtey, Ingrid, *»Die Phantasie an die Macht«. Mai 68 in Frankreich*, Frankfurt/M. ²2001.

Giordano, Benito, Twomey, Laura, »Economic Transitions: Restructuring Local Labour Markets«, in: Peck/Ward (Hg.), *City of Revolution*, S. 50-75.

Giraud, Baptiste, »Au-delà du déclin. Difficultés, rationalisation et réinvention du recours à la grève dans les stratégies confédérales des syndicats«, in: *Revue française de science politique* 56 (2006), S. 943.

Girndt, Cornelia, *Anwälte, Problemlöser, Modernisierer. Betriebsratsreportagen*, Gütersloh 1997.

Glißmann, Wilfried, Peters, Klaus, *Mehr Druck durch mehr Freiheit. Die neue Autonomie in der Arbeit und ihre paradoxen Folgen*, Hamburg 2001.

Goch, Stefan, *Sozialdemokratische Arbeiterbewegung und Arbeiterkultur im Ruhrgebiet. Eine Untersuchung am Beispiel Gelsenkirchen, 1948-1975*. Düsseldorf 1990.

–, »Betterment without Airs: Social, Cultural and Political Consequences of Deindustrialization in the Ruhr«, in: *International Review of Social History* 47 (2002), S. 87-111.

–, *Eine Region im Kampf mit dem Strukturwandel. Bewältigung von Strukturwandel und Strukturpolitik im Ruhrgebiet*, Essen 2002.

Goldthorpe, John H., u. a., *The Affluent Worker in the Class Structure*, Cambridge 1969.

–, Hope, Keith, *The Social Grading of Occupations. A New Approach and Scale*, Oxford 1974.

Gorgeu, Armelle, u. a., *Organisation du travail et gestion de la main-d'œuvre dans la filière automobile*, Paris 1998.

Gorgeu, Armelle, Mathieu, René, »La déqualification ouvrière en question«, in: *Formation emploi* 103 (2008), S. 83-100.

–, »La place des diplômes dans la carrière des ouvriers de la filière automobile«, in: *Formation emploi* 105 (2009), S. 37-51.

–, »Les suppressions d'emploi dans la filière automobile: L'impact negatif sur les conditions de travail et la qualification ouvrière«, in: *Formation emploi* 124 (2013), S. 87-103.

Greene, Anne Marie, *Voices from the Shop Floor. Dramas of the Employment Relationship*, Burlington 2001.

–, u. a., »Lost Narratives? From Paternalism to Team-Working in a Lock Manufacturing Firm«, in: *Economic and Industrial Democracy* 22 (2001), S. 211-235.

Greinert, Wolf-Dietrich, *Das »deutsche System« der Berufsausbildung. Geschichte, Organisation, Perspektiven*, Baden-Baden ²1995.

–, *Berufsqualifizierung und dritte industrielle Revolution. Eine historisch-vergleichende Studie zur Entwicklung der klassischen Ausbildungssysteme*, Baden-Baden 1999.

Groux, Guy, Lévy, Cathérine, *La possession ouvrière. Du taudis à la propriété, (XIXᵉ-XXᵉ siècle)*, Paris 1993.

Groux, Guy, Mouriaux, René, *La CGT. Crises et alternatives*, Paris 1992.

Hachtmann, Rüdiger, *Industriearbeit im »Dritten Reich«. Untersuchungen zu den Lohn- und Arbeitsbedingungen in Deutschland 1933-1945*, Göttingen 1989.

Halbwachs, Maurice, *Les classes sociales*, Paris 2008.

Hall, David, *Working Lives. The Forgotten Voices of Britain's Post-War Working Class*, London 2012.

Hanley, Lynsey, *Estates. An Intimate History*, London 2012.

Harlander, Tilman, »Wohnungspolitik«, in: Schmidt (Hg.), *Bundesrepublik Deutschland, 1982-1989*, S. 683-712.

–, »Wohnungspolitik«, in: Geyer (Hg.), *Geschichte der Sozialpolitik in Deutschland seit 1945*, S. 823-850.

–, Bodenschatz, Harald (Hg.), *Villa und Eigenheim. Suburbaner Städtebau in Deutschland*, Stuttgart 2001.

–, Kuhn, Gerd (Hg.), *Soziale Mischung in der Stadt. Case Studies – Wohnungspolitik in Europa – Historische Analyse*, Stuttgart 2012.

Haßdenteufel, Sarah K., *Neue Armut, Exklusion, Prekarität. Armutspolitische Debatten im deutsch-französischen Vergleich 1970-1990*, Diss., Frankfurt/M., Trento 2015.

Hassel, Anke, Schulten, Thorsten, »Globalization and the Future of Central Collective Bargaining: the Example of the German Metal Industry«, in: *Economy and Society* 27 (1998), S. 486-522.

Hatzfeld, Hélène, *Faire de la politique autrement. Les expériences inachevées des années 1970*, Paris 2005.

–, »De l'autogestion à la démocratie participative«, in: Bacqué/Sintomer (Hg.), *La démocratie participative*, S. 51-61.

Hatzfeld, Nicolas, *Les gens d'usine. 50 ans d'histoire à Peugeot-Sochaux*, Paris 2002.

–, »L'individualisation des carrières à l'epreuve«, in: *Sociétés contemporaines* 54 (2004), S. 15-33.

–, »Organisation du travail, repères pour une histoire comparée (1945-2000)«, in: Costa-Lascoux (Hg.), *Renault sur Seine*, S. 37-53.

–, »Figures filmiques d'ouvrières. Travail, genre et dignité, variations sur une trilogie classique (1962-2011)«, in: *Clio* 38 (2013), S. 79-96.

–, u. a., »Le travail au cinéma. Un réapprentissage de la réalité sociale«, in: *Esprit* Juli (2006), S. 78-99.

–, »L'ouvrier en personne, une irruption dans le cinéma documentaire (1961-1974)«, in: *Le mouvement social* 226 (2009), S. 67-78.

Hau, Michel, »Introduction«, in: Daumas u. a. (Hg.), *La désindustrialisation: une fatalité?*, S. 7-16.

Hauff, Volker, Scharpf, Fritz W., *Modernisierung der Volkswirtschaft. Technologiepolitik als Strukturpolitik*, Frankfurt/M. 1975.

Hayes, Ingrid, »Les limites d'une médiation militante: l'expérience de Radio Lorraine Cœur d'Acier, Longwy 1979-1980«, in: *Actes de la recherche en sciences sociales 196/ 197* (2013), S. 84-101.

Heckscher, Charles, »From Bureaucracy to Networks«, in: Edgell u. a. (Hg.), *The SAGE Handbook of Sociology, Work and Employment*, S. 245-261.

Heitmeyer, Wilhelm, u. a. (Hg.), *Die Krise der Städte. Analysen zu den Folgen desintegrativer Stadtentwicklung für das ethnisch-kulturelle Zusammenleben*, Frankfurt/M. 1999.

Hemmer, Hans Otto, u. a. (Hg.), *Geschichte der Gewerkschaften in der Bundesrepublik Deutschland. Von den Anfängen bis heute*, Köln 1990.

Herlyn, Ulfert, u. a., *Neue Lebensstile in der Arbeiterschaft? Eine empirische Untersuchung in zwei Industriestädten*, Opladen 1994.

Herrigel, Gary, »Roles and Rules: Ambiguity, Experimentation and New Forms of Stakeholderism in Germany«, in: *Industrielle Beziehungen 15* (2008), S. 111-132.

–, *Industrial Constructions. The Sources of German Industrial Power*, Cambridge (MA) u. a. 2009.

Heßler, Martina, »Die Halle 54 bei Volkswagen und die Grenzen der Automatisierung. Überlegungen zum Mensch-Maschine-Verhältnis in der industriellen Produktion der 1980er-Jahre«, in: *Zeithistorische Forschungen 11:1* (2014), S. 56-76, online unter ⟨https://zeithistorische-forschungen.de/1-2014/id=4996⟩, zuletzt eingesehen am 2.12.2018.

Hetzel, Anne-Marie, Bernard, Claire, *Le syndicalisme à mots découverts. Dictionnaire des fréquences (1971-1990)*, Paris 1998.

Hickson, Kevin, u. a. (Hg.), *The Struggle for Labour's Soul. Understanding Labour's Political Thought since 1945*, London, New York 2004.

Hillmert, Steffen, Mayer, Karl Ulrich (Hg.), *Geboren 1964 und 1971. Neuere Untersuchungen zu Ausbildungs- und Berufschancen in Westdeutschland*, Wiesbaden 2004.

Hindrichs, Wolfgang, *Der lange Abschied vom Malocher. Sozialer Umbruch in der Stahlindustrie und die Rolle der Betriebsräte von 1960 bis in die neunziger Jahre*, Essen 2000.

Hinrichs, Peter, *Um die Seele des Arbeiters. Arbeitspsychologie, Industrie- und Betriebssoziologie in Deutschland 1871-1945*, Köln 1981.

Hockerts, Hans Günther (Hg.), *Bundesrepublik Deutschland, 1966-1974. Eine Zeit vielfältigen Aufbruchs*, Baden-Baden 2006.

–, Winfried Süß (Hg.), *Soziale Ungleichheit im Sozialstaat. Die Bundesrepublik Deutschland und Großbritannien im Vergleich*, München 2010.

Hobsbawm, Eric, »Von der Sozialgeschichte zur Geschichte der Gesellschaft«, in: Wehler (Hg.), *Geschichte und Soziologie*, S. 331-354.

Hoffrogge, Ralf, »Engineering New Labour: Trade Unions, Social Partnership and the Stabilization of British Neoliberalism«, in: *Journal of Labor and Society* 21 (2018), S. 301-316.

Hoggett, Paul, Burns, Danny, »The Revenge of the Poor: The Anti-Poll Tax Campaign in Britain«, in: *Critical Social Policy* 11 (1991), S. 95-110.

Honneth, Axel, *Kampf um Anerkennung. Zur moralischen Grammatik sozialer Konflikte*, Frankfurt/M. 1992.

Hordt, Arne, *Von Scargill zu Blair? Der britische Bergarbeiterstreik 1984-85 als Problem einer europäischen Zeitgeschichtsschreibung*, Frankfurt/M. 2013.

–, *Kumpel, Kohle und Krawall*, Göttingen 2017.

Howell, Chris, »Unforgiven: British Trade Unionism in Crisis«, in: Martin/Ross (Hg.), *The Brave New World of European Labor*, S. 26-74.

Hüls, Walter, *Betriebsbesetzungen und Gewerkschaftskonzeption der CFDT. Praxis und Theorie des Projektes »autogestion« in der Zeit von 1968-1978*, Rossdorf 1983.

Humbert, Stéphane u. a., *Le secteur automobile en Nord-Pas-de-Calais*, Lille 2007.

Hunn, Karin, »*Nächstes Jahr kehren wir zurück ...«. Die Geschichte der türkischen »Gastarbeiter« in der Bundesrepublik*, Göttingen 2005.

Jacob, Marita, Kupka, Peter (Hg.), *Perspektiven des Berufskonzepts. Die Bedeutung des Berufs für Ausbildung und Arbeitsmarkt*, Nürnberg 2005.

Jacod, Olivier, *Les élections aux comités d'entreprise de 1989 à 2004*, Paris 2008.

Jauch, Peter, Schmidt, Werner, *Industrielle Beziehungen im Umbruch. Die Regulierung von Lohn, Gehalt und Arbeitszeit in Deutschland und Großbritannien*, München, Mering 2000.

Jefferys, Steve, »Forward to the Past? Ideology and Trade Unionism in France and Britain«, in: Phelan (Hg.), *The Future of Organised Labour*, S. 209-242.

Jefferys, Steve, *Liberté, Égalité, and Fraternité at Work. Changing French Employment Relations and Management*, Houndmills u. a. 2003.

Jones, Owen, *Chavs. The Demonization of the Working Class*, London, New York 2012.

Jürgenhake, Uwe, Winter, Beate, *Neue Produktionskonzepte in der Stahlindustrie: Ökonomisch-technischer Wandel und Arbeitskräfteeinsatz in der Eisen- und Stahlindustrie und seine Auswirkungen auf die Arbeitsorganisation und -gestaltung sowie die betriebliche Aus- und Weiterbildung*, Dortmund 1992.

Jürgens, Ulrich, »Lean Production in Japan: Myth and Reality«, in: Littek/Charles (Hg.), *The New Division of Labour*, S. 349-366.

–, »The Development of Volkswagen's Industrial Model. 1967-1995«, in: Freyssenet (Hg.), *One Best Way?*, S. 273-310.

–, Klingel, Hans, »Internationalisierung als Struktur und Strategie im Werkzeugmaschinenbau – Das Beispiel der Firma Trumpf«, in: Meil (Hg.), *Globalisierung industrieller Produktion*, S. 27-56.

Kädtler, Jürgen, »German Chemical Giants' Business and Social Models in Transition. Financialisation as a Managemnt Strategy«, in: *Transfer* 15 (2009), S. 229-249.

Kaelble, Hartmut, *Sozialgeschichte Europas. 1945 bis zur Gegenwart*, München 2007.

Kamp, Lothar, Simon, Nikolaus, »Mitbestimmung als Faktor nachhaltiger Unternehmensentwicklung«, in: *WSI Mitteilungen* 56 (2005), S. 459-464.

Kelly, John E., »British Trade Unionism 1979-89: Change, Continuity and Contradictions«, in: *Work, Employment & Society* 4 (1990), S. 29-65.

Kelly, John E., *Rethinking Industrial Relations. Mobilization, Collectivism and Long Waves*, London, New York 2006.

Kern, Horst, Sabel, Charles F., »Verblaßte Tugenden. Zur Krise des deutschen Produktionsmodells«, in: Beckenbach/von Treeck (Hg.), *Umbrüche gesellschaftlicher Arbeit*, S. 605-624.

Kern, Horst, Schumann, Michael, *Das Ende der Arbeitsteilung? Rationalisierung in der industriellen Produktion: Bestandsaufnahme, Trendbestimmung*, München 1984.

Kersley, Barbara, *Inside the Workplace. Findings from the 2004 Workplace Employment Relations Survey*, Milton Park u. a. 2006.

Kirk, John, *Twentieth-Century Writing and the British Working Class*, Cardiff 2003.

–, u. a. (Hg.), *Changing Work and Community Identities in European Regions. Perspectives on the Past and Present*, Houndmills u. a. 2011.

Kissler, Leo, *Toyotismus in Europa. Schlanke Produktion und Gruppenarbeit in der deutschen und französischen Automobilindustrie*, Frankfurt/M., New York 1996.

Kitson, Michael, »Failure followed by Success or Success followed by Failure? A Reexamination of British Economic Growth since 1949«, in: Floud/Johnson (Hg.), *Structural Change and Growth, 1939-2000*, Cambridge 2004, S. 27-56.

Kleinschmidt, Christian, *Der produktive Blick. Wahrnehmung amerikanischer und japanischer Management- und Produktionsmethoden durch deutsche Unternehmer 1950-1985*, Berlin 2002.

Kocka, Jürgen, Offe, Claus (Hg.), *Geschichte und Zukunft der Arbeit*, Frankfurt/M., New York 2000.

Kocyba, Hermann, »Wissensbasierte Selbststeuerung: die Wissensgesellschaft als arbeitspolitisches Kontrollszenario«, in: Konrad (Hg.), *Wissen und Arbeit. Neue Konturen von Wissensarbeit*, Münster 1999, S. 92-119.

Köcher, Renate, Schild, Joachim (Hg.), *Wertewandel in Deutschland und Frankreich*, Opladen 1998.

Köhler, Ingo, *Auto-Identitäten. Marketing, Konsum und Produktbilder des Automobils nach dem Boom*, Göttingen 2018.

Kokoreff, Michel, »L'émeute urbaine«, in: Pigenet/Tartakowsky (Hg.), *Histoire des mouvements sociaux en France*, S. 733-743.

Konrad, Wilfried (Hg.), *Wissen und Arbeit. Neue Konturen von Wissensarbeit*, Münster 1999.

Kotthoff, Hermann, *Betriebsräte und Bürgerstatus. Wandel und Kontinuität betrieblicher Mitbestimmung*, München 1994

–, »Betriebliche Sozialordnung‹ als Basis ökonomischer Leistungsfähigkeit«, in: Beckert/Deutschmann (Hg.), *Wirtschaftssoziologie*, S. 428-446.

Kotthoff, Hermann, Reindl, Josef, *Die soziale Welt kleiner Betriebe. Wirtschaften, Arbeiten und Leben im mittelständischen Industriebetrieb*, Göttingen 1990.

–, »*Fitneßtraining*« – *Betriebliche Reorganisation im Saarland,* Saarbrücken 1999.

Kracauer, Siegfried, *Geschichte – Vor den letzten Dingen,* Frankfurt/M. 2009.

Kramper, Peter, *Neue Heimat. Unternehmenspolitik und Unternehmensentwicklung im gewerkschaftlichen Wohnungs- und Städtebau 1950-1982,* Stuttgart 2008.

Krell, Gertraude, *Vergemeinschaftende Personalpolitik. Normative Personallehren, Werksgemeinschaft, NS-Betriebsgemeinschaft, betriebliche Partnerschaft, Japan, Unternehmenskultur,* München 1994.

Krone, Sirikit, »Aktuelle Probleme der Berufsausbildung in Deutschland«, in: Bosch (Hg.), *Das Berufsbildungssystem in Deutschland,* S. 19-36.

Kudera, Werner, »Lebenskunst auf niederbayerisch: Schichtarbeiter in einem ländlichen Industriebetrieb«, in: Projektgruppe »Alltägliche Lebensführung« (Hg.), *Alltägliche Lebensführung,* S. 121-170.

Kuhlmann, Martin, Schumann, Michael, »What's left of Workers' Solidarity? Workplace Innovation and Workers' Attitudes Towards the Firm«, in: *Research in the Sociology of Work* 10 (2001), S. 189-214.

Kupka, Peter, »Arbeit und Subjektivität bei industriellen Facharbeitern«, in: *Beiträge zur Arbeitsmarkt- und Berufsforschung* 240 (2002), S. 99-113.

Kurz, Karin, »Soziale Ungleichheiten beim Übergang zu Wohneigentum«, in: *Zeitschrift für Soziologie* 1 (2000), S. 27-43.

La Documentation française, *Enquêtes sur les violences urbaines: comprendre les émeutes de novembre 2005,* Paris 2007, online unter ⟨http://www.ladocumentationfran caise.fr/rapports-publics/074000340/index.shtml⟩, letzter Zugriff am 30.9.2018.

Labit, Anne, »Group Working at Volkswagen: An Issue for Negotiation between Trade Unions and Management«, in: Stewart u. a. (Hg.), *Teamwork in the Automobile Industry,* S. 395-411.

Lacher, Michael, u. a., *Die Fort- und Weiterbildung von Montagearbeitern/-innen: Voraussetzungen und Perspektiven am Beispiel der Volkswagen AG,* Recklinghausen 1987.

Lacher, Michael, »Bildungsferne und Weiterbildungsnähe – ein Gegensatz?« in: *Zeitschrift für Berufs- und Wirtschaftspädagogik – Beihefte* 86 (1990), S. 309-324.

Lagrange, Hugues (Hg.), *L'épreuve des inégalités,* Paris 2006.

Lane, Christel, »Vocational Training and New Production Concepts in Germany: Some Lessons for Britain«, in: *Industrial Relations Journal* 21 (1990), S. 247-259.

Lappe, Lothar, *Berufsperspektiven junger Facharbeiter. Eine qualitative Längsschnittanalyse zum Kernbereich westdeutscher Industriearbeit,* Frankfurt/M. 1993.

Laslett, Peter. *The World We Have Lost. England Before the Industrial Age,* London ⁴2004.

Lauschke, Karl, *Die Hoesch-Arbeiter und ihr Werk. Sozialgeschichte der Dortmunder Westfalenhütte während der Jahre des Wiederaufbaus 1945-1966,* Essen 2000.

–, *Die halbe Macht. Mitbestimmung in der Eisen- und Stahlindustrie 1945 bis 1989,* Essen 2007.

Lawrence, Jon, »Social-Science Encounters and the Negotiation of Difference in Early 1960s England«, in: *History Workshop Journal* 77 (2014), S. 215-239.

Le Bras, Hervé, Todd, Emmanuel, *Le mystère français*, Paris 2013.

Le Roux, Brigitte, u. a., »Class and Cultural Devision in the UK«, in: *Sociology* 42 (2008), S. 1049-1071.

Lecher, Wolfgang, Platzer, Hans-Wolfgang, »Europäische Betriebsräte«, in: Schroeder/Weßels (Hg.), *Die Gewerkschaften in Politik und Gesellschaft der Bundesrepublik Deutschland*, S. 588-613.

Leisering, Lutz, Marschallek, Christian, »Zwischen Wohlfahrtsstaat und Wohlfahrtsmarkt: Alterssicherung und soziale Ungleichheit«, in: Hockerts/Süß (Hg.), *Soziale Ungleichheit im Sozialstaat. Die Bundesrepublik Deutschland und Großbritannien im Vergleich*, München 2010, S. 89-116.

Lepsius, M. Rainer, *Demokratie in Deutschland. Soziologisch-historische Konstellationsanalysen*, Göttingen 1993.

Lesch, Hagen, »Arbeitskämpfe und Strukturwandel im internationalen Vergleich«, in: *IW-Trends – Vierteljahresschrift zur empirischen Wirtschaftsforschung aus dem Institut der deutschen Wirtschaft Köln* 32:2 (2005), S. 1-17.

Lévêque, Pierre, *Histoire des forces politiques en France*, Paris 1997.

Linhart, Danièle, »D'un monde à l'autre: la fermeture d'une entreprise«, in: *La Revue de l'Ires* 47 (2005), S. 81-94.

Linhart, Robert, *L'établi*, Paris 1978.

Littek, Wolfgang, Charles, Tony (Hg.), *The New Division of Labour. Emerging Forms of Work Organisation in International Perspective*, Berlin, New York 1995.

Lloyd, Caroline, u. a. (Hg.), *Low Wage Work in the United Kingdom*, New York 2008.

Lösche, Peter, Walter, Franz, *Die SPD. Klassenpartei – Volkspartei – Quotenpartei. Zur Entwicklung der Sozialdemokratie von Weimar bis zur deutschen Vereinigung*, Darmstadt 1992.

Losego, Sarah Vanessa, *Fern von Afrika. Die Geschichte der nordafrikanischen »Gastarbeiter« im französischen Industrierevier von Longwy (1945-1990)*, Köln 2009.

Lowe, Rodney, *The Welfare State in Britain since 1945*, Basingstoke u. a. [3]2007.

Lunn, Ken, »Complex Encounters. Trade Unions, Immigration and Racism«, in: McIlroy u. a. (Hg.), *The High Tide of British Trade Unionism*, S. 70-90.

Lutz, Burkart, »Bildungssystem und Beschäftigungssystem in Deutschland und Frankreich. Zum Einfluss des Bildungssystems auf die Gestaltung betrieblicher Arbeitskräftestrukturen«, in: Mendius u. a. (Hg.), *Betrieb, Arbeitsmarkt, Qualifikation*, S. 83-151.

–, »Konfliktpotential und sozialer Konsens. Die Geschichte des industriellen Systems der BRD im Spiegel des Schicksals einer Generation«, in: Rammstedt/Schmidt (Hg.), *BRD ade!*, S. 101-122.

Lütz, Susanne, »Von der Infrastruktur zum Markt? Der deutsche Finanzsektor zwischen Deregulierung und Reregulierung«, in: Windolf (Hg.), *Finanzmarkt-Kapitalismus*, S. 294-315.

Mair, Andrew, »The Introduction of Teamwork at Rover Group's Stamping Plant«, in: Stewart u. a. (Hg.), *Teamwork in the Automobile Industry*, S. 254-286.

Marchand, Olivier (Hg.), *L'emploi, nouveaux enjeux*, Paris 2000.

Marginson, Paul, u. a., »The Impact of European Works Councils on Management Decision-making in UK and US-based Multinationals: A Case Study Comparison«, in: *British Journal of Industrial Relations* 42 (2004), S. 209-233.

Marshall, Thomas Humphrey, *Sociology at the Crossroads and other Essays*, London 1963.

Martinez, Daniel, *Carnets d'un intérimaire*, Marseille 2003.

Marwick, Arthur, *Class. Image and Reality in Britain, France and the USA since 1930*, London ²1990.

–, *British Society since 1945*, London u. a. ⁴2003.

Martin, Andrew, Ross, George (Hg.), *The Brave New World of European Labor. European Trade Unions at the Millennium*, New York 1999.

Marx, Christian, »Der Aufstieg multinationaler Konzerne. Umstrukturierungen und Standortkonkurrenz in der westeuropäischen Chemieindustrie«, in: Doering-Manteuffel u. a. (Hg.), *Vorgeschichte der Gegenwart*, S. 197-216.

–, »Between National Governance and the Internationalisation of Business. The Case of Four Major West German Producers of Chemicals, Pharmaceuticals and Fibres, 1945-2000«, in: *Business History* 27 (2017), S. 1-30.

–, Reitmayer, Morten, »Zwangslagen und Handlungsspielräume. Der Wandel von Produktionsmodellen in der westdeutschen Chemieindustrie im letzten Drittel des 20. Jahrhunderts«, in: *Archiv für Sozialgeschichte* 56 (2016), S. 297-334.

Marx, Karl, *Das Kapital*, Bd. 1, in: ders., Friedrich Engels, *Werke* (MEW), Bd. 23, Berlin 1962.

–, Engels, Friedrich, *Das Manifest der kommunistischen Partei*, in: Karl Marx, Friedrich Engels, *Werke* (MEW), Bd. 4, Berlin ⁶1972, S. 459-493.

Masclet, Olivier, »Du ›bastion‹ au ›ghetto‹. Le communisme municipal en butte à l'immigration«, in: *Actes de la recherche en sciences sociales* 159 (2005), S. 10-25.

Mason, Geoff, u. a., »Productivity, Product Quality and Workforce Skills. Food Processing in Four European Countries«, in: *National Institute Economic Review* 147 (1994), S. 62-83.

–, »Low Pay, Labour Market Institutions, and Job Quality in the United Kingdom«, in: Lloyd u. a.(Hg.), *Low Wage Work in the United Kingdom*, S. 41-95.

Mauger, Gérard, »Bourdieu et les classes populaires. L'ambivalence des cultures dominées«, in: Coulangeon (Hg.), *Trente ans après »La distinction« de Pierre Bourdieu*, S. 243-254.

Maurer, Michael (Hg.), *Neue Themen und Methoden der Geschichtswissenschaft*, Stuttgart 2003.

Maurice, Marc, u. a., *Politique d'éducation et organisation industrielle en France et en Allemagne. Essai d'analyse sociétale*, Paris 1982.

Mayer, Karl Ulrich, »Ausbildungswege und Berufskarrieren«, in: *Forschung im Dienst von Praxis und Politik. Festveranstaltung zum 25jährigen Bestehen des Bundesinstituts für Berufsbildung am 7. und 8. September 1995. Dokumentation*, Berlin 1996, S. 113-145.

–, Carroll, Glenn R., »Jobs and Classes: Structural Constraints on Career Mobility«, in: *European Sociological Review* 3 (1987), S. 14-38.

Mayer-Ahuja, Nicole, *Wieder dienen lernen? Vom westdeutschen »Normalarbeitsverhältnis« zu prekärer Beschäftigung seit 1973*, Berlin 2003.

McIlroy, John, »›Always Outnumbered, Always Outgunned‹.The Trotskyists and the Trade Unions«, in: ders., u. a. (Hg.), *The High Tide of British Trade Unionism*, S. 259-296.

–, »Notes on the Communist Party and Industrial Politics« in: ders. u. a. (Hg.), *The High Tide of British Trade Unionism*, S. 216-258.

–, »Ten Years of New Labour. Workplace Learning, Social Partnership and Union Revitalization in Britain«, in: *British Journal of Industrial Relations* 46 (2008), S. 283-313.

–, Campbell, Alan, »The High Tide of Trade Unionism: Mapping Industrial Politics, 1964-79«, in: McIlroy u. a. (Hg.), *The High Tide of British Trade Unionism*, S. 93-130.

McIlroy, John, u. a. (Hg.), *The High Tide of British Trade Unionism. Trade Unions and Industrial Politics, 1964-79*, Monmouth 2007.

McIvor, Arthur, *Working Lives, Work in Britain since 1945*, Basingstoke 2013.

McSmith, Andy, *No Such Thing as Society. Britain in the Turmoil of the 1980s*, London 2011.

Meil, Pamela (Hg.), *Globalisierung industrieller Produktion. Strategien und Strukturen*, Frankfurt/M. u. a. 1996.

Mendius, Hans-Gerhard, u. a. (Hg.), *Betrieb, Arbeitsmarkt, Qualifikation*, Frankfurt/M. 1976.

Mény, Yves, u. a. (Hg.), *The Politics of Steel. Western Europe and the Steel Industry in the Crisis Years (1974-1984)*, Berlin 1987.

Metz, Rainer, »Volkswirtschaftliche Gesamtrechnungen«, in: Rahlf (Hg.), *Deutschland in Zahlen*, S. 186-199.

Mikol, Fanny, Tavan, Chloé, »La mobilité professionnelle des ouvriers et employés immigrés«, in: *Données sociales: La société française* 12 (2006), S. 351-359.

Milert, Werner, Tschirbs, Rudolf, *Die andere Demokratie. Betriebliche Interessenvertretung in Deutschland. 1848 bis 2008*, Essen 2012.

Millward, Neil, u. a., *All Change at Work? British Employment Relations 1980-1998, as Portrayed by the Workplace Industrial Relations Survey Series*, New York 2000.

Mitterrand, François, *La Rose au poing*, Paris 1973.

Moldaschl, Manfred (Hg.), *Wissensökonomie und Innovation. Beiträge zur Ökonomie der Wissensgesellschaft*, Marburg 2010.

–, Voß, Gerd-Günter, *Subjektivierung von Arbeit*, München 2002.

Molinié, Anne-Françoise, »Industrial Workforce Decline and Renewal«, in: *INSEE Studies* 43 (2000), S. 1-17.

Mooser, Josef, »Abschied von der ›Proletarität‹. Sozialstruktur und Lage der Arbeiterschaft in der Bundesrepublik in historischer Perspektive«, in: Conze/Lepsius (Hg.), *Sozialgeschichte der Bundesrepublik Deutschland*, S. 143-166.

–, *Arbeiterleben in Deutschland 1900-1970. Klassenlagen, Kultur und Politik*, Frankfurt/M. 1984.

Morin, François, Eric Rigamonti, »Évolution et structure de l'actionnariat en France«, in: *Revue française de gestion* 141 (2002), S. 155-181.

Morris, Lydia, *Dangerous Classes. The Underclass and Social Citizenship*, London, New York 1994.

Motte, Jan, »Gedrängte Freiwilligkeit. Arbeitsmigration, Betriebspolitik und Rück-kehrförderung 1983/84«, in: ders. u. a. (Hg.), *50 Jahre Bundesrepublik, 50 Jahre Einwanderung*, S. 165-183.

–, u. a. (Hg.), *50 Jahre Bundesrepublik, 50 Jahre Einwanderung. Nachkriegsgeschichte als Migrationsgeschichte*, Frankfurt/M., New York 1999.

Müller-Jentsch, Walther (Hg.), *Konfliktpartnerschaft. Akteure und Institutionen industrieller Beziehungen*, München, Mering 1991.

Munt, Sally R. (Hg.), *Cultural Studies and the Working Class. Subject to Change*, London 2000.

Murden, Jon, »›City of Change and Challenge‹: Liverpool since 1945«, in: Belchem (Hg.), *Liverpool 800*, S. 393-485.

Mutz, Gerd, u. a., *Diskontinuierliche Erwerbsverläufe. Analysen zur postindustriellen Arbeitslosigkeit*, Opladen 1995.

Nachtwey, Oliver, *Marktsozialdemokratie. Die Transformation von SPD und Labour Party*, Wiesbaden 2009.

Nesta, Lionel, »Désindustrialisation ou mutation industrielle?«, in: *Economie et statistique* 438-440 (2010), S. 297-301.

Neumann, Arndt, *Unternehmen Hamburg. Eine Geschichte der neoliberalen Stadt*, Göttingen 2018.

Neveu, Erik, »Médias et protestation collective«, in: Fillieule u. a. (Hg.), *Penser les mouvements sociaux*, S. 245-264.

Niedenhoff, Horst-Udo, *Betriebsratswahlen. Eine Analyse der Betriebsratswahlen von 1975 bis 2006*, Köln 2007.

Noiriel, Gérard, *Les ouvriers dans la société française. XIXᵉ-XXᵉ siècle*, Paris 1986.

–, Azzaoui, Benaceur, *Vivre et lutter à Longwy*, Paris 1980.

Nolte, Paul, *Die Ordnung der deutschen Gesellschaft. Selbstentwurf und Selbstbeschreibung im 20. Jahrhundert*, München 2000.

OECD, *Measuring Globalisation*, Bd. 1, Genf 2001.

O'Mahony, Mary, »Employment, Education and Human Capital«, in: Floud/Johnson (Hg.), *Cambridge Economic History*, S. 112-133.

–, Wagner, Karin, *Wechselndes Glück: eine Studie zum Produktivitätswachstum der britischen und deutschen Industrie über drei Jahrzehnte*, Berlin 1994.

Pardi, Tommaso, »Travailler chez Toyota. De l'emploi à vie à la course à la survie«, in: *La Revue de l'Ires* 62 (2009), S. 39-70.

–, »Crise et rejet de la greffe Toyota à Valenciennes?«, in: *Le journal de l'école de Paris du management* 99 (2013), S. 29-36.

Paugam, Serge, *Le salarié de la précarité. Les nouvelles formes de l'intégration professionnelle*, Paris 2000.

Peck, Jamie, Ward, Kevin (Hg.), *City of Revolution. Restructuring Manchester*, Manchester u. a. 2006.

Penissat, Étienne, »Les occupations de locaux dans les années 1960-1970. Processus sociohistoriques de ›réinvention‹ d'un mode d'action«, in: *Genèses* 59 (2005), S. 71-93.

Penn, Roger, u. a. (Hg.), *Skill and Occupational Change*, Oxford, New York 1994.

Peters, Jürgen, Gorr Holger (Hg.), *In freier Verhandlung. Dokumente zur Geschichte der Tarifpolitik der IG Metall 1945-2002*, Göttingen ²2009.

Phelan, Craig (Hg.), *The Future of Organised Labour. Global Perspectives*, Oxford, New York 2007.

Phillips, Jim, »The 1972 Miners' Strike: Popular Agency and Industrial Politics in Britain«, in: *Contemporary British History* 20 (2006), S. 187-207.

Pialoux, Michel, Florence Weber, »La gauche et les classes populaires. Réflexions sur un divorce«, in: *Mouvements* 23 (2002), S. 9-21.

Picot, Arnold, u. a., *Die grenzenlose Unternehmung. Information, Organisation und Management. Lehrbuch zur Unternehmensführung im Informationszeitalter*, Wiesbaden ³1998.

Pigenet, Michel, Tartakowsky, Danielle, »Institutionnalisation et mobilisations au temps de l'Etat social (années 1930-années 1970)«, in: dies., (Hg.), *Histoire des mouvements sociaux en France*, S. 337-354.

– (Hg.), *Histoire des mouvements sociaux en France. De 1814 à nos jours*, Paris 2014.

Piketty, Thomas, *Le capital au XXIe siècle*, Paris 2013 (dt.: *Das Kapital im 21. Jahrhundert*, München 2014).

Piore, Michael J., Sabel, Charles F., *The Second Industrial Divide. Possibilities for Prosperity*, New York 1984.

Pitti, Laure, »Grèves ouvrières versus luttes de l'immigration: une controverse entre historiens«, in: *Ethnologie française* 31 (2001), S. 465-476.

Pleinen, Jenny, *Die Migrationsregime Belgiens und der Bundesrepublik seit dem Zweiten Weltkrieg*, Göttingen 2012.

Plener, Ulla (Hg.), *Die Treuhand, der Widerstand in den Betrieben der DDR, die Gewerkschaften (1990-1994)*, Berlin 2011.

Plickert, Philip, *Wandlungen des Neoliberalismus. Eine Studie zu Entwicklung und Ausstrahlung der »Mont Pèlerin Society«*, Stuttgart 2008.

Plumpe, Werner, Steiner, André, »Der Mythos von der postindustriellen Welt«, in: dies. (Hg.), *Der Mythos von der postindustriellen Welt*, S. 7-14.

– (Hg.), *Der Mythos von der postindustriellen Welt. Wirtschaftlicher Strukturwandel in Deutschland 1960-1990*, Göttingen 2016.

Pollak, Reinhard, *Kaum Bewegung, viel Ungleichheit. Eine Studie zu sozialem Auf- und Abstieg in Deutschland*, Berlin 2010.

Pollert, Anna, »›Team work‹ on the Assembly Line: Contradiction and the Dynamics of Union Resilience«, in: Ackers u. a. (Hg.), *The New Workplace and Trade Unionism*, S. 178-209.

Popp, Andrew, Wilson, John F., »The Emergence and Development of Industrial Districts in Industrialising England, 1750-1914«, in: Becattini u. a. (Hg.), *A Handbook of Industrial Districts*, S. 43-57.

Prais, Sigbert Jon, *Productivity, Education and Training: An International Perspective*, Cambridge 1995.

Préteceille, Edmond, »La ségrégation contre la cohésion sociale: la métropole parisienne«, in: Lagrange (Hg.), *L'épreuve des inégalités*, S. 195-246.

Projektgruppe »Alltägliche Lebensführung« (Hg.), *Alltägliche Lebensführung. Arrangements zwischen Traditionalität und Modernisierung*, Wiesbaden 1995.

Pudal, Bernard, *Prendre parti. Pour une sociologie historique du PCF*, Paris 1989.

Rahlf, Thomas (Hg.), *Deutschland in Zahlen. Zeitreihen zur Historischen Statistik*, Bonn 2015.

Raithel, Thomas, *Jugendarbeitslosigkeit in der Bundesrepublik. Entwicklung und Auseinandersetzung während der 1970er und 1980er Jahre*, München 2012.

Rammstedt, Otthein, Schmidt, Gert (Hg.), *BRD ade!*, Frankfurt/M. 1992.

Raphael, Lutz (Hg.), *Theorien und Experimente der Moderne. Europäische Gesellschaften im 20. Jahrhundert*, Köln u. a. 2012.

Reckwitz, Andreas, *Die Gesellschaft der Singularitäten. Zum Strukturwandel der Moderne*, Berlin 2017.

Rehder, Britta, *Betriebliche Bündnisse für Arbeit in Deutschland. Mitbestimmung und Flächentarif im Wandel*, Frankfurt/M. 2003.

Reicher, Stephen, Stott, Clifford John T., *Mad Mobs and Englishmen? Myths and Realities of the 2011 Riots*, New York 2011.

Reid, Ivan, *Class in Britain*, Cambridge u. a. 1998.

Reitmayer, Morten, *Elite. Sozialgeschichte einer politisch-gesellschaftlichen Idee in der frühen Bundesrepublik*, München 2009.

– (Hg.), *Unternehmen am Ende des »goldenen Zeitalters«. Die 1970er Jahre in unternehmens- und wirtschaftshistorischer Perspektive*, Essen 2008.

Renahy, Nicolas, u. a., »Deux âges d'émigration ouvrière. Migration et sédentarité dans un village industriel«, in: *Population* 58 (2006), S. 707-738.

Rey, Henri, *La gauche et les classes populaires. Histoire et actualité d'une mésentente*, Paris 2004.

Richardi, Reinhard, »Arbeitsverfassung und Arbeitsrecht«, in: Hockerts (Hg.), *Bundesrepublik Deutschland, 1966-1974*, S. 225-276.

Richards, Andrew John, *Miners on Strike. Class Solidarity and Division in Britain*, Oxford 1996.

Richter, Horst-Eberhard, *Sich der Krise stellen. Reden, Aufsätze, Interviews*, Reinbek bei Hamburg 1981.

Ritter, Gerhard, Tenfelde, Klaus, *Geschichte der Arbeiter und der Arbeiterbewegung in Deutschland seit dem Ende des 18. Jahrhunderts*, Bonn 1992.

Rodgers, Daniel T., *Age of Fracture*, Cambridge (MA) 2011.

Rosanvallon, Pierre, *Le peuple introuvable. Histoire de la représentation démocratique en France*, Paris 1998.

Rosanvallon, Pierre, *Die Gesellschaft der Gleichen*, Hamburg 2013.

Ross, Kristin, *Mai '68 and its Afterlives*, Chicago 2002.

Rudolph, Wolfgang, Wassermann, Wolfram, *Betriebsräte im Wandel. Aktuelle Entwicklungsprobleme gewerkschaftlicher Betriebspolitik im Spiegel der Betriebsratswahlen*, Münster 1996.

Ryan, Paul, »Apprenticeship in Britain – Tradition and Innovation«, in: Deißinger (Hg.), *Berufliche Bildung zwischen nationaler Tradition und globaler Entwicklung*, S. 133-158.

Saint-Jevin, Pierre, »Les résultats des élections aux comités d'entreprises en 1977 et l'état de l'institution en novembre 1978«, in: *Revue francaise des affaires sociales* 33 (1979), S. 161-270.

Savage, Mike, *Identities and Social Change in Britain Since 1940. The Politics of Method*, Oxford, New York 2010.

–, *Social Class in the 21ˢᵗ Century*, London 2015.

–, u.a., »Ordinary, Ambivalent and Defensive: Class Identities in the Northwest of England«, in: *Sociology* 35 (2001), S. 875-892.

Sayad, Abdelmalek, *La double absence. Des illusions de l'émigré aux souffrances de l'immigré*, Paris 2003.

Schäfer, Wolfgang, *Die Fabrik auf dem Dorf. Studien zum betrieblichen Sozialverhalten ländlicher Industriearbeiter*, Göttingen 1991.

Schelsky, Helmut, »Die Bedeutung des Schichtungsbegriffs für die Analyse der gegenwärtigen deutschen Gesellschaft« [1953], in: ders., *Auf der Suche nach der Wirklichkeit*, Düsseldorf 1965, S. 331-336.

Schild, Joachim, Uterwedde, Henrik, *Frankreich. Politik, Wirtschaft, Gesellschaft*, Wiesbaden ²2006.

Schlögel, Karl, *Im Raume lesen wir die Zeit. Über Zivilisationsgeschichte und Geopolitik*, München 2003.

Schmid, Günther, Oschmiansky, Frank, »Arbeitsmarktpolitik und Arbeitslosenversicherung«, in: Schmidt (Hg.), *Bundesrepublik Deutschland, 1982-1989*, S. 237-288.

Schmidt, Manfred G. (Hg.), *Bundesrepublik Deutschland, 1982-1989. Finanzielle Konsolidierung und institutionelle Reform*, Baden-Baden 2005.

Schriewer, Jens, »Alternativen in Europa: Frankreich. Lehrlingsausbildung unter dem Anspruch von Theorie und Systematik«, in: Blankertz (Hg.), *Enzyklopädie Erziehungswissenschaften*, S. 250-285.

Schroeder, Wolfgang, Greef, Samuel, »Gewerkschaften und Arbeitsbeziehungen nach dem Boom«, in: Doering-Manteuffel u.a. (Hg.), *Vorgeschichte der Gegenwart*, S. 245-270.

Schroeder, Wolfgang, Weßels, Bernhard (Hg.), *Die Gewerkschaften in Politik und Gesellschaft der Bundesrepublik Deutschland. Ein Handbuch*, Wiesbaden 2003.

Schultheis, Franz, »Repräsentationen des sozialen Raumes im interkulturellen Vergleich«, in: *Berliner Journal für Soziologie* 6 (1996), S. 43-68.

Schulz, Günther (Hg.), *Wohnungspolitik im Sozialstaat. Deutsche und europäische Lösungen, 1918-1960*, Düsseldorf 1993.

Schulze, Gerhard, *Die Erlebnisgesellschaft. Kultursoziologie der Gegenwart*, Frankfurt/M. 1992.

Schumann, Michael, u.a., *Trendreport Rationalisierung. Automobilindustrie, Werkzeugmaschinenbau, chemische Industrie*, Berlin 1994.

Schwartz, Olivier, »Peut-on parler des classes populaires?«, in: *La Vie des idées* (13.9.

2011), ⟨http://www.laviedesidees.fr/Peut-on-parler-des-classes.html⟩, zuletzt eingesehen am 3.1.2019.

Scott, Andrew, *Willing Slaves? British Workers under Human Resource Management*, Cambridge, New York 1994.

Shaw, Eric, »Labourism: Myths and Realities«, in: Hickson u. a. (Hg.), *The Struggle for Labour's Soul*, S. 187-205.

Sheldrake, John, Vickerstaff, Sarah, *The History of Industrial Training in Britain*, Aldershot 1987.

Simon, Hermann, *Die heimlichen Gewinner (Hidden Champions). Die Erfolgsstrategien unbekannter Weltmarktführer*, Frankfurt/M. ⁵1996.

–, *Hidden Champions des 21. Jahrhunderts. Die Erfolgsstrategien unbekannter Weltmarktführer*, Frankfurt/M. 2007.

Solow, Robert, »The German Story«, in: Bosch/Weinkopf (Hg.), *Low Wage Work in Germany*, S. 1-14.

Soskice, David W., Franz, Wolfgang, *The German Apprenticeship System*, Berlin 1994.

Speich Chassé, Daniel, *Die Erfindung des Bruttosozialprodukts. Globale Ungleichheit in der Wissensgeschichte der Ökonomie*, Göttingen 2013.

Spur, Günter, u. a., *Automatisierung und Wandel der betrieblichen Arbeitswelt*, Berlin 1993.

Stedman Jones, Gareth, *Languages of Class. Studies in English Working Class History, 1832-1982*, Cambridge 1996.

Steedman, Hilary, »Vocational Training in France and Britain: Mechanical and Electrical Craftsmen«, in: *National Institute Economic Review* 126 (1988), S. 57-70.

–, »Do Work-Force Skills Matter?«, in: *British Journal of Industrial Relations* 31 (1993), S. 285-292.

–, »A Decade of Skill Formation in Britain and Germany«, in: *Journal of Education and Work* 11 (1998), S. 77-94.

–, *The State of Apprenticeship in 2010*, London 2010.

–, u. a., »Intermediate Skills in the Workplace: Development, Standards and Supply in Britain, France and Germany«, in: *National Institute Economic Review* 136 (1991), S. 60-76.

–, Wagner, Karin, »A Second Look to Productivity, Machinery and Skills in Germany and Britain«, in: *National Institute Economic Review* 122 (1987), S. 84-95.

–, »Nationale Ausbildungssysteme und ihr Einfluss auf das betriebliche Ausbildungs- und Rekrutierungsverhalten von Unternehmen«, in: *Arbeit – Beispiele für ihre Humanisierung. Erfahrungen, Berichte, Analysen* 17 (2008), S. 268-282.

Stehr, Nico, »›Wissensgesellschaften‹ oder die Zerbrechlichkeit moderner Gesellschaften«, in: Konrad (Hg.), *Wissen und Arbeit*, S. 13-23.

Steiner, André, »Abschied von der Industrie? Wirtschaftlicher Strukturwandel in West- und Ostdeutschland seit den 1960er Jahren«, in: Plumpe/Steiner (Hg.), *Der Mythos von der postindustriellen Welt*, S. 15-54.

Stewart, Paul, »The Negotiation of Change in the Evolution of the Workplace Towards a New Production Model at Vauxhall (General Motors) UK«, in: Stewart u. a. (Hg.), *Teamwork in the Automobile Industry*, S. 236-253.

–, u. a., »Les ouvriers de Vauxhall face à la lean production«, in: *Le mouvement social* 217 (2006), S. 33-52.

– (Hg.), *Teamwork in the Automobile Industry. Radical Change or Passing Fashion?*, Basingstoke 1999.

Stöger, Harald, *Abstieg oder Aufbruch? Europäische Betriebsräte zwischen Marginalisierung und transnationalem Einfluss*, Wien 2011.

Stott, Clifford John T., Drury, John, »Crowds, Context and Identity: Dynamic Categorization Processes in the ›Poll Tax Riot‹«, in: *Human Relations* 53 (2000), S. 247-273.

Strangleman, Tim, »›Smokestack Nostalgia‹, ›Ruin Porn‹ or Working-Class Obituary: The Role and Meaning of Deindustrial Representation«, in: *International Labor and Working Class History* 84 (2013), S. 23-37.

–, u. a., »Introduction to Crumbling Cultures: Deindustrialization, Class, and Memory«, in: *International Labor and Working-Class History* 84 (2013), S. 7-22.

Straßburger, Gaby, »Türkische Migrantenkolonien in Deutschland und Frankreich«, in: *Archiv für Sozialgeschichte* 42 (2002), S. 173-189.

–, u. a., *Die türkischen Kolonien in Bamberg und Colmar. Ein deutsch-französischer Vergleich sozialer Netzwerke von Migranten im interkulturellen Kontext*, Bamberg 2000.

Streeck, Wolfgang, »Skills and the Limits of Neo-Liberalism: The Enterprise of the Future as a Place of Learning«, in: *Work, Employment & Society* 3 (1989), S. 89-104.

–, »Industrial Citizenship under Regime Competition: The Case of the European Works Councils«, in: *Journal of European Public Policy* 4 (1997), S. 643-664.

–, »The Crisis in Context: Democratic Capitalism and its Contradictions«, in: ders./Schäfer (Hg.), *Politics in the Age of Austerity*, S. 262-302.

–, *Gekaufte Zeit. Die vertagte Krise des demokratischen Kapitalismus*, Berlin ⁵2014.

–, Thelen, Kathleen Ann (Hg.), *Beyond Continuity. Institutional Change in Advanced Political Economies*, Oxford, New York 2005.

–, Armin Schäfer (Hg.), *Politics in the Age of Austerity*, Cambridge 2013.

Supiot, Alain, »Wandel der Arbeit und Zukunft des Arbeitsrechts in Europa«, in: Kocka/Offe (Hg.), *Geschichte und Zukunft der Arbeit*, S. 293-307.

Süß, Dietmar, *Kumpel und Genossen. Arbeiterschaft, Betrieb und Sozialdemokratie in der bayerischen Montanindustrie 1945 bis 1976*, Berlin, Boston 2003.

–, *»Ein Volk, ein Reich, ein Führer«. Die deutsche Gesellschaft im Dritten Reich*, München 2017.

Sutterlüty, Ferdinand, »The Hidden Morale of the 2005 French and 2011 English Riots«, in: *Thesis Eleven* 121 (2014), S. 38-56.

Tabard, Nicole, »Des quartiers pauvres aux banlieues aisées. Une représentation sociale du territoire«, in: *Economie et statistique* 270 (1993), S. 5-22.

Tavan, Chloé, »Migration et trajectoires professionnelles, une approche longitudinale«, in: *Economie et statistique* 393-394 (2006), S. 81-99.

Terrail, Jean-Pierre, *Destins ouvriers. La fin d'une classe?*, Paris 1990.

Thelen, Kathleen Ann, »Institutionen und sozialer Wandel: Die Entwicklung der beruflichen Bildung in Deutschland«, in: Beckert u.a. (Hg.), *Transformationen des Kapitalismus*, S. 399-424.

Thélot, Claude, »L'évolution de la mobilité sociale dans chaque génération«, in: *Economie et statistique* 161 (1983), S. 3-21.

Ther, Philipp, »Der Neoliberalismus«, Version 1.0. (5.7.2016), in: *Docupedia Zeitgeschichte*, ⟨http://docupedia.de/zg/ther_neoliberalismus_v1_de_2016⟩ DOI: ⟨http://dx.doi.org/10.14765/zzf.dok.2.647.v1⟩, zuletzt eingesehen am 28.10.2018.

–, *Die neue Ordnung auf dem alten Kontinent. Eine Geschichte des neoliberalen Europa*, Berlin 2014.

Thompson, Edward P., *The Making of the English Working Class*, London 1968 (dt.: *Die Entstehung der englischen Arbeiterklasse*, 2 Bde., Frankfurt/M. 1987).

Tissot, Sylvie, »Une ›discrimination informelle‹? Usage du concept de mixité sociale dans la gestion des attributions de logements HLM«, in: *Actes de la recherche en sciences sociales* 159 (2005), S. 54-69.

Todd, Selena, *The People. The Rise and Fall of the Working Class 1910-2010*, London 2010.

Tomlinson, Jim, »Inventing ›Decline‹: The Falling Behind of the British Economy in the Post-War Years«, in: *The Economic History Review* 49 (1996), S. 731-757.

Tornatore, Jean-Louis, »L'invention de la Lorraine industrielle«, in: *Ethnologie française* 35 (2005), S. 679-689.

Torp, Cornelius, *Gerechtigkeit im Wohlfahrtsstaat. Alter und Alterssicherung in Deutschland und Großbritannien von 1945 bis heute*, Göttingen 2015.

Trampusch, Christine, »Institutional Resettlement: The Case of Early Retirement in Germany«, in: Streeck/Thelen (Hg.), *Beyond Continuity*, S. 203-228.

Tucci, Ingrid, *Les descendants des immigrés en France et en Allemagne: des destins contrastés. Participation au marché du travail, formes d'appartenance et modes de mise à distance sociale*, Diss., Berlin 2008.

Tulloch, John, *Television Drama: Agency, Audience and Myth*, London 1990.

Turner, Royce Logan, »Introduction«, in: ders. (Hg.), *The British Economy in Transition*, S. 1-22.

–, *Coal was Our Life. An Essay on Life in a Yorkshire Former Pit Town*, Sheffield 2000.

Ubbiali, Georges, »Mémoires des luttes«, in: *Politix* 74 (2006), S. 189-198.

Union Européenne, Commission Européenne (Hg.), *Au-delà de l'emploi. Transformations du travail et devenir du droit du travail en Europe*, Paris 1999.

van Laak, Dirk, »Alltagsgeschichte«, in: Maurer (Hg.), *Neue Themen und Methoden der Geschichtswissenschaft*, S. 14-80.

van Puymbroek, Cyrille, Reynard, Robert, »Répartition géographique des emplois«, in: *INSEE première* 1278 (2010), S. 1-4.

Verret, Michel, *L'espace ouvrier*, Paris 1979.

Vigna, Xavier, *L'insubordination ouvrière dans les années 68. Essai d'histoire politique*, Rennes ²2008.

von Henninges, Hasso, *Ausbildung und Verbleib von Facharbeitern. Eine empirische Analyse für die Zeit von 1980 bis 1989*, Nürnberg 1991.

von Oertzen, Christine, *Teilzeitarbeit und die Lust am Zuverdienen. Geschlechterpolitik und gesellschaftlicher Wandel in Westdeutschland 1948-1969*, Göttingen 1999.

von Saldern, Adelheid, *Häuserleben. Zur Geschichte städtischen Arbeiterwohnens vom Kaiserreich bis heute*, Bonn ²1997.

–, »»Alles ist möglich.‹ Fordismus – ein visionäres Ordnungsmodell des 20. Jahrhunderts«, in: Raphael (Hg.), *Theorien und Experimente der Moderne*, S. 155-192.

–, Hachtmann, Rüdiger, Das fordistische Jahrhundert. Eine Einleitung, in: *Zeithistorische Forschungen/Studies in Contemporary History* 6 (2009), S. 174-185.

von Tunzelmann, Nick, »Technology in Post-War Britain«, in: Floud/Johnson (Hg.), *Cambridge Economic History*, S. 299-331.

Voß, Gerd-Günter, »Die Entgrenzung von Arbeit und Arbeitskraft«, in: *Mitteilungen aus der Arbeitsmarkt- und Berufsforschung* 31 (1998), S. 473-487.

Voswinkel, Stephan, Wagner, Gabriele, »Die Person als Leistungskraft«, in: *Leviathan Zeitschrift für Sozialwissenschaft* 40:4 (2012), S. 591-608.

Wagner, Karin, Mason, Geoff, »Restructuring of Automotive Supply-Chains: The Role of Workforce Skills in Germany and Britain«, in: *International Journal of Automotive Technology and Management* 5 (2005), S. 378-410.

Wallraff, Günter, *Ganz unten*, Köln 1986.

Wannenwetsch, Stefan, »*Es gibt noch Arbeiter in Deutschland.*« Zur Transformation der Kategorie Arbeiter in der westdeutschen Arbeiternehmergesellschaft, Diss., Tübingen 2019.

Weber, Florence, *Le travail à-côté. Une ethnographie des perceptions*, Paris 2009.

Weber, Max, »Objektive Möglichkeit und adäquate Verursachung in der historischen Kausalbetrachtung«, in: ders., *Gesammelte Aufsätze zur Wissenschaftslehre*, Tübingen ⁷1988, S. 266-290.

Weber-Menges, Sonja, »*Arbeiterklasse*« oder *Arbeitnehmer? Vergleichende empirische Untersuchung zu Soziallage, Lebenschancen und Lebensstilen von Arbeitern und Angestellten in Industriebetrieben*, Wiesbaden 2004.

Wehler, Hans-Ulrich, *Deutsche Gesellschaftsgeschichte*, Bd. 1, München ⁴2006.

– (Hg.), *Geschichte und Soziologie*, Königstein/Ts. ²1984.

Weischer, Christoph, *Sozialstrukturanalyse*, Wiesbaden 2011.

Weiss, Manfred, »Die Entwicklung der Arbeitsbeziehungen aus arbeitsrechtlicher Sicht«, in: *Industrielle Beziehungen* 20 (2013), S. 393-417.

Welshman, John, *Underclass. A History of the Excluded, 1880-2000*, London, New York 2006.

Welskopp, Thomas, »Soziale Kontinuität im institutionellen Wandel. Arbeits- und industrielle Beziehungen in der deutschen und amerikanischen Eisen- und Stahlindustrie von der Jahrhundertwende bis zu den 1960er Jahren«, in: Frese/Prinz (Hg.), *Politische Zäsuren und gesellschaftlicher Wandel*, S. 217-267.

Welskopp, Thomas, *Unternehmen Praxisgeschichte. Historische Perspektiven auf Kapitalismus, Arbeit und Klassengesellschaft*, Tübingen 2014.

Werkkreis Literatur der Arbeitswelt (Hg.), *25 Jahre Widerstand Wahrheit Kritik*, München 1995.

Whittall, Michael, Kotthoff, Hermann, »Les comités d'entreprise européens, des zones libres de syndicats«, in: *La Revue de l'Ires* 68 (2011), S. 207-236.

Wickham-Jones, Mark, »The New Left«, in: Hickson u. a. (Hg.), *The Struggle for Labour's Soul*, S. 24-46.

Widmaier, Ulrich (Hg.), *Der deutsche Maschinenbau in den neunziger Jahren*, Frankfurt/M., New York 2000.

Wiede, Wiebke, »Subjekt und Subjektivierung«, Version 1.0, in: *Docupedia-Zeitgeschichte* (10.12.2014), ⟨http://docupedia.de/zg/wiede_subjek_v1_de_2014⟩, zuletzt eingesehen am 28.10.2018.

Wild, Trevor, Jones, Philip N. (Hg.), *De-Industrialisation and New Industrialisation in Britain and Germany*, London 1991.

Wilkinson, Barry u. a., »The Iron Fist in the Velvet Glove: Management and organization in Japanese Manufacturing Transplants in Wales«, in: *Joumal of Management Studies* 32 (1995), S. 819-830.

Willis, Paul, *Spaß am Widerstand. Gegenkultur in der Arbeiterschule*, Frankfurt/M. 1979.

Windolf, Paul, »Was ist Finanzmarkt-Kapitalismus?«, in: ders. (Hg.), *Finanzmarkt-Kapitalismus*, S. 20-57.

– (Hg.), *Finanzmarkt-Kapitalismus. Analysen zum Wandel von Produktionsregimen*, Wiesbaden 2005.

Wirsching, Andreas, *Abschied vom Provisorium, 1982-1990*, München 2006.

–, »Konsum statt Arbeit? Zum Wandel von Individualität in der modernen Massengesellschaft«, in: *Vierteljahrshefte für Zeitgeschichte* 57 (2009), S. 171-199.

–, *Der Preis der Freiheit. Geschichte Europas in unserer Zeit*, München 2012.

Womack, James P., u. a., *Die zweite Revolution in der Autoindustrie*, Frankfurt/M. 1992.

Zachert, Ulrich, *Beendigungstatbestände im internationalen Vergleich. Eine normative und empirische Bestandsaufnahme*, Baden-Baden 2004.

Zimmermann, Clemens, »Wohnungspolitik – Eigenheim für alle?«, in: Harlander/Bodenschatz (Hg.), *Villa und Eigenheim*, S. 330-349.

Register